財金統計學 使用R語言

林進益 著

五南圖書出版公司 印行

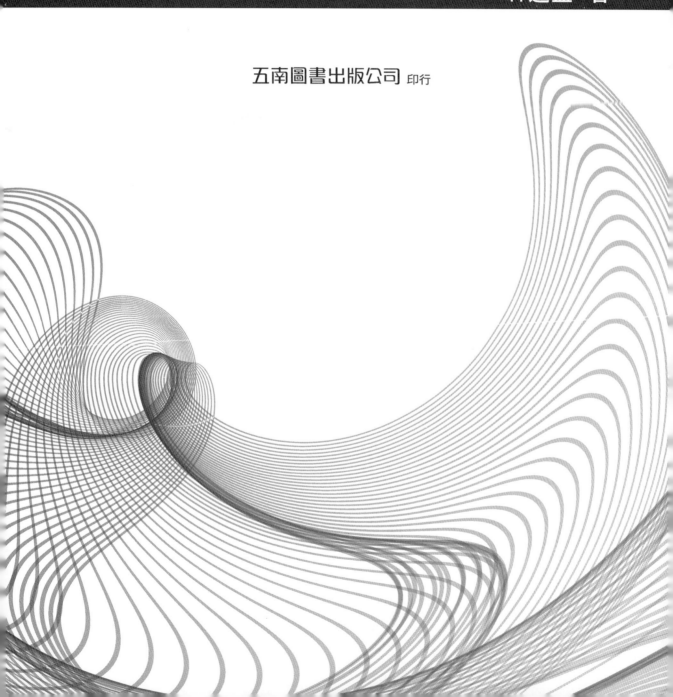

前　言

　　於本書，筆者嘗試以 R 語言（底下簡稱為 R），用另一種方式重新詮釋統計學；換句話說，本書試著以 R 來解釋統計學，其中大多使用台灣的財務金融資料，故稱為財金統計學。以上所言，可有四層涵義：第一，筆者是以直覺、模擬或估計的方式，定義或解釋基本統計學的觀念，希望以此方式能讓讀者有耳目一新與實際的感覺。第二，目前統計學的教科書大多是使用國外的樣本資料或使用虛構的資料，筆者當然希望能以台灣實際的資料取代並進一步做統計分析。第三，筆者希望讀者能以「電腦的計算或電腦的思考方式」取代「用手計算或背誦的方式」，如此自然可以處理日益龐大的統計資料且能將其應用。第四，筆者的專業是財務金融或經濟，因此本書的內容或例子大多集中於上述專業領域。

　　為何筆者會有構思本書的動機或想法？其理由倒也有四層：第一，筆者已教授（財金系）統計學多年，深深感受到沒有一本得心應手的教科書與工具，而感到對曾經修過的同學有些歉意；傳統統計學的授課方式或內容，還是集中於以「計算機計算」外加「背或理解公式」，筆者早就想擺脫此一困境，只不過一直都沒有動手改善。第二，電腦已經普及到變成我們每天皆會接觸或使用的工具，但是教導計算與推論統計資料的統計學，仍然不用或無法使用電腦，實在過意不去；以往筆者只於迴歸分析部分有指導同學如何使用統計學的套裝軟體，至於其餘部分只好讓同學憑空想像。的確，每次要讓同學瞭解什麼是「抽樣分配」或「大數法則」就必須多費唇舌，更不用說還要解釋什麼是「卡方、F 分配或假設檢定」等觀念了；上述觀念，我們的確可以模擬的方式說明，不過我們卻沒有教授「如何用電腦模擬」。第三，財金統計學應該是屬於中高級部分的統計學，我們通常皆會認為同學以後還會接觸統計學，故於基本統計學內較少使用財金資料或財金（理論）的例子，使得統計學的教法或內容易出現枯燥、乏味、不切實際甚至於不知所云的情況。第四，網路上的資源是相當豐富的，尤其是財務計量或財務統計學的資源更是與日俱增，不應用它們實在可惜；無可諱言的，本書內的許多想法或構思，有許多是來自於網路的啟發。網路上的資訊是可以應用的，只不過仍需用我們的方式過濾。

　　原本筆者只想寫本書 1－7 章的內容，原因是依筆者的經驗，一學年的統計學課程，以 1－7 章的內容外加 R 的練習已足夠了；沒想到，寫至第 7 章後，竟然有意猶未盡的感覺，筆者發現「撰寫教科書」居然有點樂趣與意義，竟一口氣寫至第 11 章外加三個附錄為止。因此，本書總共有 11 章的內容，其中，第 1 章的內容是有關於 R 與統計學的介紹；第 2－7 章的內容，大概是依傳統統計學的順序，即依序介紹敘述統計、機率與機率分配，特殊的機率分配（二項式、卜瓦松、常態與 t 分配）、估計與假設檢定、配適度（獨立性）檢定、變異數分析與迴歸分析。是故，本書 1 - 7 章與附錄的內容適合初學者閱讀與練習之用。

　　至於本書第 8 章以後的內容，則依筆者的隨興所至進一步介紹統計上的應用。值得一提的是，筆者認為讀者應該可以及早接觸「最大概似估計（MLE）」方法，其次由於本書已使用 R 作為分析工具，因此也可以及時認識許多演算方法；是故，本書於第 9 與第 10 章內，分別介紹 MLE 方法與其會使用到的演算方法。另一方面，也因介紹或使用 MLE 方法，無可避免地需要有向量矩陣的觀念，尤其是向量矩陣的微分概念；因此，於第 11 章內，我們再加進向量矩陣觀念的介紹，以及於財務金融的應用。換言之，本書第 9 - 11 章內容的加入，最主要的理由是因為要介紹或使用 MLE 方法，MLE 方法的重要性或可應用性可想而知。因此，本書第 8 - 11 章的內容可以依讀者的喜好，選擇自己願意加強閱讀的部分，自由選讀。

　　雖說如此，本書仍以只需具備高中數學外加基本微分技巧的讀者為對象。本書的內容大多是以數學公式說明，雖說有時也會使用較複雜的數學式子，但是讀者應記得後者大部分已用 R 的函數表示；換言之，本書的內容雖有用數學，但是卻不以數學的證明或數學拆解推導的方式為主，取而代之的是，我們多半會使用 R 而以模擬的方式說明。例如，本書的特色之一是說明且比較，古典 t 分配與標準 t 分配之不同，透過 R 的函數或指令的使用，使得我們即使不是很清楚 t 分配的數學型式，我們依舊可以利用 t 分配模擬，甚至進一步計算，例如資產報酬率於 t 分配下的機率值為何。因此，本書的困難處反而是如何使用或應用 R，而不是處理複雜的數學式子；換句話說，上述二者若要讀者選擇其中之一，讀者會選擇哪一個？選擇處理複雜的數學式子呢？抑或是選擇如何使用或應用 R？筆者是選擇後者，否則本書應以另一種樣貌出現！

　　R 是一個免費的統計計算軟體，筆者會選擇 R，就是要擺脫商業統計套裝軟體，如 SAS、SPSS 或 EVIEWS 等的限制（須付費或無法攜帶回家，以及版權更新須額外付費等）。換言之，R 是一種免費軟體，不管在何處、何時皆可使用，讀者以後畢業離開學校，若不想放棄統計學，則學習 R 應是一項不錯的投資；因此，剩下的部分是，筆者應該如何說服讀者先要學會 R 的基本操作，再來學習統計學。也許可以先閱讀 R 的使用手冊；不過，依筆者的經驗，R 的使用手冊只能當作可以隨時查詢或翻閱的參考，卻不適用於閱讀之用。

　　筆者想到的方式是提供許多 R 程式的範例，以供讀者學習與練習之用；換句話說，本書的最大特色是，提供本書全部內容的 R 程式，以供讀者可以複製本書內所有關於計算、模擬、繪圖或製表的結果。我們希望讀者於閱讀本書內容的同時，能有：「我是否也可以得到類似的結果？」、「若使用其他資料呢？」、「上述結果於 R 內如何表示？」、「我是否可以將其應用？」、「我是否也可以寫出對應的 R 程式？」、……、「啊！原來如此！」。因此，若從此方向思考，使用 R 與使用上述商業統計套裝軟體有何不同？應該差不多，但是使用 R 卻可以揭開所有的神秘面紗；也就是說，我們並不滿意只以「按鍵式的方式」就得出結果來。

　　舉例來講，我們大概知道簡單的樣本平均數（就是平均數）如何計算，可是我們不是要將其應用於財務分析嗎？我們不是可以將其推廣至計算，例如 5 日均線（5日的移動平均數）嗎？若是計算樣本標準差呢？此可以當作風險指標的估計值，或者是財務內我們稱為波動率的估計；因此，若是要計算 5 日的波動率，我們是否也可以計算呢？另一方面，其實我們也可以思考，例如「樣本平均數的分配」是什麼意思？其不是表示「許多的樣本平均數所形成的分配嗎？」我們不是可以透過一種稱為「抽出來再放回去」的方式，計算出相當多的樣本平均數嗎？因此，若是要應用（樣本）平均數的觀念，我們不是多少需要具有「寫程式」的能力嗎？倘若筆者另外再寫一本有關「如何寫程式」的書籍，讀者應該也會提出一個疑問：有必要學那麼多嗎？學這些有何用處？因此，最好的嘗試是：「畢其功於一書」：本書嘗試將「應用」與「使用」結合起來，不僅介紹統計（學）上的應用，同時也教導讀者如何使用電腦語言 R。

　　因此，為了要讓讀者對 R 有初步的認識，筆者建議除了閱讀本書第 1 章的內容外，也可以先閱讀本書的附錄。於本書的附錄中，筆者分別複習讀者的基本數學基礎以及關於現值、未來值以及年金的計算（後三者對學財務的學生而言，應不會有太大的負擔）；比較特別的是，每一個部分亦皆附有對應的 R 程式，讀者於其中，應該逐漸對於 R 有更清楚的瞭解。最後，筆者仍要提醒讀者注意，由於本書的所有內容，皆附有對應的 R 程式，因此第一次閱讀難免艱澀難懂，但是若是第二次或是更多次的閱讀呢？換個角度思考，若讀者於閱讀的同時也實際於電腦操作，逐步學習 R；如此反而能同時學習統計學與電腦語言，省去自行摸索的時間。更何況，閱讀至後面的章節，讀者的 R 實力不是更漸入佳境嗎？為了要提高讀者對於 R 與統計觀念的瞭解程度，本書大部分的章節皆附有習題，讀者可以先練習沒有附有

「＊」的習題，再思索沒有練習的部分。

本書的股市資料來源，大多取自「台灣經濟新報資料庫（TEJ）」，筆者於此特別感謝 TEJ 允許本書與其讀者們，能使用書內有應用到的 TEJ 資料；換言之，書內各章節所對應的 R 程式與樣本資料，皆附於隨本書出版的光碟內，希望讀者能一方面複製出書內的結果，同時也能按圖索驥或舉一反三，達到觸類旁通的效果。倘若讀者欲下載其他的股市資料，由於 TEJ 資料庫的使用已相當普遍，學校的圖書館應有添購，若無，可就近尋找鄰近的大學院校圖書館下載所需的資料。不過，由於下載的時間不一致，調整後的資料難免有些微的差異；因此，讀者跑出的結果未必與書內完全相同，不過，只要結果相當接近，應該就沒有錯了。最後，值得一提的是，閱讀本書最好的方式，就是除了閱讀書內的內容外，也應於電腦內操作，應該會有事半功倍的效果；另一方面，也許一些圖形會更清晰[1]。

拜科技與網路之賜，（傳統的）統計學教材或內容也應合乎潮流，本書的內容接近於財務或經濟統計學，筆者希望隨著本書的出版，能有拋磚引玉的效果。筆者才疏識淺，匆促出書，錯誤難免，望各界先進指正。前言末小藝廊之圖形乃兒子志潔早期於無素描基礎下，所繪之早期屏東糖廠以及現在的虎尾糖廠；志潔學畫的時間並不長，不過所繪的畫卻讓人驚豔，附上志潔所繪的一些作品，希望可以扮演調劑的功能。使用了大半輩子的中文，沒想到筆者的中文實力於此受到極大的考驗，希望讀者能體會到筆者於書內所欲傳達的意思；還好，內人及時伸出援手校正了本書的初稿。本書的完成，家中的成員皆有貢獻，倒也有一些意思與意義。

本書附有一片光碟，內有書內各章節以及習題所提及的所有樣本資料與 R 之程式碼。祝操作順利。

林進益

寫於屏東糖廠

2016/8/3

1　本書為單色印刷，書內實際圖形大多是彩色，故請讀者自行利用所附的程式繪圖。

小藝廊

目　次

台灣經濟新報文化事業股份有限公司
資料使用授權書

茲授權**國立屏東大學財金系林進益**教授，於其著作之

『**財金統計學：使用 R 語言**』一書及光碟(民國一○五年出版)，

引用本公司所計算之【台灣證券市場調整後股價】資料庫內，上市公司及

台灣加權股價指數之股價資料。

上述所提光碟片內所附載之資料，僅供本書讀者練習應用，不得再轉

售予其他營利事業所用。

此　致

國立屏東大學財金系　　林進益　教授

廠商名稱：台灣經濟新報文化事業股份有限公司

廠商負責人：錢

廠商地址：臺北　　　　　　興路 57 號 11 號

廠商電話：02-8768-1088

中　華　民　國　一　○　五　年　一　月　十　三　日

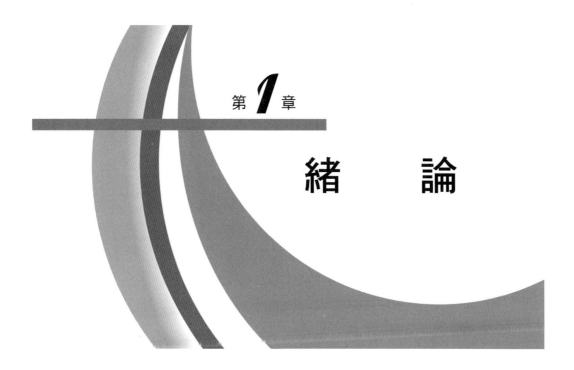

第 *1* 章

緒　論

有別於其他專業領域，財金領域有一個重要且特別的特色，就是其背後有龐大的統計資料支持[1]。一個有意思的「挑戰」，就是這些統計資料到底要告訴我們什麼訊息？是否與財金教科書或財金理論一致？為了能更瞭解財金知識或瞭解財金資料背後的動力，學習財金的讀者們必須要有整理、分析或推論統計資料的能力，而於學術界內恰巧有一門學科，教導我們如何用有系或具科學的方式分析統計資料，這門學科就是統計學（Statistics）。

目前統計學已經在各專業領域占有一席之地。舉凡商學、經濟、醫學、生物、化學、教育、地球科學等專業領域內，皆已大量地使用各種統計技巧或模型以分析、整理歸納或判斷其所屬的統計資料；至於財金領域，更是不遑多讓，用目前熟悉的術語：「Google 一下就知」[2]。本書的目的就是介紹基礎的統計學觀念並將其應用於財金領域。

為了提高「學以致用」的目的或是達到「理論與實際」的要求，本書的一大特色就是使用 R 語言（底下簡稱為 R）以分析財金資料。有別於其他需付費的商業統

1　不同於其他領域的統計資料（可能來自問卷或電訪等方式取得），大部分財金資料畢竟是由投資人於「公開的市場」內所共同決定的；因此，若依此觀點視之，財金資料的正確性應較高。

2　即於 Google 或 Yahoo 內輸入 "Statistics and Finance" 等字。

計軟體，R 是一種免費的統計軟體，其網站[3] 上附有應用於各個領域的「程式套件（package）」（其為研究者免費提供）；由於 R 的使用趨勢已日漸增加（全球），另一方面也因各類的「程式套件」內容也日益擴大，是故學習 R 應是一項值得的投資（畢竟，數十年後仍然可以或會使用到）。職是之故，本書所有的例子或圖形均附有對應的 R 程式，讀者利用這些附屬檔案，自可複製本書所有的內容，希望透過此種方式，能提高讀者的興趣。因此，從現在開始，讀者須隨身自備可以「上網」的電腦，隨著本書「遨遊」統計學與財金領域。

本章除了第一節介紹 R 外；第二節將概略地描述統計學的內容；第三節則簡易介紹 R 的基本指令；第四節為結論。

第一節 認識 R 語言

如前所述，R 是一個免費的低階統計軟體，目前廣泛應用於財金的趨勢正逐年增加，R 的前身為 S 或 S-PLUS 語言（商業軟體），故 R 的指令與後者有點類似。使用 R 最好能隨時保持網路連線，以便隨時更新及下載不同的程式套件。學習電腦例如 R 的最好方式，就是提醒自己要不厭其煩地隨本書所提供的程式，逐字輸入，並觀察其結果，多接觸自然就熟悉。值得一提的是，本書的目的並不是 R 的使用手冊，我們只是利用 R 以分析或推論財金統計資料；至於 R 的基本操作方式、指令、函數或程式，網路上有許多介紹使用 R 的文章或書籍，可當作隨時可翻閱的參考[4]。讀者可以先看本章第三節介紹如何下載 R 軟體，同時將 R 軟體載入讀者的電腦內，就可以執行下列的指令。

1.1 R 是一個大型的（財務）計算機

任何統計軟體均可視為一種大型的計算機，R 也不例外，底下列出一些基本的 R 指令。

```
# ch1 "#" 後面的文字電腦不執行
x = c(2,3,4)# 輸入 2,3,4 並令其為 x
x    # 看 x 為何
y = 0.12345 # 設 y 變數等於 0.12345
```

3　www.r-project.org。
4　初次使用可於 Google 或 Yahoo 等網內輸入「使用 R 語言」，自然有許多資訊會教讀者如何「跑 R 指令」或「跑 R 程式」，本書於此就不再贅述。

```
y
round(y)# 4 捨 5 入
round(y,2)# 至小數點第 2 位
?round # 詢問 round 這個函數的意義
y1 = round(y,2)# 令 y 之至小數點第 2 位之值為 y1
log(x)# 對 x 取自然對數
sqrt(x)# 對 x 開根號
y1+x # 加法
y1*x # 乘法
x/y1 # 除法
x^y1 # x 的 y1 次方
z = x/y1
z
z1 = round(z,2)
z1
z1[2] # 叫出 z1 內之第 2 個元素（數字）
length(z1)# z1 的長度或 z1 內有多少個數
sum(z1)# 加總
exp(z1)# e 的 z1 次方，e 為自然對數的底
min(z1)# 最小值
max(z1)# 最大值
mean(z1)# z1 之平均數
sort(z1)# 由小至大排列
```

　　上述指令可逐一鍵入 R 內並觀察其結果，值得一試。指令內有 # 符號，電腦是不讀其右側的文字，其目的只是提供或提醒輸入者為何鍵入此指令，故其只有註解的功能。上述 R 指令（程式）可參考所附的 ch1-1-1.R 程式（叫出此程式後，可於 R 內左上角的「編輯鍵」內找到「執行全部鍵」，點選後即可執行上述程式）。

習題

1. 若有某股票的日收盤價分別為 13、13.5、13.25、12.5、15 與 17，試以讀者的計算機計算此股票日收盤價的平均數、最大值、最小值與最大值減最小值。

2. 題 1 若用 R 操作，其應如何？

    ☞提示：p = c(13,13.5,13.25,12.5,15,17)

    pbar = mean(p)

    pbar

    maxp = max(p)

    maxp

    minp = min(p)

    minp

    range = maxp-minp

    range

3. 續題 1，日收盤價的平均數若計算至小數點第二位，其值為何？於 R 內如何操作？

    ☞提示：pbar1 = round(pbar,2);pbar1 #用分號可將二行寫成一行

4. 續題 1，將日收盤價由小到大排列。

    ☞提示：p2 = sort(p);p2

5. 續題 4，試找出 p2 內第 3 與第 4 個收盤價。

    ☞ 提示：p2[3:4]

6. 試將日收盤價以對數值表示。

    ☞提示：lp = log(p);lp

7. 若債券的面額為 100,000 元新臺幣，票面利率 10%，5 年到期，該債券於貼現率分別為 10%、8% 與 12% 的情況下，其市價各為何？

    ☞提示：F = 100000

    intr = 0.1

    disr = c(0.1,0.08,0.12)# 貼現率

    I = F*intr # 利息

    dis = 1+disr

    P = I/dis + I/dis^2 + I/dis^3 + I/dis^4 +(I+F)/dis^5

    P # 100000.00 107985.42 92790.45

8. 若利率為 5%（年利率）維持不變且 1 年複利一次，則投資 1 元，10 年的本利和為何？

    ☞提示：intr = 0.05

    n = 10

```
F =(1+intr)^n
F
```

9. 計算殖利率（yield to maturity, YTM）。續題7，若該債券目前市價為111,419元，試計算其貼現率（即殖利率）？

☞提示：
```
disr = 0.085  # 試不同的利率
dis = 1+disr
tryP = I/dis + I/dis^2 + I/dis^3 + I/dis^4 +(I+F)/dis^5
tryP
```

10. 連續複利。若利率為5%（年利率），則1元的投資以連續複利的計算方式，10年的本利和為何？

☞提示：
```
r = 0.05
t = 10
F = exp(r*t)
F
```

11. 年金現值（present value of annuity）的計算。車貸2年，每個月須繳2萬元，若貼現率為5%（年利率），則向銀行總共貸款多少？（註：所謂年金是指於某段時間內，定期等額支領固定金額。）令 pmt 表示年金，n 與 i 分別表示期數與貼現率（或利率），則我們可以得出年金現值 為：

$$PV = pmt\left(\frac{1}{1+i} + \frac{1}{(1+i)^2} + \cdots + \frac{1}{(1+i)^n}\right) = pmt\left(\frac{1}{i} - \frac{1}{i(1+i)^n}\right)$$

☞提示：
```
pmt = 20000
i = 0.05/12
n = 24
pv = pmt*((1/i)-(1/(i*(1+i)^n)))
pv
```

12. 續上題，若車貸實際為45萬元，則貸款利率為何？

☞提示：
```
pmt = 20000
i = 0.08   # 試不同利率 # 約0.062747
dis = i/12
n = 24
```

```
trypv = pmt*((1/dis)-(1/(dis*(1+dis)^n)))
trypv
```

1.2 R 是一個繪圖工具

R 不僅是一個計算機，同時也是一個繪圖工具。底下，我們[5]利用 R 繪出台積電（TSMC）於 2000/1/4 － 2014/7/10 期間的日收盤價與日本益比的時間走勢圖[6]，如圖 1-1 所示。圖 1-2 則繪出同期間台積電日收盤價與日本益比、日收盤價與日（預估）股利之間的散布圖（scatter diagram）（即座標圖）；值得注意的是，於圖 1-2 內分別加進表示兩「變數」之直線關係的迴歸線（可參考第 7 章），從圖 1-1 中可看出

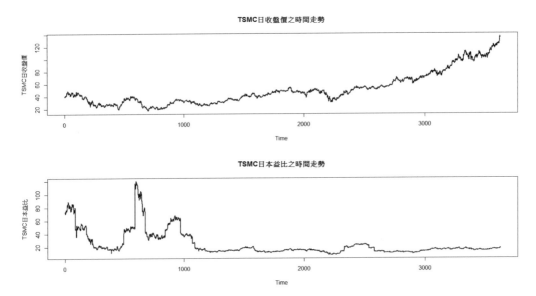

⚐ **圖 1-1**：台積電 2000/1/4 － 2014/7/10 期間的日收盤價與日本益比的時間走勢圖

日收盤價與日本益比之間的關係為負，而日收盤價與日（預估）股利之間則呈正關係，此種結果頗符合我們的直覺判斷或與財務理論一致。繪出二圖的指令如下：

```
# 讀取資料
# 2000/1/4-2014/7/10
```

5　本書底下經常會用「我們」取代「筆者」，「我們」是指筆者與讀者們。

6　本書有關 TSMC 之所有資料皆取自台灣經濟新報（TEJ）內除權息調整一欄。於本書內，我們皆假定公司的預估 EPS（每股盈餘）（取自 TSE）皆能實現且全數發放成股利；其實，我們可以再加入某個「變數」表示股利支付率，例如為 0.6 或其他數值，表示打個折扣。

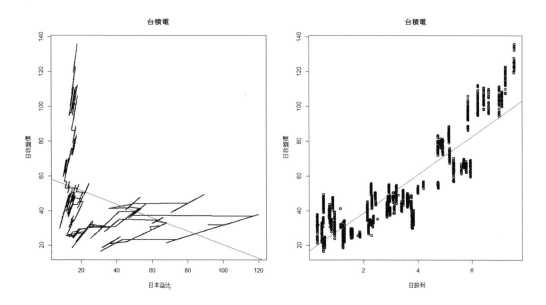

⚑ **圖 1-2**：台積電 2000/1/4 － 2014/7/10 期間日收盤價與日本益比、日收盤價與日（預估）股利之間的散布圖

```
# 台積電 (TSMC) 日收盤價（除權息調整後）與本益比 (TSE)
tsmcpper = read.table("c:\\meiyih\\Finstats\\ch1\\tsmcpper.txt")
# 讀取資料，文字檔內無變數名稱
tsmcp = tsmcpper[,1] # 令第一行為股價
tsmcper = tsmcpper[,2] # 令第二行為本益比
windows()# 開一個繪圖的視窗
par(mfrow=c(2,1))# 2 列 1 行圖
ts.plot(tsmcp, ylab="TSMC 日收盤價", main=" 時間走勢 ")# 時間圖
ts.plot(tsmcper, ylab="TSMC 日本益比", main=" 時間走勢 ")
# 轉成（預估）股利
tsmcdiv = tsmcper/tsmcp
tsmcdiv = 1/tsmcdiv
windows()
par(mfrow=c(1,2))# 1 列 2 行圖
# 散布圖
plot(tsmcper,tsmcp,type="l", ylab=" 日收盤價 ", xlab=" 日本益比 ", main=" 台積
電 ")
```

```
# 注意 type 之不同
abline(lm(tsmcp~tsmcper),col="blue")# 二者之間的直線關係
plot(tsmcdiv,tsmcp,type="p", ylab="日收盤價", xlab="日股利", main="台積電")
abline(lm(tsmcp~tsmcdiv , col="blue" # 繪出迴歸線
```

　　利用上述指令（可參考 ch1-1-2.R），讀者可自行選擇想要分析的股價以取代程式內的台積電資料，讀者應能複製出類似圖內的結果；不過，我們的資料是先存成「文字檔」（於 c 內），讀者應記得自己的檔案是存於何處，上述指令只稍作修改即可。讀者可利用本書的指令逐步學習 R 語言，此不失學習一種新的電腦語言的最佳方式；另一方面，亦可學習統計學與複習財金理論，此可謂一舉數得。

　　從圖 1-2 可看出台積電日收盤價與日本益比、日（預估）股利之間的關係，圖 1-2 背後的含義是我們可以利用本益比與（預估）股利來預測股價。前者是一種相對的概念，若股價相對於（預估）股利偏高（低），則未來股價應會走低（高），不過，從左圖中可看出，前述關係並不如後者明顯；後者（右圖）則是檢視股價與（預估）股利之間的關係。財務管理或投資理論告訴我們：「股價是反映未來股利的總現值」；因此，利用（預估）股利來預測未來股價應是不錯的選擇，畢竟股利愈高代表公司愈（有）賺錢。公司為何有賺錢，那是因為公司生產的產品受到青睞以致於有訂單；生產的產品為何受到青睞？那是因為，……。雖說如此，因為圖內是使用日資料，從圖中可看出「短期」股利並未有太多變化，對股價的預測並未有多大幫助，因此股價與股利的關係是建立在「長期關係上」；換句話說，也許我們有辦法預測股價，不過此可能比較偏向於「長期」的股價，此處所謂的長期是表示多久？應視情況而定。讀者可試著使用其他較低頻率的資料，如週、月、季、半年或甚至於年資料試看看。至於短期，我們可以改為注意報酬率。

習題

1. 讀者可以利用經濟新報資料庫下載有關於大立光（LARGAN）股價的調整後的日資料（2005/1/4 － 2015/4/28 期間），試複製如圖 1-1 與 1-2 所示。

2. 散布圖就是座標圖，試以紙與筆繪出點 $A{:}(x, y) = (1, 2)$、點 $B{:}(x, y) = (2, 4)$ 與點 $C{:}(x, y) = (3, 6)$ 的位置後；再思考如何於 R 內繪出上述三點。

☞提示：

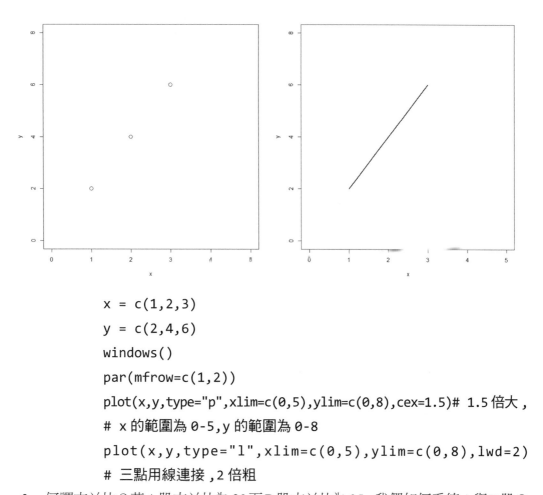

```
x = c(1,2,3)
y = c(2,4,6)
windows()
par(mfrow=c(1,2))
plot(x,y,type="p",xlim=c(0,5),ylim=c(0,8),cex=1.5)# 1.5 倍大 ,
# x 的範圍為 0-5,y 的範圍為 0-8
plot(x,y,type="l",xlim=c(0,5),ylim=c(0,8),lwd=2)
# 三點用線連接 ,2 倍粗
```

3. 何謂本益比？若 A 股本益比為 20 而 B 股本益比為 35，我們如何看待 A 與 B 股？

4. 試繪出 $y = 0.5 + 0.3x$ 直線（繪出趨勢線）。

　　☞提示：
```
t = 1:10 #即 1 至 10
y = 0.5+0.3*t
windows()
plot(t,y,type="l",main=" 趨勢線 ",xlab=" 時間 ")
# 有標題 ,x 座標改為時間
```

5. 至主計處網站下載 1981/1 － 2015/5 期間的消費者物價指數（CPI）並繪出其時間走勢圖；其次，以虛線表示其趨勢線。我們應如何解釋趨勢線？

　　☞提示：
```
CPI = read.table("c:\\meiyih\\finstats\\ex\\ch1\\cpi.txt"
# 檔案內無變數名稱
```

```
cpi = CPI[,1]
windows()
plot(cpi,type="l",xlab="Time",main="CPI 之時間走勢圖 ",lwd=2)
T = length(cpi)# 總共有 T 個 CPI
T
t = 1:T # 趨勢線
abline(lm(cpi~t),lty=2,lwd=2)# lty=2, 表示虛線
```

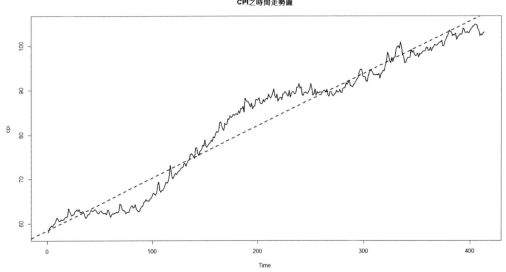

6. 年複利與連續複利。試分別繪出 $y = e^{0.05t}$ 與 $y_1 = (1 + 0.05)^t$，其中 $t = 1, 2, \cdots,$ 20；後者以紅色虛線表示。

☞提示：

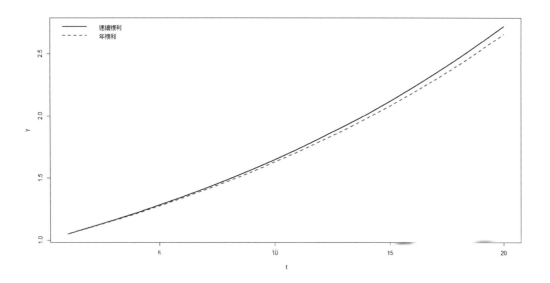

```
t = 1:20
intr = 0.05
y = exp(intr*t)
windows()
plot(t,y,type="l",lwd=2)
y1 =(1+intr)^t
lines(t,y1,lty=2,col="red",lwd=2)
legend("topleft",c(" 連續複利 "," 年複利 "),lty=1:2,col=
c("black","red"),bty="n",lwd=2)
```

7. 續題 5，若 CPI 以（自然）對數表示，則與題 5 的圖形有何不同？

8. 利用前述大立光最近 1 年的收盤價與預估股利，試繪出其預估的現金殖利率線。（假定 1 年有 250 個交易日）

☞提示：
```
p = largan[,1];per = largan[,2] # 本益比
n = length(p);p1 = p[(n-249):n]
div = per/p; div = 1/div
div1 = div[(n-249):n]; cYTM = 100*div1/p1 # 以百分比表示
length(cYTM)
windows()
plot(cYTM,type="l",xlab="Time",ylab="YTM",main=" 大立光
```

預估的現金殖利率線 ",lwd=2)
abline(h=mean(cYTM),lty=2,col="blue")# 繪水平線 (平均數)

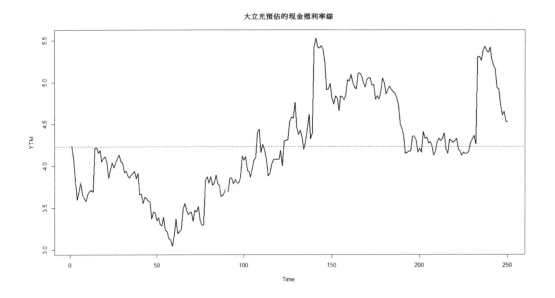

1.3 R 可幫忙解決複雜的問題

　　將注意力從股價改為報酬率是有意義的，「不要把所有的雞蛋放在一個籃子內」，投資人應有資產配置的觀念；換言之，大部分投資人不會只投資台積電一檔股票，他們可能還會投資於房地產、外匯、黃金或債券等資產上。我們無法比較上述資產的「絕對」價格的差異，但是卻可以比較不同資產「相對」的報酬率（或稱變動率）。我們可以回想簡單的日報酬率（變動率）應如何計算？假定 p_t 表示 t 期的收盤價，則 t 期的簡單報酬率（變動率）r_t 可為：

$$r_t = \frac{p_t - p_{t-1}}{p_{t-1}} \tag{1-1}$$

　　由於是關注於日報酬率，故 (1-1) 式內的「利得」部分（即分子部分）並未考慮股利收益[7]。

7　嚴格來講，因是使用經過「除權息」調整的收盤價序列資料，該資料應已包括「股利」部分；不過為了說明起見，我們還是將報酬率的計算分成「資本利得」與「股利」二部分。

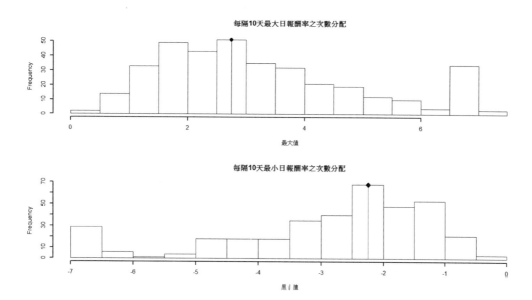

∧ 圖 1-3：TSMC 每隔 10 天最大、最小日報酬率之次數分配圖

　　假想我們想要得到上述台積電日收盤價（共有 3,624 個股價）每隔 10 天（不重疊）最大與最小日報酬率之次數分配。利用 R，我們可以很容易得出如圖 1-3 的結果。首先按照 (1-1) 式將日收盤價轉成日報酬率，再取第 4 至 3,623 個日報酬率，總共有 3,620 個日報酬率，故我們可以各有 362 個最高與最低的日報酬率，然後再依每隔 0.5% 的小級距取得次數；換言之，從圖 1-3 可看出每隔 10 天最高日報酬率出現於 2.5% － 3% 之間的次數最多，可有 51 次；類似地，最低日報酬率出現於 −2% － −2.5% 之間的次數最多，共有 68 次。相同地，繪製圖 1-3 的指令如下：

```
T = length(tsmcp)# 令 tsmcp 的長度為 T
T
# 改成簡單日報酬率
r = 100*(tsmcp[2:T]-tsmcp[1:(T-1)])/tsmcp[1:(T-1)]  #2:T 表示第
2 至第 T 個
T = length(r)
T
r = r[4:T] # 取 4 日後日報酬率的資料並令其為 r
T = length(r)
```

```
T
m = 10
maxr = numeric((T/m))# 預備一個儲存空間內有 T/m 個，其內元素皆為 0
minr = numeric((T/m))
for(i in 1:(T/m))# 進行一個小迴圈 i 從 1 至 T/m( 即 362)
{
  h =(i-1)*m + 1
  k = i*m
  maxr[i] = max(r[h:k])
  minr[i] = min(r[h:k])
}
windows()
par(mfrow=c(2,1))
hist(maxr,main=" 每隔 10 天最大日報酬率之次數分配 ",xlab=" 最大值
",lwd=2)
freqmax = hist(maxr,plot=FALSE)# 觀察 hist 指令裡面的結果，不繪圖
freqmax
segments(2.75,0,2.75,51,col="black")# 畫一條線段前二個為起點座標，
# 後二者則為尾之座標
points(2.75,51,cex=2,pch=20)# 標出座標 (2.75,51) 以黑點表示 有 2 倍大
hist(minr,main=" 每隔 10 天最小日報酬率之次數分配 ",xlab=" 最小值
",lwd=2)# 畫直方圖有 title
freqmin = hist(minr,plot=FALSE)
freqmin
segments(-2.25,0,-2.25,68,col="red")# 畫紅色直線，始點之座標為
# (-2.25,0)，終點之座標為 (-2.25,68)
points(-2.25,68,cex=2,pch=18 # 以菱形點表示
```

　　上述指令（可參考 ch1-1-3.R），內有使用一個迴圈（loop）的技巧，即 i 從等於 1，等於 2，…，至等於 362，皆操作迴圈內（大）括號內的「雷同的動作」[8]；

8　注意看所附 R 程式內 for(i in 1:362) {…}（大）括號內的情況，例如若 i = 2，則

由於觀察 10 天的最大與最小日報酬率需重複 362 次，故利用迴圈的技巧可應刃而解。往後的章節裡，我們常會使用到此技巧，尤其是表現在模擬（simulation）技巧上。不過，看到上述結果，讀者是否有想到可以修改上述指令，再取得更多的資訊？試試看。（使用重疊的資料）

習題

1. 某檔股票的日收盤價分別為 83、82.5、84 與 84.5，試以讀者的計算機計算其日簡單報酬率。

2. 續題 1，於 R 內如何操作？

    ☞ 提示：
    ```
    p = c(83,82.5,84,84.5)
    T = length(p)
    r = 100*(p[2:T]-p[1:(T-1)])/p[1:(T-1)] # 以 % 表示
    r
    ```

3. 試解釋下列次數分配的意義，其中 r 表示本節內 TSMC 每隔 10 個交易日最大之日報酬率（單位 %）。可參考上述指令之 freqmax。

區間	$0 \leq r < 0.5$	$0.5 \leq r < 1$	$1 \leq r < 1.5$	$1.5 \leq r < 2$	$2 \leq r < 2.5$	⋯
次數	2	14	33	49	43	⋯
組中點	0.25	0.75	1.25	1.75	2.25	⋯

4. 通貨膨脹率一般我們是指 CPI 的年增率，利用前一小節的 CPI 序列資料，計算通貨膨脹率。註：$\pi_t = \dfrac{CPI_t - CPI_{t-12}}{CPI_{t-12}}$。

5. 試繪出通貨膨脹率的走勢。

    ☞ 提示：
    ```
    T = length(cpi)
    T
    pit = 100*((cpi[13:T]-cpi[1:(T-12)])/cpi[1:(T-12)])
    head(pit)# 首 1-6
    tail(pit)# 尾 1-6
    windows()
    plot(pit,type="l",xlab="Time",ylab=expression(pi[t]),
    main=" 通貨膨脹率的時間走勢 ")
    ```

---

h = 11 與 k = 20，接著找出 r 內第 h 至 k 元素的最大值與最小值，再分別置於 maxr 與 minr 內之第 i 個位置；讀者可以再思索例如若 i = 6 或 i = 30，情況又是如何？是不是括號內的「動作」皆相同！

6. 利用前一小節的大立光日收盤價序列資料，試繪出其日簡單報酬率之時間走勢。

7. 續上題，試繪出日簡單報酬率的次數分配圖。

    ☞提示：
```
p = largan[,1]
T = length(p)
T
rt = 100*((p[2:T]-p[1:(T-1)])/p[1:(T-1)])
windows()
par(mfrow=c(2,1))
plot(rt,type="l",xlab="Time",ylab=" 日報酬率 ",main=" 大立光日報酬率的時間走勢 ")
hist(rt,breaks=100,main=" 大立光日報酬率的直方圖 ",ylab=" 次數 ",lwd=2,xlab=" 報酬率 ")
```

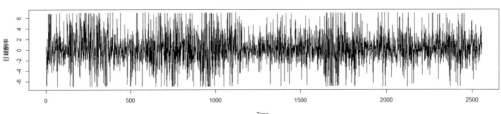

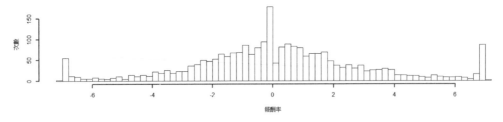

8. 續題 3，試編製並解釋通貨膨脹率之次數分配。

    ☞提示：
```
histpi = hist(pit,plot=FALSE)
histpi
```

9. 迴圈的練習。若 $x = 1:5$，$y = 0.3 + 0.5x$，試以迴圈的方式取得 y 值。

    ☞提示：
```
x = 1:5
y1 = 0.3+0.5*x
```

```
y1
# 迴圈
y = numeric(5)
for(i in 1:5)
{
y[i] = 0.3+0.5*x[i]
}
y # 比較 y 與 y1
```

1.4 善用網站所附的程式套件

有些資料，我們可以藉由 R 從網站直接下載，例如圖 1-4 內的時間序列歷史資料就是利用 tseries 與 quantmod 二個程式套件（可參考其操作手冊，可從 R 網站下載）。同理，圖 1-4 的程式內容為（可參考 ch1-1-4.R）：

```
# 從 yahoo 讀取資料
# 按 R 內左上角之程式套件之安裝
library("tseries")# 使用 tseries Package, 使用時網路須連線以便下載
```

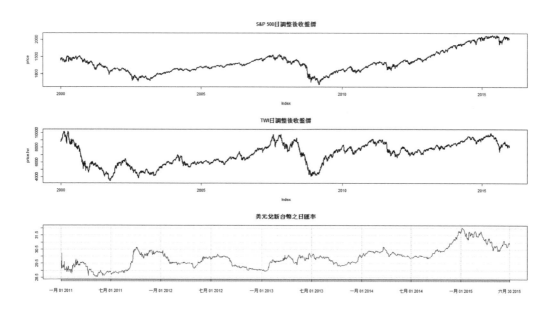

⚒ 圖 1-4：S&P 500、TWI 與美元兌新臺幣匯率之日收盤價時間走勢

```
price = get.hist.quote(instrument = "^gspc", start = "2000-01-01",
end = "2016-01-05",
quote="AdjClose")# S&P 500 之調整後日股價
head(price)# 檢視前面 6 個資料
tail(price)# 檢視最後 6 個資料
# 下載臺灣股市資料
price.tw = get.hist.quote(instrument = "^TWII", start = "2000-
01-01", end = "2016-01-05",
quote="AdjClose")# Taiwan Weighted Index 之調整後日股價
head(price.tw)
tail(price.tw)
## 從 GRED 下載美元兌新臺幣匯率資料
# 使用 quantmod Package
library(quantmod)
ex1 = getFX("USD/TWD",from="2011-01-01",to="2015-06-30")
ex1
tex = USDTWD
head(tex)
tail(tex)
windows()
par(mfrow=c(3,1))
plot(price,main="S&P 500 日調整後收盤價 ",lwd=2)
plot(price.tw,main="TWI 日調整後收盤價 ",lwd=2)
plot(tex,main=" 美元兌新臺幣之日匯率 ")
```

　　當然，R 之程式套件不會只有前述功能，本書有時候會使用不同的程式套件。

(習題)

1. 至英文 YAHOO 網站下載上海綜合指數與深圳 A 股指數日收盤價（自 2000/1/1
   至 2015/12/14）並分別繪出其走勢圖。

   ☞提示：library(tseries)

   ```
   price.ss = get.hist.quote(instrument = "000001.SS",
   ```

```
start = "2000-01-01", end = "2015-12-14",
quote="AdjClose")# 上海綜合指數之調整後日股價
price.SZSA = get.hist.quote(instrument = "^SZSA",
start = "2000-01-01", end = "2015-12-14",
quote="AdjClose")# 深圳 A 股指數之調整後日股價
head(price.ss)
tail(price.ss)
head(price.SZSA)
tail(price.SZSA)
windows()
par(mfrow=c(2,1))
plot(price.ss,type="l",ylab=" 收盤價 ",main=" 上海綜合指
數日收盤價之時間走勢 ",lwd=2)
plot(price.SZSA,type="l",ylab=" 收盤價 ",main=" 深圳 A 股
指數日收盤價之時間走勢 ",lwd=2)
```

2. 續上題，試將二序列股價轉成日簡單報酬率，再分別繪製直方圖。

3. 續上題，試利用上海綜合指數與深圳 A 股指數日簡單報酬率以每隔 7 個交易日以不重疊的方式，分別編製最大值與最小值之次數分配。

4. 至央行網站下載人民幣兌臺幣的匯率歷史資料（2004/1/2 － 2015/5/29 期間）並繪出其走勢圖。

   ☞提示：
```
exch = read.table("c:\\meiyih\\FinStats\\exercises\\ch1\\
exch.txt")
tai = exch[,2] # 美元兌新臺幣匯率
chi = exch[,3] # 美元兌人民幣匯率
chi_tai = tai/chi # 人民幣兌新臺幣
windows()
par(mfrow=c(3,1))
plot(tai,type="l",xlab="Time",ylab=" 日匯率 ",main=" 美元
兌新臺幣匯率之時間走勢 ")
plot(chi,type="l",xlab="Time",ylab=" 日匯率 ",main=" 美元
兌人民幣匯率之時間走勢 ")
plot(chi_tai,type="l",xlab="Time",ylab=" 日匯率 ",main="
```

人民幣兌新臺幣匯率之時間走勢 ")

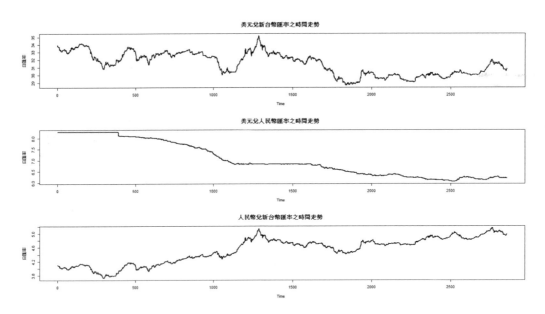

5. 存資料。續題 1，將二股價序列存檔。

　　☞提示：priceSS = price.ss

　　　　　priceSZSA = price.SZSA

　　　　　twoprice = cbind(priceSS,priceSZSA)# 合併二序列

　　　　　twoprice　# 注意二股價序列時間並不相同，二者皆會出現 NA 值，
　　　　　# 表示無資料

　　　　　write.table(twoprice,"x:\\FSR\\ch1\\twoprice.txt")

6. 讀取資料。續題 5，讀取所存的資料。

　　☞提示：two = read.table("x:\\FSR\\ch1\\twoprice.txt",header=T)
　　　　　# 文字檔內有名稱

　　　　　names(two)# 詢問名稱為何

　　　　　attach(two)# 接近 two 檔案

　　　　　x = AdjClose.priceSS # 重新命名

　　　　　y = AdjClose.priceSZSA

　　　　　x # x 內有 NA 值

　　　　　x = x[!is.na(x)] # 將 x 內之 NA 移除

　　　　　x

　　　　　windows()

```
par(mfrow=c(2,1))
plot(x,type="l",lwd=2)# 時間走勢線有 2 倍大
y
y = y[!is.na(y)] # 將 y 內之 NA 移除
plot(y,type="l",lwd=2)
```

第二節　何謂統計學？

若讀者真的按照上述所附的 R 程式「跑一次」，應該對統計學有一個初步的認識。顧名思義，統計學是一門有關「研究統計資料的學科（科學）」，就「財金統計學」而言，財金統計資料正是財金體系（如總體經濟、金融機構、政府政策以及國外財金體系等）的參與者所共同決定的產物。這之間有牽涉到各種決策（如效用極大化、利潤最大、成本最小、風險控管、避險、套利、財金政策或決策等行為）因素的交互影響，我們是否能「抽絲剝繭」找出財金統計資料背後所隱含的訊息？此的確是一個相當大的挑戰，這大概是（財金）統計學所欲回答的問題，也是大概我們為何要學統計學的目的。

若我們要使用一種比較嚴謹或科學的方式研究統計資料，當然需使用統計模型或方法。想像一個簡單的例子，假想看到上述台積電的 3,620 個日報酬率的歷史資料，一個有意義的問題是，這些資料（含股價）究竟從何而來？我們的知識是相當淺薄的，畢竟，我們事先猜不出來，我們更不知未來 10 年後的情況。我們若能得出一個能產生台積電日報酬率或日收盤價的模組或模型那就太棒了。只是這個模組讀者相信嗎？欲回答上述問題，我們至少可以反問三個問題：第一，該模組從何而來？當然不能憑空捏造，若是不能回答此問題，即使該模組有用，那也只能歸於「運氣好」。第二，該模組是否經過測試，使用該模組的風險為何？畢竟投資人對風險是敏感的。第三，該模組形成的方法是否可以推廣應用於其他國家股市，若能得到更多人的認同，其說服力不是更高嗎？

若是無法回答上述問題，那也只好「乖乖地」回來學習統計學，畢竟，於統計學內，它的確提供了相當多建立模組（模型）的觀念、工具及方法；另一方面，其他國家的財金學生，此刻也不是在「猛啃」統計學嗎？統計學的語言，世界都通。

2.1　隨機變數與機率分配

我們已經於 R 內使用變數來表示股價、報酬率、本益比、股利或匯率。這些

變數的共同特色是未看其內容之前，我們並不知其結果為何？換言之，我們是事後才知，事前並不知其為何。由於事前並不好預測（如同我們很難預測明日的收盤價或匯率水準一樣），統計學就稱此類變數為隨機變數（random variable），表示此類變數並不是「故意或被設計的」。既然如報酬率是屬於隨機變數，我們應如何面對？

面對未知的隨機變數，目前統計學家已想出如何處理。他們想出可以用機率（probability）表示。換言之，雖說無法預測明日的報酬率為何，不過，若是能推論出例如明日的報酬率會上升 2% 或超過 2% 的機率為 20%，我們就能進一步得到更多的相關資訊，而許多因未知或不確定的因素所造成遲滯的決策便可迎刃而解，因為統計學家的企圖並不只滿足於單一機率如 20% 的估計，他們還要估計其他的機率。若是所有可能的結果所對應的機率都被估計出來，此就是表示可以估計出一個機率分配（probability distribution）來。也許上述台積電日報酬率的產生模組，就是指台積電日報酬率的機率分配。

底下，我們介紹一種最簡單的機率分配：均等分配（uniform distribution）。顧名思義，均等分配是指於所分析的區段或時間內，每一個元素或時刻出現的機率都一樣。例如，朋友說他 20 分鐘內會到，他的意思是指在 1 – 20 分鐘內，每一分鐘會到的機率都一樣，那讀者的朋友應是均等分配的「高手」，他真的有去區分每分鐘嗎？（就讀者的朋友而言，他應該不經意說出那句話，沒想到其背後竟隱藏著均等分配的意義！）

在還未介紹如何使用均等分配之前，我們有必要多認識機率分配。顧名思義，機率分配就是「所有的機率所形成的分配」。當我們面對一件不能確定的事件，例如不能確定明日台積電的報酬率為何或是不能確定今年的經濟成長率為何時，我們並不是「束手無策」的。事實上，我們是可以進一步去劃分若干區段來表示不能確定的可能結果。例如今年的經濟表現可能有繁榮（經濟成長率 4% 以上）、持平以及衰退（經濟成長率 0% 以下）三種區段；是故，只要能估計出每種區段的機率，一個簡單的機率分配就成形了，於此例中我們可以將年底的經濟成長率視為隨機變數 x，則年底的經濟表現的機率分配可為：

$$f(x) = \begin{cases} 1/3 & \text{if } x \geq 4\% \\ 1/3 & \text{if } 0 < x < 4\% \\ 1/3 & \text{if } x \leq 0 \end{cases} \qquad (1\text{-}2)$$

其中 $f(x)$ 表示對應的機率。(1-2) 式是假想機率分配是一種均等分配。讀者亦可憑自己的直覺估計出年底經濟表現的機率分配，但要記得機率值須介於 0 與 1 之間，所有機率值的加總須恆等於 1。

當然，簡單如 (1-2) 式的機率分配未必能符合複雜的經濟環境或財金事件之所需，所幸目前統計學已發展出相當多且繁瑣（其背後可對應至複雜的數學模型）的機率分配可供我們選擇參考。透過電腦如 R 的模擬，即使是基礎的統計學課程，我們也可見識到複雜機率分配的雛型。因此，底下我們藉由均等分配的模擬，讓我們得知任何一個機率分配的特徵。模擬結果如圖 1-5 所示。

我們可以從任何一個機率分配內「抽出」它的實際值，例如圖 1-5 的 (a) 圖是從一個均等分配中抽取出 100 個實現值的散布圖；此時隨機變數為 $x_1, x_2, \cdots, x_{100}$，每個 x_i 的範圍為 $0 < x_i < 1$（因此，所謂的均等分配指的是介於 0 與 1 的值，出現的機率都一樣）；換言之，在尚未抽出之前，我們的確無法得知 x_i 的值為何，但若抽出後，例如前面 3 個值分別為 $x_1 \approx 0.2876$、$x_2 \approx 0.7883$ 與 $x_3 \approx 0.4090$。我們事先有辦法預測出前面的 3 個值嗎？因此，若要預測隨機變數 x_{77} 的值為何，是不是像要預測台積電未來 77 個交易日後的日報酬率一樣困難！不過，統計學已經教我們可以將台積電未來的日報酬率視為是一種隨機變數，現在的問題是：「究竟台積電未來的日報酬率的機率分配是否是均等分配？」。直覺而言，讀者認為如何？若縮短日報酬率的範圍如 –2% 至 2%，情況又是如何？可思考如何用 R 幫你實現。

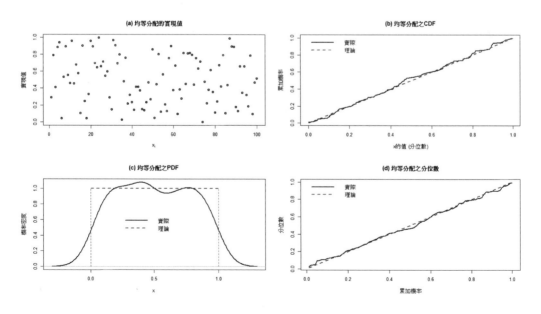

▲ 圖 1-5：均等分配的四種特徵

圖 1-5 的觀念是可以推廣的，於 (a) 圖我們是使用 *runif*(100) 指令，其中 r 表示隨機變數，*unif* 表示均等分配（其隨機變數的值是介於 0 與 1 之間），100 是表示抽出 100 個觀察（實際）值。換言之，如果有一種機率分配稱為標準常態分配（normal distribution）*norm*，則 R 指令 *rnorm*(100) 是表示何意思？

瞭解機率分配的隨機變數是什麼意思後，接著我們來看機率分配的另一個特徵，如 (b) 圖所示。(b) 圖是繪出上述 100 個實現值的實際與理論的累加分配函數（cumulative distribution function, CDF）。顧名思義，CDF 是指分別計算例如 x 的值小於等於 0.1、小於等於 0.2 ……的（累積）機率；若以台積電的日收盤價（報酬率）為例，台積電的日收盤價（報酬率）的實際 CDF 是指分別計算例如日收盤價（報酬率）小於等於 20 元（1%）、小於等於 30 元（2%）、小於等於 40 元（3%）……的機率。

與 CDF 相對應的是 (d) 圖，(b) 圖是繪出不同的 x 值下的累積機率，按照統計學的術語，「x 的值」可稱為分位數（quantile）；因此，(d) 圖是繪出不同機率下所對應之分位數，可注意兩圖內座標之差異。類似 (a) 圖的情況，此時應注意 R 指令下之 *punif* 與 *qunif* 之不同，前者是計算機率值（分位數為已知），後者則反推分位數（機率為已知）。(c) 圖表現出機率分配的最後一個特徵，就是繪出機率分配的形狀，我們可稱此為機率密度函數（probability density function, PDF）[9]，其是使用 *dunif* 之 R 指令。圖 1-5 的 R 指令可為（可參考 ch1-2-1.R）：

```
# uniform distribution
?runif
x = runif(10)# 從均等分配 ( 介於 0 與 1 之間 ) 抽出 10 個資料
x
y = seq(0,1,length=100)# 於 0 與 1 之間分成 100 等份
y
?ecdf # 詢問 ecdf 為何意
windows()
par(mfrow=c(2,2))
set.seed(123)# 抽取或模擬的源頭
x = runif(100)
```

9　本節所使用到的統計學術語，未來的章節會再詳述。

```
head(x)
T = 1:100 # T 為 1,2,3,...,100
plot(T,x, type="p", xlab=expression(x[i]), lwd=2,
ylab=" 實現值 ", main="(a) 均等分配的實現值 ")
Fx = ecdf(x)
Fx
Fx(x) # 取得實際的 CDF 其是一個函數
y1 = Fx(x)
plot(sort(x),sort(Fx(x)), type="l",main="(b) 均 等 分 配 之 CDF",
lwd=2, xlab="x 的值 ( 分位數 )", ylab=" 累加機率 ")
lines(y,punif(y), lty=2, col="red", lwd=2)
legend("topleft", c(" 實 際 "," 理 論 "), col=c("black","red"),
lty=1:2, bty="n",lwd=2)
plot(density(x),main="(c) 均等分配之 PDF", xlab="x", ylab=" 機率
密度 ",lwd=2)
lines(y,dunif(y),lty=2, col="blue",lwd=2)
segments(0,0,0,1,lty=2,col="blue")
segments(1,0,1,1,lty=2,col="blue")
legend("center", c(" 實 際 "," 理 論 "), col=c("black","blue"),
lty=1:2, bty="n",lwd=2)
ep = knots(Fx)# 從 Fx 內截取實際的分位數
y1 = sort(y1)
plot(y1,quantile(ep,prob=y1),main="(d) 均 等 分 配 之 分 位 數 ",
type="l", lwd=2,
   xlab=" 累加機率 ",ylab=" 分位數 ")# y1 是機率
lines(y1,qunif(y1),lty=2,col="red",lwd=2)
legend("topleft", c(" 實 際 "," 理 論 "), col=c("black","red"),
lty=1:2, bty="n",lwd=2)
```

注意上述指令，讀者可試著分別出 *runif*、*dunif*、*punif* 與 *qunif* 之不同[10]。透

10 是否可以再分別出 *rnorm*、*dnorm*、*pnorm* 與 *qnorm* 之不同，可回想 *norm* 是表示標準常

過圖 1-5 的瞭解，讓我們意識到每一個機率分配最起碼有其唯一、獨特的 CDF 或 PDF；因此，若有實際未知分配的觀察值，我們可試著估計觀察值的實際 CDF 或 PDF 是否符合我們熟悉的分配。由於圖 1-5 的實際觀察值是來自於均等分配，故我們可以從 (b) 與 (d) 圖內看出「理論與實際」頗為一致，二者差距不大；另一方面，亦可注意到均等分配的 CDF 與分位數函數各呈 45 度直線，表示均等分配的模擬值是介於 0 與 1 之間，而機率值也是介於 0 與 1 之間，二者出現的可能性是相同的。

利用前述台積電日報酬率資料，我們可估計其機率分配的四個特徵，如圖 1-6 所示。於圖 1-6，我們可看出因有過多的 0 報酬率，使得 (b) 與 (d) 圖內的曲線有中斷的現象。若將多餘的 0 報酬率去掉，上述現象即可消失，如圖 1-7 所示。圖 1-6 與圖 1-7 所對應的 R 程式，可參考 ch1-2-1a.R。

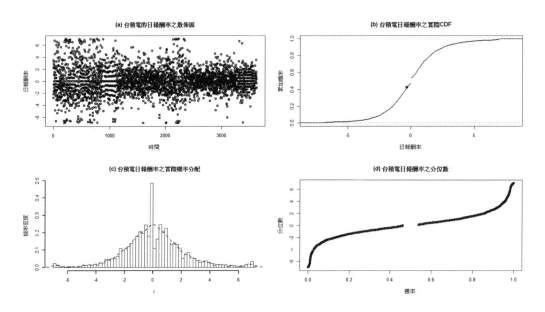

▲ **圖 1-6**：台積電日報酬率的四種特徵

從圖 1-7 可知，台積電日報酬率大致介於 −7% 與 7% 之間，正負日報酬率有呈現對稱的傾向；有意思的是，日報酬率出現具有「雙峰」的特性，顯示出台積電日報酬率比較容易出現於 −2% 與 2% 之間，故台積電日收盤價難出現「大起大落」的現象，或者是台積電是一檔眾所矚目的股票，「多空的力道相當」。我們也可從日報酬率 CDF 曲線呈 S 曲線得到類似的結果；不過，若仔細觀察圖 1-8 之 (b) 圖與

態分配。

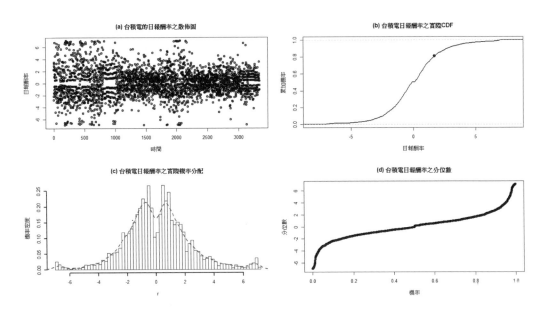

▲ 圖 1-7：圖 1-6 內去除日報酬率等於 0 的情況

標準常態分配（顧名思義，就是左、右相互對稱的分配，有關常態分配的意義及特性，後面章節將會介紹）的 CDF 比較，可發現日報酬率由負值轉成正值時，其對應到的機率上升的幅度約略高於常態，此似乎隱含著日報酬率有可能稍有右偏的傾向，但是觀察 (d) 圖內的分位數函數又與常態分配不分軒輊，故右偏的情況應不太嚴重。

　　於圖 1-8 的 (c) 圖內，可看出台積電日報酬率分配並非「常態」，相對於常態分配而言，台積電日報酬率的分配具有「高峰且厚尾」的特色[11]，此乃財金資料普遍擁有的特殊性，讀者可用其他財金資料驗證看看並嘗試解釋其背後的含義。圖 1-8 的 R 程式，可參考 ch1-2-1a.R。

　　類似以上的分析，讀者亦可嘗試繪製台積電日收盤價分配（此處不再贅述）。若有嘗試，應可發現其分配有點右偏（即右邊尾巴比較長），但是大部分的股價仍集中於 60 元以下，我們可以用其他方式得到更多的資訊如下：實際股價小於等於 40.41 元的機率為 0.4643、實際股價小於等於 53.039 元以下的機率為 0.70、小於

---

11 其實從圖 1-8 之 (a) 圖內可看出台積電標準化後之日報酬率的實際觀察值（以黑色點表示），相對於標準常態分配的實際值而言，有不少出現於 3 與 –3 之外（極端值），此可與「高峰厚尾」相呼應，有關於此一部分，第 3 章會介紹並解釋；至於「標準化」的意義，後面章節有介紹常態分配時自會解釋。

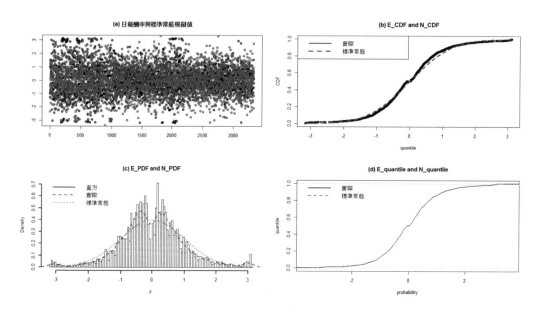

∧ 圖 **1-8**：台積電日報酬率與標準常態分配之比較

等於 76.08 元以下的機率為 0.85 以及小於平均股價的比率約為 0.65。上述結果的 R
指令為：

```
# 小於平均股價的比率
p = as.numeric(tsmcp<mean(tsmcp))
pbar = sum(p)/length(tsmcp)
pbar
# 計算不同機率下之分位數
?quantile
quantile(tsmcp,prob=0.46)
quantile(tsmcp,prob=0.7)
quantile(tsmcp,prob=0.85)
```

習題

1. 試於均等分配（介於 0 與 1）內抽出 2 個觀察值並解釋其意義。

　　☞提示：x = runif(2)

　　　　　　x

2. 試於標準常態分配內抽出 5 個觀察值並解釋其意義。

3. 直覺而言，均等分配（介於 0 與 1）內小於 0.4 的機率為何？

   ☞提示：prob = punif(0.4)

   　　　　prob

4. 標準常態分配內小於 0.4 的機率為何？

   ☞提示：prob1 = pnorm(0.4)

   　　　　prob1

5. 若 x 是均等分配（介於 0 與 1）的隨機變數，x 值應為多少使得大於等於 x 的機率為 0.7 ？

   ☞提示：x = qunif(0.3)

   　　　　x

6. 若將上題的均等分配改成標準常態分配，則 x 值應為多少？

7. 試繪出標準常態分配的 PDF 與 CDF 並分別解釋其意義。

   ☞提示：x = seq(-4,4,length=100)# 從 -4 遞增至 4 之間共有 100 個值

   　　　　# (含 -4 與 4)

   　　　　x

   　　　　windows()

   　　　　par(mfrow=c(2,1))

   　　　　plot(x,dnorm(x),type="l",ylab="")

   　　　　plot(x,pnorm(x),type="l",ylab="")

8. 函數的意思。假定 $f(x) = 3x^2+1$，可以知道 $f(-1) = 4$ 或 $f(2) = 13$；如何於 R 內設 $f(x)$ 函數？

   ☞提示：f = function(x)3*x^2 + 1

   　　　　f(-1)

   　　　　f(2)

9. 前述上海綜合證券指數最近 10 個交易日的收盤價依序分別為 1,269.14、1,255.59、1,243.47、1,227.40、1,231.05、1,206.92、1,201.65、1,208.19、1,205.63 以及 1,200.11。試估計上述 10 個資料的 CDF（實證的 CDF）且與使用 ecdf 函數指令比較。提示：先將上述資料從小到大排列，則第一個資料出現的機率為 1/10，第二個資料出現的機率為 2/10，第三個資料出現的機率為 3/10，依序類推。

   ☞提示：T = price.ss

```
p1 = as.numeric(price.ss[(T-9):T])# 去除時間
p1
sort(p1)
ecdfp1 = ecdf(p1)# ecdfp1 是一個函數
p1[4] # 其為 6/10
ecdfp1(p1[4])# 計算出 p1 內第 4 個元素之累積機率
```

10. 利用上述上海綜合證券指數所有的樣本資料，轉成簡單日報酬率後，試估計其 PDF 與 CDF。

    ☞ 提示：
    ```
    x = as.numeric(price.ss)# 去除時間
    T = length(x)
    xr = 100*(x[2:T]-x[1:(T-1)])/x[1:(T-1)]
    sxr = sort(xr)
    F = ecdf(sxr)# 估計 CDF
    F(sxr)# 以函數型態表示如 f(x)
    densitysxr = density(sxr)# 估計 PDF
    densitysxr
    windows()
    par(mfrow=c(2,1))
    plot(densitysxr,xlab=" 日報酬率 ",main=" 上海綜合指數日報
    酬率之估計 PDF",lwd=2)
    plot(sxr,F(sxr),type="l",xlab=" 日報酬率 ",ylab=" 估計之
    CDF", lwd=2, main=" 上海綜合指數日報酬率之估計 CDF")
    ```

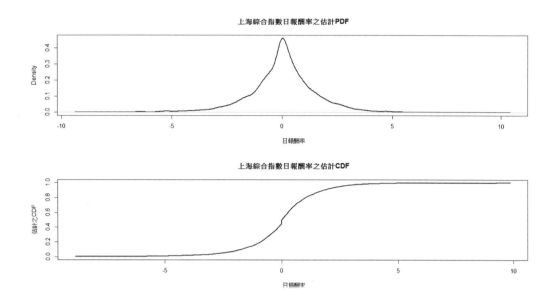

11. 利用前述大立光的樣本序列資料（2005/1/4 － 2015/4/28），可以計算出其日報酬率的平均數約為 0.1728%。若令此樣本平均數為 m，則一個簡單的大立光日報酬率模型可以寫成：

$$r_t = m + u_t$$

其中 r_t 表示第 t 期大立光日報酬率，u_t 表示第 t 期的誤差項。上式的意思是表示實際的大立光日報酬率序列是圍繞於其平均數附近；一個有意思的思考是上述的誤差項是什麼？會稱為誤差，表示事前猜不出來其值是什麼？類似的情況，我們有辦法猜出 $rnorm(1)$ 的值是什麼嗎？因此，若以 $rnorm(1)$ 取代上述的 u_t，我們豈不是可以模擬出大立光的日報酬率序列嗎？試分別繪出實際大立光的日報酬率序列及其模擬序列。

☞提示：rnorm(1)

```
rnorm(1)
p = largan[,1] # 大立光日收盤價
T = length(p)
rt = 100*(p[2:T]-p[1:(T-1)])/p[1:(T-1)]
T = length(rt)
srt = numeric(T)
for(i in 1:T)
```

```
{
 srt[i] = mean(rt)+ rnorm(1)
}
windows()
par(mfrow=c(2,1))
plot(rt,type="l",xlab="Time",ylab=" 日報酬率 ",main=" 實
際的大立光日報酬率序列之時間走勢 ")
plot(srt,type="l",xlab="Time",ylab=" 日報酬率 ",main=" 模
擬的大立光日報酬率序列之時間走勢 ")
abline(h=mean(rt),lty=2,col="red")
mean(rt)/100
```

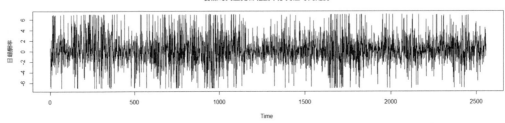

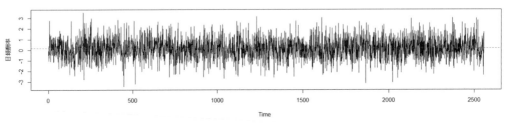

12. 其實次數分配圖與 PDF 的圖形頗為類似，後者可以視為前者以圓滑的曲線表示。試於標準常態分配中抽出 10,000 個觀察值後，再畫出其次數分配圖；接下來，使用 density 指令估計其 PDF。比較二者之異同。

    ☞提示：`set.seed(1234)`

    ```
    x = rnorm(10000)
    windows()
    par(mfrow=c(3,1))
    hist(x,breaks=100,main=" 標準常態觀察值之次數分配 ",
    ```

```
xlab="x")
plot(density(x),main=" 標準常態觀察值之估計的 PDF",
xlab="x")
hist(x,breaks=100,prob=T,main=" 次數分配與估計的 PDF",
xlab="x")# 以機率密度表示
lines(density(x),col="red",lwd=2)
```

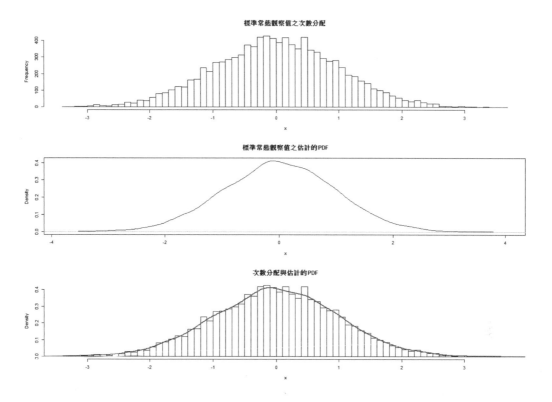

2.2 統計推論

有了隨機變數與機率分配觀念後，我們再來思考，取十多年台積電日收盤價或計算報酬率的目的為何？也許十多年是太長了，畢竟十年前的我們與現在是不一樣的；不過，若是對台積電有興趣的投資人，難道不會看看過去台積電日收盤價或報酬率嗎？假定投資人取台積電最近一個月的日收盤價當作投資參考，其行為已經可視為在做某種程度的「統計推論」（statistical inference）了，該投資人就是認為可以用最近一個月的日收盤價幫助他推測台積電未來真正的收盤價。

　　若我們有「未卜先知」的能力，我們當然可以知道未來台積電真正的收盤價或報酬率只有一個或多個（未來台積電會出現結構改變）；但是，我們並沒有預知未來的能力，那該如何？面對未來不是很確定的情況下，預測未來的機率分配似乎是一件可行的事。事實上，世上的每個人不是經常在做這件事嗎？「未來希望成為分析師、老師、律師或其他職業」，我們應該幫他們重新定義：「未來成為一位分析師的可能性有多大？成為老師的可能性有多高？……」。是故，我們可以定義一個標的，這個標的就稱為「母體（population）」。

母體：它可以代表全部、代表整體、有可能可數（如全體選民）、也有可能不可數（如未來讀者所能賺到的財富）、有可能是未知的現象或其可以用一個機率分配來表示，但是它是未知的。

樣本（sample）：它是母體的一個部分。是已知的。

　　所謂的統計推論，就是使用統計方法由樣本去推估母體。我們之前花了那麼多的功夫，無非就是要推測母體；一個民意調查機構抽出 2,000 個家庭（即樣本），詢問是否支持 12 年國教，無非就是希望用 2,000 個樣本去預測全部家庭（即母體）是否支持 12 年國教；讀者檢視自己的能力興趣，無非就是要「預期」未來會從事什麼行業……。我們可以看到一連串的「統計推論」，無時無刻都在進行。就讀者而言，你能想像所追求的「母體」，現在成長成什麼樣子？

習題

1. 母體的個數有可能是有限的，試舉例說明。（有資格擔任總統候選人的民眾）
2. 母體的個數有可能是無限的，試舉例說明。（全宇宙星球個數）
3. 直覺而言，我們應如何從母體抽出樣本而後者才能適當地代表前者？（公平）
4. 不少民意調查機構利用電話簿抽取樣本，有何缺點？（電話簿並不是母體）

第三節　R 的簡介

如前所述，R 是一個免費軟體，其目的是提供一個用於統計計算與分析的程式語言。R 可於 http://www.r-project.org/ 網站下載。初次下載，可先進入上述網站後，點選左側 Download 下之 CRAN 鍵後，隨即出現詢問欲從何處下載，我們可以選 Taiwan 下之 ntu（臺大網站）（或點選任一美國大學內的網站）後，即出現欲使用何 R 操作系統的畫面，若使用 Windows 系統，點選 Download R for Windows 鍵後，再點選 base 鍵，即出現 Download R 3.2.1 for Windows 鍵（下載的時間不同，會出現不同版本的執行檔），再點選進去後，即可下載 R 3.2.1 執行檔。換言之，本書所有 R 程式皆是使用 R 3.2.1 操作，按 R 3.2.1 執行檔後，應不須作何修改，即可將 R 輸入讀者的電腦內。於讀者的電腦桌面上，尋找 R，點選後於螢幕應會出現底下的結果：

R version 3.2.1(2015-06-18)-- "World-Famous Astronaut"
Copyright(C)2015 The R Foundation for Statistical Computing
Platform: x86_64-w64-mingw32/x64(64-bit)

R 是免費軟體，不提供任何擔保。
在某些條件下，您可以將其自由散布。
用 'license()' 或 'licence()' 來獲得散布的詳細條件。

R 是個合作計劃，有許多人為之做出了貢獻。
用 'contributors()' 來看詳細的情況，並且
用 'citation()' 會告訴您如何在出版品中正確地參照 R 或 R 套件。

用 'demo()' 來看一些示範程式，用 'help()' 來檢視線上輔助檔案，或
用 'help.start()' 透過 HTML 瀏覽器來看輔助檔案。
用 'q()' 離開 R。

　　　>

　　於 第 一 節 內， 我 們 曾 使 用 二 個 程 式 套 件， 即 library(tseries) 與 library(quantmod)；換言之，若於 R 程式內有看到 library(·) 指令，即可於 R 內先下載上述指令小括號內之程式套件。以 library(tseries) 為例，下載的步驟為：進入 R 後（即出現上述畫面），可以看到左上角有程式套件鍵，點選後可選擇安裝程式套件鍵，點選後，隨即出現詢問欲從何處下載的畫面，依舊點選 Taiwan 之 ntu 網站，隨即會出現許多可以下載的程式套件，選取所要的標的，如 tseries，R 會自動輸入此程式套件，完成後，讀者的 R 內已有此程式套件，下次使用並不需再重新下載，不過於程式內仍然需輸入 library(tseries) 指令，以提醒 R 即將輸入的指令或函數是出自此程式套件。

換句話說，每種程式套件皆有其特殊的指令或函數，讀者可從 R 網站內尋找 Packages 鍵，點選後，再尋找程式套利的操作手冊（或直接於 Google 內輸入程式套件名稱）；程式套件的操作手冊皆為 PDF 檔，不過，一般皆不容易閱讀，可先從操作手冊裡面的例子瞭解其意思。

完成上述步驟後，就可以執行本書所提供的 R 程式；無可避免地，萬事起頭難，讀者應不難熟悉 R，只不過除了閱讀外，仍需經常使用電腦實際操作。底下我們分成幾個方向介紹 R（可參考 ch1-3.R）。本節（或本章）的內容可以當作隨時可以「翻閱」的參考。

(3.1) 基本的指令

當然，若遇到一個陌生的指令或函數，第一個步驟可用 help 或 ?，例如我們想要知道 plot 指令如何使用，可於 R 內輸入 help(plot) 或 ?plot，R 會自動出現說明的畫面，可先從所附的例子瞭解其用法。

3.1.1 輸入資料

我們已經見識過資料可用變數表示，例如令 $x = 10$，可於 R 內輸入：

```
x = 10
x
```

隨即於螢幕上會顯示出：

```
> x
[1] 10
```

其中，中括號內之值為 1 是表示 x 變數內第 1 個元素為 10。若令 y 內有 2,4,6,8 四個元素，則可輸入：

```
y = c(2,4,6,8)
y
```

其中 c(‧) 表示合併；換言之，若輸入：

```
z = c(y,x)
```

讀者可猜 z 為何？若要找出 z 內的第 3 與 4 個元素，則輸入：

```
z[3:4]
```

我們也可於 R 內將資料以矩陣表示：

```
Y = matrix(0,2,3)# Y 矩陣 2 列 3 行裡面的元素皆為 0
Y #應注意大小寫之不同
y
dim(y)# y 不是矩陣或向量
y = matrix(y,1,4)# 將 y 改以向量表示
dim(y)# 1 列 4 行
dim(Y)
```

學習 seq() 函數指令，於尚未輸入下列指令之前，讀者不妨先猜猜會有何結果？

```
h = seq(1:15)
h
k = seq(from=1,to=15,length=100)
k
j = seq(1,15,by=1.5)
j
```

讀取資料（本書資料全存於文字檔）：

```
tsmcpper = read.table("c:\\meiyih\\Finstats\\ch1\\tsmcpper.txt")
# 讀取資料
tsmcp = tsmcpper[,1] # 令第一行為股價
tsmcper = tsmcpper[,2] #令第二行為本益比
```

```
TWIm = read.table("c:\\meiyih\\Finstats\\ch2\\TWIm.
txt",header=T)# 文字檔內有變數的名稱
names(TWIm)# 裡面變數名稱，其中有開盤價
attach(TWIm)# 接近此檔案
開盤價 = ts( 開盤價 ,start=c(2000,1),frequency=12)# 變數有對應的
# 時間
開盤價
```

3.1.2 簡單的操作

試下列指令：

```
x = 1:10
y = 1:6
z = x^(1/3)
z
d = x != 2
d
i = y >= 3
i
as.numeric(d)# 1 為真 0 為假
as.numeric(i)# 1 為真 0 為假
sum(x)
max(x)
min(x)
var(x)
sd(x)
range(x)
```

✓ **表 1-1**：基本的操作

數學		比較		邏輯	
+	加	<	大於	!x	邏輯上的不
—	減	>	小於	x&y	邏輯上的且
*	乘	<=	小於等於	x|y	邏輯上的或
/	除	>=	大於等於		
^	次方	=	相等		
		!=	不等於		

✓ **表 1-2**：基本的資料處理

sum(x)	總和 x 內之元素	*mean(x)*	x 之平均數
max(x)	x 內之元素最大值	*median(x)*	x 之中位數
min(x)	x 內之元素最小值	*var(x)*	x 之樣本變異數
range(x)	x 之全距	*sd(x)*	x 之樣本標準差
length(x)	x 之長度或個數	*cov(x, y)*	x 與 y 共變異數
log(x)	x 之對數值	*cor(x, y)*	x 與 y 相關係數
exp(x)	x 之指數值	*quantile(x, p)*	x 之第 p 個分位數
sqrt(x)	x 之開根號		
	library(moments)		
skewness(x)	x 之偏態值	*kurtosis(x)*	x 之峰態值

```
library(moments)
skewness(x)# 計算偏態係數 可參考下一章
kurtosis(x) # 計算峰態係數 可參考下一章
x1 = rnorm(20)# 從標準常態分配內抽出 20 個觀察值
x1
kurtosis(x1)
sort(x1)
y1 = runif(20)# 從均等分配內抽出 20 個觀察值
cov(x1,y1)# 計算共變異數 可參考下一章
cor(x1,y1)# 計算相關係數 可參考下一章
log(x)
exp(x)
sqrt(x)
```

3.1.3 矩陣的操作

本書有可能會用到矩陣（矩陣的介紹，可參考本書第 11 章），因為將資料用矩陣儲存，可以節省相當大的空間。可以試試下列矩陣的操作：

▽ **表 1-3**：簡易的矩陣操作

$matrix(mn, m, n)$	m 列 n 行之矩陣	$solve(X)$	X 之逆矩陣
$rbind(r_1, r_2)$	列合併	$eigen(X)$	X 矩陣之特性根
$cbind(c_1, c_2)$	行合併	$t(X)$	X 矩陣之轉換
$diag(n)$	對角矩陣	$X\%*\%Y$	X 矩陣 Y 矩陣相乘
$X[2,3]$	取出 矩陣 2 列 3 行元素	$X[,2]$	取出 X 矩陣第 2 行元素

```
# 矩陣的操作
X = matrix(c(1,2,3,4),2,2)# 2 列 2 行
X
X_1 = solve(X)# X 之逆矩陣
X_1
X_1%*%X # 矩陣之相乘
x = matrix(c(1,2),1,2)# 列向量
x
y = matrix(c(1,2,3),3,1)#行向量
y
t(y)# y 之轉置矩陣
t(x)
r1 = matrix(runif(10),10,1)
r1
r2 = matrix(runif(10),10,1)
r2
r = cbind(r1,r2)# 行合併
r
r[4,2]
r[,1]  # 取出 r 之第 1 行
```

```
r[2,]   # 取出 r 之第 2 列
diag(3)# 對角矩陣其值皆為 1 其餘為 0
eigen(X)# X 之特性根與向量
```

3.2 統計分配

▷ **表 1- 4**：常見的機率分配

$rbinom(x, n, prob = p)$	於二項分配 n 次實驗成功的機率為 p 內抽出 x 個觀察值
$rpois(n, \lambda)$	從卜瓦松分配其平均數為 λ 內抽出 n 個觀察值
$rnorm(n, mean = 0, sd = 1)$	抽出 n 個平均數為 0 標準差為 1 之常態分配觀察值
$runif(n, n_1, n_2)$	抽出 n 個介於 n_1 與 n_2 之間之均等分配觀察值
$rt(n, v)$	抽出 n 個自由度為 v 之 t 分配觀察值
$rchisq(n, v)$	抽出 n 個自由度為 v 之卡方分配觀察值
$rf(n, v_1, v_2)$	抽出 n 個分子分母自由度分別為 v_1 與 v_2 之 F 分配觀察值

統計學的特色之一，就是會介紹與應用許多特殊的機率分配，我們之前已經有見識到均等分配 *unif* 與標準常態分配 *norm*，同時也提醒讀者應分別出 *runif*、*punif*、*dunif* 與 *qunif* 或者 *rnorm*、*pnorm*、*dnorm* 與 *qnorm* 之差異。表 1-4 亦列出其餘之分配；不過，表內每種分配只列出開頭有 *r* 的情況，讀者自然可將其推廣，後面章節皆會使用到，可留意每章節所附之 R 程式應用。

```
# 統計分配
x = rbinom(100,3,0.5)# 從二項分配 3 次試驗，成功的機率為 0.5 內抽出
#100 個觀察值
windows()
hist(x,prob=T)
pbinom(2,3,0.5)# 累加機率
y = rpois(100,lambda=2)# 從卜瓦松分配其平均數為 2 內抽出 100 個觀察值
windows()
hist(y,prob=T)
```

⬭3.3 較複雜的情況

上述介紹的 R 指令或函數，大多屬於比較單純或直接的情況，不過若是綜合這些指令，不難出現稍微複雜的程式，其目的大多為節省空間或取代重複的步驟。

3.3.1 自訂函數

若程式內出現頻繁重複的步驟，重新整理一下思路，不僅可降低電腦執行的時間，同時也可精簡程式的內容，以提高程式執行上的效率。底下，以一個例子說明如何於 R 內設計屬於自己的函數。我們設計一個名為 t_meandiff(x,y）的函數：

```
# 自訂函數
t_meandiff = function(x,y)
{
m = length(x)
n = length(y)
sp = sqrt(((m-1)*sd(x)^2+(n-1)*sd(y)^2)/(m+n-2))
t_stat =(mean(x)-mean(y))/(sp*sqrt(1/m+1/n))
return(t_stat)
}
x = rnorm(20,mean=0.5)
y = rnorm(10,mean=0.3, sd=0.2)
t_meandiff(x,y)
```

於其中函數的一般化格式可寫成：

```
名稱 = function(x,y)
{

return( 變數 )
}
```

其中 x 與 y 表示欲計算的二序列。上述函數是用於計算二母體平均數差異的檢定統計量，我們可以留待後面適當的章節再解釋於其內的意義；不過，透過上述函數的介紹，可知許多 R 指令就是使用類似的函數完成。一旦於 R 內輸入（使用 source() 指令），例如之前的 t_meandiff 函數，下一次即不需重新輸入，就能使用上述函數。

3.3.2 迴圈與條件

無法避免地，有些時候我們會使用迴圈的技巧，此尤其表現於需要使用模擬方法取代繁瑣的數學證明；換言之，本書的一大特色就是盡量不用複雜的數學操作，取代的是以模擬的方式說明某些性質或特徵，我們相信利用此方式反而能使讀者更易掌握我們想要傳達的訊息。是故，若欲瞭解本書所使用的模擬方法，熟悉迴圈的技巧是必備的要件。底下，我們利用一個簡單的例子，以說明利用迴圈創造或得到一個新的變數。於 R 內輸入下列指令，同時思考其代表何意思？

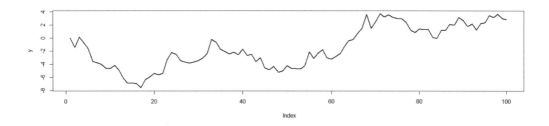

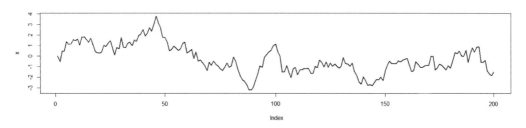

⋀ 圖 1-9：二個模擬的序列

```
# Using loops
T = 100
y = numeric(T)# y 變數內共有 T 個元素皆為 0
set.seed(12)
for(i in 2:T)
```

```
{
 y[i] = 0.05 + y[(i-1)] + rnorm(1)
}
windows()
par(mfrow=c(2,1))
plot(y,type="l",lwd=2)
# using while
T = 200
i = 2
x = numeric(T)# x 變數內共有 T 個元素皆為 0
while(i <= T)
{
  x[i] = x[(i-1)] + rnorm(1)
  i = i+1
}
plot(x,type="l",lwd=2)
```

　　上述指令有使用到 *for* 與 *while* 指令，讀者可以分出其間的差別嗎？上述程式是說明 y 與 x 二個變數內皆有 T 個元素，每個變數的第 1 個元素皆為 0，從第 2 個元素開始，其值的形成可分成二部分：其一是受到前一個元素（外加一個常數）的影響，另一個則來自於一個標準常態分配的觀察值；按照此步驟直到得到第 T 個元素值為止。為何我們要模擬出類似 y 與 x 二個變數？一個簡單的資產價格形成模型不就是如此嗎？今天的價格不就是昨天的價格再加上一個未知項嗎？我們的確不知那個標準常態分配的觀察值為何？讀者可輸入看看。因此，若不使用迴圈技巧，的確需費點勁方能模擬出變數來。

　　上列程式 i 值分別依序等於 2, 3, 4, …, T，故迴圈是指重複 T−1 個相同的步驟。另一方面，上列程式內有 *set.seed*(12) 指令，讀者可試著省略此指令看看，多執行幾次程式，於圖 1-9 內的 y 與 x 值會有不同，但是若有包括此指令，則就會繪出如圖 1-9 內的圖形；因此，*set.seed*(12) 指令只不過告訴 R 要得出相同的模擬值，小括號內之值是隨意給的數字，讀者也可試其他任意的數字，此相當於告訴 R 從讀者給的數字開始抽取資料（模擬）。

　　有些時候我們可能會講出：「若某條件成立時，則……」，或是「若某條件成立時，則……，否則……」。我們可以先看下列 R 程式：

```
# 條件
# 上述 TSMC 之報酬率
r = 100*(tsmcp[2:T]-tsmcp[1:(T-1)])/tsmcp[1:(T-1)]  #2:T 表示第
#2 至第 T 個
T = length(r)
T
r1 = numeric(T)
r2 = numeric(T)
for(i in 1:T)
{
   if(r[i] <= -2)
   {
  r1[i] = r[i]
   }
   else
   {
  r2[i] = r[i]
   }
}
del = r1 == 0
del
del1 = as.numeric(del)#true 為 1,false 為 0
del1
r1a = r1[-del1==0] # 去除 0 之元素
r1a
del2 = as.numeric(r2==0)
r2a = r2[-del2==0]
r2a
```

　　上述指令是先將 TSMC 日收盤價轉換成報酬率，然後再依日報酬率的個數設立二個變數，我們有興趣的是要將日報酬率分成二部分：其一是報酬率小於等於 –2%，另一則是大於 –2% 的情況。此時我們可以使用條件指令，當然也需要使用迴圈，我們必須逐一比較；因此，透過條件指令，我們可以將報酬率分別存於小於等於 –2% 以及大於 –2% 的二個變數，然後再刪去不符合條件的元素（符合條件為 1 否則為 0）。

　　上述所有指令，應注意中括號的使用。最後，值得一提的是，讀者也可於文字檔內輸入 R 程式（或於 R 內按左上角檔案內的建立新的命令稿），存檔後（R 之檔案是名稱 .R，當然名稱是讀者自己取的，要記得後要有 .R），就可執行（按編輯鍵）。如此就可擺脫重新再輸入的困擾。

第四節　結論

於本章我們介紹 R 的概略使用方式，讀者並不用擔心能否熟悉 R 的操作，畢竟有許多指令或函數是會一直重複出現的；事實上，整體 R 的操作是龐大的，更何況，R 並非只應用於財金領域，尚有其他專業領域亦使用 R。因此，若閱讀 R 的書籍或其使用手冊，對於初學者而言，往往會因有過多的指令或函數而半途而廢，此種結果當然不是我們樂見的；是故，我們的建議是：可以逐一輸入本書所附的 R 程式，同時觀察其結果，從結果當中去瞭解指令或函數的意義，然後再去查詢此指令或函數的說明；因此，閱讀本書的訣竅就是要知道如何查詢，（鼓勵自己）多實際輸入，當然執行上述步驟需要花一些時間，但是要有什麼收穫，事先就需要怎麼栽。觸類旁通，熟能生巧。

　　職是之故，本書內只要有牽涉到計算、模擬、圖形或表，幾乎皆附有對應的 R 程式，其目的就是方便讀者的閱讀、實際輸入與可以複製所有的結果，這之間難免有許多重複或存在多餘的部分，或者是因此因素造成本書超過其應有的厚度，筆者當然覺得有點歉意；不過，若使讀者能認識 R，進一步可以應用 R 當作讀者熟悉的工具，上述造成的「不方便」應該是微不足道的。筆者當然希望能寫出一本讀者能看得懂，同時也知如何實際操作的書，此大概是坊間許多（統計學）教科書所欠缺的，希望本書能彌補上述的缺口。

本章習題

1. 試從 TEJ（經濟新報資料庫）下載一檔股票（除權息調整後，至少 5 年的日樣本資料）以取代本章內的 TSMC 股票，試利用本章內有關 TSMC 的程式，分析讀者所選的股票。

2. 至主計處網站下載 1961Q1 － 2014Q2 期間臺灣名目 GDP（單位：百萬新臺幣）樣本資料，並分別繪出名目 GDP、對數名目 GDP、以季名目成長率轉成年名目成長率與年名目成長率的時間走勢。（註：季成長率乘以 4 可得年成長率；本季減去年的同一季亦可得年成長率）；若計算得出成長率為 gdpr1，透過下列指令可存此資料：

write.table(gdpr1,"g:\\stat\\ex\\ch1\\gdpr1.txt"）# 將 gdpr1 變數資料存於 g 碟

3. 利用題 2 所求得的年名目經濟成長率資料，計算年成長率大於等於 3% 的比率為何？若是使用 2000Q1 － 2014Q2 的資料，則年成長率大於等於 3% 的比率又為何？

4. 至主計處網站下載 1981M1 － 2014M7 期間臺灣 CPI 樣本資料，試重複回答題 2 與 3 的問題，此處以年通貨膨脹率取代年成長率。

5. 利用央行網站所提供的日匯率資料，試繪出美元兌新臺幣匯率以及人民幣兌新臺幣匯率時間走勢（2002/1/2 － 2014/8/29 期間）；其次，分別估計美元與人民幣匯率日變動率（貶值）超過 0.01% 的比率。

6. 利用題 5 的美元兌新臺幣匯率資料，試繪出日匯率變動率每隔 15 個交易日最大值與最小值之次數分配（如下圖所示），其中最大升貶值幅度為何？（以新臺幣的角度來看）

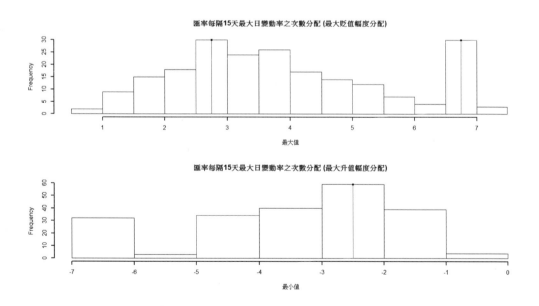

7. 直接利用 R 下載 NASDAQ 與臺灣加權股價指數日收盤價資料（2000/1/1 －

2014/8/28 期間），試分別繪出其時間走勢圖；由於交易日未必完全一致，例如 NASDAQ 共有 3,688 個觀察值而臺灣加權股價指數則有 3,623 個觀察值，不管日時間是否一致，利用 NASDAQ 的最後 3,623 個觀察值以及臺灣加權股價指數的觀察值，試繪出底下的圖形（二日報酬率之間的散布圖）。

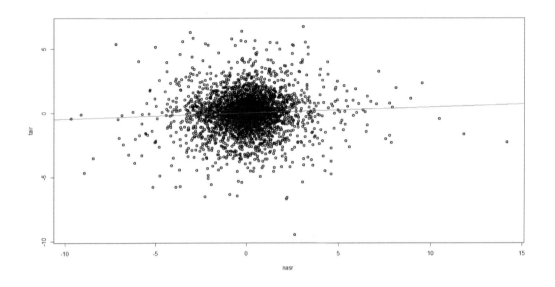

8. 類似題 7，於 Yahoo 的英文網站內可以下載到 NASDAQ 與臺灣加權股價指數月與週收盤價資料，分別重做題 7 的問題，不過此時應注意時間應為一致。讀者認為 NASDAQ 報酬率會不會影響臺灣的報酬率？為什麼？

9. 讀者認為 NASDAQ 股價與黃金價格的關係為何？試從 Yahoo 英文網站下載週收盤價資料觀察二者之間（價格與報酬率）的關係。可用 2002/8/5 － 2014/8/25 期間。

10. 至 www.eia.gov/dnav/pet/pet_pri_spt_s1_d.htm 網站下載歐洲 Brent 原油價格（1987/5/15 － 2014/8/22 期間），試繪出週價格的走勢圖以及變動率之次數分配圖。

11. 試以中文寫出 *rnorm*、*pnorm*、*qnorm* 以及 *dnorm* 的意思，寫完後多讀幾遍；讀者認為旁人看得懂讀者所要表達的意思嗎？若不能，再修改至滿意為止。

12. 不要忘了可以上網查詢。類似於題 11，解釋 CDF 與 PDF 的意思，試用數學與中文解釋。

13. 上網查詢後再用中文依自己的瞭解解釋均等、常態與標準常態分配的意思。

14. 讀者認為題 11 － 13 的目的為何？試解釋。

15. 試從標準常態分配內抽出 10 個資料。（提示：使用 *rnorm*）

16. 於標準常態分配內試計算介於 -1.95 與 2 之間的機率。

    ☞提示：pnorm(2)- pnorm(-1.95)

17. 試求 0.1 機率下之標準常態分配的分位數。

    ☞提示：使用 qnorm

18. 繪出標準常態分配的 PDF。

    ☞提示：x = seq(-3,3,length=100); plot(x,dnorm(x),type="l",lwd
    =2,ylab="")

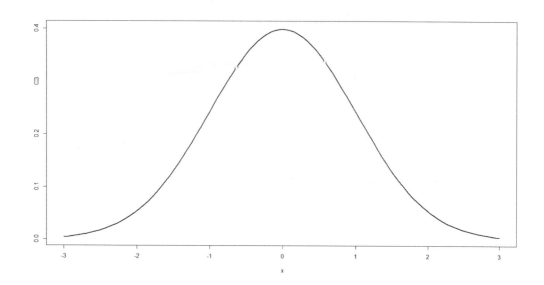

19. 繪出標準常態分配的 CDF。

    ☞提示：使用 pnorm

20. 類似題 15，抽出 1,000 個標準常態分配觀察值並計算且繪出其實證（實際）
    CDF。

    ☞提示：使用 rnorm 與 ecdf

21. 利用本章 TSMC 的日資料，計算每隔 5 天的收盤價平均數（不重疊與重疊）（移
    動平均）。

    ☞提示：使用 mean(P), P 為收盤價

22. 自製函數。試分別設計一個現值利率因子（PVIF）與未來值利率因子（FVIF）
    函數。

    ☞提示：PV = function(i,n)(1+i)^-n # 現值利率因子

```
PV(0.06,20)
(1.06)^(-20)
FV = function(i,n)(1+i)^n # 未來值利率因子
FV(0.06,20)
(1.06)^(20)
```

23. 內部報酬率的計算。令 CF_i 表示第 i 期的（預估）現金流入，則我們可以定義一個投資計畫的內部報酬率為 irr，其可寫成：

$$0 = CF_0 + \frac{CF_1}{1+irr} + \frac{CF_2}{(1+irr)^2} + \cdots + \frac{CF_n}{(1+irr)^n}$$

期數	0	1	2	3	4
現金流入	-400	40	120	160	240

試估計上述計畫之 irr 為何？

☞提示：
```
CF0 = -400
CF1 = 40
CF2 = 120
CF3 = 160
CF4 = 240
k = seq(0,0.2,length=1000)
NPV = CF0 + CF1/(1+k)+ CF2/(1+k)^2 + CF3/(1+k)^3 +
CF4/(1+k)^4 # 淨現值
NPV
plot(k,NPV,type="l",lwd=3,xlab="irr")
abline(v=0,h=0)
abline(v=k[590],lty=2)
k[590] # irr 約為 0.1179
```

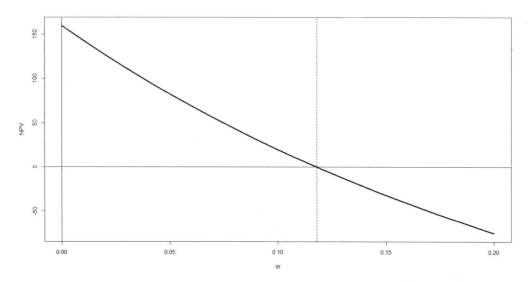

24. 修正的內部報酬率。續上題，內部報酬率法有一個缺點，就是其假定「再投資報酬率（reinvestment rate）」仍為內部報酬率，此當然不切實際；因此，於財務（管理）理論內，有「修正的內部報酬率」的提出，其可寫成：

$$-CF_0 = \frac{\sum_{t=1}^{n} CF_t (1+k)^{n-1}}{(1+mirr)^n}$$

其中 k 與 $mirr$ 分別表示（公司的）資金成本以及修正的內部報酬率，試估計上述計畫之 $mirr$。假定 $k = 10\%$。

☞ 提示：
```
k = 0.1
# 試不同的 MIRR
MIRR = 0.09 # 0.1133
try =(CF1*(1+k)^3 + CF2*(1+k)^2 + CF3*(1+k)^1 +
CF4)*(1/(1+MIRR)^4)
try


MIRR = seq(0.08,0.15,length=5000)
try =(CF1*(1+k)^3 + CF2*(1+k)^2 + CF3*(1+k)^1 +
CF4)*(1/(1+MIRR)^4)
try
windows()
plot(MIRR,try,type="l",lwd=3,ylab="")
```

```
abline(v=MIRR[2378],lty=2)
abline(h=400,lty=2)
MIRR[2378] # 0.1132847
try[2378]
```

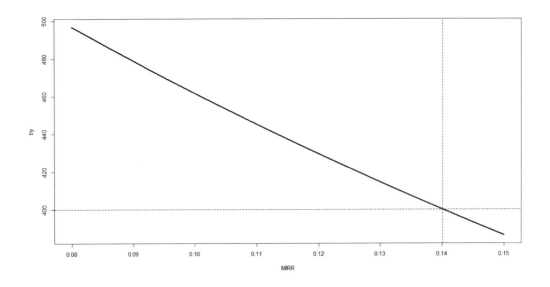

25. 續題 5，利用美元兌新臺幣匯率序列資料，將其轉成日變動率大於等於 −0.01% 以及小於 −0.01% 二序列資料。

26. 續上題，試分別繪出二序列資料之時間走勢圖。

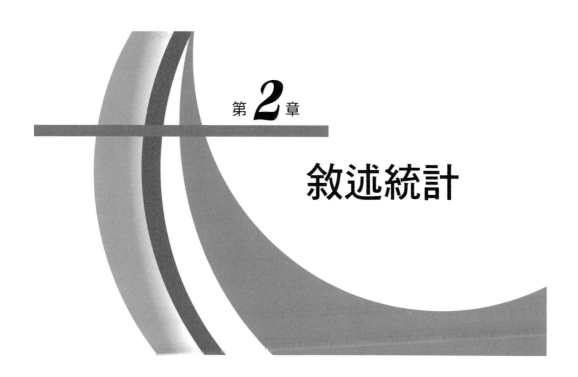

## 第2章

敘述統計

瞭解統計學的目的是「由樣本推測母體」的「統計推論」後，就財金的領域而言，我們就要思索我們經常面對的「樣本」與「母體」是什麼？圖 2-1 繪出 2000/1 － 2014/6 期間臺灣加權股價指數（TWI）與台積電（TSMC）月股價之時間走勢圖。我們可將圖 2-1 內的資料視為從 TWI 與 TSMC 二母體股價中所抽取的樣本資料。我們的資料是取自 TEJ 資料庫（日平均），假定存在有其他的資料庫是用別的方式計算月資料（例如以月中、月底或月初為代表），則其他的資料庫所提供的資料未必與圖 2-1 相同，故其可視為抽取另一組樣本資料；另一方面，我們取 TWI 與 TSMC 月股價資料的目的，最主要是想要更瞭解 TWI 與 TSMC 股價的特性或其未來的趨勢，因此 TWI 與 TSMC 之母體股價究竟為何？其也許有無窮多的可能？或是其仍存在一些「神祕」有待我們去挖掘？或是其未來存在有真正的股價，只是現在我們仍不知（可參考 ch2a.R）！

是故，適當的「統計推論」是必須的，畢竟透過圖 2-1 的資料，我們只是看到母體的某個部分而已。由於我們面對的是樣本資料，如圖 2-1 內 TSMC 的月收盤價，共有 174 個觀察值，至於母體應該也是「一堆」觀察值，我們如何由「一堆」觀察值內 174 個樣本去推測母體的「一堆」觀察值？最好的方式是看看各自是否存在一些明顯的特徵，而由「樣本的特徵」去推測「母體的特徵」反而比較有效。換言之，想像我們應如何比較高雄市與臺北市？於統計學內，樣本的特徵可稱為「樣本統計量（sample statistic）」，而母體的特徵則稱為「參數（parameter）」；因此，所

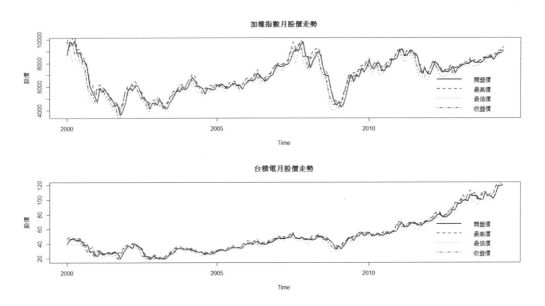

▲ 圖 2-1：2000/1 － 2014/6 期間 TWI 與 TSMC 股價走勢圖

謂的統計推論，就是利用樣本統計量推估母體參數，其中推估的方法，就是使用統計方法。

前一章我們利用 TSMC 的日報酬率已經見識到日報酬率分配（PDF）的特徵；是故，「一堆」觀察值的特徵可藉由觀察 PDF 而大致可分成三大類：即分別觀察其表示位置（location）、離散或尺度（deviation or scale）以及型態（shape）特徵。因此，本章內容可分成四節，除了前三節分別介紹上述特徵外，第四節將介紹於財金上的應用。

第一節　位置特徵

位置特徵就是表示資料大概集中於何處？我們有多種方式可以計算「一堆」資料的位置特徵。由於有樣本與母體，故每一種方式均可分成樣本與母體二類。

1.1 簡單（算術）平均數

第一種計算位置特徵的量數，就是我們熟悉的平均數，其亦稱為簡單算術平均數（simple arithmetic mean），我們需要用一種適用所有資料的方式來計算平均數，這個方式就是數學公式；換言之，平均數的公式可為：

$$\bar{x} = \frac{\sum\limits_{i=1}^{n} x_i}{n} \text{（樣本）}$$

$$\mu = \frac{\sum\limits_{i=1}^{N} x_i}{N} \text{（母體）}$$

其中 n 與 N 分別表示樣本與母體內的個數。上式內有加總的符號 Σ，其意義為：

$$\sum_{i=1}^{n} x_i = x_1 + x_2 + x_3 + \cdots + x_n$$

是故，於圖 2-1 內有 174 個 TSMC 的收盤價，我們可以令 2000 年 1 月的收盤價為 x_1、2000 年 2 月的收盤價為 x_2、依序類推至令 2014 年 6 月的收盤價為 x_{174}，因此 $n = 174$。值得注意的是，此時因我們還沒計算出結果，讀者可以猜出這段期間 TSMC 的月平均收盤價為何嗎？80.33（元，每股）亦或是 65.28，還是 47.56，或者為 53 的機率為 0.4，……。此時的 $\bar{x}$，讀者想看看它是什麼？它應該是一個變數，事實上 x_1、x_2、…、x_{174} 都是變數。回想前一章，我們稱它們為隨機變數；既然 $\bar{x}$ 是一個隨機變數，我們可以進一步猜猜其介於 42 至 47 的機率為何？好像用此方式比猜 $\bar{x} = 53$ 的機率為何，相對上比較簡單或有用？讀者認為如何？讀者可以想想看 $\bar{x}$ 的機率分配為何？

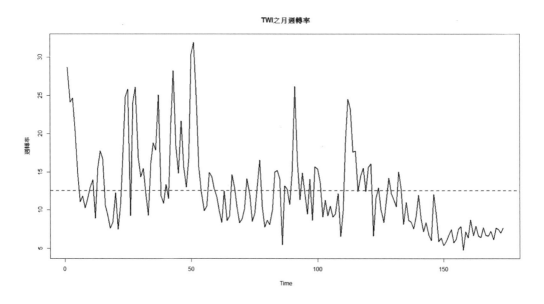

▲ **圖 2-2**：TWI 的月週轉率與其平均數（紅色虛線）

使用 R 內的函數指令 mean（可用 ?mean 來詢問 mean 為何意？），很快地就可算出 $\bar{x} = 50.41943$。以同樣地方式，讀者也可以試試看計算其平均週轉率[1]。圖 2-2 繪出 TWI 的月週轉率與其平均數（紅色虛線）（可參考 ch2-1-1a.R）。

因此，若要估計出 TSMC 之月平均週轉率也不是一件困難的事。假想我們已經無法再取得其他 TSMC 之月週轉率資料了；換言之，我們只能充分使用類似圖 2-2 內的 174 個 TSMC 之月週轉率資料。一個有趣的問題是，這些月週轉率資料未來會不會重複地出現？倘若會再出現，那上述 174 個月週轉率資料就有意義了；只是未來出現的「順序」未必與過去相同！此隱含著上述 174 個月週轉率資料在未來可以「重組」的方式呈現，表示於 174 個月週轉率資料內，有些資料有可能會出現許多次，有些資料則未必會出現，此時「順序」已經不重要了！

因此，若上述 174 個月週轉率的觀察值「重組」10,000 次，則我們不是可以觀察到月平均週轉率的機率分配為何嗎？我的意思是說，從 174 個觀察值中以「抽出放回（replace）」的方式抽出，例如：抽出 100 個觀察值後，然後再計算其平均數，如此的動作重複 10,000 次。我們可以知道，第一次抽的結果未必會等於第二次、第三次、……、到第 n 次抽的結果。若將每次計算的平均數蒐集起來，那我們不是就有 10,000 個由 100 個觀察值所計算的平均數，自然月平均週轉率的機率分配的雛形就呼之欲出。現在存在兩個問題，我們為何要計算月平均週轉率的機率分配，以及如何於 R 內操作抽出放回的動作？

關於上述的第一個問題，若我們按照上述公式計算樣本平均數 $\bar{x}$（讀成 x bar）以及母體平均數 μ（讀成 mju:），於事後還沒看其結果之前，我們也不知其值為何。因此，他們各自就是一個隨機變數；若我們能估計出他們各自的機率分配，我們就有辦法進一步估計其機率出來。此種情況有點類似我們告訴同學，現在我們手上有 174 個 TSMC 的月週轉率資料，每位同學從 174 個資料內抽取 100 個資料後再計算其平均數，當然抽取資料的時候，是以「抽出放回」的方式抽取。是故，若我們總共有 120 位同學，則我們不是就有 120 個樣本平均數嗎！這 120 個樣本平均數會是同一個數值嗎？未必，若我們將這 120 個樣本平均數畫於圖內，我們稱「這個圖」為何？會不會有人會脫口說：「120 個樣本平均數的分配！」？老師會不會進一步問：「月平均週轉率小於 17% 的可能性多大？」

職是之故，我們如何能估計出 $\bar{x}$ 或 μ 的機率分配？其中一個方法就是使用「抽

1　週轉率（turnover rate）是指成交量除以股本。某日某股的週轉率若為 10.5%，表示約有 1/10 的該檔股票在該日換手了；故週轉率愈高表示籌碼愈不穩定。

出放回」的方式。假想我們只有 3、4、5、7 與 8 五個資料，若我們要計算其中二個資料所構成的平均數，則總共有幾種可能的平均數？若我們不排除每個資料會重複出現（就像昨天的股價是 35 元，今天股價亦是 35 元），則我們以「抽出放回」的方式，連續抽出 2 個資料（其有可能為 3、3，或是 8、7，亦或是 4、4，或是……），如此地做，不是就可以抽出許多組的組合嗎？

於 R 內我們可以使用 sample（函數）指令，例如 TSMC 之月週轉率之前 3 個觀察值分別為 10.8%、5% 以及 8.67% 而我們使用 sample 指令以抽出放回的方式抽出 174 個資料，有可能得出的前 3 個觀察值則分別為 8.06%、5% 以及 11.1%，再抽幾次，……；因此，月平均週轉率的分配的確可以被我們找出來（可參考 ch2-1-1b.R）。我們可以練習下列指令：

```
TSMCm = read.table("c.\\meiyih\\Finstats\\ch2\\TSMCm.txt",
header=T)# 此檔內有名稱
names(TSMCm)# TWIm 內有各序列名稱
attach(TSMCm)# 接近此檔案
tu = 積週轉率
tu
head(tu)
n = length(tu)
?sample
tu1 = sample(tu,n,replace=T)# 注意 replace 須為 T
head(tu1)
tu1 = sample(tu,n,replace=T)
head(tu1)
set.seed(123)
tu1 = sample(tu,n,replace=T)
head(tu1)
set.seed(123)
tu1 = sample(tu,n,replace=T)
head(tu1)
```

上述指令是令 TSMC 的月週轉率為 tu，其共有 $n = 174$ 個週轉率，我們先觀察前 6 個觀察值。我們利用 sample 指令從 tu 內以抽出放回的動作抽出 n 個樣本，並令為 tu1，然後再觀察前 6 個觀察值。讀者可以嘗試執行上述指令。讀者可以試著省略 set.seed(123) 指令，再多執行幾次看看。例如，TSMC 的月週轉率的前 6 個觀察值分別為（省略 %）：

10.7972　5.0079　8.6652　8.1452　6.0842　3.6320

若省略 set.seed(123) 指令，則 tu1 的前 6 個觀察值可能為：

5.9426　2.7400　3.3386　5.4573　3.2313　2.9707

再執行一次，其前 6 個觀察值會有不同。但是若每次皆使用 set.seed(123) 指令，則每次抽出的結果皆相同；此表示「抽出放回」的動作，亦屬於模擬的一種方式，因此若有 set.seed(.) 指令，相當於模擬的源頭，其中 123 是隨意給的，我們也可以使用其他的數字，如寫成 set.seed(123478)，讀者可以試試看，此相當於告訴電腦，模擬的起點從此開始。為何要使用此指令？若讀者以後的模擬結果要與本書的模擬結果完全一樣，則我們不是要有相同的 set.seed(.) 指令嘛！

於圖 2-3 內，我們考慮四種情況，即每次以抽出放回的方式各抽取 10、30、100 以及 1,000 個觀察值，後再計算其平均數，以抽出放回的方式重複 10,000 次；因此，於每個樣本數下，我們各有 10,000 個平均數，然後再試著估計其次數分配

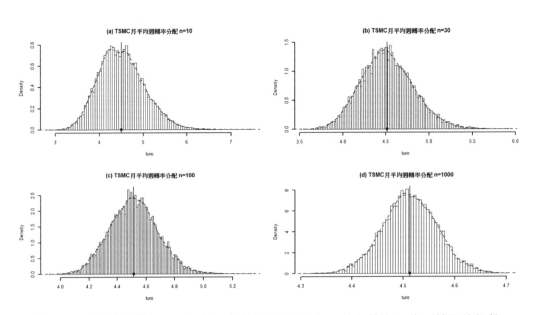

▲ **圖 2-3**：TSMC 月平均週轉率分配，紅色表示 TSMC 月平均週轉率，　表示抽取的個數

及 PDF[2]。我們發現除了 (a) 圖外,其餘三圖內之平均數的分配接近常態(即左右對稱)。於各圖內,我們分別有列出月平均週轉率的平均數以及分配的平均數,其分別以紅色線與黑點表示;若以 (b) 圖為例即 $n = 30$,月平均週轉率為 4.5127%,而分配的平均數為 4.5114%,二者的差距並不大。圖 2-3 的例子告訴我們某種型態的「統計推論」:即視原始的 174 個月週轉率為母體,我們從此母體中以抽出放回的方式隨機抽出 n 個觀察值並計算平均數,如此動作重複 10,000 次,結果發現 10,000 次的平均數(於 $n = 30$ 下為 4.5114%)居然頗接近母體的平均數(即 4.5127%)。此種樣本平均數 $\bar{x}$ 的平均數會等於母體平均數 μ 的現象,統計學稱為「不偏性(unbiasedness)」;換句話說,以樣本平均數估計母體平均數,就平均而言,應會估計到母體平均數!

雖說就平均而言,$\bar{x}$ 是 μ 的不偏估計式(estimator)(可回想 $\bar{x}$ 是一個公式),但單獨以 $\bar{x}$ 估計 μ 的準確度仍受到如樣本人小 n 的影響,因通常我們只抽一次就以那次的樣本平均數估計 μ。仔細觀察圖 2-3 內各圖的差異,我們發現分配的「離散程度」會隨 n 的擴大而縮小;用統計學的術語表示,四個圖中以 (d) 圖的估計最為有效(efficiency)!

瞭解上述的意思後,讀者是不是對統計學「又愛又恨」:「愛它是因它有點神祕,恨它是因它有點難。」不管如何,我們仍得繼續。

我們可再想另一個問題:為何要計算 $\bar{x}$?知道 TSMC 月週轉率的樣本平均數為 4.5127% 的確比欲瞭解 174 個樣本觀察值為何,讓人更弄清楚得多了。現在一個問題是:究竟 $\bar{x} = 4.5127\%$ 是否可以代表 174 個樣本觀察值?為了回答此一問題,我們有必要知道,除了 $\bar{x}$ 外,還有哪些估計式可以計算位置特徵。

習題

1. 抽出四個日收盤價分別為 45、48、47.5 以及 46,讀者試以計算機計算樣本平均數。
2. 續題 1,將其轉成日簡單報酬率後,再計算其平均數。
3. 續題 2,試使用 R 計算。
4. 續題 1,試計算二日的移動平均收盤價。
5. 續題 4,試使用 R 計算。

   ☞提示:
   ```
   p = c(45,48,47.5,46)
   n = length(p)
   ```

2　由此可看出第 1 章的必要性;還好,這些觀念未來還會重複地出現。

```
ma = numeric(n-1)
for(i in 2:n)
{
 ma[i-1] = p[i-1]+p[i])/2
}
ma
```

6. 利用第 1 章習題內的大立光日收盤價的資料（2005/1/4 － 2015/4/28），計算 30 個交易日的移動平均日收盤價，並於圖形內與原始的日收盤價比較；其次，繪出最近的 100 個交易日的情況。

7. 續上題，將日收盤價序列轉換成日報酬率序列，並令日報酬率大於 0.5% 為 1，其餘為 0；是故，可以將日報酬率序列轉換成 0 或 1 序列，試計算其平均數。

   ☞提示：
   ```
   T = length(p)
   rt = 100*(p[2:T]-p[1:(T-1)])/p[1:(T-1)]
   index = rt > 0.5
   index
   pbar = mean(as.numeric(index))
   pbar
   ```

8. 續上題，上述的樣本平均數就是樣本比率 $\bar{p}$。試以 n =1,000，估計 $\bar{p}$ 的分配。

9. 何謂不偏性？何謂有效性？試簡單說明之。

10. 續題 1，利用四個日收盤價，試以抽出放回的方式，畫出 30 個樣本所構成的平均數分配。

    ☞提示：
    ```
    p = c(45,48,47.5,46)
    n = 30
    N = 1000
    pbar = numeric(N)
    for(i in 1:N)
    {
    pbar[i] = mean(sample(p,n,replace=T))
    }
    windows()
    plot(density(pbar))
    ```

1.2 其他的估計式：中位數、眾數與（百）分位數

第 1 章我們有接觸到分位數，分位數類似百分位數（percentile），我們可以先解釋百分位數的意義：

百分位數：將資料由小到大排列後將其切割成一百等分，若要計算第 5 個或第 65 個百分位數，只要找出第 5 個或第 65 個位置即可。

以上述 TSMC 的月週轉率為例，第 5 個百分位數為 2.4832%，其表示月週轉率小於 2.4832% 的比重為 5%，或是月週轉率大於 2.4832% 的可能性（機率）為 95%。第 65 個百分位數為 4.7635%。讀者可試著解釋其意義。若是我們要計算第 1、0.1 或是 0.01 百分位數，此時再稱其為百分位數就不合適了，故通稱為分位數。同樣地，我們也可計算出月週轉率的第 1、0.1 或是 0.01 百分位數分別為 2.1843%、1.8903% 以及 1.8360%。對應的 R 程式如下：

```
quantile(tu,prob=0.05)# tu 表示月週轉率
quantile(tu,prob=0.65)
quantile(tu,prob=c(0.05,0.65))
quantile(tu,prob=c(0.25,0.5,0.75))
median(tu)# 計算中位數
quantile(tu,prob=c(0.01,0.001,0.0001))
```

中位數（median）：就是第 50 個百分位數。
第一與第三個四分位數（the first and third quartile）：就是第 25 與 75 個百分位數。
眾數（mode）：出現次數最多的數。

接著我們繪出 TSMC 月週轉率的次數分配如圖 2-4，於其內我們可以看出月週轉率平均數、中位數以及眾數。讀者想看看，哪一個比較適合表示月週轉率分配的位置特徵（可參考 ch2-1-2.R）？

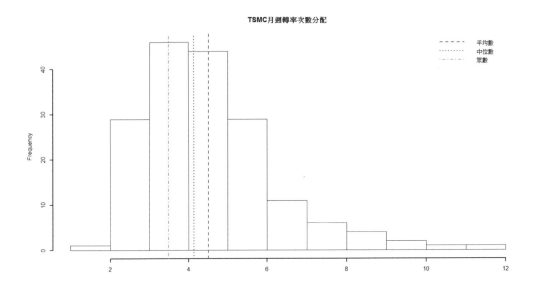

習題

1. 現在有 5,7,8,6 與 12,6,3,20,5 二組資料，試以手計算或計算機計算第 50 個百分位數或中位數。

   註：因為中位數亦屬於百分位數，故可由瞭解中位數的算法知道如何計算百分位數。我們計算百分位數的第一個步驟是先將資料由小到大排列，即：

$$5,6,7,8$$

   因為中位數就是第 50 個百分位數，我們可以藉由計算中位數瞭解如何計算例如第 5 個或第 95 個百分位數。按照直覺判斷，上述四個資料的中位數應為 6.5（第 2.5 個位置）；我們思考應如何計算第 50 個百分位數？直覺而言，$n = 4$ 個資料分割成 100 個等分，我們要找出第 $i = 50$ 個位置的步驟為：$\frac{n}{100} \times i = j$，可將 n 與 i 代入，可得 $j = 2$ 是一個整數，表示按照上述步驟第 50 個百分位數應出現在第 2 個位置，不過依直覺判斷卻出現於第 2.5 個位置，明顯上述步驟仍需進一步修正：

$$\frac{j + (j+1)}{2}$$

我們再來看另一組資訊。資料由小到大為：

$$3,5,6,12,20$$

按照直覺判斷，第 50 個百分位數（即中位數）出現於第 3 個位置即 6；類似上述步驟 $\frac{n}{100} \times i = j$，現在 $n = 5$ 與 $i = 5$ 代入可得 $j = 2.5$，故仍須修正為 j 之下一個整數，即第 3 個位置。上述計算結果會因 j 是否為整數與不為整數而須作修正！

2. 續上題，試以計算機計算第 5 個或第 95 個百分位數。

3. 為何要計算第 5 個或第 95 個百分位數？有何意義？

4. 利用前述大立光的日報酬率序列樣本資料，計算 1% 與 99% 分位數。

☞提示：`quantile(rt,c(0.01,0.99))`

5. 試解釋題 4 的估計結果，對投資人有何涵義。

6. 利用第 1 章習題的通貨膨脹率序列資料，試計算第 1 個四分位數、第 3 個四分位數以及眾數。

7. 續題 6，將通貨膨脹率改成名目經濟成長率，再計算一次。

8. 於 R 內並沒有計算眾數的指令，我們應如何計算眾數？

第二節　離散特徵

瞭解位置特徵後，接著我們來看如何計算「一堆」資料的離散特徵。還沒介紹之前，我們再引進另外一種計算「報酬率」的方式。就是除了簡單報酬率，我們還可以計算「對數（log）報酬率」。因本章至目前為止都是考慮月資料，就月資料而言，股利的走勢應該就很明顯了（讀者可試著繪出 TWI 與 TSMC 的月股利走勢圖），故我們有必要更改前一章簡單報酬率的定義，即：

簡單報酬率：$r_t = \dfrac{p_t - p_{t-1} + d_t}{p_{t-1}}$

對數報酬率：$lr_t = \log\left(\dfrac{p_t + d_t}{p_{t-1}}\right)$

其中 d_t 表示 t 期收到的股利。只要股價的波動不是太大，二種計算報酬率的差異應不顯著[3]。換言之，利用 TSMC 的月收盤價，我們分別計算含股利與不含股利的二種報酬率，其結果繪於圖 2-5。我們可看出二者的差異的確不是很明顯（可參考 ch2-2a.R）。就計算的方法或使用 R 而言，對數報酬率似乎比簡單報酬率的計算簡易，故底下各章節，我們幾乎皆以對數報酬率計算報酬率。

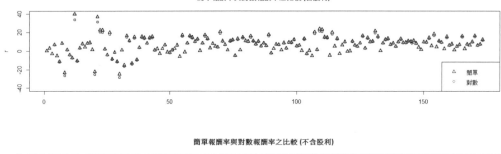

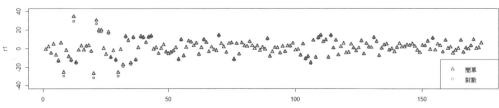

▲ **圖 2-5**：二種報酬率的時間走勢，上圖有含股利，下圖不含股利

2.1 變異數

接著，我們介紹計算「一堆」觀察值離散特徵的第一個方法，這個方法就是計算這些資料的變異數（variance）。同樣地，我們須面對的有樣本變異數與母體變異數二種，其可為：

$$s^2 = \frac{\sum_{i=1}^{n}(x_i - \bar{x})^2}{n-1} \quad （樣本）$$

$$\sigma^2 = \frac{\sum_{i=1}^{N}(x_i - \mu)^2}{N} \quad （母體）$$

可注意上述二式分子的差異。首先，我們先看母體變異數的意義。可注意母體

---

3   $lr_t = \log\left(\dfrac{p_t + d_t}{p_{t-1}}\right) = \log\left(1 + \dfrac{p_t + d_t - p_{t-1}}{p_{t-1}}\right) = \log(1 + r_t) \approx r_t$

變異數就是一種平均數的概念，只不過在計算平均數之前，先將每個觀察值 x_i 與其平均數 μ 的差距予以平方，N 個觀察值，就有 N 個差距平方，我們再找出一個平均值來代表 N 個差距平方，這個平均值就是母體變異數。因此利用此種算法，資料的分散程度愈明顯，算出來的變異數就愈大。

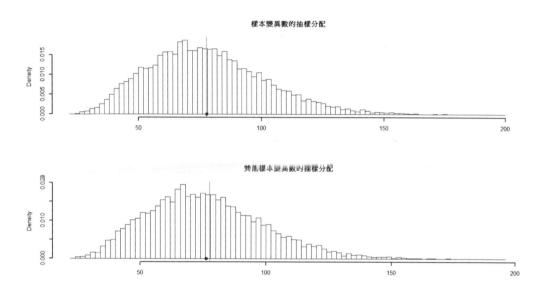

▲ **圖 2-6**：樣本變異數的抽樣分配

　　接著我們來看樣本變異數。樣本變異數應該也是一個平均數的概念，只不過計算樣本變異數的目的是欲估計母體變異數。我們發現當樣本的數目不大時（即小樣本時），s^2 是 σ^2 的不偏估計式（σ 讀成 sigma）。我們已經知道可以用「抽出放回」的方式來模擬 s^2 估計 σ^2 的情況；換言之，利用 TSMC 月收盤價的資料再轉成月報酬率，我們可以模擬出 s^2 的機率分配，如圖 2-6，此時的機率分配亦可稱為「抽樣分配（sampling distribution）」，此乃因為其是由連續抽樣所造成的結果（可參考 ch2-2-1.R）。

　　於圖 2-6，我們是從 TSMC 的月對數報酬率中以抽出放回的方式，每次抽出 10 個觀察值，然後再計算樣本變異數（R 指令為 var），相同的動作重複 10,000 次，結果 10,000 次樣本變異數的平均數（即分配的平均數，於圖中以黑點表示）頗接近月對數報酬率的變異數（此時被視為母體，於圖中以紅線表示），如圖 2-6 之上圖所示。下圖，我們所計算的樣本變異數其分母部分是取 n 而非 $n-1$，可看出此種型態的樣本變異數是母體變異數的「偏」估計式。因此，圖 2-6 告訴我們一個情況：使用樣本變異數要注意分母部分應為 $n-1$，此尤其於使用小樣本時，應特別注意。$n-1$ 的部分，我們稱為自由度（degree of freedom）。讀者可以自行嘗試找出樣本個數，即 n 需多大以下，方是此處所謂的小樣本？

習題

1. 抽出某股票的日收盤價依序分別為 16、17、16.5、16.8 以及 16.7，試以計算機計算日報酬率的樣本變異數。

2. 續題 1，試計算日報酬率的三日移動樣本變異數。

3. 續題 1 與 2，於 R 內如何操作？

   ☞提示：
```
P = c(16,17,16.5,16.8,16.7)
T = length(P)
# 對數報酬率
lr = 100*(log(P[2:T])-log(P[1:(T-1)]))
lr
lr1 = 100*(diff(log(P)))
lr1 # 與 lr 相同
s2 = var(lr1)
s2
# 簡單報酬率
r = 100*((P[2:T]-P[1:(T-1)])/P[1:(T-1)])
r
s2a = var(r)
s2a
# 三日移動樣本變異數
n = 3
T1 = length(lr1)
mas2 = numeric(T1-n+1)
for(i in 1:(T1-n+1))
{
 mas2[i] = sum(lr1[i+2]+lr1[i+1]+lr1[i])/(n-1)
}
mas2
```

4. 利用前述大立光日收盤價序列資料，分別計算簡單與對數日報酬率序列的樣本變異數。

5. 續題 4，計算 30 個交易日對數日報酬率序列的樣本變異數之「移動變異數」。

6. 自由度的意思。假定有 x、y 與 z 三個變數，其必須符合 $x+y+z=10$ 的限制，其真正可以變動的只有二個變數，故自由度為 2。利用上述觀念，我們如何「合理化」樣本變異數的自由度？

7. 自訂函數。試設計自由度分別為 $n-1$ 與 n 之樣本變異數函數。

   ☞提示：
```
s2 = function(x,n)sum((x-mean(x))^2)/(n-1)
x = rnorm(100)
s2(x,100)
var(x)
s12 = function(x,n)sum((x-mean(x))^2)/n
s12(x,100)
```

2.2 標準差與變異係數

將變異數「開根號」就是標準差（standard deviation）；因此，s 與 σ 分別表示樣本標準差與母體標準差。由於標準差可以衡量資料的分散程度，而財金資料如股價、報酬率或匯率等，若分散程度愈大，代表不確定性愈大，風險就愈高；是故，反而是統計學教我們如何計算風險。通常我們是以標準差來當作風險的指標，尤其是報酬率的樣本標準差，於財金領域更是被稱為波動率（volatility），作為例如判斷股價波動的參考值。

　　圖 2-7 與圖 2-8 分別繪出 TSMC 月收盤價與波動率之移動平均線。從圖 2-7 可看出 TSMC 股價正處於多頭的行情，因其股價均處於各月平均線以上。圖 2-8 是看 TSMC 波動率的情況，圖中之虛線是以所有的觀察值所計算的波動率，故其可視為「長期」的波動率。雖說圖 2-8 顯示出「短期」的波動有遞減的傾向，但是愈離長期的波動率愈遠，未來「反轉」的力道有可能反而愈大！圖 2-8 隱含的意義，反而提醒投資人應注意才行。一般計算波動率是使用日資料，讀者可自行嘗試，不過應記得 1 年約有 250 個交易日，年率化時應留意（可參考 ch2-2-2.R）。

　　學習財金的第一個最重要的課題是須記住：「高風險、高報酬」。現在我們已經有工具和能力可以衡量報酬與風險了，接著我們可以於所分析的期間內，估計 TSMC 的平均報酬率與風險（年率化），結果分別為 73.86% 與 30.61%。若無與其他資產比較，上述結果的確沒有提供什麼訊息，因為我們不知風險為 30.61% 是什

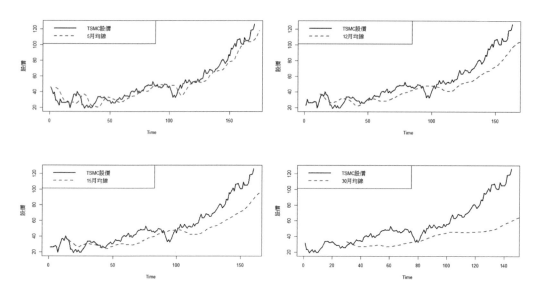

⋏ 圖 2-7：TSMC 月收盤價與其移動平均

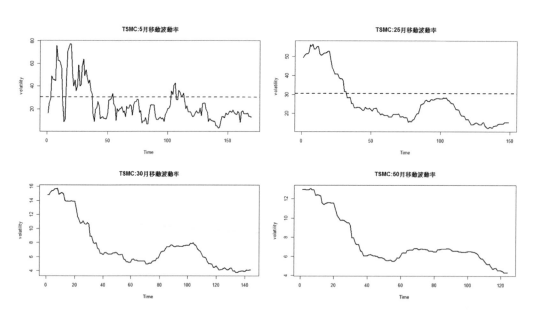

⋏ 圖 2-8：TSMC 波動率與其移動平均

麼？為了比較起見，我們可以再估計同期間 TWI 的平均報酬率與風險，其估計結果分別為 56.30% 與 24.64%。雖說 TSMC 的平均報酬率高於 TWI，但是相對上，前者的風險亦高於後者；因此，選擇 TSMC 的投資人並沒有什麼好抱怨的，雖說風險較高，但是平均報酬卻也高。話說如此，我們還是忍不住要提出一個問題：同樣是賺 1% 的報酬率，TSMC 與 TWI 到底哪一個風險比較大？欲回答此一問題，我們必須再介紹另一個重要的觀念：變異係數（coefficient of variation, CV），其定義可為：

$$CV = \frac{s}{\bar{x}} \times 100\%$$

按照上式，可分別計算 TSMC 與 TWI 的 *CV* 分別為 41.45% 與 43.76%；因此，若與 TWI 比較，投資 TSMC 的風險還是比較小。其對應的 R 指令為：

```
# 年率化（報酬與風險）
# TSMC
price = 積收盤價
div = 積股利
T = length(price)
lr = 100*(log(price[2:T]+div[2:T])-log(price[1:(T-1)]))
mean(lr)*12
sd(lr)*sqrt(12)
# TWI
price = 收盤價
div = 股利
T = length(price)
lr.TWI = 100*(log(price[2:T]+div[2:T])-log(price[1:(T-1)]))
mean(lr.TWI)*12
sd(lr.TWI)*sqrt(12)
# CV
100*(sd(lr)*sqrt(12))/(mean(lr)*12)
100*(sd(lr.TWI)*sqrt(12))/(mean(lr.TWI)*12)
```

習題

1. 利用 TSMC 最近 1、2 以及 5 年的日收盤價序列資料，試計算各自的波動率。
2. 續上題，我們應該可以算出於樣本期間內以 250 個交易日計算的所有波動率，其平均數、中位數、眾數、最小值與最大值分別為何？

☞提示：n = 250

```
volall = numeric(T-n+1)
for(i in 1:(T-n+1))
{
 h = i
 k = n+i-1
 volall[i] = sd(rt[h:k])*sqrt(250)
}
windows()
hist(volall,breaks=100,xlab=" 波動率 ",main="TSMC 波動率
之次數分配 (250 日 )",lwd=2)
summary(volall)
hisvol = hist(volall,plot=FALSE)
hisvol
```

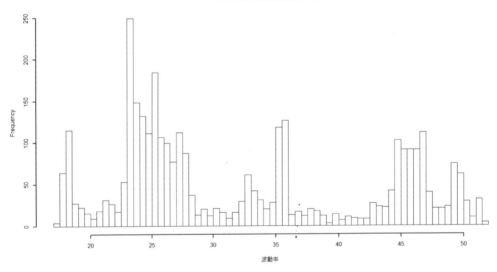

3. 續題 2，若將上述的 250 個交易日改成 500 個交易日，其結果又是如何？

4. 續題 1 與 2，若將 TSMC 改成大立光，其結果又是如何？

5. 某公司面對只能二擇一的 A 與 B 計畫，分別估計出 $\mu_A = 30\%$ 與 $\sigma_A = 45\%$ 以及 $\mu_B = 25\%$ 與 $\sigma_B = 35\%$，公司的決策者（如 CEO 或 CFO[4]）如何做決策？

---

4 公司的執行長（chief executive officer, CEO）或財務長（chief financial officer, CFO）。

6. 現在讀者已有 TSMC 與 LARGAN（大立光）的樣本資料，讀者會選擇何股票投資？

7. 想想看，我們如何估計資產波動率與其 *CV* 之抽樣分配，其步驟為何？注意因平均報酬率有可能為負值，可先將其改為正數。

8. 續上題，利用第 1 章習題 7 之 NASDAQ 與 TWI 之日收盤價序列資料，試分別估計其波動率與 *CV* 之抽樣分配。（利用每 300 個交易日）

2.3　其他的估計式：全距、四分位距或其他

最簡單計算離散特徵的方法，莫過於使用全距（range），即：

全距：最大值減最小值

另外，還可使用四分位距衡量離散程度，即：

四分位距：第三個四分位數減第一個四分位數

上述二種方法，讀者可自行利用 TSMC 或 TWI 的資料練習。於本章所取的資料中，我們還可使用月最高價與最低價的差距計算離散程度，至於有 174 個月的資料，讀者可再計算其平均差距，於此就不再贅述。

第三節　型態特徵

型態特徵可分成二部分觀察：其一是偏態（skewness），另一則是峰態（kurtosis）。顧名思義，偏態是衡量機率分配的不對稱性，而峰態又稱峰度，是衡量機率分配曲線頂端是否尖銳或扁平的程度。我們已經於前一章見識過 TSMC 日報酬率分配與標準常態分配的差異，現在我們可以正式定義型態特徵以瞭解之前對 TSMC 日報酬率分配的猜測是否合理。可參考圖 2-9 與圖 2-10（可參考 ch2-3.R）。

於圖 2-9 內，我們分別利用右偏及左偏的分配模型，模擬出觀察值並繪出對應的機率分配。我們可發現右（左）偏的分配雖說有比較長的右（左）邊的「尾部」，但是大部分的資料卻集中於左（右）側；另一方面，從 CDF 曲線的變化，亦可看出一些端倪：由左至右，右（左）偏的分配於隨機變數為正（負）數時機率高於與之比較的（標準）常態分配機率值。

類似地，圖 2-10 模擬出偏且高峰分配的情況，讀者可嘗試解釋其間之差異。瞭解一個機率分配有可能會出現高峰且偏態後，我們接著可定義所謂的偏態係數與

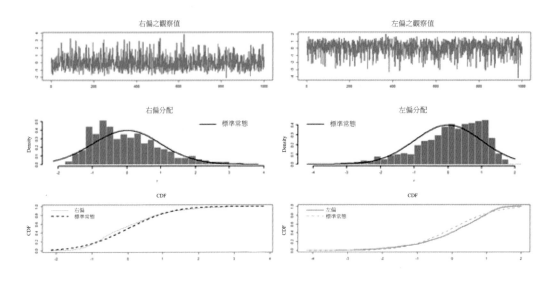

⋏ **圖 2-9**：右、左偏分配之模擬

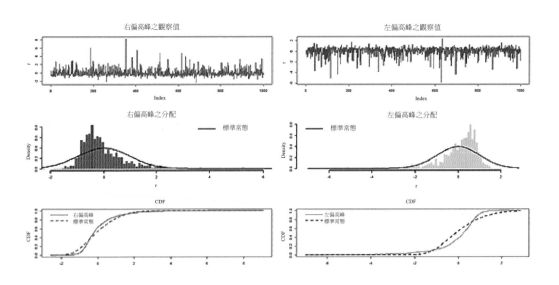

⋏ **圖 2-10**：偏且高峰分配

峰態係數，其結果如下所示：

偏態係數：

$$skew(x) = \frac{\frac{1}{n}\sum_{i=1}^{n}(x_i - \bar{x})^3}{\left(\frac{1}{n}\sum_{i=1}^{n}(x_i - \bar{x})^2\right)^{3/2}} \quad (樣本)$$

$$Skew(x) = \frac{\frac{1}{N}\sum_{i=1}^{N}(x_i - \mu)^3}{\left(\frac{1}{N}\sum_{i=1}^{N}(x_i - \mu)^2\right)^{3/2}} \quad (母體)$$

峰態係數：

$$kurt(x) = \frac{\frac{1}{n}\sum_{i=1}^{n}(x_i - \bar{x})^4}{\left(\frac{1}{n}\sum_{i=1}^{n}(x_i - \bar{x})^2\right)^{2}} \quad (樣本)$$

$$Kurt(x) = \frac{\frac{1}{N}\sum_{i=1}^{N}(x_i - \mu)^4}{\left(\frac{1}{N}\sum_{i=1}^{N}(x_i - \mu)^2\right)^{2}} \quad (母體)$$

　　上述公式雖說繁瑣，但使用 R 指令，其也只不過是一個函數而已；換言之，我們可以估計 TSMC 月對數報酬率、TWI 月對數報酬率以及 TSMC 月週轉率之樣本偏態與峰態係數分別為 −0.8107 與 5.7774、−0.1310 與 3.8288 以及 1.2995 與 5.2143。是故，就二個月對數報酬率分配而言，TSMC 相對上比 TWI 更左偏、更高峰且有更長的左尾部，此隱含著 TSMC 相對上比 TWI 更容易出現較顯著（即較大）的負報酬率的情況，此多少有點與我們之前用 CV 計算的結果相牴觸，不過此處，我們只是強調左尾部的特性（有點類似平時正常但有些時候卻會走極端），可參考圖 2-11。至於 TSMC 月週轉率，我們發現其分配為右偏、高峰而有長的右尾。有些時候，我們也會以超額（excess）峰態表示峰態之非常態（常態的峰態係數為 3），讀者可留意。

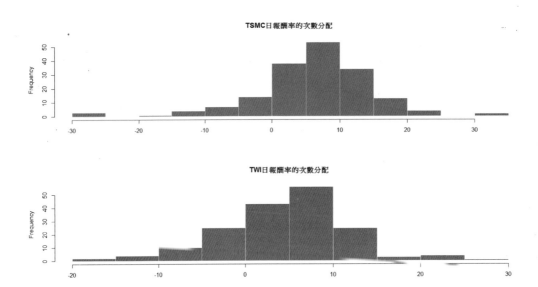

▲ 圖 2-11：TSMC 與 TWI 日報酬率之次數分配

R 指令：

```
# Compute skewness and kurtosis
library(moments)
skewness(lr)
kurtosis(lr)
skewness(lr.TWI)
kurtosis(lr.TWI)
skewness(tu)
kurtosis(tu)
windows()
par(mfrow=c(2,1))
hist(lr, main="TSMC 日報酬率的次數分配 ", col="steelblue",
    border = "white", xlab="")
hist(lr.TWI, main="TWI 日報酬率的次數分配 ", col="forestgreen",
    xlab="",border = "white")
```

習題

1. 現在有某股票的日對數報酬率分別為 0.03%、0.025%、0.015% 與 −0.02%，試以讀者的計算機分別計算其偏態與峰態係數。

2. 續題 1，試用 R 計算。

   ☞提示：
   ```
   r = c(0.03,0.025,0.015,-0.02)
   n = 4
   skewness(r)
   rbar = mean(r)
   skew1 = sum(((r-rbar)^3))/n
   sigma2 = sum((r-rbar)^2)/n
   skew2 = sigma2^(3/2)
   skew = skew1/skew2
   skew
   library(moments)# 注意應使用 moments 程式套件
   skewness(r)
   kurtosis(r)
   kurt1 = sum(((r-rbar)^4))/n
   kurt2 = sigma2^2
   kurt = kurt1/kurt2
   kurt
   ```

3. 利用前述大立光的樣本資料，試計算其偏態與峰態係數。

4. 試抽出 1,000 個標準常態分配的觀察值，試計算其偏態與峰態係數，可注意其估計值。

   ☞提示：
   ```
   library(moments)
   set.seed(12345)
   x = rnorm(1000)
   skewness(x)
   kurtosis(x)
   ```

5. 利用前述大立光的日報酬序列樣本資料，試估計其 PDF 同時與標準常態分配之 PDF 比較，讀者的結論為何？

   ☞提示：
   ```
   zrt = (lrt-mean(lrt))/sd(lrt)# 標準化
   windows()
   ```

```
plot(density(zrt),xlab=" 標準化後之日對數報酬率 ",main="
大立光日對數報酬率與常態分配之比較 ",lwd=2)
z = sort(zrt)
lines(z,dnorm(z),lty=2,col="blue",lwd=2)
legend("topleft",c(" 大立光日對數報酬率之估計 PDF"," 標準
常態分配之 PDF"),lty=1:2,lwd=2,
    col=c("black","blue"),bty="n")
```

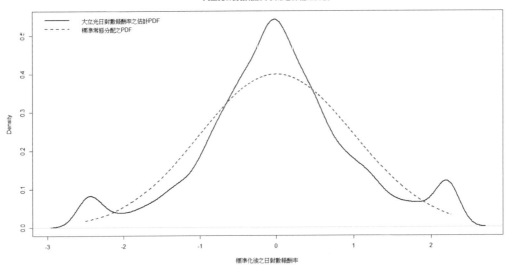

6. 利用第 1 章內的通貨膨脹率序列資料，試分別計算其偏態與峰態係數，有何涵義？

7. 讀者的直覺認為黃金序列資料的偏態與峰態係數為何？為什麼？

8. 續上題，若是道瓊工業指數呢？試從 Yahoo 下載資料並觀察其估計的 PDF。

9. 依直覺來思考，資產價格與報酬率的 PDF，型態各為何？為什麼？試舉例說明。

☞提示：
```
windows()
largan = read.table("c:\\meiyih\\Finstats\\ex\\ch1\\
largan.txt")
p = largan[,1]
plot(density(p),xlab=" 大立光日收盤價 ",main=" 大立光日收
盤價序列之估計的 PDF",lwd=2)
```

```
library(moments)
skewness(p)
kurtosis(p)
```

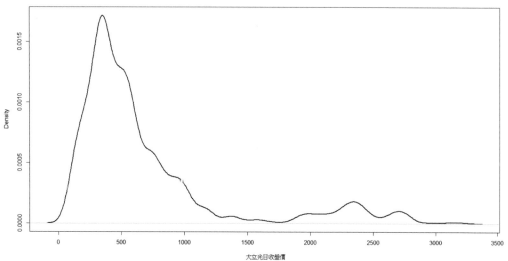

10. 續上題，若是資產的波動率呢？

11. 以 250 個交易日為基準，我們是否可以估計報酬率之峰態的分配？

☞提示：

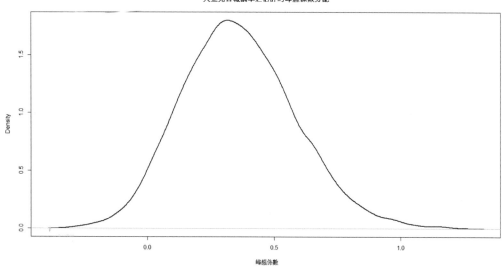

```
p = largan[,1]
lrt = 100*diff(log(p))
n = 250
N = 10000
kur = numeric(N)
for(i in 1:N)
{
 r1 = sample(lrt,n,replace=T)
 kur[i] = kurtosis(r1)
}
windows()
plot(density(kur),xlab=" 峰態係數 ",main=" 大立光日報酬率
之估計的峰態係數分配 ",lwd=2)
```

12. 續上題，是否可以與常態分配比較？

13. 續題 11 與 12，若改成偏態係數分配呢？

第四節　財金上的應用

有了基本的敘述統計概念後，我們再舉二個例子來說明如何將前述觀念應用於財金上。第一個例子是解釋為何任意二種資產可以構成一個資產組合（portfolio），以及介紹有效的資產組合。第二個例子是計算目前頗受人注目的風險值（value at risk, VaR）。

4.1　資產組合的觀念

「不要把所有的雞蛋放在同一個籃子裡」，這句耳熟能詳的句子道盡了「資產組合」的重要性。時至今日，投資人應該多少具有分散風險的觀念；利用讀者目前所學到的統計知識以及使用或練習 R 的操作經驗，我們要瞭解資產組合的意義，已不是一件困難的事了。讀者以為呢？

4.1.1 共變異數與相關係數

在尚未介紹資產組合觀念之前，我們有必要再引進另一種變異數的型態：共變異數（covariance）。共變異數可說是之前變異數觀念的延伸，其可定義為：

$$s_{xy} = \frac{\displaystyle\sum_{i=1}^{n}(x_i - \bar{x})(y_i - \bar{y})}{n-1} \quad （樣本）$$

$$\sigma_{xy} = \frac{\displaystyle\sum_{i=1}^{N}(x_i - \mu_x)(y_i - \mu_y)}{N} \quad （母體）$$

其中 μ_x 與 μ_y 分別表示 x 與 y 之母體平均數。顧名思義，共變異數就是計算二變數是否存在共同變異。以樣本變異數為例，可回想 x 之樣本變異數可寫成：

$$s_x^2 = s_{xx} = \frac{\displaystyle\sum_{i=1}^{n}(x_i - \bar{x})^2}{n-1} = \frac{\displaystyle\sum_{i=1}^{n}(x_i - \bar{x})(x_i - \bar{x})}{n-1}$$

其中的一個 x 若改為 y，則變成共變異數。欲瞭解共變異數的意義，我們可以先觀察圖 2-12。（可以參考 ch2-4.R）

圖 2-12 繪出 TSMC 與 TWI 月對數報酬率之間的散布圖，我們可以將後者視為 x，而前者則以 y 表示。於圖內，我們可以很清楚地看出，大部分觀察值大致落於由 $\bar{x}$ 與 $\bar{y}$ 虛線所形成的座標內的第一與第三象限，透過上述共變異數公式的理解，可知計算出的樣本共變異數一定會是一個正數，表示 x 與 y 會同方向變動（即 x 增加，y 亦會增加，反之 x 減少，y 亦會隨之減少）；同理，倘若觀察值是落於第二

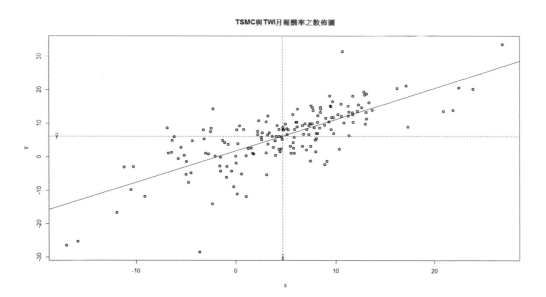

⋏ **圖 2-12**：TSMC 與 TWI 月對數報酬率之間的散布圖，前者以 y 表示而後者為 x

與第四象限，則計算出的樣本共變異數會為一個負數；若觀察值均勻散落於四個象限，則計算出的樣本共變異數應會接近於 0。果然，透過 R，我們很容易可以計算出 TSMC 與 TWI 月對數報酬率之間的樣本共變異數等於 47.30。老實說，我們不知 47.30 代表何意義？我們只知 TSMC 與 TWI 月對數報酬率之間是呈同方向變動（事實上，共變異數的結果也無法告訴我們究竟是前者影響後者呢？還是後者影響前者？）。既然，共變異數只能告訴我們，二數之間是否呈正比、反比或無相關的訊息而已，我們只能再利用一個新的觀念，以衡量二數之間的「相關程度」，畢竟相關程度 80% 和相關程度 10% 都是同方向變動！

因此，我們需再介紹一個衡量「相關程度」的工具，這個工具就是相關係數（coefficient of correlation），其公式可為：

$$r_{xy} = \frac{s_{xy}}{s_x s_y}, \quad -1 \le r_{xy} \le 1 \text{（樣本）}$$

$$\rho_{xy} = \frac{\sigma_{xy}}{\sigma_x \sigma_y}, \quad -1 \le \rho_{xy} \le 1 \text{（母體）}$$

直覺而言，上述公式並不難理解：既然 s_x 與 s_y 是表示 x 與 y 的變異（即離散）程度，則 x 與 y 之間的共變異至多等於 $s_x s_y$，此時 $r_{xy} \le |1|$。我們可以計算出 TSMC 與 TWI 月對數報酬率之間的樣本相關係數約等於 75.25%，而 TSMC 與 TWI 月對數報酬率的觀察值，從圖 2-12，可看出大致散落於圖中的直線附近，似乎是那一條直線會吸引觀察值，使其不能脫離它太遠。因此，我們可以想像，倘若計算出的樣本相關係數等於 1，則觀察值應會落於何處？樣本相關係數等於 1，表示共同變異會等於個別變異的聯合，表示若有變異，不能單獨脫離，必須要一起變動；是故，若樣本相關係數等於 1，表示所有的觀察值會落於同一條直線上，直線上點的移動，正是 x 變動，y 也變動（線外之一點，有可能是 x 不變但卻是 y 變動所造成，此時計算出的相關係數應不會等於 1）。因此，我們可以解釋 TSMC 與 TWI 月對數報酬率之間的樣本相關係數約等於 75.25% 是何意義了。TSMC 與 TWI 月對數報酬率之間是呈正相關，其相關程度有 75.25% 似一條直線，表示若 TWI 月對數報酬率上升 100%，其中有 75.25% 是和 TSMC 月對數報酬率一起上升的（值得提醒的是，這之間沒有因果關係，因相關係數並不能衡量因果關係）。

習題

1. 若 y 的樣本資料分別為 9.32、15.23、5.95、6.99 與 11.51，同時間的 x 的樣本

資料分別為 7.35、7.56、4.59、8.18 與 9.00，y 與 x 分別為 TSMC 與 TWI 最近 5 個月的報酬率（單位：%），試先繪出上述 5 組資料的散布圖（即座標圖），再以讀者的計算機分別計算 y 與 x 的樣本共變異數與相關係數。

2. 續題 1，於 R 內如何操作？試解釋估計的樣本共變異數與相關係數的意義。

3. 利用 TSMC 月序列樣本資料，試計算月收盤價與月本益比之樣本相關係數，並解釋其意義。

4. 續上題，若改成計算月報酬率與月本益比之樣本相關係數，其結果亦又如何？

5. 試繪出 $(x, y) = (2, 4)$、$(x, y) = (4, 8)$ 以及 $(x, y) = (6, 12)$ 三點的座標並繪出一條直線通過上述三點。試計算 x 與 y 的樣本變異數及相關係數，有何涵義？

   ☞提示：
   ```
   x = c(2,4,6)
   y = c(4,8,12)
   windows()
   plot(x,y,type="p",xlim=c(0,8),ylim=c(0,14))
   points(x,y,lwd=2,pch=18)
   segments(1,2,8,16)
   cov(x,y)
   cor(x,y)
   ```

6. 試思考如何利用 R 模擬出二變數之間的相關係數約為 0.75 的觀察值。

   ☞提示：
   ```
   set.seed(1234)
   x = rnorm(1000)
   set.seed(123)
   y = 1.1*x + rnorm(1000)
   cor(x,y)
   windows()
   plot(x,y,type="p")
   abline(v=0,h=0,col="red")
   ```

4.1.2 為何可以有資產組合？

「不要把所有的資金投資於單一資產上」，我們稍微修改一下熟悉的俗語。財務理論的「第一個」（筆者認為）最大貢獻是將資產組合的觀念明朗化。原來我們只要有基本的統計學知識，就可以弄清楚如何將資產組合的觀念實際化。假想有一位投資人聽到上面那句話，原本想「孤注一擲」，將所有的資金投資在 TSMC 上，現在猶豫一下後，只投資 2/3 的資金於 TSMC 上，剩下的 1/3 資金投資於 TWI 上（相當於臺灣 50 股票，讀者可以找出臺灣 50 此檔股票的歷史資料，再比較其與 TWI 的相似度）。因此，該投資人現在有了一個投資組合，利用過去的月歷史資料，可計算出該投資組合的重要參考值，以座標形式表示：（風險即標準差，平均報酬率），其為（7.83%, 5.67%），單獨投資於 TSMC 為（8.84%, 6.16%）而單獨投資於 TWI 則為（4.69%, 7.11%）。算出來後，該投資人也一頭霧水，好不容易終於算出平均報酬率和標準差，那接下來呢？若該投資人認識讀者且知讀者正在唸財務，讀者會如何回答呢？

當然我們可以幫他把所有的組合找出來，另一方面又要問一個問題：另一個資產是 TWI 合適嗎？畢竟 TSMC 與 TWI 月報酬率之間的相關程度高達 75.25%。此資產組合與將所有的資金投資在 TSMC 上，其實差距不大，我們是覺得有些可行的答案，最好的方式是將上面所有的思緒整個畫出來，如圖 2-13 所示。圖 2-13 的橫、縱座標是分別以風險（σ）與平均報酬率（μ）表示。首先，我們可以於圖內找出 TSMC 與 TWI 的位置，然後再思考 TSMC 與 TWI 所構成的資產組合如何表示。將 TSMC 的月報酬率視為 y，TWI 的月報酬率視為 x，若 w 表示權重，則資產組合 p 可為：

$$p = wy + (1 - w)\, x$$

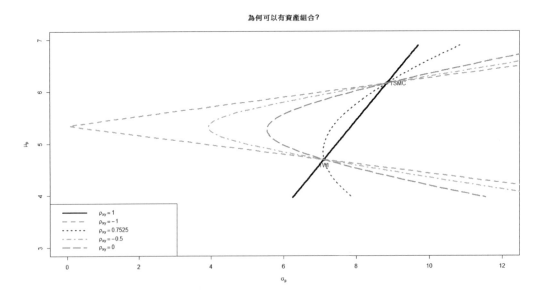

▲ 圖 2-13：不同 p 值下之資產組合線

其中 $0 \le w \le 1$。若以母體的形式表示，上述資產組合的平均數與變異數可以寫成：

$$\mu_p = w\mu_y + (1-w)\,\mu_x$$
$$\sigma_p^2 = w^2\sigma_y^2 + (1-w)^2\,\sigma_x^2 + 2w(1-w)\,\sigma_{xy} = w^2\sigma_y^2 + (1-w)^2\,\sigma_x^2 + 2w(1-w)\,\rho_{xy}\,\sigma_x\,\sigma_y$$

上述的結果有用到前述相關係數的定義。由於平均數與變異數都是用「加總」的符號表示，故上述結果並不難證明，讀者可嘗試證明看看。

若考慮不同的 w 值，從上式可看出資產組合的變異數（或標準差）是相關係數 ρ_{xy} 值的函數；換言之，若知 ρ_{xy} 值為何，利用 R，要畫出對應的各種資產組合出來並不難。若 $\rho_{xy} = 1$，x 與 y 的各種不同組合果然都落在同一直線上，如圖內的實線。值得注意的是，若 $\rho_{xy} = -1$，x 與 y 的不同組合是分開成二條直線，投資人應會選擇上面那一條才對（為何？若做一條垂直的輔助線，於相同的風險下，投資人不是會選擇比較高的平均報酬嘛！）。任意二資產報酬率之間的相關係數是不大可能等於 -1 與 1，因此，實際的資產組合線有可能像圖內以「子彈頭」的型態向西北角延伸，往西北角延伸正是任何一位投資人追求的目標，而決定子彈頭的長度也正取決於二資產報酬率之間的相關係數！現在讀者應該知道 TSMC 應該找何資產組合了吧！（報酬率呈負相關之資產）

以上對應的 R 程式可為：

```
# 2/3 TSMC and 1/3 TWI
w = 2/3
y = lr
x = lr.TWI
mx = mean(x)
my = mean(y)
sdx = sd(x)
sdy = sd(y)
mean(w*y+(1-w)*x)
sd(w*y+(1-w)*x)
mx
my
sdx
```

```
sdy
# rho = 1 and rho = -1
w = seq(-0.5,1.5,length=100)
mp = w*mx+(1-w)*my
rho = 1
sdxy = rho*sdx*sdy
varp1 = w^2*sdx^2+(1-w)^2*sdy^2+2*w*(1-w)*sdxy
sdp1 = sqrt(varp1)
rho = -1
sdxy = rho*sdx*sdy
varpn1 = w^2*sdx^2+(1-w)^2*sdy^2+2*w*(1-w)*sdxy
sdpn1 = sqrt(varpn1)
windows()
plot(sdp1,mp,type="l",xlab=expression(sigma[p]),ylab=expression(mu[p]),
 xlim=c(0,12), ylim=c(3,7),main=" 為何可以有資產組合 ?",lwd=4)
points(sdx,mx,col="blue", lwd=3)
text(sdx,mx, labels="TWI", pos=1, col="blue")
points(sdy,my,col="blue",lwd=3)
text(sdy,my, labels="TSMC", pos=4, col="blue")
lines(sdpn1,mp,lty=2,col="green",lwd=3)
rho = cor(x,y)
sdxy = rho*sdx*sdy
varpxy = w^2*sdx^2+(1-w)^2*sdy^2+2*w*(1-w)*sdxy
sdpxy = sqrt(varpxy)
lines(sdpxy,mp, lty=3, col="red",lwd=3)
rho = -0.5
sdxy = rho*sdx*sdy
varpxy = w^2*sdx^2+(1-w)^2*sdy^2+2*w*(1-w)*sdxy
sdpxy = sqrt(varpxy)
lines(sdpxy,mp, lty=4, col="gray",lwd=3)
rho = 0
sdxy = rho*sdx*sdy
```

```
varpxy = w^2*sdx^2+(1-w)^2*sdy^2+2*w*(1-w)*sdxy
sdpxy = sqrt(varpxy)
lines(sdpxy,mp, lty=5, col="orange",lwd=3)
legend("bottomleft", legend=c(expression(rho[xy]==1),
expression(rho[xy]==-1),
   expression(rho[xy]==0.7525), expression(rho[xy]==-0.5),
expression(rho[xy]==0)),
   col=c("black","green","red","gray","orange"), lty=1:5,lwd=3)
```

習題

1. 觀察下圖，若 A 與 B 為二資產的報酬率，試計算 $w = 1/2, 2/3, -1/3$，資產組合 $p = w \times A + (1-w) \times B$ 的報酬率，並標示於圖內。當 $w = -1/3$ 時，是放空何資產？

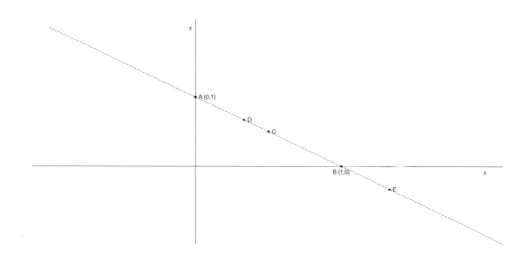

2. 若橫軸與縱軸分別表示風險與報酬，則投資人的無異曲線形狀為何？為什麼？就下圖而言，哪條無異曲線最優？

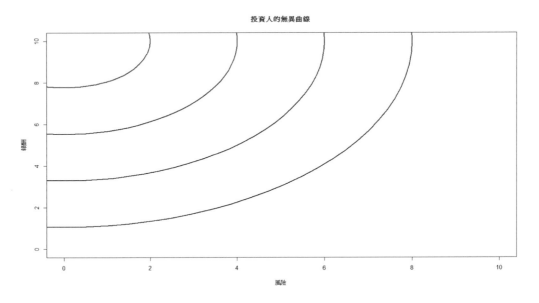

☞提示：library(plotrix)

```
plot(c(0,10),c(0,10),type="n",xlab=" 風 險 ",ylab=" 報 酬
",main=" 投資人的無異曲線 ")
draw.circle(0,10,8,lwd=2)
draw.circle(0,10,6,lwd=2)
draw.circle(0,10,4,lwd=2)
draw.circle(0,10,2,lwd=2)
```

3. 從下圖可以看出最適選擇點為點 A，點 A 優於點 TSMC 與點 TWI（即 TSMC 與 TWI 單獨投資的位置），讀者可以得出點 A 的權重值 w 為何嗎？

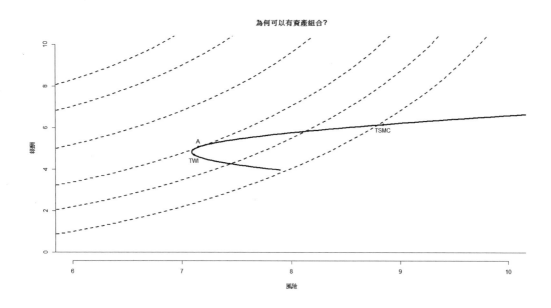

4. 續上題，其實投資人還可以繼續提高他們的效用，如下圖所示。若無風險月利率為 2%（其位置繪於縱軸上的黑點），試解釋下圖投資人的投資決策。

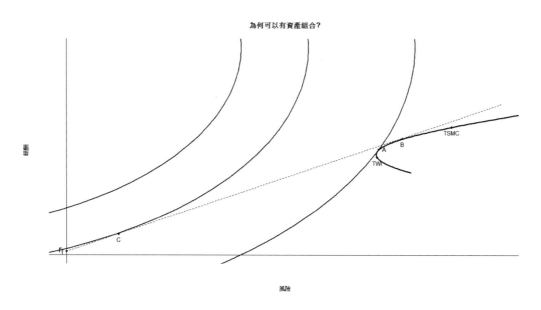

5. 續上題，於上圖的點 B，表示風險性資產的投資，TSMC 與 TWI 的權重分別為何？最小風險的投資比重為何？

6. 續上題，若該投資人擁有 1 千萬元資金，其有多少比重投資於風險性資產，有多少比重投資於無風險性資產上？

7. 續上題，一種新的金融商品不是產生了嗎？試解釋其構成分子。

8. 試從標準常態分配抽出二序列，各有 200 個觀察值，並分別令為 x 與 y。若將 x 與 y 視為二種資產報酬率序列，試繪出其資產組合線；其次，假定 x 與 y 的相關係數分別為 1、-1 以及 -0.5，則其資產組合線的形狀分別為何？

4.1.3 有效的資產組合

知道如何建構資產組合線後，接著我們再來思考什麼是有效的資產組合？若仔細思考圖 2-13 內的「子彈頭」，其背後隱含著「於相同的平均報酬下，找出最低的風險」以及「於相同的風險下，找出最高的平均報酬」。聰明的讀者，你們會如何選出最有效的組合？而選出來的最有效的組合，就可以稱為「效率前緣（efficient frontier）」線，其形狀應如圖 2-14 之上圖（當然最左端須改一下）。

圖 2-14 之上圖是強調投資人並未採取「放空（short selling）」的策略，即權重 w 不為負數。若 w 為負數，則表示投資人採取放空的方式（買進 w 為正數，賣出 w 為負數，投資人現在手中並沒有持股）。按照下圖，讀者可以判斷若投資人採取放空的方式，應放空哪檔股票？我們倒應注意到若採取放空的策略，雖說平均報酬會上升，連帶地風險也會隨之上升！（放空 TWI）

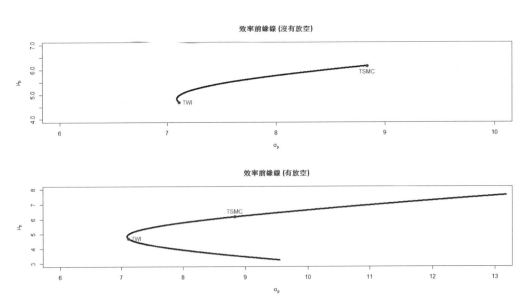

▲ **圖 2-14**：TSMC 與 TWI 所構成的效率前緣線

4.2 風險值的估計

假想投資人手上已有 TSMC 股票市價是 10 萬元或是放空 TSMC 股票市價 10 萬元，現在一個問題是：若未來是過去的延伸，則於 5% 或 10% 的可能性下，下個月該投資人最低的損失為何？這個問題就是在問於 5% 或 10% 的可能性下，該投資人的 VaR（風險值）為何？上述問題不只適用於投資人，亦可適用於企業或金融機構上。若讀者已瞭解本章的內容，回答上述問題應該沒有什麼困難。

　　圖 2-15 繪出 TSMC 月對數報酬率之估計機率分配，不同顏色虛線可對應至不同機率下之風險值，其中「Long」與「Short」分別表示「作多」與「放空」。值得注意的是，若圖內的月報酬率指的是簡單報酬率，就作多而言，5% 與 10% 的風險值分別約為 9.263%（9,263 元）與 3.991%（3,991 元）；另一方面，就放空而言，5% 與 10% 的風險值分別約為 18.334%（18,334 元）與 15.144%（15,144 元）。其中小括號內之值為投資金額 100,000 元之對應的風險值。但是實際上，我們是使用月對數報酬率序列計算風險值[5]，因此若按照上述順序，其分別為 8.847%（8,847 元）、3.913%（3,913 元）、20.12%（20,120 元）與 16.35%（16,350 元）。從以上可知，就 TSMC 股票而言，相對上採取放空策略較不利！

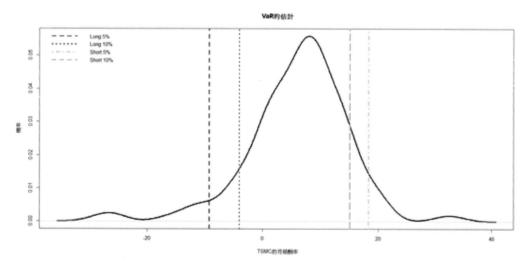

⋀ **圖 2-15**：風險值之估計，標的股：TSMC

5　$e^x = y \Leftrightarrow \ln(y) = x$。此處應記得我們是用對數報酬率。因此，風險值的計算方式可以有二種方式：其一是使用簡單報酬率，另一則是使用對數報酬率。上述二種方式均可視為風險值之估計。

其所對應之 R 程式可為：

```
# Compute VaR
windows()
plot(density(y),xlab="TSMC 的月報酬率 ",ylab=" 機率 ",  main="VaR
的估計 " ,lwd=3)
abline(v=quantile(y,prob=0.05), lty=2, col="red" ,lwd=3)
abline(v=quantile(y,prob=0.1), lty=3, col="blue" ,lwd=3)
abline(v=quantile(y,prob=0.95), lty=4, col="gray" ,lwd=3)
abline(v=quantile(y,prob=0.90), lty=5, col="green") ,lwd=3
legend("topleft",  c("Long  5%","Long  10%","Short  5%","Short
10%"), lty=2:4,
       col=c("red","blue","gray","green"), bty="n" ,lwd=3)
V = 100000
y1 = (quantile(y,prob=0.05)/100)
y1
y1*V
V = 100000
y2 = (quantile(y,prob=0.10)/100)
y2
y2*V
V = -100000
y3 = (quantile(y,prob=0.95)/100)
y3
y3*V
V = -100000
y4 = (quantile(y,prob=0.90)/100)
y4
y4*V
exp(y1)-1
exp(y2)-1
exp(y3)-1
```

```
exp(y4)-1
```

（可參考 ch2-4.R）

本章習題

1. 類似前一章之習題 1，依讀者所選的股票取代 TSMC 股票，重做本章有關 TSMC 的部分。

2. 利用前一章習題所計算的名目年經濟成長率（2000/1 － 2014/2 期間）以及通貨膨脹率分別以「抽出放回」的方式，分別繪出樣本平均數及樣本變異數的抽樣分配，其中 $n = 30$ 以及 $n = 50$。

3. 試計算本章內 TWI 月對數報酬率（含股利）所有的敘述統計。註：可使用下列指令：

```
library(fBasics)
basicStats()
```

4. 利用前一章習題的匯率資料，試分別繪出美元兌新臺幣匯率對數變動率之時間走勢、直方圖機率分配以及 CDF 線，後二者需與標準常態線比較；因此，後二圖的變數需經過標準化，即對數變動率序列減其樣本平均數再除以樣本標準差謂之標準化。註：hist（變數，breaks = 數字，prob = T）表示繪「變數」的直方圖，共有「數字」個直方圖，其中 prob = T 表示將相對次數轉成機率密度。

   ☞提示：# xr 表示匯率對數變動率序列

   ```
   xr1 = (xr-mean(xr))/sd(xr) # 標準化
   hist(xr1,breaks=50,porb=T) # 可以留意縱軸的表示方式，即不
   ```
   再是次數而是相對次數

5. 續題 4，將美元兌新臺幣匯率改成人民幣兌新臺幣匯率後，重新再做一次。

6. 利用 Yahoo（英文網站）上所提供的週資料（2002/8/5 － 2014/8/27 期間），試繪出臺灣加權股價指數與黃金報酬率的效率前緣線。

7. 以另外一種方法重做題 6。註：亦可先估計每個權數下資產組合的平均數與標準差，可以使用迴圈的技巧。

8. 利用網站 http://research.stlouisfed.org/fred2/series/DJIA/downloaddata 下載 Dow Jones 日指數資料（2004/8/30 － 2014/8/28），試比較其對數報酬率分配與常態分配之不同。註：常態分配的指令，例如 rnorm(x,mean,sd)注意平均數與標準差的位置。可用直方圖與常態分配之 PDF 曲線或是抽出相同個數的常態分配

觀察值並計算其基本敘述統計量比較。

9. 利用前一章習題 10 所列的網站下載 Brent 原油日價格（1987/5/20 － 2014/8/25），試回答題 8 的問題。若假定原油與 Dow Jones 指數皆是一種可以保有的資產，試分別計算「作多」與「放空」之（0.0001, 0.001, 0.01）之風險值。

10. 下圖是從期交所下載之 2014/9/1 當天臺指選擇權波動率指數（每分鐘：8 點 46 分－ 13 點 45 分）所繪成的次數分配圖。從圖內可看出當天最大與最小波動率分別為 11.66（％）與 10.81（％），試至期交所下載某天資料並繪出類似下圖。

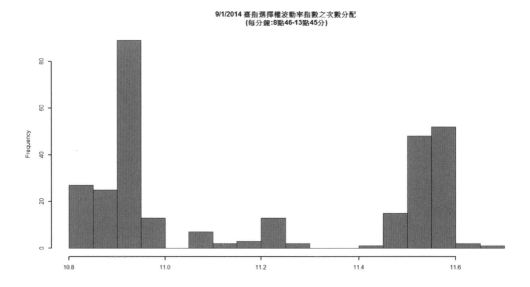

9/1/2014 臺指選擇權波動率指數之次數分配
(每分鐘:8點46-13點45分)

11. 至 TEJ 下載 2013 年 12 月份臺指期歷史價格（2013/1/17 － 2014/12/18），試分別繪出日開盤價、日最高價、日最低價、日收盤價、日結算價以及日現貨價之時間走勢（於同一圖內）；另外，以另一圖繪出日基差（現貨價減期貨價）之時間走勢圖。其次，計算期貨日收盤價與日現貨價的樣本共變異數及相關係數。

12.* 續題 10。至 Yahoo 英文網站下載 TWI（2000/1/4 － 2014/8/29 期間）日收盤價資料，並分別以移動的方式計算日對數報酬率之樣本標準差，可記得波動率是日（對數）報酬率樣本標準差之年率化；換言之，日對數報酬率樣本標準差乘以 $\sqrt{250}$ 可得波動率。現在一個問題是我們應以多少天當作上述移動之計算基準，算出來的波動率方最接近 2014/9/1 當天的波動率？註：利用下列 R 指令可計算移動樣本變異數：

```
library(fTrading)
```

```
rollVar( 變數 ,n,unbiased = TRUE)
```
其中 n 就是移動之計算基準，例如 $n = 250$，就是每隔 250 天計算一次。

13. 至 Yahoo 英文網站下載 TWI、S&P 500、上海綜合指數以及 NIKKEI 225 月收盤價（2000/1 － 2014/8 期間），將其存於文字檔內有包括名稱如 four.txt 所示，將其轉成對數報酬率後，計算各指數報酬率之相關係數，再繪出如下圖所示（單位：%）：

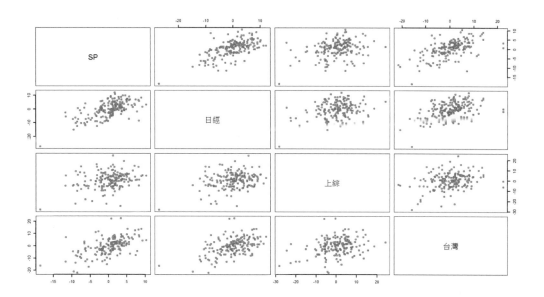

☞提示：
```
four = read.table("c:\\meiyih\\Finstats\\ex\\ch2\\
       data\\four.txt", header=T)
names(four)
attach(four)
SP = 100*diff(log(sp500))
日經 = 100*diff(log(japan))
上綜 = 100*diff(log(china))
臺灣 = 100*diff(log(taiwan))
x1 = 100*diff(log(sp500))
x2 = 100*diff(log(japan))
x3 = 100*diff(log(china))
x4 = 100*diff(log(taiwan))
all1 = cbind(SP,日經 , 上綜 , 臺灣 )# 行合併
```

```
all = cbind(x1,x2,x3,x4)
windows()
pairs(all1, col="tomato",lwd=2)# 成對之間的散布圖
cor(all1)
```

14.* 利用題 13 的資料繪出 4 種資產所組成的效率前緣線（於預期的平均數為 0.2 下，求風險最小），如下圖所示。

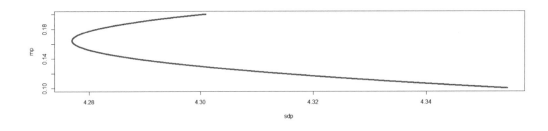

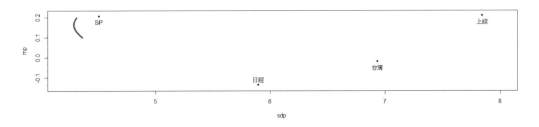

15.* 於題 14 若去除臺灣再加進 FTSE 100，其結果又如何？

16.* 題 14 － 15 是沒有考慮「放空」的情況，若考慮有放空的可能，結果又如何？
R 指令可為：

```
port = portfolio.optim(all4,pm=mp1,shorts=T)
```

可參考 library(tseries) 使用手冊。

17. 最近大立光與鴻海連續 6 日股價分別為 2,945、3,065、3,145、3,115、3,200、3,200，以及 92.1、92、93.3、94.6、94.7、93.6。試分別回答下列問題：

(1) 試將上述股價轉成簡單報酬率。

(2) 試分別計算其變異係數並比較哪檔股票風險較大？

18. 續上題，於 5% 下若做多大立光並放空鴻海，其風險值分別為何？各應如何解釋？

19. 題 17 與 18，若以 R 操作，其指令應為何？

20. 續題 17，若我們欲計算二日的移動平均股價（重疊與不重疊），其 R 程式為何？

21. 利用題 17 大立光的股價，我們如何計算大於等於 3,120 的比率（平均數）？於 R 內如何操作？

22. 續上題，若該比率（平均數）離母體參數值相當接近，我們如何證明其為母體參數的不偏估計值？於 R 內如何操作？

　　☞提示：使用 sample 指令及抽樣分配的觀念

23. 續題 17，兩檔股票報酬率之共變異數與相關係數分別為何？是否能構成有效的資產組合？為什麼？

24. 續題 17，試分別計算大立光與鴻海日報酬率之偏態與峰態係數。

25. 利用題 18 的計算方式，分別計算大立光與鴻海收盤價的第 10 個與第 90 個百分位數。

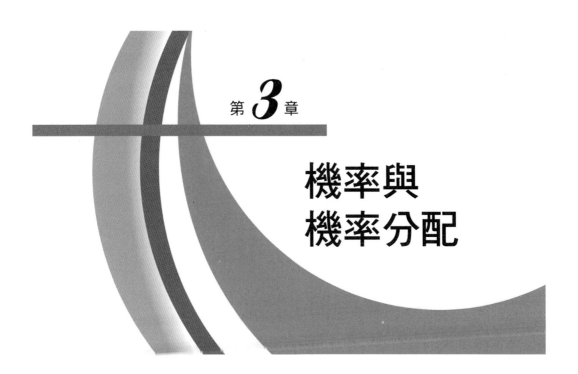

第**3**章

機率與
機率分配

於 前二章的內容內，我們多少有使用到機率與機率分配的觀念。為何會如此？
一方面是「機率」這個名詞，於日常生活中會時常聽到：「明日基隆地區下
雨的機率高達 90% 以上」、「發票中獎的機率已大為提高」或是「今年夏天侵臺
的颱風，威力變強的可能性大為增加」……；因此，及早接觸應不致於產生困擾。
另一方面，有關於機率的計算也沒有像想像中的困難，拜電腦之賜，例如 R 的應用，
使得我們要計算例如風險值等觀念，也並不會感到什麼壓力，反而我們可以使用 R
反推：「若風險值為 4%，其可對應的最大機率為何？」。

　　本章仍試著以較淺顯的方式，重新解釋機率與其對應的分配。本章可分成四個
部分。第一節定義機率的概念並說明有關機率的一些特性；第二與三節則分別介紹
間斷與連續機率分配的特性與應用；第四節介紹於財金內的應用。

第一節　機率的特性

本節我們將說明有關機率的定義、性質以及一些簡單的機率操作。

1.1 何謂機率？

在未介紹之前，我們需認識一個非常重要的觀念：大數法則（law of large numbers,
LLN）。大數法則可以告訴我們一個重要的結果：真實機率的定義。之後，我們才

能說出可以藉由相對次數取得機率。

1.1.1 丟銅板與擲骰子的例子

我們時常使用「丟一個銅板一次」來決定例如二人之間誰幫忙去買咖啡。「出現正面」誰去買？愛挑剔的人也許會問：「我們如何知道所丟的銅板是公正的？」「不信丟看看。」讀者認為應丟幾次，那個銅板才會被讀者認為是公平的？沒有接觸 R 之前，也許要回答上述問題有點困難，但是若有看完本小節的內容，讀者才知受騙了！我們繼續剛才那個問題：丟 10 次、丟 100 次、丟 1,000 次……。我們開始思考如何用 R 幫我們解決這個問題。

　　首先這個被丟的銅板只會出現二種結果：不是正面，就是反面。由於在未丟之前，我們不知丟一個銅板一次的結果為何，因此這個結果可以視為一個隨機變數 x；由於我們所關切的是「正面」，故可以令出現正面，x 就等於 1，出現反面，x 就等於 0。你的朋友馬上拿出一個銅板出來：「啊，出現正面你去買，不就是 0 或 1 二種可能的結果，我們不是才剛學過平均數，其平均數就是 (0 + 1)/2，0 或 1 各有一半的可能性會出現，1 只是出現 1/2 次，故這個銅板是公平的，出現正面的機率為 0.5。」讀者聽得頭都暈了。

　　在前面一章，我們已經學過 sample 這個函數，我們若使用「抽出放回」的功能，再搭配不是 0 就是 1 的結果（即給予 0 與 1 兩個數），R 就能幫我們丟無數次的銅板了。試試底下的 R 指令：

```
set.seed(123 # 模擬的源頭
n = 5
x = sample(c(0,1), n, replace=T)
x
pbar = mean(x)
pbar
```

　　第一個指令是告訴 R，我們「模擬」的源頭是從 123 開始（123 是我們任意取的，讀者也可任意改成其他數字如 1,299,962 等），其目的是要取得與本章相同的模擬結果。輸入第一個指令後，上述結果為 0,1,0,1,1，故其平均數為 0.6，我們可以將其解釋為：「出現正面的樣本比率 $\bar{p}$ 為 0.6」；至於解釋為：「出現正面的機率為 0.6」，按照「統計推論」的說法，我們仍不知出現正面的機率為何？是故，說丟 10 次試

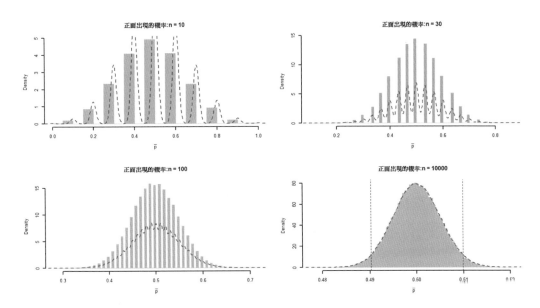

▲ 圖 3-1：$\bar{p}$ 的抽樣分配，其中 n 表示每次實驗丟銅板的次數

試也不對，因為我們只是「抽出 10 個樣本結果而已」。不過，我們試著丟 10 次、100 次、10,000 次、100,000 次、10,000,000 次……，其對應的出現正面的 $\bar{p}$ 依序分別為 0.6、0.47、0.4943、0.49741、0.4999461……。似乎預期的 0.5（即真正的比率 $p = 0.5$）根本就不會出現，雖說如此，我們仍可看出一些端倪。我們可以進一步試著畫出樣本比率的抽樣分配來，其結果如圖 3-1 所示。

讀者可嘗試解釋繪出圖 3-1 的過程（可參考 ch3-1-1.R）。

現在我們可以解釋本節一開始的那個問題：

1. 你的朋友可能拿出一個都是正面的銅板。

2. 於此例，平均出現正面的機率又可稱為期望值（expected value），是指丟一個銅板後，預期出現正面的次數，即母體的比率 p，故你的朋友可能是講預期次數，其並無法證明出那個銅板是公平的。

3. 事實上，真正的 $p = 0.5$ 是永遠都觀察不到的，因為我們是使用實數（real number）；換言之，於 0 與 1 之間（有無窮多的可能）要找出 0.5 的機率幾乎接近於 0。

4. 還好真理（大數法則）還是存在的，從圖 3-1 的抽樣分配中，我們還是發現當 n 變大時，$\bar{p} \to p$（讀成當 n 變得夠大時，$\bar{p}$ 相當接近於 p）；換言之，大數法則是說明「真理是愈辯愈明」、「終究會水落石出」，是故，真實的機率可定義為：

$$p = \lim_{n \to \infty} \frac{n(A)}{n} \qquad (3\text{-}1)$$

其中 n 表示實驗[1]（如丟銅板等行為）的次數，$n(A)$ 表示符合 A 的個數，而 A 則表示符合所關切的事件（event），於上例，就是表示出現正面的情況。(3-1) 式告訴我們一個事實：就是我們可以由相對次數求得機率！

5. 既然無法計算出 $p = 0.5$，故須先定義「什麼是公平？」；換言之，我們需先講清楚可以容忍的範圍（或誤差）為何，如圖 3-1 內之右下圖，$\bar{p}$ 需落入二虛線的範圍內才算是公平的，是故只要 $\bar{p}$ 落入下列的範圍：

$$p \pm 可以容忍的範圍$$

才算公平。只是可以容忍的範圍如何計算？

6. 讀者是不是覺得太冤了！「丟三次才更公平！」，我們更時常聽到這句話。

利用 sample 函數也可玩擲骰子的遊戲，例如一個骰子分別擲 20 次、100 次或 10,000 次，出現 1 點的機率分別為 0.15、0.17 或 0.1683。其 R 指令為：

```
# 擲一個骰子
set.seed(123)
d1 = sample(1:6,20,replace=T)
mean(d1==1)
set.seed(123)
d1 = sample(1:6,100,replace=T)
mean(d1==1)
set.seed(123)
d1 = sample(1:6,10000,replace=T)
mean(d1==1)
```

---

1 所謂的實驗是指一種「行為」可以預知會有哪些結果，但卻不知是哪一個。

習題

1. 最近 6 日，大立光與鴻海股價分別為 2,945 、3,065 、3,145 、3,115 、3,200 、3,200，以及 92.1、92、93.3、94.6、94.7、93.6。試分別計算大立光股價超過 3,000 元以及鴻海股價超過 93 元的比率。我們如何解釋上述比率？

2. 若以 R 操作題 1，其指令為何？

　　☞提示：
```
x = c(2945,3065,3145,3115,3200,3200)
y = c(92.1,92,93.3,94.6,94.7,93.6)
index1 = x > 3000
index2 = y > 93
index1
index2
i = as.numeric(index1)
j = as.numeric(index2)
i
j
pbar1 = mean(i)
pbar2 = mean(j)
pbar1
pbar2
```

3. 利用 2005/1/4 － 2015/4/28 期間，大立光日收盤價樣本序列資料，試計算日收盤價超過 2,000 元的比率為何？

　　☞提示：
```
largan = read.table("c:\\meiyih\\Finstats\\ex\\ch1\\
largan.txt")
p = largan[,1]
pbar = mean(as.numeric(p>2000))
pbar
```

4. 試繪出一個公正的骰子，出現 6 點的機率分配。

5. 想想看，我們也可以模擬出一個「非公正」的骰子的機率，例如出現 6 點的機率為 1/3。

　　☞提示：
```
x = c(1,2,3,4,5,6,6,6,1)
N = 10000
n = 1000
```

```
pbar = numeric(N)
for(i in 1:N)
{
 x1 = sample(x,n,replace=T)
 pbar[i] = mean(as.numeric(x1 == 6))
}
windows()
plot(density(pbar),xlab=expression(bar(p)),main=" 出現 6
點的機率分配 ")
abline(v=mean(pbar),lty=2)
```

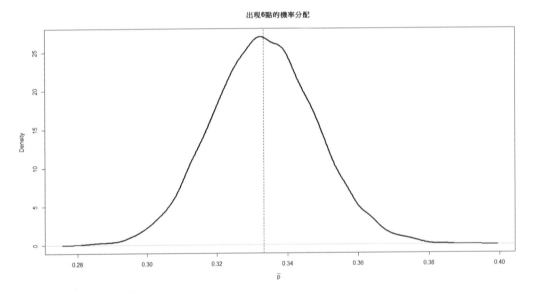

6. 何謂大數法則？試解釋之。

7. 續上題，是否可以舉例說明。

第二節　機率的性質

大致瞭解機率是何意思後，我們需要有一種方式來表示機率，使得不管遇見什麼狀況，若須以機率的方式表示時，能夠「放諸四海皆準」。前述的例子，雖可以幫我們找出真實的機率，但其適用的範圍仍太過狹隘，畢竟現實社會不是只有丟銅板與擲骰子的情況。

2.1 由事件定義機率

尚未定義事件之前，無可避免地，我們仍需定義下列二個名詞：

樣本空間（sample space）：一個實驗所產生的所有可能結果的集合。

樣本點：樣本空間的一個結果（元素）

例如：擲一個骰子一次，其樣本空間為 S = {1, 2, 3, 4, 5, 6}，而其中 3 就是一個樣本點。又例如：我們找出 TSMC 週收盤價資料（2000/1/7 － 2014/7/4），其樣本空間可為：

$$S = \{\cdots, 16.58, 17.65, 19.04, 19.32, \cdots, 125.5, 135, \cdots\}$$

其中有用數字表示的是上述期間的最小以及最大觀察值（我們可以想像 TSMC 所有的週收盤價，並不只侷限於上段期間所出現的結果）；只是，我們應如何定義週收盤價出現的機率？若是使用樣本點來定義，即例如擲一個骰子一次出現 3 點的機率為 1/6，6 為樣本空間的個數，那不是太辛苦了嗎！

事件：就是樣本空間的部分集合。

如果用事件來定義機率，那就簡單多了。令 A 為週收盤價介於 75（含）與 86（不含）元之間的事件，則 P(A) 表示 A 事件出現的機率，其可寫成：

$$P(A) = \sum_{i \in A} p_i \tag{3-2}$$

其中 p_i 表示第 i 個元素出現的機率，故把屬於 A 的元素的機率加總就是 P(A)。知道事件的意義後，接著我們再介紹一些簡單的集合觀念。

餘集（complement）：A 事件的餘集 A^C，就是於樣本空間內，不包含 A 的部分，如圖 3-2 內之 (a) 圖。

交集（intersection）：若 A 與 B 事件二事件有共同的元素，則 $A \cap B \neq \phi$；相反地，若沒有共同的元素，則 $A \cap B = \phi$。可參考圖 3-2。

聯集（union）：樣本空間內有屬於 A 事件的元素或有屬於 B 事件的元素，可寫成 $A \cup B$。

利用上述簡單的集合概念，我們馬上就可以建立簡易的機率分配。例如，讀

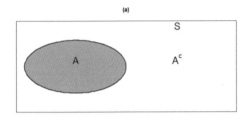
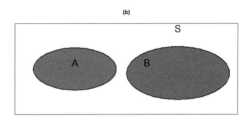

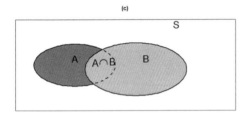

△ 圖 **3-2**：集合的概念

者認為明天的天氣不是下雨就是不下雨兩種結果，若 A 表示下雨的事件其機率為 0.3，則 A^C 就表示不下雨的事件且機率為 0.7。若用集合表示可知的樣本空間為 $S = A \cup A^C$，是故因 $P(S) = P(A \cup A^C) = p(A) + p(A^C) = 1$（試以最簡單的話解釋），$P(A) = 1 - P(A^C)$。利用上述 TSMC 週收盤價樣本資料，可以計算週收盤價大於等於其樣本平均的機率約為 0.34，則週收盤價小於樣本平均的機率約為 0.66。不過，應記得此為我們所估計的「樣本機率（即樣本比率）」，並不表示真正的機率。

我們可以進一步計算週收盤價小於等於 32 元或大於等於 68.9 元的機率約為 0.43。其過程可為：令 A 表示週收盤價小於等於 32 元的事件，B 表示週收盤價大於等於 68.9 元，則可計算得 $P(A) = 0.25$、$P(B) = 0.18$ 以及 $P(A \cap B) = 0$（A 與 B 內沒有共同點），由圖 3-2 可知 $P(A \cup B) = P(A) + P(B) - P(A \cap B) = 0.43$。因此，我們有所謂的加法律：

機率的加法律（addition law）：$P(A \cup B) = P(A) + P(B) - P(A \cap B)$
互斥事件（mutually exclusive event）：$P(A \cap B) = 0$

互斥事件是指二事件內沒有共同的樣本點，如同上述週收盤價的例子，有 A 就不能有 B；換言之，其是指 A 與 B 事件不能同時存在。（可參考 ch3-2.R）

習題

1. 利用大立光最近 150 個交易日的日收盤價，可以得到下列的機率估計值：日收盤價小於等於 2,500 元的機率為 0.59，日收盤價大於等於 3,000 元的機率為 0.03。試計算日收盤價小於等於 2,500 元或大於等於 3,000 元的機率為何？二事件是否屬於互斥事件？為什麼？

2. 續上題，試計算日收盤價大於 2,500 元且小於等於 3,000 元的機率為何？

3. 題 1 與 2，若用 R 操作，其指令為何？

   ☞提示：
   ```
   largan = read.table("c:\\meiyih\\Finstats\\ex\\ch1\\
   largan.txt")
   p = largan[,1]
   T = length(p)
   p1 = p[(T-149)·T]
   summary(p1)
   index1 = p1 <= 2500 | p1 >= 3000 # "|"表示"或"
   index2 = p1 <= 2500
   index3 = p1 >= 3000
   PA = mean(as.numeric(index2))
   PB = mean(as.numeric(index3))
   PAUB = mean(as.numeric(index1))
   PA
   PB
   PAUB
   index4 = p1 > 2500 & p1 < 3000 # "&"表示"且"
   PAB = mean(as.numeric(index4))
   PAB
   ```

4. 續題 1 與 2，試計算日收盤價小於 2,500 元或大於等於 3,000 元的機率為何？

5. 上述用日收盤價估算機率，會面臨「樣本數不足」的情況，例如於 2005/1/3，大立光的收盤價約為 116 元，而於 2015/4/28 時，收盤價則約為 3,200 元，短時間股價會回到 2005 年的水準，可能性應該不高；不過，若我們使用日報酬率取代日收盤價，上述的疑慮即可消除。換言之，利用大立光的日對數報酬率序列資料（2005/1/3 － 2015/4/28 期間），試分別估算日對數報酬率小於 0%、小於 1% 以及小於 2% 的機率。

```
提示：largan = read.table("c:\\meiyih\\Finstats\\ex\\ch1\\
      largan.txt")
p = largan[,1]
lr = 100*diff(log(p))
summary(lr)
pbar = mean(as.numeric(lr < 0))
pbar
pbar1 = mean(as.numeric(lr < 1))
pbar1
pbar2 = mean(as.numeric(lr < 2))
pbar2
```

6. 續題 5，試分別估算日對數報酬率小於等於 1.5%、日對數報酬率大於等於 1.5% 但小於 5.5%、以及小於 -2% 的機率。

2.2 列聯表與條件機率

		週轉率		合計
		B	B^C	
週收盤價	A	52(0.07)	207(0.28)	259(0.34)
	A^C	247(0.33)	245(0.33)	492(0.66)
合計		299(0.4)	452(0.6)	751(1)

註：小括號內之值為對應之相對次數。A 與 B 均表示大於其平均數的事件。

考慮上列一個列聯表（contingency table）的情況，其是按照圖 3-3 的資料（2000/1/7 － 2014/7/10）所編製而成。於圖 3-3，可看出 TSMC 週收盤價與週轉率之間大致呈負關係，此大概符合我們事先的預期（為何？）。我們可以進一步估計出二序列之間的樣本相關係數為 -32.88%（若使用週轉率預測收盤價，可信度只有 32.88%？）。一個令人感到有興趣的問題是：究竟有多少資料會落入我們的預期內？有多少資料會落入預期外？除此之外，上表還告訴我們何訊息？（可參考 ch3-2-2.R）

上表內 A 與 B 均表示大於平均數的事件；換言之，若可以相對次數表示（樣本）機率的話，則 $P(A) = 0.34$，表示週收盤價大於其平均數的機率為 0.34、$P(B^C) = 0.6$ 表示週轉率小於等於其平均數的機率為 0.6、$P(A \cap B) = 0.07$ 表示週收盤價與週轉率皆大於其對應之平均數的機率為 0.07，表內其餘的機率可類推。應用機率的加

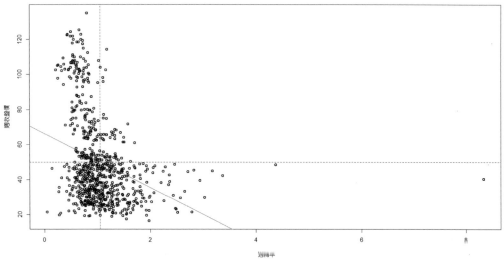

△ 圖 3-3：TSMC: 週收盤價與週轉率之間的散布圖

法律可得：

$$P(A \cup B^C) = P(A) + P(B^C) - P(A \cap B^C) = 0.34 + 0.6 - 0.28 = 0.66$$

　　除了應用單一事件的機率外，事實上，到目前為止，我們還使用所謂的聯合（joint）機率，如 $P(A \cap B)$ 或 $P(A \cap B)$ 等，皆是屬於同時描述二個事件的聯合機率，因此上述列聯表內有一個簡易的聯合機率分配；另外，兩側機率如 $P(A) = 0.34$ 和 $P(A^C) = 0.66$，則可構成邊際（的）（marginal）機率分配。當然，上述列聯表可再進一步擴充至分析二種事件以上的情況。有了聯合與邊際機率的概念後，我們還可再定義一種極為重要的機率，稱為條件（的）（conditional）機率，即：

$$P(A \mid B) = \frac{P(A \cap B)}{P(B)} \text{ 或 } P(B \mid A) = \frac{P(A \cap B)}{P(A)}$$

若以之前列聯表機率的例子，則按照上述 的定義，可得：

$$P(A \mid B) = \frac{P(A \cap B)}{P(B)} = \frac{\dfrac{52}{751}}{\dfrac{299}{751}} = \frac{52}{299} \approx 0.17$$

上述求得的機率的意思為：於 B 事件先出現的條件下，A 事件再隨之出現，最後是二事件均有出現，只是後者較前者晚出現；因此，上述機率可以解釋成：在週轉率高於其平均數的條件下，收盤價會高於其平均數的機率約為 0.17。我們也有點恍然大悟，原來機率也可為於 B 事件中找出 A 事件出來，最後二事件皆會出現的機率就是 $P(A \cap B)$！有點「玄」！原來 $P(A \mid B)$ 是指 B 事件先出現後，A 事件才出現的機率；因此，就機率而言，是先有 $P(B)$，然後才有 $P(A \cap B)$，故 $P(A \mid B)$ 內有 $P(A \cap B)$ 的成分。

若與之前介紹過的相關係數相比，條件機率似乎更為有用，畢竟後者有點「因果關係」的味道；雖然如此，二者仍應搭配使用。瞭解條件機率後，我們可以再說明機率內的乘法律：

機率的乘法律（multiplication law）：$P(A \cap B) = P(B)P(A \mid B)$
獨立事件（independent event）：$P(A \cap B) = P(A) P(B)$ 或 $P(A \mid B) = P(A)$
相依事件（dependent event）：$P(A \mid B) \neq P(A)$

按照上述定義，不難瞭解其隱含的意思，收盤價與週轉率皆高於其平均數的事件的機率應會小於收盤價高於其平均數的事件的機率，此乃是因前者係後者再乘以某個機率的結果，但因機率值是介於 0 與 1 之間，故相乘後的值會變小。因此，當我們看到需使用機率的加法律或乘法律時，因前者的機率值會變大而後者會變小，讀者憑直覺判斷應可知何時使用加法、何時使用乘法。例如「連續上漲」與「有漲或有跌」，哪個要用加法？哪個要用乘法？

至於獨立事件，我們並不會太陌生，因為我們曾經有使用過「抽出再放回」的動作，現在可以知道「第一次丟銅板」與「第二次丟銅板」於「抽出再放回」下，二次丟彼此是互相獨立的；若令第一次丟銅板的結果為 A，第二次丟銅板的結果為 B，則若 $P(B \mid A) = P(B)$，表示 A 的結果根本不會影響到 B 出現的機率，A 與 B 是互相獨立的。現在讀者應該會解釋相依事件了吧！TSMC 之週轉率與收盤價之間是屬於相依事件！

習題

1. 其實本節介紹的觀念，讀者並不陌生，希望讀者看到底下的例子，有恍然大悟的感覺。假定一個籃子內有 12 個紅色球、8 個綠色球以及 5 個白色球；試分別以「抽出放回」以及「抽出不放回」的方式，計算連續抽出 2 個白色球的機率，並且用獨立事件、相依事件、條件機率以及機率的乘法律等觀念解釋每個步驟。

2. 下表是利用大立光的樣本資料編製而成（2005/1/4 － 2015/4/28 期間），其中 r 與 Q 分別表示日對數報酬率（%）以及成交量（張）；其次，Q_1、Q_2 與 Q_3 分別表示成交量的第一、第二以及第三個四分位數。

	$Q \leq Q_1$	$Q_1 < Q \leq Q_2$	$Q_2 < Q \leq Q_3$	$Q_3 < Q$
$r \geq 0$	325	326	341	393
$r < 0$	315	312	299	245

利用上表，試估算於成交量小於等於 Q_1 下，日對數報酬率大於等於 0 的機率為何？估算成交量小於等於 Q_1 或日對數報酬率大於等於 0 的機率為何？日對數報酬率與成交量之間是否互相獨立？

3. 我們如何用 R 編製題 2 內的表？

4. 試解釋獨立事件與互斥事件之異同。

5. $P(B \mid A)$ 與 $P(A \cap B)$ 二個究竟有何不同？可否舉例說明。

6. $P(B \mid A)$ 與 $P(B)$ 二個，何者屬於「非條件」機率？可否舉例說明條件與非條件機率。

(2.3) 貝氏定理

考慮下列的情況，假定我們事先知道 $P(A) = 0.5$，於觀察 B 的結果後，想要「修正」前述 A 的機率，則此時我們有兩種機率，之前的機率 $P(A)$ 稱為先驗或事前（prior）機率，至於觀察 B 之後所得的機率 $P(A \mid B)$，則稱為事後（posterior）機率。換句話

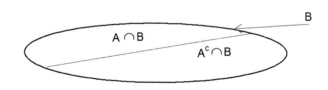

⋏ 圖 **3-4**：貝氏定理的原理

說，提醒我們如何將事前機率修正為事後機率的方法，就是貝氏（Bayes'）定理。可以參考圖 3-4。

貝氏定理可說是條件機率的延伸應用，若 A 還是表示 TSMC 週收盤價超過其平均價的事件，因為看到週轉率超過其平均價（仍以 B 表示）的情況，由於週轉率的改變會影響到股價，故原先 $P(A) = 0.5$ 勢必作修正。假定投資人利用現有可以得到的資訊，如上述列聯表估得 $P(B \mid A) = 0.2$ 與 $P(B \mid A^C) = 0.5$，則按照貝氏定理，事後機率可為：

$$P(A \mid B) = \frac{P(A \cap B)}{P(B)} = \frac{P(A \cap B)}{P(A \cap B) + P(A^c \cap B)} = \frac{P(A)A(B \mid A)}{P(A)A(B \mid A) + P(A^c)P(B \mid A^c)}$$

$$= \frac{0.5(0.2)}{0.5(0.2) + 0.5(0.5)} \approx 0.29$$

讀者能看出這個機率與之前算的機率有何不同嗎？此處事前機率 $P(A) = 0.5$，而透過額外資訊後，A 事件的機率已改為 0.29 了（以條件機率的型式表示）。為何我們可以修改機率，最主要是將 B 事件拆成二部分如圖 3-4 所示，是故：

$$P(B) = P(A \cap B) + P(A^C \cap B)$$

接著再使用機率的乘法律，貝氏定理就可以「執行」了。（可參考 ch3-2-3.R）

習題

1. 利用前一節習題內，大立光日對數報酬率與成交量的例子，試以乘法律估算日對數報酬率大於等於 0 的機率以及成交量介於 Q_1 與 Q_3 之間的機率。
2. 續上題，若日對數報酬率大於等於 0 的事前機率為 0.4，則已知成交量是介於 Q_1 與 Q_3 之間，日對數報酬率大於等於 0 的事後機率為何？
3. 續上題，若成交量大於 Q_3 的事前機率為 0.3，則已知日對數報酬率小於 0，成交量大於 Q_3 的事後機率為何？
4. 本節內的額外資訊，指的是什麼？我們如何取得額外資訊？

第三節　機率分配

瞭解機率的性質後，我們進一步介紹如何設計機率分配。機率分配可依隨機變數的性質與分析的目的，分成間斷的機率分配與連續的機率分配。

3.1 間斷的機率分配

所謂的間斷的機率分配是指其隨機變數是定義於整數；換言之，1 與 2 之間並無任何值。

3.1.1（相對）次數分配

表 3-1 是列出 TSMC 週收盤價及其對應的週對數報酬率（含股利）之基本敘述統計量。我們可以先看股價的特徵。於所分析的樣本期間內，股價是在 16.58 元與 135 元之間波動，我們可看出股價是屬於右偏的分配，故股價的樣本中位數小於樣本平均數，由於超額峰態係數的估計值大於 0，因此可知分配的尾部較常態分配「厚」。表內亦列出平均數（抽樣）分配的標準差，為了要與股價（分配）的標準差區別，習慣上稱之為標準誤（standard error）（即抽樣分配的標準差，稱為標準誤），此可用於之前有提及的可容忍的範圍（誤差）（第一節）之計算，故表 3-1 內亦有列出由樣本平均數估計母體平均數信賴區間（95%）（第 5 章會介紹）之下、上限，故研究者可能會以 [48.3, 51.88] 估計母體的平均數！此結果有待保留，因為我們懷疑股價的行為有點類似「隨機漫步（random walk）」的走勢（詳見底下說明），故預測母體的平均股價可能失去其意義！

不過，分析報酬率卻比較沒有上述的顧慮。從表內我們可看出週報酬率大致波動於 −14.7% 與 28.91% 之間，雖說樣本最高報酬率遠大於最小報酬率（絕對值），但其分配卻是左偏的，我們可以從其樣本中位數位於樣本平均數的右側以及偏態係數的估計值為負值看出端倪。比較特別的是超額峰態係數的估計值，相對上比股價

▽ **表 3-1**：TSMC 週股價與週對數報酬率之基本敘述統計

	樣本數	最小值	最大值	第一四分位	第三四分位	平均數	中位數
股價	751	16.58	135	32.06	57.51	50.09	43.93
報酬率	750	-14.70	28.91	3.21	8.54	5.72	6.18
	標準誤	左下限	右上限	變異數	標準差	偏態係數	峰態係數
股價	0.91	48.30	51.88	626.38	25.03	1.24	0.74
報酬率	0.19	5.36	6.09	25.67	5.07	-0.3	2.16

註：1.　期間 2000/1/7-2014/7/10。
　　2.　股價之單位為元，報酬率之單位為 %。
　　3.　標準誤是樣本平均數抽樣分配之標準差。
　　4.　左下限（右上限）為樣本平均數估計母體平均數之左下限（右上限）估計值（95% 信心）。
　　5.　峰態係數係指超額峰態係數。

▽ **表 3-2**：股價與報酬率之（相對）次數分配

股價			報酬率		
級距	組中點	次數（相對）	級距	組中點	次數（相對）
(0, 20]	10	10(0.01)	(−15, −10]	−12.5	7(0.01)
(20, 40]	30	309(0.41)	(−10, −5]	−7.5	15(0.02)
(40, 60]	50	247(0.33)	(−5, 0]	−2.5	69(0.09)
(60, 80]	70	84(0.11)	(0, 5]	2.5	193(0.26)
(80, 100]	90	36(0.05)	(5, 10]	7.5	338(0.45)
(100, 120]	110	57(0.08)	(10, 15]	12.5	112(0.15)
(120, 140]	130	8(0.01)	(15, 20]	17.5	10(0.01)
合計		751(1)	(20, 25]	22.5	4(0.01)
			(25, 30]	27.5	2(0.00)
			合計		750(1)

註：1. 樣本期間同表 3-1。
　　2. 股價與報酬率單位分別為元與 %。
　　3. 小括號內之值表示相對次數。
　　4. 組中點就是每組的平均數。

的估計值大，顯示出尾部的厚度較嚴重。

　　我們可以試著將上述股價與報酬率的樣本資料，由小到大排列且按照某個級距分開，並計算落於各級距內的次數，故可編成如表 3-2 所示。於表 3-2 內，我們也可分別計算每一級距內的相對次數；因此，表3-2亦可表現出相對次數分配，與表3-2對應的直方圖，則繪於圖 3-5。

　　不用再使用原始資料，我們也可直接利用表 3-2 的結果計算基本敘述統計量，如樣本平均數與樣本變異數可為：

$$\bar{x} = \frac{\sum_{i=1}^{k} m_i f_i}{n} \ 與 \ s^2 = \frac{\sum_{i=1}^{k} (m_i - \bar{x})^2 f_i}{n-1} \tag{3-3}$$

其中 k、m_i 與 f_i 分別表示第 i 組內之組中點與次數。

　　為何樣本平均數可寫成如 (3-3) 式所示？由於沒有原始觀察值，故每個原始觀察值已經由所屬的組內的組中點取代，例如股價內的第 2 組內共有 309 個觀察值，我們沒有仔細再去找出 309 個觀察值各為何，而是直接以組中點 30 元取代，故第 2 組內相當於共有 309 個 30 元，相乘之後就是「股價之總和」；換言之，(3-3) 式就是一個加權平均數的公式，可回想簡單平均數的公式，原來後者的權重就是 1/n！讀者應也可以解釋樣本變異數公式的意義了吧！利用上面的公式，可以計算樣本平均股價與報酬率分別為 51.2 元與 5.8%（標準差），若與表 3-1 內的值比較，差距並

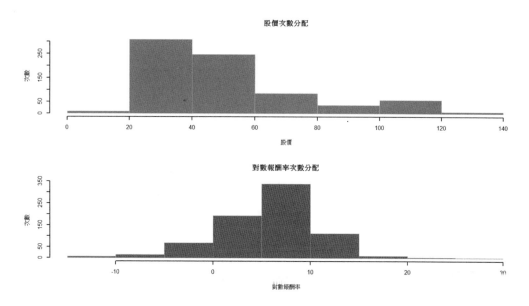

∧ 圖 3-5：股價與報酬率的相對次數分配圖

不大。（以上可參考 ch3-3-1-1.R）

習題

1. 選取大立光最近 200 個交易日的對數報酬率（%），其分組資料如下：

組距	(-8,-6]	(-6,-4]	(-4,-2]	(-2,0]	(0,2]	(2,4]	(4,6]	(6,8]
次數	5	7	19	69	62	24	10	4

試計算其平均數與標準差，其次猜出中位數與第 65 個百分位數為何？為什麼？

☞提示：T = length(lr # lr 為日報酬率序列

   lr1 = lr[(T-199):T]

   his = hist(lr1,plot=FALSE)

   his

2. 續題 1，試編製大立光日對數報酬率（%）之間斷的機率分配。

3. 試利用大立光的樣本資料（2005/1/4 - 2015/4/28 期間），試編製如本節表 3-1 與 2 所示。

4. 續上題，試分別繪出直方圖。

5. 利用例如表 3-2 的資料，可以稱為「分組或整理過的」資料，與之對應的是「原始」資料，如表 3-1 所用的資料，二者各有何優缺點？為何我們要使用分組資料？

6. 直覺而言，我們如何於分組資料內計算百分位數？

3.1.2 機率分配

▽ **表 3-3**：股價與報酬率的機率分配

股價		報酬率	
p	$f(p)$	r	$f(r)$
10	0.01	−12.5	0.01
30	0.41	−7.5	0.02
50	0.33	−2.5	0.09
70	0.11	2.5	0.26
90	0.05	7.5	0.45
110	0.08	12.5	0.15
130	0.01	17.5	0.01
		22.5	0.01
		27.5	0.00

我們可以再將表 3-2 的結果以一種更一般的方式表現，其結果就如同表 3-3 所示。表 3-3 內 p 與 r 皆為隨機變數（就是表 3-2 內的組中點），其對應的機率就分別為 $f(p)$ 與 $f(r)$。就單一機率而言，我們也可寫成例如 $f(r = 7.5\%) = 0.45$，（讀成週對數報酬率等於 7.5% 的機率為 0.45）。於此處，我們仍應提醒讀者注意我們得到的機率仍為「樣本機率」；雖說如此，表 3-3 不是告訴我們可以如何「描述」母體的「樣子」嗎！事實上，我們有見過「母體」：

$$f(x) = 1/2, x = 0, 1$$

或

$$f(x) = 1/6, x = 0, 1, 2, 3, 4, 5, 6$$

假想我們有辦法得到母體內真正的各種結果與機率，則其機率函數（或分配）可為：

$$f(x) = p_i, i = 0, 1, \cdots, n \tag{3-4}$$

其中 p_i 表示第 i 個結果的機率。我們可以進一步計算母體內的參數：

$$\mu = E(x) = \sum_{i=1}^{n} x_i f(x_i) \tag{3-5}$$

以及

$$\sigma^2 = Var(x) = E[(x-\mu)^2] = \sum_{i=1}^{n}(x_i - \mu)^2 f(x_i) \tag{3-6}$$

其中母體的平均數亦可稱為期望值，$E[\cdot]$ 表示期望值的操作式（operator），我們可以想像 $E[3x \pm 4]$ 表示什麼意思？等於 $3E[x] \pm 4$。讀者可以試著證明。

比較 (3-3) 與 (3-5) 式有何不同？(3-5) 式只不過是以 x_i 與 $f(x_i)$ 取代 (3-3) 式內的 m_i 與 f_i / n 而已；也沒有錯，我們原本就是要估計母體的 x_i 與 $f(x_i)$，但是前者還是比較容易，了不起就是把 x_i 視為連續的隨機變數（連續的機率分配呼之欲出），困難的是後者，本來就是。不過，我們倒是知道如何解釋期望值。想像讀者與朋友打賭：擲一個公平的骰子一次，依出現的點數，讀者的朋友給予讀者多少錢（即若是 6 點就是 6 元）；當然讀者的朋友不願意吃虧，讀者也不願意占朋友的便宜，則若是一個公平的遊戲，讀者的朋友應向讀者拿多少錢？又是「公平的」遊戲，玩幾次才算公平？10 次？100 次？100,000 次？

按照期望值的意思，擲公平的骰子一次，就機率而言，讀者平均可以得 3.5 元，但是要記得大數法則或水落石出的道理，公平只有在多數後才會逐漸顯現出來，少數則未必。「十賭九輸」，就賭場而言，它是多數（面對眾多賭客），單一賭客是少數（只玩幾次）；另一方面，就擲骰子的例子而言，賭場會向單一賭客拿 3.5 元還是大於 3.5 元？

如此來看，期望值的觀念我們並不陌生。我們欲預測明日的收盤價為何？老實說，於今日我們不是很確定，我們可能進一步推測明日的收盤價盤整於今日的收盤價的機率為何？下跌（或上升）超過 1.5 元的機率為何？故相當於推估明日收盤價的機率分配為何？若欲以一個數值表示，習慣上我們會用平均收盤價表示，這個平均收盤價就是明日收盤價機率分配的期望值。不過，若是要預測未來收盤價的期望值，的確有些困難。圖 3-6 之上圖繪出 TSMC 週收盤價的時間走勢圖，其中紅色虛線是表示平均股價，我們可以看出股價已逐漸脫離其平均股價且有形成一個趨勢，現在的問題是究竟這個趨勢是屬於短期抑或是屬於長期現象？屬於「確定的（deterministic）」抑或是屬於「隨機的（stochastic）」趨勢。若是屬於短期隨機的，那未來股價有可能會反轉向下，若是屬於確定的趨勢（即公司會隨時間自然成長），那當然恭喜已經持有 TSMC 股票的投資人。我們最擔心的就是此趨勢是隨機的，顧名思義，隨機的趨勢就是指趨勢是一個隨機變數，事前事後均無任何脈絡可尋。職是之故，我們再次遇到面對股價的無奈。

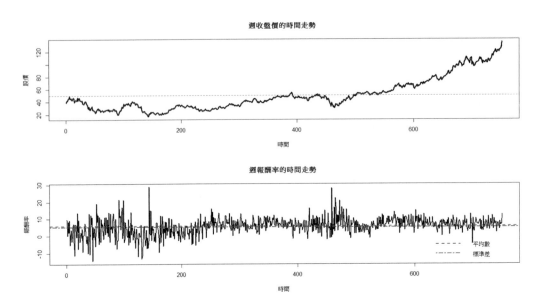

▲ **圖 3-6**：TSMC 週收盤價與週報酬率的時間走勢

　　反觀報酬率就無趨勢上的問題，可參考圖 3-6 之下圖。於下圖中，平均數（亦是用紅色虛線表示）就像「如來佛的手掌」，報酬率想要脫離，都會反轉地被拉回來。因此，報酬率是我們研究的重心。或有讀者會提出質疑，因有漲跌停板的限制，使得報酬率無法「脫離而出」。其實也沒有錯，畢竟我們只是計算「單週」的報酬；因此，於實際的應用上，每位投資人進場前大概會設算一下持有股票的期間有多長，然後再計算出此「持有期間」的歷史報酬率；換言之，讀者可想想看持有 5 週的報酬率於 R 內如何計算？其時間序列走勢圖，應還是像圖 3-6 之下圖。

　　其實研究報酬率還有一個極為重要的部分需要我們注意，那就是之前我們有提及的「波動率」概念，故圖 3-6 之下圖亦有以藍色虛線表示 [2]，就是估計的波動率，可回想我們是用報酬率的標準差計算波動率，但因標準差與變異數是屬於一體兩面的觀念，故透過 (3-6) 式母體變異數的公式，我們可以見識到長期或母體波動率的樣子。由於變異數亦是一個平均數的觀念，故 (3-5) 式可以用期望值的方式表示。

　　綜合以上所述，讀者不難發現間斷分配使用的優缺點，優點是使用上比較簡易，缺點是有可能忽略了重要的結果，如表 3-3 所示隨機變數的間隔可能太大了，有些結果根本沒有考慮到。既然有缺失，我們應如何改善？此時，就需介紹連續的機率分配。

2　於此處我們提醒讀者注意：因本書為單色印刷，實際於電腦顯示器內，本書的圖形應是彩色的。

R 程式：

```
# 週收盤價與週報酬率的時間走勢
windows()
par(mfrow=c(2,1))
plot(x,type="l",xlab=" 時間 ",ylab=" 股價 ",  main=" 週收盤價的時間
走勢 ",lwd=3)
abline(h=mean(x), lty=2, col="red")
plot(xr,type="l",xlab=" 時間 ",ylab=" 報酬率 ",  main=" 週報酬率的
時間走勢 ",lwd=2)
abline(h=mean(xr), lty=2, col="red",lwd=2)
abline(h=sd(xr), lty=30, col="blue",lwd=2)
legend("bottomright",c(" 平均數 "," 標準差 "),lty=c(2,30),lwd=2,
bty="n",col=c("red","blue"))
```

習題

1. 試計算擲一個公正的骰子一次，其期望值、標準差與變異係數。

2. 某公司有下列二個投資計畫：

A				B			
x	−3%	1%	3%	y	−5%	1.5%	4%
$f(x)$	0.3	0.4	0.3	$f(y)$	0.2	0.5	0.3

公司決策者如何看待 A 與 B 二計畫？

3. 大立光最近 10 個交易日的收盤價依序分別為：2,745、2,785、2,810、2,935、2,945、3,065、3,145、3,115、3,200、3,200。試計算持有 2 日的報酬率（重疊與不重疊）。

4. 利用大立光的樣本資料，試計算持有 5 日的報酬率（重疊與不重疊），並分別繪出其直方圖。

5. 為何股價（或資產價格）的預期，比（資產）報酬率的預期困難？想像預期 30 個交易日後的未來股價（或資產價格）以及預期 30 個交易日後的未來報酬率，哪個比較簡單？為什麼？

6. 本節有提到「確定趨勢」以及「隨機趨勢」二種觀念，前者相當於「頭髮應該每日會增長」而後者相當於「驚訝為何頭髮長得那麼長」；讀者是否可以再舉

幾個例子以體會二者之差異。

7. 下圖是屬於確定趨勢亦或屬於隨機趨勢？

☞提示：
```
T = 200
t = 1:T
rt = numeric(T)
for(i in 1:T)
{
 rt[i] = 0.05*t[i] + rnorm(1)
}
windows()
plot(rt,type="l",xlab="Time",ylab="")
lines(t,0.05*t,lty=2,col="steelblue")
```

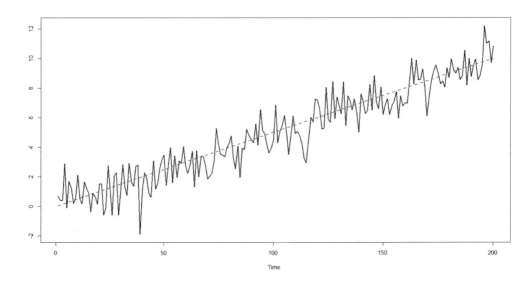

8. 試證明 $E[a \pm bx] = a \pm bE[x]$，其中 a 與 b 為確定的參數值。

9. 續上題，證明 $Var(a \pm bx) = b^2 Var(x)$。

10. 我們比較在乎確定趨勢呢？抑或是隨機趨勢？讀者認為資產的價格有何趨勢？有何涵義？

3.2 連續的機率分配

之前，我們有提及連續機率分配的隨機變數是定義於實數，其背後隱含的意思就是介於 0 與 1 之間尚有無窮多的可能；換言之，若我們使用連續的機率分配，我們就是假定有無窮多的結果，於無窮多的結果中找出單一個結果，與大海撈針無異。因此，於連續機率分配下，單一事件出現的機率接近於 0。於此情況下，機率是用何方式表示？

3.2.1 以面積表示機率

我們可以將表 3-3 內的結果以直方圖的方式繪出，如圖 3-7 所示。圖 3-7 的特色是每一個直方圖的寬度設為 1，因縱軸是表示機率；是故，圖 3-7 告訴我們可有二種方式表示機率：其一是高度，另一則是用面積。

若與圖 3-1 內的圖形比較，圖 3-7 的確比較顯得「單薄」，那是因為有許多股價與報酬率結果，表 3-2 與表 3-3 皆沒有考慮到。若是加進其他的結果，則圖 3-7 內的直方圖會逐漸緊密地靠攏，此時機率函數因直方圖的寬度不再維持為 1 而往上竄高，故高度不再表示機率，反倒是機率函數底下的面積仍能維持不變；換言之，若有考慮無窮多的結果，此時機率只有一種方式可以表示，就是面積。

我們可以從圖 3-8 看出當直方圖的寬度愈縮小，以 $f(x)$ 底下的面積取代直方圖的面積的誤差就愈小；換句話說，當直方圖的寬度縮小到微乎其微時，直方圖的面積幾乎可以由圓滑的曲線，如 $f(x)$ 底下的面積取代，此時 $f(x)$ 就是 PDF（可參考

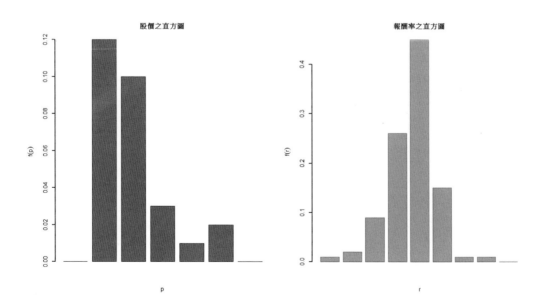

▲ **圖 3-7**：股價與報酬率之直方圖

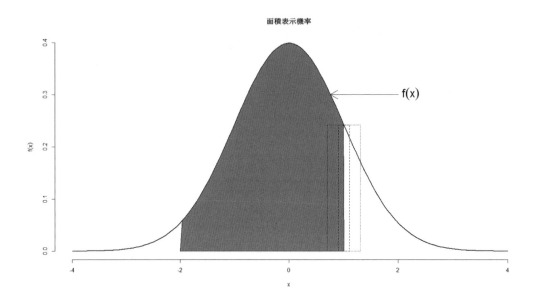

△ 圖 3-8：以面積表示機率

第 1 章）。原來機率可以面積表示，現在我們可以解釋之前提及的 TSMC 週收盤價與對數報酬率有相對上比常態分配厚的尾部（即前二者的超額峰態估計值大於 0）是代表什麼意思，其就是表示收盤價與對數報酬率相對上比常態分配容易出現極端值，因為厚的尾部就是尾部的面積比較大，顯示出現的機率比較大！（可參考 ch3-2-1.R）

　　R 程式：

```
# 面積表示機率
# plot density with shaded area showing Pr(-2 <= X <= 1)
lb = -2
ub = 1
x.vals = seq(-4, 4, length=150)
d.vals = dnorm(x.vals)
# plot normal density
windows()
plot(x.vals, d.vals, type="l", xlab="x", frame.plot = F,,main="
面積表示機率 ", lwd=2,
```

```
ylab=expression(f(x)))
i = x.vals >= lb & x.vals <= ub
# add shaded region between -2 and 1
polygon(c(lb, x.vals[i], ub), c(0, d.vals[i], 0), col="tomato")
rect(0.9,0,1.1,dnorm(1),lty=2)
rect(0.7,0,1.3,dnorm(1),lty=3)
text(2,0.3,labels=expression(f(x)),pos=4, cex=2)
arrows(2,0.3,0.75,0.3)
```

3.2.2 以積分方法求取機率

讀者現在正在唸（或已修過）微積分，可回想積分就是在求面積，而積分的對象（標的）就稱為密度函數。原來 PDF 不是表示機率，而是其「底下的面積」才是表示機率；換言之，圖 3-8 內的「紅色區段」面積，以數學型態表示可為：

$$\int_{-2}^{1} f(x)dx$$

其中 $f(x)$ 即為 PDF。於本書我們當然不會要求讀者使用積分，不過倒是可以請求 R 幫忙。可注意看圖 3-8 內 PDF 為 dnorm，可回想此指令是表示標準常態分配的機率密度函數，故於 R 內可以輸入下列指令：

```
?integrate
integrate(dnorm,-2,1)
pnorm(1)-pnorm(-2)
```

上述第一個指令是問 R，integrate 指令（函數）為何意？第二個指令就是在計算「於標準常態分配的 PDF 下，x 值從 -2 積分至 1」；當然，要計算上述的結果，亦可使用第三個指令（為何可以？），pnorm 是標準常態分配的 CDF。讀者可試試看。

既然連續機率分配的隨機變數是定義於實數內，由於實數是屬於不可數，故我們已經無法再用加總的方式計算機率；現在我們以積分方法計算機率，除了瞭解原來積分就是另一種型態的加總外，母體參數的計算方式如 (3-5) 與 (3-6) 二式也要隨之改變，即：

$$\mu = E[x] = \int_{-\infty}^{\infty} xf(x)dx \ \text{與} \ \sigma^2 = E[(x-\mu)^2] = \int_{-\infty}^{\infty} (x-\mu)^2 f(x)dx$$

雖說積分類似加總，不過二者還是有一些差異，例如：於連續的機率下

$$P(-2 \le x \le 1) = P(-2 < x \le 1) = P(-2 \le x < 1) = P(-2 < x < 1)$$

上述四種情況的機率是一樣的，但是於間斷的機率下，四種情況的機率卻是不相同，讀者可知為何嗎？（於連續的機率下，某個特定值的機率接近於 0）。

習題

1. 試繪出均等分配的 PDF（介於 0 與 1 之間）。

    ☞提示：
    ```
    x = seq(0,1,length=100)
    windows()
    plot(x,dunif(x),type="l",main="均等分配之PDF", ylab="",
    xlim=c(-0.5,1.5))
    polygon(c(0,x,1),c(0,dunif(x),0),col="tomato")
    ```

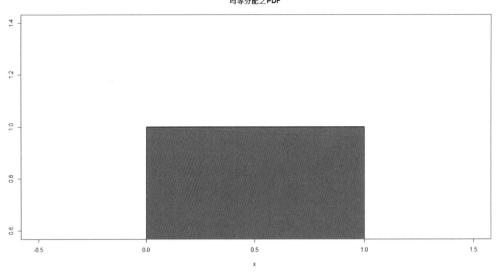

2. 續上題，試繪圖顯示並計算 $P(x \le 0.5) = ?$

    ☞提示：
    ```
    windows()
    plot(x,dunif(x),type="l",main="均等分配之PDF", ylab="",
    ```

```
xlim=c(-0.5,1.5),lwd=2)
i = x <= 0.5
polygon(c(0,x[i],0.5),c(0,dunif(x[i]),0),col="tomato")
punif(0.5)
```

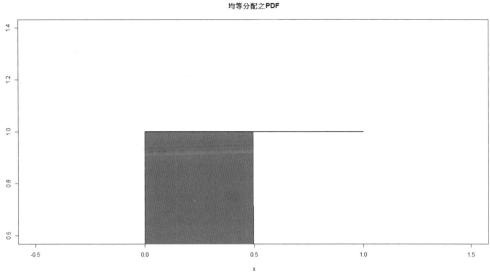

3. 試於標準常態分配內計算 $P(-1.5 \leq x \leq 3) =$ ？

4. 金融資產報酬率的 PDF 具有「高峰、腰瘦且厚尾」的特徵，其表示何意思？

5. 續上題，那總體經濟資料呢？試利用臺灣的總經資料如經濟成長率、利率、失業率與通貨膨脹率說明。

6. 續上題，那石油、黃金或美元呢？（可將價格序列轉成報酬率序列）（美元的價值可用歐元表示）

第四節　財金上的應用

本節將介紹二個極為重要的課題：其一是說明什麼是隨機漫步？有不少人懷疑資產的價格（尤其是股價）類似一個隨機漫步模型；因此，我們須進一步認識隨機漫步究竟代表什麼意思？另一個重要的主題是我們的股市是否屬於一個效率市場？我們發現利用隨機漫步與基本統計的概念，可以讓我們使用一種簡單的方式判斷效率市場。

4.1 預測股價的走勢：一個公平的遊戲？

當讀者還沒看下文時，可先看圖 3-9 與圖 3-10。讀者可想想看，二圖像什麼？像不像尋常一般股價的走勢？其實它們皆是一位「喝醉酒者的走勢」。若有一位酩酊大醉的人，舉步維艱，我們事先也不知其下一步為何？故其下一步可視為一個隨機變數：向前一步為 1，後退一步為 −1，則 1,000 步後，他向前或向後走幾步？既然只有二種結果，我們可以「抽出再放回」的方式，抽 1,000 個樣本出來，看第 1,000 個結果為何？重複上述動作 10,000 次，就是圖 3-9 的結果。讀者可試試你的 R 實力為何？試繪出圖 3-9 來。

我們買股票或其他資產，其實有點像上述酩酊大醉的人，舉步維艱，因為股價或其他資產價格並不是那麼好預測。倘若每天的收盤價不是上升 1 元就是下跌 1 元，則一位投資人買了此檔股票後，1,000 個交易日後，這位投資人的損益（profit & loss, P&L）為何？我們有幫他模擬出 10,000 個結果出來，此結果就是圖 3-9 的下圖。還好此酩酊大醉的人，走了 1,000 步，若是他只走幾步，我們還真的預測不出來（為何？）（LLN）。從圖 3-9 的下圖內，可隱約發現損益的分配接近常態分配，表示損益有可能各占一半，隱含著損益兩平！

其實上述喝醉酒者的走勢還有一個稱它的字眼，就是隨機漫步。於圖 3-10 雖

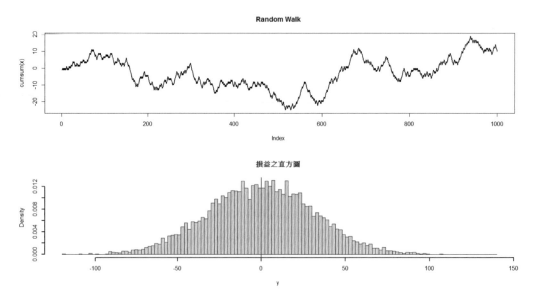

∧ **圖 3-9**：預測股價的走勢：一個公平的遊戲？

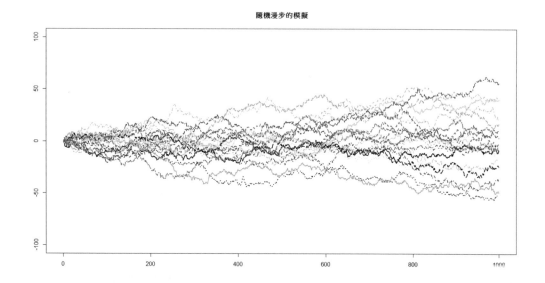

▲ 圖 **3-10**：隨機漫步的模擬

繪出 20 條隨機漫步的走勢，我們若仔細比較它們之間的差異，一個字眼應會浮現出來：就是「不可測」。為何隨機漫步類似喝醉酒者的走勢，我們可以觀察它的數學式。令 p_t 表示某個資產於 t 期的對數價格，c 與 t 分別表示一個常數項與確定的趨勢項[3]，則隨機漫步模型可寫成：

$$p_t = p_{t-1} + c + \varepsilon_t \tag{3-7}$$

其中 ε_t 表示一個未知項。

(3-7) 式表示 t 期資產的價格等於 $t - 1$ 期的價格再加上確定趨勢的成長 c（底下就會解釋）以及一個未知項 ε_t。我們常聽到有人講：「預測明日股價最佳的預測值就是今日的收盤價」，原來他們就是在說股價是一個隨機漫步！也對，我們哪裡會捨棄今日的股價而用昨日的股價去預測明日的股價？另一方面，既然 ε_t 被稱為未知項，我們哪裡有辦法預測？結果只剩下 c。我們來看看 c 究竟代表什麼？若令 $t = 1, 2, 3, \cdots$，則 (3-7) 式可寫成：

$$p_1 = p_0 + c + \varepsilon_1$$
$$p_2 = p_1 + c + \varepsilon_2 = p_0 + 2c + \varepsilon_1 + \varepsilon_2$$

3　確定的趨勢項表示 $t = 1, 2, 3, 4, \cdots$。

$$p_3 = p_2 + c + \varepsilon_3 = p_0 + 3c + \varepsilon_1 + \varepsilon_2 + \varepsilon_3 \tag{3-8}$$

$$\vdots$$

$$p_t = p_0 + c \cdot t + \varepsilon_1 + \varepsilon_2 + \varepsilon_3 \cdots \varepsilon_t$$

可記得 t 表示確定的趨勢（可參考註 3）。若 t 表示交易日，則 c 就是表示資產的價格每日自然會成長的速度，有點類似「嬰兒一暝大一吋」。（可參考 ch3-4-1.R）

其實，(3-7) 式還有另外一種表示方式；換言之，(3-7) 式可改寫成以對數報酬率 lr_t 的型態表示，即：

$$lr_t = \log(\frac{P_t}{P_{t-1}}) = p_t - p_{t-1} = c + \varepsilon_t \tag{3-9}$$

其中 p_t 表示第 t 期資產的價格。此可說明為何 (3-7) 式是用對數價格表示。若資產的價格（含股價）真的是一種隨機漫步，由 (3-8) 與 (3-9) 式可知，不管是價格或是對數變動率[4]，我們皆難預測；不過，若是與價格比較，對數變動率還是比較容易預期，畢竟從 (3-8) 式可看出價格因包括太多的未知項而更難予以掌握。

習題

1. 試模擬二種 $p_t = p_{t-1} + c + \varepsilon_t$ 的走勢，其中 ε_t 分別屬於均等分配（介於 -1 與 1 之間）與標準常態分配。

2. 續題 1，上述模擬有缺失，即若 p_t 表示資產價格如股價，則資產價格可能為負值，此當然不合理；因此，上式可改寫成：

$$p_t / p_{t-1} = u_t \Rightarrow \log(p_t / p_{t-1}) = p_t - p_{t-1} = \varepsilon_t$$

其中 p_t 表示取過對數後之資產價格（即對數價格），而 $\log(u_t) = \varepsilon_t \Rightarrow u_t = e^{\varepsilon_t}$。試利用上述觀念，再模擬一次。

3. 簡單的隨機漫步模型可寫成：

$$p_t = p_{t-1} + \varepsilon_t$$

或

4　因沒有加進股利，故此處不宜再稱為報酬率。

$$p_t = p_0 + \sum_{t=1}^{t} \varepsilon_t$$

其中 p_t 表示 t 期的對數資產價格而 ε_t 表示 t 期的誤差項。假想 ε_t 屬於彼此不相關而變異數為固定值，即 $Var(\varepsilon_t) = \sigma^2$，則 $Var(p_t) = $ ？

4. 續上題，若 $r_t = p_t - p_{t-1}$ 表示對數報酬率，則 $Var(r_t) = $ ？

5. 續上題，觀察題 2 內的圖形依舊存在有趨勢，此趨勢即為隨機趨勢！換言之，隨機趨勢如何表示？其與確定趨勢有何不同？

6. 與資產價格序列相對應，報酬率序列亦可以下列模型模擬：

$$r_t = \alpha r_{t-1} + \varepsilon_t$$

其中 $|\alpha| < 1$，r_t 表示 t 期的對數報酬率。若 $\alpha = 0.2$ 而 ε_t 為標準常態分配的隨機變數，試按照大立光的樣本數模擬上述模型並繪出大立光實際的對數日報酬率的時間走勢與之比較。

☞提示：
```
p = largan[,1]
T = length(p)
simrt = numeric(T)
alpha = 0.2
set.seed(1234)
for(i in 2:T)
{
 simrt[i] = alpha*simrt[i-1] + 2*rnorm(1)
}
rt = diff(log(p))*100
windows()
par(mfrow=c(2,1))
plot(rt,type="l",xlab="Time",ylab="日對數報酬率",main="
大立光日對數報酬率之時間走勢")
plot(simrt[2:T],type="l",xlab="Time",ylab="模擬值",
main="日對數報酬率之模擬值")
```

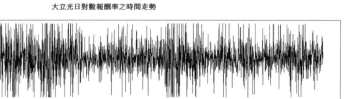

大立光日對數報酬率之時間走勢

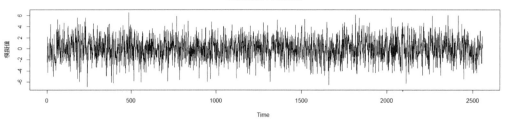

日對數報酬率之模擬值

9. 圖 3-9 的例子是可以再擴充：上升為 1、盤整為 0 以及下跌為 –1。試重繪圖 3-9。

10. 續上題，為何稱為公平的遊戲？讀者認為臺灣的資產市場是否是公平的市場？為什麼？我們如何界定「公平」與「不公平」？

（4.2） 股市是一個效率市場？

初學財金沒有多久，一定有聽過我們的股市應該是屬於弱式（weak）效率市場。所謂弱式效率市場是指我們無法用已知的資訊來預測股市（不清楚的讀者可上網 Google 一下）。瞭解本章至目前的內容後，應有能力檢視我們的股市是否屬於弱式效率市場。

首先我們重新檢視 (3-7) 式：

$$p_t = p_{t-1} + c + \varepsilon_t \tag{3-10}$$

其中未知項 $\varepsilon_t \sim (0, \sigma^2)$，且稱其為白噪音（white noise）。$\varepsilon_t$ 為一個序列（ε 音 epsilon）[5]，若為白噪音需滿足下列三個條件：

(1) $E(\varepsilon_t) = 0$

(2) $Var(\varepsilon_t) = \sigma^2$

(3) $Cov(\varepsilon_t, \varepsilon_s) = 0, t \neq s$。

---

5 ε_t 是一個序列，是指 $\{\varepsilon_1, \varepsilon_2, \varepsilon_3, \cdots, \varepsilon_t\}$。

上述三個條件分別表示期望值等於 0、變異數為固定的 σ^2 以及 ε_t 與其他的 ε_s 之間的共變異數等於 0。因此，前述 $\varepsilon_t \sim (0, \sigma^2)$ 是表示 ε_t 滿足前二個條件，只要能再進一步假定不同的 ε_t 之間的共變異數為 0，ε_t 序列就屬於白噪音。讀者可回想共變異數的公式為何？若以期望值表示，ε_t 之共變異數可寫成：

$$Cov(\varepsilon_t, \varepsilon_s) = E\left[(\varepsilon_t - \mu_\varepsilon)(\varepsilon_t - \mu_\varepsilon)\right] = E\left[(\varepsilon_t \varepsilon_s)\right], \, t \neq s$$

其中 $\mu_\varepsilon = E\left[(\varepsilon_t)\right] = E\left[(\varepsilon_s)\right] = 0$，表示 ε_t 的平均數為 0。為何共變異數可變成上式？可再回想 (3-5) 與 (3-6) 式。因 ε_t 屬於白噪音，故 ε_t 的變異數可為：

$$Var(\varepsilon_t) = E\left[(\varepsilon_t - \mu_\varepsilon)(\varepsilon_t - \mu_\varepsilon)\right] = E\left[(\varepsilon_t^2)\right] = \sigma^2$$

是否有想到共變異數與變異數的公式，本來就是有一點雷同。因此利用 (3-10) 式的假定，讀者可想想看 (3-8) 式隨機漫步模型的期望值與變異數為何？其為：

$$E\left[p_t\right] = p_0 + c \cdot t$$
$$Var\left[p_t\right] = t \cdot \sigma^2 \tag{3-11}$$

而若是 $Var[p_{t+k}]$ 呢？其應為 $Var[p_{t+k}] = (t + k)\,\sigma^2$。因此，對數資產價格若為隨機漫步模型，一個重要的特色是：

$$Var[p_{t+k} - p_t] = k\,\sigma^2 \tag{3-12}$$

(3-12) 式告訴我們於隨機漫步內，既然第 $t + k$ 期價格的變異數是 $(t + k)\,\sigma^2$，而第 t 期價格的變異數是 $t\sigma^2$，故不同時期價格差距的變異數是 k 個白噪音的變異數！聽起來實在有夠玄。究竟白噪音是什麼？

我們重新再整理一下上述的思緒。(3-10) 式是教我們如何設計一個模型或者說 (3-10) 式是我們見到的第一個財務模型。仔細再觀察 (3-10) 式，可發現「完全不可測」的資產價格其實可以分成「可以預測的」與「不可以預測的」二部分，前者以 $c + p_{t-1}$（其中 p_{t-1} 可以再改成 ap_{t-1}，$a = 1$，但若是 $a = 0.9$ 呢？），後者則以 ε_t 表示。可以預測的部分，大家不難瞭解，(3-10) 式只是一個簡化的模型，讀者可以再加上其他的部分：「嬰兒一瞑大一吋」、「他這個人完全不可測。錯！他愛錢、愛財富、愛地位、更愛……」；因此，可以測的部分應該比較有規則，有跡可尋，不會雜亂無章。至於不可測的部分，是不是就是在研究什麼是「雜亂無章」？既然是屬於雜亂無章或不可測，那事先就不是很清楚會高估抑或是會低估，二種不同的力道應該相同（或謂應該會高估，那是因為……，「那是因為……」這個部分就應列入可以測的部分，其並不屬於雜亂無章）；因此，「雜亂無章」的第一個特色就是平均數可為 0（表示高估或低估就平均而言應該是差不多的）。

我們再來看第二個特色，既然都是屬於不可測，那再去區分「大不可測」與「小不可測」有意義嗎？還是那句老話，若事先知道即將肯定會發生「大不可測」，則其中有一個部分應歸入可以測的部分；是故，從事前來看，不可測的波動應是相同的。因此，「雜亂無章」的第二個特色就是變異數為固定值（讀者應記得波動是可以用什麼方式衡量）。至此，讀者應該知道那個「雜亂無章」指的是什麼？沒錯，就是白噪音。還沒看下去之前，讀者可以合理化第三個特色嗎？第三個特色是比較難達成，時常聽到「一錯再錯」、「不斷地重蹈覆轍」，表示不可測之間有可能會有相關；不過，我們還是會相信能「記取教訓，不再重蹈覆轍」；因此，就平均來講（共變異數是一個平均的概念），就不會再犯錯。我們再試試：每天的不可測都是出乎意料之外，昨天的出乎意料之外與今日的出乎意料之外有關嗎？與未來的出乎意料之外有關嗎？職是之故，「雜亂無章」的第三個特色就是共變異數等於 0。

讀者可以想想看白噪音長得像什麼？R 可以幫我們畫出來，試試畫出下列的指令：runif(500) 或 rnorm(500)。二個指令（函數）我們都曾使用過，我們事先猜不出來其值各為何？由於觀察值是一個接一個地抽出，故有點類似抽出再放回的動作，故每次抽皆可視為獨立事件，故上述指令亦可視為從獨立且相同的分配（independent and identically distributed, i.i.d.）中抽出 500 個觀察值。試試看。

瞭解上述觀念後，我們就可以解釋 (3-11) 式的涵義了。透過白噪音的假定，我們發現資產價格（實際價格是與其對數價格呈一對一的關係）的變異數居然是時間的函數，表示隨著時間經過，價格的波動逐漸擴大！時間愈長，價格的波動更大。不過，(3-12) 式卻告訴我們，誤差（即 σ^2）是與時間呈正比，於今日來看，預測後天價格的誤差居然是預測明天價格誤差的 2 倍！依序類推。因此，從統計學的觀點來看，隨機漫步序列是屬於「不安定」的序列，我們將此種序列稱為非定態的（non-stationary）序列。

類似 (3-11) 式，對數變動率的變異數亦可從 (3-9) 式得出，即：

$$Var(lr_t) = \sigma^2 \tag{3-13}$$

因此，相對上（對數）變動率是屬於比較安定的序列（其變異來源只有一個），故可以稱為定態（stationary）序列。瞭解價格的特殊性後，接著我們再來看變動率。至今我們都沒有解釋為何使用對數變動率？使用對數變動率有一個優點就是保有期間較長的變動率是短期持有變動率的加總；換言之，觀察下列式子：

$$lr_{t,k} = p_{t+k} - p_t = \ln(\frac{P_{t+k}}{P_t}) = \ln\left(\frac{P_{t+k}}{P_{(t+k)-1}} \cdot \frac{P_{t+k-1}}{P_{(t+k-1)-1}} \cdot \frac{P_{t+k-2}}{P_{(t+k-2)-1}} \cdots \cdots \frac{P_{t+1}}{P_t} \right)$$

$$= (p_{t+k} - p_{(t+k)-1}) + (p_{t+k-1} - p_{(t+k-1)-1}) + (p_{t+k-2} - p_{(t+k-2)-1}) + \cdots + (p_{t+1} - p_t) \quad (3\text{-}14)$$

$$= lr_{t+k} + lr_{t+k-1} + lr_{t+k-2} + \cdots + lr_{t+1}$$

其中 $lr_{t,k}$ 表示從第 t 期開始保有資產至第 $t+k$ 期的對數變動率，故其持有期間為 k 期。透過白噪音的假定，我們可以得出 $lr_{t,k}$ 的變異數為：

$$Var(lr_{t,k}) = Var(lr_{t+k}) + Var(lr_{t+k-1}) + \cdots\cdots + Var(lr_{t+1}) = k\sigma^2 \quad (3\text{-}15)$$

乍見 (3-15) 式不是有點熟悉嗎？也沒有錯，每期誤差只有 σ^2，保有 k 期不是就有 $k\sigma^2$ 嗎？再回想 (3-12) 式，隨機漫步的特色：二個不同期對數價格差距的變異數，就是 $k\sigma^2$。計算二個不同期對數價格差距就是對數變動率。

因此，針對上述有二種方式皆可計算出 $k\sigma^2$，統計學者（應是財務統計學者）想出如何判斷所分析的資產價格是否屬於隨機漫步：他們比較二種變異數的比率，故此方法可稱為變異數比率（variance ratio, VR）檢定，即：

$$VR(k) = \frac{Var(lr_{t,k})}{k\sigma^2} \quad (3\text{-}16)$$

我們就是要計算看看 $lr_{t,k}$ 的變異數究竟有沒有等於 $k\sigma^2$？若有，則 $VR(k)$ 應等於 1，表示資產價格是屬於隨機漫步，其所屬的市場（當然要再多找此市場的其他資產價格試試）有可能為效率市場。

我們利用前述 TSMC 週收盤價的樣本資料，可分別計算出下列的估計值：$VR(2) = 0.9014$、$VR(5) = 0.7739$、$VR(10) = 0.7352$ 以及 $VR(20) = 0.8050$，我們應如何判斷？我們可以注意上述是屬於樣本結果；另一方面，我們也留意到真正的 $VR(k) = 1$ 根本就觀察不到（擲銅板的例子）。換句話說，我們應該先決定事先可以容忍的誤差為何，才有辦法判斷。不過，還未繼續之前，我們先模擬看看 VR 檢定有沒有錯？

我們任意模擬出一組 1,000 個隨機漫步的對數價格的觀察值（可注意圖 3-10 內的模擬值並不能代表價格，因其值有可能為負值），然後再計算 VR 檢定，其結果可以分別為 $VR(2) = 0.9821$、$VR(5) = 0.9732$、$VR(10) = 1.0266$ 以及 $VR(20) = 1.0491$。

上述的模擬結果顯示出，之前我們的推論並沒有錯。假定我們事先決定可以允許「判斷錯誤」的可能性為 5%，則前述 TSMC 週收盤價是否有可能是屬於隨機漫步模型所產生的結果？

我們可以使用蒙地卡羅（Monte Carlo）模擬方法：即重複模擬出 10,000 次 1,000 個隨機漫步的對數價格的觀察值，每次計算 VR 檢定值，故總共有 10,000 個 檢定值，然後再於 VR 檢定值找出第 0.025 與 0.975 的分位數並分別稱為左、右臨界值（critical value），表示落於之間的可能性有 95%。為什麼我們會劃分出 95%？可記得擲銅板的例子：

真正的值 ± 可以容忍的範圍（誤差）

其中「真正的值」與「可以容忍的範圍」分別就是 VR = 1 與其 95% 的範圍[6]。換言之，由於 VR = 1 未必可以觀察到；因此，只要是落入 VR = 1 的「範圍附近」，則我們認為其是屬於 VR = 1！

95% 的範圍恰可以對應到事先決定好的 5% 誤差。我們如何知道會有 5% 的誤差？例如，我們如何解釋或判斷落入圖 3-11 之右下圖內紅色虛線外兩側內的結果（紅色虛線外兩側內的機率恰為 5%）？其結果不是有可能誤判了嗎？「其真正是屬於隨機漫步，但是我們卻誤認為不是！」上述模擬結果不是告訴我們：「即使我們是使用正確的模型模擬，但是我們卻有可能誤認為是使用不正確的模型！」

圖 3-11 繪出上述的蒙地卡羅模擬結果，可看出 VR 檢定值的抽樣分配有點接近常態分配。我們分別計算每個 $k = 2, 5, 10, 20$ 的左、右臨界值，依序分別為 (0.9452, 1.0687)、(0.8776, 1.1453)、(0.8113, 1.2100) 以及 (0.7114, 1.3322)。因此上述 TSMC 週收盤價所計算的 VR 檢定估計值，只有於 $k = 20$ 時（可記得利用 TSMC 資料計算之 $VR(20) = 0.8050$），落於上左、右臨界值之間，此結果顯示於 5% 的誤差下，於保有期間為 20 週下，週收盤價才屬於隨機漫步！讀者可自行利用其他的樣本資料驗證看看。（可參考 ch3-4-2.R）

本小節從「一位酒醉的人的走路型態」開始，舉步維艱、不知下一步為何與預期明日的收盤價為何，竟有點類似，原來資產價格有可能屬於隨機漫步型態？知道此種結果的投資人，不知如何想？（可參考 ch3-4-2.R）

習題

1. $lr_{t, 5}$ 是表示持有 5 期的對數報酬率，試將其轉換成以持有 1 期的對數報酬率表

6　即以 VR = 1 為中心，左右擴充至圍出 0.95 的面積。

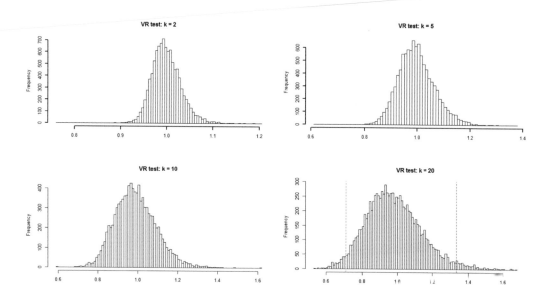

▲ **圖 3-11**：檢定的蒙地卡羅模擬

示。

2. 使用大立光的樣本資料，試比較持有 10 天的對數報酬率與持有 1 天的對數報酬率之基本統計量，其結果是出乎意料之內或意料之外？

☞提示：p = largan[,1]

```
library(fBasics)
rt = 100*diff(log(p))
basicStats(rt)
rt10 = 100*diff(log(p),10)
basicStats(rt10)
```

3. 統計推論是描述如何由樣本「推論」母體，其實其有點類似如何由子女的面貌去「推測」父母的面貌（後者我們沒有見過）；比較嚴重的是，統計推論更可能像瞎子摸象，面對未知的母體，我們可能像瞎子一樣，可能一輩子從沒有見過象，所以比較麻煩的是，其他人可能事先要費相當的力氣，跟我們解釋象的形態。換言之，我們好不容易瞭解 *VR* 檢定，結果可能因樣本數不足（我們不知樣本數要多大，LLN 才會成立），使得我們無法觀察到 *VR* = 1，因此我們只有接受「接近於 1」的結果，只是如何界定「接近於 1」？也就是說，子女與父母的面貌要多像，我們才會接受二者之間的關係？我們有可能犯錯吧！因我們從沒見過讀者父母的樣子，只憑讀者的面貌去勾勒出讀者父母的樣子，難免會犯錯。

利用本節 TSMC 的例子，以犯錯的可能性為 10% 的條件下，界定 $VR = 1$ 可以接受的範圍。

4. 本節有使用所謂的「蒙地卡羅模擬方法」，就讀者的瞭解（包括於網路上的查詢）試解釋之。（利用蒙地卡羅模擬方法，不就是讓我們看到理論值 $VR = 1$，有可能產生 $VR \neq 1$ 的結果？）

5. 以大立光的日樣本資料，試計算其於 $k = 2, 5, 10, 20$ 下的 VR 值。

   ☞提示：VR10 = var(rt10)/(10*var(rt))

   　　　　VR10

6. 現實社會的「誤差」，是否可以白噪音表示？試評論之。

7. 我們知道或聽說過「價格可以反映資訊」？這句話表示何意思？臺灣的上市（櫃）公司的股價真的可以「反映資訊」嗎？試評論之。

本章習題 ✍

1. 類似前二章之習題 1，以讀者所選的股票樣本資料取代本章的 TSMC 股票，重做本章內所有關於 TSMC 的例子。

2. 利用之前計算的名目經濟成長率資料，設計一個間斷的機率分配。2000/1 － 2014/2 期間，寫出 R 程式並繪出直方圖。

$x(\%)$	−9	−7	−5	−3	−1	1	3	5	7	9	11
$f(x)$	0.02	0.02	0.05	0.04	0.04	0.14	0.23	0.25	0.16	0.02	0.05

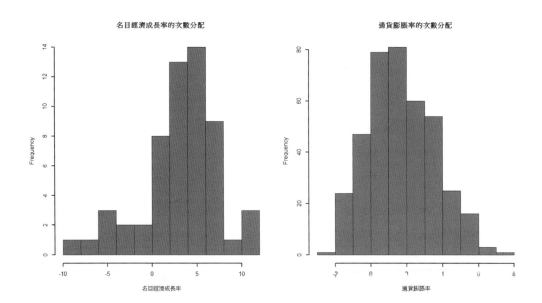

3. 利用之前計算的通貨膨脹率資料，設計一個間斷的機率分配。

1981/1 － 2014/7 期間，寫出 R 程式並繪出直方圖。

x(%)	−2.5	−1.5	−0.5	−0.5	1.5	2.5	3.5	4.5	5.5	6.5	7.5
$f(x)$	0.00	0.06	0.12	0.20	0.21	0.15	0.14	0.06	0.04	0.01	0.00

4. 利用之前人民幣兌新臺幣匯率對數變動率資料，試列表說明其基本的敘述統計量。

5. 利用之前（第 1 章習題）NASDAQ 與 TWI 週收盤價資料，編製下列對數報酬率（忽略股利）列聯表（寫出 R 程式），計算於 NASDAQ 報酬率大於 0 的條件下，TWI 報酬率亦大於 0 的機率為何？（用 R 計算）

對數報酬率		TWI		合計
		B	B^C	
NASDAQ	A	275(0.37)	125(0.17)	400(0.54)
	A^C	139(0.19)	208(0.28)	347(0.46)
合計		414(0.55)	333(0.45)	747(1)

註：小括號內之值為對應之相對次數。A 與 B 均表示大於 0 的事件。

6. 利用題 5 事件的符號，若事先認為 $P(B) = 0.4$，而 $P(A^C \mid B) = 0.35$ 以及 $P(A^C \mid B^C) = 0.62$，計算 $P(A \mid B^C) = ?$

☞提示：$P(A^C) = P(A^C \cap B) + P(A^C \cap B^C)$

7. 利用題 4 的人民幣匯率資料，判斷其是否有可能為隨機漫步序列？

8. 利用第 1 章習題的黃金與原油資料，判斷它們是否有可能為隨機漫步序列？

9. 利用題 5，若以 $x = 1$ 與 $x = 0$ 分別表示 NASDAQ 對數報酬率大於 0 與小於等於 0 的情況；另外，亦以 $y = 1$ 與 $y = 0$ 分別表示 TWI 對數報酬率大於 0 與小於等於 0 的事件；則我們也可編製出「條件的機率分配」，如下表所式：

y	$f(y \mid x = 1)$	y	$f(y \mid x = 0)$
0	0.31	0	0.60
1	0.69	1	0.40

試計算上表之條件期望值與條件變異數。

☞提示：
```
x = naswr # NASDAQ 週對數報酬率
y = twiwr # TWI 週對數報酬率
index = x > 0
pbar_x = mean(as.numeric(index))
pbar_x
index = x > 0 & y > 0
pbar_xy = mean(as.numeric(index))
pbar_xy
pbar_y_x = pbar_xy/pbar_x
pbar_y_x
index = x > 0 & y <= 0
pbar_xyc = mean(as.numeric(index))
pbar_xyc
pbar_yc_x = pbar_xyc/pbar_x
pbar_yc_x
pbar_xc = 1-pbar_x
pbar_xc
index = x<=0 & y<=0
pbar_ycxc = mean(as.numeric(index))
pbar_ycxc
pbar_yc_xc = pbar_ycxc/pbar_xc
pbar_yc_xc
index = x<=0 & y>0
```

```
pbar_yxc = mean(as.numeric(index))
pbar_yxc
pbar_y_xc = pbar_yxc/pbar_xc
pbar_y_xc
```

10.* 承上題，我們也可繪出 TWI 報酬率之估計條件機率密度分配曲線，如下圖所示。

☞提示：

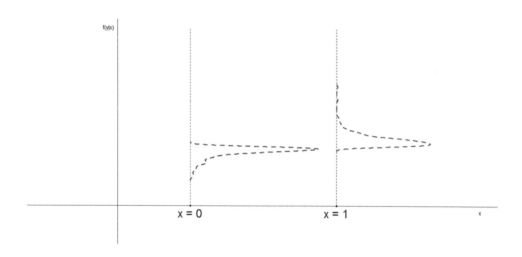

11. 試計算出擲一個公平的銅板一次之期望值與標準差。

12. 一家公司現在有二個互斥的投資計畫（只能二擇一），其估計報酬率的機率分配分別為（假定二計畫的投資成本皆相同）：

▽ 計畫一：

狀態	非常不景氣	不景氣	正常	景氣	非常景氣
報酬率	−3%	−1%	0.5%	2.5%	3.5%
機率	0.2	0.2	0.2	0.3	0.1

▽ 計畫二：

狀態	非常不景氣	不景氣	正常	景氣	非常景氣
報酬率	−4%	−0.5%	0%	3%	4%
機率	0.2	0.2	0.2	0.3	0.1

該公司如何做抉擇？

13. 試以第 1 章內 TSMC 的日樣本資料分別估計出持有 10 天之簡單報酬率與對數報酬率之 PDF，二者之間是否有差異？

14. 於題 13，我們是以重疊的方式計算報酬率，若是以不重疊的方式計算報酬率，其結果又是如何？

15. 續上題，分別估計其間斷的機率分配。

16. 若使用 TSMC 的日收盤價序列資料，試以 VR 檢定其是否有可能屬於隨機漫步模型？

17. 於本章內，我們有使用蒙地卡羅方法，以「直覺的方式」驗證 VR 檢定的合理性。應用類似的方法，若是我們要判斷例如樣本偏態與峰態係數的合理性，我們應該如何做？試寫出 R 程式。（使用標準常態分配）

18. 續上題，若可以容忍的誤差設為 0.05（即二邊尾部的面積合計為 5%），則使用 TSMC 日資料，檢視其對數報酬率序列計算的偏態係數是否等於 0；其次，再利用計算的峰態係數判斷其是否等於 3。

19. 續上題，舉例解釋題 18 的意思。（例如母體與樣本的關係就像父與子的關係；樣本未必恆等於母體，就像兒子的面貌未必完全與其父親的面貌相同，現在一個問題是兒子的面貌要有「多大的相似度」，我們才會認為是其父親的兒子？換個角度思考：若我們怕認錯的機率為 0.01，我們如何判斷？）

20. 續題 5，A 與 B 二事件是否相互獨立？我們如何證明？

21. 一個盤子內有 8 個紅色球、3 個藍色球以及 5 個綠色球。若連續從此盤子內抽出 2 個藍色球，試以 (1) 抽出放回；(2) 抽出不放回的方式，分別計算機率值為何？於何種情況下會有獨立事件？相依事件？於何種情況下會出現獨立事件？

22. 試舉例說明 $P(S) = 1$，其中 S 表示樣本空間。

23. 為何隨機漫步模型可用於判斷資產市場是否是有效率的市場？試評論之。

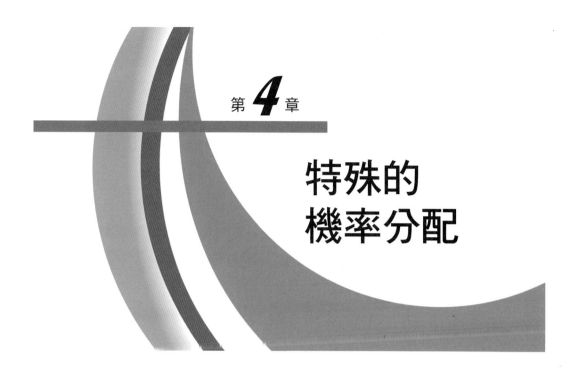

第 **4** 章

特殊的機率分配

雖說前一章我們已經知道如何設計機率分配，但是我們還是應該看看統計學內許多「已經設計好」的機率分配到底為何？這些機率分配就是本章所謂的特殊的機率分配。還沒介紹之前，我們仍應提醒讀者注意每種機率分配均有其對應的機率函數（PF）或機率密度函數（PDF），前者可對應至間斷的機率，而後者則在描述連續的機率函數 [1]。我們應留意二者之間的差異：

間斷的機率分配

$$\sum_{i=1}^{n} f(x_i) = 1,\ 0 \le f(x_i) \le 1 \tag{4-1}$$

其中 $f(x_i)$ 是一個機率函數，其是表示隨機變數 x_i 出現的機率。(4-1) 式是在敘述間斷的隨機變數共有 n 個（ n 為整數），每一個 x_i 出現的機率必須要介於 0 與 1 之間，所有結果的機率加總恆等於 1。

若是 (4-1) 式只加總至 x_k，則我們稱為累加分配函數（CDF）$F(x_k)$，即：

$$F(x_k) = \sum_{i=1}^{k} f(x_i) \le 1 \tag{4-2}$$

1　由此可知 dbinom 與 dnorm 二者有何不同？前者就是底下要介紹的二項式分配的機率函數（其值就是機率），而後者是（標準）常態分配的 PDF（其要透過積分方能取得機率）。

理所當然，我們可以由 CDF 求得 PF，即：

$$f(x_j) = F(x_j) - F(x_{j-1}) \tag{4-3}$$

連續的機率分配

$$\int_{-\infty}^{\infty} f(x)dx = 1, \ f(x) \geq 0 \tag{4-4}$$

其中 $f(x)$ 就是 PDF。讀者可以回想隨機變數 $-\infty \leq x \leq \infty$，因為任意一個 x 出現的機率接近於 0，故我們是以面積表示機率；因此，(4-4) 式所隱含的意思就是所有的機率「加總起來恆等於 1」。類似地，我們亦可以定義 CDF 為：

$$F(x) = \int_{-\infty}^{x} f(x)dx, \ 0 \leq F(x) \leq 1 \tag{4-5}$$

由微分觀念可知：

$$f(x) = \frac{dF(x)}{dx} \tag{4-6}$$

瞭解上述差異後，讀者可回想之前我們有使用多次的分位數應如何表示？

還好，本書有使用 R，否則要說明上述觀念的應用，不知還要費多少唇舌？換言之，底下特殊分配的介紹，讀者仍要記得 runif、dunif、punif 與 qunif 有何不同？當然，unif 是表示均等分配，若是「二項式分配（binomial distribution）」呢？

因此，本章可以分成三節：第一與二節分別介紹間斷的與連續的機率分配，最後一節則再引入於財金上的應用。

第一節　間斷的機率分配

於本章我們只介紹二種間斷的機率分配，其一是二項式分配，另一則是卜瓦松分配（Poisson distribution）。

1.1 二項式分配

於未介紹二項式分配之前，我們可以先看圖 4-1 內的樹狀圖。圖內是一種決定選擇權（option）（衍生性商品的一種）「公平市價」的簡化圖形。當然，此種方式就稱為二項式定價（pricing）模式。二項式定價模式有二個主要的假定：第一，標的

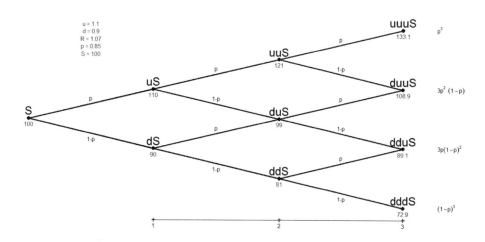

▲ 圖 4-1：樹狀圖

資產價格 S（如股價）是間斷的；第二，每一期標的資產價格不是上升就是下跌，上升與下跌的比重分別為 u 與 d；是故下一期價格不是 uS 就是 dS，依此類推。圖內只列出三期，我們可以將（每一）期想成（每一）年。

　　二項式定價模式有個特色，就是其背後有個稱為「風險中立的（neutral）」機率，此機率並非是真正的機率；不過，它卻可以將未來的價格「貼現」還原成現在的價格。按照二項式定價模式[2]，$p = (R - d) / (u - d)$，其中 p 與 R 分別表示風險中立的機率以及無風險利率（以本利和的方式表示）；因此，若是利用圖內的資料，可計算得出 $p = 0.85$。利用 $p = 0.85$，我們將第 1 年的價格還原回期初的價格，即 ($p \cdot uS + (1 - p) \cdot dS) / R = (0.85 \times 110 + 0.15 \times 90) / 1.07 = 100$。現在我們已經知道分子部分就是期望值；換言之，原來所謂風險中立的機率，就是可以將未來的價格期望值還原成現在價格的機率，真是一種神奇的「機率」！讀者可以自行練習看看其他的價格。

　　若按照二項式定價模式的想法，到了第三期（年），價格究竟有幾種結果？其對應的機率又為何？從圖內可看出共有 4 種結果，圖內亦列出相對應的機率，我們可用一個機率函數 $f(x)$ 表示，$f(x)$ 就稱為二項式機率函數，其一般式可寫成：

$$f(x) = \binom{n}{x} p^x (1-p)^{n-x} = \frac{n!}{x!(n-x)!} p^x q^{n-x}, \ x = 0,1,2,\cdots,n \tag{4-7}$$

2　有興趣的讀者可上網查詢，如輸入「The Binomial Option Pricing Model」，或輸入中文，應可找到相關的資訊。

其中 p 與 q 分別表示成功與失敗的機率，x 表示成功出現的次數，而 n 則為實驗的次數。此處成功與失敗只是代表一種簡單的二分法，例如：我們關切的是價格上漲的情況，故可將看到價格上漲視為成功；反之，則視為失敗（價格下跌）。$\binom{n}{x} = C_x^n$ 是表示重複組合的概念，其是表示若 n 內各有 x 個相同以及 $n - x$ 個相同，則總共有 $C_x^n = n! / x!(n-x)!$ 個可能的排法，其中 $n! = 1 \times 2 \times 3 \times \cdots \times n$（$n!$ 讀成 n 階層），$0! = 1$。是故我們可以看圖內第 3 年的結果，其分別可為 uuu、uud、udd 以及 ddd 四種可能（S 先拿掉）。若我們關心的是價格上漲的情況，則四種情況 x 值分別可為 $x = 3$、$x = 2$、$x = 1$ 以及 $x = 0$，當然觀察 3 年，相當於實驗 3 次，故 $n = 3$；其次價格上升的機率為 $p = 0.85$。若將上述結果代入 (4-7) 式內，就可以分別得出所對應的機率。讀者可以試著改變，假定所關心的是價格下跌的情況，則 x 與 p 之意義和值分別為何？試試看。

現在我們可以解釋 (4-7) 式的意義。由於連續觀察 3 年，其機率應比觀察 1 年的機率小，故應使用機率的乘法律；事實上，連續觀察 3 年，因每年價格上升下降的結果與過去的年度無關（屬於抽出再放回），因此不同年的價格變化之間屬於獨立事件，同時存在的機率應相乘，即例如出現 2 次價格上漲 1 次價格下跌之機率為：

$$p^2(1 - p)$$

另一方面，因出現 uud 就不會再出現 udu 的情況，二者均屬於同一種結果，有相同的機率但彼此卻屬於互斥事件，應使用機率的加法律；換言之，我們須算出上式總共有幾種排法，3 個內有 2 個相同，故使用前述之重複組合。總和上述結果可得其機率值為：

$$f(x = 2) = \frac{3!}{2!} p^2(1 - p)$$

而我們於圖4-1 內看看要達到 uud（亦可寫成 duu）結果的路徑的確有 3 種可能，其分別為 $S \to uS \to uuS \to duuS$、$S \to uS \to duS \to duuS$、$S \to dS \to duS \to duuS$。其餘的結果，讀者可類推。當然，讀者也可以再思考第 n 年的結果與機率，此時 (4-7) 式的功能就發揮出來了；換言之，我們不用逐一再去計算路徑，利用 (4-7) 式就可知每一點的結果與機率，此時要反推回起點，就省事多了。

按照上述推論，我們不難推衍出期初至到期日所有標的資產價格，因歐式買權（European call）或賣權（put）只能在到期日履約，故與履約價格（strike price）比較，可得出歐式選擇權到期的所有收益，只要有其他條件，利用風險中立機率

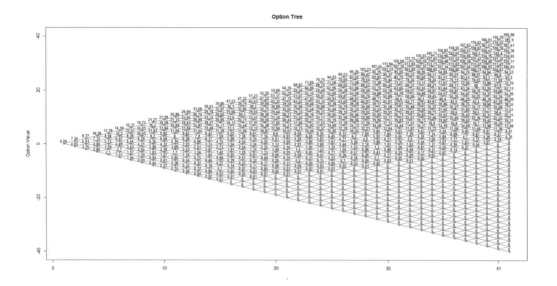

⚓ 圖 **4-2**：歐式買權（call），$S = 50$，履約價格 = 50，無風險利率 = 0.1，到期日 = 0.4167（年率），波動率 = 0.4（年率），$n = 40$。

我們的確可反推回每期，甚至於期初買、賣權價格。圖 4-2 係利用 R 之程式套件 fOptions 所繪出的 40 期歐式買權價格之樹狀圖。有興趣的讀者可多利用網路內的資訊，自行學習有關於選擇權的知識。

上述的例子是利用二項式分配的觀念，底下我們可以進一步觀察二項式分配的特徵。圖 4-3 分別繪出於 $p = 0.5$ 以及 $n = 10$ 下，二項式之機率與累積機率分配（PF 與 CDF）。讀者可以自行演練於其他的 p 與 n 值的條件下，同時觀察其 PF 與 CDF 型態。另一方面，若假想母體為二項式分配，利用 (4-7) 式，我們可以分別計算其期望值及變異數分別為：

$$\mu = E[x] = \sum_{x=0}^{n} xf(x) = \sum_{x=0}^{n} x \frac{n!}{x!(n-x)!} p^x (1-p)^{n-x} = np \tag{4-8}$$

以及

$$\sigma^2 = E[(x-\mu)^2] = \sum_{x=0}^{n} (x-\mu)^2 f(x) = \sum_{x=0}^{n} (x-\mu)^2 \frac{n!}{x!(n-x)!} p^x (1-p)^{n-x} = np(1-p) \tag{4-9}$$

由上可知，二項式分配的期望值與變異數分別為 np 與 $np(1-p)$。[3] 當然，上述

---

3 其中 $\mu = np$ 用直覺就可以獲得。例如：若 $p = 0.6$，是表示 100 個中平均有 60 個成功數、50 個中平均有 30 個、20 個中平均有 12 個（為何？）。

二式的導出過程稍微繁瑣，我們不宜於此推導；不過，上述二式卻告訴我們二個訊息：第一，於推導的過程中，我們會用到每一種機率分配獨特的性質，即所有機率值的加總恆等於 1，即於二項式分配中可得出 $\sum_{x=0}^{n} f(x)=1$；換言之，就是利用這個性質，上述二式才能「化繁為簡」。第二，類似上述二式，按照期望值、變異數、偏態以及峰態係數的定義（前一章），我們得到每一種分配的前四級動差（moment）；每一種機率分配皆有可能存在其應有的動差[4]，透過它們的計算或估計，使我們得以初步瞭解分配的特徵或其獨特性。

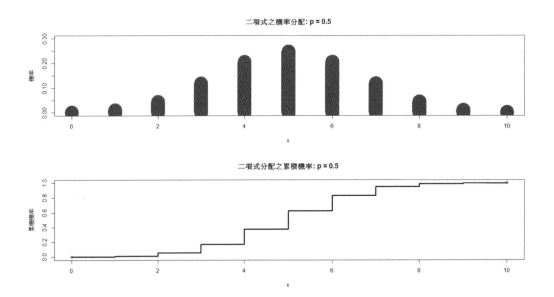

▲ **圖 4-3**：二項式之機率與累積機率分配，$p = 0.5$

R 程式：

```
x = rbinom(100000,10,0.5)
x1 = sort(x)
windows()
par(mfrow=c(2,1))
plot(x,dbinom(x,10,0.5),type="h", lwd=40, col="blue",
```

4　我們可以用「動差」來看每一種分配的特徵。例如：我們可以計算每一種分配的前四級（階）動差以瞭解分配的位置、離散以及型態特徵；如峰態與偏態係數分別屬於分配的第四與三級動差，因此此處動差類似「次方」。當然，平均數與變異數分別為分配之第一與二級動差。那共變異數呢？第二級動差。

```
ylim=c(0,0.3),ylab=" 機率 ",
 main=" 二項式之機率分配 : p = 0.5")
plot(c(0,10),c(0,1), xlab="x", ylab=" 累機機率 ", main=" 二項式分
配之累積機率 : p = 0.5")
lines(x1,pbinom(x1,10,0.5),type="s",lwd=3)
qbinom(0.3,10,0.5)
```

現在我們再來看看於什麼情況下可以使用二項式分配？當然需滿足所謂的二項
式實驗：第一，n次實驗可以視為是由n個一連串皆相同的「小實驗」所構成；第二，
每個小實驗的結果不是成功就是失敗；第三，若成功的機率為p，則失敗的機率為
$1-p$；第四，小實驗之間彼此互相獨立。

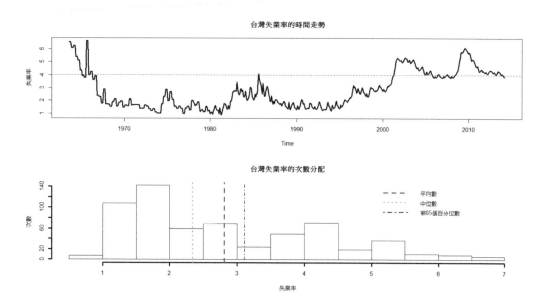

∧ **圖 4-4**：臺灣失業率（1963/8 − 2014/5）之時間走勢及次數分配

接著，我們來看一些實例。圖 4-4 繪出 1963 年 8 月至 2014 年 5 月期間，臺灣
失業率的時間走勢以及次數分配[5]。從圖中可看出大概自 2001 年初開始，失業率就
已經擺脫長時間低於 4% 的水準而躍升至 4% 以上而不墜。雖說從基本的敘述統計
量得知，整段期間樣本平均數、中位數以及第 65 個百分位數分別為 2.81%、2.34%
與 3.11%，其皆在 4% 以下；我們仍擔心未來 6 個月失業率中有 2 個月會高於 4%

---

5 失業率資料取自主計處網站。

以上（含）的可能性有多大？未來 6 個月失業率內，有 3 個月以上高於 4% 以上（含）的機率為何？

我們試著用二項式機率回答上述問題。首先，看看上述問題是否符合前述之二項式實驗：6 個月內每個月失業率是否會大於等於 4%，相當於每個月失業率是否會大於等於 4% 連續問 6 次，每次皆問同樣的問題（因是連續 6 個月）；每個問題不是問大於等於 4% 就是小於 4%；若失業率會大於等於 4% 的機率為 p，則失業率小於 4% 的機率就是 $1 - p$；每個月的失業率之間彼此互相獨立。從上述四個敘述中，我們發現只有最後一個敘述才讓人質疑，每個月的失業率彼此之間有可能不為獨立而是相依（相關）才對！

因此，若是仍要估計二項機率，估計到的機率也只是「近似的」機率；不過，有總比沒有好，最起碼有個參考值。若使用所有期間的樣本資料估計可得失業率會大於等於 4% 的樣本機率（或比率）$\bar{p}$ 約為 0.25，若以此為 p，則 6 個月裡有 2 個月失業率會大於等於 4% 的機率約為 0.3（即於 (4-7) 式內代入 $p = 0.25$、$n = 6$ 以及 $x = 2$）。6 個月有 3 個月失業率以上（含）會大於等於 4% 的機率約為 0.18。若讀者認為 $\bar{p} \approx 0.25$ 的可信度不高，不妨以自己的估計值取代，再回答上述問題。

我們再試一個較實際的問題。我們找出 2000/1/4 ─ 2014/7/10 期間 TSMC 的日收盤價，並將其轉成日對數報酬率[6]。利用日對數報酬率序列可估得日對數報酬率小於 0 的樣本比率約為 0.46，則未來 10 個交易日裡，有 3 個交易日的日對數報酬率小於 0 的機率為何？讀者可試試。（約為 0.15）（可參考 ch4-1-1.R）

習題

1. 擲一個公正的骰子 10 次，試計算 6 次出現 4 點的機率。

2. 續題 1，用 R 計算。

   ☞提示：
   ```
   x = 6
   n = 10
   p = 1/6
   dbinom(x,n,p)
   choose(n,x)*(p^x)*(1-p)^(n-x)
   pbinom(x,n,p)-pbinom((x-1),n,p)
   ```

3. 隨機抽出 100 位臺灣民眾，若民眾認為失業率會大於等於 4% 的機率為 0.25，則至多有 30 位民眾認為失業率會大於等於 4% 的機率為何？至少有 10 位民眾

6　因為使用日資料，此時報酬率的計算有無包括股利，其差異並不大，故稱為對數報酬率。

認為失業率會大於等於 4% 的機率為何？

☞提示：
```
n = 100
x = 30
p = 0.25
pbinom(x,n,p)
x = 10
1-pbinom(x,n,p)
```

4. 試解釋為何題 1 與 3 可以用二項式分配計算機率？

5. 續題 3，試計算期望值與變異數。

6. 利用本節圖 4-1 樹狀圖內的資訊，試計算各年價格之間的關係。

7. 使用下列指令可得 x1 = 10、8、9、8、7 以及 x2 = 0、2、4、2、2，試解釋 x1 與 x2 的意思。

☞提示：
```
n = 10
x = 5
p1 = 0.9
p2 = 0.2
set.seed(123)
x1 = rbinom(x,n,p1)
x1
x2 = rbinom(x,n,p2)
x2
```

1.2　卜瓦松分配

接著，我們來看第二個間斷的機率分配：卜瓦松分配，其機率函數可寫成：

$$P(x) = \frac{e^{-\lambda}\lambda^x}{x!}, \ x = 0,1,2,\cdots \tag{4-10}$$

其中 e 表示自然對數的底，$\lambda = E[x]$ 表示隨機變數 x 的期望值（λ 音 lambda）。卜瓦松分配適用於估計單位時間內（可能為秒、分、小時、日或其他）隨機事件發生次數的機率。換言之，若 x 表示單位時間內隨機事件發生的次數，則 λ 就表示單位時間內隨機事件平均出現的次數。我們從 (4-10) 式可看出 λ 值為未知數，是故需先估計 λ 值後，才能利用 (4-10) 式求得機率。

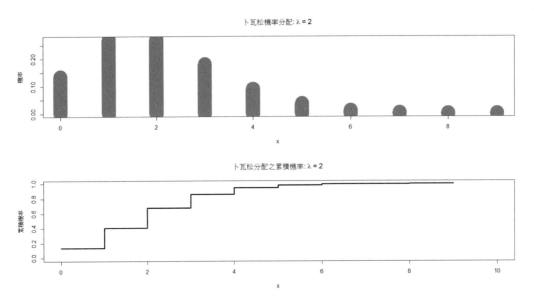

▲ 圖 **4-5**：卜瓦松之機率與累積機率分配，$\lambda = 2$

　　圖 4-5 繪出於 $\lambda = 2$ 的條件下，卜瓦松分配之機率與累積機率分配。從圖中可看出機率分配約略右偏，從上述機率分配中大致可以得出 $P(x = 0) \approx 0.1353$，$P(x = 1) \approx 0.2707$，我們如何解釋它們的意思？因 $\lambda = 2$，故上述二個機率值可以解釋成：於單位時間內平均出現的次數為 2 次的情況下，實際出現 0 與 1 次的機率分別約為 0.1353 與 0.2707。雖說如此，我們仍未清楚定義什麼是「單位時間」。

　　不過，若應用於實際的資料上，上述疑惑自然消除。於前一節，我們曾使用臺灣月失業率與 TSMC 的日對數報酬率資料，對於月失業率樣本資料，我們會擔心月失業率之間可能有關而影響到機率估計的準確度；然而，對於日對數報酬率資料而言，我們的擔心反而可以降低！為何如此？因為我們懷疑 TSMC 的日收盤價資料，可能是由類似隨機漫步模型所產生，因此日對數報酬率之間可能沒有什麼關係！若是如此，出現日對數報酬率的事件，不就是可視為一種「隨機事件」嗎？因此，我們可以使用前一章所提及的 *VR* 檢定來檢視 TSMC 的日股價是否屬於隨機漫步？

　　因此，利用前述期間 TSMC 的日對數報酬率樣本資料，可以估計 *VR* 檢定值分別為：$VR(2) = 1.04$、$VR(5) = 1.02$、$VR(7) = 0.97$ 以及 $VR(10) = 0.91$。我們發現 7 個交易日之前，TSMC 的日收盤價應是非常接近於隨機漫步！我們可以回想日對數報酬率小於 0 的機率約為 0.4618，故其可解釋成：於 1 個交易日下，日收盤價平均會有 0.4618 次下跌，但若是 7 個交易日，則平均會有 3.2326 次日收盤價會出現下跌（可

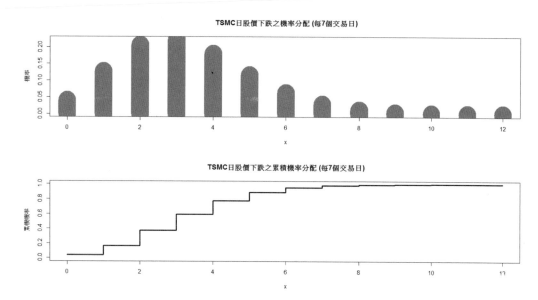

圖 4-6：利用卜瓦松分配估計 TSMC 日股價下跌之機率與累積機率分配

記得二項式分配之期望值）。若以 3.2326 為 λ 的估計值，利用卜瓦松分配我們就可以估計每隔 7 個交易日下，TSMC 實際股價下跌的機率分配，其結果繪於圖 4-6。

　　從圖 4-6 中，大致可以得出例如 $P(x = 1) \approx 0.1275$ 與 $P(x = 3) \approx 0.2221$，我們可以解釋為：於 7 個交易日平均有 3.2326 次股價下跌的情況下，7 個交易日內實際上有 1 次或 3 次股價下跌的機率分別約為 0.1275 或 0.2221！讀者可以演練或想像其他的情況。（可參考 ch4-1-2.R）

習題

1. 於本節 TSMC 的例子內，7 個交易日平均有 3.2326 次股價下跌的情況下，則 10 個交易日實際有 4 次股價下跌的機率為何？至多有 3 次股價下跌的機率為何？至少有 5 次股價下跌的機率為何？

   ☞提示：
   ```
   lambda = (3.2326/7)*10
   dpois(4,lambda)
   ppois(3,lambda)
   1-ppois(5,lambda)
   ```

2. 續上題，依下列指令可得 x = 3, 6, 4, 7, 8，試解釋 x 的意思。

   ☞提示：
   ```
   set.seed(123)
   x = rpois(5,lambda)
   ```

```
x
dpois(x,lambda)
p = ppois(x,lambda)
p
qpois(p,lambda)
```

3. 上述二項式分配與卜瓦松分配各有一個參數值（即未知數），即我們須先知道此參數值為何，才可以進一步計算機率值。此二分配的參數值各為何？

第二節 連續的機率分配

於本節，我們亦介紹二種連續的機率分配：其一是曾多次出現於前面章節的常態分配；另一則為 t 分配。相對於常態分配的應用，就財金資料的分析而言，t 分配就重要多了。事實上，這二種分配是有關連的，於此處我們同時介紹二種分配，其目的就是要讀者能掌握他們之間的關連性。

不同於間斷的機率分配，本書後面的內容，大多使用連續的機率分配；換言之，許多原本屬於間斷的「內容或問題」，利用連續的機率分配亦可求得其近似值，此可顯示出連續機率分配的重要性與實用性。當然，連續的機率分配不會只有上述二種分配，至於其他的分配將於適當的章節介紹。

2.1 常態分配

常態分配（normal distribution）又名高斯（Gaussian）分配，因其形狀如鐘形（bell），故又可稱為鐘形分配。常態分配的應用範圍相當廣泛，舉凡於數學、自然科學、社會或行為科學等領域，常態分配均占有一席之地，或稱其為統計學內的「第一分配」也不為過。

為何常態分配會如此醒目？原來自然界處處存在著「對稱」的現象，而最適合描述對稱的現象，當然首推常態分配。換另一個角度思考，顧名思義，何謂「常態」？若不知什麼是「常態」，那如何知「非常態」或異常？就人而言，我們也要累積許多經驗後，才有能力判斷某人正常與否。自然或社會事務亦是如此，也要有相當的經驗法則的累積，常態的雛形才逐漸成型；是故，早期一定也有表現常態的方法，不過那可是經年累月的成果，因此常態分配或許可稱為經驗法則。

不過，透過常態分配的 PDF，我們也不需要太多經驗法則的傳承，就可掌握「常

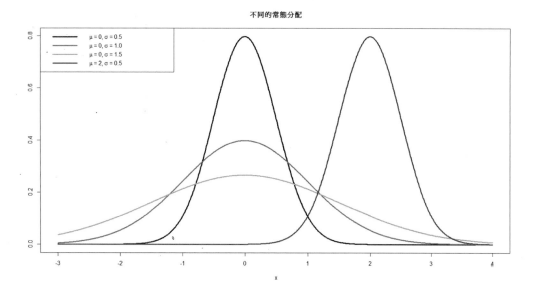

▲ **圖 4-7**：不同參數下之常態分配

態」的內涵，其 PDF 為 [7]：

$$f(x, \mu, \sigma) = \frac{1}{\sigma\sqrt{2\pi}} \exp\left[-\frac{(x-\mu)^2}{2\sigma^2}\right], \; -\infty < x < \infty \tag{4-11}$$

上式內有二個參數（未知數），即平均數 μ 與變異數 σ^2，前者代表位置而後者則代表尺度（或離散）。圖 4-7 繪出不同參數值下之常態分配，從圖中可清楚看出各參數值所扮演的角色。如果一個隨機變數 x 服從常態分配，通常可寫成：

$$x \sim N(\mu, \sigma^2)$$

其中若 $\mu = 0$ 與 $\sigma = 1$，則我們稱它為標準常態分配。

2.1.1 標準常態分配

一般使用統計學教科書或其他財務的書籍，大多附有標準常態分配的機率表可供查詢機率值。此表示一般的常態分配與標準常態分配之間有一定的關連；換言之，將常態分配轉換成標準常態分配的過程，可稱為「標準化」，即若 $x \sim N(\mu, \sigma^2)$，則：

$$z = \frac{x - \mu}{\sigma}, \; z \sim N(0,1)$$

7　可以注意指數型態 e^x 是以 $\exp(x)$ 型式表示。

其中 z 就是表示標準常態分配的隨機變數。

我們可以看圖 4-8 的例子。圖 4-8 之下圖是一個常態分配即 $N(1, 4)$ 的圖形，透過上述標準化過程，可將下圖的 $N(1, 4)$ 轉成上圖的標準常態分配即 $N(0, 1)$。例如圖內隨機變數的關係可為：

$$-z_1 = \frac{x_1 - \mu}{\sigma} \Rightarrow x_1 = \mu - z_1 \sigma$$

$$z_2 = \frac{x_2 - \mu}{\sigma} \Rightarrow x_2 = \mu + z_2 \sigma$$

值得注意的是，此處 z_1 為一個正數，因其位於 0 的左側，故前面加上一個負號。透過標準化過程，我們可發現原先常態分配的隨機變數 x 已可改寫成 $\mu + z\sigma$ 或 $\mu - z\sigma$；換句話說，經由標準化過程，隨機變數 x 已改成用標準差 σ 表示（即用離平均數 μ，z 個標準差 σ 表示），由此觀之，我們才瞭解為何 σ 可成為衡量尺度的特徵。

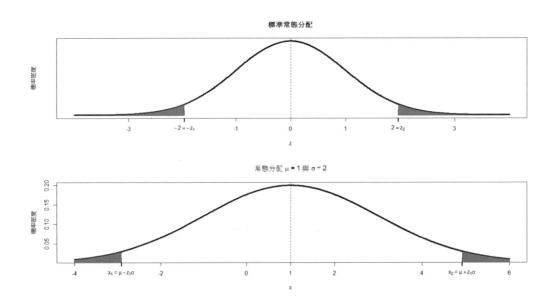

▲ 圖 4-8：標準常態與 之常態分配

另一方面，標準化過程也不會影響機率值，即由圖 4-8 可發現圖內紅色面積並不會因標準化而改變 [8]，即

8　事實上，標準化的過程有點類似將常態分配搬到平均數為 0 的位置，然後再開始擠壓，直至標準差等於 1 為止。不過，面積不會因搬離擠壓而改變。

$$P(x \le x_1) = P(z \le -z_1) \text{ 或 } P(x \ge x_2) = P(z \ge z_2)$$

是故，一般會使用到常態分配的書籍，的確只需準備標準常態分配的機率表即可。本書雖沒有附機率表，不過我們可以使用 R 取代。例如，利用圖 4-8 的條件，假想我們要計算 $P(-1 < x < 2) = ?$ 透過標準化，可將上式改為：

$$P(-1 < x < 2) = P(\frac{-1-\mu}{\sigma} < \frac{x-\mu}{\sigma} < \frac{2-\mu}{\sigma}) = P(\frac{-1-1}{2} < z < \frac{2-1}{2}) = P(-1 < z < 0.5)$$

因此原先要計算介於 -1 與 2 之間的常態機率已轉為計算介於 -1 與 0.5 之間的標準常態機率。利用 R 可求得的機率約為 0.5328，其指令為（可參考 ch4-2-1-1.R）：

```
pnorm(2,1,2)-pnorm(-1,1,2)
#[1] 0.5328072
pnorm(0.5)-pnorm(-1)
#[1] 0.5328072
```

習題

1. 利用 2000/1/4 － 2014/7/10 期間的 TWI 日收盤價樣本資料，可以計算出持有 10 天的對數報酬率之樣本平均數與標準差約為 0.01% 與 4.8%。若假定持有 10 天的對數報酬率的分配為常態分配，並以上述的樣本平均數與標準差為母體的平均數與標準差（為了計算方便，省略 %）。試計算持有 10 天的對數報酬率介於 -2 與 2 之間的機率為何？持有 10 天的對數報酬率至多為 5 的機率為何？持有 10 天的對數報酬率至少為 -1.5 的機率為何？

2. 續上題，持有 10 天的對數報酬率需為多少以上方屬於最高報酬率的 20%？

3. 題 1 與 2，若用 R 計算，其指令為何？

4. 續題 2，事實上若沒有假定常態分配，我們仍舊可以計算第 80 個（百）分位數，其為何？若與常態分配的假定比較，其差異隱含著何意義？

　　☞提示：`quantile(twi.10r,0.8)`

5. 利用 1981/1 － 2015/5 期間的 CPI 序列轉成通貨膨脹率序列後，試估計其 PDF，同時與常態分配的比較，以後者取代前者的可能性為何？

6. 續上題，若視通貨膨脹率的分配為常態，且以樣本的平均數與變異數為母體的平均數與變異數，試計算通貨膨脹率小於 1% 的機率。通貨膨脹率應為多少以下方屬於最低通貨膨脹率的 30%？

7. 類似前二題，至主計處下載經濟成長率（即實質 GDP 的年增率）（1962Q1 － 2015Q1 期間），試估計其 PDF，同時與常態分配的 PDF 比較，以後者取代前者的可能性為何？若假定經濟成長率為常態分配且以樣本的平均數與變異數為母體的平均數與變異數，試計算經濟成長率小於 3% 的機率為何？

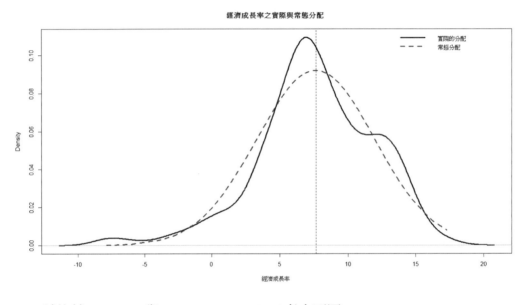

8. 試比較 pnorm(x) 與 pnorm(x,mean,sd) 二者之不同。

9. 若欲從平均數與標準差分別為 3 與 4 的常態分配內抽取 1,000 個觀察值，於 R 內如何表示？

☞提示：`rnorm(1000,3,4)`

2.1.2 柴比雪夫定理

瞭解常態分配的資料是以平均數為中心向外（左右）擴充 k 個 σ 的範圍後，底下我們介紹一個有名的定理：柴比雪夫定理（Chebyshev's theorem）。與常態分配不同的是，柴比雪夫定理不需要任何分配的假定，只要隨機變數 x 的期望值 μ 與變異數為有限值，則就任意一個實數 $k > 1$ 而言：

$$P(|x - \mu| < k\sigma) \geq 1 - \frac{1}{k^2} \tag{4-12}$$

若 $k = \sqrt{2}$，則上式的意思是說 x 的觀察值與平均數的差距小於 $\sqrt{2}$ 個標準差的機率至少大於 0.5；換言之，x 的觀察值會落於 $(\mu - \sqrt{2}\,\sigma, \mu + \sqrt{2}\,\sigma)$ 範圍內，按照柴比雪夫定理，可能性至少為 0.5 以上。

　　圖 4-9 繪出常態分配與柴比雪夫定理之比較。於此圖中，我們是假定前述 TSMC 日報酬率的分配為常態，且分別以其樣本的平均數與樣本的標準差為分配的期望值與標準差。圖內淺藍色面積表示 x 的觀察值會落於 $(\mu - \sqrt{2}\,\sigma, \mu + \sqrt{2}\,\sigma)$ 範圍內的常態機率，約為 0.8427。因圖內藍色虛線以下之淺藍色面積約為 0.5，故於此範圍內，上述面積約可視為柴比雪夫定理的下限值；是故，柴比雪夫定理可幫我們找出上述範圍機率的下限值！換言之，圖內假定 TSMC 日報酬率的分配為常態的「好處」是讓我們於上述範圍內多得出了約 0.3427 的機率！換個角度思考，若我們發現 TSMC 日報酬率的分配為常態，則日報酬率落於上述範圍內「可信度」不是增加了約 0.3427 的可能性嗎！但是，日報酬率若不是屬於常態分配，則日報酬率落於上述範圍內的「可信度」卻只有至少 0.5 的可能性而已！讀者可自行練習 k 為其他值的情況（但是 k 值須大於 1）。

　　從圖 4-9 內，我們也發現，若 x 的觀察值落於 $(\mu - \sqrt{2}\,\sigma, \mu + \sqrt{2}\,\sigma)$ 範圍內，則 x 的觀察值與平均數的距離會小於等於 $\sqrt{2}\,\sigma$。（可參考 ch4-2-1-2.R）

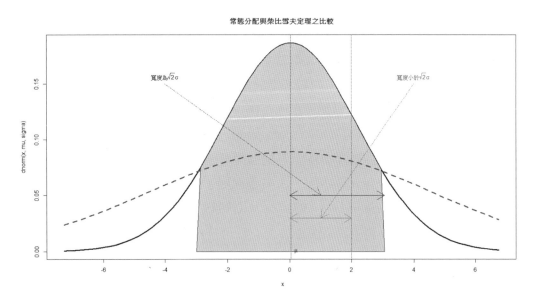

⋀ 圖 **4-9**：常態分配與柴比雪夫定理

習題

1. 若假定 TWI 持有 10 天的對數報酬率的母體平均數與標準差分別約為 0.0147% 與 4.7965%，則 TWI 持有 10 天的對數報酬率介於 −9.5783% 與 9.6077% 之間的機率為何？

2. 續上題，若假定 TWI 持有 10 天的對數報酬率的分配為常態，則持有 10 天的對數報酬率落於上述區間的機率為何？

3. 續題 1，TWI 持有 10 天的對數報酬率介於 −8.293% 與 8.3225% 之間的機率為何？

4. 續題 3，若假定 TWI 持有 10 天的對數報酬率的分配為常態，則持有 10 天的對數報酬率落於上述區間的機率為何？

2.1.3 常態分配的特徵

底下，我們藉由標準常態分配（$\mu = 0, \sigma = 1$）以瞭解常態分配具有哪些特徵：

1. 由 (4-11) 式可看出機率密度值最大值為 $1/\sqrt{2\pi}$（出現於 $z = \mu$ 處），曲線兩側於 $z = \mu - \sigma$ 與 $z = \mu + \sigma$ 處出現轉折，且兩側曲線尾部漸近於橫軸。可回想一座鐘的樣子為何？或參考圖 4-10。

2. 於 $z = \mu$ 處，將整個分配切成對稱的兩半，應記得一半的面積（機率）為 0.5。換言之，所謂對稱的意思有點類似讀者照鏡子時，看鏡子裡面的自己一樣；此隱含著以 $z = \mu$ 為中心向左、向右各走一（或多）個 σ 的距離，其與 $z = \mu$ 的垂直線所圍出來的面積（於常態面積內）兩邊皆是一樣的，因此若寫成一般式，則 $P(z \leq -z_2) = P(z \geq z_2)$。

3. 常態分配屬於單峰且不偏的分配，其偏態與峰態係數分別為 0 與 3。

4. 參考圖 4-10，若以 $z = \mu$ 為中心，左右各擴展 1 個、2 個以及 3 個 σ 的距離所圍出來的面積分別為 0.6827、0.9545 以及 0.9973。

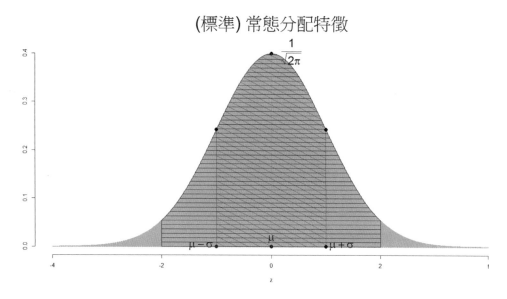

△ 圖 4-10：常態分配的特徵

　　一般而言，常態分配除了能幫我們計算機率外（當然需假定所分析的資料為常態分配），例如：若假定 TSMC 日報酬率為常態分配且以其樣本平均數與標準差為常態分配之 μ 與 σ，則 $P(-0.02 \le r \le 0.06) = 0.8263$ 或 $P(r \le -0.06) = 0.0024$，其中 r 表示日報酬率。常態分配亦可用於偵測所謂的異常值或離群值（outlier）。從上述常態分配的特徵中，可注意觀察值落於 $\mu \pm 3\sigma$ 外，只有 0.0027 的可能性；因此，若有資料落於前述範圍外應可視為「異乎尋常」。

　　是故，我們可以來看看，若仍假定 TSMC 日報酬率為常態分配，日報酬率資料有多少可視為「異乎常態」？答案揭曉：日報酬率大概約有 2.1% 落於 $\mu \pm 3\sigma$ 外且左右比重一樣，各約為 1.05%！日報酬率大概約只有 10 個但實際卻有 66 個觀察值（樣本總數為 3,623 個觀察值）超出常態分配的範疇！

　　接著，我們取同一時期（2000/1/5 － 2014/7/10）的 TWI 日對數報酬率再按照上述的步驟，結果發現 TWI 日對數報酬率實際約有 1.57% 落於 $\mu \pm 3\sigma$ 外，但左右比重略有不同（落於左、右尾分別各有 29、28 個觀察值）；換言之，TWI 日對數報酬率約有 47 個觀察值超出常態分配的預期！

　　既然 TSMC 與 TWI 皆有觀察值超出常態分配的預期，一個進一步的問題是於出現「極值」的情況下，TSMC 與 TWI 日報酬率之間的關係有沒有改變？我們先觀察二日報酬率之間的關係。圖 4-11 繪出他們之間的散布圖，從圖內可看出二個報酬率之間呈現正相關，我們進一步再計算出他們之間的相關係數為 76%，表示

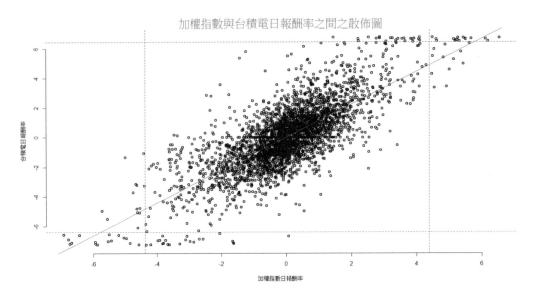

▲ 圖 **4-11**：TWI 與 TSMC 日報酬率之間之散布圖

二個報酬率之間的正相關程度並不低。除了相關係數的估計外，我們也有興趣估計「左右極值」的相關程度（圖內藍色虛線分別為平均數 3 個標準差的距離）。出乎意料之外，從圖內可看出左右極值的相關程度並不高，我們計算得出左右極值的相關係數分別只有 2% 與 9% 而已！這個結果頗耐人尋味，值得進一步探索。（可參考 ch4-2-1-3.R）

習題

1. 若假定 TWI 持有 10 天的對數報酬率序列服從常態分配而其母體平均數與標準差分別約為 0.0147% 與 4.7965%，試分別計算 10 天的對數報酬率落於 $\mu \pm z\sigma$ 範圍內的機率，其中 $z = 1.96$。
2. 續上題，TWI 持有 10 天的對數報酬率序列內，有多少屬於異常值？

☞提示：

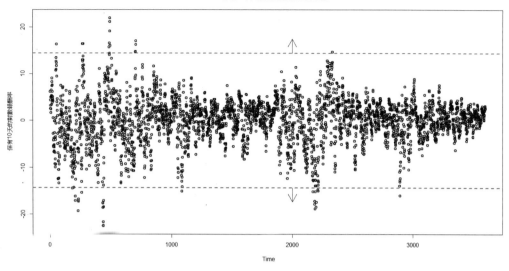

```
mu = mean(twi.10r)
sigma = sd(twi.10r)
upper = mu+3*sigma
lower = mu-3*sigma
windows()
plot(twi.10r,type="p",ylab=" 保 有 10 天 的 對 數 報 酬 率 ",
xlab="Time",lwd=2,
main="TWI 保有 10 天的對數報酬率之異常值 ")
abline(h=upper,lty=2,col="red",lwd=2)
abline(h=lower,lty=2,col="red",lwd=2)
arrows(2000,upper,2000,upper+3)
arrows(2000,lower,2000,lower-3)
sum(as.numeric(twi.10r > upper))
sum(as.numeric(twi.10r < lower))
```

3. 若假定經濟成長率序列（1961Q1 － 2015Q1 期間）服從常態分配而其母體平均數與標準差分別約為 7.6408% 與 4.335%，試找出何時間出現異常值？

4. 試使用 R 說明常態分配如何左右對稱。

5. 若隨機變數 x 屬於平均數與標準差分別為 μ_x 與 σ_x 之常態分配，試以 R 模擬說

明隨機變數 $y = 3 \pm 2x$ 亦為常態分配，並求其平均數與標準差分別為何？

2.2 t 分配

接下來，我們介紹第二個連續的機率分配：t 分配[9]。一般於統計學上的應用，t 分配是於「母體為常態分配、小樣本且母體標準差未知」的條件下，用於估計或檢定常態分配下的平均數。我們會先介紹 t 分配是著重於其具有「較厚」的雙尾部，因此一個自然的疑問是：於 t 分配下，我們如何計算機率？其計算機率的方式，是否與計算常態分配機率一致？

t 分配的 PDF 可寫成：

$$f(x \mid v, \mu, \lambda) = \frac{\Gamma\left(\dfrac{v+1}{2}\right)}{\Gamma\left(\dfrac{v}{2}\right)\sqrt{v\pi\lambda}} \left(1 + \frac{1}{v}\left(\frac{x-\mu}{\lambda}\right)^2\right)^{-\frac{(v+1)}{2}} , \quad -\infty < x < \infty \qquad (4\text{-}13)$$

其中 Γ 是 Gamma 函數[10]，v（音 nu）為自由度。；值得注意的是，(4-13) 式內的 是表示尺度的參數 t 分配之期望值及變異數分別為：

$$E[x] = \mu \quad \text{就 } v > 1 \text{ 而言}$$
$$Var(x) = \sigma^2 = \lambda^2 \frac{v}{(v-2)} \quad \text{就 } v > 2 \text{ 而言} \qquad (4\text{-}14)$$

從 (4-14) 式可以看出，t 分配有三個參數（未知數），除了平均數與尺度（分別為 μ 與 λ）外，與常態分配不同的是，t 分配有一個額外的參數：自由度 v。換句話說，若報酬率序列屬於 t 分配，我們要計算報酬率的機率之前，就需先估計出 v 之值為何[11]？

其實，就 PDF 之「核心（kernel）」部分而言，常態分配與 t 分配，即 (4-11) 與 (4-13) 式，可以發現二分配之「標準化」型式有些差異；按照 (4-13) 式，t 分配之「標準化」型式可為：

$$t_o = \frac{x-\mu}{\lambda}$$

---

9 t 分配又名學生的（student's）t 分配。會有此名稱是為了紀念數學家 Gosset，因其是用「學生」當作筆名。於第 9 章內，我們亦有介紹 t 分配。

10 可上網查詢。

11 於第 9 章內，我們會使用最大概似法，估計 t 分配之三個參數值。

其中 x 與 t_0 分別為 t 分配「標準化」前後之隨機變數。因此，類似常態分配標準化過程，還原上述「標準化」，可得：

$$x = \mu \pm t_0 \lambda$$

從上式可知，t 分配之隨機變數 x 可以與平均數有 t_0 個「尺度」距離表示！換言之，從 t 分配的例子可知：一個分配之離散程度未必只可以用標準差表示！

還好，就 t 分配而言，透過 (4-14) 式可知標準差 σ 與尺度參數 λ 二者之間是可以替換的；不過，我們需留意若 $v \le 2$，t 分配的標準差（或變異數）是不存在的！我們可以於 R 內試下列指令：

```
?rt
set.seed(12345)
x = rt(1000,3)
library(fBasics)
basicStats(x)
```

上述第一個指令是詢問 **rt** 的意義為何？比較特別的是，第三個指令是表示從自由度為 3 的 t 分配內抽出 1,000 個觀察值。可以注意的是，**rt** 或甚至於 **pt**、**qt** 以及 **dt** 的使用，並不需使用 μ 與 λ（或 σ）的參考值；換言之，若於 R 內使用 **rt** 等指令，其所對應的應是「依尺度標準化」後之 t 分配！最後一個指令是計算上述 1,000 個 t 分配觀察值（自由度為 3）的基本統計量。

上述依「尺度標準化」後之 t 分配可稱為「古典 t 分配」，與古典 t 分配相對應的，則是依「標準差標準化」後之 t 分配，可以稱為「標準 t 分配」；可以試看下列指令：

```
library(fGarch)
?rstd
set.seed(12345)
x1 = rstd(1000,mean=0,sd=1,nu=3)
basicStats(x1)
```

上述指令是使用 fGarch 程式套件，我們可以注意 **rstd** 等類之指令（**pstd**、

qstd 或 dstd）的使用方式。上述第四個指令的意思是從平均數、標準差與自由度分別為 0、1 與 3 之 t 分配內抽取 1,000 個觀察值；換言之，若欲使用 rstd 等類之指令，我們需使用 t 分配之三個參數值，其中尺度參數已由標準差參數取代。因此，於此處，標準 t 分配與標準常態分配類似（即 rstd 類似 rnorm 指令），其皆是使用標準差「標準化」！

我們可以藉由 PDF 的型態瞭解古典 t 分配與標準 t 分配的差異，可以參考圖 4-12 與 4-13。圖 4-12 繪出不同自由度下，古典與標準 t 分配之 PDF，其中自由度為 ∞ 可以對應至標準常態分配。首先，我們先觀察古典 t 分配的性質，其不同 PDF 的型態，可顯示於圖 4-12 之上圖；從圖內可以看出古典 t 分配有比標準常態分配較厚的尾部，且尾部的厚度會隨自由度的減少而增加。有意思的是，若提高古典 t 分配的自由度至無窮大，此時古典 t 分配已成為標準常態分配；從圖中可看出，當自由度為 30 時，古典 t 分配與標準常態分配之 PDF 已非常接近。因此，從圖內可以看出：「古典 t 分配的極限就是標準常態分配」！

於前述所列的 R 指令內，我們有計算抽出自由度為 3 之古典 t 分配 1,000 個觀察值之特徵，如樣本平均數、樣本變異數、樣本偏態以及超額峰態係數分別約為 0.0540、2.2699、0.2813 以及 8.4437，其中比較特別的是：樣本變異數與樣本超額峰態係數；我們發現經過「尺度標準化」後的觀察值之樣本變異數未必等於 1 以及樣本超額峰態係數遠大於 0。因此，圖 4-12 之上圖隱藏著二個疑問：第一，特別

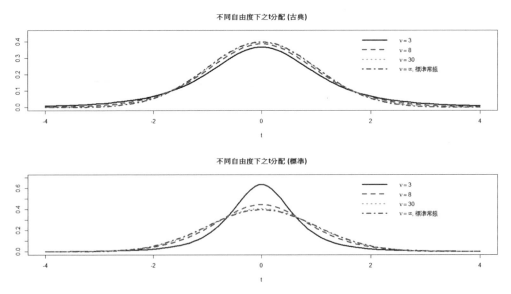

▲ **圖 4-12**：古典 t 分配與標準 t 分配之比較

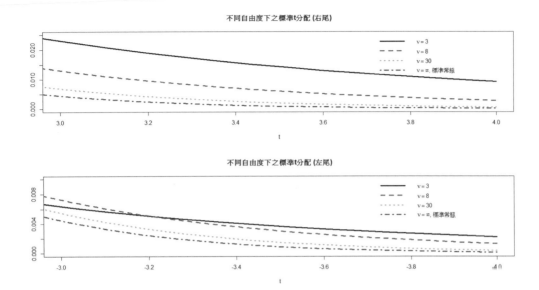

△ **圖 4-13**：標準 *t* 分配之右、左尾之放大

是於自由度小於 30 的情況，古典 *t* 分配應該不能與標準常態分配比較，因前者之 PDF 不像後者是使用標準差，而是使用尺度標準化[12]。第二，依照上述抽出的樣本資料之樣本超額峰態係數的計算值得知，古典 *t* 分配之 PDF 應屬於「高峽峰」，而圖內之 *t* 分配若與標準常態分配比較，反而出現「矮闊峰」，是故上圖的結果應該是不合理的！

　　雖說如此，圖 4-12 的上圖結果，也並非完全無可取之處，它至少告訴我們四個事實：第一，*t* 分配類似常態分配，其 PDF 亦屬於左、右對稱之分配；第二，*t* 分配的尾部厚度與自由度的大小呈反比關係，即自由度之值愈大（小），尾部厚度愈薄（厚）；*t* 分配的極限是標準常態分配，換言之，若自由度之值超過 30，則 *t* 分配與標準常態分配之間的差距已逐漸縮小；第四，相反地，若自由度之值小於 30，則 *t* 分配與標準常態分配之間存在明顯的差距，若與常態分配比較，*t* 分配應該屬於「高峰而厚尾」的型態。

　　圖 4-12 的下圖是繪出不同自由度下，標準 *t* 分配之 PDF，從圖中可以看出，上述古典 *t* 分配與標準常態分配之 PDF 型式之不一致已消失；若與標準常態分配比

12　我們從 (4-14) 式亦可看出端倪，若自由度較小，則尺度參數與標準差之間的差距就較大，
　　故古典 *t* 分配與標準常態分配之間的 PDF 差異就較明顯；相反地，若自由度較大，則二
　　分配之間的 PDF 差異就愈「模糊」！

較，我們可以看出標準 t 分配之 PDF 已有「高峰、腰瘦而厚尾」的特徵。若放大圖 4-12 內的標準 t 分配之 PDF 的尾部，則可以於圖 4-13 內，看出 t 分配之左、右尾部隨自由度的縮小而變厚的特徵；因此，若欲與標準常態分配比較，我們應該使用標準 t 分配而非古典 t 分配！

瞭解 t 分配之性質後，一個自然的問題是：若某資產報酬率序列屬於 t 分配，則如何於 t 分配之下計算機率？假定觀察 2000/1/4 － 2014/7/10 期間，TWI 日對數報酬序列資料，若將所計算的樣本平均數（約為 0.0024%）與樣本變異數（約為 2.13%）視為母體的參數值，其次，假定自由度的估計值約為 3.1345[13]；則於 t 分配的假定下，TWI 之日對數報酬率介於 -2.5% 與 2.5% 之間的機率為何？日對數報酬率小於 -6.5% 的機率為何？

直覺而言，因 t 分配具有厚尾的特徵，故上述機率若以常態分配計算，其應會低估日對數報酬率小於 -6.5% 的機率；至於日對數報酬率介於 -2.5% 與 2.5% 之間的機率，則常態分配與 t 分配所估計的機率應差距不大。首先使用標準 t 分配估計上述機率，其對應之 R 指令可為：

```
mu = mean(twi.r) # 0.002437791
sigma2 = var(twi.r) # 2.129958
nu = 3.1345 # 自由度
# 標準 t 分配
ta = (-2.5-mu)/sd(twi.r) # 標準化（使用標準差）
tb = (2.5-mu)/sd(twi.r)
```

上述指令是先計算 TWI 日對數報酬率序列（以 twi.r 表示）之樣本平均數與樣本變異數以及令自由度為 3.1345；其次，將前二者視為母體參數值並計算 -2.5% 與 2.5% 之標準化後之 t 值，接下來使用下列指令：

```
pstd(tb,0,1,nu)- pstd(ta,0,1,nu)# 0.9380312
```

因此，可以計算出日對數報酬率介於 -2.5% 與 2.5% 的機率約為 0.9380；當然，我們亦可以直接使用下列指令，亦可以計算出相同的機率，即：

---

13 如前所述，可以使用最大概似法估計，詳見第 9 章。

```
pstd(2.5,mu,sqrt(sigma2),nu)- pstd(-2.5,mu,sqrt(sigma2),nu)
# 0.9380312
```

因此，就計算機率而言，直接使用標準 *t* 分配計算應比較方便！是故，若欲計算日對數報酬率小於 −6.5% 的機率，可以使用下列指令：

```
pstd(-6.5,mu,sqrt(sigma2),nu # 0.002188545
```

至於古典 *t* 分配呢？可以試下列指令：

```
lambda2 = sigma2*(nu-2)/nu
lambda = sqrt(lambda2) # 0.8780185
t1 = (-2.5-mu)/lambda # 標準化（使用尺度）
t2 = (2.5-mu)/lambda
t3 = (-6.5-mu)/lambda
pt(t2,nu) - pt(t1,nu) # 0.9380312
```

若要使用古典 *t* 分配計算機率，首先需計算出對應的尺度參數值，然後得到以尺度標準化後的 *t* 值後，再計算機率值！（可參考 ch4-2-2.R）

習題

1. 續本節 TWI 日對數報酬率序列的例子，若使用常態分配機率，其機率值分別為何？

2. 從本節的內容可知，*t* 分配的觀察值（使用 **rt** 指令）需經過標準化後才能與標準常態分配互相比較；換言之，似乎需先將觀察值標準化後，才能使用 **pt** 指令計算機率，此時會產生一個問題：上述標準化合理嗎？若觀察 (4-13) 與 (4-14) 二式，可知隨機變數 $x = \mu + \lambda t$，其中 *t* 表示經過標準化後 *t* 分配的隨機變數（不是像常態分配的隨機變數可寫成 $x = \mu + \sigma z$，其中 *z* 表示標準常態分配的隨機變數）；因此，*t* 分配的標準化是使用尺度參數 λ 而非尋常的標準差 σ。由 (4-14) 式可知：

$$\lambda^2 = Var(x)\frac{(v-2)}{v} = \sigma_x^2 \frac{(v-2)}{v}, v > 2 \tag{4-14a}$$

試比較經「尺度」標準化的 t 分配、標準常態以及以「標準差」標準化之 t 分配之 PDF，如下圖所示，何者較合理？

試利用 TSMC 的日收盤價序列資料（2000/1/4 － 2014/7/10 期間），假定日對數報酬率序列服從自由度等於 4 的 t 分配且將整體樣本的平均數與標準差視為母體，試利用 (4-13) 式計算日對數報酬率落於 −1.5% 與 1.5% 的機率為何？日對數報酬率小於 −6.5% 的機率為何？

3. 試利用 TSMC 的日收盤價序列資料（2000/1/4 － 2014/7/10 期間），假定日對數報酬率序列服從自由度等於 4 的 t 分配且將整體樣本的平均數與標準差視為母體，試利用 (4-13) 式計算日對數報酬率落於 −1.5% 與 1.5% 的機率為何？日對數報酬率小於 −6.5% 的機率為何？

4. 續上題，仍將整體樣本的平均數與標準差視為母體，假定日對數報酬率序列服從常態分配，則其結果又如何？比較題 1 與 2 之間的差異。

5. 續題 1，若自由度分別假定為 5、6、7 與 8，其結果又是如何？

6. 使用 fGarch 程式套件。利用該程式套件內的 `rstd`、`dstd`、`qstd` 與 `pstd` 函數指令，上述指令的特色是其「標準化的型式」與標準常態一致，重新回答題 1。

7. 試以蒙地卡羅模擬證明古典 t 分配之平均數與標準差分別等於 0 以及不等於 1。

第三節　財金上的應用

瞭解上述常態與 t 機率分配後，我們可以使用所謂的 QQ 圖（quantile-quantile plot），以偵測我們所使用的 TSMC 或 TWI 樣本日報酬率資料是否屬於上述二種機率分配。若我們的樣本觀察值屬於上述二種機率分配，則之前有介紹過的風險值應如何計算？於財金領域內，是否還有其他可以取代計算風險值的方法？本節將逐一探究。

3.1 QQ 圖

於統計學內，QQ 圖（此處的 Q 是表示分位數）是於同一個座標內分別繪出二種機率分配分位數的圖形方法；因此，若二種機率分配非常相似，則繪製出的 *QQ* 圖應非常接近於一條直線。我們可以將 QQ 圖的觀念應用於比較「理論與實證（實際）」的機率模型上，以瞭解實證的機率有多大的可能性會與理論值一致。在還未介紹之前，我們需再澄清一些觀念。

3.1.1 次序統計量、樣本 CDF 及樣本分位數

假定 $x_1, x_2, \cdots, x_n$ 是一個從累積機率函數（CDF）F 中得到的隨機樣本。我們將估計 F 及其分位數。若樣本或實證 CDF 以 $F_n(x)$ 表示，$F_n(x)$ 是定義為某一樣本比重小於或等於 x。例如：10 個取自於 40 個樣本（$n = 10$），若 x 值小於等於 3，則 $F_n(3) = 0.25$。更一般化的情況為：

$$F_n(x) = \frac{\sum_{i=1}^n I\{x_i \leq x\}}{n} \tag{4-15}$$

其中 $I\{\cdot\}$ 是一個指標函數（indicator function），其是表示若 $x_i \leq x$，則 $I\{x_i \leq x\} = 1$，否則應為 0。圖 4-14 顯示出 F_n，一個從標準常態分配中抽出 150 個樣本之分配；另外，其亦顯示出真實的 CDF（虛線）。樣本 CDF 與真實的 CDF 會有差異是因隨機所造成的，樣本 CDF 亦可稱為實證分配函數（ECDF）。

次序統計量 $x_{(1)}, x_{(2)}, \cdots, x_{(n)}$ 是指 $x_1, x_2, \cdots, x_n$ 按照由小到大的順序排列。變數下標有小括號可與其中不按次序排列相比較，例如 $Y_{(1)}$ 表示樣本內之最小值，而 Y_1 則表示第一個觀察值。第 q 個樣本分位數可大概定義為 $x_{(k)}$，其中 qn 之整數部分則為 k。第 q 個樣本分位數亦可稱為第 q 個百分位數。

```
windows()
set.seed(123)
y = rnorm(150)
y1 = seq(from=-3, to=3, length=150)
```

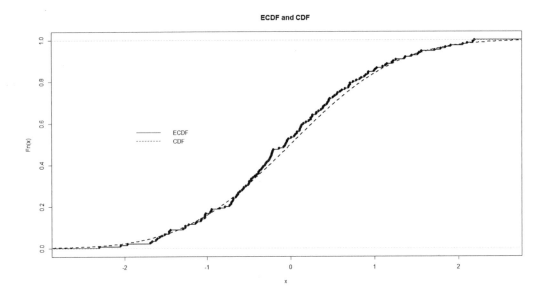

圖 4-14：ECDF 與真正的 CDF 圖

```
Fn = ecdf(y)
plot(Fn, main="ECDF and CDF",lwd=2)
lines(y1, pnorm(y1), lty=2,lwd=2)
legend(-2,0.6, c("ECDF","CDF"), lty=1:2,bty="n"))
```

習題

1. 於圖 4-14 內，我們如何得出每個 x 值及其對應的「實證的」累積機率？

    ☞提示：
    ```
    set.seed(123)
    x = rnorm(150)
    Fx = ecdf(x)
    x1 = sort(x)
    Fx(x1) # 以函數型態表示
    ```

2. 底下是最近 10 個月（2015 年 5 月）的通貨膨脹率（%）：2.07、0.71、1.05、0.85、0.60、−0.94、−0.20、−0.62、−0.82、−0.73，試描述如何計算實證的 CDF。

3. 試分析比較通貨膨脹率（1982/1 − 2015/5）與常態分配的 CDF。

3.1.2 常態機率圖（QQ 圖）

許多統計模型經常假定隨機樣本是來自於常態分配。常態機率圖就是用於檢視此一假定；換言之，若懷疑常態分配假定，常態機率圖就是用於檢視資料之分配是否與常態分配有異。若常態分配的假定為真，則第 q 個樣本分位數應接近於母體分位數，故一般亦將常態機率圖稱為 QQ 圖。因此，若扣除掉抽樣誤差（sampling error）[14]，樣本分位數對母體分位數之圖形應為一直線；相反地，若觀察到有規則地脫離此一直線，則指出資料有可能不屬於常態。許多統計軟體均內建有常態機率圖，值得注意的是，應留意其橫、縱軸各代表何意。底下，我們將以橫、縱軸分別表示實際資料與理論值。

若常態機率圖為非直線，則我們須檢視其究竟是屬於凹或凸形曲線，可參考圖 4-15。一個凸形（convex）曲線是指切線斜率遞增（由左至右），如圖 4-15 之 (a) 圖所示；一個凹形（concave）曲線是指切線斜率遞減（由左至右），如 (b) 圖所示；一個凸 - 凹形（convex-concave）曲線是指先凸後凹（由左至右），如 (c) 圖所示；一個凹 - 凸形（concave-convex）曲線是指先凹後凸（由左至右），如 (d) 圖所示。

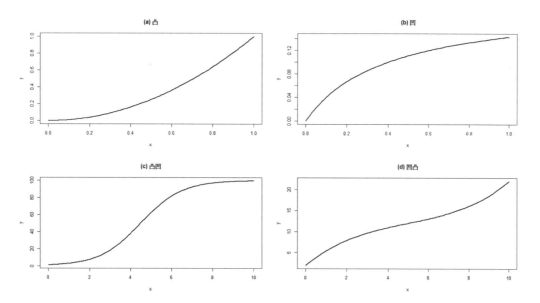

︿ 圖 **4-15**：不同凹凸曲線圖

---

14 直覺而言，若從標準常態分配（平均數與標準差分別等於 0 與 1）內抽出 100 個觀察值後，計算其樣本平均數與樣本標準差，二者的計算值未必等於 0 與 1，為何會如此呢？母體參數值會與其對應的樣本統計量值之間會有差距，此差距就可以稱為抽樣誤差！為何會存在抽樣誤差？因我們只觀察標準常態分配 100 次（只抽出 100 個觀察值），如何能計算出真正的參數值？用何種方式可以降低抽樣誤差？（多抽取幾次或抽出大於 100 個觀察值）

若常態機率圖分別呈現凹、凸凹、凸與凹凸形曲線（如圖 4-16 所示），則其分別表示樣本資料可能存在「右偏、右厚尾左薄尾」、「不偏、左厚尾右厚尾」、「左厚尾右薄尾」與「不偏、右薄尾左薄尾」(相對於常態分配)；當然，若橫軸表示分配之理論值，則上述之解釋需改變。

圖 4-16 分別模擬出四種情況：「右偏、左薄尾右厚尾」、「不偏、左厚尾右厚尾」、「左偏、左厚尾右薄尾」以及「不偏、左薄尾右薄尾」。例如，我們分別於上述四種情況下各抽出 10,000 個觀察值後，為瞭解其偏離標準常態分配程度，我們將其標準化[15]後，再分別計算其偏態、超額峰態係數以及 0.1%、25%、75% 與 99.5% 分位數，其結果分別為：

$$(3.74, 28.56) \quad 與 \ (-1.89, -0.61, 0.28, 5.14)$$
$$(-0.29, 14.56) \ 與 \ (-5.66, -0.46, 0.46, 3.76)$$
$$(-3.74, 28.56) \ 與 \ (-8.67, -0.28, 0.61, 1.25)$$
$$(0.03, -1.21) \quad 與 \ (-1.69, -0.88, 0.87, 1.74)$$

而標準常態的理論值則分別為：

$$(0, 3) \ 與 \ (-3.09, -0.67, 0.67, 2.58)$$

仔細觀察比較上述的結果，讀者有何結論？

於圖 4-16 之上圖，我們不難瞭解各圖之間的差異，為了與標準常態分配比較，圖內虛線是表示標準常態分配之 PDF。下圖就是與標準常態分配比較的 QQ 圖，可注意縱軸是表示理論值；另外，下圖亦有繪出一條由理論與實際之第一及第三個四分數所構成的輔助直線，理所當然，若理論與實際愈一致，此輔助線就會愈接近 45 度直線。

圖 4-17 繪出不同持有時間的 TSMC 報酬率之 QQ 圖，於圖內我們有考量持有時間分別為 1、2、5 以及 10 個交易日（以 k 表示）的對數報酬率。從圖內可看出單日報酬率（$k = 1$）原本有點呈現（左）凸（右）凹的態勢，不過至尾巴處卻又反轉，此大概可歸因於「漲跌幅限制」的結果，使得原本的厚尾轉成薄尾。我們可看出漲跌幅限制大致至 5 日報酬率後才逐漸消退。（可參考 ch4-3-1-2.R）

---

15 使用「標準差標準化」。

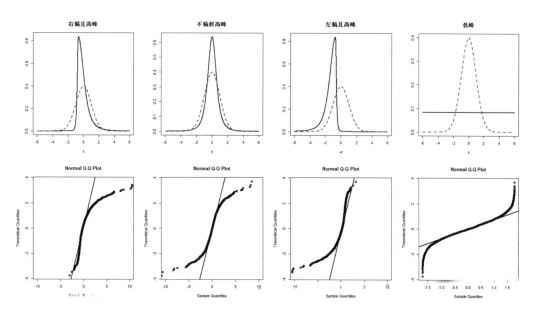

∧ 圖 **4-16**：四種情況之模擬

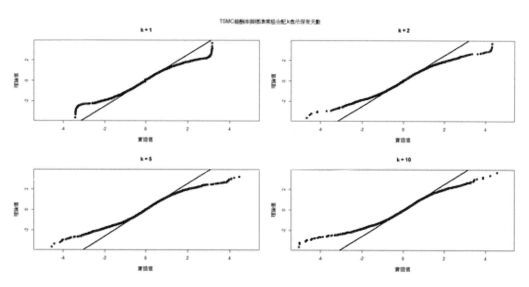

∧ 圖 **4-17**：TSMC 不同保有天數對數報酬率與標準常態分配比較

習題

1. 利用前述的通貨膨脹率序列樣本資料，試以 QQ 圖判斷其與常態分配之差異。

　　☞提示：windows()

　　　　　　qqnorm(infl,datax=T,lwd=2,ylab=" 樣 本 ",xlab=" 常 態 理 論
　　　　　　",main=" 通貨膨脹率之常態機率圖 ")

```
qqline(infl,datax=T,lwd=2,col="red",lty=2)
```

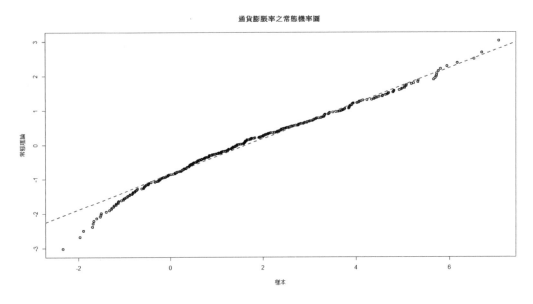

2. 續題 1，若將通貨膨脹率序列改成經濟成長率（1962Q1 － 2015Q1）呢？

3. 續題 1，將本節內的 TSMC 改成 TWI，重做一次。

3.1.3 QQ 圖之應用

於圖 4-17 可看出 TSMC 對數報酬率應該不屬於常態分配。前述之 QQ 圖的理論模型是標準常態分配，我們當然可以進一步將 QQ 圖內的理論模型改成其他的分配，藉以瞭解我們的實際資料是否有可能是從其他的分配所產生。例如圖 4-18 就是將 QQ 圖的理論模型改成標準 t 分配。於圖 4-18 亦考慮四種持有天數的報酬率，比較特別的是，圖內有使用最大概似估計（maximum likelihood estimation, MLE）[16] 方法估計標準 t 分配內的參數值。按照 (4-13) 式，標準 t 分配內有三個參數值，分別為 μ、σ 以及 v[17]；利用三個參數的估計值，我們可以繪出標準 t 分配的「理論的」PDF。至於「實際的」PDF，圖內使用核心密度估計式（kernel density estimator, KDE）以估計實際資料的分配。顧名思義，KDE 估計機率密度函數之核心函數 K（即 $K(u)$ $= K(-u)$ 部分）[18]；換言之，若有隨機變數 $x_1, x_2, \cdots, x_n$，其 KDE 可為：

---

16 MLE 方法我們會於第 9 章討論。

17 此處以 σ 取代 λ。

18 可比較常態與標準常態之 PDF（記得後者之平均數與標準差分別為 0 與 1），讀者可以猜常態分配的核心函數為何？

$$\hat{f}(y) = \frac{1}{nb} \sum_{i=1}^{n} K\left(\frac{x - x_i}{b}\right)$$

其中 b 可稱為頻寬（bandwidth），其可決定估計式之解析度（resolution）。R 內的 density 函數指令會自動調整所估計密度函數的解析度，使其看起來較平滑[19]。

因此，圖 4-18 內上下圖皆為理論與實際之比較，上圖使用 PDF（虛線表示理論值），下圖則以分位數對分位數的方式（即 QQ 圖）。若與圖 4-17 比較，圖 4-18 的配適度明顯優於前者；不過，由於日漲跌幅的限制，使得圖 4-18 內的 QQ 圖內的尾部仍出現「左凹右凸」的相對於 t 分配的薄尾現象。換句話說，TSMC 不同持有天數的對數報酬率應該類似於 t 分配，但因有日漲跌幅的限制，阻止了「尾部」的伸展，不過該來的還是會來，此大概可以提醒仍使用常態分配做決策的人應注意。使用 t 分配應注意自由度的選定，圖 4-18 內報酬率分配若依持有天數的次序，則估計的自由度分別約為 4.15，4.43、3.87 與 4.00。

QQ 圖除了可以由常態分配推廣至其他分配外，我們也可將其應用於二種實際分配上，例如圖 4-19 就是繪出 TWI 與 TSMC 對數報酬率（不同持有天數）之間的 QQ 圖，讀者應有能力解釋圖 4-19 的涵義。（可參考 ch4-3-1-3.R）

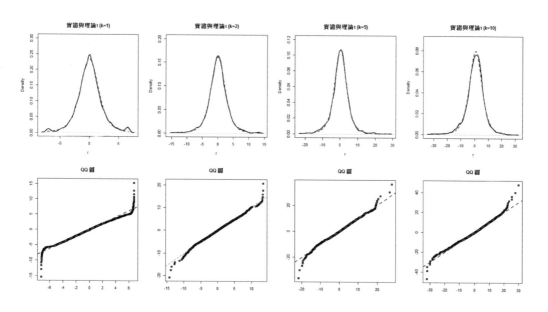

∧ 圖 4-18：TSMC 對數報酬率與標準 t 分配之比較

---

19 density 函數指令，我們之前有使用多次。

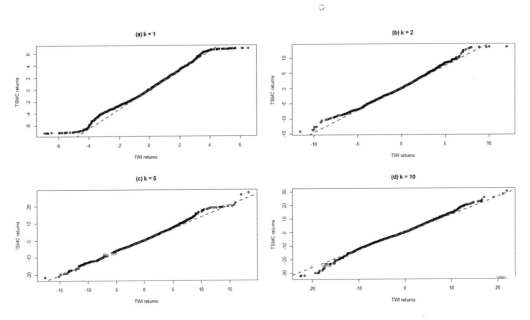

▲ **圖 4-19**：TWI 與 TSMC 對數報酬率之間的 QQ 圖

習題

1*. 於本節我們有使用到「偏態 t 分配」的模擬以及使用 MLE 方法（二者皆會於後面的章節介紹），上述二者的觀念我們雖說尚未介紹，但是透過上述 R 的使用似乎可以嘗試估計偏態 t 分配的參數。試利用前述經濟成長率序列樣本資料而分別以偏態 t 分配與 t 分配「模型化」並以 QQ 圖看其配適的情況。

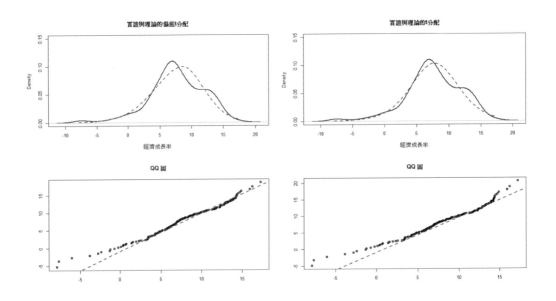

2. 至央行網站下載商業本票次級市場 1-30 天期利率（1987/5 － 2015/5），並繪出其走勢圖與常態機率圖。

3. 利用大立光的日收盤價序列樣本資料（2005/1/4 － 2015/4/28），試計算其持有天數之對數報酬率。

4. 續上題，試繪製出不同持有天數之常態、t 分配以及偏態 t 分配之 QQ 圖。

(3.2) 風險值與預期損失的估計

之前我們有使用分位數計算實際資料的風險值，現在再介紹另外一種估計風險值的方法，就是利用所估計的機率分配來計算風險值。事實上，除了風險值的估計外，我們還有其他的估計方法可以取代前者，這個方法就叫做「預期損失（expected shortfall, ES）」的估計，本節將一併介紹。

3.2.1 風險值的估計

讀者可以回想風險值的意義。假想所觀察的樣本資料可以由常態分配模型化，則就擁有多頭部位的投資人 [20] 而言，其機率 α 的風險值可為 $\mu + z_\alpha \sigma$，其中 z_α 為標準常態分配之第 α 個分位數，若 $\alpha < 0.5$，則 $z_\alpha < 0$。類似地，若所觀察的樣本資料可以由古典 t 分配模型化，則機率 α 的風險值可為 $\mu + t_{\alpha,v} \lambda$，其中 $t_{\alpha,v}$ 為以尺度「標準化」後之古典 t 分配之第 α 個分位數，若 $\alpha < 0.5$，則 $t_{\alpha,v} < 0$。因此，利用之前 TSMC 以及圖 4-14 的估計結果，我們將估計的風險值結果列於表 4-1。（可參考 ch4-3-2.R）

　　表 4-1 列出不同信賴水準（可以對應至不同的 α 值）下三種不同估計風險值的結果。有意思的是，於 $\alpha = 0.05$ 水準下，使用 t 分配所估計的風險值（絕對值）未必大於使用常態分配或利用實際歷史資料求取分位數的方法；不過，若 α 值愈小，使用 t 分配所估計的風險值（絕對值），則離使用後二者的估計結果愈遠，表示出若實際樣本資料可以由 t 分配模型化，則使用後二者的方法估計風險值有可能會產生低估的情況。

　　雖說上述風險值的估計並不難，但是使用風險值來估計風險恰當嗎？假想有一個實際的風險超過了風險值的估計，則後者不是低估了前者嗎？因此我們還是需要有另一種估計風險的方法，底下介紹 ES 方法。

---

20 讀者可想像「作空」的投資人面對的風險為何。

▽ 表 4-1：TSMC 報酬率不同持有時間風險值之估計（多頭部位的情況）

	$k = 1$	$k = 2$	$k = 5$	$k = 10$
	$\alpha = 0.05$			
分位數	−3.2892	−4.9095	−7.9234	−10.8423
常態	−3.4866	−5.0055	−7.7631	−10.3136
t 分配	−3.3832	−4.8130	−7.2575	−9.5099
	$\alpha = 0.01$			
分位數	−6.5432	−8.0022	−13.0937	−18.3977
常態	−4.9450	−7.1067	−11.0490	−14.7224
t 分配	−5.8855	−8.2797	−13.0594	−17.1385
	$\alpha = 0.001$			
分位數	−7.2266	−12.6951	−19.3439	−29.9682
常態	−6.5797	−9.4620	14.732	−19.6642
t 分配	−11.0735	−15.2028	−25.6240	−33.3282

註：此處風險值以負數表示

習題

1. 於本節內我們是使用 **qt** 指令計算風險值，試改以 fGarch 程式套件內的 **qstd** 指令計算。

   ☞提示：mu+sigma*qt(alpha,nu)/sqrt(nu/(nu-2))

       mu+sigma*qstd(alpha,mean=0,sd=1,nu=nu)

2. 表 4-1 是計算多頭部位的情況，試計算空頭部位的風險值（$\alpha = 0.95, 0.99, 0.999$）。

3. 試以大立光的資料（2005/1/4 − 2015/4/28 期間）取代表 4-1 內的 TSMC。

4*. 我們有使用 MLE 法估計 t 分配的三個參數（即平均數、標準差以及自由度），就平均數與標準差的估計而言，是否就是接近於樣本平均數與樣本標準差？試以蒙地卡羅模擬證明之。其是否與自由度的大小有關？

3.2.2 預期損失

預期損失又名條件的風險值（CVaR）、平均風險值（AVaR）或預期尾部損失（expected tail loss, ETL）。利用上述不同的稱呼，顧名思義，預期損失就是於實際損失超過風險值的條件下，平均的損失；換言之，多頭部位的預期損失可定義成：

$$ES_\alpha = E[x \mid x < VaR_\alpha] \tag{4-16}$$

↘ **表 4-2**：TSMC 報酬率不同持有時間預期損失值之估計（多頭部位的情況）

	$k = 1$	$k = 2$	$k = 5$	$k = 10$
$\alpha = 0.05$				
分位數	−4.7574	−6.8938	−11.2179	−15.5566
常態	−4.3808	−6.2938	−9.7778	−13.0168
t 分配	−6.9831	−9.6733	−16.5935	−21.9513
$\alpha = 0.01$				
分位數	−6.9781	−9.6784	−15.8297	−24.1115
常態	−5.6702	−8.1515	−12.6828	−16.9146
t 分配	−11.2616	−15.3028	−27.1591	−35.4372
$\alpha = 0.001$				
分位數	−7.2410	−13.6011	−20.4886	−31.4914
常態	−7.1721	−10.3156	−16.0668	−21.4552
t 分配	−20.5220	−27.0501	−51.0160	−65.2964

註：此處預期損失值以負數表示

上述風險值仍以負值表示。因此，所謂的預期損失，充其量也只不過是「條件期望值」的觀念而已。值得注意的是，條件期望值的機率值是使用條件機率密度函數，即 $f(x \mid x > VaR_\alpha)$，其意義相當於之前介紹過的條件機率的推廣。

表 4-2 列出 TSMC 報酬率於不同持有期間下各種預期損失的估計結果，讀者可試試看能否複製出表 4-1 與 4-2 的結果，再試著解釋其中的涵義（先試做下列習題）。

習題

1. 於常態分配下計算預期損失。於標準常態分配下，α 的預期損失可寫成：

$$\hat{ES}(\alpha) = \frac{f(\hat{VaR}(\alpha))}{\alpha} \tag{4-17}$$

其中 $f(\cdot)$ 表示標準常態分配之 PDF，而 $\hat{VaR}(\alpha)$ 則為機率值為 α 的估計風險值。利用 (4-17) 式，試計算 TWI 之日對數報酬率樣本序列（2000/1/4 － 2014/7/10 期間）於 $\alpha = 0.05, 0.01, 0.001$ 之預期損失（多頭情況）。

☞提示：library(VaRES)

```
# 2000/1/4-2014/7/10
TWI = read.table("c:\\meiyih\\finstats\\ch4\\TWI1.
txt",header=T)
attach(TWI)
```

```
names(TWI)
twi.r = 100*diff(log(T 收盤價 ))
y = twi.r
alpha = c(0.05,0.01,0.001)
z = (twi.r-mean(twi.r))/sd(twi.r)
?esnormal
esnormal(alpha,mu=0,sigma=1)
varz = qnorm(alpha)
-dnorm(varz)/alpha
```

2. 續上題，若為常態分配，則 (4-17) 式可以改寫成（多頭情況）：

$$\hat{ES}(\alpha) = \hat{\mu} - \hat{\sigma}\frac{f(\hat{VaR}(\alpha))}{\alpha} \tag{4-18}$$

其中 $\hat{\mu}$ 與 $\hat{\sigma}$ 分別表示母體平均數與標準差的估計值。試計算 TWI 之日對數報酬率樣本序列於 $\alpha = 0.05, 0.01, 0.001$ 之預期損失。

☞提示：esnormal(alpha,mu=mean(y),sigma=sd(y))

mean(y)-sd(y)*dnorm(varz)/alpha

3*. 於 t 分配下計算預期損失。於 t 分配下，機率值為 α 的預期損失可寫成：

$$\hat{ES}^{t}(\alpha) = -\left[\hat{\mu} + \hat{\sigma}\left(\frac{t_{\hat{v}}\left(F_{\hat{v}}^{-1}(\alpha)\right)}{\alpha}\right)\left(\frac{\hat{v} + \left(F_{\hat{v}}^{-1}(\alpha)\right)^{2}}{\hat{v}-1}\right)\right] \tag{4-19}$$

其中 t_v 與 F_v 分別表示自由度為 v 之（古典）t 分配的 PDF 與 CDF，$\hat{v}$ 則為自由度的估計值[21]。試計算 TWI 之日對數報酬率樣本序列於 $\alpha = 0.05, 0.01, 0.001$ 之預期損失。

4*. 續題 2 與 3，將 TWI 改成大立光後，再計算一次。

本章習題

1. 類似前面的習題，以讀者的樣本資料重做本章有關 TSMC 的部分。

2. 若我們相信今年經濟成長率高於 3% 的機率為 60%。抽取 500 位臺灣的民眾，回答今年經濟成長率會高於 3% 的人數有 300 位的機率為何？有超過 300 人認

---

21 (4-17)-(4-19) 式的取得可以參考 Ruey S. Tsay 所著之 *"An Introduction to Analysis of Financial Data with R"* (2013), Wiley.

為今年經濟成長率會高於 3% 的機率為何？

☞提示：試下列指令

```
?choose
choose(6,2)
?factorial
factorial(5)
```

3. 利用常態分配重做題 2。

4*. 試寫出類似下圖之 R 程式，以圖形證明二項式分配的漸近分配為常態分配。

條件：$np \geq 5$ 與 $n(1 - p) \geq 5$。

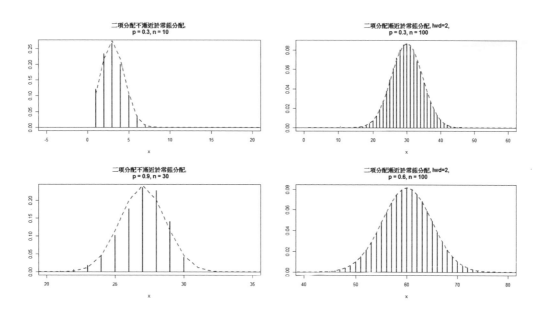

6. 若大部分的民眾認為通貨膨脹率小於 2% 的機率只有 0.001，則抽取 3,000 位民眾，有 3 人認為通貨膨脹率小於 2% 的機率為何？至多有 5 位認為通貨膨脹率小於 2% 的機率為何？

7. 以卜瓦松分配重做題 6。

☞提示：$\mu = np = 3,000 \times 0.001 = 3$ **相當於每觀察 3,000 人 平均就有 3 人**

8*. 前二題，因 $\mu = np = 3$，故無法使用常態分配近似值。題 2 與 6 皆應使用二項式分配計算機率值，但是若不使用例如統計軟體計算，要計算機率值的確有些困難；還好，可以使用 R 或是利用下列性質：「若 $\mu = np < 5$，二項式分配漸近於卜瓦松分配」，試以圖形（再舉其他例子）說明上述性質為何成立。

9. 觀察下圖，其中上圖是利用前一章美元兌新臺幣匯率樣本資料（2002/1/2 －

2014/8/29 期間，銀行間日匯率）所繪的時間走勢，從圖內可看出約從第 1,800 個位置（約為 2009/3/4）開始，匯率逐漸走跌（美元貶值，臺幣升值），自此之後，匯率似乎有了新的路徑（即不再回復至原來的路徑），可記得「酩酊大醉者忘記曾經走過什麼路」；下圖則模擬一種隨機漫步模型走勢，比較特別的是，我們於第 1,800 個位置內，給予一個外力衝擊，比較二圖，我們發現居然存在若干程度的相似。

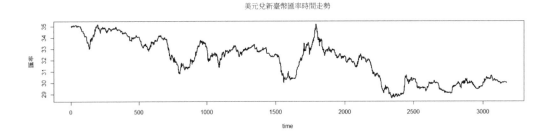

美元兌新臺幣匯率時間走勢

可記得資產價格的時間走勢，大多屬於「不安定」的序列，之前我們稱其屬於非定態隨機過程；從上圖可看出非定態隨機過程的另一個特殊性：忘記曾經走過什麼路！（股價不就如此嗎？）。使用 R，除了亦繪出日對數變動率之時間走勢之外，同時也模擬一種「安定的」定態隨機過程模型並且任意選擇一個位置，給予一個大的衝擊，看看其走勢會如何？

10. 續上題，相對上，判斷日對數匯率變動率序列可以用常態抑或是 t 分配模型化？

11. 續上題，若日對數匯率變動率序列改成不同持有時間之對數變動率序列呢？

12. 續上題，試計算美元兌新臺幣日匯率變動率落於 -0.05 於 0.05 之間的機率為何？另外，再繪圖表示；可考慮三種情況：用實際歷史資料、常態以及 t 分配。

13. 擲一個公平的骰子 5 次，試計算有 3 次出現 6 點的機率為何？

☞提示：choose(5,3)

　　　　factorial(5)/(factorial(2)*factorial(3))

　　　　dbinom(3,5,1/6)

```
choose(5,3)*(1/6)^3*(5/6)^2
```

14. 若 1 分鐘出現 6 次，試求取 15 秒實際出現至多 3 次的機率為何？

　　☞提示：`ppois(3,6/4)`

　　　　　　`dpois(0,6/4)+dpois(1,6/4)+dpois(2,6/4)+dpois(3,6/4)`

15. 常態分配的平均數與標準差分別為 1 與 2，試回答下列問題：

　　(1) 計算隨機變數超過 3 的機率為何？

　　(2) 計算隨機變數介於 -1 與 3 的機率為何？

　　(3) 累積分配至隨機變數 x_1 的機率為 0.6，x_1 的值為何？

　　☞提示：`1-pnorm(3,mean=1,sd=2）#` 平均數與標準差分別為 1 與 2 之常態
　　　　　　分配

　　　　　　`pnorm(3,mean=1,sd=2)-pnorm(-1,mean=1,sd=2)`

　　　　　　`z = (3-1)/2`

　　　　　　`1-pnorm(z)`

　　　　　　`z1 = (-1-1)/2`

　　　　　　`pnorm(z)-pnorm(z1)`

　　　　　　`qnorm(0.6,mean=1,sd=2)`

　　　　　　`1+qnorm(0.6)*2`

16. 續題 9 的模擬過程，若改成定態的隨機過程如 $y_t = 0.5y_{t-1} + \varepsilon_t$，其結果又會如何？定態的隨機過程相對上比較安定，故受到外力衝擊後，會如何調整？

17. 就股價與報酬率而言，何者較適合應用二項式或卜瓦松分配計算機率？為什麼？

18. 觀察本章的 TSMC 日序列資料，計算出日對數報酬率小於 0 的比率約為 0.46，若以上述的比率為母體比率。觀察 200 個交易日，計算 TSMC 之對數報酬率為負值的次數為介於 90 與 150 之間的機率為何？至多有 130 次的機率為何？試以二項式分配計算。

19. 續題 18，若改以常態分配計算，其結果又是如何？（類似題 4）

20. 試以常態機率圖（QQ 圖）檢視名目經濟成長率與失業率。

21. 若 $\lambda = 2$ 而 $x = 3$，試利用卜瓦松的機率函數以 R 指令計算機率值。

22. $P(0.3 \leq x < 0.6) = P(0.3 < x \leq 0.6)$，為何只適合於 x 屬於連續的隨機變數而不適合於 x 屬於間斷的隨機變數？

23. 利用本章 TSMC 的日對數報酬率序列資料，以「抽出放回」的方式，每次抽出 100 個日對數報酬率觀察值後再計算其平均數，如此的動作重複 10,000 次，

可以得到 10,000 個平均數。利用上述 10,000 個平均數分別計算第 0.025 與 0.975 個百分位數，如此可構成一個區間（即區間一），表示抽出 100 個日對數報酬率的平均數落於此區間的機率約為 0.95。若以上述 10,000 個平均數的平均數與標準差為母體的平均數與標準差，再利用標準常態分配的第 0.025 與 0.975 個分位數，則以母體平均數為中心左右各擴充 1.96 個標準差的範圍，亦可構成一個 95% 機率的區間（即區間二），試比較上述區間一與二有何不同？（單位：%）

24. 若使用柴比雪夫定理，則上述區間二的機率值為何？

25. 一般我們是用距離平均數三個標準差的範圍外為離群值，利用 TSMC 的日對數報酬率序列資料，每隔 250 個交易日計算其報酬率之標準差（即波動率），試計算其離群值有多少？

26. 利用本章 TSMC 的日對數報酬率序列資料，若假定日對數報酬率序列為 t 分配，試計算日對數報酬率介於 -1.5 與 3 之間的機率（單位：%）。

27. 試比較古典 t 分配與標準 t 分配於計算風險值之異同。

28. 試比較以分位數與以估計的分配計算風險值的優缺點。

29. 為何要估計預期損失？風險值的計算有何缺點？何謂預期損失？

30. 試敘述如何於 t 分配下計算機率。

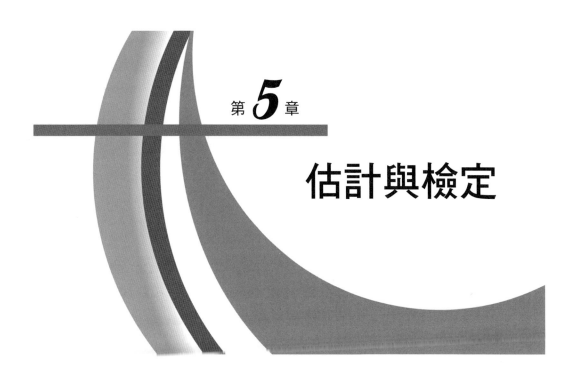

第5章

估計與檢定

於本章我們將進入本書的重頭戲：估計與檢定（estimation and testing）。於本章之前，我們大多將樣本統計量的估計值視為母體的參數值，這種方式當然不妥，除了母體的參數值未必可以由樣本的估計值取代外（有如瞎子摸象），我們也不知以樣本取代母體的誤差有多大（判斷錯誤的風險）？因此，有必要把整個混淆不清的思維重新再整理清楚。

統計學的重點，當然是進行統計的推論。所謂的統計推論當然就是由樣本推論母體。現在一個問題是要從樣本的「什麼」去推母體的「什麼」？要回答這個問題，當然就要視情況而定。例如，我們有使用過 VR 檢定，我們得到的是樣本 VR，那當然就要檢視母體的 VR，或者是我們欲檢視母體是否屬於隨機漫步。又例如我們用機率分配估計 α 機率下的風險值，這個時候要檢視母體的「什麼」？此可分二個方向來看：第一，我們的樣本資料是否可以由所使用的機率分配產生？第二，若 $\alpha = 0.05$，則實際的損失超過風險值的部分真的占 5% 嗎？讀者應該從財務的基本課程內知道了「股價是公司未來股利的總（貼）現值」，那如果要用統計推論來判斷，母體的型態應為何？讀者從現在開始若有接觸到新的財金知識、理論或內容，不妨想想看，若要進行統計推論，樣本與母體的型態究竟為何？

通常母體的型態是未知的，雖然是未知的，但也不是完全像瞎子摸象一般，因為不知象的樣子，故瞎子有可能衝口而出：「大象像柱子。」我們可能須耐著性子，耐心地幫瞎子解釋「大象鼻子的形狀」；當然我們有見過「財金現象或理論」，我們可能還是需要耐心地讓財金理論幫我們解釋。

　　既然母體的型態可以是簡單的，也可以是複雜的，我們當然是先從簡單的部分著手。我們當然也希望存在一種簡單易懂的模式，能讓我們於面對較複雜的母體時能體會到雷同的情況，此情形有點類似從開始到現在讀者已經接觸到不少的 R 指令，於其中有些指令會經常重複地出現，透過一點一滴的累積，到最後讀者應可以寫出自己的程式來。

　　因此，本章先從最簡單的情況開始。假想若要估計或檢定母體的平均數與母體的比率，我們應如何做？首先，要先認識什麼是抽樣分配或與其有關的觀念，然後才能進入估計與檢定的領域。是故，本章可以分為四節。第一節將以模擬的方式介紹抽樣分配。第二與三節分別介紹估計與檢定。第四節則介紹於財金的應用。

第一節　什麼是抽樣分配？

　　如前所述，若我們想要估計母體的平均數，第一步應如何做？第一步當然要先從估計的母體中抽出樣本來。我們當然不是「故意地」抽取樣本，若是如此，母體的平均數豈不是被我們設計出來！因此，統計學強調的是「隨機抽樣（random sampling）」，顧名思義，就是「隨機地」抽取樣本！直覺而言，既然是從母體中隨機地抽出樣本，那應該是母體中每個樣本被抽到的機率都一樣。換言之，我們事先並無預設立場認為哪幾個樣本會被抽出，換個角度來看，就是每個樣本出現的機率都一樣！因此，統計學內所謂的「隨機抽樣」或「隨機樣本」的特色，就是事先無法知道其值為何，故其可用隨機變數來表示。

　　我們若是要估計母體的平均數，一個理所當然的估計式（estimator）就是樣本平均數。可回想樣本平均數的公式可以寫成：

$$\bar{x} = \frac{\sum_{i=1}^{n} x_i}{n} \tag{5-1}$$

　　其中 $\{x_1, x_2, \cdots, x_n\}$ 就是隨機抽出的一組隨機樣本。如前所述，隨機樣本可視為隨機變數，由 (5-1) 式也可知 $\bar{x}$ 亦是一個隨機變數，即尚未觀察隨機樣本之前，我們也不知 $\bar{x}$ 值為何。等到觀察到隨機樣本之後，將其代入 (5-1) 式內，我們就可以得到母體平均數的估計值（estimate）。因此，一個簡單的統計推論過程的雛形已逐漸浮現：先確定欲估計的標的（母體的參數），然後找尋適當的估計式，再將取得的隨機樣本觀察值，代入估計式內後，才是估計值。

從上述過程中，不難發現估計式比估計值重要多了，我們有那麼多可以視為理所當然的估計式嗎？答案當然是否定的。統計學有提供一些準則，可以幫我們找出適當的估計式，我們之前有提及的不偏估計式就是其中之一。除了要提供判斷準則之所需外，我們也有可能想要知道例如觀察 30 個交易日後，TSMC 日對數報酬率之樣本比率（平均數）超過 3% 的機率為何？以 30 個交易日所得到的樣本平均數，估計母體平均數的誤差不超過 1% 的機率為何？或者是我們應該要抽取多大的樣本數，方能符合上述誤差不超過 0.5%？想要回答這些問題，我們就需要思考什麼是 $\bar{x}$ 的抽樣分配？因 $\bar{x}$ 是一個估計式，故我們可以再提升至更一般化的情況，即什麼是估計式的抽樣分配？

估計式的抽樣分配：所有的估計值所形成的機率分配

因此，若是要估計母體的比率，例如要知道 TSMC 日對數報酬率大於 0 的比率為何，我們當然就需要用到樣本比率的抽樣分配，樣本比率的估計式可定義成：

$$\bar{p} = \frac{x}{n} \tag{5-2}$$

其中 x 與 n 分別表示符合標的的次數與樣本個數。例如我們抽取 2002/1/2 － 2014/7/10 期間美元兌新臺幣之日匯率[1]，經過轉成日對數報酬率[2] 後，樣本個數為 $n = 3,135$，其中日對數報酬率大於 0 的次數為 $x = 1,541$，故日對數報酬率大於 0 的樣本比率（即臺幣貶值的樣本比率）約為 $\bar{p} = 0.49$。

因此，若沒有抽取出樣本，樣本比率亦可視為一個隨機變數。但是，如果我們要分別得出 $\bar{x}$ 與 $\bar{p}$ 的抽樣分配，的確需要有相當的想像空間；不過，透過 R 的模擬，我們可以勾繪出上述二者的抽樣分配。底下，我們將分別介紹 $\bar{x}$ 與 $\bar{p}$ 的抽樣分配以及解釋為何 $\bar{x}$ 與 $\bar{p}$ 可以做為母體平均數與比率的估計式，讀者可以注意其中的相似之處，以便於推廣至複雜的情況。

1.1 $\bar{x}$ 的抽樣分配（大數法則）

事實上，我們於第 3 章已有見識過 $\bar{p}$ 的抽樣分配，因此應該不會對抽樣分配感到陌

1　我們應該相信美元兌新臺幣的匯率是不可預測的（讀者不妨以 *VR* 檢定試試）。每日的匯率觀察值也許可視為參與匯市的投資人、金融機構甚至於央行所共同決定的隨機樣本的實現值。讀者認為我們的匯率是否可以被炒作控制？

2　於本章我們姑且把匯率對數變動率稱為對數報酬率，也許我們手上有美元。

生。不過，於第 3 章我們是使用「抽出放回」的方式，其所面對的是，有限的母體個數；但是，若母體的個數相當大或是屬於無限的母體，我們可以使用另一種方法取得 $\bar{x}$ 抽樣分配，這個方法就叫做「中央極限定理（central limit theorem, CLT）」。

中央極限定理：若 $\{x_1, x_2, \cdots, x_n\}$ 是從一個平均數為 μ 與變異數為 σ^2（為有限值）的母體中隨機抽出的 n 個隨機樣本，只要 n 夠大的話，按照大數法則，n 個隨機樣本所構成的 $\bar{x}$ 會接近於 μ。換言之，只要 n 逐漸變大時，$\bar{x}$ 的機率分配會接近於平均數與變異數分別為 μ 為 σ^2/n 的常態分配。

圖 5-1 繪出中央極限定理的情況：例如於第 2 列，我們分別從三個不同的母體[3]中抽取 3 個樣本後，再計算其樣本平均數，如此重複 1,000 次後，再畫出估計的機率密度曲線。我們可從圖 5-1 看出當抽出的樣本個數等於 30 時，不管母體是何分配，$\bar{x}$ 的抽樣分配已接近於常態分配。是故，我們可以回想 $\bar{x}$ 的抽樣分配的定義：所有可能的 $\bar{x}$ 估計值所形成的機率分配。透過類似於圖 5-1 的模擬方式，我們幾乎可以找出所有可能的 $\bar{x}$ 估計值，讀者可以試試看上述動作改成 100,000 次後，情況會如何。

因此，不管母體的分配為何，只要抽出的樣本數夠大（$n \geq 30$），根據中央極限定理，$\bar{x}$ 的抽樣分配可寫成：

$$\bar{x} \sim^a N(\mu, \frac{\sigma^2}{n}) \Rightarrow \frac{\bar{x} - \mu}{\frac{\sigma}{\sqrt{n}}} \sim^a N(0,1) \tag{5-3}$$

或

$$\sum_{i=1}^{n} x_i \sim^a N(n\mu, n\sigma^2) \Rightarrow \frac{\sum_{i=1}^{n} x_i - n\mu}{\sqrt{n}\sigma} \sim^a N(0,1) \tag{5-4}$$

(5-3) 式是表示 $\bar{x}$ 的（抽樣）分配漸近於平均數與變異數分別為 μ 與 σ^2 / n 的常態分配，其中 $\sim^a$ 表示「漸近於」。當然，若將 $\bar{x}$ 的分配「標準化」，則標準化後的分配會漸近於標準常態分配。(5-4) 式是另外一種中央極限定理的表示方式；換言之，我們也可以觀察樣本總和的分配。

3　三個母體分別為均等、指數（exponential）以及標準常態分配。指數分配會於第 10 章介紹。

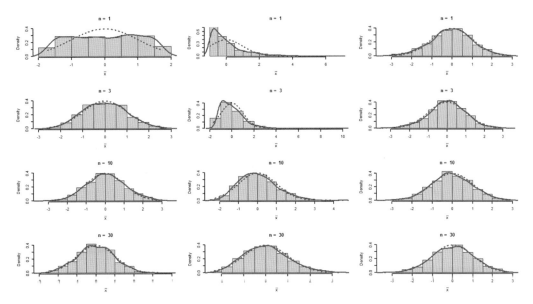

▲ **圖 5-1**：中央極限定理，其中紅色實線（藍色虛線）表示估計的（標準常態）機率密度曲線，n 表示樣本個數

　　直覺而言，因大數法則的原理，$\bar{x}$ 可視為母體平均數 μ 的不偏估計式，可寫成 $E[\bar{x}] = \mu$；或是 $\bar{x}$ 是 μ 的一致性（consistent）估計式，亦可寫成 $\bar{x} \to \mu$（此表示當樣本數變大時，$\bar{x}$ 會接近於 μ）。現在有一個問題是，除了 $\bar{x}$ 之外，是否存在另一個估計式，如樣本中位數，亦可用來估計母體平均數 μ，答案是肯定的；不過，後者的使用未必比前者的使用來得有效。可參考圖 5-2。

　　圖 5-2 分別繪出樣本平均數與中位數的抽樣分配，上圖是考慮 50 個樣本數，而下圖則是使用 200 個樣本。從圖中可發現，樣本平均數與樣本中位數皆是母體平均數的不偏及一致性的估計式（圖 5-2 的母體是介於 0 與 1 之間的均等分配，故母體平均數等於 0.5），後者的特徵可從上下圖的橫軸距離，看出當樣本數由 50 改成 200 時，下圖的橫軸距離已可看出有縮小距離的端倪。雖說樣本中位數亦具有估計母體平均數不錯的特性，但是若與樣本平均數比較，明顯地，前者收斂至母體平均數的速度相對上比後者慢了許多，此可從圖中樣本中位數分配的變異數看出結果來。是故，我們習慣上會使用樣本平均數估計母體平均數，居然會符合統計學內對估計式的要求。讀者可再回想，評估估計式的特徵有不偏性（於第 3 章）、一致性與有效性，它們究竟代表什麼意思。（可參考 ch5-1-1.R）

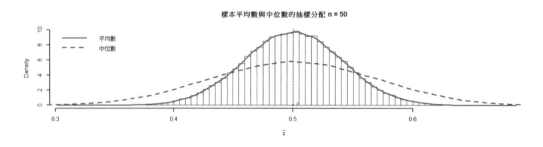

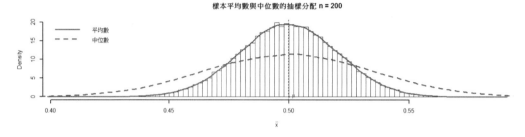

▲ 圖 5-2：樣本平均數與中位數的抽樣分配

習題

1. 底下是（2014/7/10）最近 6 個交易日的美元兌人民幣日對數報酬率資料（%）：
0.04、−0.14、0.00、−0.03、−0.04、0.05。試分別計算日對數報酬率大於 0 以及小於等於 −0.03 的樣本比率。

2. 續上題，我們有二個樣本比率的估計式，其分別為何？

3. 續上題，若是我們使用 2002/1/2 − 2014/7/10 期間，美元兌人民幣日匯率序列資料，則二個樣本比率的估計值為何？

☞提示：
```
exch = read.table("c:\\meiyih\\Finstats\\ch5\\exch.
txt", header=T)
attach(exch)
names(exch)
x = 人民幣
xr = 100*diff(log(x))
xr1 = round(tail(xr),2)
xr1
p1 = mean(as.numeric(xr < 0))
p1
```

```
        p2 = mean(as.numeric(xr <= -0.03))
        p2
```

4. 續上題,若我們以「抽出放回」的方式抽出 1,000 個日對數報酬率,再分別計算上述二個樣本比率的估計值,此時「樣本」與「母體」各為何?

   ☞提示:
```
n = 1000
set.seed(1234)
x = sample(xr,n,replace=T)
pbar1 = mean(as.numeric(x >0))
pbar1
pbar2 = mean(as.numeric(x <= -0.03))
pbar2
```

5. 續上題,若以「抽出放回」的方式抽出 1,000 個日對數報酬率後,再分別計算前述二個樣本比率,如此的動作重複 10,000 次,則我們豈不是可以各產生 10,000 個樣本比率,從而產生二個樣本比率的抽樣分配嗎?試說明估計式之不偏性與一致性。

   ☞提示:

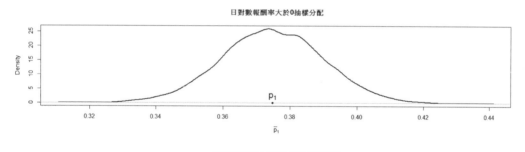

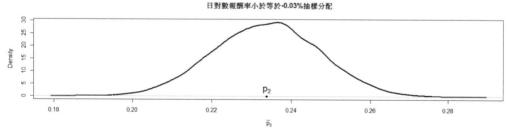

6*. 有限樣本的調整。前述習題有使用「抽出放回」的抽樣方法,讀者可能會反問:若是使用「抽出不放回」的抽樣方法,那情況又是如何?若是以抽出放回的方式抽取,例如樣本數為 2,表示抽出第一個樣本後,放回去再抽取第二個樣本,

因此第二次抽取與第一次抽取彼此互相獨立，即二次抽取樣本的機率是相同的；此種情況頗類似於面對的是「樣本數相當大或接近於有無窮多樣本數的母體（即無限母體）」，故第二次抽取樣本的機率幾乎等於第一次抽取樣本的機率。本節所介紹的內容，是屬於上述的情況；換言之，是以無限母體為主。

倘若屬於「有限母體」的情況，表示二次抽取樣本的機率是不相同的，此就接近於以抽出不放回的方式抽取樣本。我們有興趣的是，若是屬於有限母體的情況，則本節所介紹的中央極限定理是否仍舊成立？我們發現中央極限定理仍舊成立，不過樣本平均數抽樣分配的變異數須加入一個「有限樣本的校正因子」$(N - n)/(N - 1)$，其中 N 與 n 分別表示母體與樣本的個數。

利用 R 的模擬，我們可以看出有限樣本的校正因子所扮演的角色。底下的模擬，讀者可以注意我們以抽出不放回的方式抽取樣本，此時母體的平均數與標準差為何？其次，可注意樣本平均數抽樣分配的標準誤如何表示？

☞提示：

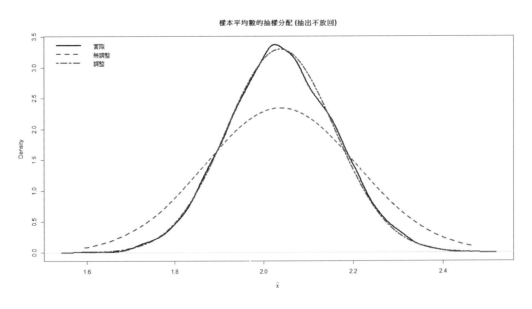

```
set.seed(12345)
N = 100
x = runif(N,0,4)# 介於 0 與 4 之間的均等分配
mu = mean(x)
sigma = sd(x)
T = 10000
```

```
n = 50
xbar = numeric(T)
for(i in 1:T)
{
 x1 = sample(x,n,replace=F)# 抽出不放回
 xbar[i] = mean(x1)
}
windows()
plot(density(xbar),xlab=expression(bar(x)),main=" 樣本平
均數的抽樣分配 ( 抽出不放回 )",lwd=3)
x2 = sort(xbar)
lines(x2,dnorm(x2,mu,sigma/sqrt(n)),lty=2,col="red",lwd=3)
# 校正後
corrected = sqrt((N-n)/(N-1))*sigma/sqrt(n)
lines(x2,dnorm(x2,mu,corrected),lty=30,col="blue",l
wd=3)
legend("topleft",c(" 實際 "," 無調整 "," 調整 "),lty=c(1,2,
30),col=c("black","red","blue"),lwd=2,bty="n")
```

7. 續上題，哪一種抽樣分配較為有效？調整的亦或是無調整的抽樣分配？為什麼？

8. 估計式與估計值的差異為何？為何前者比後者重要？

9. 一致性與不偏性的性質有何不同？我們如何用 R 說明。

10. 讀者認為 CLT 可以成立的前提為何？

11. 若母體是常態分配，則於小樣本下 CLT 依舊可以成立。試用 R 說明。

12. 續上題，標準誤就是抽樣分配的標準差，試說明之。

1.2 $\bar{x}$ 抽樣分配的應用

現在，我們來看看如何應用 $\bar{x}$ 的抽樣分配。假想我們仍使用前述期間之美元兌新臺幣的日對數報酬率樣本資料。我們打算利用最近的 100 個交易日（即 2014/7/10 之前之 100 個交易日）的匯率日對數報酬率平均數，估計母體的平均數（單位:%）。假定我們以整個樣本期間的日對數報酬率平均與變異數為母體平均數與變異數（其分別為 −0.005 以及 0.055），而整個樣本期間總共有 3,135 個對數報酬率。前述

VR 檢定大概已指出匯率序列有可能為隨機漫步；因此日對數報酬率之間應可視為接近於彼此互相獨立。一個有意思的情況就出現了：上述 3,135 個對數報酬率應是這十幾年來，曾經有出現過的對數報酬率，由於對數報酬率之間沒有任何關係，因此 3,135 個對數報酬率應可「重組」（次序已不重要了）；換言之，我們可以「抽出放回」的方式找出由 100 個對數報酬率所構成的平均數的抽樣分配，其結果就繪製如圖 5-3。

圖 5-3 是使用 10,000 次的抽出放回步驟（每次抽出 100 個日對數報酬率）所繪製的樣本平均數的抽樣分配，其平均數與變異數分別為 −0.005 以及 0.02（即 σ^2 / n）。從圖內可看出，樣本平均數的抽樣分配頗接近於常態分配；因此，圖 5-3 是我們以另外一種方式說明中央極限定理。如果我們要計算圖 5-3 內綠色虛線的機率，其機率可為：

$$P(\mu - 0.06 \leq \bar{x} \leq \mu + 0.06) = P\left(\frac{-0.06}{0.02} \leq \frac{\bar{x} - \mu}{\frac{\sigma}{\sqrt{n}}} \leq \frac{0.06}{0.02}\right) \approx p(-3 \leq z \leq 3) \approx 0.9973$$

上述計算省略百分比符號。

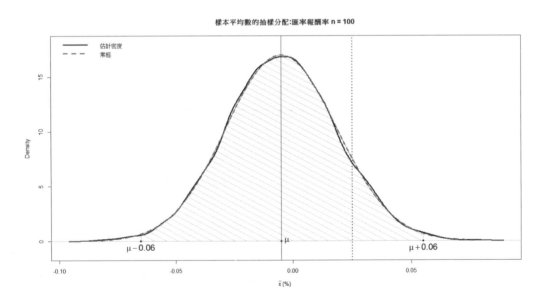

▲ **圖 5-3**：匯率 (美元兌新臺幣) 日對數報酬率之樣本平均數抽樣分配

　　因此圖內綠色虛線的面積（機率）約為 99.73%。有點出乎意料之外，此機率竟隱含著饒有興味的含義：首先，我們先思考為何要計算樣本平均數？因為要估計母體平均數。應該是估不到，因為只抽出 100 個樣本；因此，估不到的部分可用「抽樣誤差」表示（即表示誤差是由抽樣所造成的），我們可定義抽樣誤差為 $|\bar{x} - \mu|$。從圖內可看出綠色虛線部分，其最大抽樣誤差為 0.06；是故，若我們抽出 100 個樣本資料，計算平均數後，發現樣本平均數若落入綠色虛線內如圖內之垂直虛線，其抽樣誤差會小於 0.06；反之，若落於綠色虛線之外，則抽樣誤差大於 0.06。

　　有了上述觀念後，我們可以解釋上述機率的意思：我們抽出 100 個樣本，於計算出平均數之前，約有 99.73% 的的可能性會落於綠色虛線內，只要落入綠色虛線內，最大的抽樣誤差為 0.06；因此，我們約有 99.73% 的可能性抽樣誤差會小於等於 0.06 ！（可參考 ch5-1-2.R）

習題

1. 利用前述的美元兌人民幣日對數報酬率序列樣本資料（2002/1/2 － 2014/7/10），可以計算其平均數與標準差分別約為 −0.0092 與 0.0896，將其視為母體平均數與標準差。從上述日對數報酬率序列內隨機抽取 100 個樣本，試計算樣本平均數超過 −0.0248 的機率為何（單位：%）？

   ☞提示：使用 pnorm 指令

2. 續上題，樣本平均數介於母體平均數 的機率為何？

   ☞提示：
```
mu = round(mean(xr),4)# xr 是日對數報酬率序列
sigma = round(sd(xr),4)
n = 100
sxbar = sigma/sqrt(n)
1-pnorm(-0.0248,mu,sxbar)
z = -0.0248-mu)/sxbar
1-pnorm(z)
pnorm(mu+0.02,mu,sxbar)-pnorm(mu-0.02,mu,sxbar)
z1 = 0.02/sxbar
z2 = -0.02)/sxbar
pnorm(z1)-pnorm(z2)
```

3. 續上題，若使用抽樣誤差的觀念，我們如何解釋上述機率？最大抽樣誤差為何？

4. 續上題，試繪出最大抽樣誤差的範圍。

1.3 樣本比率 $\bar{p}$ 的抽樣分配及其應用

現在，我們考慮樣本比率 $\bar{p}$ 的抽樣分配。利用簡單的「二分法（不是成功就是失敗）」，令隨機變數 x 等於 1 或 0，分別表示成功或失敗，則觀察一連串不是成功就是失敗的獨立事件後，計算成功的樣本平均數，此樣本平均數就是樣本比率。因此，樣本比率幾乎可視為樣本平均數的一個特例；換言之，前述之中央極限定理應也適用於樣本比率的抽樣分配上。

於圖 5-4，我們亦是從介於 –0.5 與 0.5 之間的均等分配中抽取 5,000 個觀察值，我們有興趣的是觀察值大於 0（視為成功）的比率，重複上述動作 100,000 次，每次均計算觀察值大於 0 的樣本比率 $\bar{p}$，故總共可得 100,000 個 $\bar{p}$，再估計其直方圖與機率密度曲線，圖 5-4 之上圖就繪出估計的結果。下圖是利用底下 $\bar{p}$ 的期望值與變異數的公式，繪出標準化後之估計機率密度曲線；接著，下圖亦繪出標準常態分配曲線（以紅色虛線表示），我們可以看出二曲線相當接近，此表示 $\bar{p}$ 的抽樣分配接近於常態分配。

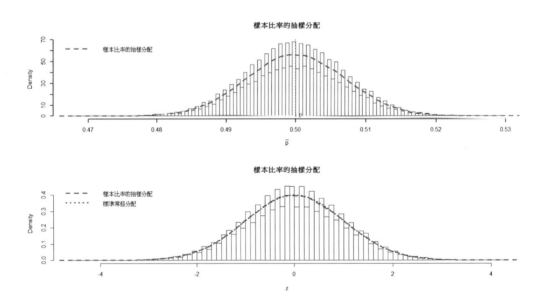

▲ 圖 5-4：樣本比率的抽樣分配，下圖是標準化的結果

前述我們有提及到 $\bar{p}$ 的期望值與變異數，其公式可為[4]：

4　此公式與二項式分配的期望值與變異數有關。

$$E[\overline{p}] = p$$

$$\sigma_{\overline{p}}^2 = Var(\overline{p}) = \frac{p(1-p)}{n}$$

其中 p 與 n 分別表示母體比率與樣本個數。於圖 5-4 內，$p = 0.5$（即大於 0 出現的比率為 0.5）。由於 p 通常是未知的，故圖 5-4 之下圖所使用的標準差是以 $\overline{p}$ 取代 p，故存在 $\overline{p}$ 的樣本標準差（或稱為標準誤），其可寫成：

$$s_{\overline{p}} = \sqrt{\frac{\overline{p}(1-\overline{p})}{n}}$$

接著，我們利用 $\overline{p}$ 的抽樣分配來看一個實例。圖 5-5 繪出 TSMC 於 2001/1/2 － 2014/7/10 期間，日對數報酬率與日超額股價淨值比（即股價淨值比減其平均數）之間的散布圖 [5]，二者之間的相關係數只有 −5.9%，不過，我們有興趣的是，於超額股價淨值比為負值的情況下，隔日對數報酬率是否會大於 0？

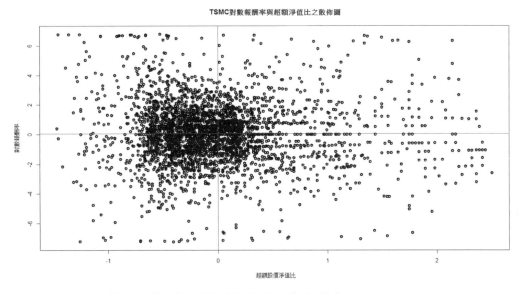

TSMC對數報酬率與超額淨值比之散佈圖

⋀ 圖 5-5：TSMC 對數報酬率與超額股價淨值比之散布圖（2001/1/2-2014/7/10）

面對上述問題，我們應如何處理？首先需將超額股價淨值比與隔日的日對數報酬率整理成「同期」的時間序列，接下來找出在超額股價淨值比為負值的情況下，所對應的日對數報酬率序列，然後再找出日對數報酬率大於 0 的比率。類似地，因我們已檢視過 TSMC 日對數報酬率之 *VR* 檢定，TSMC 之日收盤價序列有可能屬於

5　讀者可用直覺先想想看，二者的關係如何解釋？

隨機漫步，故其日對數報酬率之間應無關聯；因此，前述由超額股價淨值比為負值所產生的日對數報酬率序列可以進行「重組」，我們仍以抽出放回的方式，每次抽出 100 個樣本同時計算日對數報酬率大於 0 的比率，同樣的動作重複 10,000 次。我們將上述的模擬結果整理後，就可繪製出如圖 5-6 之 $\bar{p}$ 的抽樣分配。

於圖 5-6，我們仍以超額股價淨值比為負值的情況下，所對應的日對數報酬率大於 0 的比率為母體比率，即 $p = 0.48$。另外，利用模擬結果的平均數與變異數，圖 5-6 也繪出常態機率密度曲線（如紅色虛線所示）。從圖中大致可看出 $\bar{p}$ 的抽樣分配已接近於常態分配。因此，若我們要估計圖內綠色斜線面積（機率），利用常態分配應可求得其近似值，即：

$$P(p-0.1 \le \bar{p} \le p+0.1) = P\left(\frac{-0.1}{\sigma_p} \le \frac{\bar{p}-p}{\sigma_p} \le \frac{0.1}{\sigma_p}\right) = P\left(\frac{-0.1}{0.05} \le z \le \frac{0.1}{0.05}\right) \approx 0.9545$$

因此，我們除了可以解釋 $\bar{p}$ 落於 0.38 與 0.58 之間的機率約為 95.45% 外，同時也可以知道約有 95.45% 的可能性以 $\bar{p}$ 估計 p 的抽樣誤差最大不會超過 0.1。（可參考 ch5-1-3.R）

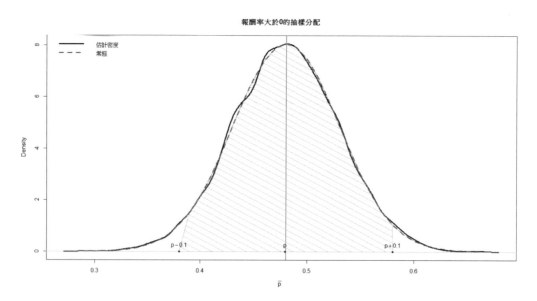

∧ **圖 5-6**：超額股價淨值比為負值的情況下，日對數報酬率大於 0 的比率的抽樣分配

習題

1. 利用 2000/1/4 – 2014/7/10 期間的 TSMC 與 TWI 日收盤價樣本序列資料，可以計算出 TSMC 與 TWI 之間，日對數報酬率的樣本相關係數約為 75.7%；二者之間的散布圖可繪製如下圖所示。我們有興趣的是，於 TWI 的日對數報酬率大於其日平均報酬率的情況下，TSMC 日對數報酬率小於其日平均報酬率的比率為何？試計算此比率。

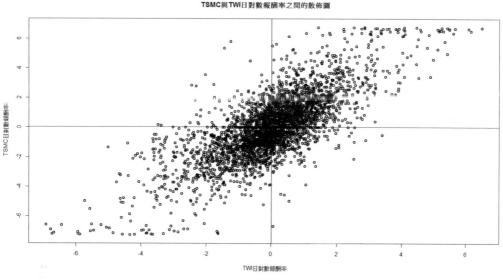

2. 試以抽出放回的方法，繪製出於 TWI 的日對數報酬率大於其日平均報酬率的情況下，TSMC 日對數報酬率小於其日平均報酬率的比率的抽樣分配。

3*. 有限母體的情況。類似 1.1 節內的習題 6，若於有限母體內以「抽出不放回」的方式抽取樣本，則抽樣分配的標準誤需加入有限樣本的校正因子，即：

$$\sigma_{\bar{p}} = \sqrt{\frac{p(1-p)}{n}} \sqrt{\frac{(N-n)}{(n-1)}} \ \text{或} \ s_{\bar{p}} = \sqrt{\frac{\bar{p}(1-\bar{p})}{n}} \sqrt{\frac{(N-n)}{(n-1)}}$$

延續題 2，試以抽出不放回的方式，重新繪製 TWI 的日對數報酬率大於其日平均報酬率的情況下，TSMC 日對數報酬率小於其日平均報酬率的比率的抽樣分配。

4. 試利用題 2 與 3 的抽樣分配，計算樣本比率介於 0.2 與 0.35 之間的機率。

5. 續上題，我們如何解釋此機率值？若使用抽樣誤差的觀念呢？

6. 利用第 4 章的 (4-8) 與 (4-9) 二式，是否可以合理化 $\sigma_{\bar{p}}^2$？

7. 試利用本節的模擬結果說明 $\bar{p}$ 抽樣分配的變異數接近於 $\sigma_{\bar{p}}^2$。

8. 利用美元兌新臺幣日對數報酬率序列樣本日資料（2002/1/2 － 2014/7/10），估計美元升值幅度超過 0.05% 的比率。若將上述比率視為母體比率，試以抽出放回的方式（抽取 500 個樣本）計算美元升值幅度超過 0.05% 的樣本比率，試估計樣本比率的抽樣分配。

9. 續上題，計算樣本比率介於 3% 與 4% 的機率。我們如何解釋此機率？

10. 續上題，若改成美元貶值幅度超過 −0.05% 的比率呢？

第二節 估計

底下，我們要介紹的估計，可以分成點估計（point estimation）與區間估計（interval estimation）二者，可分述如下：

2.1 點估計

如之前所述有關估計式的特性，於此我們最起碼會要求估計式對母體參數具有一致性以及相對有效性的特性。不過，至目前為止，我們只學到四種估計式，其分別為：

$$\bar{x} \to \mu$$
$$\bar{p} \to p$$
$$s^2 \to \sigma^2$$
$$s_{\bar{p}}^2 \to \sigma_{\bar{p}}^2$$

讀者可自行以模擬的方式檢視上述四種估計式的特性。

若估計式的特性可以被我們接受，接下來當然就是抽取樣本以估計母體的參數；不過，讀者應記得「大數法則」給予我們的啟示：於小樣本下，必須要有一些假定，才能找出一些規則出來；那如果可以取得大樣本呢？要如何才能撥雲見日、水落石出？

若母體的參數是定義於實數，此是表示母體參數值有無窮多的可能值，因此只使用樣本的點估計值估計母體參數值，猶如大海撈針一般。是故，統計學強調的是以樣本的點估計式，所發展出的區間估計式，而非著重於樣本的點估計值。

雖說如此，有些時候點估計值也有其可取之處，例如，我們想要知道前述的美元兌新臺幣日匯率以及日匯率對數報酬率是否各屬於「安定的」序列。此時使用點估計值反而比較簡潔。習慣上，我們會使用移動（或稱滾動）平均來判斷所分析的序列；不過，於此處我們加進誤差的考慮。假定我們使用 100 個交易日的移動平均數以預測下一個交易日的實際值，則預測值與實際值的差距就是誤差，由於誤差不能為負數，故我們使用下列二種指標（criterion）以判斷優劣：

$$MAE = \frac{\sum_{i=1}^{n} |e_i - x_i|}{n}$$

$$MSE = \frac{\sum_{i=1}^{n} (e_i - x_i)^2}{n}$$

其中 e_i 與 x_i 分別表示移動平均預測值與實際值。因此，MAE 與 MSE 分別是誤差絕對值與誤差平方之平均數。另外，我們以整個樣本期間的平均數當作另一種預測值。因此，此處我們可以有四種誤差：

絕對誤差（即 $|e_i - x_i|$）、平方誤差（即 $(e_i - x_i)^2$）、
一般絕對誤差（即 $|\bar{x} - x_i|$）以及一般平方誤差（即 $(\bar{x} - x_i)^2$）

圖 5-7 繪出上述二種情況的預測結果。不出所料，相對於對數報酬率而言，我們實在無法確定匯率序列是否安定？如左上圖內，我們不是很確定匯率序列是否會

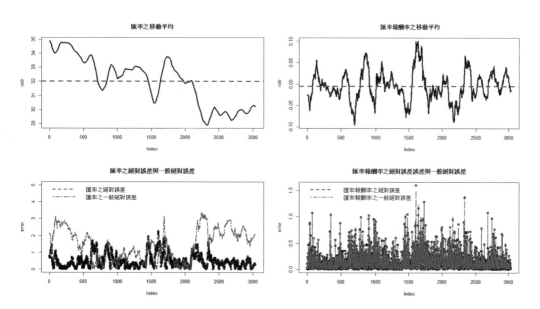

⋀ **圖 5-7**：左（右）上圖表示匯率（匯率對數報酬率）之移動平均預測值，下圖則為其誤差之絕對值，紅色（虛）線則對應至整個樣本期間的平均數

「反轉」趨向於平均數；另一方面，左下圖繪出對應的二種預測誤差，從圖內可看出以整個樣本期間的平均數預測「單日」的誤差大於以移動平均預測誤差，其 MAE 與 MSE 分別為 1.48 與 3.01，而以移動平均預測則為 0.48 與 0.36。是故，若就「明日」匯率的預測來看，後者優於前者。不過，若是針對匯率對數報酬率的預期而言，以整個樣本期間的平均數與移動平均預測，其 MAE 與 MSE 分別為 0.1650 與 0.0567 以及 0.1665 與 0.0573，似乎以前者較優。

因此，從上述簡單的例子可知，匯率序列有可能屬於不安定的序列，若要預測「明日」的匯率，移動平均優於「長期平均匯率走勢」；相對的，匯率對數報酬率序列是屬於安定的序列，此時使用移動平均預測「明日」的匯率對數報酬率未必較優。讀者可用其他的移動平均再檢視看看。（可參考 ch5-2-1.R）

習題

1. 大立光最近 10 個交易日（2015/4/28）的日收盤價與日對數報酬率分別約為：

2,745	2,785	2,810	2,935	2,945	3,065	3,145	3,115	3,200	3,200
2.58	1.45	0.89	4.35	0.34	3.99	2.58	−0.96	2.69	0.00

   若以二天的移動平均為基準，試分別計算日收盤價與日對數報酬率之絕對誤差、平方誤差、一般絕對誤差以及一般平方誤差。

2. 續上題，日收盤價與日對數報酬率之 MAE 與 MSE 各為何？結論為何？
3. 若使用大立光所有的樣本期間資料（2005/1/4 − 2015/4/28），結論又為何？
4. 若使用日對數報酬率的平方值當做「日波動率的實現值」，而我們可以使用日對數報酬率的樣本變異數估計，試分別計算其 MAE 與 MSE（以 250 個交易日當作移動樣本變異數的基準）。
5. 續上題，結論為何？

2.2 區間估計

通常母體的參數值是未知的，既然是未知的，那難免就會有估計上的誤差；我們哪裡有能力做到 100% 估計正確，尤其是我們只使用樣本（部分母體）的資料。因此，我們於估計時，自然就會意識到估計誤差。此時圖 5-3 與圖 5-6 背後所隱含的意義就重要多了。類似於圖 5-3 與圖 5-6，我們可以來看圖 5-8 的意義。

於圖 5-8，我們先繪出 $\bar{x}$ 的抽樣分配，假定有符合中央極限定理的要求，則根

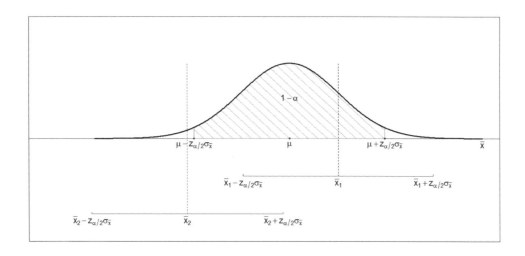

▲ 圖 5-8：母體 μ 值之 $1 - \alpha$ 信賴區間估計，其中 $z_{\alpha/2}$ 表示標準常態分配右尾部面積為 $\alpha/2$ 之 z 值

據中央極限定理，圖內的曲線相當接近於常態分配的機率密度曲線；因為標準化的關係，$\bar{x}$ 可以 $\mu \pm z\sigma$ 表示，其中 z 表示標準常態分配之隨機變數。從圖中可看出隨機變數 $\bar{x}$ 的實現值會落入紅色虛線內的可能性（機率）為 $1 - \alpha$，我們可以回想此相當於有 $1 - \alpha$ 的可能性，以 $\bar{x}$ 估計母體平均數 μ 的最大抽樣誤差為 $z_{\alpha/2}\,\sigma_{\bar{x}}$。因此，若 $\alpha = 0.05$，則 $z_{\alpha/2}\sigma_{\bar{x}} = 1.96\sigma_{\bar{x}}$，此表示若隨機抽出一組 n 個 x 的隨機樣本，在還沒計算出其平均數之前，約有 95% 的機率會落入圖 5-8 的紅色虛線內，只要 $\bar{x}$ 落入紅色虛線內，則其最大抽樣誤差為 $1.96\sigma_{\bar{x}}$，即 $P(|\bar{x} - \mu| \leq 1.96\sigma_{\bar{x}}) = 0.95$。

　　既然最大抽樣誤差為 $z_{\alpha/2}\sigma_{\bar{x}}$，因此，若將得出來的 $\bar{x}$ 值左右各擴充 $z_{\alpha/2}\sigma_{\bar{x}}$ 範圍，而以 $[\bar{x} - z_{\alpha/2}\sigma_{\bar{x}}, \bar{x} + z_{\alpha/2}\sigma_{\bar{x}}]$ 區間去估計 μ 值，則情況會如何？我們可以從圖 5-8 看出 $\bar{x}_1$ 是落於紅色虛線內，因此若以上述區間估計 μ 值，的確估到了 μ 值；反觀 $\bar{x}_2$ 是落於紅色虛線外（左尾），若使用上述區間估計 μ 值，卻估不到 μ 值，為何會如此？此乃因 $\bar{x}_1$ 的估計誤差小於 $z_{\alpha/2}\sigma_{\bar{x}}$，而 $\bar{x}_2$ 的估計誤差卻大於 $z_{\alpha/2}\sigma_{\bar{x}}$ 所致。因此，我們可以做個總結；$\bar{x}$ 值只要落入紅色虛線內，以 $[\bar{x} - z_{\alpha/2}\sigma_{\bar{x}}, \bar{x} + z_{\alpha/2}\sigma_{\bar{x}}]$ 區間會估計到 μ 值，但是若 $\bar{x}$ 值落入紅色虛線外，相同的區間估不到 μ 值；另一方面，因 $\bar{x}$ 值落入紅色虛線的可能性為 $1 - \alpha$，故以 $[\bar{x} - z_{\alpha/2}\sigma_{\bar{x}}, \bar{x} + z_{\alpha/2}\sigma_{\bar{x}}]$ 區間會估計到 μ 值的機率為 $1 - \alpha$，我們就將 $[\bar{x} - z_{\alpha/2}\sigma_{\bar{x}}, \bar{x} + z_{\alpha/2}\sigma_{\bar{x}}]$ 區間稱為估計 μ 值的 $1 - \alpha$ 信賴區間（confidence interval），而 α 稱為信賴係數。

值得注意的是，上述估計 μ 值的 $1-\alpha$ 信賴區間要有意義的條件是 μ 值必須為確定的（determinated）數值，否則哪裡會估計到？因此，若以圖 5-7 為例，匯率水準（或資產的價格，包括股價）的平均數是屬於隨機的（stochastic）（可回想隨機漫步），其並不是確定的數值，因此上述 μ 值的信賴區間的估計，並沒有什麼意義；反觀（對數）報酬率序列，其 μ 值卻是屬於固定的數值，是故，我們可以比較放心地使用信賴區間估計報酬率水準，但是卻不適合去估計資產的價格[6]。讀者或許會提出一個問題，圖 5-7 的左圖不是在估計匯率水準嗎？讀者認為呢？

最後，我們分別對美元兌新臺幣匯率的日對數平均報酬率的母體平均數做 90%、95% 與 99% 信賴區間，其結果分別為：

$$[-0.0112\%, 0.0019\%] \text{、} [-0.0132\%, 0.0032\%] \text{ 與 } [-0.0158\%, 0.0058\%]$$

上述的估計，因母體標準差為未知，故以樣本標準差取代。讀者也許會懷疑這樣估計夠嗎？為何不多估計幾次？讀者以為呢？（多估計幾次應只是在證明機率值）（可參考 ch5-2-2.R）

習題

1. 瞭解了本節的內容後，試用文字以及「公式」說明母體平均數 μ 的 95% 信賴區間估計值。（要記得 μ 為未知的固定數值，但是 $\bar{x}$ 卻是一個隨機變數的實現值）

   ☞提示：

   $$\bar{x} - z_{\alpha/2}\frac{\sigma}{\sqrt{n}} \leq \mu \leq \bar{x} + z_{\alpha/2}\frac{\sigma}{\sqrt{n}}$$

   或

   $$\bar{x} - z_{\alpha/2}\frac{s}{\sqrt{n}} \leq \mu \leq \bar{x} + z_{\alpha/2}\frac{s}{\sqrt{n}}$$

   其中 $\alpha = 0.05$，n 為抽出的樣本數，σ 與 s 分別為母體與樣本的標準差。

2. 若從大立光日對數報酬率序列樣本資料內，隨機（即抽出放回）抽取出 150 個樣本資料，可得其樣本平均數約為 0.0997；若母體標準差約為 2.9388，試做母

---

[6] 我們也可說 μ 值是一個確定值，因為 μ 值內可能含有隨時間自然成長的成分，可記得「讀者的統計知識應會隨本書自然成長，讀者應該無法用一天就能將本書唸完」或「嬰兒一暝大一吋」。

體平均數之 90%、95% 以及 99% 區間估計值（單位：%）。

3. 續上題，若母體標準差為未知，而 150 個樣本資料計算出的樣本標準差約為 2.9905，試重做母體平均數之 90%、95% 以及 99% 區間估計值（單位：%）。

4. 續題 2，依直覺而言，哪一個信賴區間估計值的「區間較寬」？哪一個信賴區間估計值的「區間較窄」？為什麼？

5. 為什麼對資產價格的母體平均數做 $1 - \alpha$ 信賴區間估計，其可信度較不高？相反地，對資產報酬率的母體平均數做 $1 - \alpha$ 信賴區間估計，其可信度卻較高？

6. 若讀者認為抽取出 150 個樣本數太少了，打算抽取更多的樣本數，則預期母體平均數的信賴區間估計應會縮小呢？還是會擴大？

7. 期末考快到了，授課老師說：「同學們的學期成績介於 0 − 100 分的可能性是 100%。」或者說：「同學們的學期成績介於 0 − 90 分的可能性是 90%。」試評論上述二句話的涵義。

第三節 假設檢定

我們再回到 TSMC 日對數報酬率的例子（單位：%）。於樣本期間內，日對數報酬率的平均數約為 0.033，我們想要用樣本平均數為 0.033 推論母體的平均數。於尚未推論之前，若有人說 TSMC 日對數報酬率的母體平均數約為 4，我們有看過 TSMC 的歷史資料，應該不相信（因 4 差 0.033 太多了）。若說的人，說錯了，不是 4 而是 2，我們要回答就不像回答 4 那麼直接，反而要猶豫一下，為什麼？若 2 仍是說錯了，但確定是 0.02，這時我們就頭大了！「應該有可能」、「確實有可能」，不過我們仍然懷疑，因為我們估計到的樣本平均數約為 0.033；我們依舊猶豫不決，遲遲未能下結論。

我們究竟在擔心什麼？我們在擔心可能會誤判。我們有可能會產生二種「判斷錯誤」：第一，母體平均數確實是 0.02，而我們卻認為不是；第二，母體平均數不是 0.02，但是我們卻認為是。就上述二種誤判而言，我們有可能比較擔心第二種判斷錯誤。為什麼？（因前者母體平均數確實是 0.02，只是仍未正確地估到；後者是我們仍不知母體平均數為何）。

上述這種擔心誤判的情況，卻是時常於我們的周遭出現：「認為不漲卻漲了，認為會漲但是卻不漲」、「原本以為不會考卻考了，以為會考的卻不考了」或「嫌犯明明有罪卻判無罪，的確是無罪卻判有罪」，諸如此類的情況司空見慣。我們確實有些無奈。

其實，統計學早就用統計學的術語，幫我們歸納成二種誤差，以提醒我們如何控制誤差；這二種誤差分別可稱為：

型 1 誤差：以 α 表示，H_0（H_a）為真（偽），拒絕 H_0（接受 H_a）
型 2 誤差：以 β 表示，H_0（H_a）為偽（真），接受 H_0（拒絕 H_a）

其中 H_0 與 H_a 分別稱為虛無假設（null hypothesis）與對立假設（alternative hypothesis）；換言之，統計學用上述二種假設，就可包括之前的二種誤判。二種誤判於統計學可稱為型 1 與型 2 誤差，至於那種誤判屬於型 1 或型 2 誤差，端視 H_0 如何設定。例如，若 H_0 設為有罪，則與之對立的假設 H_a 設為無罪；因此透過 H_0 與 H_a 的設定，可包括所有的結果。當然，反過來設定也可以，即若 H_0 設為無罪，則 H_a 為有罪。

因此，假定 H_0 為無罪而 H_a 為有罪，則所謂的型 1 誤差就是表示：「嫌疑人為無罪（H_0 為真），卻認為其有罪（拒絕 H_0，即接受 H_a）」。讀者可以試著解釋型 2 誤差。是故，回到 TSMC 的例子，若某人說日對數報酬率的母體平均數為 0.02，我們當然不能確定他所說的是否正確，故需要檢視看看，我們可以將虛無與對立假設設為 $H_0: \mu = 0.02$ 與 $H_a: \mu \neq 0.02$。又若某人說母體平均數至少 0.02，而我們所觀察到的樣本平均數為 0.03，因此我們姑且相信他所說的；但是，若他說母體平均數至多 0.02，我們又無奈了，因為他所說的又與我們所觀察的不一致，只好再檢視看看，此時可設成 $H_0: \mu \leq 0.02$ 與 $H_a: \mu > 0.02$。

從上述的例子中不難發現，我們對於不是很確定或是感到懷疑的事件，大致可以虛無假設表示；不過，有些時候仍舊需視情況而定，可再看底下的分析。

習題

1. 若虛無假設為 H_0：股價上漲，則對立假設為 H_a：股價下跌。試分別解釋型 1 與型 2 誤差。

2. 若 α 與 β 分別表示型 1 與型 2 誤差。有人說，α 與 β 之間會呈相反的關係，即 α 增加 β 會減少，讀者是否同意？為什麼？

3. 更有人說 $\alpha + \beta = 1$，讀者是否同意？為什麼？

4. 按照本節 TSMC 日對數報酬率的例子。若有人說：「日對數報酬率的母體平均數至少 0.04」或「日對數報酬率的母體平均數為 0.04」，則虛無假設與對立假設各分別為何（單位：%）？

5. 續題 4，試分別解釋型 1 與型 2 誤差。

6. 試思索型 1 與型 2 誤差的意義，就讀者而言，讀者比較在意型 1 抑或型 2 誤差？

3.1 $\bar{x}$ 的假設檢定

於本節，我們分成大樣本與小樣本二種情況，其中大、小樣本的分界大約以樣本數 $n = 30$ 作區分。於大樣本的情況下，我們所使用的機率分配為常態分配，而於小樣本的情況下，則以（古典）t 分配為主；換言之，二分配最大的差異出現於小樣本的情況[7]。

3.1.1 大樣本的情況

首先，我們仍然使用 TSMC 的例子。假定我們要使用日對數報酬率的樣本平均數 $\bar{x}$ 來檢定 $H_0 : \mu \leq 0.02$ 與 $H_a : \mu > 0.02$ 的情況。意思是說，日對數報酬率的母體平均數 μ 值究竟是多少，我們並不知道，而可以用來判斷的，卻只有 $\bar{x}$ 值，我們希望透過 $\bar{x}$ 值，知道究竟 H_0 為真抑或為偽。因 H_0 與 H_a 為一體兩面，若 H_0 為真，則 H_a 為偽；相反地，若 H_0 為偽，則 H_a 為真。H_0 為偽，是表示 H_0 所陳述的事件是錯的，我們當然會拒絕它，轉而接受 H_a。

由於 $\bar{x}$ 是一個隨機變數，因我們還沒決定應該抽取多少樣本數，是故我們也不知 $\bar{x}$ 值會是多少。但是不管 $\bar{x}$ 值為何，我們需先建立一個判斷準則，以供我們做決策。一個最簡單的判斷準則為：

$$\text{若 } \bar{x} \text{ 值} > 0.02，\text{則拒絕 } H_0，\text{接受 } H_a$$
$$\text{若 } \bar{x} \text{ 值} \leq 0.02，\text{則接受 } H_0，\text{拒絕 } H_a$$

按照我們的直覺想法，$\bar{x}$ 值愈大（小）應對應至 μ 值愈大（小）；是故，上述的判斷準則，可以繪製如圖 5-9 之上圖。於圖 5-9，我們先假定 H_0 為真，故大致可知 H_0 所描述的「位置」，接著按照上述判斷準則，將整個平面劃分成拒絕區（即拒絕 H_0）與接受區（即接受 H_0）二個區段。若我們所抽取的條件符合中央極限定理的要求，則可知 $\bar{x}$ 的抽樣分配接近於常態分配。

因此，我們重新檢視圖 5-9 之上圖。圖內是描述 $\bar{x}$ 的抽樣分配之平均數為 $\mu = 0.02$ 的常態分配，因 $\mu = 0.02$ 屬於 H_0，故圖內斜線部分相當於 H_0 為真卻拒絕 H_0，由於斜線部分占一半總面積；因此，若按照上述簡易的判斷準則，犯型 1 誤差

---

7 讀者可回想 t 分配的極限（即自由度變大至無窮大，而自由度與樣本數有關）就是標準常態分配。

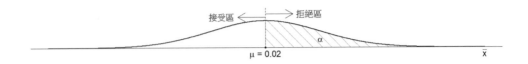

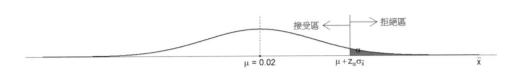

▲ 圖 5-9：右尾檢定（單位：%）

的機率竟高達 0.5！為何會如此？原來我們忽略了「小的 μ 值也有可能產生較大的 $\bar{x}$ 值」，不過這個與其標準差有關，就像「小孩子多半比父母高」。為了降低型 1 誤差（即 α 值），我們可將拒絕區的區段往右移，類似下圖的情況；當然，α 值的大小取決於分析者對誤差的態度：若要 α 值愈小，就要愈「寬鬆」，拒絕區愈要往右移，即拒絕區內的 $\bar{x}$ 值離 μ 值愈遠。習慣上，α 值通常選 10%、5% 以及 1%。一旦分析者選好 α 值，α 值就稱為顯著水準（level of significance），表示 $\bar{x}$ 值若落入拒絕區內，其與 H_0 有顯著的差異，故拒絕 H_0。

因此，我們的判斷準則可改成：

$$
\begin{aligned}
&\text{若 } \bar{x} \text{ 值} \geq 0.02 + z_\alpha \sigma_{\bar{x}}\text{，則拒絕 } H_0\text{，接受 } H_a \\
&\text{若 } \bar{x} \text{ 值} < 0.02 + z_\alpha \sigma_{\bar{x}}\text{，則接受 } H_0\text{，拒絕 } H_a
\end{aligned}
\tag{5-5}
$$

可記得常態分配可經由標準化過程，而成為標準常態分配，故判斷準則亦可改成：

$$
\text{若 } z = \frac{\bar{x} - \mu}{\sigma_{\bar{x}}} = \frac{\bar{x} - 0.02}{\dfrac{\sigma}{\sqrt{n}}} \geq z_\alpha\text{，則拒絕 } H_0\text{，接受 } H_a
$$

$$
\text{若 } z = \frac{\bar{x} - \mu}{\sigma_{\bar{x}}} = \frac{\bar{x} - 0.02}{\dfrac{\sigma}{\sqrt{n}}} < z_\alpha\text{，則接受 } H_0\text{，拒絕 } H_a
\tag{5-6}
$$

其中 z 為檢定統計量（test statistic），利用上述 (5-5) 或 (5-6) 式內的判斷準則，作為決策的方法，統計學將其稱為使用臨界值方法（critical value approach）。

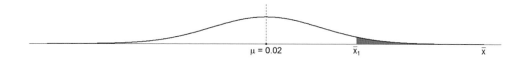

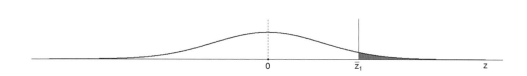

⋀ **圖 5-10**：p 值（單位：%）

　　除了使用臨界值方法檢定外，我們也可經計算而得到樣本平均數，假設為 $\bar{x}_1$，其右邊尾部的面積如圖 5-10 所示，我們稱此為檢定統計量的 p 值；換言之，檢定統計量的 p 值可寫成：

$$p\text{-}value = P(\bar{x} \geq \bar{x}_1) = P(z \geq z_1) \tag{5-7}$$

計算 p 值有一個額外的用處，除了可以與 α 值（的面積）比較，藉以得知 $\bar{x}_1$ 值究竟落於何處（拒絕區或是接受區）外，它同時也可告訴我們：「若要拒絕 H_0，最小的 α 值應為何？」上述使用的方法，稱為右尾檢定。同理，若是左尾檢定，則應如何檢定？當然，要先想想看，此時 H_0 為何？就像有人講：「TSMC 日對數報酬率的母體平均數至少為 0.04」一樣。

　　若欲檢定 $H_0 = 0.02$ 與 $H_a \neq 0.02$，此時就是所謂的雙尾檢定。其特色是有二個拒絕區，其面積分別為 $\alpha / 2$，如圖 5-11 所示。值得注意的是，因 α 值被分成二半，故 (5-7) 式的應改成：

$$p\text{-}value = 2P(\bar{x} \geq \bar{x}_1) = 2P(z \geq z_1) \tag{5-8}$$

上式是假定 $\bar{x}_1$ 值仍落於右側。

　　類似於 (5-5) 與 (5-6) 式的檢定方式，圖 5-11 之上、下圖分別標示出，於雙尾檢定下，常態與標準常態之臨界值。現在我們實際用 TSMC 的例子。假定我們抽取出 TSMC 於 2014/7/10（含）之前 100 個交易日的日本益比樣本資料，得出其樣本平均數與樣本變異數分別為 16.21 與 0.66，由於母體標準差未知，故以樣本標

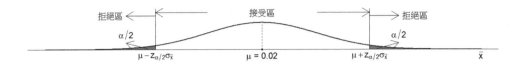

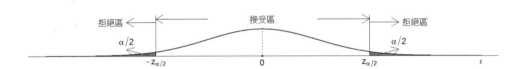

▲ **圖 5-11**：雙尾檢定（單位：%）

準差取代。假想我們打算分別於顯著水準為 0.05（$\alpha = 0.05$）下檢定 $H_0 : \mu \geq 18$ 與 $H_0 : \mu = 15$，其各屬於左尾與雙尾檢定。

就左尾檢定而言，其常態與標準常態的臨界值方法分別為：

$$\text{若 } \bar{x} \leq \mu - z_\alpha \sigma_{\bar{x}} \text{，則拒絕 } H_0 \text{ 或若 } z = \frac{\bar{x} - \mu}{\sigma_{\bar{x}}} \leq -z_\alpha \text{，則拒絕 } H_0$$

$$\text{若 } \bar{x} > \mu - z_\alpha \sigma_{\bar{x}} \text{，則接受 } H_0 \text{ 或若 } z = \frac{\bar{x} - \mu}{\sigma_{\bar{x}}} > -z_\alpha \text{，則接受 } H_0$$

上述的臨界值，讀者可試著用圖形表示。因此，分別將 $\mu = 18$、$\bar{x} = 16.21$、$s = 0.66$（以 s 取代 σ）、$n = 100$ 以及 $-z_\alpha = -1.645$ 代入；不過，應記得 $s_{\bar{x}} = s / \sqrt{n}$。是故，於 $\alpha = 0.05$ 的情況下，因 $\bar{x} = 16.21 < \mu - z_\alpha s_{\bar{x}} = 18.11$ 或 $z \approx -27.15 < -1.645$，故拒絕 H_0；另一方面，我們也可計算 p 值為 $P(\bar{x} \leq 16.21) = P(z \leq -27.15) \approx 0$。因此，於顯著水準為 0.05 的情況下，我們不僅發現 $\bar{x} = 16.21$ 與 $\mu \geq 18$ 有顯著的差距，同時，我們計算的 p 值相當接近於 0，表示即使顯著水準再降低，依舊是拒絕 H_0！（此例是在說明 $\bar{x} = 16.21$ 是否有可能由 $\mu \geq 18$ 所產生？）。接下來，我們再來看 $H_0 : \mu = 15$ 的例子。利用圖 5-11 常態與標準常態的臨界值分別為 $\mu - z_{\alpha/2} s_{\bar{x}} = 14.87$ 以及 $-z_{\alpha/2} = -1.96$，於 $\alpha = 0.05$ 的情況下，$\bar{x} = 16.21$ 依舊是拒絕 H_0。

不過，值得注意的是，上述的檢定結果是有利用到 $s = 0.66$ 取代 σ。倘若有分析者懷疑 $s = 0.66$ 的可信度而以整個期間（2000/1/2 – 2014/7/10）的標準差為

19.02 取代 σ，則上述的結果將完全改變。此例告訴我們，於使用 s 取代 σ 時，應注意 s 是否恰當！（可參考 ch5-3-1-1.R）

習題

1. 已知 $\bar{x} = 16.21$，$s = 0.66$ 而 $n = 100$，試於 $\alpha = 0.05$ 的條件下，檢定 $H_0 : \mu \geq 17$。此時檢定統計量為何？結論為何？檢定統計量的 p 值為何？有何涵義？

2. 已知 $\bar{x} = 17.51$，$\sigma = 3.23$ 而 $n = 200$，試於 $\alpha = 0.01$ 的條件下，檢定 $H_0 : \mu \leq 17$。此時檢定統計量為何？結論為何？檢定統計量的 p 值為何？有何涵義？

   ☞提示：
   ```
   xbar = 17.51
   sigma = 3.23
   n = 200
   # H0:mu <= 17
   alpha = 0.01
   zalpha = qnorm((1-alpha))
   17+zalpha*sigma/sqrt(n)
   # 檢定統計量
   z = xbar-17)/(sigma/sqrt(n))
   z
   zalpha
   # p_value
   1-pnorm(17.51,17,sigma/sqrt(n))
   1-pnorm(z)
   ```

3. 已知 $\bar{x} = 21.5$，$\sigma = 2.5$ 而 $n = 50$，試於 $\alpha = 0.1$ 的條件下，檢定 $H_0 : \mu = 17$。此時檢定統計量為何？結論為何？檢定統計量的 p 值為何？有何涵義？我們亦可以 μ 的 90% 信賴區間估計值檢定，其結果如何？

   ☞提示：
   ```
   xbar = 21.5
   sigma = 2.5
   n = 50
   # H0:mu = 20
   alpha = 0.1
   # mu 之 1-alpha 的信賴區間估計值
   zalpha1 = qnorm(alpha/2)
   ```

```
lower = xbar+zalpha1*sigma/sqrt(n)
zalpha2 = qnorm(1-(alpha/2))
upper = xbar+zalpha2*sigma/sqrt(n)
lower
upper
# 臨界值法
crit = 20+zalpha2*sigma/sqrt(n)
crit
xbar
# 檢定統計量
z = xbar-20)/(sigma/sqrt(n))
z
zalpha2
# p_value
2*(1-pnorm(xbar,20,sigma/sqrt(n)))
2*(1-pnorm(z))
round(2*(1-pnorm(z)),5)
```

4. 從大立光日對數報酬率樣本序列內，找出最近的 60 個觀察值，計算其樣本平均數約為 0.3589。假定母體標準差約為 2.9388，試檢定母體平均數至多約為 0.3（單位：%），$\alpha = 0.05$。

5. 續上題：試檢定母體平均數至少約為 1，$\alpha = 0.05$。

6. 續上題：試檢定母體平均數至少約為 1.5，$\alpha = 0.05$。

7. 續上題：試檢定母體平均數約為 1.2。$\alpha = 0.01$，此時母體平均數之 99% 信賴區間估計值為何？結論為何？

8. 利用 1981/1 － 2015/5 期間的 CPI 序列資料，可計算出通貨膨脹率的樣本平均數約為 1.6687，樣本數為 401 而樣本標準差約為 1.8465，試於顯著水準為 0.05 的條件下，檢定通貨膨脹率的母體平均數至少約為 2（單位：%）。

9. 試比較左尾、右尾以及雙尾檢定。我們也可以區間估計的方法檢定後者，為什麼？

10. 何謂 p 值？其有何意義？

11. 何謂檢定統計量？其有何意義？

12. 何謂顯著水準？其有何意義？其與信賴水準有何不同？

3.1.2 小樣本的情況

前一小節末，我們有提醒應注意以 s 取代 σ 的情況。事實上，此告訴我們 t 分配的另一種的功用，尤其表現於小樣本的情況。有些時候，我們的確只能取得若干的小樣本資料，例如有新上市、上櫃公司或二公司新合併，此時可以取得的資料就相當有限。

之前我們曾經介紹過大數法則：真正的值，於觀察多次後才會顯現出來。因此，當我們面對小樣本，唯有透過「假定」，方能進一步得到一些特徵（透過假定可縮小範圍）。是故，於此處我們使用 t 分配 [8]，就是使用統計學內有關 t 分配的性質。原來，t 分配的出現是透過底下三個假定：

1. 母體是常態分配
2. 小樣本，尤其是樣本數小於 30 以下
3. 母體分配的標準差未知

換言之，什麼時候可以使用 t 分配，就是我們所面對的母體須符合上述三個假定。例如，二家公司的合併屬於「新設合併」[9]，我們只能取得下列的 10 個 EPS 的樣本資料：

$$2.33 \cdot 3.25 \cdot 3.2 \cdot 2.5 \cdot 4.1 \cdot 2.65 \cdot 2.7 \cdot 3.01 \cdot 2.45 \cdot 3.23$$

因此，只要假定新設公司的 EPS 之母體符合上述三個假定，我們就可以進一步取得更多的資訊；否則，只有 10 個資料，我們的確不容易看出它們有什麼特徵。當然，我們必須要從其他方法或資訊中知道，為何公司的 EPS 母體為常態分配？若常態分配母體的假定可以被接受，我們就可以使用類似之前所介紹的區間估計與假設檢定方法，以取得其他額外的資訊。

在未進一步分析上述 EPS 資料之前，我們可以先來觀察於小樣本的情況下，$\bar{x}$ 的抽樣分配。於圖 5-12 內，我們分別從平均數為 $\mu = 2$ 的常態中抽出樣本數 $n = 30$ 與 $n = 10$ 的隨機變數觀察值後，再分別計算樣本平均數 $\bar{x}$ 以及樣本標準差 s，然後定義 t 分配的隨機變數 t 為：

---

8 值得提醒讀者注意的是，此處 t 分配是指古典 t 分配。

9 即二家公司合併成為新的公司，原有公司已經消失；例如國泰世華金控，顧名思義就是原來的國泰金控與世華銀行的合併。

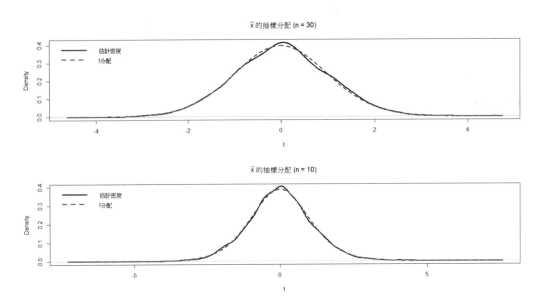

▲ **圖 5-12**：$\bar{x}$ 的抽樣分配（小樣本）

$$t = \frac{\bar{x} - \mu}{\dfrac{s}{\sqrt{n}}} \tag{5-9}$$

之後再重複上述動作例如 5,000 次後，可以估計其機率密度曲線，如圖 5-12 內所示。從圖中不難發現出估計密度與 t 分配的理論值頗為接近 [10]，因此我們可以視 (5-9) 式為 t 分配的檢定統計量。值得注意的是，(5-9) 式亦可視為樣本平均數 $\bar{x}$ 的「標準化」型態，其中母體的標準差已經由樣本標準差取代，而樣本標準差的分子部分即稱自由度為 $n - 1$，因此 (5-9) 式可對應至自由度為 $n - 1$ 的 t 分配。

　　是故，類似之前對母體平均數 μ 值 $1 - \alpha$ 的信賴區間，於小樣本的情況下，若符合 t 分配的條件，則母體平均數 μ 值 $1 - \alpha$ 的信賴區間可寫成：

$$\bar{x} - t_{\alpha/2,(n-1)} \frac{s}{\sqrt{n}} \le \mu \le \bar{x} + t_{\alpha/2,(n-1)} \frac{s}{\sqrt{n}}$$

　　其中 $t_{\alpha/2,(n-1)}$ 表示於自由度為 $n - 1$ 的情況下，t 分配右尾部面積為 $\alpha / 2$ 之臨界值。利用之前新設合併的 10 個 EPS 樣本資料，我們估計母體平均數 μ 值之 90%、

---

10 透過上述模擬，讀者也許會發現，欲繪出 t 分配的 PDF 曲線，常態分配的平均數與變異數並不扮演任何角色，讀者可嘗試更改文內的 μ 值（我們是從 $\mu = 2$ 之常態內抽取樣本），至於變異數則與下一章介紹的卡方分配有關。

95% 與 99% 的信賴區間分別為 [2.63, 3.25]、[2.56, 3.32] 與 [2.40, 3.49]。

　　若有人說，該公司整體行業 EPS 的母體平均數 μ 值約為 3.1，由於上述估計的信賴區間，均有包括 $\mu = 3.1$；因此，此相當於 $\alpha = 0.1$、$\alpha = 0.05$ 與 $\alpha = 0.01$ 的情況下檢定 $H_0 : \mu = 3.1$ 以及 $H_a : \mu \neq 3.1$，結果均未能拒絕虛無假設。當然，我們也可使用檢定統計量或估計其對應的 p 值來檢定上述的虛無假設，結果所計算的檢定統計量約為 −0.94，而於上述的顯著水準下，其臨界值分別約為 −1.83、−2.26 以及 −3.25，明顯未能拒絕虛無假設；若進一步估計檢定統計量的 p 值則約為 0.19，表示若要拒絕虛無假設，顯著水準需要提高至少至 0.19 以上。讀者也可自行評估左尾檢定（即 $H_0 : \mu \geq 3.1$）的結果為何？至於右尾檢定，則因檢定統計量為負值，於尚未檢定之前，就已經知道會接受 $H_0 : \mu \leq 3.1$，故其結果的說服力並不高。（可參考 ch5-3-1-2.R）

習題

1. 若假定通貨膨脹率序列服從常態分配，最近的 11 個月的通貨膨脹率樣本資料可為（單位：%）：

   1.76、2.07、0.71、1.05、0.85、0.60、−0.94、−0.20、−0.62、−0.82、−0.73

   (1) 試計算樣本平均數與其抽樣分配的標準誤。

   (2) 其檢定統計量為何？

   (3) 試檢定 $H_0 : \mu \geq 0.5$，$\alpha = 0.05$。

   (4) p 值為何？有何涵義？

   (5) 結論為何？

2. 從大立光的本益比序列資料內，隨機抽取（即抽出放回）20 個樣本觀察值，得其樣本平均數與樣本標準差分別約為 23.10 與 12.01。假定大立光的本益比序列資料服從常態分配。

   (1) 試計算樣本平均數與其抽樣分配的標準誤。

   (2) 其檢定統計量為何？

   (3) 試檢定 $H_0 : \mu \leq 18$，$\alpha = 0.01$。

   (4) p 值為何？有何涵義？

   (5) 結論為何？

3. 續題 1，試做母體平均數之 90% 與 99% 信賴區間估計。

4. 續題 1，試檢定 $H_0 : \mu = 1$。其 p 值為何？讀者的結論為何？ $\alpha = 0.05$。

5. 續題 2，試檢定母體平均數至少 29 以上，顯著水準為 5%。

6. 顯著水準 α 與 $1 - \alpha$ 信賴區間估計，是否指的是同一件事？為什麼？

7. 嚴格來說，題 1 是不合理的，為什麼？

3.2 樣本規模與效力

之前介紹的檢定方法是建立在控制型 1 誤差的情況下，但是型 2 誤差呢？我們應如何控制型 2 誤差？考慮下列的一個例子。我們可以利用之前的匯率樣本資料（2002/1/2 − 2014/7/10），計算出人民幣兌新臺幣的直接匯率（如人民幣 1 元等於新臺幣 4.42 元），其時間序列走勢如圖 5-13 的 (a) 圖所示。從圖中可看出人民幣兌新臺幣有逐漸升值的態勢。利用上述樣本期間的資料，可計算出樣本平均匯率約為 4.43，假定以此為母體平均數，我們想要檢定下列的假設：$H_0 : \mu = 4.43$ 與 $H_a : \mu \neq 4.43$。假想人民幣兌新臺幣匯率的母體標準差 $\sigma = 2$，我們想要抽出的樣本數為 $n = 100$，則按照之前雙尾檢定的臨界值，可知接受區的範圍為：

$$\mu - z_{\alpha/2} \frac{\sigma}{\sqrt{n}} < \bar{x} < \mu + z_{\alpha/2} \frac{\sigma}{\sqrt{n}}$$

如圖 5-13 之 (b) 圖所示。

　　由於 μ 的真正值我們也不能確定，因此要計算型 2 誤差，只有透過想像；換言之，若 μ 的真正值是大於 4.43 或小於 4.43，則型 2 誤差為何？例如，若 μ 的真正值約等於整體樣本的第三個四分位數即 $\mu = 4.72$，表示真正的抽樣分配為 (b) 圖內紅色曲線，則型 2 誤差為紅色斜線面積（即表示虛無假設為偽，但卻接受虛無

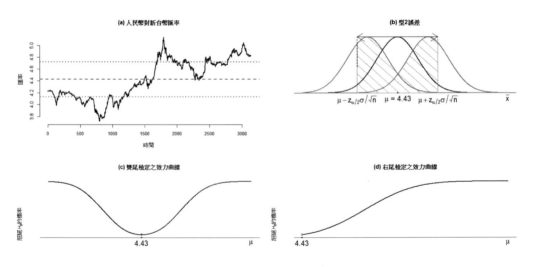

▲ 圖 5-13：型 2 誤差與效力曲線

假設）；因此，若 $\mu = 4.72$，可計算出型 2 誤差約為 0.68；同理，若 $\mu = 4.13$，型 2 誤差則約為 0.69。

　　既然可以於（想像的）真正的 μ 值下，計算型 2 誤差，而若扣掉型 2 誤差，即出現虛無假設為偽，拒絕虛無假設的情況，我們將此種結果稱為檢定的效力（power）；換言之，所謂檢定的效力相當於檢定的「說服力」，其可定義成：

$$power = 1 - \beta = 1 - P(type\ 2\ error) = P(reject\ H_0 \mid H_0\ false) = P(\bar{x} \in \mathrm{Re} \mid \mu \neq H_0) \qquad (5\text{-}10)$$

其中 β 表示型 2 誤差，Re 表示拒絕區。檢定的效力就是計算「於虛無假設為假的情況下，拒絕虛無假設的機率！」換句話說，檢定的效力指的是沒有犯錯的機率，其型態就如圖 5-13 內之 (c) 圖所示。從圖中可看出，當真正的 μ 值愈靠近 $H_0: \mu = 4.43$ 時，檢定的效力就愈低。

　　我們再回來看圖 5-13 內之 (a) 圖。從圖中可看出人民幣兌新臺幣匯率會反轉向下的可能性似乎不大；不過，我們依舊嘗試檢定 $\mu \leq 4.72$ 的情況。圖 5-13 內之 (d) 圖繪出於 $H_0: \mu \leq 4.72$ 的情況下的效力曲線，由於屬於單尾檢定，因此其效力曲線亦只有單邊。讀者可嘗試繪製出於 $H_0: \mu \geq 4.72$ 的情況下的效力曲線。

　　瞭解效力曲線的意義後，一個有意思的問題是：若我們想要達到 95% 或 90% 的效力，應使用多大的樣本數？直覺而言，當樣本數變大，誤差會縮小，效力自可提高。雖說如此，我們倒是可以試著找出影響效力的因素，於圖 5-13 內之 (b) 圖內，可發現檢定的效力可寫成：

$$power = P(\bar{x} \leq \mu_0 - z_{\alpha/2}\sigma_{\bar{x}}) + P(\bar{x} \geq \mu_0 + z_{\alpha/2}\sigma_{\bar{x}})$$

$$= P(\frac{\bar{x}-\mu}{\sigma_{\bar{x}}} \leq \frac{\mu_0 - \mu}{\sigma_{\bar{x}}} - z_{\alpha/2}) + P(\frac{\bar{x}-\mu}{\sigma_{\bar{x}}} \geq \frac{\mu_0 - \mu}{\sigma_{\bar{x}}} + z_{\alpha/2}) \qquad (5\text{-}11)$$

$$= P(z \leq \sqrt{n}\delta - z_{\alpha/2}) + P(z \geq \sqrt{n}\delta + z_{\alpha/2})$$

其中 $\mu_0 - \mu = \delta\sigma$ 表示真正的 μ 值與 μ_0 的差距以 $\delta\sigma$ 表示，而 $\sigma_{\bar{x}} = \sigma / \sqrt{n}$。

　　因此，從 (5-11) 式中可發現檢定的效力會受到三個因素的影響，其分別為 α、δ 以及 n，之前我們的直覺認為樣本數會影響效力只是其中之一。利用 (5-11) 式，可知於 α 與 δ 為已知的情況下，檢定的效力的確與樣本數呈現一對一的關係；例如，若已知 $\alpha = 0.05$ 與 $\delta = 0.25$，則欲達到檢定的效力為 0.95 的樣本數約等於 200，可參考圖 5-14。於圖 5-14 內，可看出於相同的條件下，樣本數的增加，可以提高檢定的效力！（可參考 ch5-3-2.R）

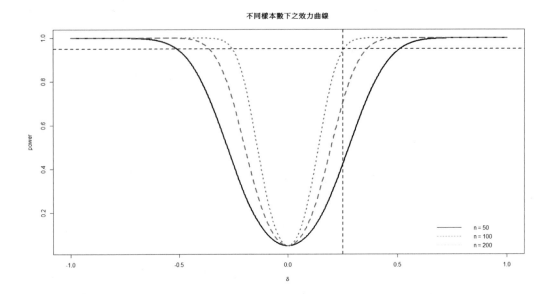

▲ **圖 5-14**：不同樣本數下之效力曲線

習題

1. 何謂效力曲線？為什麼與型 2 誤差有關？

2. 試說明 (5-11) 式。

3. 左尾、右尾以及雙尾檢定的效力曲線各為什麼形狀？為什麼？

4. 有何因素會造成效力曲線「整條曲線」移動？

5. 我們是否可以合理化效力曲線？

6. 型 1 誤差與效力曲線是否有關？

7. 效力曲線有何用處？試舉例說明。

8. 已知 $\sigma = 3.366$ 而 $n = 100$，我們於 $\alpha = 0.05$ 的條件下檢定 $H_0 : \mu \geq 17$，可參考下圖，試計算臨界值為何？若母體真正的平均數為 $\mu = 1.66$，此時會產生何種誤差？多大誤差？若母體真正的平均數為 $\mu = 1.68$ 呢？

☞ 提示：

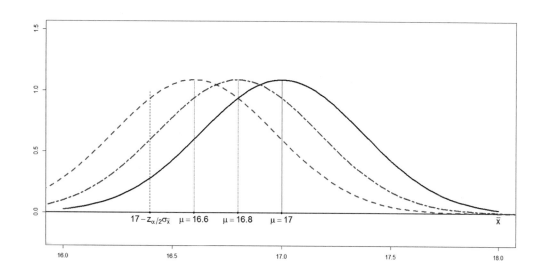

9. 續上題，直覺而言，此時效力曲線的形狀為何？試繪出效力曲線。

10. 續上題，於其他情況不變下，若我們增加樣本數至 $n = 200$，則效力曲線有何變化？

11. 續題 8 與 9，若樣本數仍維持不變，母體變異數降為 $\sigma = 1.66$，則效力曲線有何改變？

☞ 提示：

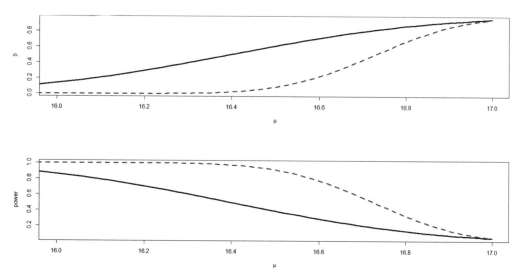

12. 續題 8 與 9，若樣本數與母體變異數仍維持不變，但是顯著水準降為 $\alpha = 0.01$，

則效力曲線有何改變？

☞提示：

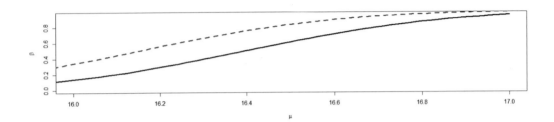

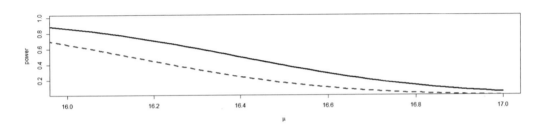

13. 若題 8 改成 $H_0 : \mu \leq 17$，其餘不變，則於 $\mu = 17.5$ 與 $\mu = 18$ 時會產生多大的型 2 誤差？其效力各為何？其效力曲線的形狀為何？

第四節 財金上的應用

因我們之前所使用的假設檢定是侷限於針對母體平均數 μ 值的檢定而言，因此所面對的假設型態大致可分成 $H_0 : \mu = \mu_0$、$H_0 : \mu \geq \mu_0$ 與 $H_0 : \mu \leq \mu_0$ 三種；事實上，虛無假設的型態未必只侷限於上述三種情況，其型態應取決於研究者的目標而定。例如，我們之前有使用過 VR 檢定，其虛無假設可寫成：

$$H_0 : r_t = c + \varepsilon_t, \, \varepsilon_t \sim iid\,(0, \sigma^2) \tag{5-12}$$

其中 r_t 表示對數報酬率；ε_t 是平均數與變異數分別為 0 與 σ^2（為固定數值）之誤差項，其是假定為獨立且有相同分配序列。我們可以回想 VR 檢定是用於檢視例如資產價格（包括匯率）是否屬於隨機漫步？是故，(5-12) 式也相當於用於檢定觀察到的序列是否屬於隨機漫步？

有鑑於 VR 檢定於財金應用上的重要性，本節將以較嚴謹的方式介紹 VR 檢定。本節的內容主要是取自 Lo and MacKinlay（1988, LM）所著的文章，有興趣的讀者

可以參考上述一文 [11]。

(4.1) VR 檢定

假設我們共有 $2n + 1$ 個對數價格 $p_0, p_1, \cdots, p_{2n}$，利用對數報酬率的特性，(5-12) 式內的 c 與 σ^2 的估計式分別為：

$$\hat{c} = \frac{1}{2n} \sum_{k=1}^{2n} (p_k - p_{k-1}) = \frac{1}{2n} (p_{2n} - p_0) \tag{5-13}$$

$$\hat{\sigma}_a^2 = \frac{1}{2n} \sum_{k=1}^{2n} (p_k - p_{k-1} - \hat{c})^2 \tag{5-14}$$

與

$$\hat{\sigma}_b^2 = \frac{1}{2n} \sum_{k=1}^{n} (p_{2k} - p_{2k-2} - 2\hat{c})^2 \tag{5-15}$$

可回想：對數報酬率是等於二對數價格相減，因此 (5-13) 式是表示 (5-12) 式內的常數項 c 為對數報酬率的（樣本）平均數；另一方面，(5-14) 與 (5-15) 式則是分別估計持有期間為 1 與 2 期（天）對數報酬率之變異數，我們可注意到於其中樣本數的選定。其次，(5-15) 式除了表現出隨機漫步的特徵：平均數與變異數會隨持有期數的增加而遞增外；另一方面，也表示出，於估計多期報酬率之變異數時，是使用不重疊的報酬率。

　　LM 指出 (5-13) － (5-15) 三個估計式，除了具有一致性的特性外，還說明了後二者之漸近分配為常態分配，即：

$$\sqrt{2n}(\hat{\sigma}_a^2 - \sigma^2) \sim^a N(0, 2\sigma^4) \tag{5-16}$$

$$\sqrt{2n}(\hat{\sigma}_b^2 - \sigma^2) \sim^a N(0, 4\sigma^4) \tag{5-17}$$

　　另一方面，LM 也證明出 VR 估計式之漸近分配亦為常態分配；換言之，LM 指出：

$$\sqrt{2n}(\hat{VR}(2) - 1) \sim^a N(0, 2) \tag{5-18}$$

11　Lo, A. W. and MacKinlay, A. C. (1988): Stock market prices do not follow random walks: evidence from a simple specification test, Review of Financial Studies, 1, 41-66.

其中

$$\hat{VR}(2) = \frac{\hat{\sigma}_b^2}{\hat{\sigma}_a^2} \tag{5-19}$$

因此，(5-19) 式就是表示持有期間為 2 期之變異數比率檢定統計量。

透過 (5-18) 式，使得我們知道如何檢定 (5-12) 式。換言之，我們可將 (5-18) 式標準化，並以之檢定 (5-12) 式；即 (5-18) 式標準化可為：

$$\sqrt{2n}(\hat{VR}(2) - 1) / \sqrt{2} \sim^a N(0,1) \tag{5-20}$$

從 (5-20) 式可看出，變異數比率檢定統計量需經過適當的調整後，方可使用標準常態分配檢定；換言之，之前我們有使用 VR 檢定，不過那時我們並不清楚檢定統計量如何表示，同時也不知其漸近分配是何機率分配。

上述的檢定過程是描述持有期間為 2 期，而我們可以將其擴充至多期的情況。假定我們總共有 $np + 1$ 個時間序列觀察值 $p_0, p_1, \cdots, p_{nq}$，其中 q 是任何大於 1 的整數，則我們有下列的估計式：

$$\hat{c} = \frac{1}{nq} \sum_{k=1}^{nq} (p_k - p_{k-1}) = \frac{1}{nq} (p_{nq} - p_0) \tag{5-21}$$

$$\hat{\sigma}_a^2 = \frac{1}{nq} \sum_{k=1}^{nq} (p_k - p_{k-1} - \hat{c})^2 \tag{5-22}$$

$$\hat{\sigma}_b^2(q) = \frac{1}{nq} \sum_{k=1}^{n} (p_{qk} - p_{qk-q} - q\hat{c})^2 \tag{5-23}$$

持有期間為 q 期的變異數比率統計量為：

$$\hat{VR}(q) = \frac{\hat{\sigma}_b^2(q)}{\hat{\sigma}_a^2} \tag{5-24}$$

類似 (5-18) 式，q 期變異數比率統計量之漸近分配為：

$$\sqrt{nq}(\hat{VR}(q) - 1) \sim^a N(0, 2(q-1)) \tag{5-25}$$

同樣地，若將 (5-25) 式標準化，可得：

$$\sqrt{nq}(\hat{VR}(q) - 1) / \sqrt{2(q-1)} \sim^a N(0,1) \tag{5-26}$$

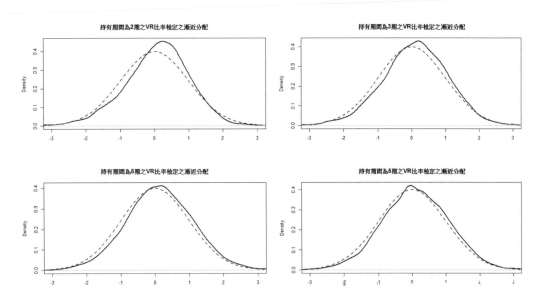

🠡 圖 **5-15**：不同持有期間之 *VR* 檢定之漸近分配，紅色虛線為標準常態

現在我們試著用模擬的方式來證明 (5-20) 或 (5-26) 式，可參考圖 5-15[12]。於圖 5-15，我們先模擬出隨機漫步的對數價格，然後再按照 (5-20) 與 (5-26) 式估計變異數比率統計量之漸近分配。我們分別考慮 q = 2, 3, 5 期，每次模擬出 1,001 個對數價格，不過，右下圖是使用 2,001 個對數價格，模擬次數皆為 10,000 次；然後，再估計其機率密度曲線，為了比較起見，圖內亦繪出標準常態曲線（紅色虛線）。從圖中可看出估計密度曲線頗接近於標準常態曲線，此尤其表現於持有期間為 5 期的情況。我們也進一步分別估計第 0.025 與 0.975 個分位數，其結果按照 q = 2, 3, 5 期，可分別為 −1.96 與 1.78、−1.88 與 1.91、−1.80 與 2.09 以及 −1.84 與 2.01。可回想標準常態的理論價格分別為 −1.96 與 1.96。因此，若比較估計與理論值的結果，我們發現它們之間仍存在些許的差距；比較特別的是，即使將樣本數提高（比較圖 5-15 之下二圖），差距依舊存在。

習題

1. 試說明或證明 (5-13) 式。

　　☞提示：將 (5-13) 式「展開」，可得：

---

12 於模擬過程內，我們發現若將上述 *VR*「比率顛倒」（於虛無假設內，二者是一樣的），其結果比使用 (5-24) 式來得好；故於所附的程式內，讀者應可發現其中之不同。讀者不仿試看改以使用 (5-24) 式的型態，看其模擬結果為何？

$$r_1 = p_1 - p_0 = c + \varepsilon_1$$
$$r_2 = p_2 - p_1 = c + \varepsilon_2$$
$$r_3 = p_3 - p_2 = c + \varepsilon_3$$
$$\vdots$$

2. 試說明或證明 (5-14) 與 (5-15) 二式。

3. 試說明或證明 (5-21)、(5-22) 以及 (5-23) 三式。

4. 試以模擬方面解釋註 12。

5. 試利用 TSMC 的資料而以 (5-26) 式檢定 TSMC 的日收盤價是否有可能為隨機漫步？$\alpha = 0.05$。

4.2 較為有效的 VR 檢定

上述變異數估計式並未使用「自由度」校正其偏誤；另一方面，若使用重疊的方式，計算多期持有期間的報酬率，是否可以提高 *VR* 檢定？首先，我們「校正」(5-22) 式，而改以下式表示：

$$\overline{\sigma}_a^2 = \frac{1}{nq-1} \sum_{k=1}^{nq} (p_k - p_{k-1} - \hat{c})^2 \tag{5-27}$$

其次，若考慮重疊的方式計算報酬率以及不偏估計式，則 (5-23) 式可改成：

$$\hat{\sigma}_c^2(q) = \frac{1}{m} \sum_{k=q}^{nq} (p_k - p_{k-q} - q\hat{c})^2 \tag{5-28}$$

其中

$$m = q(nq - q + 1)\left(1 - \frac{q}{nq}\right)$$

因此，*VR* 檢定之漸近分配可為：

$$\sqrt{nq}(\hat{V}R(q) - 1) \sim^a N\left(0, \frac{2(2q-1)(q-1)}{3q}\right) \tag{5-29}$$

其中

$$\hat{V}R(q) = \frac{\hat{\sigma}_c^2(q)}{\overline{\sigma}_a^2} \tag{5-30}$$

類似之前的模擬方式，我們先考慮「小樣本」的情況，若仍是估計 (5-26) 式，我們模擬出 101 個對數價格（而最後一個模擬出 201 個對數價格），按照圖 5-15 內的順序（$q = 2, 3, 5$ 期），第 0.025 與 0.975 個分位數的模擬估計結果分別為 -1.66 與 1.91、-1.44 與 2.46、-1.28 與 2.88 以及 -1.46 與 2.44。於相同的模擬條件下，我們再估計 (5-29) 式（標準化後），第 0.025 與 0.975 個分位數的模擬估計結果分別為 -1.79 與 1.98、-1.66 與 2.11、-1.50 與 2.41 以及 -1.63 與 2.28。比較二者之間的差異，我們可看出四種情況，後者皆優於前者；不過，二者皆離理論值的 -1.96 與 1.96 有一段差距。因此，從上述模擬結果可知，VR 檢定較不適用於小樣本的情況。

最後，我們仍然模擬出 1,001 個對數價格（最後一個模擬出 2,001 個對數價格），使用本節的方法重新複製圖 5-15，將其結果繪於圖 5-16；第 0.025 與 0.975 個分位數的模擬估計結果，分別為 -2.03 與 1.84、-1.99 與 1.90、-1.90 與 2.00 以及 -1.91 與 1.95，我們發現其與理論值的差距已逐漸縮小。職是之故，讀者應記得欲使用檢定，應該使用「大樣本」的情況。

接著，我們來看 TSMC 收盤價的例子，若使用 2001/12/26 － 2014/7/10 期間的樣本資料，使用前一節的方法，於 $\alpha = 0.05$ 以及 $q = 2$ 的情況下估計出的 VR 值為 -0.70 表示不拒絕虛無假設；其次，若是用本節的方法，估計出的 VR 值為 -1.01 亦表示不拒絕虛無假設，此顯示出 TSMC 收盤價有可能為隨機漫步！不過，為了提高說服力，讀者倒是可以再用其他期間重新檢定看看。

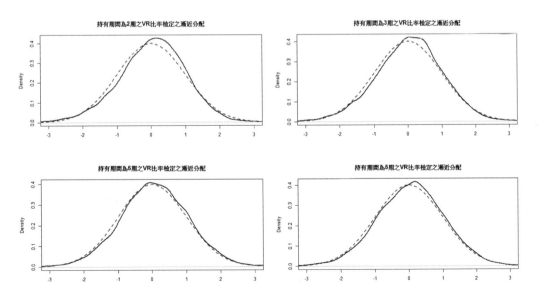

圖 5-16：使用本節的方法重新複製圖 5-15

本章習題

1. 類似之前的習題，用讀者所選的資料重做本章有關 TSMC 的例子，其中虛無假設部分，讀者可以任意設定。

2. 利用 2000/1 － 2014/2 期間所得到的樣本資料，於 $\alpha = 0.05$ 的條件下檢定名目經濟成長率超過 4% 的情況。我們總共有幾種方法可以檢定上述結果，試分述之。試用 R 畫出圖形表示。

3. 續上題，若欲檢定名目經濟成長率等於 4% 的情況，其結果又如何？

4. 利用第 1 章習題內的通貨膨脹率資料，我們抽出最後 50 個樣本，但以所有資料的標準差為母體標準差；換言之，於 $\sigma = 1.85$、$n = 50$ 以及 $\bar{x} = 1.29$ 的條件下，我們欲檢定母體平均數不為 1，其結論為何？ $\alpha = 0.01$。（省略 %）

5. 續上題，若真正的母體平均數不為 1，則我們可能會犯了何種錯誤？試計算當 $\mu = 2$ 時，犯錯的機率為何？試以 R 繪出檢定曲線。可參考下列圖形：

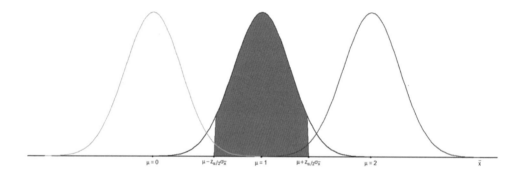

6. 利用本章有效的 *VR* 檢定判斷第 2 章習題內原油價格資料是否屬於隨機漫步模型？使用 $k = 2, 3, 4, 5$ 以及 $\alpha = 0.01$。

7. 某公司只有下列 6 筆 EPS 的樣本資料：2.3、2、1.78、2.5、1.5 以及 1.88。若假定該公司 EPS 資料服從常態分配，試檢定母體 EPS 平均數是否超過 2.3。$\alpha = 0.01$。試修改下列程式或圖形，並繪出 p 值。

```
# H0: mu >= 2.3
x = c(2.3,2,1.78,2.5,1.5,1.88)
n = length(x)
xbar = mean(x)
sxbar = sd(x)/sqrt(n)
plot(c(-5,5),c(-0.2,0.5),type="n",xlab="",ylab="",axes=T,fra
```

```
me.plot=T)
# test statistic
t = xbar-2.3)/sxbar
y = seq(-5,5,length=1000)
lines(y,dt(y,(n-1)),lty=1)
abline(h=0)
a = qt(0.99,(n-1))
segments(a,0,a,0.4,lty=2)
text(a,0,labels=expression(t[list(0.01,5)]),pos=1)
text(5,0,labels="t",pos=1)
points(t,0,pch=20)
```

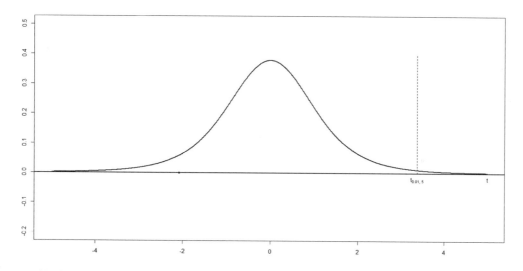

8*. 利用題 2 的資料試繪出其效力曲線，不過此時我們視整個樣本期間（1961/2 － 2014/2）的變異數為母體變異數，即 $\sigma^2 = 67.02$。底下的圖形與程式是根據 $H_0 : \mu \geq 4$ 所繪製而成，試求若要維持 0.95 的效力需抽出多少樣本？同樣地，若 $H_0 : \mu \leq 2$，若要維持 0.95 的效力則需抽出多少樣本？（省略 %）

9. 利用 2000/1/4 － 2014/7/10 期間的 TWI 序列資料，可得最近 100 個交易日之日對數報酬率之平均數約為 0.12%，其樣本變異數約為 0.26%；利用上述資訊，試估計日對數報酬率母體平均數之 99% 信賴區間。

10. 續上題，於顯著水準為 1% 下，試以檢定統計量檢定母體平均數是否為 0；其次，其 p 值為何？有何涵義，試解釋之？

11. 若取得 TWI 序列資料，可得最近 10 個交易日之日對數報酬率之平均數約為

0.26%，其樣本變異數約為 0.19%；利用上述資訊，試估計日對數報酬率母體平均數之 99% 信賴區間。我們需要先做哪些假定？

12. 續上題，於顯著水準為 1% 下，試以檢定統計量檢定母體平均數是否為 0；其次，其 p 值為何？有何涵義？

13*. 於統計文獻內，若隨機變數 x_t 屬於 iid 且為常態分配，則 $\sqrt{T}\hat{s} \overset{a}{\to} N(0,6)$，$\sqrt{T}(\hat{k}-3) \overset{a}{\to} N(0,24)$，其中 $\hat{s}$ 與 $\hat{k}$ 分別表示樣本偏態與峰態係數，T 為樣本數。試以蒙地卡羅模擬證明上述結果。

14. 續上題，若使用 TSMC 日對數報酬率序列（2000/1/4 − 2014/7/10 期間），其樣本偏態與超額峰態係數分別為 0.09 與 1.53；若假定 TSMC 日對數報酬率序列為 iid 且為常態分配，試分別做出母體偏態與超額峰態係數之 95% 信賴區間。然後利用檢定統計量，分別檢定虛無假設為母體偏態與超額峰態係數皆為 0 的情況，顯著水準為 0.05。

15*. 續上題，由於 TSMC 日對數報酬率序列有可能不是常態分配，故題 14 的正確性令人質疑；我們還有什麼方法可以估計母體偏態與超額峰態係數呢？想像之前有使用過的「抽出放回」的方法 [13]，若我們從 TSMC 日對數報酬率序列內以「抽出放回」的方式抽取 3,623 個樣本數（TSMC 之總樣本數），利用此樣本分別計算樣本偏態與超額峰態係數，相同的動作重複例如 5,000 次，我們再取 5,000 次之平均數以估計「母體偏態與超額峰態係數」；可以注意的是，以「抽出放回」的方式是視 TSMC 日對數報酬率序列為母體，故上述「母體偏態與超額峰態係數」分別約為 0.09 與 1.53（如題 14）。因此，我們是打算以「抽出放回」的方法所計算出的平均數估計 0.09 與 1.53。即令 $\bar{\theta}^*$ 表示以「抽出放回」的方法所計算出的平均數，其次令 $\hat{\theta} = (0.09, 1.53)$，故我們是以 $\bar{\theta}^*$ 估計 $\hat{\theta}$。於圖內二點幾乎重疊。

職是之故，我們可以透過「抽出放回」的方式，分別估得母體偏態與超額峰態係數之估計誤差，即 $\bar{\theta}^* - \hat{\theta}$；因此，若「校正」以 $\hat{\theta}$ 估計真正的母體偏態與超額峰態係數的偏誤之估計式可為 $\hat{\theta} - (\bar{\theta}^* - \hat{\theta}) = 2\hat{\theta} - \bar{\theta}^*$！圖 A 之下圖是分別將上圖之抽樣分配標準化，我們可以發現其皆已接近於標準常態分配（紅色虛線）。利用上述結果，試分別做出母體偏態與超額峰態係數之 95% 信賴區間。然後利用檢定統計量分別檢定虛無假設為母體偏態與超額峰態係數皆為

---

13 其實「抽出放回」的方法於統計文獻上稱為「拔靴法（bootstrap method）」，有興趣的讀者可以上網查詢。

0 的情況，顯著水準為 0.05。

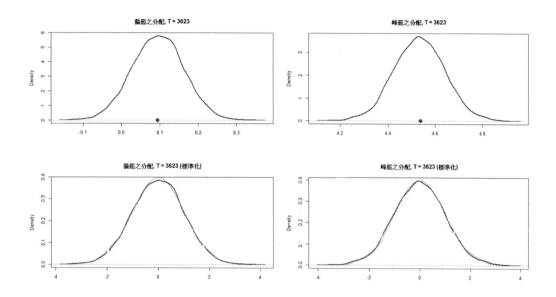

⚓ 圖 **A**：以「抽出放回」的方法估計偏態與超額峰態係數之抽樣分配

16. 原油的日對數報酬率序列（1987/5/20 － 2014/8/25 期間），計算出的平均數與標準差分別約為 0.02% 與 2.27% 而樣本數為 6,916。若假定日對數報酬率序列屬於常態分配，試檢定下列假設 $H_0：\mu = 0.03\%$，$\alpha = 0.05$。
    (1) 利用 μ 之 95% 信賴區間估計值檢定。
    (2) 試以檢定統計量檢定。
    (3) 檢定統計量的 p 值為何？其有何意義？

17. 續上題：若虛無假設改為 $H_0：\mu \geq 0.03\%$，$\alpha = 0.01$，則
    (1) 利用臨界值法檢定。
    (2) 試以檢定統計量檢定。
    (3) 檢定統計量的 p 值為何？其有何意義？

18. 續上題：若虛無假設改為 $H_0：\mu \leq 0.01\%$，$\alpha = 0.01$，則
    (1) 利用臨界值法檢定。
    (2) 試以檢定統計量檢定。
    (3) 檢定統計量的 p 值為何？其有何意義？

19. 續題 17，若 μ 的真正值為 0.025%，此時會有產生何種誤差？試繪圖表示並計算其誤差等於多少？

20. 續題 19，若 μ 的真正值為 0.025%，則樣本平均數落於 $\mu \pm 0.03\%$ 的機率為何？其最大抽樣誤差為何？

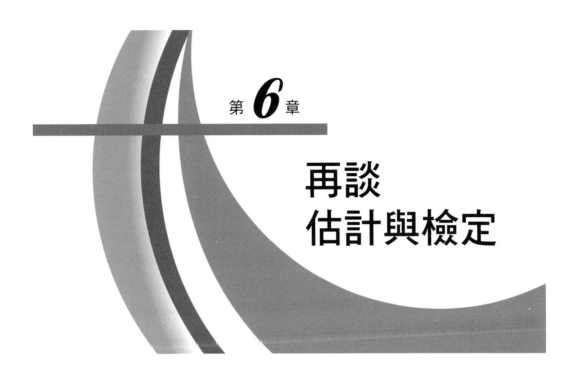

第 **6** 章

再談
估計與檢定

於估計與檢定內，有四種基本的連續機率分配，其分別為常態、t、卡方以及 F
分配。前二者我們已於前一章使用過，於本章我們將介紹後二種分配。後二
種分配的功用之一是可針對變異數（或標準差）進行統計推論；因此，瞭解如何評
估變異數後，我們算是具備了「基本統計知識」的投資人，畢竟「報酬與風險是
一體兩面」，或者說「報酬著實脫離不了風險」。換句話說，我們知道如何估計預
期報酬，接下來就須知道如何估計風險。是故，本章首先介紹有關於變異數（或標
準差）的估計與檢定。

接下來，我們將介紹有關於二母體平均數、二母體比率以及二母體變異數之統
計推論，介紹完這一個部分，算是針對母體平均數（或比率）統計推論的一個總結；
換言之，從此之後，我們有興趣的不再只侷限於母體平均數（或比率），而是有關
於母體其他特徵的統計推論。因此，本書從第 1 章至本章之前半部，可說是幫讀者
建立起基本的統計學知識，之後的內容可隨不同研究者的目的或興趣而有所不同。
雖說如此，本書也不會就此結束，相反地，我們反而開始進入財金統計學的範疇；
換言之，讀者除了需熟悉本書前半部的內容外，另一方面更要增加讀者自身財金的
基本知識。

是故，本章的內容可以分為四節。第一節將介紹有關於變異數（或標準差）的
估計與檢定；第二節則整理有關於二母體平均數及比率的統計推論；第三節我們將
介紹配適度檢定以及變異數分析；最後一節則為於財金上的應用。

第一節 認識變異數的估計與檢定

本節我們將介紹有關於變異數（或標準差）的統計推論。讀者可回想報酬率的標準差亦可稱為波動率；換言之，若我們要瞭解資產價格的波動情況（蓋波動愈大，對短線的投資人而言，風險就愈高），則我們可以從估計資產變動率（或報酬率）的標準差得知。因此，標準差的估計就顯得非常重要；雖說如此，標準差的估計，卻可分成二種，直覺而言，長短線的投資人對風險的態度有何不同？就採取短線策略的投資人而言，他當然比較在乎的是「隨不同情況改變」的資產價格的波動率，我們可以稱此為條件波動率、條件標準差或條件變異數。很明顯地，條件波動率是屬於一種「短期的」標準差，至於「長期的」標準差或變異數呢？長期的變異數亦可稱為非條件變異數，誰會比較在乎非條件變異數？讀者可想像退休後會採取的投資策略，大概就知道非條件變異數的重要性！退休後，讀者可能比較在意的是如利息或股利等較為穩定的收益，反而對能產生資本利得的短期波動已不像年輕時那麼熱衷。

因此，本節將介紹非條件變異數與條件變異數的估計與檢定。

1.1 （非條件）變異數

於統計學內，與變異數的統計推論有關的機率分配，應該是卡方分配（chi-square distribution 或 χ^2-distribution）。卡方分配可以視為樣本變異數 s^2 的抽樣分配，即：

$$\chi^2 = \frac{(n-1)s^2}{\sigma^2} \tag{6-1}$$

其中 σ^2 為母體變異數，n 為隨機樣本個數。故由 (6-1) 式可看出，欲得出卡方值，需有已知的 σ^2；另一方面，隨著 n 的改變，卡方值亦會隨之改變，故類似 t 分配，卡方分配的自由度亦為 $n-1$。可參考圖 6-1，從圖中可看出不同的自由度，的確會改變所對應的卡方值。

於圖 6-1，我們是從平均數與變異數分別為 0 與 4 的常態分配中抽取，例如 $n = 10$ 個樣本，先取得 s^2 後，再計算卡方值，即 (6-1) 式。如此的動作重複 10,000 次後，再估計其機率密度曲線，其結果可繪於圖 6-1 之上圖。為了比較起見，圖內亦繪出自由度為 $n-1 = 9$ 的「理論」卡方值（以虛線表示），從圖中可看出估計值與理論值之間的差距並不大。同樣地，下圖繪製出 $n = 100$ 卡方分配的估計值與理論值。

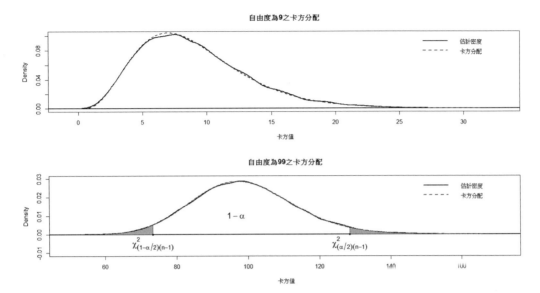

▲ **圖 6-1**：卡方分配之估計密度

現在我們來看，如何利用卡方分配從事區間估計與假設檢定。於前一章，我們發現 TSMC 的收盤價有可能屬於簡單的隨機漫步模型；是故，我們可以於上述樣本期間（即 2001/12/26 － 2014/7/10 期間）以抽出放回的方式隨機抽出 $n = 100$ 個日對數報酬率，並且計算其樣本變異數 $s^2 \approx 3.08$（％）；之後，我們有興趣的是，母體變異數 σ^2 的 95% 信賴區間的估計值為何？類似之前的做法，若我們要設計一個 95% 的信賴區間，第一個步驟是於機率分配內先圍一個面積（機率）為 $1 - \alpha$ 的範圍，故於卡方分配下可寫成：

$$\chi^2_{1-\alpha/2, n-1} \leq \chi^2 = \frac{(n-1)s^2}{\sigma^2} \leq \chi^2_{\alpha/2, n-1} \tag{6-2}$$

其中 $\chi_{\alpha/2, n-1}$ 表示卡方分配於自由度為 $n-1$ 下，右尾部面積為 $\alpha/2$ 之臨界值，可參考圖 6-1 之下圖。經過整理後，(6-2) 式可改寫成：

$$\frac{(n-1)s^2}{\chi^2_{\alpha/2, n-1}} \leq \sigma^2 \leq \frac{(n-1)s^2}{\chi^2_{1-\alpha/2, n-1}} \tag{6-3}$$

於 $n = 100$ 與 $\alpha = 0.05$ 的情況下，我們分別計算卡方分配的分位數 $\chi^2_{0.025, 99} \approx 73.36$ 以及 $\chi^2_{0.975, 99} \approx 128.42$；因此，將上述臨界值及 TSMC 的 $s^2 \approx 3.08$ 代入 (6-3) 式，可得出母體變異數於 95% 信賴區間約為 $2.38 \leq \sigma^2 \leq 4.16$ 或 $1.54 \leq \sigma \leq 2.04$。

因此，若欲檢定 $H_0 : \sigma^2 = 4$ 與 $H_a : \sigma^2 \neq 4$，因上述信賴區間有包括 $\sigma^2 = 4$，故

無法拒絕 H_0。我們也可計算卡方值檢定統計量的 p 值；換言之，其檢定統計量與對應的 p 值分別為：

$$\chi^2 = \frac{(n-1)s^2}{\sigma^2} \approx \frac{99(3.08)}{4} = 76.31 \text{ 與 } p\text{-}value = 2P(\chi^2 \le 76.31) \approx 0.088$$

是故，於 $\alpha = 0.05$ 之下無法拒絕，可參考圖 6-2 之 (a) 圖。

利用上述 TSMC 的資料，我們也可以進一步檢定 $H_0 : \sigma^2 \ge 4$ 與 $H_0 : \sigma^2 \le 2.5$ 的情況，可分別參考圖 6-2 之 (b) 與 (c) 圖。首先先考慮第一種情況，我們懷疑母體的變異數是否有大於 4 的可能，故我們使用左尾檢定。於 $\alpha = 0.05$ 之下，卡方分配的臨界值約為 77.05，因此，依之前計算之檢定統計量 76.31，我們拒絕虛無假設為母體變異數大於 4 的情況；另一方面，我們也計算出檢定統計量所對應的 p 值約為 0.044，表示要拒絕虛無假設，顯著水準只要 0.044 就足夠了。

我們再考慮第二種情況，我們也是不能確定母體變異數是否有可能小於 2.5？與之前不同的是，此是屬於右尾檢定，同時「新的」檢定統計量約為 122.10 而卡方分配的臨界值約為 123.23，其次新的檢定統計量所對應的 p 值約為 0.058，故於顯著水準為 0.05 下，亦是無法拒絕虛無假設為母體變異數小於 2.5 的情況！讀者可以再練習其他情況。（可參考 ch6-1-1.R）

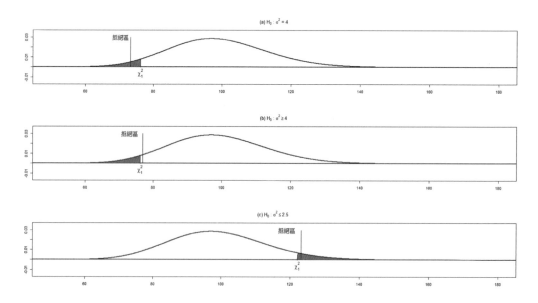

▲ 圖 6-2：卡方分配之三種假設檢定，圖內之紅色面積為檢定統計量之 p 值

習題

1. 試分別於自由度為 4 與 10 的卡方分配內抽取 10 與 100 個觀察值。

   ☞提示：`rchisq(10,4)`

   　　　`rchisq(100,4)`

   　　　`rchisq(10,10)`

   　　　`rchisq(100,10)`

2. 若卡方值等於 23（自由度為 6），試計算大於等於 23 的機率值。

   ☞提示：`1-pchisq(23,6)`

3. 試求 $P(x \leq 15) = 0.12$，其中 x 表示卡方值（即卡方分配的分位數），其自由度等於 20，則 x 為何？

   ☞提示：`qchisq(0.12,20)`

4. 試繪出自由度等於 20 的卡方分配之 PDF。

   ☞提示：`x = seq(0,50,length=100)`

   　　　`windows()`

   　　　`plot(x,dchisq(x,20),type="l",ylab="PDF",main=" 自由度為 20 的卡方分配之 PDF",lwd=2)`

5. 從 TWI 的日對數報酬率序列內隨機抽出（即抽出放回）30 個觀察值，可得其樣本變異數約為 3.6283。試針對母體變異數分別做 90% 與 99% 信賴區間估計（單位：%）。

   ☞提示：`p = 收盤價 _TW`

   　　　`twi.r = 100*diff(log(p))`

   　　　`n = 30`

   　　　`set.seed(1234)`

   　　　`x = sample(twi.r,n,replace=T)`

   　　　`s2 = var(x)`

   　　　`s2`

   　　　`# 90%`

   　　　`alpha = 0.1`

   　　　`lower = n-1)*s2/qchisq(1-(alpha/2),(n-1))`

   　　　`upper = n-1)*s2/qchisq(alpha/2,(n-1))`

   　　　`lower`

   　　　`upper`

6. 續上題，試檢定 $H_0 : \sigma^2 \geq 5$，$\alpha = 0.05$。

☞提示：
```
# H0: sigma2 >= 5
chi = n-1)*s2/5
chi
pchisq(chi,(n-1))
qchisq(0.05,(n-1))
```

7. 續上題，試檢定 $H_0 : \sigma \leq 1.5$，$\alpha = 0.05$。

☞提示：
```
# H0:sigma <= 1.5
chi = n-1)*s2/1.5^2
chi
1-pchisq(chi,(n-1))
qchisq(0.95,(n-1))
```

1.2 指數加權移動平均模型

前一節針對對數報酬率之變異數或標準差所做的估計或檢定，可說是屬於非條件變異數（或標準差）的統計推論。如前所述，採取長期策略的投資人自可比較不同資產報酬率之非條件變異數，以選擇適當的投資標的。至於採取短期策略的投資人呢？自然他們比較關心資產報酬率短期的波動。現在出現一個問題是，我們如何表示「短期」？

我們可以藉由之前介紹過的條件機率概念，將其推廣至存在有條件平均數與條件變異數的觀念；換言之，若 r_t 表示某一種資產於第 t 期之（對數）報酬率（變動率），則可以定義 r_t 之條件平均數與條件變異數分別為：

$$\mu_t = E(r_t \mid I_{t-1}) \text{ 與 } \sigma^2 = Var(r_t \mid I_{t-1}) = E[(r_t - \mu_t)^2 \mid I_{t-1}] \tag{6-4}$$

其中 I_{t-1} 表示至第 $t-1$ 期所蒐集的資訊，$E(r_t \mid \cdot)$ 表示 r_t 之條件期望值；因此，$\mu_t = E(r_t \mid I_{t-1})$ 表示我們可以於第 $t-1$ 期蒐集有關於對 r_t 預期的所有資訊的條件下，r_t 的（條件）預期平均數為 μ_t，值得注意的是期望值，顧名思義，本身就有預期的味道。類似的情況，讀者可嘗試解釋條件變異數的意義。

事實上，條件變異數（或平均數）的估計，我們並不陌生，之前我們曾使用移動平均的方式計算樣本變異數，其目的就是在估計短期的變異數。換言之，若我們取 2000/1/4 - 2014/7/10 期間 TSMC 日收盤價，轉換成日對數報酬率序列後，以

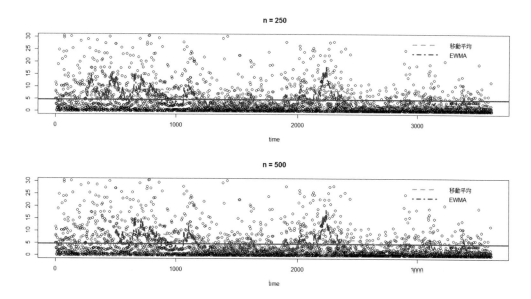

↗ 圖 6-3：TSMC 日對數報酬率變異數以移動平均與 EWMA 方法估計

$n = 250$（相當於 1 年的交易日），計算日對數報酬率之移動平均樣本變異數，其結果可繪於圖 6-3 之上圖之綠色虛線。

於圖 6-3 內，我們是繪製出日對數報酬率平方以作為短期波動的實際值[1]，圖內的紅色實線是表示整個期間日對數報酬率的樣本變異數，其值約為 4.58%。如前所述，上述數值可當作 TSMC 日對數報酬率之長期變異數的估計值，從圖內可看出長期變異數的估計值的確不適合用於估計短期波動。其次，利用簡單的移動平均樣本變異數似乎也無法反映出波動率凝聚（volatility clustering）現象[2]，究其原因，是簡單的移動平均視每個觀察值的權數皆一樣。若考慮可用的資訊，今天所提供的資訊當然比前一個月的資訊重要得多了；因此，我們可以考慮將簡單的移動平均改為加權的移動平均。不過，我們可以先看簡單的移動平均變異數的表示方式：

$$\hat{\sigma}_t^2 = \frac{1}{n} \sum_{i=1}^{n} (r_{t-i} - \mu_t)^2 \approx \frac{1}{n} \sum_{i=1}^{n} r_{t-i}^2 \qquad (6\text{-}5)$$

其中 n 表示估計的長度，如圖 6-3 我們分別使用 $n = 250$ 與 $n = 500$。若使用高頻率資料（如週或日資料以下），μ_t 會相當接近於 0，因此 μ_t 值可以省略，故變異

1　此段期間 TSMC 日對數報酬率之樣本平均數約為 0.033%，已相當接近於 0，故日對數報酬率平方的平均數接近於變異數。

2　即高波動會伴隨著高波動，低波動會引起低波動的現象，詳見本章最後一節。

數的估計接近於資產報酬率平方之平均數。

如前所述，(6-5) 式的缺點是視每日的權數皆一樣；因此，一個可行的改進方式就是使用指數加權移動平均（exponentially weighted moving average, EWMA）模型。EWMA 模型最早是由 JP Morgan 於 1993 年所建議採用[3]，其係修改 (6-5) 式內的權數而強調權數值可依指數型態遞減，即：

$$\hat{\sigma}_t^2 = \frac{1-\lambda}{\lambda(1-\lambda^n)} \sum_{i=1}^{n} \lambda^i r_{t-i}^2 \tag{6-6}$$

其中 $0 < \lambda < 1$，表示權數介於 0 與 1 之間。由 (6-6) 式可看出，離 t 期愈遠（近），其權數值就愈小（大）。(6-6) 式寫成較複雜的型態是為了要滿足所有的權數值之加總為 1 的要求；換言之，若將 (6-6) 式展開整理後（利用等比級數的公式），我們可將 (6-6) 式改寫成合乎直覺的方式：

$$\hat{\sigma}_t^2 = (1-\lambda)r_{t-1}^2 + \lambda \hat{\sigma}_{t-1}^2 \tag{6-7}$$

由 (6-7) 式可看出第 t 期波動率的預期是前一期實際與預期的加權平均值！讀者可試著再改變 (6-7) 式的型態而成為：第 t 期波動率的預期是前一期實際與波動率的預測誤差的加權平均值！是故第 t 期波動率的預期竟是一連串修正預測誤差所構成！ EWMA 模型還真是神奇！

於實際的應用上，JP Morgan 也建議只使用 $\lambda = 0.94$（就日資料而言）。我們於圖 6-3 內之 EWMA 方法就是使用 $\lambda = 0.94$；雖說 EWMA 方法不失簡單易懂，但從圖中仍可看出使用 EWMA 方法估計動態（dynamic）（即隨時間改變）波動率仍有不足或有低估的現象，此只有留待以後再與較複雜的模型比較。（可參考 ch6-1-2. R）

習題

1. 利用同時期的 TWI 序列資料，重做圖 6-3。
2. 利用 (6-6) 式，試比較不同 λ 值，例如 $\lambda = 0.94, 0.96$，並繪出 EWMA 權數遞減的情況。
3. 利用大立光最近一年（即 250 個交易日）日對數報酬率序列資料，以 EWMA 估計條件變異數；其次，其非條件變異數為何。
   ☞提示：# #2005/1/4-2015/4/28

3　JP Morgan 稱其所使用的財務模型為 RiskMetrics，EWMA 方法係包括於其內。

```
largan = read.table("c:\\meiyih\\Finstats\\ex\\ch1\\
largan.txt")
p = largan[,1]
xr = 100*diff(log(p))
xr1 = xr[(length(xr)-250):length(xr)]
length(xr1)
lambda = 0.94
sigma2hat_1 = var(xr1[1:(length(xr1)-1)])
sigma2hat = 1-lambda)*xr1[250]^2 + lambda*sigma2hat_1
sigma2hat
```

4. 利用 2002/1/2 － 2014/7/10 期間美元兌新臺幣日對數匯率變動率（報酬率）序列資料，以 EWMA 計算最近一年（即 250 個交易日）之條件變異數。

5. 試解釋條件與非條件變異數的差異，我們如何估計？

6. 使用 EWMA 方法是否可以從事假設檢定？為什麼？

第二節　二種獨立分配之統計推論

至目前為止，我們所探討的大多侷限於單一分配之平均數（或比率）與變異數的估計與檢定。同樣的邏輯思考應可推廣至多變數分配的情況；不過，我們還是先介紹最簡單的情況。想像現在二種資產報酬率序列，其分別用 x 與 y 二種隨機變數表示。我們有興趣的是，組合 $\bar{x}$ 與 $\bar{y}$ 後之抽樣分配為何？而其期望值與變異數又為何？我們先看最後一個問題，此相當於之前介紹過的期望值公式的推廣，即：

$$E[\bar{x} \pm \bar{y}] = E[\bar{x}] \pm E[\bar{y}] = \mu_x \pm \mu_y \tag{6-8}$$

與

$$\sigma^2_{\bar{x} \pm \bar{y}} = Var(\bar{x} \pm \bar{y}) = Var(\bar{x}) + Var(\bar{y}) \pm 2Cov(\bar{x}, \bar{y}) = \frac{\sigma^2_x}{n_x} + \frac{\sigma^2_y}{n_y} \tag{6-9}$$

其中 μ_x、σ_x 與 n_x 分別表示 x 分配之母體平均數、母體標準差以及所抽取的樣本個數；y 分配的情況可類推。我們假定 x 與 y 分配彼此互相獨立，故 (6-9) 式內的共變異數等於 0。[4] 是故，(6-8) 與 (6-9) 式可推廣至有多個互為獨立的隨機變數的情

4　(6-8) 與 (6-9) 式的導出應可讓讀者自行練習。可回想期望值只是加總（或積分，積分的觀念

況；至於以樣本比率表示的情況，則可類推。

因此，利用 (6-8) 與 (6-9) 式，我們可以分別考慮二個母體平均數差異與二個母體比率的情形；至於比較二個母體變異數差異的統計推論，本節亦一併探討。

2.1 二個母體平均數差異的估計與檢定

類似之前單一母體平均數的統計推論，二個母體平均數差異的估計與檢定亦可分成大樣本與小樣本二種情況，前者會利用到常態分配，而後者則會使用 t 分配。因此，本節將介紹大樣本與小樣本二種情況。

2.1.1 大樣本的情況

首先於大樣本的情況下，我們如何針對二母體平均數差異進行統計推論？我們可以先觀察圖 6-4 的例子。圖 6-4 之上圖是繪製出 2000/1/4 － 2014/7/10 期間 TSMC 日本益比時間走勢，從圖中可看出日本益比時間序列約可從 2004/10/5 前後（圖內紅色虛線）分成二個階段，之前不僅日本益比的平均數較高（約為 42.51），同時其波動也較大（其樣本標準差約為 23.71）；反觀 2004/10/5 之後至 2014/7/10 期間，日本益比序列的波動不僅較平穩，同時平均數也較低（其樣本平均數與標準差分別約為 14.88 與 3.08）。換言之，從圖中我們可看出 TSMC 日本益比序列曾經出現過一次「結構上的改變」！由於改變的態勢相當明顯，因此我們幾乎可將結構改變前後視為二個互為獨立的不同母體。

為了證明上述的結論，我們分別從結構改變前後的樣本中以抽出放回的方式，各抽出 500 個樣本，然後再計算其樣本相關係數，如此的動作重複 10,000 次，其結果則繪於圖 6-4 之下圖。從圖中可看出結構改變前後的估計相關係數大致落於 −0.1 與 0.1 之間，表示二者的相關程度並不高；因此，我們幾乎可以確定結構改變前後的二個母體互為獨立。是故，若我們依舊以抽出放回的方式，分別從二個母體中抽出樣本，我們就可以針對二個母體的平均數差異進行統計推論。

按照之前有介紹過的中央極限定理可知，只要樣本數夠大的話，從 *iid* 母體中抽出樣本並計算其平均數，此時樣本平均數的抽樣分配為常態分配；而若我們要觀察二個獨立樣本平均數差異的抽樣分配，依中央極限定理可知，其亦為常態分配（即常態分配減常態分配後仍舊是常態分配）。我們依舊使用模擬的方式證明上述

類似加總）的展開，故 (6-8) 式可依直覺可得。至於 (6-9) 式，當記得 $(a \pm b)^2 = a^2 + b^2 \pm 2ab$ 公式。

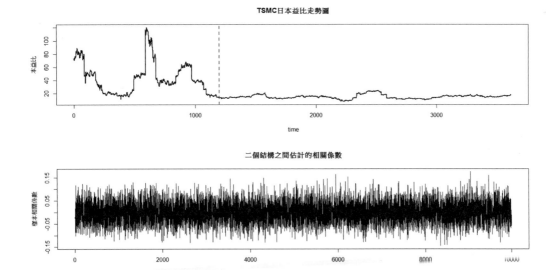

▲ **圖 6-4**：TSMC 日本益比之走勢圖與二個結構之估計相關係數

的直覺判斷。

　　於圖 6-5 的 (a) 圖內，我們先從均等分配內抽出二組樣本個數均為 30 的樣本，再計算其樣本平均數差異，重複相同的動作 10,000 次，可得出 10,000 個樣本平均數差異，經過標準化後，可得其估計的機率密度曲線，接著我們再繪出標準常態機率密度曲線（紅色虛線），從圖中可看出二者的差距微乎其微；因此，透過模擬可知，樣本平均數差異的抽樣分配的確接近於常態分配。

　　接下來，我們分別從之前分析過的 TSMC 日本益比序列資料中依不同結構下，各以抽出放回的方式抽出樣本數為 500 的樣本。我們嘗試針對二個母體平均數差異做一個 95% 的信賴區間。類似之前的做法（讀者可回想母體平均數 95% 的信賴區間應如何設計？），二個母體平均數差異的 $1 - \alpha$ 信賴區間為：

$$\overline{x}_1 - \overline{x}_2 - z_{\alpha/2}\sigma_{\overline{x}_1 - \overline{x}_2} \leq \mu_1 - \mu_2 \leq \overline{x}_1 - \overline{x}_2 + z_{\alpha/2}\sigma_{\overline{x}_1 - \overline{x}_2}$$

其中

$$\sigma_{\overline{x}_1 - \overline{x}_2} = \sqrt{\frac{\sigma_1^2}{n_1} + \frac{\sigma_2^2}{n_2}} \tag{6-10}$$

上式可參考 (6-9) 式，其是表示樣本平均數差異抽樣分配之標準誤。

　　利用之前抽出的 TSMC 日本益比資料，可得出 $\overline{x}_1 - \overline{x}_2 \approx 25.96$；另外，因二個

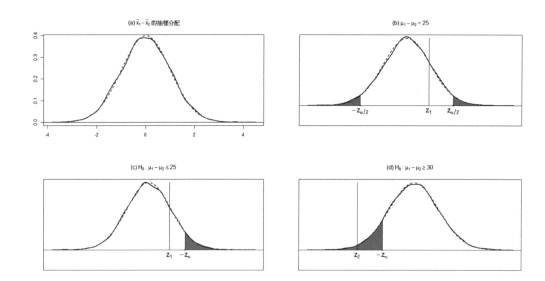

圖 6-5：$\bar{x}_1 - \bar{x}_2$ 的抽樣分配以及 $\mu_1 - \mu_2$ 的統計推論

母體變異數為未知，故我們分別以樣本變異數取代，即可得：

$$s_{\bar{x}_1 - \bar{x}_2} = \sqrt{\frac{s_1^2}{n_1} + \frac{s_2^2}{n_2}} \approx 1.02$$

故於 $\alpha = 0.05$ 下，$\mu_1 - \mu_2$ 的 95% 信賴區間估計值約為 [23.95, 27.97]。

類似 (a) 圖的模擬方式，圖 6-5 內的 (b) － (d) 圖是依樣本數為 500 所繪製而成。首先，(b) 圖可用於檢定 $H_0 : \mu_1 - \mu_2 = 25$ 與 $H_a : \mu_1 - \mu_2 \neq 25$ 的情況，於 $\alpha = 0.05$ 下，因上述 $\mu_1 - \mu_2$ 的 95% 信賴區間估計值內有包括 H_0，故我們的結論是不拒絕 H_0。當然，我們也可計算雙尾檢定下之檢定統計量及其對應之 p 值，其結果分別約為 0.94 與 0.35，其於 $\alpha = 0.05$ 下的結論仍是不拒絕 H_0。至於 (c)、(d) 圖（其 α 值分別設為 0.05 與 0.1），讀者可自行練習看看。（可參考 ch6-2-1-1.R）

習題

1. 因 TSMC 與 TWI 日對數報酬率序列彼此是有相關的，我們如何從其中抽取資料？我們分別以抽出放回的方式（抽取樣本數皆為 100）得出其樣本平均數的抽樣分配後（二抽樣分配的相關係數接近於 0），再分別從二分配內仍以抽出放回的方式，各抽出 100 個觀察值，得其樣本平均數分別約為 0.0569 與 0.0157；

其次，我們以二抽樣分配的標準差當作二母體的標準差的估計值[5]，其分別為 2.1468 與 1.4702（上述皆按照 TSMC 與 TWI 順序），試針對二母體平均數差異分別計算 95% 與 99% 信賴區間估計（單位：%）。

2. 續上題，試檢定 $H_0:\mu_{TSMC} \leq \mu_{TWI}$，$\alpha = 0.05$。

3. 續上題，若二母體標準差未知，TSMC 與 TWI 日對數報酬率之樣本標準差分別約為 2.1422 與 1.3056，重做題 1 與 2。

4. 從美元兌新臺幣以及美元兌人民幣的日對數匯率變動率序列內，各隨機抽取 100 個觀察值並計算出其樣本平均數分別約為 0.0029 與 −0.0139，而其樣本標準差分別約為 0.2386 與 0.0802。雖說二日對數匯率變動率序列可能有關，其樣本相關係數約為 0.2453；我們先假定二日對數匯率變動率序列彼此互為獨立，試檢定二母體平均數是否相等（單位：%）？$\alpha = 0.05$。

5. 續上題，我們是有辦法克服上述二日對數匯率變動率序列彼此之間存在相關，就是令 $z = y - x$，其中 y 與 x 分別表示美元兌新臺幣以及美元兌人民幣的樣本日對數匯率變動率，此舉有點類似隨機抽取隨機變數 z 的 100 個觀察值，試檢定 z 之母體平均數是否為 0，$\alpha = 0.05$。

2.1.2 小樣本的情況

現在我們來討論小樣本的情況。讀者可還記得使用小樣本時，無法避免會需要一些假定。假定母體是常態、小樣本以及母體的標準差未知，此時可以使用 t 分配。若母體的標準差未知，理所當然會以樣本標準差取代；因此，於二母體平均數差異的統計推論中，標準誤的公式如 (6-10) 式可改成：

$$s_{\bar{x}_1-\bar{x}_2} = \sqrt{\frac{s_1^2}{n_1} + \frac{s_2^2}{n_2}} \tag{6-11}$$

但於 t 分配內，其自由度卻為：

$$df = \frac{\left(\dfrac{s_1^2}{n_1} + \dfrac{s_2^2}{n_2}\right)^2}{\dfrac{1}{n_2-1}\left(\dfrac{s_1^2}{n_1}\right)^2 + \dfrac{1}{n_1-1}\left(\dfrac{s_2^2}{n_2}\right)^2} \tag{6-12}$$

是故，若使用 t 分配自然會牽涉到會使用到複雜的公式如 (6-12) 式。

5　可記得 $\sigma_{\bar{x}}^2 = \dfrac{\sigma^2}{n} \Rightarrow n\sigma_{\bar{x}}^2 = \sigma^2$

上述的公式能否可以其他的方式取代？想像一種情況，假想二個母體面對是相同的標準差，即 $\sigma_1 = \sigma_2 = \sigma$，則 (6-10) 式可改為：

$$\sigma_{\bar{x}_1 - \bar{x}_2} = \sqrt{\sigma^2(\frac{1}{n_1} + \frac{1}{n_2})} = \sigma\sqrt{\frac{1}{n_1} + \frac{1}{n_2}}$$

若 σ 為未知，則我們以 s 取代，故：

$$s_{\bar{x}_1 - \bar{x}_2} = \sqrt{s^2\left(\frac{1}{n_1} + \frac{1}{n_2}\right)} \tag{6-13}$$

其中

$$s^2 = \frac{(n_1 - 1)s_1^2 + (n_2 - 1)s_2^2}{n_1 + n_2 - 2}$$

s^2 可以視為 s_1^2 與 s_2^2 的加權平均值，因 s_1^2 與 s_2^2 皆可以用以估計母體變異數 σ^2（因皆為 σ^2 之不偏估計式），因此不能厚此薄彼，故以二者之加權平均值表示；值得注意的是，若使用 (6-13) 式，此時 t 分配的自由度為 $n_1 + n_2 - 2$！

接下來，我們考慮四種情況來說明以 (6-13) 式取代 (6-11) 式的可能性。於圖 6-6 之 (a) 圖，我們先從平均數與標準差分別為 0 與 2 的常態分配抽出樣本數各為 $n_1 = n_2 = 10$ 的二組樣本後，再依 (6-11) 式計算其平均數差異之檢定統計量，可注意此時二母體平均數差異為 0。相同的過程重複 10,000 次，然後再估計其機率密度曲線；為了比較起見，圖內亦繪出自由度為 $n_1 + n_2 - 2$ 之 t 分配的理論機率密度曲線。從圖內可看出二者的差距並不大，因此於 (a) 圖我們除了說明了二母體平均數差異於小樣本時，可用 t 分配進行統計推論外；我們也發現以自由度為 $n_1 + n_2 - 2$ 取代 (6-12) 式的可能性。

(b) 與 (c) 圖是使用類似的模擬方法，不過母體的標準差卻分別改成 $\sigma_1 = 2$ 與 $\sigma_2 = 6$ 以及 $\sigma_1 = 2$ 與 $\sigma_2 = 16$；另一方面，於二圖的模擬過程內，我們是使用 (6-13) 式當作二樣本平均數差異抽樣分配的標準誤。結果我們從圖中可看出即使二母體變異數不相等，而以 (6-13) 式取代的誤差並不大。最後於 (d) 圖，我們考慮 $\sigma_1 = 2$ 與 $\sigma_2 = 36$ 的情況，我們分別使用 (6-11) 式與 (6-12) 式以及使用 (6-13) 式與自由度為 $n_1 + n_2 - 2$ 的情形下，計算檢定統計量之左尾的機率（類似左尾檢定之 p 值），結果可發現二者的差距亦不大。職是之故，透過圖 6-6 的模擬，我們大致得到可以 (6-13) 式取代 (6-11) 式的可能性。

接下來我們繼續沿續之前 TSMC 日本益比的例子。假定日本益比於結構改變

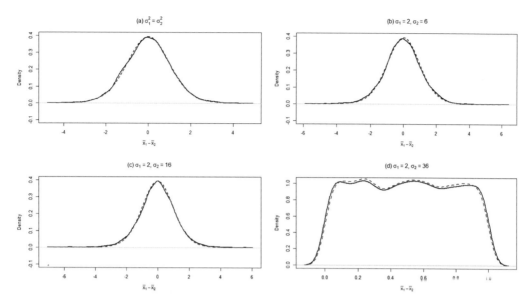

⋀ **圖 6-6**：$\bar{x}_1 - \bar{x}_2$ 的抽樣分配（小樣本）

前後之母體皆為常態分配。我們分別於其中以抽出放回的方式抽取出 10 個樣本，並分別考慮 $\sigma_1 = \sigma_2$ 與 $\sigma_1 \neq \sigma_2$ 二種情況。我們先檢定 $H_0 : \mu_1 - \mu_2 = 25$ 的情形，於上述二種情況下，我們計算出的 p 值分別為 0.334 與 0.347，二者的差距的確不大，故於這二種情況下，我們應該不會拒絕虛無假設。

　　我們再考慮檢定 $H_0 : \mu_1 - \mu_2 \leq 30$ 的情形，於上述二種情況下，其檢定統計量雖皆約為 0.433，但於 $\alpha = 0.05$ 下，t 分配的臨界值卻分別為 1.73 與 1.83，是故仍舊是不拒絕虛無假設。讀者可自行練習例如 $H_0 : \mu_1 - \mu_2 \geq 35$ 的情形。從上述的例子中，可發現以 (6-13) 式取代 (6-11) 式仍存在些微的差距，讀者可留意。（可參考 ch6-2-1-2.R）

習題

1. 續 2.1.1 節習題 1，從 TSMC 與 TWI 二樣本平均數抽樣分配內隨機抽取下列資料（單位：%）：

   TSMC：0.2227、0.0345、(−0.0221)、0.0421、0.0531、0.3244、0.2710

   TWI：0.1081、0.0282、(−0.0576)、(−0.0420)、(−0.1416)、(−0.2494)、(−0.0057)、(−0.1284)

   試檢定 $H_0 : \mu_{TSMC} \leq \mu_{TWI}$，$\alpha = 0.05$。

2. 續上題，試針對二母體平均數差異做 99% 信賴區間估計。

3. 從美元兌新臺幣與美元兌人民幣日對數報酬率序列內隨機抽取出下列資料（單位：%）：

新臺幣：0.0433、0.2542、(−0.1822)、0.1359、(−0.0681)

人民幣：(−0.0099)、(−0.0552)、0.1185、(−0.0901)、0.0000、(−0.0012)

試檢定二母體平均數是否相等，$\alpha = 0.01$。

4. 續題 1，試檢定二母體平均數是否相等，$\alpha = 0.01$。

5. 續題 3，使用單尾檢定，$\alpha = 0.05$。

2.2 有關於母體比率的統計推論

前一章我們雖有介紹過單一比率的抽樣分配，不過我們仍未介紹有關於母體比率的統計推論；因此，本節將分別討論單一母體比率與二母體比率差異的估計與檢定。值得提醒讀者注意的是，可留意不同情況下，各個統計推論的相似之處。

2.2.1 單一母體比率的統計推論

於介紹本節之前，我們先看圖 6-7 的例子。圖 6-7 繪出 2002/1/2 − 2014/7/10 期間人民幣兌新臺幣以及港幣兌新臺幣日匯率的時間走勢。從圖中可看出不同於人民幣的逐漸攀升，港幣兌新臺幣日匯率卻處於低檔。我們有興趣的是，若將日匯率改成日對數變動率，則人民幣及港幣日對數變動率大於 0.1%（升值的幅度）的比率竟

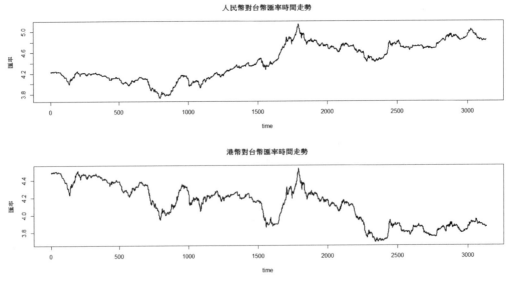

▲ **圖 6-7**：人民幣及港幣兌新臺幣日匯率的時間走勢

然頗為接近，前者約為 0.28 而後者約為 0.27。

　　首先，我們先考慮樣本比率 $\bar{p}$ 的抽樣分配。於圖 6-8 之 (a) 圖，我們先模擬出樣本比率 $\bar{p}$ 的抽樣分配；換言之，於圖內我們於 (1, 2, 3) 內以抽出放回的方法抽出 300 個樣本，我們估計出現 3 的樣本比率 $\bar{p}$，然後將其標準化（母體比率為 1/3，變異數為 $\bar{p}(1-\bar{p})/n$）。類似的過程重複 10,000 次後，再估計其機率密度曲線，為了比較起見，圖內亦繪出標準常態分配機率密度曲線（紅色虛線），從圖內可看出，$\bar{p}$ 的抽樣分配經過標準化後，接近於標準常態分配。(b) − (d) 圖類似 (a) 圖，只是三圖的模擬的樣本數改成人民幣兌新臺幣匯率之日對數變動率的樣本數，即於日對數變動率序列內，以抽出放回的方法抽出上述樣本數。

　　底下，我們關切人民幣升值的情況；假想我們在意人民幣升值幅度超過 0.1% 的比率。利用之前所介紹的觀念與圖 6-8 之 (a) 圖，我們可以進一步估計人民幣升值幅度超過 0.1% 之母體比率的 $1-\alpha$ 信賴區間，即：

$$\bar{p} - z_{\alpha/2}\sigma_{\bar{p}} \le p \le \bar{p} + z_{\alpha/2}\sigma_{\bar{p}}$$

其中

$$\sigma_{\bar{p}} = \sqrt{\frac{p(1-p)}{n}} \ (\ s_{\bar{p}} = \sqrt{\frac{\bar{p}(1-\bar{p})}{n}}\ )$$

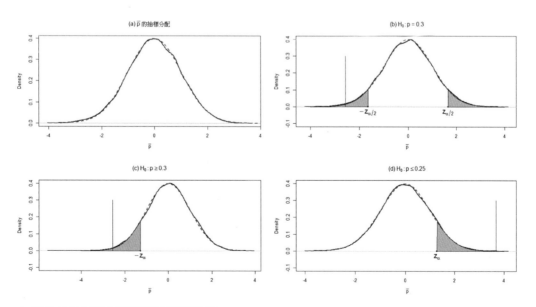

︽ **圖 6-8**：$\bar{p}$ 的抽樣分配及假設檢定

於我們的例子中，因母體比例 p 為未知，故以 s_p 取代 σ_p。

是故，於 $\alpha = 0.1$ 下，我們可以估得人民幣升值幅度超過 0.1% 之母體比率的 90% 的信賴區間約為 [0.27, 0.29]（單位：%）。因此，若欲檢定 $H_0 : p = 0.3$ 與 $H_a : p \neq 0.3$ 的情況，因上述估計的信賴區間並沒有包括 H_0，故於顯著水準為 0.1 下，拒絕 H_0；當然也可計算樣本之檢定統計量及對應的 p 值，其結果分別約為 -2.57 以及 0.01，故於顯著水準為 0.1 下，依舊是拒絕 H_0。以上的結果可參考圖 6-8 之 (b) 圖。

我們再考慮欲檢定 $H_0 : p \geq 0.3$ 與 $H_a : p < 0.3$ 的情況，可參考圖 6-8 之 (c) 圖；從之前計算的檢定統計量約為 -2.57，可知其 p 值約為 0.005（左尾檢定）；或是由顯著水準為 0.1 下，標準常態分配左尾的臨界值約為 -1.28，得知仍舊是拒絕 H_0。我們再考慮另一種情況，即欲檢定 $H_0 : p \leq 0.25$ 與 $H_a : p > 0.25$ 的情況，可參考 (d) 圖。此時檢定統計量改成 $(0.28 - 0.25) / \sqrt{(0.28(1 - 0.28))/3135} \approx 3.67$，其對應的 p 值接近於 0，故應拒絕 H_0。（可參考 ch6-2-2-1.R）

習題

1. TSMC 日對數報酬率樣本序列（2000/1/4 － 2014/7/10）共有 3,623 個觀察值，其中有 1,006 個觀察值小於等於 -1，計算日對數報酬率小於等於 -1 的樣本比率，並估計母體比率的 95% 信賴區間（單位：%）。

2. 續上題，試檢定母體比率小於等於 0.3，顯著水準為 0.05。

3. 有人質疑 $p = 0.01$ 或 $p = 0.1$ 的抽樣分配應與 $p = 0.5$ 的抽樣分配不同，因前者有可能不為常態分配。試以蒙地卡羅方法說明上述質疑是否正確。

4. 美元兌新臺幣之日對數報酬率樣本序列（2002/1/2 － 2014/7/10）共有 3,135 個觀察值，其中有 775 個觀察值大於等於 0.1，計算日對數報酬率大於等於 0.1 的樣本比率，並檢定母體比率是否超過 0.3（單位：%）。顯著水準為 0.05。

2.2.2 二個母體比率差異的統計推論

我們進一步來看二個獨立母體比率差異 $\bar{p}_1 - \bar{p}_2$ 的估計與檢定。類似 (6-8) 與 (6-9) 式，我們可以推出 $\bar{p}_1 - \bar{p}_2$ 抽樣分配的期望值與變異數分別為：

$$E[\bar{p}_1 - \bar{p}_2] = p_1 - p_2$$

與

$$\sigma^2_{\bar{p}_1-\bar{p}_2} = Var(\bar{p}_1 - \bar{p}_2) = \sigma^2_{\bar{p}_1} + \sigma^2_{\bar{p}_2} = \frac{p_1(1-p_1)}{n_1} + \frac{p_2(1-p_2)}{n_2} \tag{6-14}$$

其中 n_1 與 n_2 分別表示第一與第二個母體內抽出的樣本個數。於 (6-14) 式,我們也遇到類似之前介紹的小樣本的情況;換言之,若 $p_1 = p_2 = p$,則 (6-14) 式可改為:

$$\sigma^2_{\bar{p}_1-\bar{p}_2} = p(1-p)\left(\frac{1}{n_1} + \frac{1}{n_2}\right) \tag{6-15}$$

因此,若 p_1 與 p_2 皆為未知,則 $\bar{p}_1 - \bar{p}_2$ 抽樣分配的標準誤可為:

$$s_{\bar{p}_1-\bar{p}_2} = \sqrt{\frac{\bar{p}_1(1-\bar{p}_1)}{n_1} + \frac{\bar{p}_2(1-\bar{p}_2)}{n_2}} \tag{6-16}$$

但是,若 $p_1 = p_2 = p$ 為未知,則 (6-15) 式的估計式可為:

$$s_{\bar{p}_1-\bar{p}_2} = \sqrt{\bar{p}(1-\bar{p})\left(\frac{1}{n_1} + \frac{1}{n_2}\right)} \tag{6-17}$$

其中

$$\bar{p} = \frac{n_1\bar{p}_1 + n_2\bar{p}_2}{n_1 + n_2}$$

表示二樣本比率之加權平均。理所當然,我們是以 $\bar{p}$ 估計 p。

接著,我們來看 $\bar{p}_1 - \bar{p}_2$ 的抽樣分配。於圖 6-9 之上圖內,我們分別從 (1, 2, 3) 中以抽出放回的方式,抽出樣本數為 1,000 的二組樣本,然後估計出現 3 的比率差異,其次再以 (6-17) 式標準化,如此的動作重複 10,000 次,可得估計的機率密度曲線,圖內亦繪出標準常態機率密度曲線與之比較,從圖內可看出二者的差距並不大,故 $\bar{p}_1 - \bar{p}_2$ 的抽樣分配亦接近於常態分配。

由於 $\bar{p}_1 - \bar{p}_2$ 的抽樣分配之標準誤估計可有 (6-16) 與 (6-17) 二式,我們嘗試以模擬的方式來看上述二式的差距。不同於圖 6-9 之上圖,於中圖我們分別從 (1, 2, 3) 與 (1, 2, 3, 4) 內以抽出放回的方式,抽出樣本數為 3,135 的二組樣本,並分別估計出現 3 的比率差異,此時可知母體比率差異並不為 0(即 $p_1 = 1/3$,$p_2 = 1/4$),我們分別以 (6-16) 與 (6-17) 式計算標準誤,經過標準化後,可得估計的機率密度曲線,其中紅色的虛線可對應至 (6-17) 式,我們可看出二曲線存在些微的差距。類似使用中圖的模擬方法,下圖考慮從 (1, 2, 3) 及 (1 − 10) 中以抽出放回的方式抽出樣本,此時可知二母體比率差異更大(即 $p_1 = 1/3$,$p_2 = 1/10$),於圖內我們繪出以 (6-16) 與 (6-17) 式計算標準誤之檢定統計量之 p 值(左尾檢定),從圖內的模擬值差距,可看出使用不同標準誤的偏誤。讀者可自行練習於不同的情況下，看二者之間的差異。

類似之前的假設檢定過程，我們可得二母體比率差異的 $1 - \alpha$ 信賴區間為：

$$\overline{p}_1 - \overline{p}_2 - z_{\alpha/2} s_{\overline{p}_1 - \overline{p}_2} \leq p_1 - p_2 \leq \overline{p}_1 - \overline{p}_2 + z_{\alpha/2} s_{\overline{p}_1 - \overline{p}_2}$$

若以之前人民幣與港幣匯率日升值幅度超過 0.1% 比率差異的例子而言，於顯著水準為 0.05 的條件下，則二母體比率差異的 95% 信賴區間約為（p_1 表示人民幣匯率日升值幅度超過 0.1% 比率）$[-0.01, 0.03]$；明顯地，若以此結果檢定 $H_0 : p_1 - p_2 = 0$，於 $\alpha = 0.05$ 下，無法拒絕 H_0。我們也可以進一步計算其檢定統計量及其對應的 p 值，其分別約為 0.96 與 0.33。（可參考 ch6-2-2-2.R）

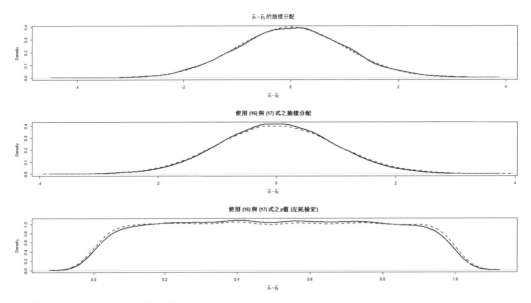

▲ 圖 **6-9**：$\overline{p}_1 - \overline{p}_2$ 的抽樣分配

習題

1. 從 TSMC 與 TWI 日對數報酬率序列內各隨機抽出 1,000 個觀察值後，再分別計算日對數報酬率大於 1.2% 的樣本比率，二樣本比率分別為 0.237 與 0.146，試於顯著水準為 0.1 的情況下，檢定二母體比率是否相等。

2. 續上題，試檢定二母體比率的差異是否超過 0.1%？顯著水準為 0.05。

3. 題 1 與 2 所用的標準誤是否相同？結果為何？

4. 從美元兌新臺幣匯率的日對數變動率內隨機抽取 1,200 個觀察值後，發現有 592 個觀察值小於 0；其次，從美元兌人民幣匯率的日對數變動率內隨機抽取

1,000 個觀察值後，發現有 436 個觀察值小於 0。試檢定二母體比率是否相等，顯著水準為 0.05。

2.3 二獨立母體變異數之比的統計推論

最後我們來看有關於二獨立母體變異數之比的統計推論。我們已經知道單一變異數可以藉由卡方分配估計與檢定。但是若為二個獨立母體變異數之差距呢？用二個卡方分配？沒錯，於統計學內，二個獨立的卡方分配各自除以自由度後之比，我們稱為 F 分配；換言之，F 分配可定義為：

$$F = \frac{\chi^2_{v_1}/v_1}{\chi^2_{v_2}/v_2} = \frac{\dfrac{s_1^2}{\sigma_1^2}}{\dfrac{s_2^2}{\sigma_2^2}} = \frac{\sigma_2^2}{\sigma_1^2}\frac{s_1^2}{s_2^2}$$

其中 v_1 與 v_2 分別稱為分子及分母自由度，讀者可回想卡方分配的定義；因此，$v_1 = n_1 - 1$ 與 $v_2 = n_2 - 1$，n_1 與 n_2 分別表示從第一與第二個母體中抽出的樣本數。

　　類似之前模擬的抽樣分配，於圖 6-10 之上圖我們先從平均數與變異數分別為 0 與 2 的常態分配內抽出樣本數 $n_1 = 20$ 的樣本，再從標準常態分配中抽取樣本數 $n_2 = 25$ 的樣本，然後再分別計算其樣本變異數 s_1^2 與 s_2^2，之後再依 F 分配的定義計算 F 值。重複相同的過程 10,000 次後，再估計其機率密度曲線，紅色虛線也繪出對應的 F 分配之 PDF 曲線，從圖中可看出二者之差距微乎其微。

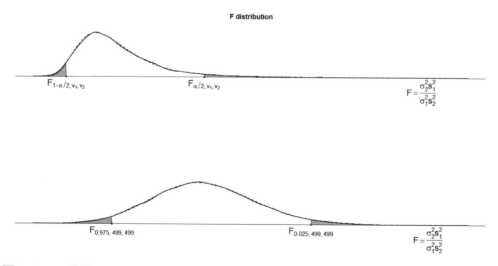

▲ 圖 **6-10**：F 分配

透過上圖，我們進一步估計二獨立母體變異數比率之 $1-\alpha$ 信賴區間為：

$$F_{1-\alpha/2,v_1,v_2} \leq F = \frac{\sigma_2^2}{\sigma_1^2}\frac{s_1^2}{s_2^2} \leq F_{\alpha/2,v_1,v_2}$$

其中 $F_{\alpha/2,v_1,v_2}$ 表示 F 分配於分子與分母自由度分別為 v_1 與 v_2 下，右尾部面積為 $\alpha/2$ 之臨界值。上式移項整理後，可得：

$$F_{1-\alpha/2,v_1,v_2}\frac{s_2^2}{s_1^2} \leq \frac{\sigma_2^2}{\sigma_1^2} \leq F_{\alpha/2,v_1,v_2}\frac{s_2^2}{s_1^2}$$

利用上式，我們舉一個實例。我們分別從美元兌新臺幣以及美元兌人民幣匯率的日對數變動率內抽取最近 2 年的樣本資料（假想今日為 2014/7/10，1 年有 250 個交易日），並分別計算出樣本變異數分別為 0.034% 與 0.009%，我們再進一步估計出二母體變異數比率 σ_2^2 / σ_1^2 之 95% 信賴區間約為 [0.22%, 0.32%]（可參考圖 6-10 之下圖）；明顯地，我們發現二個母體變異數不大可能會相等。

利用上數資料我們也可以檢定 $H_0 : \sigma_2^2 / \sigma_1^2 \leq 1$ 與 $H_a : \sigma_2^2 / \sigma_1^2 > 1$ 的情況；類似之前的檢定方法，上述檢定應屬於右尾檢定，我們可以計算檢定統計量為（σ_1^2 與 σ_2^2 分別表示美元兌新臺幣與美元兌人民幣匯率的日對數變動率變異數）：

$$F = \frac{s_1^2}{s_2^2} \approx \frac{0.034}{0.009} \approx 3.78$$

於 $\alpha = 0.05$ 下，F 分配之臨界值約為 1.16，故拒絕 H_0。當然，我們也可估計出上述檢定統計量的 p 值約為 0。（可參考 ch6-2-3.R）

習題

1. 試於分子與分母自由度分別為 5 與 6 的 F 分配內抽出 20 個觀察值。

   ☞提示：x = rf(20,5,6)

          x

2. 試於分子與分母自由度分別為 10 與 7 的 F 分配內計算小於 5.6 的機率。

   ☞提示：pf(5.6,10,7)

3. 續上題，計算小於等於 0.05 機率的分位數。

   ☞提示：qf(0.05,10,7)

4. 試分別繪出 F 分配內分子與分母自由度分別為 8 與 9 之 PDF 與 CDF。

   ☞提示：x = seq(0,10,length=100)

          windows()

```
par(mfrow=c(2,1))
plot(x,df(x,8,9),type="l",main="F 分配之 PDF", ylab="",
lwd=2)
plot(x,pf(x,8,9),type="l",main="F 分配之 CDF", ylab="",
lwd=2)
```

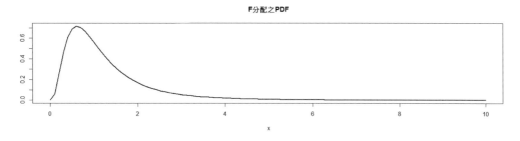

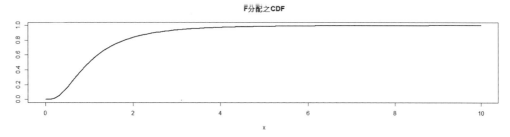

5. 利用 2.1.2 節題 1 的資料，試檢定二母體變異數是否相等後，再重做題 1，利用相同的顯著水準。

6. 類似題 5，重做 2.1.2 節的題 3。

7. F 分配的性質。F 分配有下列性質：$F_{1-\alpha, v_1, v_2} = \dfrac{1}{F_{\alpha, v_2, v_1}}$。試解釋之並用 R 說明。

   ☞提示：qf(0.95,3,4)

   1/qf(0.05,4,3)

第三節 卡方分配與 F 分配的應用

本書寫到目前為止，我們已經介紹完有關於母體平均數（或比率）與母體變異數的估計與檢定。底下，我們將介紹卡方分配與 F 分配的應用，前者可用於進行「配適度（goodness of fit）」檢定與獨立性檢定，而後者可用於變異數分析（analysis of variance, ANOVA）。

3.1 配適度檢定與獨立性檢定

統計學內的配適度指的是統計模型與觀察到的觀察值之間的配合程度。直覺而言，配適度的衡量可以彙總所有的理論與實際數值之間的差距，當彙總所有的差距於一定的容忍程度內，則可謂配適度「佳」，否則，則謂之為統計模型與觀察到的資料不合。

首先，我們考慮一個簡單的例子。假設某三種 3C 產品的市占率分別為 $p_a = 0.5$、$p_s = 0.4$ 以及 $p_h = 0.1$。現在我們隨機抽出 200 位有用過此三種 3C 產品的消費者，結果發現使用這三種品牌的人數分別為 100、70 以及 30，我們可以利用抽出的樣本資料檢驗上述市占率是否正確？

我們可以使用卡方分配檢定上述「理論」與實際市占率的配適情況；此時卡方分配的定義為：

$$\chi^2 = \sum_{i=1}^{n} \frac{(o_i - e_i)^2}{e_i} \tag{6-18}$$

其中 o_i 與 e_i 分別表示實際觀察以及理論的次數。讀者可參考圖 6-11 的 R 程式瞭解 (6-18) 式的合理性。值得注意的是，上述卡方分配的自由度為 $n - 1$。若以前述的例子，我們欲檢定配適度的虛無假設應為：

$$H_0 : p_a = 0.5、p_s = 0.4 \text{ 以及 } p_h = 0.1$$

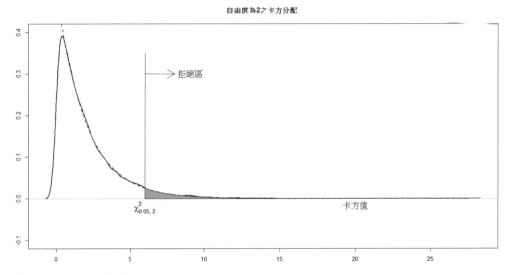

▲ 圖 6-11：配適度檢定

當然，對立假設為 $H_a : H_0$ 不成立（直覺可知其應屬於右尾檢定，為什麼？）。利用前述市占率資料，可計算檢定統計量及對應的 p 值各約為 6.25 以及 0.04；是故，於 $\alpha = 0.05$ 下，是拒絕 H_0，如圖 6-11 所示。不過，若觀察 p 值，只要 $\alpha = 0.01$ 就不會拒絕 H_0；因此，前述市占率之樣本資料應不會離其理論值太遠！

上述的配適度檢定可擴充至獨立性檢定，即考慮下列的列聯表樣本資料。下表總共調查 2,757 位投資人，其中男、女投資人分別有 1,557 與 1,200 人。我們有興趣想要知道男、女投資人的投資偏好，故分別詢問他們對股票、債券以及基金的選擇（只能三選一），其結果列於表 6-1 之 A。利用表 6-1 之 A 我們可以檢定三種資產的選擇是否存在性別差異？（即見到一位女性投資人，直覺就認為她必然會買基金。）換言之，此時虛無假設可為：

$$H_0 : 三種資產的選擇與性別無關（或獨立）$$

我們可以利用 (6-18) 式檢視上述虛無假設，只不過因列聯表的表示方式而將卡方分配改成下列型態：

$$\chi^2 = \sum_{i=1}^{n} \sum_{j=1}^{m} \frac{(o_{ij} - e_{ij})^2}{e_{ij}} \tag{6-19}$$

我們可以將列聯表視為類似矩陣或行列式型態，即表 6-1 之 A 內男性投資人喜歡債券的人數為 327 人，此相當於可對應至第一列、第二行的人數，即 $o_{12} = 327$ 人；類似的情況如 $o_{23} = 477$ 人，表示喜歡基金的女性投資人共有 477 人，其餘可類推。因此，於表 6-1 之 A 內共有二列三行，相當於 $n = 2$ 與 $m = 3$，由於列聯表的依存關係（知二行就知第三行，知一列就知另一列；例如，若知喜歡股票與債券的男性人數，就知男性喜歡基金的人數）；因此，不同於 (6-18) 式的自由度，(6-19) 式卡方分配的自由度為 $(n-1)(m-1)$（事實上將 (6-19) 式展開就是 (6-18) 式）。

若資產的選擇與性別無關，則我們可以計算出理論的人數；例如，男投資人占的比重約為 $1,557 / 2,757 \approx 0.5647$，故選基金的男投資人的期望人數是選基金的總

▽ **表 6-1**：列聯表

		A.(o_{ij})				B.(e_{ij})	
	股票	債券	基金		股票	債券	基金
男	762(1,1)	327(1,2)	468(1,3)	1557	703.6714	319.6453	533.6834
女	484(2,1)	239(2,2)	477(2,3)	1200	542.3286	246.3547	411.3166
	1246	566	945	2757			

人數 945 的 56.47%，即 $e_{13} = 945 \times 1{,}557 / 2{,}757 \approx 533.6834$。因此，預期（或理論）的人數可為：

$$e_{ij} = (\text{第 } j \text{ 行的人數}) \times (\text{第 } i \text{ 列的人數 / 總人數})$$

其所有的結果就列於表 6-1 之 B。是故，若將 A 與 B 的結果代入 (6-19) 式，可得出卡方分配的檢定統計量及對應的 p 值分別約為 30.07 與 0，故應拒絕 H_0。表示三種資產的選擇應與性別有關。（可參考 ch6-3-1.R）

習題

1. 利用 TSMC 與 TWI 日對數報酬率序列資料，我們可以先計算 TSMC 日對數報酬率序列之第一個四分位數、第二個四分位數（即中位數）以及第三個四分位數，故透過四分位數，可將 TSMC 日對數報酬率序列分成四個相同「寬度」的區間。若 TSMC 日對數報酬率序列總共有 1,000 個觀察值，則落於每個區間應有 250 個觀察值。假定我們從 TWI 日對數報酬率序列內隨機抽出 1,000 個觀察值，然後按照上述四分位數計算每個區間的觀察值個數，其結果依序為 151、327、357 與 165。利用上述 TWI 的資料，試於顯著水準為 5% 的情況下，檢定四個區間的比率是否相同並解釋其意義。

2. 利用 TSMC 日對數報酬率序列樣本資料（2000/1/4 － 2014/7/10），我們可以將整個樣本期間分成 I 與 II 樣本期間，二期間各有 1,811 個觀察值。類似題 1，我們依 I 樣本期間的觀察值的四分位數，將日對數報酬率分為四個區間；然後計算 II 樣本期間的觀察值落於四個區間的個數，其結果依序分別為 280、659、556 以及 316，試於顯著水準為 5% 的情況下，檢定四個區間的比率是否相同。

3. 之前我們曾使用日對數報酬率的平方當作「日波動率的實際值」，因此我們按照 TSMC 日對數報酬率平方的四分位數，可將日波動率分成：小、中、大以及超大波動；另一方面，我們亦將 TSMC 日對數報酬率分成小於 0 以及大於等於 0 二部分，前者可以對應至「負面的消息」而後者則對應至「正面的消息」。故可以利用 TSMC 日對數報酬率序列樣本資料（2000/1/4 － 2014/7/10）編製成下表（表內的數值表示出現的次數）：

	小波動	中波動	大波動	超大波動
負面的消息	587	460	471	437
正面的消息	319	446	435	468

試檢定波動的大小與消息的好壞是否相互獨立？（$\alpha = 0.05$）

4. 利用大立光日對數報酬序列樣本資料（2005/1/4 － 2015/4/28），重做題 3。

3.2 變異數分析

底下我們將介紹 F 分配的另一個應用：變異數分析。變異數分析是用於檢定虛無假設為多個母體平均數是否相等；換言之，於變異數分析內，虛無假設可寫成：

$$H_0 : \mu_1 = \mu_2 = \cdots = \mu_k$$

上式假想有 k 個母體。雖說之前我們有學過二個母體平均數差異的統計推論，但是使用上式卻有「一次就到位」的味道（不須每二個相互比較），因此就「可容忍的誤差」而言，使用變異數分析來檢定多個母體平均數的情況反而比較有效[6]。

顧名思義，雖說稱為變異數分析，但是其卻用來檢定多個母體平均數是否相等的情況；因此，若欲使用變異數分析方法，事先需牽涉到若干的「實驗設計」以符合變異數分析方法的假定。換言之，欲使用變異數分析方法，事先需考慮變異數分析的假定：第一，假定所分析的對象（母體）需皆為常態分配；第二，母體的變異數皆相等；第三，母體之間相互獨立。

因此，變異數分析方法就是利用上述三個假定以估計母體的變異數。假想 $k = 3$，按照上述的假定 $\sigma_1^2 = \sigma_2^2 = \sigma_3^2 = \sigma^2$，我們面對的只有一個變異數 σ^2。我們有二種方法可以估計 σ^2，其一是使用樣本變異數 s^2（可記得後者是前者的不偏估計式）；但是現在卻有 3 個樣本變異數皆可用於估計 σ^2，當然不能厚此薄彼，故類似 (6-13) 式，可以使用 3 個樣本變異數的加權平均數，即：

$$s_p^2 = \frac{(n_1 - 1)s_1^2 + (n_2 - 1)s_2^2 + (n_3 - 1)s_3^2}{n_1 + n_2 + n_3 - 3} \to \sigma^2 \tag{6-20}$$

其中 $s^2 \to \sigma^2$ 表示用 s^2 估計 σ^2。另外一種估計 σ^2 的方法是利用 $\bar{x}$ 抽樣分配的變異數特性。可回想 $\bar{x}$ 抽樣分配的變異數可寫成 $\sigma_{\bar{x}}^2 = \sigma^2 / n$；因此，若要估計 σ^2 就相當於估計 $n\sigma_{\bar{x}}^2$。什麼可用於估計 $\sigma_{\bar{x}}^2$？當然是 $s_{\bar{x}}^2$，後者就是計算樣本平均數的變異數，即另外一種估計 σ^2 的方法是：

$$ns_{\bar{x}}^2 \to \sigma^2 \tag{6-21}$$

6　例如每次檢定都使用顯著水準 5%，若是連續使用二次或二次以上的檢定呢？整體的顯著水準未必仍為 5%！

　　若仔細比較 (6-20) 與 (6-21) 式，可發現二者會有差距，竟表現於 H_0 的真偽！於本例內，$H_0：\mu_1 = \mu_2 = \mu_3$。可參考圖 6-12。

　　若 H_0 為真，則按照變異數分析的假定，三個母體會重疊，如圖 6-12 的下圖所示，此時若依 (6-21) 式估計 σ^2，其值應會比 H_0 為偽來得小；若 H_0 不為真，可觀察圖 6-12 之上圖，我們可看出樣本平均數 $\bar{x}_1$、$\bar{x}_2$ 或 $\bar{x}_3$ 分散的程度較下圖來得大，故按照 (6-21) 式所計算得出的數值應該就比較大！反觀用 (6-20) 式估計 σ^2，因其只是在估計任一個分配的母體變異數，故其值並不受 H_0 真偽的影響；因此，我們共有二種方式可以估計母體變異數，比較二者的差距，自然就可知 H_0 真偽的可能性。既然是比較二個估計的變異數，那有關於估計與檢定會使用到的機率分配，當然非 F 分配莫屬。

　　我們可以進一步整理以上的思緒。變異數分析所面對的樣本與母體大致可能如表 6-2 表示。

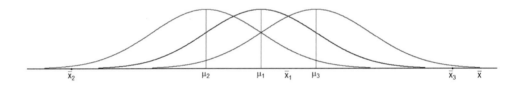

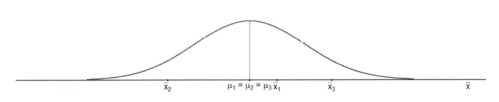

▲ **圖 6-12**：變異數分析

▽ **表 6-2**：變異數分析所面對的樣本與母體

	母體 1	母體 2	⋯	母體 k
樣本 1	x_{11}	x_{12}	⋯	x_{1k}
樣本 2	x_{21}	x_{22}	⋯	x_{2k}
⋮	⋮	⋮	⋮	⋮
樣本 n_j	x_{n11}	x_{n22}	⋯	x_{nkk}
平均數	$\bar{x}_1$	$\bar{x}_1$	⋯	$\bar{x}_1$
變異數	s_1^2	s_2^2	⋯	s_k^2

$$\overline{\overline{x}} = \frac{\sum_{j=1}^{k}\sum_{i=1}^{n_j} x_{ij}}{n_T}; \ \overline{x}_j = \frac{\sum_{i=1}^{n_j} x_{ij}}{n_j}; \ s_j^2 = \frac{\sum_{i=1}^{n_j}(x_{ij}-\overline{x}_j)^2}{n_j-1}$$

其中 $n_T = n_1, n_2, \cdots, n_k$。從表 6-2 中可知從每個母體抽出的樣本數，分別以 n_j 表示，我們可以進一步計算各別的樣本平均數與樣本變異數如上式所示，值得注意的是，樣本平均數與樣本變異數之計算相當於計算「列」的平均數與變異數。

我們可以將 (6-20) 與 (6-21) 式整理成以上表的「符號」表示。換言之，(6-20) 式可以改寫成：

$$s_p^2 = \frac{\sum_{j=1}^{k}(n_j-1)s_j^2}{n_T-k} = \frac{\sum_{j=1}^{k}(n_j-1)\sum_{i=1}^{n_i}\frac{(x_{ij}-\overline{x}_j)^2}{(n_j-1)}}{n_T-k} = \frac{\sum_{j=1}^{k}\sum_{i=1}^{n_j}(x_{ij}-\overline{x}_j)^2}{n_T-k} = \frac{SSE}{n_T-k} = MSE \qquad (6\text{-}22)$$

其中 SSE（sum of squared error）可稱為組內誤差平方和，而 MSE（mean squared error）則稱為組內誤差均方；值得注意的是，(6-22) 式就是一種樣本平均數，故式內的 $n_T - k$ 可稱為 MSE 的自由度。

同理，(6-21) 式亦可改寫成：

$$ns_{\overline{x}}^2 = n\frac{\sum_{j=1}^{k}(\overline{x}_j-\overline{\overline{x}})^2}{k-1} = \frac{\sum_{j=1}^{k}\sum_{i=1}^{n_j}(\overline{x}_j-\overline{\overline{x}})^2}{k-1} = \frac{SSTR}{k-1} = MSTR \qquad (6\text{-}23)$$

上式的導出有使用到加總的特性，即 $\sum_{j=1}^{n} c = nc$（可以試著想想看）。相同地，SSTR 可稱為組間差異之平方和，而 MSTR 則稱為組間差異均方；類似地，式內的 $k - 1$ 亦稱為 MSTR 的自由度。

變異數分析有一個特色，就是可以將總平方和「按照組別」拆成二個部分：

$$SST = \sum_{j=1}^{k}\sum_{i=1}^{n_j}(x_{ij}-\overline{\overline{x}})^2 = \sum_{j=1}^{k}\sum_{i=1}^{n_j}(x_{ij}-\overline{x}_j)^2 + \sum_{j=1}^{k}\sum_{i=1}^{n_j}(\overline{x}_j-\overline{\overline{x}})^2 = SSE + SSTR \qquad (6\text{-}24)$$

讀者可試著證明 (6-24) 式。SST 可稱為總平方和。仔細觀察 SST 可發現其事實上就是計算 x_{ij} 樣本變異數的分子部分；因此，透過 (6-24) 式的拆解，可將總變異（以

▽ **表 6-3**：ANOVA 表

變異來源	平方和	自由度	均方	F 值
組內	SSE	$n_T - k$	MSE	$F = \dfrac{MSTR}{MSE}$
組間	SSTR	$k - 1$	MSTR	
	SST	$n_T - 1$		

平方和表示）拆成組內與組間的變異。因為如何分組是當初實驗設計的目的，是故 (6-24) 式亦可解釋成總變異 = 無法解釋的變異 + 可以解釋的變異。為何後者 SSTR 可以說成可以解釋的變異，因其是分組所造成的！最後，由於 SST 可對應至樣本變異數，故其自由度為 $n_T - 1$，其是結合 MSTR 與 MSE 的自由度。

一般從事變異數分析，最後大多會編製所謂的 ANOVA 表，其內容可看表 6-3 之 ANOVA 表。從表內可知，欲檢定上述多個母體平均數相等的虛無假設，其檢定統計量是屬於分子與分母自由度分別為 $k - 1$ 與 $n_T - k$ 的 F 分配，讀者可想想看其為何仍只有右尾檢定。

現在我們來想像或設計一個實例。我們使用 TSMC 日對數報酬率 2000/2/11 － 2014/7/10 期間的樣本資料，此段期間總共有 3,600 個觀察值；因此，整個樣本可分成四期，每期共有 900 個觀察值。由於我們已經知道 TSMC 日收盤價有可能接近於隨機漫步，因此四期日對數報酬率之間應沒有什麼關係[7]。不過，我們知道四期內的各期分配應不是常態分配（讀者可試著解釋為何不是？）。我們如何符合常態分配的假定？利用中央極限定理；換言之，利用樣本平均數的抽樣分配，因其屬於常態分配（若條件符合的話）。

因此，我們從四期內的各期中以抽出放回的方式，各抽出 200 個樣本，然後再估計其樣本平均數的機率密度曲線（樣本平均數的抽樣分配），其結果可繪於圖 6-13。從圖中，可發現第二與四期的分配比另二個分配稍偏右；另一方面，四個分配中只有第一期分配的變異數稍大，約為 0.04，其餘第二至四期分配的變異數分別約為 0.02、0.02 以及 0.01，因此四個分配的變異數差距並不大。

不過，我們也不是很確定上述結果是否符合變異數分析的假定，故底下的結果只能提供近似的情況（嚴格來講，我們可以依變異數分析的假定逐一檢定上述結果）。假定我們從上述第一至四期的樣本平均數模擬值（用以估計機率密度函數）內各以抽出放回的方式抽出 200 個樣本；利用抽得的 800 個樣本，我們可以進行變異數分析。首先，虛無假設與對立假設分別可為：

$$H_0 : \mu_1 = \mu_2 = \mu_3 = \mu_4$$

與

$$H_a : H_0 \text{ 不成立}$$

7　雖說如此，我們仍須提醒讀者注意日對數報酬率之平方或絕對值之間有可能存在相關；因此，底下的分析仍只是一種「近似的」結果。

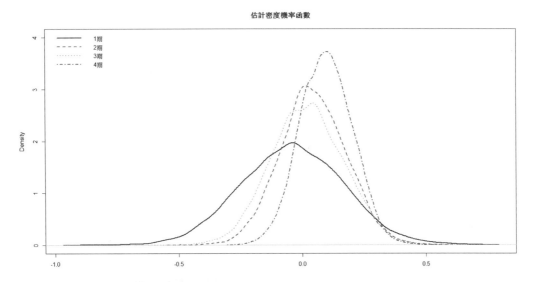

⋏ **圖 6-13**：TSMC 日對數報酬率各期之抽樣分配

我們可以將估計的結果整理成表 6-4 的 ANOVA 表，從表中可發現 F 分配檢定統計量約為 14.66；若 $\alpha = 0.05$，F 分配（右尾）的臨界值約為 8.53，故拒絕 H_0。我們也進一步估計所對應的 p 值，其值約為 0.023，表示即使 α 值再壓低至 0.023，仍是拒絕 H_0。職是之故，我們發現 2000 年至今（2014 年 7 月中旬），TSMC 日對數報酬率依 900 個交易日（約為 3.6 年）分成四期，各期的平均數並不會相等。

我們也可進一步找出拒絕 H_0 的原因。就樣本變異數的加權平均數而言，如 (6-22) 與 (6-13) 式之比較，當然前者會比後者來得有效（畢竟二個以上所提供的資訊會大於二個），故我們使用 MSE 取代 (6-13) 式，再分別估計第一與二期、一與三期、一與四期、二與三期、二與四期以及三與四期母體平均數差異的 95% 信賴區間，其估計值分別為 [−0.07, −0.03]、[−0.06, −0.02]、[−0.13, −0.09]、[0.00, 0.04]、[−0.06, −0.02] 以及 [−0.08, −0.04]。從以上可知各期母體的平均數皆不相等！（可參考 ch6-3-2.R）

⋎ **表 6-4**：ANOVA 表

變異來源	平方和	自由度	均方	F 值
組內	18.0276	796	0.0226	$F \approx 14.66$
組間	0.9961	3	0.3320	
	19.0237	799		

習題

1. 於本節內，我們將 TSMC 日對數報酬率序列分成四期，再取得各期樣本平均數的抽樣分配；若我們從各期的抽樣分配內再各隨機抽出 5 個觀察值，其結果可為（單位：%）：

   1 期：(−0.36)、　0.17　、　0.32　、(−0.26)、(−0.14)

   2 期：(−0.08)、　0.07　、　0.27　、　0.12　、　0.26

   3 期：(−0.12)、(−0.01)、(−0.20)、(−0.05)、　0.04

   4 期：(−0.04)、　0.10　、　0.07　、　0.13　、　0.17

   試於顯著水準為 5% 下，檢定四個母體平均數是否相等。

2. 續上題，編製 ANOVA 表。

3. 利用大立光日對數報酬率樣本序列資料（2005/1/4 − 2015/4/28），我們亦可分成四期，每期各有 639 個觀察值。我們可以估得樣本平均數（每期 200 個觀察值）的抽樣分配如下圖所示：

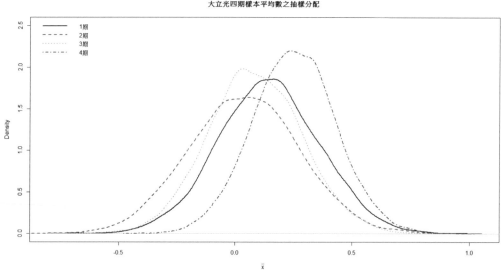

   若我們從各期的抽樣分配內再各隨機抽出下列觀察值，其結果可為（單位：%）：

   1 期：　0.14　、(−0.16)、　0.22　、　0.10　、(−0.06)

   2 期：(−0.13)、(−0.01)、(−0.36)、(−0.08)

   3 期：　0.40　、　0.30　、　0.09　、　0.17　、　0.04　、(−0.06)

   4 期：　0.17　、　0.20　、　0.17　、(−0.06)、　0.03

試於顯著水準為 5% 下，檢定四個母體平均數是否相等。

4. 續上題，編製 ANOVA 表。

第四節　財金上的應用

敏感的讀者至目前為止，應該有意識到金融資產報酬率擁有的獨特性，於本節我們將其整理歸納成：波動率之凝聚現象、厚尾以及非線性依存關係。本節將介紹上述三種獨特性。

另一個本節要強調的重心，是介紹風險估計內有關回測（backtesting）的意義及重要性。直覺而言，當我們估計某種資產（或組合）之 5% 的風險值時，應該能事先測試估計的風險值是否正確；換言之，若沒有經過回測的檢驗，我們如何知道所估計的風險值是否能反映真正的風險？

因此，本節可以分成二個部分：第一部分將介紹金融資產報酬率擁有的獨特性；第二部分則強調回測的意義及重要性。

4.1 金融資產報酬率的獨特性

本節將以 TWI（加權股價指數）與 TSMC 為例，讀者可以檢視其他的資產是否有類似的情況。

4.1.1 波動率之凝聚現象

所謂波動率具有凝聚現象是指波動率具有依存關係；換言之，部分的波動率是可以預測的！值得注意的是，此處波動率指的是報酬率的條件標準差。可以參考圖 6-14。於圖 6-14 的上圖，我們是將 2000/6/23 － 2014/7/10 期間 TWI 與 TSMC 之日對數報酬率（各總共有 3,500 個觀察值）分成 14 期或 14 年（1 年約有 250 個觀察值），然後再逐一估計其波動率（年率化後），從圖中可看出高、低波動率之間的確有凝聚或有相關的現象。下圖則是繪出日對數報酬率之時間走勢圖，我們亦可從其波動程度看出「時而高波動，時而低波動」的情況。

為了檢視波動率具有凝聚現象或可預期性，我們也可以使用之前有介紹過的樣本相關係數觀念，將其推廣至用於估計今日的報酬率與過去報酬率之間的相關程度，此種推廣的樣本相關係數就稱為樣本自我相關係數 r_j；換言之，r_j 可定義成：

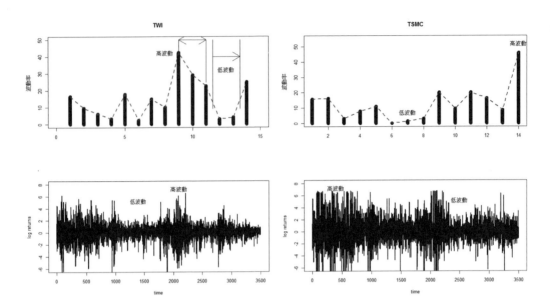

▲ **圖 6-14**：TWI 與 TSMC 波動率

$$r_j = \frac{\sum_{t=1}^{n-j}(y_t - \bar{y})(y_{t+j} - \bar{y})}{\sum_{t=1}^{n}(y_t - \bar{y})(y_t - \bar{y})} \tag{6-25}$$

讀者可回想樣本相關係數的公式是否與 (6-25) 式類似？

　　利用 (6-25) 式，我們分別估計 TWI 與 TSMC 日對數報酬率、日對數報酬率之平方以及日對數報酬率的絕對值之樣本自我相關係數，其結果繪於圖 6-15，圖內的虛線表示母體自我相關係數的 95% 信賴區間估計值[8]。我們從圖中可發現 TWI 與 TSMC 日對數報酬率幾乎不存在自我相關（接近於白噪音）；但是日對數報酬率之平方以及日對數報酬率的絕對值，卻存在顯著的自我相關，而後二者可用於估計波動率，故波動率應該有部分是可預測的！（可參考 ch6-4-1-1.R）

8　此處自我相關估計式（抽樣）分配漸近於平均數與變異數分別為 0 與 $1/n$ 之常態分配。

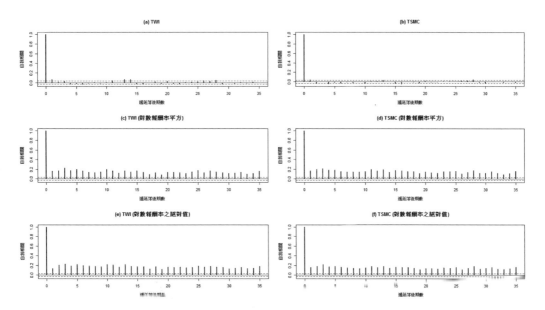

🅰 **圖 6-15**：TWI 與 TSMC 日對數報酬率、平方與絕對值之估計的自我相關

習題

1.　TSMC 最近的 8 個日對數報酬率（2014/7/10）的平方分別為：

1.44、12.25、2.25、0.16、0.49、1.21、0.16、0.16

試計算落後一期之樣本自我相關係數。

☞提示：p = 收盤價

```
tsmc.r = 100*diff(log(p))
y = tsmc.r[(length(tsmc.r)-7):length(tsmc.r)]
y2 = round(y,1)^2
y2
acfy = acf(y2,plot=F)
acfy
# lag 1
ybar = mean(y2)
y2a = y2[1:7]
y2b = y2[2:8]
y2a = y2a-ybar
y2b = y2b-ybar
```

```
sum(y2a*y2b)/sum((y2-ybar)^2)
# lag 2
y2a = y2[1:6]
y2b = y2[3:8]
y2a = y2a-ybar
y2b = y2b-ybar
sum(y2a*y2b)/sum((y2-ybar)^2)
```

2. 續上題，利用 TSMC 所有的日對數報酬率平方之樣本序列資料，計算落後一～四期的樣本自我相關。

3. 續上題，試於顯著水準為 5% 的條件下，檢定落後四期的母體自我相關係數是否為 0。

   ☞提示：
```
acfy2 = acf(tsmc.r^2,plot=F)
acfy2
n = length(tsmc.r)
sigma2 = 1/n
z = 0.182/sqrt(sigma2)
z
windows()
acf(tsmc.r^2)
```

4. 利用美元兌新臺幣匯率之日對數報酬率序列資料（2002/1/2 − 2014/7/10），試繪製出日報酬率平方之樣本自我相關圖。

4.1.2 非常態與厚尾

接下來我們來看金融資產報酬率的第二個獨特性：其機率分配為非常態且有厚尾的情形。圖 6-16 分別繪出 TWI 與 TSMC 日對數報酬率之估計機率密度曲線（2000/6/23 − 2014/7/10），為了方便比較起見，圖內亦繪出常態分配曲線（紅色虛線）。從上圖可看出二估計機率密度曲線大致呈對稱的態勢，但是若與常態分配比較，很明顯地二估計機率密度曲線出現高峽峰的情況，我們再進一步估計其超額峰態係數，各約為 2.47 與 1.62，顯示前者比後者陡峭。

　　因為皆出現超額峰態的情況，使得二估計機率密度曲線出現比常態分配厚尾的現象，我們特別將上圖的左右尾放大並分別繪於中下圖。從圖中可看出至左右極端值時二估計機率密度曲線的尾部皆位於常態尾部之上。我們也可以分別估計左右極

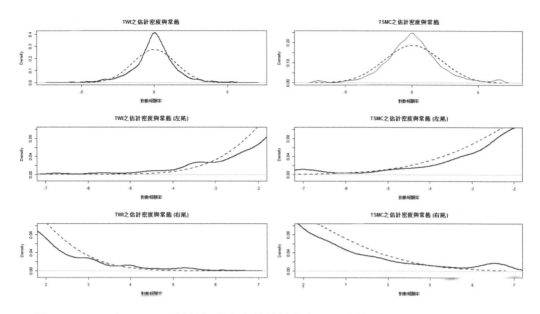

▲ 圖 **6-16**：TWI 與 TSMC 日對數報酬率之估計機率密度與常態分配之比較

端值的分位數，標準化後的 TWI 與 TSMC 日對數報酬率，其 0.0001、0.001、0.01 與 0.1 的分位數分別各約為 −4.75、−4.30、−2.82 與 −1.17 以及 −3.54、−3.52、−2.85 與 −1.13，而對應的常態值則分別約為 −3.72、−3.09、−2.33 與 −1.28；類似地，0.9999、0.999、0.99 與 0.9 的分位數分別各約為 4.44、3.90、2.79 與 1.09 以及 3.27、3.25、3.05 與 1.18，而對應的常態值則分別約為 3.72、3.09、2.33 與 1.28（以上比較，忽略百分比符號）。

於上述比較中，可看出 TWI 厚尾的程度的確高於 TSMC；另一方面，二者皆顯示出左尾比右尾厚，表示「空頭」的風險仍比「多頭」的風險大！（可參考 ch6-4-1-2.R）

(習題)

1.　利用美元兌人民幣、歐元兌美元匯率之日對數變動率樣本序列資料（2002/1/2 − 2014/7/10），試分別繪出其估計之 PDF，同時與常態分配之 PDF 比較。

2.　使用 1982/1 − 2015/5 期間之通貨膨脹率序列資料，試繪出其估計之 PDF，同時與常態分配之 PDF 比較。

3.　續上題，試比較左尾的情況。

4.　續題 1，試計算各自的樣本偏態與峰態係數。

4.1.3 非線性依存關係

我們從上述樣本自我相關係數之估計（圖 6-15），已可看出日對數報酬率平方和絕對值（二者皆非線性）之間有顯著的關係，但是日對數報酬率之間（可以視為線性）卻不存在自我相關，資產報酬率之間可能存在非線性關係。我們可以進一步觀察 TWI 與 TSMC 日對數報酬率之間的條件（或短期）相關係數，如圖 6-17 所示。

於圖 6-17 之上圖，我們估計於 2000/1/4 － 2014/7/10 期間，上述二對數報酬率之間的樣本相關係數之年（相當於 250 個交易日）移動平均值，從圖中可看出短期的相關係數估計值大致圍繞於長期估計值（圖內紅色虛線，約為 0.757）附近；不過，於二次金融風暴期間（圖內綠色陰影部分，其約當 2008 － 2010 期間），短期的相關係數估計值卻處於最低檔。

直覺而言，於金融風暴期間各資產之間的相關性應提高才是，畢竟有了風聲鶴唳或風吹草動的警覺，投資人應會更注意各資產之間的相關程度才對；但是，我們所估計的相關係數反而於金融風暴期間下降了，此是否意味著於金融風暴期間，投資人反而欲使 TSMC 脫離 TWI 的影響？

因此，一個可能的解釋是「衡量市場風險的 β 值」，故圖 6-17 我們亦以移動

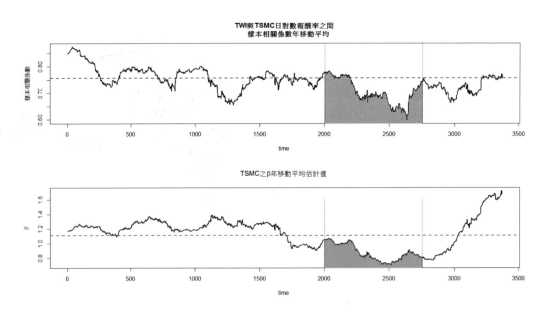

▲ **圖 6-17**：TWI 與 TSMC 樣本相關係數及 β 之年移動平均估計值（250 個交易日）

（或滾動）的方式估計 TSMC 日對數報酬率之 β 值 [9]。從圖內可發現於二次金融風暴期間，TSMC 估計的 β 值的確處於最低的情況，其最小值約為 0.71，而長期的 β 值估計值則約為 1.11（圖內紅色虛線）；因此，此是否隱含著，於二次金融風暴期間，投資人視 TSMC 股票為一個安全的避風港？由於 β 值係用於衡量市場風險，故 TSMC 股票於二次金融風暴期間反而成為較安全的股票；值得注意的是，於二次金融風暴過後，TSMC 日對數報酬率之 β 估計值反而逐漸攀升，甚至於高過於長期的估計值！

　　從以上短期的相關係數與 β 的走勢來看，讀者認為財金變數之間的關係會單純地只有直線關係嗎？（可參考 ch6-4-1-3.R）

習題

1. 試於經濟新報內下載與大立光股價（調整後）同時期之 TWI 序列資料（2005/1/4 － 2015/4/28），重做圖 6-17。

2. 取美元兌新臺幣、美元兌人民幣以及歐元兌美元匯率之日對數變動率樣本序列資料（2002/1/2 － 2014/7/10）。試計算整個樣本期間上述三序列彼此之間的樣本相關係數。

3. 續上題，將整個樣本期間分成三個小期間，每個小期間各有 1,045 個觀察值，試計算並比較整個樣本期間與三個小期間，上述三序列彼此之間的樣本相關係數。

   ☞提示：y = 歐元
   ```
   x = 人民幣
   z = 新臺幣
   yr = 100*diff(log(y))
   xr = 100*diff(log(x))
   zr = 100*diff(log(z))
   A = cbind(yr,xr,zr)
   cor(A)
   length(yr)/3
   A1 = A[1:1045,]
   A2 = A[1046:2090,]
   A3 = A[2091:3135,]
   ```

9　於下一章，我們將會介紹如何估計以及解釋 β 值的意義及其與相關係數的關係。

```
cor(A1)
cor(A2)
cor(A3)
```

(4.2) 回測 [10]

就風險預測而言，我們如何選出最佳的模型？也許我們可以透過個別模型的診斷，或是檢定參數是否顯著，抑或是分析殘差值 [11]；不過，上述方式針對風險預測的特性未必恰當。

回測是一種用於比較不同風險預測模型的過程。其強調某一特定模型之「事前」風險值預測，同時與事後實際報酬率（例如，歷史觀察值）比較；只要損失超過風險值，違反風險值（VaR violation）的情況就會出現。若要指出某一風險預測模型的缺失同時提出改進之道，回測不失為一個有用的方法，雖說未必能明確指出「為何會如此？」但是，透過回測過程卻可避免風險值之低估，使得像銀行等金融機構得以提足資本準備，相反地，其亦可避開風險值之高估，避免資本之閒置。

4.2.1 回測之準備

估計視窗（期間）：估計視窗（W_E）是指需使用多少觀察值以用於預測風險值，若不同的模型同時用於比較，則當使用最大（合適）數量的觀察值。

檢定視窗：檢定視窗（W_T）是指於預測風險值的天數。

例 1：假定我們有 10 年的每日樣本資料（例如 1999/1/1 － 2009/12/31）。我們用前二年的報酬率（約有 500 個交易日）當作第一個估計視窗，先取得第 501 個交易日之預期風險值，然後再逐日滾動，每次都維持 500 個交易日的估計視窗，直至 2009/12/31 為止。於此例，$W_E = 500$，$W_T = 2,000$（10 年共有 2,500 個交易日）；因此，我們總共有 8 年（或 2,000 個）的風險值預測值。倘若某一特定交易日的實際報酬率超過預期風險值，則可說違反風險值；我們將違反風險值的次數記錄下來，就可使用底下違反比率（violation ratio, VRio）

---

10 本節的內容係參考 Jon Danielsson (2011) 所著之 *"Financial risk forecasting: the theory and practice of forecasting market risk with implementation in R and Matlab"*, John Wiley & Sons Ltd, United Kingdom。此書內亦附有許多 R 與 Matlab 程式可供參考。

11 同註 7，我們會於後面的章節介紹殘差值和模型診斷的意義。

的技巧。

違反風險值： 若有一個事件為

$$\eta_t = \begin{cases} 1 & if \ y_t \le VaR_t \\ 0 & if \ y_t > VaR_t \end{cases} \tag{6-26}$$

其中 y_t 表示實際報酬率。令 v_1 與 v_0 分別表示對應的總合，即：

$$v_1 = \sum \eta_t \ 與 \ v_0 = W_T - v_1$$

違反比率： 違反比率可為（實際違反次數與預期次數之比）

$$VRio = \frac{v_1}{p \times W_T}$$

其中 p 表示風險值之「信賴水準」。是故，若 VRio 大於 1 表示低估風險；反之小於 1，則為高估風險。

　　無法避免地，回測方法有一個不切實際的假定，即當估計每日風險值時，假定資產組合於下一個交易日被「凍結」；換言之，假定資產組合的成分或比重仍然固定，然而實際報酬率卻受到諸如交易成本或重新調整比重（rebalancing）策略等因素的影響。因此，使用回測時，應注意其與實際的差異。

4.2.2 市場風險管制

根據巴賽爾協定（Basel Accords）下有關金融機構管制的共識，由於市場風險、信用風險以及營運風險等因素，金融機構需提足一定數量的資本準備。根據 1988 年巴賽爾第一協定（Basel I Accords）所提出的公式：

$$Market \ risk \ capital_t = \Xi_t \max(VaR_t^{1\%}, \ V\bar{a}R_t^{1\%}) + C$$

其中 C 與 $V\bar{a}R_t^{1\%}$ 分別表示一個常數以及過去 60 天 1% VaR 的平均值。按照上式，因市場風險所需提的資本為某一個常數 Ξ_t 乘上 1% VaR 與其過去 60 天的平均值的最大值，其中常數 Ξ_t 取決於過去違反風險值的次數，即：

$$\Xi_t = \begin{cases} 3 & if \ v_1 \le 4 & Green \\ 3 + 0.2(v_1 - 4) & if \ 5 \le v_1 \le 9 & Yellow \\ 4 & if \ 10 \le v_1 & Red \end{cases} \tag{6-27}$$

其中 v_1 表示過去 250 個交易日違反風險值的次數。(6-27) 式表示依違反風險值的嚴重程度，分成綠、黃與紅燈。金融機構如銀行將依違反風險值的嚴重程度予以需提高資本準備的處罰；當然，若銀行處於紅燈區，他們需立即採取降低風險的行動，否則嚴重者將可被吊銷執照。基本上，上述方法於巴賽爾第二協定（Basel II Accords）內並未改變，可預期到巴賽爾第三協定（Basel III Accords）內的變化也不會太大。

　　底下，我們分別使用四種模型以估計 TSMC 日對數報酬率之 1% 風險值（從做多的觀點），四種模型分別為使用 EWMA、MA（簡單移動平均）、歷史模擬（即計算實際分位數）與 GARCH 方法，GARCH 方法將於本書第 9 章介紹。為了分析方便起見，我們假定日對數報酬率平均數為 0；其次，令 $W_E = 500$。

　　圖 6-18 分別繪出實際的報酬率（以小圓點表示）與四種模型的估計結果，我們可以看出來使用 MA 與歷史模擬方法所估計的風險值，相對上比其餘二種方法的估計值來得平坦；換言之，若我們認為風險值應會隨時間改變（對於風險值於一段期間均維持不變，我們實在沒有把握其會是真的情況），使用 EWMA 或 GARCH 方法應比較合理。

　　我們再進一步計算前述風險值之違反比率，若按照 EWMA、MA（簡單移動平均）、歷史模擬與 GARCH 方法[12]，其分別約為 1.38、1.34、0.86 與 1.47；

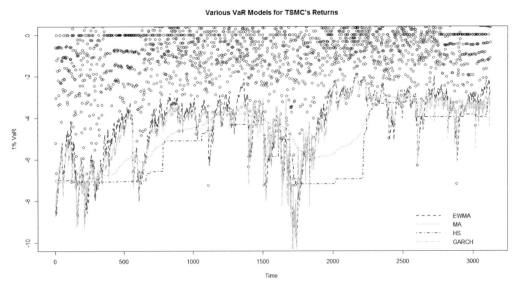

▲ **圖 6-18**：四種不同模型估計 TSMC 日報酬率之 1% 風險值

---

12 此處是使用 GARCH(1,1) 模型估計。

其中違反的次數按照上述次數分別為 43、42、27 與 46，而理論的違反次數則約為 31.23 次（其中機率值為 0.01 而檢視天數為 3,123 天）。就風險值估計而言，明顯地只有歷史模擬方法會高估風險而其餘三者會低估風險！於後面章節，我們會進一步對上述之違反比率進行統計推論，方能知何方法的估計比較正確。讀者可以試著從所附的 R 程式猜出四種不同模型如何估計風險值。（可參考 ch6-4-2.R）

習題

1. 試敘述上述四種模型如何計算風險值。
2. 使用大立光日對數報酬率的所有樣本序列資料，計算四種模型之 1%（多頭）風險值。
3. 續上題，重做圖 6-18。

本章習題

1. 相同地，以讀者的資料取代本章 TSMC 資料，重做本章有關後者的部分。
2. 利用之前計算的名目經濟成長率（2000/1 − 2014/2 期間）樣本資料檢定母體變異數是否超過 25？$\alpha = 0.05$。（省略 %）
3. 利用之前計算的通貨膨脹率樣本資料，可得最近 50 個月通貨膨脹率樣本變異數約為 0.65，試分別檢定母體變異數是否有可能等於以及大於 2？$\alpha = 0.01$。（省略 %）
4. 可參考下圖，圖內繪出 1962/1 − 2014/2 季期間臺灣名目經濟成長率時間走勢；於圖中大致可從 1998/4（季）分成二個不同階段，之前姑且稱為第一階段，而之後則稱為第二階段。為什麼我們會將名目經濟成長率序列分成二個階段，因為我們懷疑上述二個階段的名目經濟成長率有可能已經變成二個互為獨立的母體；換言之，圖內紅（藍）色虛線為從第一（二）階段抽出 147（63）個樣本所計算的平均數，二樣本平均數之間存在一定的差距。利用上述的說明，試計算二個階段名目經濟成長率之間的樣本相關係數；其次，若假定二個階段的經濟成長率為獨立的母體，則檢定二個階段名目經濟成長率母體之間存在 11 的差距。$\alpha = 0.05$。（省略 %）

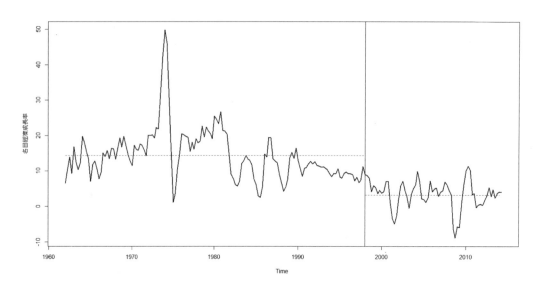

5. 續上題，檢定二個階段名目經濟成長率母體變異數是否相等，以及第一個階段名目經濟成長率母體變異數大於第二個階段母體變異數。$\alpha = 0.05$。（省略 %）

6. 續題 4，若視二個階段樣本的名目經濟成長率為母體，我們分別從二母體內以抽出放回的方式各抽出 50 個樣本後，再各計算其平均數，重複 10,000 次；因此，透過上述過程，我們相當於二階段中各自產生由 50 個樣本所組成的樣本平均數抽樣分配。我們再分別從二抽樣分配內分別抽出 8 與 9 個樣本，利用這些樣本資料，再重做題 4 與 5。

7. 利用本章 TWI 以及美元兌新臺幣匯率樣本資料，試分別以移動平均以及 EWMA 方法計算及繪出其日對數變動率條件變異數序列，其中 n 亦分別為 250 與 500。然後再分別列出最後 5 個估計值。

8. 於圖 6-18 內，我們如何計算風險值（四種方法）？

9. 續上題，若將估計期間改為 250 天，其結果又會如何？

10. 續題 8，若投資人是以「放空」的眼光來看，其結果又會如何？

11. 續題 8，除了歷史模擬方法之外，若將其餘三種方法全部改成以 t 分配取代常態分配計算風險值，其結果又會如何？

12. 利用美元兌新臺幣以及美元兌人民幣之對數日匯率報酬率資料（2002/1/2 － 2014/7/10），各選最近 50 個交易日，其樣本平均數與標準差各分別為 -0.02% 與 0.08%，以及 -0.018% 與 0.118%。於顯著水準為 1% 下，虛無假設為 $H_0 : \mu_1 - \mu_2 = 0$，假定二母體相互獨立。

(1) 試計算二母體平均數差異之 99% 信賴區間。

(2) 以檢定統計量檢定上述虛無假設。

(3) 其 p 值為何？有何意義？

13. 續上題，若虛無假設改為 $H_0: \mu_1 - \mu_2 \leq 0$

(1) 用臨界值方法檢定，此時母體 1 是指哪個匯率？

(2) 以檢定統計量檢定上述虛無假設。

(3) 其 p 值為何？有何意義？

14. 續上題，若改為左尾檢定，此時虛無假設為何？應如何檢定？

15. 利用上述美元兌新臺幣以及美元兌人民幣之對數日匯率報酬率資料，以抽出放回的方式各抽取 300 個樣本並分別計算出日匯率報酬率大於等於 0 的比率分別為 0.53 與 0.6，顯著水準為 1%，虛無假設為 $H_0: p_1 - p_2 = 0$。

(1) 試計算二母體比率差異之 99% 信賴區間。

(2) 以檢定統計量檢定上述虛無假設。

(3) 其 p 值為何？有何意義？

16. 續上題，若虛無假設改為 $H_0: p_1 - p_2 \leq 0$。

(1) 用臨界值方法檢定，此時母體 1 是指哪個匯率？

(2) 以檢定統計量檢定上述虛無假設。

(3) 其 p 值為何？其有何意義？

17. 續上題，若改為左尾檢定，此時虛無假設為何？應如何檢定？

18. 取上述最近之美元兌新臺幣之對數日匯率報酬率 3,000 個資料，以 1,000 個交易日為區分，故可分成三個階段；再以抽出放回方式各抽取 5 個資料，其分別為（單位 %）：

I：−0.02、−0.2、0.01、−0.01、−0.01

II：0.03、−0.05、0.01、−0.22、0.32

III：−0.21、0.07、−0.55、−0.12、−0.11

以顯著水準為 5%，試編 ANOVA 表並檢定三個母體平均數是否相等。

19. 續上題，試檢定階段 I 與階段 II 之母體變異數是否相等，$\alpha = 0.05$。

20. 續上題，試檢定階段 I 與階段 II 之母體平均數是否相等，$\alpha = 0.01$。

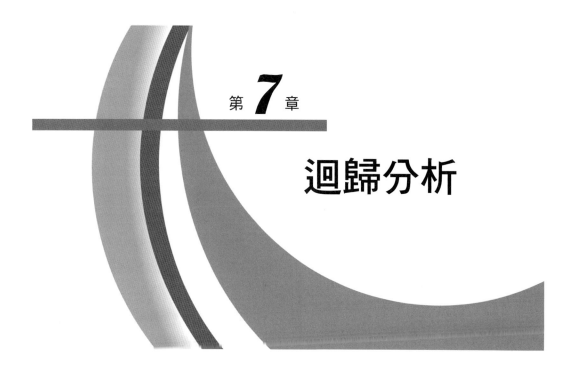

第 **7** 章

迴歸分析

當我們開始思考有關於財金上的問題時，一個無法避免的問題是報酬與風險之間究竟如何替換？二者之間的替換是否可以量化？直覺而言，當投資人將資金從銀行提出來，投資於風險性資產，雖說報酬比較高，但是風險相對上也比較大；因此，投資人為了賺取超額報酬率（即風險性資產報酬率超過銀行定存利率的部分）的代價是比以前多了更高的風險。是故，報酬與風險之間應該存在替換關係。

財金理論也一直到了「資本資產定價理論（capital asset pricing model, CAPM」的提出後，我們才知如何量化上述二者之替換[1]。按照 CAPM 的假定，第 i 種資產的預期報酬率可寫成：

$$E[\,r_i\,] = r_f + \beta_i E[\,r_m - r_f\,] \tag{7-1}$$

而

$$\beta_i = \frac{Cov(r_i, r_m)}{Var(r_m)} \tag{7-2}$$

其中 r_i、r_f 與 r_m 分別表示第 i 種資產的報酬率、無風險資產利率（或報酬率）以及市場報酬率；β_i 是第 i 種資產的 β 值。從 (7-2) 式的定義中，可看出 β 值頗類似於第 i 種資產報酬率與市場報酬率之間的相關係數公式；因此，依 (7-2) 式，第 i 種資

1　讀者可上網查詢 CAPM。

產的 β 值可解釋成，第 i 種資產報酬率與市場報酬率的共變異數（相關程度）以市場報酬率的變異數表示（此相當於 1/3 是表示分子 1 以分母 3 表示，故 1/3 是表示 1 是 1/3 個 3）。不過，這是什麼意思？

什麼是市場報酬率？其應該有點類似市場行情的意思，故 (7-2) 式內的共變異數有了「因果關係」的味道：即市場行情的變動會影響到第 i 種資產報酬率的變動；反之則不然，第 i 種資產報酬率的變動應無法影響到市場行情的變動。因此，我們可以用第 i 種資產的 β 值衡量因市場行情的變動所帶來第 i 種資產報酬率的變動（至於它用什麼來表示並不會影響到它的真正值），我們把這個部分稱為市場或稱為系統的（systematic）或無法分散的風險。相對上，應該還有非市場，或非系統，或可以分散，或個別的風險存在，不過至目前為止，我們已經知道，原來 CAPM 或 (7-1) 式告訴我們市場風險是如何表示！因此，就 CAPM 或 (7-1) 式而言，第 i 種資產的預期報酬率（以期望值表示）相當於反映第 i 種資產的市場風險，二者皆可以由無風險資產報酬率再加上風險溢酬表示（以期望值表示）。

底下，我們先按照 (7-1) 式找出對應的樣本資料來看 CAPM 所描述的實際型態（由於預期的報酬率我們觀察不到，故以實際的報酬率取代）。圖 7-1 之上圖，我們繪出 2000 年 1 月至 2014 年 6 月期間，TSMC 月超額報酬率與 TWI 月超額報酬率之間的散布圖；換言之，於圖 7-1，我們視第 i 種資產為 TSMC 股票，另外以 TWI 月報酬率表示股市的市場行情，其次，我們以央行公告的一個月定存牌告利

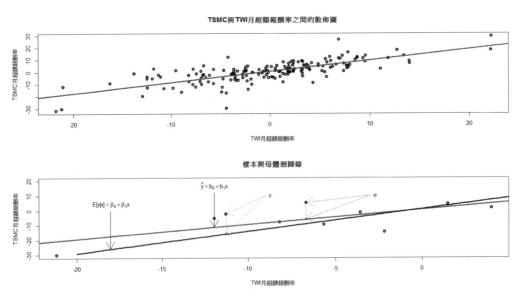

⋏ 圖 7-1：TSMC 與 TWI 月超額報酬率之間的散布圖與迴歸線

率（可從央行網站下載）為無風險利率的代表值。

　　從圖內可看出 TSMC 與 TWI 月超額報酬率之間呈正相關，表示前者會隨後者以相同的方向變動；不過，我們比較納悶的是，(7-1) 式（本身就是一條直線）應是屬於母體，即圖內之黑色直線（應注意圖 7-1 的資料是屬於樣本資料），雖說如此，因實際的資料無法完全以一條直線表示（即無法位於同一條直線上），故實際的資料無法以 (7-1) 式表示！此告訴我們一個重要的事實，財金模型如 CAPM 只是描述實際資料內隱含的財金理論，其未必可以於實際的資料內觀察到；不過，可以預期的是，隱含的財金理論應該是有軌跡、有系統、有脈絡可尋。換句話說，財金模型並不是一個統計模型，此處所謂的統計模型指的是可以與實際的資料取得一致的模型。

　　我們可以將財務模型如 (7-1) 式改成統計模型的型態，即：

$$y_t = E[r_i] - r_f = \beta_0 + \beta_{1i} E[x_m - r_f] + \varepsilon_i = \beta_0 + \beta_{1i} ex_m + \varepsilon_i$$

或

$$y = \beta_0 + \beta_1 x + \varepsilon \tag{7-3}$$

　　其中 y 可稱為因變數，x 稱為自變數，而 ε 表示誤差項。一般而言，我們將 (7-3) 式稱為一個簡單的線性迴歸（regression）模型。從 (7-3) 式可以看出，y 的某個部分可以由 x 解釋，故 y 亦可稱為被解釋變數，而 x 則稱為解釋變數；或者我們也可以從 (7-3) 式看出控制 x 值來看 y 的反應，故前者亦稱為控制變數而後者則稱為反應變數。若用 (7-3) 式來預測 y 的未來值或未知值，則稱 x 為預測變數而 y 為目標變數。最後，若用迴歸分析的術語表示，則我們稱 x 為迴歸因子（regressor）[2] 而稱 y 為迴歸值（regressand）。因此，若以上述 y 與 x 的名稱來看，迴歸分析可以應用的範圍相當廣泛，尤其是 y 與 x 之間存在「因果關係（後者為因）」，使得我們往後會遇到的財金理論或事件，幾乎皆可以迴歸模型表示。

　　直覺而言，現實社會的複雜情況，當然無法簡單到 y 完全可以由 x 來表示，尤其是 β_1 是表示直線的斜率值，其為固定數值[3]，於實際資料內 y 與 x 之間的關係應也不會如此呆板；因此，實際資料與 $\beta_0 + \beta_1 x$ 之間存在一定的差距，此差距我們就

2　有時 x 亦稱為共變數（covariate variable）。

3　若使用簡單的微分技巧可得 $dy / dx = \beta_1$，故 β_1 表示直線的斜率值。若 $\beta_1 = 1.5$，可解釋成 x 平均變動 1 個單位，y 平均會變動 1.5 個單位，或是 x 平均變動 0.0001 個單位，y 平均會變動 0.00015 個單位，故不管 x 值位於何處，β_1 值的解釋皆是一樣的。

統稱為誤差項，以 ε 表示。從上述的解釋可知財金理論（或模型）與統計模型的差別，就是後者多包含了一個誤差項。

有意思的是，假定 (7-3) 式是一個設定正確的模型（無誤設的情況），即大部分的 y 可以由 x 來解釋（或表示），則 y 經過 x「過濾後」還剩下什麼？就是殘渣，也就是誤差；換言之，若我們真的要解釋什麼是誤差，原來誤差就是（財金）模型的殘渣！現在一個問題是，這個殘渣又是什麼？直覺來講，它一定是雜亂無章，毫無規則脈絡可尋！面對這個殘渣，統計學想出另外一個名詞表示，就是之前我們有介紹過的「白噪音」，讀者可以回想什麼是白噪音，然後用 R 模擬出來，看看它像什麼？

現在我們大概知道 (7-3) 式的意義，可惜的是，我們觀察不到，我們唯一能看到的是類似像圖 7-1 之上圖；因此，我們可以視 (7-3) 式為母體迴歸模型，類似母體迴歸模型，簡單樣本迴歸模型可寫成：

$$y = b_0 + b_1 x + e \tag{7-3a}$$

其中 b_0、b_1 與 e 分別為 (7-3) 式內 β_0、β_1 與 ε 之估計式；另外，我們稱 e 為樣本迴歸式的殘差值（residual）。是故，若誤差項假定為白噪音，則母體迴歸與簡單樣本迴歸模型可整理成：

$$（母體）y = \beta_0 + \beta_1 x + \varepsilon = E[y \mid x] + \varepsilon$$

與

$$（樣本）y = b_0 + b_1 x + e = \hat{y} + e$$

其中，$E[y \mid x]$ 與 $\hat{y}$ 分別表示母體與樣本迴歸式，上述關係可參考圖 7-1 之下圖。值得注意的是，$E[y \mid x]$ 是表示條件期望值（其是表示於 x 出現的條件下，y 出現的預期值），是我們想要估計或檢定的標的。

現在我們可以重新解釋 (7-1) 式或 CAPM 的意義。「不要把所有的雞蛋放在一個籃子裡」，這句耳熟能詳的話，就是告訴我們風險可以拆成無法分散以及可以分散的風險（不要認為前述那句耳熟能詳的話，就表示完全沒有風險）；因此，有些風險是事先可以避免的，故對具有投資組合觀念的投資人而言，可以分散的風險是微不足道的。既然如此，我們使用（樣本）標準差，來估計實際的風險，豈不是會產生高估的情況！所以，CAPM 最大的貢獻，就是想出如何估計因市場行情的變動所產生的（無法分散的）風險（讀者可依自己的直覺解釋 β 值的意義）；值得注意的是，於 CAPM 內，它描述不同資產的預期報酬率，有一個相同的解釋變數，故 $x = ex_m$ 可稱為共同的因子，若依此觀之，(7-1) 式的設定明顯是不夠的，不同資產的預期報酬率應該不會只有一個共同因子（讀者可以想像個股報酬率的共同因子為何 [4]）；因此 (7-3) 式的簡單迴歸模型可以擴充至複迴歸模型情況，即：

$$y = \beta_0 + \beta_1 x_1 + \beta_2 x_2 + \cdots + \beta_k x_k + \varepsilon \qquad (7-4)$$

從上述的介紹中，我們大致已經知道迴歸分析的重要性。也許讀者以後會設定屬於自己的財金模型，應該就是使用迴歸分析方法。迴歸分析於本書可以分成二部分，第一個部分就是本章的內容，我們將介紹基本的觀念與方法；第二個部分就是迴歸分析的應用，我們將於下一章介紹。

本章的目的在於介紹基本的迴歸分析，共可分成三節：於第一與第二節，我們將分別介紹關於簡單迴歸與複迴歸模型的估計與檢定；第三節則是介紹如何應用於財金上。（可參考 ch7a.R）

第一節　簡單迴歸模型

現在我們先來看一個簡單的迴歸模型。我們可以將前述母體與樣本迴歸模型整理成：

$$y = \beta_0 + \beta_1 x_1 + \varepsilon = E[y \mid x] + \varepsilon \text{（母體）} \qquad (7-5)$$

與

$$y = b_0 + b_1 x + e = \hat{y} + e \text{（樣本）} \qquad (7-6)$$

其中 $\varepsilon \sim iid\ N(0, \sigma^2)$。如前所述，迴歸分析類似相關分析，不過後者只能檢視 x 與 y 的相關程度；但是，迴歸分析不僅可以檢視 x 與 y 的的相關程度，還可以進一步衡量 x 對 y 的影響程度。我們可以將 x 對 y 的影響，稱為因果關係。雖說如此，迴歸分析卻無法幫我們判斷 x 與 y 之間，孰是因，孰是果？因果的決定，需靠分析者的直覺或專業來判斷。

4　有關於共同因子的例子並不少見，例如美股、通貨膨脹率、經濟成長率、大小公司規模的差距或市場流動性等共同因子對臺股個股的影響。事實上，世上每人的行為亦受到如財富、權力或家庭（或愛情）等共同因子的左右。可上網查詢三因子模型。

不過，還好因果的關係隨處可見，例如廣告支出對銷售量、商品價格對供給量、利率對投資需求、公司的 ROE（股東權益報酬率）對 CEO（公司的執行長）的薪水、外資對投信以及股利對股價的影響等例子，皆是我們有興趣想要知道的結果。因此，若說迴歸分析是（財金）統計學內最普遍使用的應用方法，應該也不會太誇張。

使用迴歸方法之前，分析者首先需確定，於所欲分析的標的內，何者屬於 x？何者屬於 y？x 與 y 之間的關係為何？確定上述關係後，我們就可以建立如 (7-5) 式之母體迴歸模型。於 (7-5) 式內，可看出隨機變數 亦可以機率分配表示，即：

$$y \sim N(\beta_0 + \beta_1 x, \sigma^2)$$

表示 y 是平均數與變異數分別為 $\beta_0 + \beta_1 x$ 與 σ^2 之常態分配；換言之，若假定誤差項為常態分配，則 y 亦為常態分配，不過 y 的平均數會隨 x 的不同而改變，可參考圖 7-2。因此，從圖 7-2 可看出 y 的平均數是 x 的函數，故可寫成條件期望值的型態，即 $E[y \mid x]$。（可參考 ch7-1.R）

由於 β_0、β_1 與 σ^2 均為未知的數值，我們將其稱為母體迴歸的參數；換句話說，我們進行迴歸分析的目的，就是要估計上述的參數值。此時，財金理論可提供一種「先檢驗」的參考；也就是說，若我們欲估計 TSMC 的 β 值，根據 CAPM 或 (7-1)

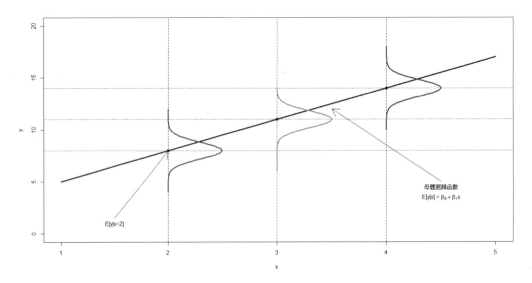

▲ 圖 7-2：母體迴歸式

與 (7-2) 式，β_0 應等於 0，而 $\beta_1 > 0$。另一方面，財金理論也告訴我們，若 $\beta_1 = 1$、$\beta_1 > 1$ 與 $\beta_1 < 1$，其所分析的標的分別屬於中性、高與低風險的資產，當然此時風險的界定是與市場行情比較，例如若我們得知某資產的 β 值為 1.2，此隱含著若市場行情的超額報酬率上升（下跌）1%，該資產的超額報酬率會同時上升（下跌）1.2%；因此，該資產波動的程度相當於市場行情波動的 1.2 倍，我們當然會認為它的風險比市場行情大。

由於母體迴歸式的參數值為未知，我們只好抽出樣本以估計樣本迴歸式，然後再利用估計值檢定母體的參數。

習題

1. 試比較迴歸分析與相關分析之異同。

2. 之前我們曾使用收盤價與本益比、收盤價與股價淨值比二者之間的關係。若用迴歸分析，我們如何解釋上述二種情況（模型）之 β_1 值？

3. 透過 R，我們很容易模擬出，母體迴歸式內的因變數。讀者可以思考：有多少機率分配，可供讀者模擬出母體迴歸式；例如，假定誤差項屬於介於 –1 與 1 之間的均等分配，我們如何設計一個簡單的迴歸模型？

4. 續上題，若誤差項屬於標準常態分配，前面乘以某個常數 c，其結果與沒有乘以常數 c 有何不同？

☞ 提示：

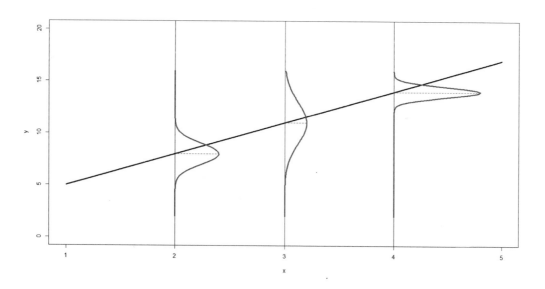

1.1 最小平方法

當我們確定母體迴歸模型的型態後，接下來我們就要估計樣本迴歸模型。一種最簡單估計樣本迴歸式的方法，就是使用最小平方´（ordinal least squares, OLS）法。首先，我們先利用 TSMC 與 TWI 超額報酬率的 5 組觀察值[5]，以說明 OLS 方法；5 組資料分別列於表 7-1 與繪於圖 7-3。

當我們取得樣本資料後，第一個步驟就是先繪製散布圖，觀察樣本觀察值是否符合事前的預期；換言之，從圖 7-3 可看出，5 組觀察值（於圖內以小黑點表示）大致維持 x 與 y 同方向變動，由此可知，若能找出樣本迴歸線如 (7-6) 式，其斜率值即 b_1 應為正；因我們是用 b_1 估計 β_1，而後者是 TSMC 之 β 值，故 b_1 值與 β 值的符號一致（即其值皆為正），因此從上述的判斷，大致可知所取的樣本資料並沒有錯。

於圖 7-3 內，因 5 組觀察值並未位於同一條直線上，故若要估計樣本迴歸線，其目的相當於要找出一條直線，能充分代表上述 5 組觀察值；或是說，估計樣本迴歸線的目的，就是要找出上述 5 組觀察值的「趨勢線」。我們如何找出樣本迴歸線？直覺而言，一條直線若能愈靠近上述 5 組觀察值，則此條直線就是我們想要的樣本迴歸線；因此，若我們以樣本迴歸線的殘差值平方 e^2，當作觀察值與樣本迴歸線的距離，如圖 7-3 內的 e_i 之「距離的平方」，則所謂的 OLS 方法，就是找出 5 組觀察值的殘差值平方 e^2 總和之最小值的 b_0 與 b_1；換言之，OLS 方法可寫成：

$$\min_{b_0, b_1} SSE = \sum_{i=1}^{n} e_i^2 = \sum_{i=1}^{n} (y_i - \hat{y}_i)^2 = \sum_{i=1}^{n} (y_i - b_0 - b_1 x_i)^2 \tag{7-7}$$

於此例內 $n = 5$。在 (7-7) 式內，min 是表示求目標函數 SSE 之最小值（SSE 亦可稱為誤差項之平方和，類似變異數分析內之 SSE）；由於我們的目的是找出一條直線，而不同的直線可以不同的 b_0 與 b_1 表示（前者稱為截距，後者稱為斜率）；換句話說，(7-7) 式的意思是，於最小的 SSE 條件下，找出適當的 b_0 與 b_1。利用微積分求極值的方法（可參考本章之附錄）[6]，可得出簡單迴歸模型的「標準方程式」為：

5　即 2000/2 - 2000/6 期間的超額報酬率樣本資料，為了計算方便起見，我們將上述資料以整數表示，其單位為 %。

6　讀者也許會有一個疑問，就是於 CAPM 內的 β_0 等於 0，那麼樣本迴歸式的選擇應不須考慮截距項；換言之，樣本迴歸式應為通過原點的直線。此種想法並沒有錯，不過 (7-7) 式是寫成一般式的情況，許多其他的應用未必會出現截距項為 0 的情況，例如經濟學內的消費函數，若是以直線表示，我們知道於可支配所得為 0 的情況下仍有消費（負儲蓄），故仍需考慮自發性消費的情況；因此，若只考慮 CAPM 模型，我們只使用 (7-7)

▽ 表 **7-1**：一個簡單的例子

x	y	$(x-\overline{x})(y-\overline{y})$	$(x-\overline{x})^2$	$\hat{y}$	e	e^2
−4	−1	−0.12	0.04	−1.73	0.73	0.53
4	2	28.08	60.84	3.46	−1.46	2.14
−12	−5	27.88	67.24	−6.92	1.92	3.70
1	4	26.88	23.04	1.52	2.48	6.17
−8	−8	26.88	17.64	−4.33	−3.67	13.49
		109.6	168.8		0	26.04

註：$\overline{x} = -3.8$、$\overline{y} = -1.6$、$\hat{y} = 0.87 + 0.65x$

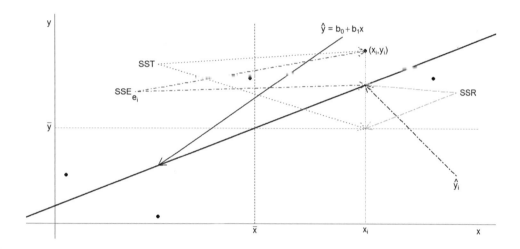

▲ 圖 **7-3**：5 組樣本資料的散布圖與樣本迴歸線

$$\sum_{i=1}^{n} e_i = 0 \tag{7-8}$$

與

$$\sum_{i=1}^{n} e_i x_i = 0 \tag{7-9}$$

若我們以 (7-8) 與 (7-9) 二式，求解 與 可得：

$$b_0 = \overline{y} - b_1 \overline{x} \tag{7-10}$$

式的一個特例。當然，我們也可使用 (7-7) 式，因為最後我們會檢定 $H_0: \beta_0 = 0$ 的情況。從另外一個角度來看，若只考慮通過原點的直線，因其可選擇的範圍相當狹小（因其不會選出截距項不為 0 的直線），反而應用性不大。

與

$$b_1 = \frac{\sum_{i=1}^{n}(x_i - \bar{x})(y_i - \bar{y})}{\sum_{i=1}^{n}(x_i - \bar{x})^2} \qquad (7\text{-}11)$$

我們發現上述利用 OLS 法，所求得簡單迴歸隱含的標準方程式如 (7-8) 與 (7-9) 式，各有其獨特的隱含意義，就 (7-8) 式而言，它描述所有殘差值之總和等於 0，其隱含著殘差值的平均數為 0；我們可以回想，樣本殘差值是用於估計模型的誤差項，既然是誤差，就表示事先對它毫不知情，也就是說對它產生高估與低估的比重是一樣的，因此平均起來等於 0。

就 (7-9) 式而言，我們先思考 x 與 e 之間的樣本共變異數為何？其應為：

$$s_{xe} = \frac{\sum_{i=1}^{n}(x_i - \bar{x})(e_i - \bar{e})}{n-1} = \frac{\sum_{i=1}^{n}x_i e_i - \bar{x}\sum_{i=1}^{n}e_i}{n-1} = \frac{\sum_{i=1}^{n}x_i e_i}{n-1} = 0$$

可記得 $\bar{e} = 0$，$\bar{x}$ 值因無下標可視為一個常數，故可置於加總符號之前。因此從上式可知 (7-9) 式隱含著，x 與 e 之間的樣本共變異數等於 0，表示 x 與 e 之間毫無關係。我們再回想 (7-3) 式，總風險可以分成無法分散與可以分散的風險，前者是以市場超額報酬率乘上第 i 種的 β 值表示，而後者則以誤差項表示；也沒有錯，可以分散的風險與無法分散的風險本來就無關，故以樣本型態呈現的 (7-9) 式，竟與 (7-3) 式所隱含的意義相互吻合！我們可以再進一步延伸，若母體迴歸式沒有誤設，則解釋變數 x 與誤差項，分別表示被解釋變數 y 內之有系統有規則的成分，與無規則或雜亂無章的成分，這二個成分本來就是毫無關聯！沒想到使用 OLS 方法的背後，竟然隱藏著讓人印象深刻的涵義。

利用 (7-10) 與 (7-11) 式，可得出估計的樣本迴歸式為（其計算過程列於表 7-1）：

$$\hat{y} = 0.87 + 0.65x$$

其中 $b_0 \approx 0.87$ 與 $b_1 \approx 0.65$。值得注意的是，估計出的 b_0 與 b_1 值應如何解釋？觀察 (7-10) 式，可知 b_0 有平均數的味道，此尤其表現於 $x = 0$ 的情況；換言之，樣本迴歸線的截距，就是因變數 y 的平均數，也就是說若沒有自變數 x，使用 OLS 方法，就是在估計 y 的平均數，因為，此時迴歸分析的標準方程式只有 (7-8) 式，讀者可以證明：若不存在 x，利用 (7-8) 式，可得出 y 的平均數等於 b_0。

接下來，我們如何解釋 b_1 值？我們當然可以用斜率的方式解釋（可參考註 3），實際上，我們還欠缺一項考慮。若我們重新寫母體迴歸式，即 (7-3) 式，其為：

$$y = \beta_0 + \beta_1 x + \varepsilon$$
$$\Rightarrow \Delta y = \Delta\beta_0 + \Delta\beta_1 x + \Delta\varepsilon$$
$$\Rightarrow \Delta y = \Delta\beta_1 x + \Delta\varepsilon$$
$$\Rightarrow \beta_1 = \frac{\Delta y}{\Delta x}$$

其中 Δ 表示變動量。從上式可知，等號二邊皆有變動，變動後，等號二邊仍然相等；但是，β_0 與 β_1 皆表示母體的參數值，故其不會變動（真相只有一個），因此，Δy（變動）的來源只有二個：不是 Δx 就是 $\Delta\varepsilon$。於 CAPM 的例子內，假設模型為正確的，若投資人已充分明白投資組合的重要性，能影響投資人的行為只有系統風險，故 $\varepsilon \approx 0$。但是，若母體迴歸式是用於表示其他的例子，例如我們欲估計需求曲（直）線（其中 y 表示需求量，x 表示市場價格），我們知道影響需求量的因素，尚有所得（正常財或劣等財）、其他產品的價格（替代品或互補品）、他人的消費（示範效果）或偏好等，因此，若只使用簡單迴歸模型，則誤差項，就包括了除了市場價格外的其他因素，故上式內須再假定 $\Delta\varepsilon = 0$，我們才有辦法解釋 β_1 的意思。

從上述可知，迴歸分析為何會受到研究者或使用者普遍的青睞，因為它有辦法幫我們得出「其他情況不變（ceteris paribus）」的結果，此對於研究社會科學的分析者來說，是不可或缺的工具（因社會科學無法於實驗室內實驗）；職是之故，我們可以解釋上式的結果：於其他會影響 y 的情況不變下，若 x 平均變動 1 個單位，則 y 平均會變動 β_1 單位。由於 b_1 是用於估計 β_1，故之前使用 OLS 方法，得出的 $b_1 \approx 0.65$，可解釋成：於其他會影響 TSMC 超額報酬率的因素不變的情況下，當市場超額報酬率平均上升（下跌）1%，TSMC 超額報酬率則會平均上升（下跌）0.65%。乍看之下，似乎 TSMC 是一檔低風險（低於市場行情）的股票，不過我們仍須提醒讀者注意的是，上述的計算只使用 5 組資料。（可參考 ch7-1-1.R）

習題

1. 若 $x = 1$、2、3、4、5 與 $y = 2.0$、4.0、6.5、7.3、12.0，試繪出 x 與 y 之散布圖，同時使用最小平方法，計算簡單迴歸模型內之 b_0 與 b_1。

    ☞提示：x = 1:5

    　　　　y = c(2,4,6.5,7.3,12)

    　　　　x

    　　　　y

```
windows()
plot(x,y,type="p",cex=2,pch=18)
abline(lm(y~x),col="steelblue",lwd=3)
```

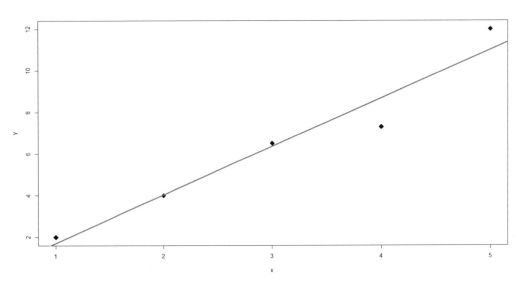

2. 續上題，x 與 y 之間呈何關係？試解釋所計算的 b_0 與 b_1 的意思。

3. 試證明 $\displaystyle\sum_{i=1}^{n}(\bar{y}x_i + 3) = \bar{y}\sum_{i=1}^{n}x_i + 3n$。

4. 至主計處下載 1982/1 － 2015/5 期間，通貨膨脹率與失業率樣本序列資料，取最近 5 個月資料，可得通貨膨脹率分別為 0.60、(−0.94)、(−0.20)、(−0.62)、(−0.82)、(−0.73)，而失業率分別為 3.79、3.71、3.69、3.72、3.63、3.62。試繪出二者之間的散布圖。若要使用簡單迴歸模型，則何者為 x？何者為 y？

5. 續上題，使用最小平方法估計，簡單迴歸模型內之 β_0 與 β_1。其結果是否與讀者的直覺一致？為什麼？

6. 續上題，若與讀者的直覺不一致，有可能是樣本數取太少了！應取多少的樣本數以上，方符合讀者的直覺？為什麼？

1.2 R^2 與 ANOVA

如前所述，我們使用 OLS 方法，可以估得樣本迴歸式，以代表樣本觀察值之間的關係，我們也可以進一步檢視，樣本觀察值能夠由樣本迴歸式表示的「配適」程度。我們仍以前述的 5 組資料為例，我們的目的是要檢視，被解釋變數 y 是否可以由解釋變數 x 表示。假想若不存在 x，則總共有 5 個 y 的觀察值，習慣上我們是以樣本

平均數 $\bar{y}$，代表 5 個 y 的觀察值的預測值；現在，可能是因直覺或（財金）理論，幫我們找出 x，然後估得樣本迴歸線，故於點 (x_i, y_i)（參考圖 7-3）下，y 的預期值為 $\hat{y}_i$。換言之，若沒有使用迴歸分析，y_i 的代表或預期值為 $\bar{y}$，但是若有使用迴歸分析，藉由 x 的幫助，使得 y_i 的預期值由 $\bar{y}$ 上升至 $\hat{y}_i$；因此，一個有意思的問題是，於對 y 的預期或解釋的目的下，究竟 x 幫我們瞭解 y 的成分有多少？

藉由圖 7-3，我們可將以 $\bar{y}$ 取代 y_i 的誤差拆成二部分，即：

$$y_i - \bar{y} = y_i - \hat{y}_i + \hat{y}_i - \bar{y}$$

因總共有 $n = 5$ 組資料，故上式之總誤差以平方表示可為：

$$SST = \sum_{i=1}^{n}(y_i - \bar{y})^2 = \sum_{i=1}^{n}(y_i - \hat{y}_i + \hat{y}_i - \bar{y})^2 = \sum_{i=1}^{n}(y_i - \hat{y}_i)^2 + \sum_{i=1}^{n}(\hat{y}_i - \bar{y})^2 = SSE + SSR \quad (7\text{-}12)$$

讀者可試著利用前述簡單迴歸之標準方程式證明出上式，可試試看。若仔細觀察 (7-12) 式內的總平方和（SST），可發現其就是 y 之樣本變異數的分子部分；換句話說，類似之前的 ANOVA，由 (7-12) 式，可知 y 的變異可以拆成，無法由迴歸解釋的變異 SSE，以及可以由迴歸解釋的變異 SSR（或稱迴歸平方和）二部分。藉此，我們可以定義所謂的「判定係數（coefficient of determination）」R^2，即代表由迴歸解釋的變異占總變異的比重，其是表示樣本迴歸式的配適度估計值，亦即 [7]：

$$R^2 = \frac{SSR}{SST} = 1 - \frac{SSE}{SST} \tag{7-13}$$

其中 $0 \le R^2 \le 1$。我們可以想像若 y 的變異完全可以由 x 解釋，即 SSE = 0，則 $R^2 = 1$，表示 y 與 x 的觀察值完全位於同一條直線上；相反地，若 y 與 x 完全沒有關係，則 SSR = 0，$R^2 = 1$。

利用表 7-1 的計算結果，可分別得出 SSE $\approx$ 26.04 與 SST $\approx$ 97.2，故 $R^2 \approx 0.73$，表示上述 5 組資料之間的關係約有 73% 的可能像一條直線！上述的結果似乎似曾相識，沒錯，有點類似 y 與 x 之間的（樣本）相關係數 r 的意思；事實上，於簡單迴歸模型下，R^2 與 r 之間存在有一定的關係，即：

$$r = sign(b_1)\sqrt{R^2}$$

7　有些書亦將本書內的 SSR 與 SSE 分別稱為解釋的平方和（explained sum of squares, SSE）與殘差值的平方和（residuals sum of squares, SSR）；讀者可以注意之間的定義與區別。

其中 $sign(b_1)$ 表示 b_1 的正負號；換言之，於上述的例子內，因 $b_1 \approx 0.65 > 0$，故 $sign(b_1)$ 為正數，因此透過 R^2，我們也可求得 $r \approx 0.86$。

於迴歸分析，我們也能透過 ANOVA 方法進行統計推論。類似前一章的變異數分析，於迴歸分析內，我們也可以編製如下的 ANOVA 表，表 7-2 內所示之數字是上述 5 組資料的計算結果。值得注意的是，因 SST 可對應於 y 之樣本變異數，故其自由度為 $n - 1$，而 SSR 表示 y 之樣本變異數內，可以由迴歸解釋的部分，而迴歸模型內解釋變數的個數為 k，故其自由度為 k；於我們的例子內，因只有一個解釋變數，故自由度等於 1。由 SST 與 SSR 的自由度可知，SSE 的自由度應為 $n - k - 1$（因後二者之和等於前者），此結果亦不難理解，因我們若要以 OLS 方法得出樣本迴歸線，我們總共會有 $k + 1$ 條標準方程式的限制，此相當於欲估計 $k + 1$ 個參數值，故自由度會少了 $k + 1$ 個；於我們的例子內，因 $k = 1$，故自由度為 3。

利用 ANOVA 表，我們可以用 F 分配檢定因變數 y 之樣本變異數內可以由迴歸解釋的份額，即；

$$F = \frac{MSR}{MSE} \tag{7-14}$$

其中 MSR 與 MSE 分別表示 SSR 與 SSE 之均方值（即經由自由度調整），因此上述檢定統計量，可以與分子與分母的自由度分別為 k 與 $n - k - 1$ 的 F 分配比較。

假想 (7-14) 式內之 MSR 與 MSE 值差距不大，表示解釋變數 x 對被解釋變數 y 沒有什麼解釋能力，此相當於 β_1 接近於 0；是故，(7-14) 式亦可用於，檢定個別係數的情況，即：

$$H_0 : \beta_1 = 0 \text{ 與 } H_a : \beta_1 \neq 0 \tag{7-15}$$

因此，若用上述的例子，於 $\alpha = 0.05$ 的條件下，因 F 分配的臨界值（右尾）約為 10.13，而我們的檢定統計量約為 8.20，故無法拒絕 H_0 為 β_1 等於 0 的情況；我們也可進一步計算，上述檢定統計量的 p 值，其值約為 0.064，顯示出若要拒絕

∨ 表 7-2：迴歸分析的 ANOVA 表

來源	平方和	自由度	均方	F 值
迴歸	SSR	k	MSR	$F = \dfrac{MSR}{MSE}$
	71.16	1	71.16	
誤差	SSE	$n - k - 1$	MSE	$F \approx 8.20$
	26.04	3	8.68	

H_0，顯著水準為 5% 是不夠的。（可參考 ch7-1-2.R）

習題

1. 續 1.1 節的習題 1，試計算迴歸模型之判定係數並解釋其意義。

2. 續上題，試編製 ANOVA 表，並檢定 $H_0 : \beta_1 = 0$。$\alpha = 0.05$。

3. 若欲證明 (7-12) 式，我們需要哪些條件？

4. 續上題，從哪些條件內可知，迴歸式內若不包括常數項 β_0，即 (7-12) 式無法成立；換言之，若 (7-12) 式無法成立，則判定係數並不存在，讀者認為合理嗎？為什麼？

1.3 b_0 與 b_1 的統計特徵

現在我們來看看，有關於 b_0 與 b_1 的統計特徵。還沒介紹之前我們有必要先討論母體迴歸式，如 (7-5) 式內有關於誤差項的設定，$\varepsilon \sim iid\ N(0, \sigma^2)$，其中 iid 之假定的重要性，遠大於常態分配的假定；換言之，若我們改用下列的假定取代，於大樣本的情況下，二者的差距其實不大，即：

$$\varepsilon \sim iid\ (0, \sigma^2) \tag{7-16}$$

因此，若誤差項的假定是符合 (7-16) 式，則我們可以使用下列的 s^2 來估計未知的 σ^2，即：

$$s^2 = \frac{SSE}{n-k-1} = \frac{\sum_{i=1}^{n} e_i^2}{n-k-1} = \frac{\sum_{i=1}^{n} (y_i - \hat{y}_i)^2}{n-k-1} \tag{7-17}$$

其中，s 亦可稱為迴歸的標準誤。(7-17) 式的意義並不難理解，因我們是用殘差值，來估計模型的誤差項；因此，(7-16) 式內誤差項的變異數，當然是用殘差值的（樣本）變異數估計，只不過於我們的例子內，須先估計出 b_0 與 b_1 後，再利用樣本迴歸線，方能得出殘差值，是故，於估計樣本迴歸線時，須考慮應符合 (7-8) 與 (7-9) 二式，所以 (7-17) 式的自由度為 $n-k-1$ 而不是 $n-1$；當然，於我們的例子內 $k=1$。

利用 (7-16) 式的假定，我們可以很容易地模擬出 b_0 與 b_1 的抽樣分配，其對應的標準誤（可被證明出）分別為：

$$s_{b_0} = s\sqrt{\frac{1}{n} + \frac{\overline{x}^2}{\sum_{i=1}^{n} (x_i - \overline{x})^2}} \tag{7-18}$$

與

$$s_{b_1} = \frac{s}{\sqrt{\sum_{i=1}^{n}(x-\bar{x})^2}}$$ (7-19)

其次，利用 (7-18) 與 (7-19) 式，亦可得到母體參數 β_0 與 β_1 的檢定統計量分別為：

$$t_{b_0} = \frac{b_0 - \beta_0}{s_{b_0}} \sim t_{n-k-1}$$ (7-20)

$$t_{b_1} = \frac{b_1 - \beta_1}{s_{b_1}} \sim t_{n-k-1}$$ (7-21)

(7-20) 與 (7-21) 式表示二檢定統計量，皆為自由度為 $n-k-1$ 的 t 分配。

為了說明 (7-18)-(7-21) 式的合理性，於圖 7-4 內，我們分別模擬出 b_1 的抽樣分配與對應的檢定統計量分配（讀者可自行練習 b_0 的情況）。我們先假定 $\beta_0 = 2$ 與 $\beta_1 = 4$，再考慮誤差項分別屬於均等分配（介於 -2 與 2 之間）與標準常態分配，然後再考慮樣本數 $n = 10$ 與 $n = 300$ 兩種情況；另一方面，我們也考慮自變數 x 為隨機變數與不為隨機變數（即 x 屬於控制變數）二種情況。換言之，首先考慮 x 為隨機變數的情況，即先從均等分配（介於 0 與 1 之間）內抽出樣本數 $n = 10$ 之 x 值，

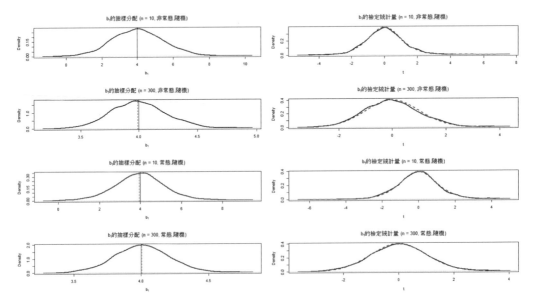

▲ 圖 7-4：b_1 估計式的抽樣分配及其檢定統計量之分配，x 為隨機變數

然後依母體迴歸式如 (7-5) 式，模擬出因變數 y 值，可記得 $\beta_0 = 2$ 與 $\beta_1 = 4$ 以及誤差項屬於均等分配（介於 -2 與 2 之間）或標準常態分配；得出 y 值後，再依 OLS 方法計算 b_1，與其對應之檢定統計量，重複上述的動作 10,000 次，再分別估計 b_1 與其檢定統計量的機率密度曲線，為了比較起見，於 b_1 的檢定統計量圖內，我們亦繪出對應的 t 分配之 PDF 曲線（以紅色虛線表示）。至於將 x 視為控制變數（即 x 不是隨機變數），則是先從均等分配（介於 0 與 1 之間）內抽出 x 值，然後視為固定值，即每次模擬皆使用相同的 x 值。

　　圖 7-4 與圖 7-5 分別對應於 x 為隨機變數與控制變數的情況，我們可發現二圖非常類似，表示 b_1 的抽樣或檢定統計量分配，並不受 x 是否為隨機或控制變數的影響。我們從圖中亦可注意到使用 OLS 方法，所得到 b_1 的估計式，不僅是母體參數 β_1 的不偏，而且也是具一致性的估計式（例如於二圖之左圖內，我們有用紅色垂直虛線表示 b_1 的平均數，可發現，其幾乎與 $\beta_1 = 4$ 之黑色垂直實線重疊）。值得注意的是，此時常態分配的假定並不是一個重要的假定，我們可以看出即使假定誤差項為非常態，只要樣本數夠大，檢定統計量仍漸近於常態分配（可回想 t 分配的極限為標準常態分配）。

　　事實上，誤差項為 iid 仍是一個比較嚴格的假定，於圖 7-6 內，我們考慮放鬆此假定；換言之，於圖 7-6，我們假定誤差項有存在一階的自我相關（即 t 期與 $t-1$ 期的誤差項有相關，相關係數為 0.5），但是，只要解釋變數 x 與誤差項無關，即：

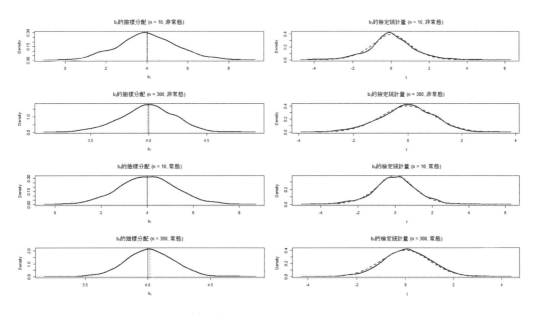

▲ 圖 7-5：如圖 7-4，但 x 為控制變數

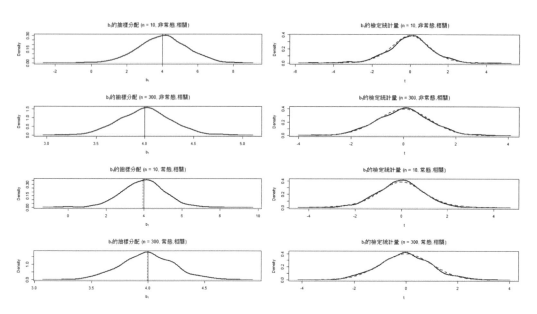

▲ **圖 7-6**：類似圖 7-4，不過此處假定誤差項存在一階之自我相關

$$Cov(x, \varepsilon) = 0 \ 或 \ E[\varepsilon \mid x] = 0 \tag{7-22}$$

則上述使用 OLS 方法，得到的 b_0 與 b_1 估計式的特性，並沒有被破壞，我們從圖內亦可看出端倪。

於迴歸分析內，(7-22) 式是一個極為重要的假定，其「樣本模式」正是迴歸分析內之標準方程式之一，即 (7-9) 式。(7-22) 式隱含的意思正與我們之前依直覺判斷的結果一致，即可將因變數 y 拆成有系統規則與雜亂無章二部分，而 x 與 ε 可分別對應於前者與後者；若真能透過直覺或理論的幫忙，也就是說能於因變數 y 內找到真正的 x 部分後，y 當然只剩下一些殘渣而已！迴歸分析竟然有此功能，當然會吸引許多研究者的重視；因此，迴歸分析或 OLS 方法的使用，不失為一個不錯的分析工具或方法。

接下來，我們再來看另一種情況如圖 7-7 所示。首先我們仍假定誤差項存在一階的自我相關，不過我們以因變數 y 的落後一期取代 x，然後按照圖 7-6 的模擬步驟，使用 OLS 方法估計 b_0 與 b_1，[8] 然後再分別取得其估計的機率密度曲線；另一方面，考慮模型的安定性，我們將母體的參數值改為 $\beta_0 = 0.2$ 以及 $\beta_1 = 0.5$，故母體迴歸式可改寫成：

8　於文獻（統計學內的時間序列分析）上，我們以因變數 y 的遞延落後一期取代 x 的迴歸模型，稱為一階的自我迴歸（autoregressive, AR (1)）模型。

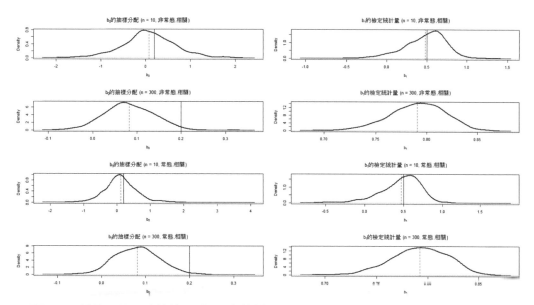

A **圖 7-7**：偏且不具一致性的 b_0 與 b_1 之抽樣分配

$$y_t = \beta_0 + \beta_1 y_{t-1} + \varepsilon_t \qquad (7\text{-}23)$$

其中 $Cov(\varepsilon_t, \varepsilon_{t-1}) \neq 0$。從 (7-23) 式內，可看出 y_t 與 ε_{t-1} 之間並非相互獨立，而 y_t 與 y_{t-1} 之間互有關聯（由此可知，若 $\beta_1 = 4$，則模型會發散，變成不安定的模型），連帶使得 y_{t-1} 與 ε_{t-1} 之間存在依存的關係；換句話說，就 (7-23) 式的模型而言，(7-22) 式並不成立。結果我們從圖 7-7，可看出 OLS 方法下的 b_0 與 b_1 特性不再存在，值得注意的是，大樣本不再是萬靈丹；適得其反，反而於大樣本的情況下，b_0 與 b_1 的平均值居然離母體參數值更遠！因此，當我們使用 OLS 方法時，應注意 (7-22) 式會不會成立[9]。

　　瞭解 OLS 方法的優缺點後，我們再回來看 TSMC 的簡單例子。首先我們要檢定 $H_0 : \beta_0 = 0$ 對 $H_a : \beta_0 \neq 0$ 以及 $H_0 : \beta_1 = 0$ 對 $H_a : \beta_1 \neq 0$ 的情況，若按照 (7-18) － (7-21) 式，分別計算 b_0 與 b_1 之檢定統計量，約為 0.55 與 2.86，於顯著水準為 0.05 下，自由度為 3 的 t 分配臨界值約為 3.18，故上述二者皆無法拒絕 H_0。我們再進一步估計所對應的 p 值，其值各約為 0.62 以及 0.06，表示 b_0 的估計值與 0 並無顯著的差異（若有顯著的差距，則犯錯的可能性高達 62%）；其次，若要拒絕 $H_0 : \beta_1 = 0$，

9　不過，因 OLS 方法是根據 (7-8) 與 (7-9) 式，取得母體參數的估計式，而 (7-9) 式類似 (7-22) 式，故 (7-22) 式是否成立，需藉由其他方法判斷。

由上述對應的 p 值可知，顯著水準需提高至 0.06，方有可能。

敏感的讀者可能注意到上述最後的結論有點眼熟，沒錯，於簡單迴歸模型內 t 分配與 F 分配的檢定是一致的；不過，因後者相對是檢定模型的配適度，故於複迴歸模型下，F 分配是屬於聯合（參數）的檢定，而 t 分配仍是單一參數的檢定，二者還是有區別的。（可參考 ch7-1-3.R）

習題

1. 續 1.1 節的習題 1，試以 t 檢定統計量檢定 $H_0: \beta_1 = 0$。$\alpha = 0.05$。

2. 若 $\beta_0 = 2$ 與 $\beta_1 = 4$，以及 x 為平均數與標準差分別為 2 與 3 之常態分配的隨機變數，而誤差項為標準常態分配的隨機變數，上述條件可構成一個簡單的迴歸模型，其可為：

$$y_t = \beta_0 + \beta_1 x_t + \varepsilon_t$$

試以蒙地卡羅模擬方法，判斷最小平方方法之估計值 b_1 與其對應之 t 檢定統計量抽樣分配的特徵。

☞提示：

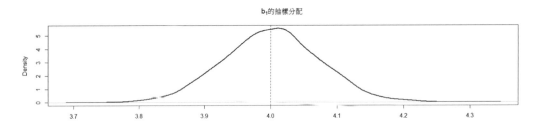

3. 試解釋題 2 的結果。

4. 若 $\beta_0 = 0.2$ 與 $\beta_0 = 0.4$，而誤差項為 iid 之標準常態分配的隨機變數，上述條件可構成一個簡單的 AR(1) 迴歸模型，其可為：

$$y_t = \beta_0 + \beta_1 y_{t-1} + \varepsilon_t$$

試以蒙地卡羅模擬方法，判斷最小平方法之估計值 b_1 與其對應之 t 檢定統計量抽樣分配的特徵並解釋其結果。

5. 本節的內容與中央極限定理有何異同？

6. 續 1.1 節的習題 4，試以 t 檢定統計量檢定 $H_0 : \beta_1 = 0$。$\alpha = 0.01$。

7. 續題 1，試做 β_0 與 β_1 之 95% 之信賴區間估計。

8. t 分配與 F 分配之間的關係。於簡單迴歸模型內，t 檢定統計量與 F 檢定統計量存在一定的關係，因其面對的虛無假設與對立假設是相同的，試解釋 $t_v^2 = F_{1,v}$。

   ☞提示：

```
v = 10 # 自由度
qf(0.9,1,v # 3.285015
t = qt(0.95,v)
t^2 # 3.285015
qf(0.95,1,v # 4.964603
t = qt(0.975,v)
t^2 # 4.964603
```

(1.4) 迴歸模型的預期

假定所估計的迴歸模型符合我們的預期：即有良好的配適度以及估計的參數值能顯著地異於 0 且符合我們事先的要求，則我們可以進一步以估計的樣本迴歸式，對因變數 y 做「樣本內」的預期（prediction）。為何只能做樣本內的預期？若牽涉到樣本外的預期，我們反而須事先預測自變數 x 的未來值[10]，然後再使用預測的 x 值預測 y 值，如此的可信度當然令人質疑；另一方面，若有使用到樣本外的資料，則應重新再估計樣本迴歸式，此相當於更新估計的樣本迴歸式，因此最後仍屬於樣本內的預期。

　　若誤差項符合 (7-16) 式的假定，則母體迴歸式可解釋成條件平均數式[11]，因此有關於 y 的預期，可以分成條件平均數 $E[y \mid x]$ 與個別 y 值的預期，其對應的變異數分別為：

---

10 也許讀者會反問我們，有些時候不是可以將自變數 x 視為控制變數嗎？如前所述，財金資料是無法於實驗室內實驗，也就是說我們不僅不容易控制 x，反而需要視自變數 x 為隨機變數；因此，依直覺來看，實際的 x 值應不能距離我們所觀察的樣本資料太遠。

11 即若是對母體迴歸式如 (7-5) 式取條件期望值，可得 $E[y \mid x] = \beta_0 + \beta_1 x$，其中可由 (7-22) 式得知 $E[\varepsilon \mid x] = 0$。

$$s_{\hat{y}^*}^2 = s^2 \left[\frac{1}{n} + \frac{(x^* - \bar{x})^2}{\sum_{i=1}^{n}(x - \bar{x})^2} \right] \tag{7-24}$$

與

$$s_{pred}^2 = s^2 \left[1 + \frac{1}{n} + \frac{(x^* - \bar{x})^2}{\sum_{i=1}^{n}(x - \bar{x})^2} \right] \tag{7-25}$$

其中 s^2 的下標有 $\hat{y}^*$ 以及 pred，分別表示 $E[y \mid x = x^*]$ 與個別 y 值的預期。於我們的例子內，利用 (7-24) 與 (7-25) 式，我們可以估計例如於 $x = 3$ 的條件下，$E[y \mid x]$ 與個別 y 值的 95% 預測區間值，分別約為 [−3.64, 9.27] 以及 [−8.57, 14.20]。因個別 y 值與迴歸式的差距為一個誤差項，而誤差項的變異數為 s^2，故 (7-25) 式比 (7-24) 式內多了一項 s^2，因此，後者的預測區間比前者寬。此隱含著對平均數的預期，相對上比對個別值的預期容易！

　　類似 $x = 3$ 的情況，我們也可以估計在不同 x 值的條件下，$E[y \mid x]$ 與個別 y 值的 95% 預測區間值，其結果則繪於圖 7-8。從圖內可看出樣本內的條件平均數預測區間相對上比較準確（即區間較窄），此符合我們事先的直覺預期。

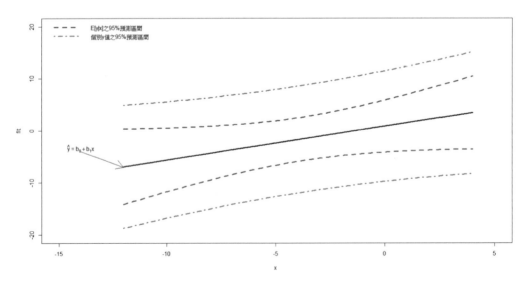

▲ 圖 7-8：$E[y \mid x]$ 與個別 y 值的 95% 預測區間

1.4.1 CAPM 的檢定

為了說明起見，之前我們的例子內只考慮 5 組樣本資料；現在，我們考慮一個較為實際的情況；換言之，若使用所有的樣本期間（即 2000/2 - 2014/6），則利用 OLS 方法，得到的估計樣本迴歸式為：

$$\hat{y} = 0.60 + 0.91x$$

$$(0.44)(0.06)$$

$$[0.17]\,[0.00]$$

其中 y 與 x 分別表示 TSMC 與 TWI 之超額報酬率；而底下的小括號與中括號內的值，分別表示對應之標準誤與 p 值。因此，從上式的估計結果可知，於 $\alpha = 0.05$ 下，估計的常數項（即 b_0）之檢定統計量所對應的 p 值約為 0.17，故其並無法拒絕 $H_0 : \beta_0 = 0$ 的情況，此結果與 CAPM 的定義一致。

另一方面，由於 b_1 接近於 1，故我們懷疑 TSMC 的 β 值有可能等於 1，因此，我們再進一步估計出 β 值（即迴歸式內的 β_1）的 95% 信賴區間約為 [0.79, 1.03]；由於該估計區間有包括 1，故 TSMC 的 β 值有可能等於 1，此意味著 TSMC 股票有可能與市場的波動同步，可視為中性的股票！

最後，我們再來看整個估計模型的配適度，其估計的 R^2 約為 0.56，此隱含著無法分散的風險仍約有 45%（占 y 之變異數的比重），其值仍偏高，表示樣本迴歸式內的殘差值有可能仍存在我們忽略的共同因子，值得我們進一步找出來。（可參考 ch7-1-4.R）

習題

1. 續 1.1 節的習題 1，利用所估計的迴歸式，試計算 $x = 2$ 的預期值。

2. 續上題，試做 $E[y\,|\,x = 2]$ 與個別 y 值的 95% 預測區間。

3. 試估計大立光股票的 β 值，並檢定其是否與 $\beta = 1$ 無差異，$\alpha = 0.05$。

4. 利用 1982/1 - 2015/5 期間，通貨膨脹率與失業率的資料，試分別繪出通貨膨脹率、失業率之時間走勢以及通貨膨脹率與失業率之間的散布圖（以失業率為橫軸）。

5. 續上題，若視通貨膨脹率為因變數，失業率為自變數，試以最小平方法估計簡單迴歸模型之 β_0 與 β_1，並以 t 檢定二者是否各皆異於 0。$\alpha = 0.05$。

6. 續上題，試編 ANOVA 表。

7. 續上題，究竟是通貨膨脹率「影響」失業率呢？抑或是後者「影響」前者？為了避免產生困擾，以遞延落後一期的失業率取代當期的失業率，重新估計迴歸式，其結果為何？

8. 類似上題，利用本節 TSMC 與 TWI 之超額報酬率序列資料，若使用後者之遞延落後一期當做自變數，重新估計 CAPM 模型，其結果為何？比較本題與題 7，二題各有何涵義？

第二節 複迴歸模型

接下來我們考慮複迴歸的情況。於尚未介紹之前，我們可以先將前述簡單迴歸模型，以矩陣的型態表現[12]，瞭解之後，自然容易推廣至複迴歸的情況。

2.1 以矩陣型態表現

若完整表現母體簡單迴歸模型如 (7-5) 式，可為：

$$
\begin{aligned}
y_1 &= \beta_0 + \beta_1 x_1 + \varepsilon_1 \\
y_2 &= \beta_0 + \beta_1 x_2 + \varepsilon_2 \\
&\vdots \\
y_T &= \beta_0 + \beta_1 x_T + \varepsilon_T
\end{aligned}
\tag{7-26}
$$

上式假定總共有 T 個樣本觀察值。(7-26) 式亦可寫成簡潔的型態如：

$$
y = X\beta + \varepsilon \tag{7-27}
$$

其中 $\varepsilon \sim iid(0, \sigma^2)$ 以及

$$
y = \begin{bmatrix} y_1 \\ \vdots \\ y_T \end{bmatrix}, \;
X = \begin{bmatrix} 1 & x_1 \\ \vdots & \vdots \\ 1 & x_T \end{bmatrix}, \;
\beta = \begin{bmatrix} \beta_0 \\ \beta_1 \end{bmatrix}, \;
\varepsilon = \begin{bmatrix} \varepsilon_1 \\ \vdots \\ \varepsilon_T \end{bmatrix}
$$

於其內的 y、β 與 ε 分別為 $T \times 1$（讀成 T 列 1 行）、2×1 以及 $T \times 1$ 向量，而 X 則為 $T \times 2$ 矩陣，可注意 X 內之第一行全為 1（為何？）。

若以矩陣型態表示，(7-27) 式之 OLS 估計式可為：

---

12 有關於矩陣的意義與簡單操作，可參考本書第 11 章。

$$b = (X'X)^{-1}X'y \qquad (7\text{-}28)^{13}$$

類似地,迴歸模型內之變異數分析,若以矩陣型態表示可為:

總平方和

$$SST = y'y - T\bar{y} \qquad (7\text{-}29)$$

殘差值平方和

$$SSE = e'e = y'y - b'X'y \qquad (7\text{-}30)$$

其中 e 表示 $T \times 1$ 的殘差值向量。

迴歸平方和

$$SSR = SST - SSE = b'X'y - T\bar{y}^2 \qquad (7\text{-}31)$$

故迴歸之 $R^2 = SSR / SST$;同理,誤差項之 OLS 估計式可為:

$$s^2 = \frac{SSE}{T-2} \qquad (7\text{-}32)$$

最後,OLS 估計式 b 之估計的共變異矩陣可為:

$$Var(b) = s^2(X'X)^{-1} \qquad (7\text{-}33)$$

於底下所附的 R 程式內,有利用表 7-1 內的資料,以矩陣的型態表示,並使用 (7-28) - (7-33) 式,讀者可以參考。

```
tsmc.r = 100*diff(log( 收盤價 ))
int = read.table("c:\\meiyih\\Finstats\\ch7\\interestrate.
txt")
int = int[,1]
twi.r = 100*diff(log( 收盤價 _TW))
length(twi.R)
```

---

13 X' 表示 X 矩陣之轉置矩陣,可參考底下之 R 程式或本書之第 11 章。

```
# 超額報酬率
n = length(int)
int = int[2:n]/12 # 年率轉為月率
# 以矩陣型態表現
y = tsmc.r-int
x = twi.r-int
T = 5
x1 = round(x[1:T],0)
y1 = round(y[1:T],0)
# 轉成矩陣
y = matrix(y1,T,1)
ones = rep(1,T)# rep 為重複指令 即有 T 個 1
X = cbind(ones,x1)
X = matrix(X,T,2)
y
X
# transpose
t(X)
# 矩陣相乘
Xm = t(X)%*%X # 如 Xm 內之 (2,1) 元素 表示 t(X) 之第二列乘以 X 之第一行
# 逆矩陣
solve(Xm)#(Xm)^(-1)
# OLS
b = solve(t(X)%*%X)%*%t(X)%*%y
round(b,2)
# yhat
yhat = X%*%b
res = y-yhat
SSE = t(res)%*%res
SST = t(y)%*%y - T*mean(y)^2
SSR = SST-SSE
```

```
R2 = SSR/SST
R2
```

習題

1. 將所有的 TSMC 與 TWI 之超額報酬率樣本序列以矩陣的型式表示。

   ☞提示：
   ```
   y = tsmc.r-int   # TSMC 之超額報酬率樣本序列
   x = twi.r-int
   T = length(y  # T = 173
   y = matrix(y,T,1  # T by 1 vector
   x = matrix(x,T,1)
   dim(y)
   dim(x)
   ```

2. 續上題，試依 (7-28) 式得出 b_1。

   ☞提示：
   ```
   ones = matrix(rep(1,T),T,1)
   X = cbind(ones,x)
   dim(X)
   b = solve(t(X)%*%X)%*%t(X)%*%y
   b1 = b[2]
   b1
   dim(b1)
   ```

3. 續上題，試計算 R^2。

2.2 複迴歸模型之分析

現在，我們可以考慮複迴歸模型的情況。圖 7-9 分別繪出，於 2001/1/2 － 2014/9/10 期間三大法人（即外資、投信與自營商）持有 TWI 市值[14]之日時間走勢（左上圖），以及三大法人彼此之間的散布圖。由於持有市值金額不一，圖內是先將日市值金額標準化[15]，故圖中的變數如外資、投信或自營商皆是表示日市值超額金額以若干（樣本）標準差表示。為何我們要用此種方式表示變數？其理由大概有三：其一是若金額過於龐大，透過此種方式，可縮小衡量的尺度；其二，有些時候我們所面對

---

14 資料取自 TEJ 內三大法人買賣超欄內 Y9999 加權指數。

15 即將日市值金額減去其平均市值金額後，再除以其樣本標準差。

的變數，衡量的單位未必會一致，透過上述標準化方式即可避免因衡量單位的不一致所產生的困擾；最後，我們在乎的是三大法人彼此之間有關於「量」的關係，至於「量」的衡量的確值得商榷，例如外資往往動輒以「百億」新臺幣為單位，若是自營商呢？因此，我們的確需用另外一種方式來衡量。

為什麼我們會對如圖 7-9 所顯示的關係有興趣？我們會發現三大法人的行為有時有些類似，有時卻背道而馳，當然，這之間的關係並不是對稱的；換言之，外資的行為有可能是其他二法人模仿的對象，反之卻不然，其次投信的行為是否是自營商仿傚的標的？若沒有藉由圖 7-9 以及底下的分析，這些猜疑或謎團可能仍是眾說紛紜。

若觀察左上圖之時間走勢，不難發現三大法人之間的關係頗為密切，且三者持有 TWI 的市值有向上走高的趨勢，我們再進一步觀察，其餘描述任二者之間的散布圖，可發現任二者的走勢大致呈現同方向的趨勢，其中以外資與投信之間的趨勢較為明顯，不過三個散布圖，皆出現類似的型態，大致出現縱軸方向的波動較大；故若以橫、縱軸的變數為自、因變數，從圖中，我們大致可得到外資對投信與自營商，或是投信對自營商，於短期未必有影響，但是到了長期，可看到他們之間皆出現正的相關！

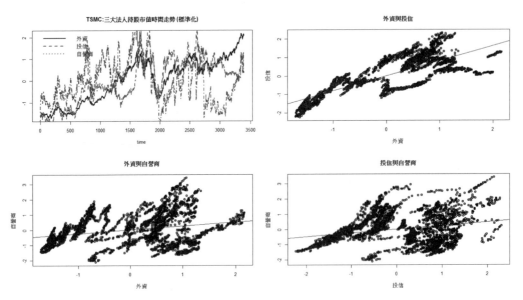

▲ 圖 7-9：三大法人持股（TWI）市值之時間走勢與彼此之間的關係

　　我們也可進一步估計他們彼此之間的相關係數，若按照外資與投信、外資與自營商以及投信與自營商的順序，其樣本相關係數分別約為 81%、25% 以及 25%；因此，從樣本相關係數來看，就短期而言，雖說我們無法確定三大法人之間是否有關聯，但是於長期，正的關係是有可能存在的，此尤其表現於外資與投信之間。現在一個問題是，我們是否有辦法進一步瞭解他們之間的關係？

　　換言之，上述的分析我們可以再進一步利用統計方法，以得到更多的資訊。首先，使用複迴歸模型以探究三大法人投資臺股的行為，自營商究竟會不會受到外資與投信的影響？即若使用 (7-4) 式，則母體迴歸式可寫成：

$$y = \beta_0 + \beta_1 x_1 + \beta_2 x_2 + \varepsilon \tag{7-34}$$

若是以矩陣表示，則 (7-27) 式可改為：

$$y = X\beta + \varepsilon \tag{7-35}$$

其中 $\varepsilon \sim iid(0, \sigma^2)$ 以及

$$y = \begin{bmatrix} y_1 \\ \vdots \\ y_T \end{bmatrix}, \quad X = \begin{bmatrix} 1 & x_{11} & x_{21} \\ \vdots & \vdots & \vdots \\ 1 & x_{1T} & x_{2T} \end{bmatrix}, \quad \beta = \begin{bmatrix} \beta_0 \\ \beta_1 \\ \beta_2 \end{bmatrix}, \quad \varepsilon = \begin{bmatrix} \varepsilon_1 \\ \vdots \\ \varepsilon_T \end{bmatrix}$$

其中 y 與 ε 仍分別為 $T \times 1$ 向量、β 為 3×1 向量、X 則為 $T \times 3$ 矩陣。於我們的例子內，y、x_1 與 x_2 可以分別表示自營商、投信與外資持有 TWI 之市值（標準化後）；其次，我們的樣本期間 $T = 3{,}395$，於此可以看出為何我們要使用矩陣表示，因以後者表示可以節省大量的空間！

　　若使用 (7-35) 式，再分別代入 (7-28) － (7-33) 式，利用 OLS 方法，可估得樣本迴歸式為：

$$\hat{y} \approx 0.00 + 0.12 x_1 + 0.15 x_2$$
$$(0.02)\ (0.03)\ (0.03)$$
$$[0.00]\ [4.11]\ [5.03]$$

其中，小與中括號內之值分別表示對應之標準誤及 t 檢定統計量[16]。我們由上式所列出的 t 檢定統計量，可看出 β_1 與 β_2 二個參數的估計值皆顯著異於 0（其 p 值接

---

16 即分別針對 $H_0 : \beta_0 = 0$、$H_0 : \beta_1 = 0$ 與 $H_0 : \beta_2 = 0$ 之 t 檢定統計量。

近於 0）；不過，我們應如何解釋上述估計值？不同於之前簡單迴歸的例子，考慮 (7-34) 式，我們亦假想有下列情況：

$$y = \beta_0 + \beta_1 x_1 + \beta_2 x_2 + \varepsilon$$
$$\Rightarrow \Delta y = \Delta\beta_0 + \Delta\beta_1 x_1 + \Delta\beta_2 x_2 + \Delta\varepsilon$$
$$\Rightarrow \Delta y = \Delta\beta_1 x_1 + \Delta\beta_2 x_2 + \Delta\varepsilon$$
$$\Rightarrow \frac{\partial y}{\partial x_1} = \beta_1, \beta_2 = \frac{\partial y}{\partial x_2}$$

若要解釋 β_1 的意義，除了要假定會影響 y 的其他因素不變下（即 $\Delta\varepsilon = 0$），尚需假定 $\Delta x_2 = 0$，我們以偏微分的符號表示；因此，β_1 的意義可解釋為於所有會影響 y 的因素（含 x_2）不變下，x_1 平均增加（減少）一單位，y 平均會增加（減少）β_1 單位 [17]。是故，於前述的例子內，我們發現於其他情況不變下，當投信持有 TWI 之市值平均增加一單位時（可記得市值已標準化），自營商持有之市值平均會增加 0.12 單位！另一方面，我們也發現在其他情況不變下，投信持有市值之變化居然類似於外資，即當外資持有 TWI 之市值平均增加一單位時，自營商持有之市值亦平均會增加 0.15 單位！

調整的判定係數

我們已經知道，樣本觀察值與樣本迴歸式之間的「配適」程度，可透過判定係數 R^2 值衡量；然而，於複迴歸內，我們會遇到未調整與調整後的二種判定係數，通常後者以 $\overline{R}^2$ 表示。為何會有如此的區別呢？原來於複迴歸模型內，我們會遇到一種難堪的情況：即使額外多出來的自變數對因變數沒有什麼解釋能力，多個自變數的配適程度仍比單一個自變數的配適程度佳！換句話說，「多」比「少」有一個優點，就是「多」至少比「少」來得好！

因此，面對上述的直覺，未調整的 R^2 於複迴歸模型內應該轉成 $\overline{R}^2$，即：

$$\overline{R}^2 = 1 - \frac{SSE/(T-k-1)}{SST/(T-1)} = 1 - (1-R^2)\frac{(T-1)}{(T-k-1)} \tag{7-36}$$

其中 k 表示自變數的個數，於上述估計的樣本迴歸式內，$k = 2$。觀察 (7-36) 式，可發現 $\overline{R}^2$ 只不過是未調整的 R^2 內的變數，分別有考慮個別的自由度而已 [18]；換言之，

---

17 換言之，偏微分的解釋只不過是於尋常的微分觀念（如 dy/dx）內，前面再加一句「其他情況不變」。

18 SSE 的自由度為 $T - k - 1$，表示複迴歸模型內有 $k + 1$ 條標準方程式，讀者可想想看其

未調整的 R^2 是指其內的變數並沒有再考慮個別的自由度。

從上述複迴歸的例子內，我們可計算出未調整的 R^2 與 $\overline{R}^2$ 分別約為 0.0682 與 0.0676，雖說二者的差距不大，但於複迴歸模型內，仍需以後者為主（記得多比少好）。因此，從估計的 $\overline{R}^2$ 值得知，前述估計的樣本迴歸式，其配適程度並不理想！

ANOVA 分析

類似簡單迴歸模型，於複迴歸模型內亦可以從事變異數分析。上表列出上述三大法人持有 TWI 市值的例子；從表內可注意 F 檢定統計量所對應的自由度，由於前述例子內共有 2 個自變數，故 F 檢定統計量之分子自由度等於 2，而其分母自由度則與模型的變異數 s^2 之自由度一致，二者皆為 $T - k - 1$。其次，可回想 F 檢定統計量可用於檢定模型的配適情況；換言之，其所面對的聯合檢定為：

$$H_0 : \beta_1 = \beta_2 = 0 \text{ 與 } H_a : H_0 \text{ 不成立}$$

是故，若面對上述檢定情況，利用上表所提供的資訊可計算，於顯著水準為 0.05 下，F 分配所對應的臨界值約為 124.13；另一方面，我們也可以計算出上述 F 檢定統計量所對應的 p 值約為 0，故用這二種方式檢定，皆得出拒絕 H_0 為二個參數皆為 0 的結論。直覺而言，F 檢定與 t 檢定（單一參數的檢定）所隱含的意義是不相同的；我們可以想像，若上述的 F 檢定是無法拒絕 H_0，其是表示 x_1 與 x_2 二個解釋變數，無法「解釋」被解釋變數 y，此相當於模型有設定錯誤（即模型有誤設）的可能，因此，若就此觀點來看，上述 F 檢定的重要性不容被忽略 [19]。

最後，我們再回來三大法人的例子。由於其 $\overline{R}^2$ 只約為 0.07，故複迴歸模型的估計結果並不是很理想；因此，我們再分別估計下列的簡單迴歸模型，其結果如表 7-4。

表 7-4 中（中括號內之值表示對應之 t 檢定統計量），有「***」表示於顯著水準為 0.01 下顯著異於 0。因此，若將前述估計的複迴歸模型稱為模型 1，則上述估計的模型 2 − 4 分別表示，外資對自營商、外資對投信以及投信對自營商的簡單迴歸模型之估計結果。

於上述模型 2 − 4 的估計結果內，我們可以發現 β_1 的估計值所對應的 t 檢定皆顯示出，β_1 會顯著地（於 $\alpha = 0.01$ 下）異於 0，此表示上述模型 2 − 4 內的解釋變

分別為何？
19 雖說於簡單迴歸模型內，F 檢定與 t 檢定是相同的；但是於複迴歸模型下，二者的差異是顯而易見的。

✔ **表 7-3**：複迴歸分析的 ANOVA 表（三大法人例子）

來源	平方和	自由度	均方	F 值
迴歸	SSR	k	MSR	$F = \dfrac{MSR}{MSE}$
	231.47	2	115.73	
誤差	SSE	$n-k-1$	MSE	$F \approx 124.13$
	3,162.53	3,392	0.93	

✔ **表 7-4**：簡單迴歸模型

模型 2	模型 3	模型 4
$y \approx 0.00 + 0.25x_2$	$x_1 \approx 0.00 + 0.81x_2$	$y \approx 0.00 + 0.25x_1$
(0.02)(0.02)	(0.01)(0.01)	(0.02)(0.02)
[0.00] [15.04]***	[0.00] [80.62]***	[0.00] [15.02]***
$R^2 \approx 0.06$	$R^2 \approx 0.66$	$R^2 \approx 0.06$

數多少仍有能力「解釋」被解釋變數 y。當然，其中外資對投信的解釋能力最高，大概有 66%；不過，外資對自營商，或是投信對自營商的解釋能力卻幾乎接近於 0。

　　雖說上述模型 1 － 4 的估計結果，只有模型 3 令人滿意；不過，若仔細觀察圖 7-9 之左上圖，眼尖的讀者可能會有一個疑問：那就是外資與投信持有的市值是隨時間逐漸的升高，也就是說他們之間可能存在著有共同的趨勢，但是，反觀自營商持有的市值卻無法看出有明顯的趨勢；換句話說，三大法人持有 TWI 的市值之間，究竟存不存在一個共同的趨勢（應該有，就是 TWI 的股價走勢）？我們再從另一個角度來看，外資與投信持有的市值是隨時間逐漸竄高，不過誰也不能有把握說這個趨勢是確定的，也就是說它也有可能屬於隨機漫步！那現在自營商的行為究竟是不是也屬於隨機漫步？

　　圖 7-10 繪出模型 1 － 4 之殘差值序列走勢，有意思的是，可觀察模型 3 的殘差值走勢，試回想投信與外資持有之市值是有趨勢的走勢，而模型 3 的殘差值序列相當於是投信持有市值，過濾完外資的影響，所剩餘的部分，結果從圖中可看出模型 3 的殘差值走勢，已不存有趨勢的態勢；換言之，從圖中可藉由模型 3 的殘差值走勢看出，投信與外資持有市值之差距是沒有趨勢的，二者之間的差距有可能是固定的，表示投信持有之市值會「如影隨形」跟隨外資的腳步前進（外資應不致於跟隨投信），即使二者持有市值的走勢有可能皆屬於隨機漫步！

　　上述投信與外資可能存在的關係，於（財金）統計文獻上可稱為「共整合（cointegration）」的關係，也就是說，若投信與外資持有市值的走勢皆屬於隨機

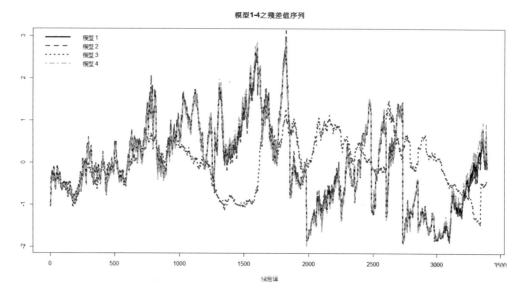

⋏ 圖 7-10：模型 1 － 4 之殘差值序列走勢

漫步，則二者之組合（如二者之間的簡單迴歸模型可謂之一個組合 [20]），若不存在隨機漫步型態，則可稱投信與外資持有市值序列呈現共整合關係。若是上述二者真的有呈現共整合關係，表示投信與外資的行為雖皆不可測，但是事實上二者之間的關係卻是可以預測。因此，我們可以用共整合關係來表示投信與外資行為的「長期關係」；換言之，於統計學內，我們的確有辦法找出變數之間的長期關係。我們再來看自營商持有市值走勢是否也有可能與外資或投信的市值走勢有長期關係？從圖 7-10 內模型 1、2 與 4 的殘差值走勢來看，可發現他們皆與自營商持有市值的走勢類似，因此我們需先判斷後者的走勢是否有可能屬於隨機漫步？

於前面章節，我們已說明如何用 *VR* 檢定，判斷所檢視的序列是否屬於隨機漫步。因此，底下我們將分別針對自營商、投信、外資持股市值序列以及模型 1 － 4 之殘差值序列，使用 *VR* 檢定；於 *VR* 檢定內，我們亦分別考慮持有時間為 $k = 2, 3, \cdots, 30$，其檢定結果繪於圖 7-11。我們可回想，*VR* 檢定的漸近分配為標準常態分配，故於圖 7-11 內，亦繪出顯著水準為 0.05 的臨界值（以虛線表示）；若 *VR* 檢定統計量值，位於臨界值以上表示不拒絕虛無假設為隨機漫步的情況，反之，若落於臨界值以下，則拒絕虛無假設。

首先，我們先看圖 7-11 的上圖，從圖中可看出約於 *k* 值大於 8 後，三大法人

---

20 即若 *x* 與 *y* 皆屬於隨機漫步模型，則 $ax \pm by$ 謂之一種組合，其中 *a* 與 *b* 為固定的係數值。

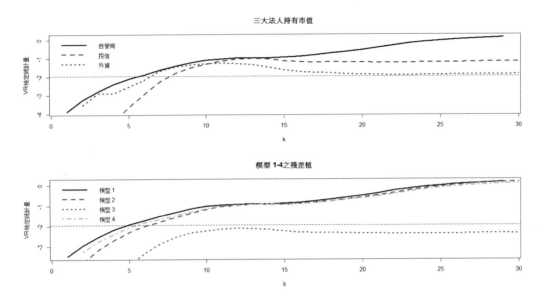

▲ 圖 7-11：檢定結果，圖內虛線為標準常態分配臨界值（$\alpha = 0.05$）

持股市值序列，竟皆為隨機漫步序列；另一方面，從下圖可看出，除了模型 3 的殘差值序列不為隨機漫步外，其餘 3 模型之殘差值序列，竟皆有可能屬於隨機漫步，而且後 3 模型（模型 1、2 與 4）之殘差值序列是來自於自營商的部分。是故，從圖 7-11 的結果，我們大致有底下的結論：雖說投信與外資持有 TWI 市值序列，皆有可能屬於隨機漫步模型，不過他們之間有可能維持長期穩定的關係；至於自營商持有 TWI 市值序列，亦偏向於屬於隨機漫步模型，但其行為卻與投信與外資的行為無關。若使用較通俗的話來表示上述的意思，就是三大法人對臺股的行為是不可測的，不過就長期而言，外資與投信之間可能存在一定的關係，但是自營商的行為則可能與前二者無關。（可參考 ch7-2-2.R）

習題

1. 於英文 Yahoo 網站下載 2000/1 － 2015/6 期間，道瓊、日經 225、上海綜合股價指數以及臺灣加權指數之月收盤價（調整後），試分別繪出其各自時間走勢圖。同時計算任二者（含取過對數）之樣本相關係數。

2. 續上題，相對於其他市場而言，臺灣股市的規模自然微不足道，因此臺灣加權指數之月收盤價，自然無法為其他指數月收盤價的解釋變數；不過，其他指數之月收盤價，倒是有可能成為臺灣加權指數之月收盤價的解釋變數。若以臺灣加權指數之月收盤價為被解釋變數，試分別估計下列模型（各指數皆以對數值

表示）：模型 A：解釋變數為道瓊、日經指數與上海綜合指數；模型 B：解釋
變數為道瓊與日經指數；模型 C：解釋變數為道瓊與上海綜合指數；模型 D：
解釋變數為日經指數與上海綜合指數；模型 E：解釋變數為道瓊指數；模型 F：
解釋變數為日經指數；模型 G：解釋變數為上海綜合指數。

3. 續上題，何模型之調整後的 R^2 最高？

4. 續上題，試分別繪出模型 A－G 之殘差值序列。

5. 續上題，使用矩陣依最小平方法，估計模型 A，其估計係數值為何？是否皆顯
著地異於 0？ $\alpha = 0.05$。註：b 之估計的變異數矩陣為 $s^2(X'X)^{-1}$。

6. 續上題，使用 VR 檢定，檢視模型 A 之殘差值序列。其結果如何？

7. 續上題，應記得上述指數序列是取對數值，試解釋估計係數之意義。為何我們
要使用對數值？有何涵義？

   ☞**提示：類似需求的價格彈性**

8. 複迴歸模型參數之意義。以上述模型 C 為例，若 β_1 表示於其他情況不變下，
複迴歸模型內，道瓊指數對臺股指數的影響力，此相當於臺股指數與道瓊指數
分別除去上海綜合指數的影響力後，再來檢察道瓊指數對臺股指數的影響力。
若模型 H 表示道瓊指數（因變數）與上海綜合指數的迴歸式，則上述 β_1 等於
模型 G 之殘差值（因變數）與模型 H 之殘差值的迴歸式的參數值。試以實際
資料檢視。

   ☞**提示**：
   ```
   resh = residuals(lm(x~w))
   coef(lm(resg~resh))[2]
   coef(modelC)[2]
   ```

9. 以上述模型 A 為例，其標準方程式為何？各有何意義？

10. 除了以調整後的 R^2 判斷模型的「配適」情況之優劣外，是否仍有其他的判斷
準則？

   ☞**提示：殘差值之最小平方。**

2.3 R 內的操作

讀者應該已經知道於 R 內如何操作迴歸分析，我們可以稍作一個整理。假想 y 為因
變數以及 x_1 與 x_2 為二個自變數，則 y 與 x_1 之間的簡單迴歸模型以及 y 與 x_1、x_2 之
間的複迴歸模型之估計於 R 內可寫成：

```
model1 = lm(y~ x1)
```

```
summary(model1)
model2 = lm(y~ x1+ x2)
summary(model2)
?lm
```

上述第一個指令，是將 y 與 x_1 之間的樣本迴歸的估計結果（使用 OLS 方法）稱為模型 1，第二個指令是彙總模型 1 的所有的估計結果；若 y 與 x_1 仍表示上述自營商與投信之持股市值，則第二個指令於 R 內可呈現出下列的結果，即：

```
Call:
lm(formula = y ~ x)
Residuals:
     Min       1Q    Median      3Q      Max
 -1.97982  -0.67127 -0.08479 0.64884  2.87503
Coefficients:
             Estimate   Std. Error   t value   Pr(>|t|)
 Intercept) -5.179e-16   1.664e-02    0.00        1
       x     2.457e-01   1.664e-02    14.77     <2e-16 ***
---
Signif. codes:  0 '***' 0.001 '**' 0.01 '*' 0.05 '.' 0.1 ' ' 1
Residual standard error: 0.9695 on 3393 degrees of freedom
Multiple R-squared:  0.06038,   Adjusted R-squared:  0.06011
F-statistic:    218 on 1 and 3393 DF,  p-value: < 2.2e-16
```

於上表內（姑且將上述估計結果稱為表），Residuals 表示殘差值，故表內有列出殘差值之最小值、第一個四分位數、中位數、第三個四分位數與最大值。其次，Coefficients 表示係數，接下來就分別列出估計係數值、估計係數值之標準誤、檢定統計量之 t 值以及對應之 p 值，其中 Intercept 表示常數項（相當於本章的 b_0），x 的估計係數值相當於本章的 b_1；故於表內，自動分別列出 $H_0: \beta_0 = 0$ 與 $H_0: \beta_1 = 0$ 的檢定統計量之 t 值（估計係數值除以估計係數值之標準誤）以及對應之 p 值。值得注意的是表內估計值內有出現例如 e-16，其是表示該估計值位於小數點以下第 16 個位置，以 b_1 為例，其是表示 $b_1 = 0.2457$。從表內可看出因 b_1 所對應的 p 值幾乎接近於 0，故即使顯著水準（significance level）為 0，仍拒絕 $H_0:\beta_1=0$。

　　Residual standard error 就是本章內的 s，可留意其對應之自由度（degrees of freedom），Multiple R-squared 是指未調整 R^2 而 Adjusted R-squared 則表示 $\overline{R}^2$。最後，表內列出 F 檢定統計量之值及其對應之 p 值，應注意所對應的自由度。

　　第三個指令是表示將複迴歸的估計結果，彙集於模型 2（可留意自變數的表示方式）；同樣地，第四個指令，可使 R 內呈現類似上表的估計結果，可試試看。最後一個指令，是詢問 R 有關於 lm 的意義，再試試看，電腦的視窗隨即會多出現一個解釋 lm 的視窗，讀者可留意該視窗內有 Value 標題的部分，我們於之前的模擬時，有使用其中的功能，例如：輸入下列指令 names(model1)，隨機出現底下之結果：

```
[1] "coefficients"  "residuals" "effects"   "rank"
[5] "fitted.values" "assign""qr""df.residual"
[9] "xlevels"    "call"  "terms" "model"
```

　　此是表示我們可以於模型 1 內，提取某一個單一的結果，例如：

```
coefficients(model1)# 從模型 1 內只提取估計係數
as.numeric(coef(model))# 只列出估計係數，注意 coefficients 可簡寫
# 成 coef
as.numeric(coef(model))[3] # 只列出第 3 個估計係數
res = residuals(model1)# 將模型 1 的殘差值序列令為 res
res1 = resid(model1)# residuals 可簡寫成 resid，故 res 與 res1 是
# 相同的序列
fit = fitted.values(model1)# 將模型 1 的預期值序列令為 fit
fit1 = fitted(model1)# fitted.values 可簡寫成 fitted
```

　　除了上述指令我們曾經使用過之外，我們亦使用過：

```
vcov(model1)# 估計係數之共變異數矩陣，應注意其為矩陣型態
sqrt(vcov(model1))[2,2] # b1 之標準誤
```

最後，讀者也可試試下列指令：

```
anova(model1)
aov(model1)
```

第三節 財金上的應用

於前一節，我們有介紹共整合的觀念，此觀念常出現於財金時間序列分析內[21]，為何會有共整合的觀念呢？由於若我們觀察許多財務經濟變數的歷史時間序列資料，大概皆有一個初步共同的印象，就是幾乎所有觀察前的資料會隨時間增加或下降；若我們不仔細觀察，有可能會產生下面的幻覺：乍看二變數之歷史資料同方向變動，誤以為二變數之間有密切關係！此種似是而非的結果於統計學內可稱為虛假的（spurious）相關或是虛假的迴歸關係[22]。因此，若要擺脫虛假的關係，共整合的觀念自然因應而生。

是故，本節將分成三部分：第一部分將區別之前，我們有提及到的定態與非定態時間序列的差異，以提醒讀者使用迴歸分析時，應注意非定態時間序列的使用；第二部分則使用共整合的觀念，以強調財金理論的重要性；最後一部分則簡單介紹單根（unit root）檢定。

3.1 定態與非定態隨機過程

何謂非定態與定態隨機過程（stochastic process）？一般而言，資產價格通常屬於非定態的隨機過程，這句話究竟代表什麼意思？我們已經知道可以將 TSMC 每日的收盤價視為一種隨機變數，因為誰也無法肯定地說明日的收盤價為何；因此，TSMC 日收盤價（時間）序列，相當於由一連串的隨機變數所構成，我們就稱此為一種隨機過程。為何需要隨機過程的概念？我們也頗為無奈，因為我們所追求的標

---

21 至目前為止，我們所使用的樣本資料大部分皆屬於時間序列資料，顧名思義，時間序列資料是表示變數的資料是按照時間排列。若沒有對應的時間排列的資料可稱為橫斷面（cross section）資料，如於 8 月 15 日，我們分別列出 TSMC、宏達電、鴻海、台塑、奇美……等等收盤價資料，即為橫斷面資料。

22 其實虛假的相關關係時常可以看見，比如臺北往高雄的高鐵，車內乘客的方向一致，但是彼此之間未必有關、或是若汽油的歷史價格（每天價格）與 TWI 的歷史股價有相同的走勢，未必表示前者可以用以預測後者。

的，如股價、匯率、通貨膨脹率、利率、經濟成長率……等等未來之值皆是不可預知的，因此上述每個幾乎皆可視為一種隨機過程！

　　瞭解隨機過程的意思後，我們也許會進一步想像，隨機過程的每個（時點）隨機變數的機率分配為何？若每個（時點）所對應的機率分配皆相等，我們就稱此種隨機過程為「強式（strongly）」定態隨機過程；因此，若觀察某一種時間序列是屬於強定態隨機過程，此相當於畫出該時間序列走勢後，再移動左右視窗，可發現不管移動至何處，我們所見到的圖形型態皆頗為類似。事實上，強式定態隨機過程我們曾見過，可回想我們曾要求讀者模擬出白噪音的走勢圖？再試試看。

　　當然，於現實社會裡，屬於強式定態隨機過程應不多見，此尤其表現於時間序列內（例如小時了了，大未必佳；小時候的志願，長大後的志願）。但是，若是每個機率分配皆不相等，我們根本就估計不出其結果（因為每個時點只有一個觀察值）；故統計學並不強調強式定態隨機過程，反而較重視「弱式（weakly）」定態隨機過程。什麼是弱式定態隨機過程？我們先來看圖 7-12 的例子。

　　最典型的（弱式）非定態隨機過程例子，莫過於我們之前曾提及多次的簡單隨機漫步模型。簡單隨機漫步模型的一大特色就是它具有「隨機趨勢」的特徵，與隨機趨勢相對應的就是「確定趨勢」，二者的差異，可參考圖 7-12。於圖 7-12 內，隨機趨勢序列是按照下列式子模擬而得，即：

$$y_t = \rho y_{t-1} + \varepsilon_t \tag{7-37}$$

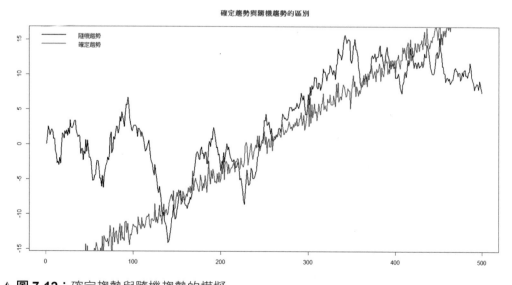

▲ 圖 **7-12**：確定趨勢與隨機趨勢的模擬

其中 $\rho = 1$ 與 $\varepsilon_t \sim iid\ N(0, \sigma^2)$。讀者可回想 (7-37) 式之解為何？即於 (7-37) 式內，分別代入 $t = 1, 2, \cdots, t$，可得：

$$y_t = \rho^t y_0 + \sum_{i=1}^{t} \rho^{t-i} \varepsilon_i \tag{7-38}$$

於簡單隨機漫步模型內，$\rho = 1$；是故，從 (7-38) 式可知，簡單隨機漫步序列如 y_t 內「累積」，或稱「整合（integrate）」了 t 個誤差項，因此 y_t 又有另一種表示方式，即 $y_t \sim I(r)$，其中 $I(r)$ 可稱為具 r 階之整合的變數。另一方面，我們再想像另一種情況，若於 (7-37) － (7-38) 式內的 ρ 值滿足 $|\rho| < 1$ 的條件，如 $\rho = 0.6$，則隨著 $t \to \infty$，從 (7-38) 式可看出，過去的誤差項對 y_t 的影響，可以隨時間經過而逐漸降低；因此，此時 y_t 內因不再有累積或整合過去誤差項成分，其時間走勢也較安定，所以我們就稱 y_t 為定態的變數，或寫成 $y_t \sim I(10)$。換言之，本書所謂的定態的變數或隨機過程，就是指該變數或過程具有 $r = 0$ 階的整合變數；因此，之前我們有計算的資產價格之對數報酬率或變動率，大致皆屬於此類。

我們若從另外一個角度來看 (7-37) 式，$\rho = 1$ 亦可稱為 (7-37) 式的根（root）或解[23]，我們發現當 $\rho = 1$ 時，隨時間經過，過去的誤差項對 y_t 的影響居然不會消退，此時，我們稱 y_t 具有一個單根，可寫成 $y_t \sim I(1)$；當 y_t 可對應至 $I(1)$ 時，因其累積了相當的（過去的）誤差項，此時表現出來的，居然就有所謂的隨機趨勢，如圖 7-12 所示。換句話說，於圖 7-12 內，隨機趨勢線（黑線）是我們按照簡單隨機漫步模型，如 (7-37) 式所模擬出的結果；與隨機趨勢線對應的，稱為確定的趨勢線（紅線），顧名思義，前者的走勢並無明顯的方向（可以回想酩酊大醉者的走勢），但是後者的走勢的方向卻相當明顯。因此，本書所提到的非定態序列或隨機過程，指的是變數內存在一個或一個以上的的單根，我們可寫成其對應於 $I(r)$，其中 r 是一個整數且 $r \geq 1$；資產價格或總體經濟變數大多擁有一個或以上的單根，故它們皆屬於具 $r \geq 1$ 階整合的變數！

讀者可以分別想出隨機趨勢與確定趨勢的例子嗎？可以想想「嬰兒一瞑大一吋」不就是表示確定的（成長）趨勢嗎？然而實際呢？也許過了一段時間讀者也會訝異於所認識的嬰兒已長大成小孩的模樣了。隨機趨勢的力量真大！再來一個例子：本書最「讓人頭大」的部分，就是有太多 R 的指令或函數，假想某日讀者滿意今天所學的 R 指令，晚上睡覺前心理盤算「按照今天這種速度，再過幾日呢？

---

[23] 讀者若有學過經濟數學，應可求 (7-37) 式之解；有興趣的讀者可參考經濟數學內定差（difference）方程式或動態部分。

豈不是全學會了。」然而，於實際呢？因有太多的意外，有太多的出乎預期之外的因素圍繞著我們，使得實際的結果與事先的預期有相當的差距。

　　從圖 7-12 內之隨機與確定趨勢走勢來看，可發現隨機趨勢的平均數與變異數並不是固定數值（我們不知未來它會往何方向，同時也不知波動會多大）；反觀確定趨勢，其平均數雖會變化，但其變動卻是可以預期的（因其是確定趨勢），至於確定趨勢的變異數，我們發現其卻是固定的。因此，圖 7-12 倒是提供一種能區別出，定態與非定態隨機過程的方式。換言之，若我們所觀察到的序列之平均數與變異數為固定數值且相等（或是平均數為可預期值），則我們大致可將其稱為定態隨機過程；反之，就稱為非定態隨機過程。此處定態隨機過程指的是弱式定態隨機過程，由於變異數是屬於隨機變數的第二級動差，而我們判斷至第二級動差為固定數值，故弱式定態又可稱為第二級（the second order）（動差）定態隨機過程。由於第二級動差尚包括共變異數，故判斷序列是否屬於定態隨機過程的第三個條件，就是該序列的自我共變異數 [24] 與時間無關；因此，弱式定態隨機過程又可稱為共變異數定態隨機過程。最後，簡單來講，非定態（定態）隨機過程指的是隨機變數至其第二級動差皆非固定數（為固定值）且是無法（可以）預測的。最後，本書所提到的定態序列或隨機過程，指的就是共變異數定態隨機過程。

　　瞭解定態與非定態隨機過程的差異後，我們再來看圖 7-13 的例子。於圖 7-13 我們隨意模擬出二個簡單隨機漫步序列，我們姑且稱為 y_t 與 x_t 序列，其中下標 t 可以表示時間，以及 $y_t \sim I(1)$ 與 $x_t \sim I(1)$。從圖 7-13 的 (a) 圖可看出，y_t 與 x_t 序列有相同的隨機趨勢，我們進一步估計其樣本相關係數約為 74%；(b) 圖則繪出 y_t 與 x_t 序列之間的散布圖以及樣本迴歸線（即以 y_t 與 x_t 序列，分別表示因變數與自變數所構成的簡單迴歸模型），我們也發現 β_1 的估計值，$b_1 \approx 1.06(0.04)$，小括號內之值表示對應的標準誤，其次樣本迴歸模型的 R^2 約為 55%。至目前為止，讀者應該認為二變數之間的關係甚為密切，且 x_t 變數大概可解釋 y_t 變數變異的 55%；但是，若觀看光碟所附的程式後，老實說，我們也不知 y_t 與 x_t 序列是什麼？只知此二序列皆「累積了 500 個未知的標準常態分配觀察值」，累積了多個未知的觀察值後，會形成什麼樣子？從圖中可看出，答案就是隨機趨勢！

　　我們也許會有一個疑問，就是上述 y_t 與 x_t 序列皆是堆積了多個標準常態分配觀察值，這些標準常態分配的觀察值之間也許有關？我們也試著計算，二序列所累

---

24 類似之前有提及的自我相關係數，自我共變異數指的是計算變數當期與其落後期之間的共變異數。

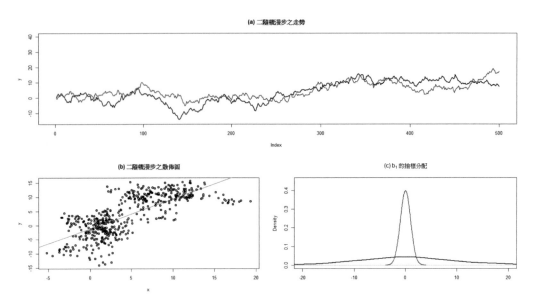

▲ **圖 7-13**：二個模擬的隨機漫步關係（虛假的關係）

積的對象，結果發現它們之間的相關係數約只有 −1%！因此，我們的確不知圖 7-13 的相關或迴歸關係從何而來？為何會有此關係？湊巧吧！我們稱它們的關係，為虛假的相關或虛假的迴歸應不假吧！

於虛假的迴歸模型內，可注意估計式 b_1 所對應的 t 檢定統計量（即用於檢定 $H_0: \beta_1 = 0$），其值約高達 24，於圖 7-13 內，我們是模擬出 500 個觀察值，故其應屬於大樣本的情況，因此 b_1 所對應的 t 檢定統計量分配應會接近於標準常態分配；就標準常態分配而言，其分位數值大致介於 −3.5 與 3.5 之間，因此上述 t 檢定統計量約為 24，對標準常態分配而言，著實太高了！

是故，我們重複圖 7-13 內之 (a) 與 (b) 圖的步驟 1,000 次（每次模擬出 200 個觀察值），每次皆計算 b_1 所對應的 t 檢定統計量，我們再估計 1,000 個 t 檢定統計量的機率密度函數，其結果就繪於圖 7-13 內之 (c) 圖，為了與「理論值」比較，圖內亦繪出對應的 t 分配（於本模擬內就是標準常態分配）之機率密度曲線（紅色線），結果發現以 t 檢定統計量表示之 b_1 的抽樣分配，竟與我們之前所介紹的 t 或常態分配不同，我們可以稱此分配為 Dickey-Fuller（DF）分配。

因此，圖 7-13 給予我們一個相當大的啟示，就是我們於分析資料或從事迴歸分析時，應避免使用可對應於 $I(r \geq 1)$ 的變數，否則會遇到 DF 分配；換言之，至目前為止，我們所分析的對象，皆屬於定態序列或定態隨機過程，故所提及的機率分配也止於應用於後者。還好透過簡單的轉換，例如用差分的技巧，我們可以很容易將具有 $I(r \geq 1)$ 的變數轉成定態的變數；例如：

$$y_t \sim I(1) \Rightarrow \Delta y_t = y_t - y_{t-1} = x_t \sim I(0)$$

上式 y_t 變數因具有一個單根，故其屬於非定態時間序列；透過差分，可以將 y_t 變數轉成 x_t 變數，其中 x_t 屬於 $I(0)$。這個過程我們並不陌生，本書從一開始就強調報酬率的重要性。從另一個角度來看，若 y_t 表示對數價格，則 x_t 不就是表示對數報酬率或變動率嗎？最後，值得一提的是，於我們所分析的財金變數內，有些變數至多只存在二個單根，其餘大部分皆只有一個單根。還好！從直覺來看，讀者可否想出有哪些變數有可能具有二個單根？（可參考 ch7-3-1.R）

習題

1. 我們所謂的定態的隨機過程，亦可以稱為共變異數定態隨機過程，換言之，若 $x_t = \{\cdots, x_0, x_1, x_2, \cdots\}$ 屬於定態的隨機過程，其具有下列的特色：

$$\mu = E(x_t) = E(x_{t+m}) \text{，} m \neq 0$$
$$\sigma^2 = E[(x_t - \mu)^2] = E[(x_{t+m} - \mu)^2] \text{，} m \neq 0$$
$$Cov(x_t, x_s) = Cov(x_{t+m}, x_{s+m}) \text{，} m \neq 0 \text{ 以及 } t \neq s$$

   試解釋上述式子的意義。

2. 是否還記得有包括常數項的隨機漫步模型，同時具有確定趨勢與隨機趨勢。為什麼？試模擬出 10 個序列（繪於同一個圖內）。

3. 通貨膨脹率序列是否有可能屬於 $I(1)$？因為「一朝被蛇咬，十年怕草繩」？試評論之。

4. 若題 3 為真，則 CPI 指數有幾個單根？

5. 其實，隨機過程我們並不陌生，試舉例說明。（女或男人心不可測！）

③.2 共整合分析

如前所述，若要使用迴歸分析，我們應該儘量避免使用非定態序列。然而，有些時候使用非定態序列，反而可以讓我們取得更多的資訊，此尤其表現於財金理論上。例如圖 7-14 繪出 TSMC 月收盤價與月股利[25]之間的關係（2000/1 – 2014/6 期間），

---

25 股利之取得是假定每股淨利均發放成股利，每股淨利之樣本資料（由交易所提供）是取自 TEJ 內調整後的股價欄。

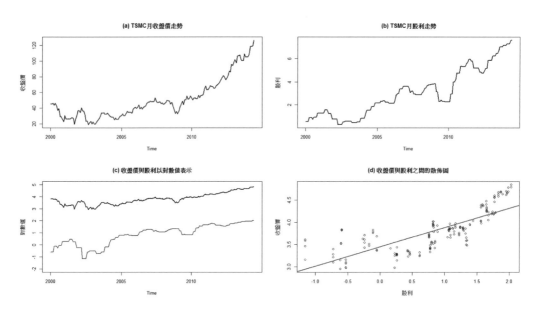

⋀ 圖 7-14：TSMC 月收盤價與月股利之間的關係

其中 (a) 與 (b) 圖分別繪出其時間走勢，(c) 圖則繪出上述二者之對數值走勢，從三圖的走勢來看，月收盤價與月股利的走勢，並不會因用對數值表示而改變其走勢；其次，從圖內也可看出月收盤價與月股利序列有可能皆屬於非定態序列，不過二者之間的關係有可能並不是虛假的關係。

財務理論已經告訴我們上述二者之間的關係，即「股價是公司未來股利現值總和」；換言之，財務理論提醒我們股價與股利之間存在著均衡（equilibrium）關係，即股價與股利若皆為非定態序列，二者的組合（或均衡關係）變數應屬於定態序列，否則任何脫離上述均衡關係的衝擊並非是暫時的。最後這句話代表什麼意思？假定 y_t 與 x_t 分別表示對數股價與股利時間序列，則我們可能有下列的線性組合關係：

- $y_t \sim I(0) \Rightarrow a + by_t \sim I(0)$
- $y_t \sim I(1) \Rightarrow a + by_t \sim I(1)$
- $y_t \sim I(0), x_t \sim I(0) \Rightarrow ax_t + by_t \sim I(0)$
- $y_t \sim I(1), x_t \sim I(0) \Rightarrow ax_t + by_t \sim I(1)$
- $y_t \sim I(0), x_t \sim I(1) \Rightarrow ax_t + by_t \sim I(1)$
- $y_t \sim I(1), x_t \sim I(1) \Rightarrow ax_t + by_t \sim I(1)$

其中 a 與 b 表示二個固定的常數。上述例如，第四個組合的意思可解釋成：若 y_t 屬

於 $I(1)$（即 y_t 內存在一個單根）而 x_t 屬於 $I(0)$（即 x_t 為定態序列），則 y_t 與 x_t 的線性組合仍為 $I(1)$（即 $I(r)$ 會支配 $I(r-1)$）（讀者可自行模擬證明看看）。其餘的關係可類推。

　　值得注意的是，上述最後一個線性組合關係，於某些條件下其線性組合有可能屬於 $I(0)$；換句話說，若 y_t 與 x_t 同屬於 $I(1)$ 但彼此之間有共整合關係，則存在一個定態的均衡關係如：

$$w_t = a + by_t \sim I(0) \tag{7-39}$$

直覺而言，上式若再加進一個常數項，並不會影響其仍為定態的性質。知道共整合的意思後，我們可以用一般化的方式來定義共整合關係。

共整合的定義

　　若 z_t 是一個 $k \times 1$ 的向量，則我們稱 z_t 具有 d, b 階的共整合關係，其可寫成 $z_t \sim CI(d, b)$，但必須要滿足下列二個條件：

第一：z_t 內的成分需皆為 $I(d)$（即須連續差分 d 次才能轉換成定態）。
第二：存在一個 α 向量（$\alpha \neq 0$），使得 $w_t = \alpha z_t \sim I(d-b)$，$\alpha$ 向量可稱為共整合向量。

　　利用上述的定義，我們可以重新詮釋 (7-39) 式的意義；換言之，於 (7-39) 式內，$w_t = \alpha z_t \sim I(d-b)$，其中 $d = b = 1$，亦即我們可以找到一個共整合向量，使得：

$$w_t = ax_t + by_t = \alpha' z_t = \begin{bmatrix} a & b \end{bmatrix} \begin{bmatrix} x_t \\ y_t \end{bmatrix} \sim I(0)$$

因此，共整合向量的角色可以將二個若有若無或如影隨形的隨機漫步走勢，彼此相互牽繫，誰也無法單獨脫離。

　　雖說本書之前，一直強調應該分析報酬率序列，但是報酬率的分析卻只侷限於短期的分析；換言之，若上述 TSMC 月對數收盤價與月對數股利序列，真的皆屬於 $I(1)$，則二序列經過差分的轉換後，變成對數報酬率（或變動率）序列。雖然已經轉成定態序列，不必擔心例如上述 DF 分配或虛假關係的問題，不過透過差分的轉換，反而喪失了有關於長期的重要資訊[26]；也就是說，單獨只靠對數報酬率序列的資訊，我們仍然無法回答，例如資產價格如股價究竟是如何決定的？或者也可提

---

26 畢竟差分相當於將股價（以對數值表示）切成若干小片段，使得我們仍有一個疑問，那
　股價是如何決定的？單獨靠對數報酬率是無法回答上述疑問。

出一個比較直接的問題：我們大概已經知道如何從事短期的分析，即分析報酬率序列；但是，若是長期的分析呢？我們究竟應如何看待例如資產價格等非定態序列？

我們也只有等到二位諾貝爾經濟學得主（於 2003 年得獎）Engle 與 Granger（合稱為 EG）於 1987 年提出共整合的觀念後[27]，才知道如何回答上述最後一個問題。EG 曾提出一個重要的「代表（representation）」定理，即：

Granger 代表定理：若變數之間可形成共整合關係，則存在一種「誤差修正（error correction）」的表示方式；反之亦然。

是故，藉由上述觀念的澄清與介紹，我們再回來看 TSMC 月收盤價與月股利（二者皆以對數值表示）的例子。如前所述，若月收盤價與月股利序列皆屬於 $I(1)$，則財務理論告訴我們，月收盤價與月股利序列之間存在一個長期均衡關係，使得二者之一，若其中有一個脫離上述關係，則因均衡關係的存在，脫離而出的序列應會反轉回到均衡水準；換句話說，若用共整合的觀念，前述長期均衡關係相當於月收盤價與月股利序列之間存在一個線性組合關係，而這個關係的維繫就是靠共整合向量的力量，使得這個線性組合屬於定態序列，即 $I(0)$。我們已經知道於定態序列下，若遭受一個外力的衝擊，雖然會使序列暫時脫離其應走的軌道，不過因定態序列基本上是屬於安定的序列，故這個衝擊不會持續太久，此種不久就會反轉回歸至原來水準的的特徵，正是上述 Granger 代表定理所強調的部分，不過 EG 稱為誤差修正！

雖說如此，我們要如何才能找出適當的共整合向量？有些時候，透過理論的幫忙可以幫我們找出合適的向量（可參考本章的習題）。就股價與股利序列之間的均衡關係（讀者可想想看或查看例如財務管理或投資學的書籍內如何描述二者之間的關係），財務理論的確有明確的定義[28]；不過，此處我們可以 EG 的方法檢視。換言之，若要檢視 TSMC 月收盤價與月股利序列之間是否存在共整合關係，或是要找出二者之間適當的共整合向量，透過迴歸估計的方式，我們發現使用 OLS 方法就足夠了！

有關於如何找出共整合關係，EG 倒是建議使用一種分成二階段的方法，其步

---

27 Engle and Granger, 1987, "Cointegration and error correction: representation, estimation and testing", *Econometrica*, 55, 251-276.

28 若 D_1、D_2、…、D_n 分別表示未來第 1、2、…、至第 n 期之預期股利，則按照財務理論可知現在的股價為 $P_0 = D_1 /(1 + R) + D_2 /(1 + R)^2 + \cdots + D_n /(1 + R)^n$，其中 R 表示公司的資金成本。

驟可為：

步驟 1：估計出長期均衡關係如下式所示：

$$y_t = b_0 + b_1 x_t \tag{7-40}$$

其中於我們的例子內 y_t 與 x_t 可以分別表示對數月收盤價與月股利序列，而且二者皆屬於 $I(1)$。上式之估計可以使用 OLS 方法，即 OLS 的殘差值序列 $ecm_t = y_t - b_0 - b_1 x_t$ 可用於衡量「失衡（disequilibrium）」的部分。值得注意的是，估計 (7-40) 式內的 b_0 與 b_1 所對應的檢定統計量，因仍存在 DF 分配的問題，故我們不知如何解釋其值；不過，於此步驟內我們只需檢定殘差值序列 ecm_t 是否為 $I(0)$。若 ecm_t 屬於定態序列，則可使用步驟 2。

步驟 2：以 OLS 方法估計出一個誤差修正模型，其型態可為：

$$\Delta y_t = \phi_0 + \hat{\varphi} ecm_{t-1} + \sum_{i=1} \phi_i \Delta y_{t-i} + \sum_{j=1} \theta_j \Delta x_{t-j} \tag{7-41}$$

從上式可看出，若 y_t 與 x_t 皆屬於 $I(1)$ 而 ecm_t 屬於 $I(0)$，則其內所有的變數皆屬於定態變數（可記得例如 $\Delta y_t = y_t - y_{t-1}$，$\Delta y_t$ 屬於 $I(0)$），故我們可以使用傳統的檢定方法。於 (7-41) 式內，我們比較在意的是 ecm_{t-1} 前之估計係數值 $\hat{\varphi}$（φ 讀成 fai），其值需為負值。也就是說，共整合關係若能成立，按照之前 Granger 代表定理的說法，其必能寫成如 (7-41) 式型態的誤差修正模型，而若能以後者的型態呈現，其中的關鍵正是 $\hat{\varphi}$ 是否能顯著地異於 0 且為負數。

因此，我們可以重新詮釋 (7-41) 式所代表的意義，此可分成二個部分解釋：第一，如前所述 ecm_{t-1} 可表示於 $t-1$ 期長期失衡的情況，其中長期均衡可由 $y = b_0 + b_1 x \Rightarrow y - (b_0 + b_1 x) = 0$ 表示，若對照 (7-39) 式，可知共整合向量內之參數 a/b 之估計值為 b_1，只有一個估計值 b_1 如何用於估計二個參數值 a 與 b？換言之，a 與 b 之間需有一個參數值設為 1，此時唯有透過理論的幫助，否則豈不是有無窮多個組合皆符合共整合向量（即 $a/b = b_1$，a 與 b 的估計值可以自由搭配）。此告訴我們從事共整合分析的無奈，因為若無其他的依據，我們事先哪裡知道究竟何者為 y？何者為 x？不過，於例子內，因為我們知道「股利會影響股價，而非股價影響股利」，故 b_1 相當於是 a 參數的估計值（即 b 假定為 1）。至於長期均衡估計內的 b_0 呢？可回想 OLS 之估計為何要包括常數項，因為若無後者，此相當於告訴 OLS，樣本迴歸線必須通過原點 0，這是誰也無法肯定一定會如此的，因此，我們的迴歸式或長期均衡也只好包括一個常數項。

是故，若 ecm_{t-1} 不等於 0（如受到外力的影響），會發生什麼事？例如，當 ecm_{t-1} 大於 0 時，是表示長期均衡無法達成，也就是說於 $t-1$ 期時，y_{t-1} 值相對上比 x_{t-1} 值大，則下一期 y_t 會如何調整？其應該會向下調整 Δy_t，此種調整是屬於修正，或者應該稱為「短期的動態修正」，此處有「動態」字眼，是表示會隨時間調整，因此 (7-41) 式內的 $\hat{\varphi}$ 應為負值；相反地，若 ecm_{t-1} 小於 0，則下一期 y_t 會往上調整 Δy_t。此情況有點類似開車的時候，當遇到多個轉彎時，我們會自動修正或調整方向盤；因此，若 $\hat{\varphi}$ 為正值，豈不是表示遇到左彎時，反而方向盤往右調整，結果當然碰壁！職是之故，$\hat{\varphi}$ 值的符號極為重要。

由以上的分析可知，寫成如 (7-41) 式型態的模型可稱為短期動態模型，例如 y_t 若表示月對數收盤價，則 Δy_t 就是表示對數報酬率或變動率；因此，若是我們依時間為報酬率序列建立一個模型，則它就是一個短期的動態模型，只要報酬率序列內的構成分子不以跳躍的方式（即報酬率不會突然地從 3% 降至 −4%）呈現，那麼報酬率時間序列的走勢應會接近平滑的曲線，此就隱含著今日的報酬率可能與昨天，甚至於前天或大前天的報酬率有關（如走或爬樓梯方式，而不是用跳的），此大概就可說明為何 (7-41) 式內還有如 Δy_{t-1} 或其他的自變數。讀者認為所觀察到報酬率時間序列的走勢為何？是跳躍式的呢？抑或是慢慢走的方式？故 (7-41) 式內的最大 i 或 j 為何（最大遞延落後期數），還是那句「老話」：誰也不能確定。只有由樣本資料來決定。

另一方面，(7-41) 式的型態可稱為誤差修正模型（簡稱為 ECM 模型），其型態與一般傳統短期動態模型不同，因其多包括了因長期失衡而須調整的一項，即 ecm_{t-1} 項，故 ECM 的特色是同時包括長短期調整的項目，此應該屬於有關模型設定的一項創新。底下，我們試著利用上述 TSMC 的例子，說明 EG 的二階段法。

當然，首先我們須先確定 TSMC 月對數收盤價與股利是否皆屬於 $I(1)$？由於目前只有 VR 檢定可用於判斷收盤價與股利序列是否皆為隨機漫步，故我們考慮持有期間分別為 $k = 2, 3, \cdots, 30$ 的 VR 檢定，其估計的檢定統計量分別繪於圖 7-15 之下圖。讀者可回想 VR 檢定統計量漸近於標準常態分配，故於顯著水準為 5% 下，拒絕虛無假設為隨機漫步的臨界值約為 ±1.96，於圖內我們以虛線表示，因此，從圖中可看出於不同的 k 值下，月股利均位於接受區，明顯地其應屬於 $I(1)$，月收盤價卻有部分落於接受區之外，故月收盤價有可能接近於 $I(1)$。不過，我們試著以 OLS 方式估計月收盤價與月股利之間的簡單迴歸式（以前者為因變數），其估計結果為：

$$y_t = 3.45 + 0.43x_t$$

如前所述，上式可視為月收盤價與月股利之間的長期均衡關係，而上述簡單迴歸式的殘差值序列可視為長期失衡序列，其走勢圖則繪於圖 7-15 之上圖，不過單獨只看走勢，我們很難確定其是否屬於定態序列？同樣地，我們亦以 VR 檢定檢視長期失衡序列，其結果則繪於下圖。從圖內可看出，大概至 $k = 18$ 後，長期失衡序列才轉為屬於 $I(0)$。

接下來，我們再試著估計 ECM 模型。其估計結果可為：

$$\Delta y_t = 0.01 - 0.06ecm_{t-1} \qquad\qquad \Delta y_t = 0.01 - 0.06ecm_{t-1} - 0.15\Delta y_{t-1} - 0.07x_{t-1}$$
$$\quad (0.01)\,(0.02) \qquad\qquad\qquad\qquad (0.01)(0.02)(0.08)(0.05)$$
$$\quad [0.87]\,[-2.54]^{**} \qquad\qquad\qquad [1.10]\,[-2.68]^{***}\ [-1.95]^{*}\ \ [-1.32]$$

其中有「***」、「**」以及「*」符號分別表示於顯著水準為 0.01、0.05 以及 0.1 下，估計參數值顯著地異於 0（小括號與中括號內之值分別表示對應之標準誤與 t 檢定統計量）。我們嘗試估計二種 ECM 模型，其一是不包括其他的短期動態調整，另一則包括遞延落後一期的動態調整。從上述估計結果，可看出 ECM 模型內的 φ 的估計值皆約為 -0.06，且 φ 值會顯著地異於 0，表示 TSMC 月收盤價的短期調整的

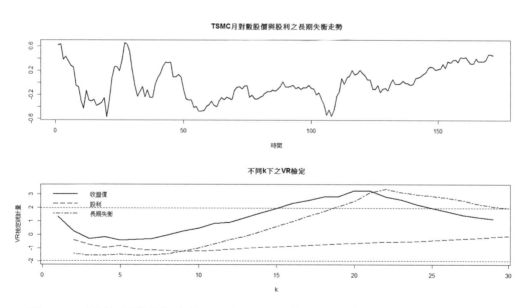

△ 圖 7-15：上圖為長期失衡走勢，下圖是不同 k 值下之 VR 檢定統計量

確有包括長期失衡的調整！

故按照 Granger 代表定理，TSMC 月收盤價與股利之間可以用 ECM 模型表示，我們就可以反推長期均衡的確存在且長期失衡序列應為定態序列 $I(0)$，月收盤價應屬於 $I(1)$！（可參考 ch7-3-2.R）

習題

1. 按照 Granger 代表定理，只要變數為 $I(1)$ 且彼此之間可以用 ECM 模型表示，就意味著變數之間可能存在共整合關係。試以 2.2 節習題 2 之各模型為例，檢視臺股指數是否與其他指數存在共整合關係？$\alpha = 0.1$。

2. 續上題，若 ECM 模型改成 AR(1) 模型型式，讀者預期結果會如何？為什麼？

3. CAPM 模型是否屬於共整合分析？其是否可以 ECM 模型表示？

3.3 DF 單根檢定

之前我們大多以 *VR* 檢定用以判斷序列是否屬於非定態隨機過程，不過使用 *VR* 檢定有可能會出現模稜兩可的情況；另外，一般判斷所欲檢視的序列是否擁有單根，大多會使用所謂的「單根檢定」（可上網查詢）。單根檢定最早是由 *DF* 所提出的，透過 *DF* 的單根檢定，我們發現許多資產價格或者是財金（經）變數大多擁有一個單根；比較特別的是，從事 *DF* 的單根檢定，傳統的 *t* 分配並不適用，反而要使用 *DF* 分配。

假想 y_t 屬於一種簡單的隨機漫步過程，其型態為：

$$y_t = \rho y_{t-1} + \varepsilon_t$$

其中 $\rho = 1$ 且 $\varepsilon_t \sim iid(0, \sigma^2)$。上式可改寫成：

$$\Delta y_t = (\rho - 1)y_{t-1} + \varepsilon_t = \tau y_{t-1} + \varepsilon_t \tag{7-42}$$

是故，若我們能找到 y_t 的觀察值，想要檢定 $H_0: \rho \geq 1$，按照 (7-42) 式，就相當於檢定 $H_0: \tau \geq 1$（τ 讀成 tau）。不過，因 y_t 為隨機漫步過程，相當於擁有一個單根，即屬於 $I(1)$。此時，若使用 OLS 方法估計 (7-42) 式，其 τ 之 t 檢定統計量的分配為 *DF* 分配，其與 *t* 分配的差異可參考圖 7-16，從圖內可看出，*DF* 分配並不是一種對稱的分配且稍有左偏；因此，按照 (7-42) 式的檢定，其虛無與對立假設分別為：

$$H_0: \tau \geq 0 \ \text{與} \ H_a: \tau < 0 \tag{7-43}$$

使用傳統 *t* 檢定會出現「過度拒絕」虛無假設的情況。也就是說，使用傳統 *t* 檢定方法檢視 (7-43) 式，容易出現「有單根卻認為沒有單根」的誤判（型 1 錯誤）。

　　因此，若要從事 *DF* 單根檢定，就需使用 *DF* 分配。什麼是 *DF* 分配？之前我們已經見過一次，事實上若要瞭解 *DF* 分配，本書使用 R 的功能就發揮出來了；換言之，我們不須（或說無法）藉由複雜的數學模型去瞭解 *DF* 分配，取而代之的是利用模擬的方法，相對上就容易許多了！

　　我們是如何模擬出圖 7-16 的 *DF* 分配？可注意所附的 R 程式，特別是於 (7-42) 式的簡單迴歸模型內並無常數項，可注意於使用 OLS 方法時，R 應如何表示。於圖 7-16 內，我們先模擬出一個有 152 個簡單隨機漫步的觀察值（其期初值為 0）後，再依 (7-42) 式的方式，以 OLS 方法估計出參數 τ 的估計值後，按照 (7-43) 式的假定，計算對應的 *t* 檢定統計量，如此的動作重複 1,000 次後，再估計 1,000 個 *t* 檢定統計量的機率密度曲線，即可得出圖 7-16 的 *DF* 分配曲線。值得注意的是，我們可以根據上述 1,000 個 *t* 檢定統計量，計算其 5% 的分位數，其值約為 −1.94 而 *t* 分配的 5% 的分位數（自由度為 150）則約為 −1.66，二者之間的確存在著差距。

　　因此，我們重新以 *DF* 單根檢定，檢視前一節內 TSMC 對數月收盤價、月對數股利以及長期失衡序列，可分別得到 *t* 檢定統計量分別為 0.87、0.23 以及 −2.69；故若使用我們之前求得 *DF* 分配之 5% 的分位數約為 −1.94，可知於顯著水準為 0.05 下，前二者之 *t* 檢定統計量無法拒絕虛無假設為具有單根，而最後一個 *t* 檢定統計

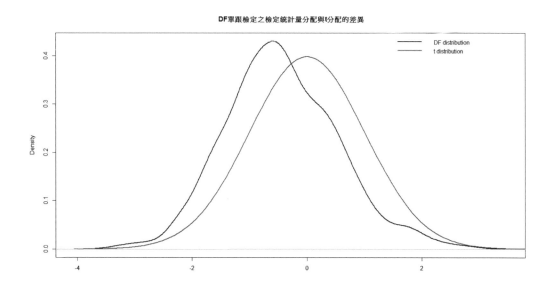

⋀ 圖 7-16：單根檢定內 *DF* 分配與 *t* 分配

量卻拒絕虛無假設。換句話說，使用簡易的單根檢定，我們發現對數月收盤價、月對數股利以及長期失衡序列分別屬於 $I(1)$、$I(1)$ 與 $I(0)$！（可參考 ch7-3-3.R）

習題

1. 以 2.2 節習題 2 之各模型為主，試以 DF 單根檢定檢視各變數（含殘差值序列）是否存在有單根。$\alpha = 0.05$。

   ☞提示：
   ```
   library(urca)
   urx = ur.df(x,type="none",lags=0)
   summary(urx)
   urresa = ur.df(resa,type="none",lags=0)
   summary(urresa)
   ```

2. 試以 DF 單根檢定檢視通貨膨脹率與失業率序列是否存在單根？$\alpha = 0.05$。

3. 續上題，於本章 1.4 節的習題 4 內，通貨膨脹率與失業率序列之間是否存在共整合關係？為什麼？

4. 續上題，我們會預期失業率序列對通貨膨脹率序列的迴歸式之殘差值序列為 $I(1)$ 抑或是 $I(0)$？

附錄

於附錄內我們將說明於簡單迴歸模型下，以 OLS 方法如何得到母體參數的估計式；學習底下的方法有個好處，除了更瞭解 OLS 方法之外，要推廣至複迴歸模型，應不是一件困難的事。我們已經知道 OLS 方法，相當於要找出一條直線來代表樣本資料，而欲選擇一條合適的直線，相當於眾多的截距與斜率中挑選出適當的截距與斜率；因此，於 OLS 方法內 b_0 與 b_1 可視為變數，而合適直線的選擇以極小化 SSE 為標的。於微積分內，極小化的條件為第一次微分等於 0，第二次微分大於 0；不過，由於有二個變數，故底下須使用偏微分技巧。

若我們重寫 (7-7) 式為：

$$L = \sum_{i=1}^{n} e_i^2 = \sum_{i=1}^{n} (y_i - \hat{y}_i)^2 = \sum_{i=1}^{n} (y_i - b_0 - b_1 x_i)^2 \qquad （附 1）$$

故極小化的條件為：

$$\frac{\partial L}{\partial b_0} = 0, \ \frac{\partial L}{\partial b_1} = 0, \ \frac{\partial^2 L}{\partial b_0^2} > 0, \ \frac{\partial^2 L}{\partial b_1^2} > 0$$

故

$$\frac{\partial L}{\partial b_0} = 2(-1)\sum_{i=1}^{n}(y_i - b_0 - b_1 x_i) = 0 \Rightarrow \sum_{i=1}^{n}(y_i - b_0 - b_1 x_i) = 0 \qquad (\text{附 } 2)$$

與

$$\frac{\partial L}{\partial b_1} = 2(-x_i)\sum_{i=1}^{n}(y_i - b_0 - b_1 x_i) = 0 \Rightarrow \sum_{i=1}^{n}(y_i - b_0 - b_1 x_i)x_i = 0 \qquad (\text{附 } 3)$$

利用 $\sum_{i=1}^{n}(ay_i \pm bx_i) = a\sum_{i=1}^{n}y_i \pm b\sum_{i=1}^{n}x_i$ 以及 $\sum_{i=1}^{n}c = nc$ 的特性（將其展開就知），(附 2) 與 (附 3) 式可改寫成：

故

$$\sum_{i=1}^{n}y_i - nb_0 \quad b_1\sum_{i=1}^{n}x_i - 0 \Rightarrow nb_0 + \sum_{i=1}^{n}x_i b_1 = \sum_{i=1}^{n}y_i \qquad (\text{附 } 4)$$

與

$$\sum_{i=1}^{n}x_i y_i - b_0\sum_{i=1}^{n}x_i - b_1\sum_{i=1}^{n}x_i^2 = 0 \Rightarrow \sum_{i=1}^{n}x_i b_0 + \sum_{i=1}^{n}x_i^2 b_1 = \sum_{i=1}^{n}x_i y_i \qquad (\text{附 } 5)$$

利用 (附 4) 與 (附 5) 式，可求解 b_0 與 b_1。若要求解 (附 4) 與 (附 5) 式，我們可以使用克萊姆（Cramer）法則；按照該法則，若一個二元一次聯立方程式的一般式可寫成：

$$a_{11}x + b_{12}y = b_1$$
$$a_{21}x + b_{22}y = b_2$$

則

$$y = \frac{\begin{vmatrix} a_{11} & b_1 \\ a_{21} & b_2 \end{vmatrix}}{\begin{vmatrix} a_{11} & a_{12} \\ a_{21} & a_{22} \end{vmatrix}} = \frac{a_{11}b_2 - a_{21}b_1}{a_{11}a_{22} - a_{12}a_{21}}$$

其中 $a_{11}a_{22} - a_{12}a_{21} \neq 0$。是故，利用 (附 4) 與 (附 5) 式以及應用克萊姆法則，可得出：

$$b_1 = \frac{\begin{vmatrix} n & \sum\limits_{i=1}^{n} y_i \\ \sum\limits_{i=1}^{n} x_i & \sum\limits_{i=1}^{n} x_i y_i \end{vmatrix}}{\begin{vmatrix} n & \sum\limits_{i=1}^{n} x_i \\ \sum\limits_{i=1}^{n} x_i & \sum\limits_{i=1}^{n} x_i^2 \end{vmatrix}} = \frac{n\sum\limits_{i=1}^{n} x_i y_i - \sum\limits_{i=1}^{n} y_i \sum\limits_{i=1}^{n} x_i}{n\sum\limits_{i=1}^{n} x_i^2 - \left(\sum\limits_{i=1}^{n} x_i\right)^2} = \frac{n\sum\limits_{i=1}^{n} x_i y_i - n^2 \overline{yx}}{n\sum\limits_{i=1}^{n} x_i^2 - n^2 \overline{x}^2} = \frac{\sum\limits_{i=1}^{n}(x_i - \overline{x})(y_i - \overline{y})}{\sum\limits_{i=1}^{n}(x_i - \overline{x})^2}$$

其中 $\overline{x} = \dfrac{\sum\limits_{i=1}^{n} x_i}{n}$，$\overline{y} = \dfrac{\sum\limits_{i=1}^{n} y_i}{n}$。利用 (附 4) 式，左右各乘以 $\dfrac{1}{n}$，可得：

$$b_0 = \overline{y} - b_1 \overline{x}$$

b_0 與 b_1 即為本章內之 (7-10) 與 (7-11) 式。

本章習題

1. 以讀者的資料重做本章內有關 TSMC 的例子。

2. 以本章 TSMC 之 CAPM 模型為例，其非市場風險（即可分散的風險）占總風險（即 TSMC 對數報酬率的變異數）的比重約為 0.45。試上網找出同時期 NASDAQ 或 S&P 500 指數，看其是否屬於共同因子之一。

3. 利用 library(urca) 內 *DF* 單根檢定指令檢定本章 ECM 例子。

   ☞提示：
   ```
   library(urca)
   ur1 = ur.df(res,type="none",lags=0)
   summary(ur1)
   ```

4. 試解釋下列圖形的關係。下圖是利用本章 TSMC 之資料（皆取過對數）。

   ☞提示：可使用下列指令
   ```
   all = cbind( 收盤價 , 成交量 , 週轉率 , 股價淨值比 )
   lall = log(all)
   ?pairs
   windows()
   pairs(all,upper.panel=NULL)
   cor(lall)
   ```

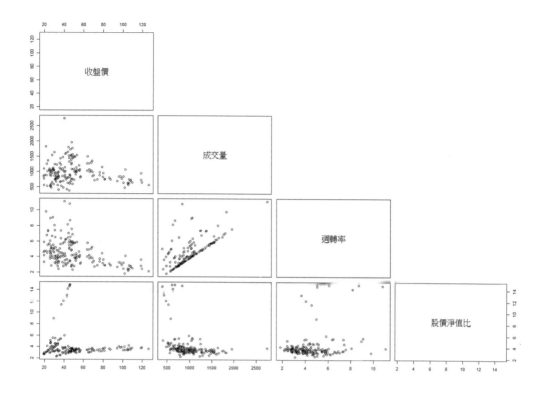

5. 續上題，分別檢視上述 TSMC 月收盤價是否與其他三個變數之一，存在共整合關係。

6. 於期貨策略內，我們有所謂的最小變異數避險比率（minimum variance hedge ratio），此比率就是本章簡單迴歸模型內 β_1 的估計值；當然，此時因變數與自變數分別為現貨價格與期貨價格的變動量。試於 TEJ 內下載 2013 年 12 月期之期貨價格並以 OLS 方法估計最小變異數避險比率。

☞提示：試完成下列程式

```
future = read.table("c:\\meiyih\\Finstats\\ex\\ch7\\
future.txt")
bp = future[,1]
map = future[,2]
mip = future[,3]
cp = future[,4]
cp1 = future[,5]
basic = future[,6]
spot = future[,7]
```

```
windows()
par(mfrow=c(2,1))
ts.plot(bp, type="l", col="1", main="2013/12 臺指期貨走
勢")
lines(1:length(bp),map, lty=2, col="2")
lines(1:length(bp),mip, lty=3, col="3")
lines(1:length(bp),cp, lty=4, col="4")
lines(1:length(bp),cp1, lty=5, col="5")
lines(1:length(spot),spot, lty=6, col="6")
legend("bottomright", c("開盤","最高","最小","收盤","
結算","現貨"),
    lty=1:6, col=c("1","2","3","4","5","6"), bty="n")
ts.plot(basic,ylab="", main="基差")
```

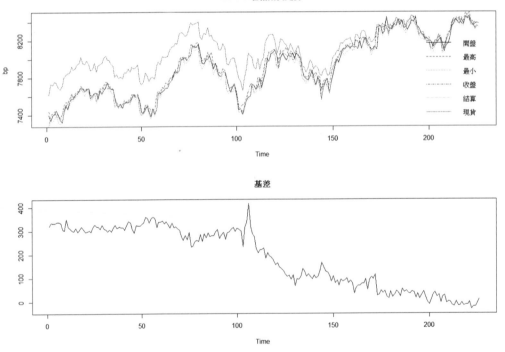

7. 題 6 是檢視共整合的好例子（可參考題 6 圖形之下圖現貨價格與期貨結算價之長期失衡走勢），試以 ECM 模型檢驗期貨結算價如何影響現貨價格的調整。

8. 續上題，若以題 6 之基差（現貨價減期貨價）序列資料取代題 7 內之長期失衡

序列恰當嗎？或是此舉動可提高 ECM 模型的配適度？

9. 試以本章所附的匯率資料（2014/4/1 － 2014/7/10 期間）（從央行網站下載），
   證明「遠期匯率是即期匯率的不偏估計值」。

   ☞提示：若以本章的簡單迴歸模型為例，遠期匯率是即期匯率的不偏估計值相
   　　　　當於 β_1 等於 1，其中因變數與自變數分別為即期匯率（買賣價之平均）
   　　　　與遞延落後一期之遠期匯率（買賣價之平均）。

10. 試解釋本章 (7-2) 與 (7-11) 式之異同。

11. 可記得於本章內若 $y_t \sim I(1)$ 而 $x_t \sim I(0)$，或若 $y_t \sim I(0)$ 而 $x_t \sim I(1)$；於此 y_t 與 x_t
    仍然表示因變數與自變數，我們可以簡單迴歸模型觀察其結果為何？試模擬看
    看。

12. y_t 以及 x_{1t} 與 x_{2t} 表示因變數與二個自變數，因此我們可以複迴歸模型表示。若
    使用 OLS 方法估計，試導出其標準方程式。

13*. 事實上，簡單的 *DF* 單根檢定包括三種型態：無常數項及無（確定）趨勢項、
     有常數項而無（確定）趨勢項以及有常數項與有（確定）趨勢項之 *DF* 檢定，
     本章只介紹第一種型態。試以蒙地卡羅方法模擬出其餘二種型態之 1%、5%
     與 10% 之臨界值。

14*. *ADF* 單根檢定。前述的 *DF* 單根檢定可擴充至有包括因變數之遞延落後項，即
     (7-42) 式可擴展為：

$$\Delta y_t = \tau_1 + \tau_2 t + \tau y_{t-1} + \sum_{i=1}^{k} \delta_i \Delta y_{t-i} + \varepsilon_t$$

因此，所謂的擴大的（augmented）*DF*（*ADF*）檢定，就是多包括了 k 期的因
變數之落後項；直覺而言，使用 *ADF* 檢定取代簡單的 *DF* 檢定，就是希望透
過上述式子，儘量降低誤差項存在序列相關或達到誤差項接近於白噪音。類似
題 13，*ADF* 檢定亦有三種型態，上式只列出其中一種型態（即有常數項與有
確定趨勢項），其餘二種可以按照題 13 類推。三種型態之虛無假設皆為 H_0：
$\tau = 0$；至於 k 期應如何選定？一般可以使用 *AIC* 等之訊息指標（可以參考下一
章）作為選擇的參考。

　　底下，試著使用 urca 程式套件內之 ur.df 指令，以 $k = 6$ 為參考之最大值，
依 *AIC* 最小挑選出最適的 k 期檢定本章內之 TSMC 月對數收盤價、月對數收
盤價以及「長期失衡序列」。可以分別列出三種型態之 *ADF* 檢定結果並說明
是否符合我們的預期。

☞提示：y = 收盤價

```
ly = log(y)
library(urca)
summary(ur.df(ly,type="trend",lags=6,selectlags="A
IC"))
```

15. 試模擬出 x 與 y 序列呈共整合關係。

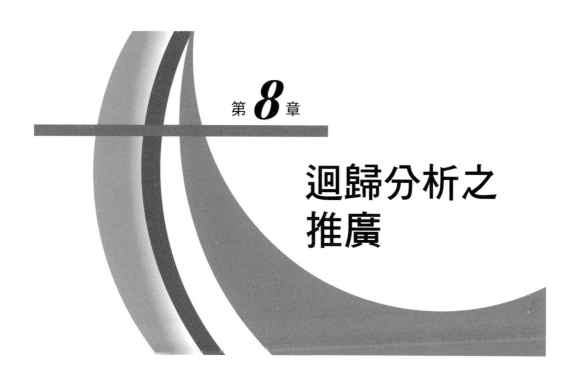

第 **8** 章

迴歸分析之推廣

於本章，我們將推廣前一章所介紹的迴歸分析。我們將討論質化的（qualitative）變數於迴歸模型的應用；換言之，之前我們所用的變數大多屬於可以量化的變數（即變數本身就是用數量來表示，例如收盤價、本益比或報酬率等），可是現實中仍有某些變數或狀態，即使予以量化，若事先沒有定義清楚，我們仍不知其代表何意思？例如性別的差異、季節性、價格上漲與否、假日與非假日、以及星期效應等狀態變數，皆屬於無法量化的變數。面對後者，我們是否也有辦法將之納入迴歸分析內？答案是肯定的，我們可以於迴歸分析內使用所謂的「虛擬（dummy）」變數來處理上述無法量化的變數。

如前面章節所述，除非從事共整合分析，否則資產價格是不容易預測的。面對此種情況，只好退而求其次，我們總可以預測今日或明日的股價是否上漲或下跌吧！預測股價會上漲與否，應該比預測股價為何簡單吧！只不過若要應用於迴歸分析，我們卻遇到另一個難題，那就是因變數是屬於二元的（binary）質化變數；換句話說，此時因變數的反應只有二種情況，不是上升（含不變）就是下跌，於迴歸分析內，我們如何處理此種情況？

若因變數的反應為二元的情況，於迴歸分析內，我們至少有二種方式可以處理，其一是使用「線性機率模型」，另一是使用非線性模型之「羅吉斯（logit）」或「多元概率比（probit）」迴歸。這二種方法的特色是迴歸式可解釋成預期機率；值得注意的是，此時應留意迴歸模型內參數所隱含的意義。

是故，本章的內容可以分成四節。第一節將介紹虛擬變數的使用，我們分別將其應用於季節性、結構性改變、以及極端值的情況。第二節則簡單介紹迴歸模型的診斷（diagnostic），我們將著重於模型的估計結果是否與模型的假定一致。第三節將介紹上述的迴歸機率模型；最後一節則仍舉例說明迴歸分析如何應用於財金上。

第一節 虛擬變數的應用

如前所述，於迴歸模型內若有遇到質化的自變數，我們可以使用虛擬變數來表示此類的質化變數；虛擬變數說穿了也沒有什麼，只是需要事先定義清楚此時的虛擬變數究竟代表何意思？我們先從季節性虛擬變數著手。

1.1 季節性

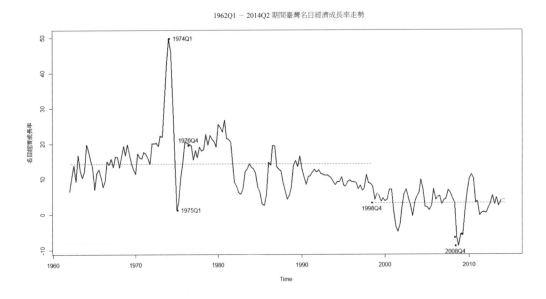

1962Q1 － 2014Q2 期間臺灣名目經濟成長率走勢

∧ **圖 8-1**：臺灣名目經濟成長率走勢

圖 8-1 繪出 1962Q1 － 2014Q2 期間，臺灣名目經濟成長率的時間序列走勢，由於是使用季資料，我們不禁懷疑：圖 8-1 內的時間序列走勢，是否存在季節性的成分？季節性的成分是什麼意思？通常第 4 季（旺季）可能會與其他季（淡季）不同；或者說存在季節性的循環（即每年的每季有些類似）。

樣本自我相關與偏自我相關函數

　　除了可透過如圖 8-1 的圖解目視方式，或按照樣本資料的頻率（如季、月、週、日等），使我們得以懷疑所檢視的時間序列資料，是否存在季節性因子外，於統計學，是否存在「合適的工具」亦可用於偵測季節性因素？於此，我們將介紹二種方法，其一是之前曾提及的樣本自我相關函數（autocorrelation function, ACF）以及偏（partial）自我相關函數（PACF），其公式分別為：

$$ACF(k) = \frac{\sum_{t=1}^{n-k}(y_t - \overline{y})(y_{t+k} - \overline{y})}{\sum_{t=1}^{n}(y_t - \overline{y})^2} \tag{8-1}$$

與

$$PACF(k) = \frac{s(y_y, y_{t-k} \mid y_{t-(k+1)}, y_{t-(k+2)}, \cdots)}{\sqrt{s^2(y_t \mid y_{t-(k+1)}, y_{t-(k+2)}, \cdots) s^2(y_{t-k} \mid y_{t-(k+1)}, y_{t-(k+2)}, \cdots)}} \tag{8-2}$$

　　其中 $s(\cdot, \cdot)$ 與 $s^2(\cdot)$ 分別表示所欲檢視標的的樣本共變異數與變異數。(8-1) 與 (8-2) 式類似之前的樣本相關係數公式；當然，二式均假定有相同的平均數與變異數（針對 y_t 與 y_{t-k}, $k \neq 1$）（可回想定態序列是何意思）。假定 $k = 1$，若我們要計算 y_t 與 y_{t-1} 的 ACF，(8-1) 式是先假定 y_t 與 y_{t-1} 有相同的平均數與變異數；其次，若要計算 y_t 與 y_{t-1} 的 PACF，此時要計算什麼？當然我們打算計算純粹的 y_t 與 y_{t-1} 之間的關係，此刻我們最擔心的是，例如若 y_{t-3} 與 y_t 以及 y_{t-1} 之間皆有關，我們計算出的 y_t 與 y_{t-1} 之間有關，有可能是 y_{t-3} 所造成的，因此若要估計 y_t 與 y_{t-1} 的關係，首先需先除去 y_{t-3} 的因素。是故，(8-2) 式內的分子部分是分別針對 y_t 與 y_{t-1} 取迴歸式，其自變數皆為 $y_{t-2}, y_{t-3}, \cdots$，然後再計算二式之殘差值共變異數；類似的情況，亦表現於分母部分，我們再分別計算二迴歸式之殘差值變異數（可回想複迴歸分析）。

　　底下，我們按照上述名目經濟成長率的個數，模擬出一個存在季節性的時間序列走勢，其結果繪於圖 8-2。於圖 8-2，若單獨只看 (a) 圖，我們的確不容易判斷 (a) 圖內之序列是否存在季節性；但是，透過 ACF 與 PACF 的估計，我們卻可看出端倪。我們可以從圖 8-2 的 (b) 圖看出，該模擬序列之 ACF 竟出現週期性的走勢[1]，有意思的是，圖內的序列是根據 y_t 與 y_{t-1} 有關所模擬出的結果（可參考所附之程式，可

1 　ACF(·) 與 PACF(·) 之漸近分配為平均數與標準差分別為 0 與 $1/\sqrt{n}$ 之常態分配，圖內之虛線為母體平均數（為 0）之 95% 信賴區間。

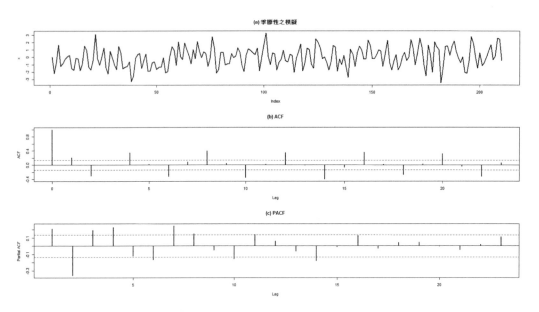

∧ 圖 8-2：存在季節性因子之模擬

回想其屬於第一階自我迴歸模型，簡稱為 AR(1) 模型）；但是，從 (c) 圖可看出，該模擬序列之 PACF 卻出現於 $k > 1$ 下，有顯著異於 0 的情況（應該只有 $k = 1$ 時，才會有顯著異於 0 的情況），後者的現象，有可能是來自於季節性因子所造成的。

因此透過圖 8-2 的結果，我們的確可以利用 ACF 與 PACF 的估計，用以偵測季節性因子的存在。是故，我們針對上述臺灣名目經濟成長率序列，估計其對應之 ACF 與 PACF，其結果則繪於圖 8-3。於圖 8-3，我們考慮三種期間：整個樣本期間、結構 1 期間（1962Q1 － 1998Q3）以及結構 2 期間（1998Q4 － 2014Q2）（後二者期間的劃分，於下一小節會說明）。為何我們要將整個樣本期間分成二個結構期間？最主要原因是來自於圖 8-3 之 (a) 圖的估計結果。我們發現以整個樣本期間估計名目經濟成長率序列之 ACF，居然呈現不管 k 值為何，其估計的樣本自我相關係數幾乎相等！此種情況我們並不陌生，因為隨機漫步模型就有這個特徵：變數自身與其（遙遠的）遞延落後期仍有顯著的相關；不過，我們當然不會認為名目經濟成長率序列屬於 $I(1)$，該序列被我們偵測出為非定態序列，有可能是因結構改變所造成的結果，因為若序列有出現結構改變，就有可能會被誤判為非定態序列！

從圖 8-3 的結果，不難發現季節性因子的存在並不明顯，不過，我們仍嘗試以虛擬變數表示季節性因子，來檢視名目經濟成長率序列是否存在季節性。令 Q_1 表示第 1 季的虛擬變數，即於每年第 1 季時，其值為 1，其餘季為 0；相同地，令 Q_2 表示第 2 季的虛擬變數，即於每年第 2 季時，其值為 1，其餘季為 0。Q_3 變數可類推。

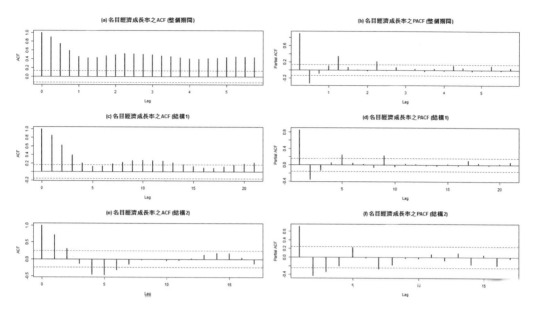

▲ 圖 8-3：名目經濟成長率之 ACF 與 PACF 的估計

我們分別以 OLS 方法估計，整個樣本期間、結構 1 以及結構 2 期間。其整個樣本期間的估計結果可為：

$$y_t = 20.02 - 0.03Q_1 + 0.07Q_2 + 0.3Q_3 - 0.09T \qquad (8\text{-}3)$$

$$(1.17) \quad (1.24) \quad (1.24) \quad (1.24) \quad (0.01)$$

其中，y_t 表示名目經濟成長率序列，T 表示趨勢項，小括號內之值表示對應之標準誤。由 (8-3) 式可看出，季節虛擬變數的使用方式，我們不需要再額外設立 Q_4 虛擬變數，因為式內之常數項就已經表示第 4 季的情況（即令 $Q_1 = Q_2 = Q_3 = 0$）；其次，亦可看出式內常數項的估計值高達 20.02%，若使用 t 檢定統計量，明顯表示與 0 有顯著的差異，我們有點訝異其對名目經濟成長率的影響程度。

　　面對上述季節虛擬變數的設定方式，我們應如何解釋？例如，第 1 季對名目經濟成長率的影響效果？欲回答此一問題，相當於令 $Q_1 = 1$ 且 $Q_2 = Q_3 = 0$，故按照 (8-3) 式，第 1 季對名目經濟成長率的影響可為（於其他情況不變下）20.02% － 0.03%；不過，由於 Q_1 的估計係數與 0 並無顯著的差異，因此 Q_1 與 Q_4 對經濟成長率的影響相同，類似的情況亦出現於另外二季上。換句話說，(8-3) 式顯示出 $Q_1 - Q_4$ 皆會影響經濟成長率，且影響程度皆約為 20.02%，乍看之下，似乎經濟成長率序列存在有季節性的特徵，但因各季的影響程度皆差距不大，反而讓人質疑 (8-3) 式的可信度。

　　若我們想得到「經過季節及趨勢調整後的」經濟成長率序列，會如何做？為何要取得上述調整後的序列？原因就在於有先入為主的想法，認為應存在有確定的季節性及趨勢（可記得嬰兒一暝大一吋），嚴格來說，我們對此較沒興趣（或較不擔心），反而我們比較關心「隨機的」季節性及趨勢；故有些時候會將原始資料過濾成調整後的序列資料，其中所使用的方法之一，就是視 (8-3) 式的殘差值序列為經過季節及趨勢調整後的名目經濟成長率資料！

　　不過，就 (8-3) 式的估計而言，我們發現 (8-3) 式的模型設定，存在若干的問題：其一是如前所述，其估計結果顯示出各季對名目經濟成長率皆有相當的影響力，此結果當然讓人懷疑；另一就是趨勢項的估計結果為顯著異於 0 之負值，我們發現趨勢項對名目經濟成長率的影響，居然與我們的直覺相衝突，不管如何，我們的經濟應該總會有些微的成長吧！最後一個問題是 (8-3) 式的估計，明顯忽略了重要的解釋變數：當期的名目經濟成長率應該與其落後期的經濟成長率有關，此可從觀察圖 8-3 之結構 1 或 2 期間所估計的 ACF 與 PACF，就可以得出上述的結論。

　　有鑑於 (8-3) 式的估計值可信度並不高，我們的確不知，若利用 (8-3) 式的估計結果，而將名目經濟成長率序列轉換成季節調整後的序列資料的做法是否恰當？因此，底下的分析我們仍保留原始的名目經濟成長率序列資料。不過，上述的例子倒是提醒我們應留意經季節或趨勢調整的序列資料。（可參考 ch8-1-1.R）

習題

1. 利用 TSMC 與 TWI 月對數報酬率（2000/1 − 2014/6 期間），試分別估計及繪出其 ACF 與 PACF，並解釋其意義。

2. 利用通貨膨脹率與失業率（1982/1 − 2015/6 期間），試分別估計及繪出其 ACF 與 PACF，並解釋其意義。

☞提示：

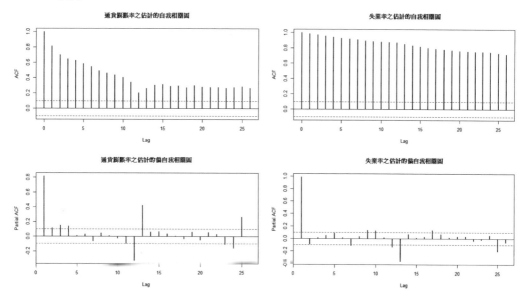

3. 續上題，可回想失業率序列有可能屬於 $I(1)$，其有何特徵？

4. 續上題，試估計失業率（對數）變動率之 AR(1) 模型（含季節虛擬變數）。

1.2 虛擬變數的應用與羅吉斯函數

前一節我們有透過直覺的方式，懷疑名目經濟成長率序列存在著結構改變的可能性（或可參考圖 8-1）[2]。底下，我們正式用統計檢定方法，來檢視前述之名目經濟成長率序列是否存在結構改變？於（財金）統計學內，我們可以使用虛擬變數，檢視某估計的迴歸式是否有可能存在結構改變；此結構改變可以分成自發性與誘發性結構改變，前者與自變數 x 無關而後者則有關。

事實上，虛擬變數尚有其他的用處。若仔細觀察圖 8-1，可發現 1974Q1 與 2008Q4 二季的經濟成長率分別屬於二個極端值；換言之，就整個樣本期間的經濟成長率而言，未來會再出現類似上述二季的成長率，其機率應不大，因此我們幾乎可將二季的成長率視為離群值或極端值。於迴歸分析內，我們也可以使用虛擬變數處理可能存在的離群值。

---

2 讀者可以想像名目經濟成長率序列為何會出現如圖 8-1 內二條虛線所代表的平均水平；換言之，到底是什麼因素造成結構 1 與結構 2 期間經濟成長率的平均數會有差距？可能是生產技術瓶頸、產業結構改變、廠商外移或是政策失當等因素所造成的結果，我們姑且將其稱為結構改變。

1.2.1 結構改變與離群值

我們可以先觀察圖 8-4 的情況。左圖繪出於簡單迴歸模型下，參數值 β_1 不變而 β_0（即截距項）有改變的狀態，因此母體迴歸式 $E[y]$ 隨之平行移動；右圖則繪出 β_0 不變而 β_1（即斜率項）有改變的狀態。是故，我們稱 β_1 不變而 β_0 有改變的狀態為自發性的結構改變（即變動來源是來自於模型外的因素），而稱 β_0 不變而 β_1 有改變的狀態為誘發性的結構改變（即變動來源是來自於模型內的因素，例如 y 與 x 的關係有改變）。面對自發性與誘發性的結構改變，我們應如何處理？

考慮下列二種模型：

$$\text{模型 A}：y_t = \beta_0 + \beta_1 x_t + \gamma_1 D_t \quad \text{模型 B}：y_t = \beta_0 + \beta_1 x_t + \gamma_1 D_t + \gamma_2 D_t x_t$$

其中 D_t 是一個虛擬變數。我們將上述虛擬變數設為 $D_t = (0, 0, \cdots, 0, 1, 1, \cdots, 1)$，換言之，於某一個時點如 t_1 期後，D_t 由 0 轉成 1。因此，於模型 A 與 B 內，前者於 t_1 期後，β_0 將轉成 $\beta_0 + \gamma_1$，而後者則由 β_1 轉成 $\beta_1 + \gamma_2$！因模型 A 與 B 皆為複迴歸的型態，故我們可以使用 OLS 方法分別估計模型 A 與 B。

我們可以使用前述之名目經濟成長率序列說明。假想我們事先知道於 t_1 期，例如 $t_1 = 1999Q4$ 之後將會出現結構改變，但是不知屬於模型 A 或 B 型態；其次，假定我們欲以名目經濟成長率的 AR(1) 模型估計（即 $x_t = y_{t-1}$）。也就是說，於

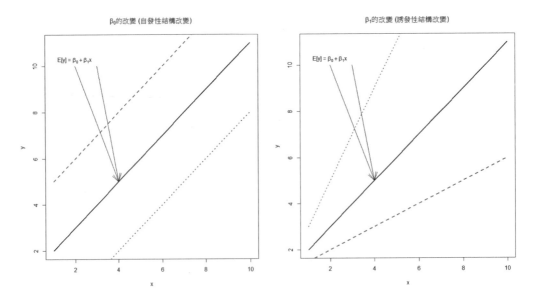

▲ **圖 8-4**：自發性與誘發性結構改變

1963Q2 － 2014Q2 期間，令 y_t 表示名目經濟成長率序列，以 OLS 方法估計模型 A
與 B，其估計結果分別為（單位：%）：

$$y_t = 1.95 + 0.86y_{t-1} - 1.50D_t \text{ 以及 } y_t = 1.70 + 0.87y_{t-1} - 0.82D_t - 0.16D_t y_{t-1}$$
$$[0.00]\ [0.00] \qquad [0.03] \qquad\qquad [0.01]\ [0.00] \qquad [0.34] \qquad [0.19]$$

　　其中，中括號內之值表示所對應之 p 值。我們發現模型 A 內的估計係數，於
顯著水準為 5% 的情況下，皆能顯著地異於 0，表示有出現自發性的結構改變；反
觀模型 B 的估計結果，我們則看不出有何跡象，能顯示出其有顯著的結構改變。

　　另一方面，就模型 A 的估計結果而言，我們也發現若忽略虛擬變數 D_t，β_1 的
估計值約為 0.91（讀者可以自行證明），表示名目經濟成長率序列的「持續性」相
當高；不過，從上述的估計結果可看出，當有考慮到結構改變的可能，上述持續力
道卻降為 0.86！因此，上述的例子給予相當的啟示：「倘若忽略結構改變等因素，
有可能會高估模型的持續性。」換句話說，我們看到模型呈現出高持續性，甚至於
存在有單根的估計結果，有可能是因忽略結構改變所造成的假象！

　　上述估計結果的主要缺點是，事先如何知道 $t_1 = $ 1999Q4 後會出現結構改變？
其次，AR(1) 模型是否足夠用於模型化名目經濟成長率序列的動態行為？為了
改善上述的主要缺失，我們可以試著想像，結構改變點有可能出現於 1964Q2 －
2014Q2 的任一時點；另外，我們也嘗試以 AR(5) 模型取代 AR(1) 模型（讀者可以
想像 AR(5) 模型為何？），由於模型 B 的估計結果不符合預期，故底下的重心，
皆以模型 A 為主。

　　圖 8-5 繪出我們希望改善的結果，即以模型 A 為準，但以 AR(5) 模型取代
AR(1) 模型；其次，假設 1963Q2 － 2014Q2 的任一時點，皆有可能產生結構改變，
我們仍以 OLS 方法估計，故總共有 205 個估計結果，我們有興趣的是 γ_1 的估計結
果。因此，圖 8-5 之上下圖分別繪出，γ_1 之檢定統計量及其對應的 p 值，下圖內紅
色虛線表示顯著水準為 5%。

　　出乎我們的意料之外，由圖 8-5 的結果可以看出，於 1977Q2 － 2000Q4 期間，
γ_1 的估計值皆為負值且皆顯著地異於 0，此隱含著上述期間的任一時點，皆有可能
產生使名目經濟成長率下降的自發性結構改變！因此，就圖 8-1 劃分成二個結構而
言，只不過是眾多劃分中的一個特例。底下，我們嘗試仍以圖 8-1 劃分為主，即
1998Q4 之前屬於結構 1，之後則屬於結構 2，我們試著檢視此種劃分是否恰當？

　　因此，我們可以重新檢視圖 8-1 的結果。於圖 8-1 內，我們是以紅色（藍色）
虛線表示結構 1（結構 2）期間之平均成長率，其約為 14.33%（3.23%），二結構

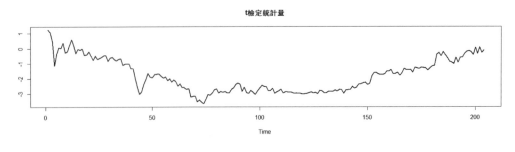

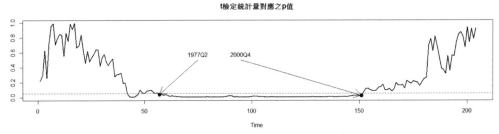

△ 圖 8-5：模型 A 之 AR(5) 模型的估計結果，1963Q2 － 2014Q2 任一時點皆視為可能的結構改變點

期間平均成長率之差距，相差接近於 11%；其次，從圖 8-3 估計的 PACF 也可看出，二結構期間之當期經濟成長率，會受到其自身落後期數的影響[3]。職是之故，於尚未介紹如何處理名目經濟成長率序列的趨勢有出現結構改變之前，我們可以根據圖 8-3 的估計結果，以 OLS 方法估計名目經濟成長率序列為（單位：%）：

模型 1：

$$y_t = 3.43 + 1.12y_{t-1} - 0.25y_{t-2} - 0.35y_{t-4} + 0.29y_{t-5} + 0.54Q_1 + 0.35Q_2 + 0.64Q_3 - 0.02T$$
$$(1.10)\ (0.07)\quad (0.08)\quad (0.08)\quad (0.07)\quad (0.60)\quad (0.60)\quad (0.60)\quad (0.01)$$
$$s = 3.025, \overline{R}^2 = 0.8661$$

模型 2：

$$y_t = 2.51 + 1.05y_{t-1} - 0.21y_{t-2} - 0.29y_{t-4} + 0.27y_{t-5} + 10.72D_2 - 8.09D_3 - 9.03D_4 - 1.83D_1$$
$$(0.67)\ (0.07)\quad (0.08)\quad (0.08)\quad (0.06)\quad (3.04)\quad (3.15)\quad (2.89)\quad (0.64)$$
$$s = 2.858, \overline{R}^2 = 0.8805$$

模型 3：

3　從估計的 PACF 可看出，當期經濟成長率會受到其自身落後多期的影響，故底下考慮 AR(5) 模型，不過因 y_{t-3} 的估計係數並不顯著，故予以省略。

$$y_t = 4.12 + 1.03y_{t-1} - 0.20y_{t-2} - 0.29y_{t-4} + 0.26y_{t-5} + 10.87D_2 - 8.09D_3 - 9.07D_4 - 0.02T$$

$$(0.67)\ (0.07)\qquad (0.08)\qquad (0.08)\qquad (0.06)\qquad (3.04)\qquad (3.15)\qquad (2.89)\qquad (0.64)$$

$$s = 2.832,\ \overline{R}^2 = 0.8827$$

其中

$$D_1 = \begin{cases} 1 & if\ t = 1998Q4, 1999Q1, \cdots, 2014Q2 \\ 0 & if\ t \neq 1998Q4, 1999Q1, \cdots, 2014O2 \end{cases};\ D_2 = \begin{cases} 1 & if\ t = 1974Q1 \\ 0 & if\ t \neq 1974Q1 \end{cases}$$

$$D_3 = \begin{cases} 1 & if\ t = 1975Q1 \\ 0 & if\ t \neq 1975Q1 \end{cases};\ D_4 = \begin{cases} 1 & if\ t = 2008Q3 \\ 0 & if\ t \neq 2008Q3 \end{cases}$$

另外，s 為估計模型的標準誤以及 $\overline{R}^2$ 表示調整後的 R^2。

　　上述模型 1 - 3 的估計期間皆為 1963Q2 - 2014Q2。於模型 1 內，可看出因變數（即經濟成長率）之落後期數的估計參數值，皆能顯著地異於 0（於顯著水準為 5% 下），其次調整後的 R^2 亦約為 86.61%，故模型 1 的配適度並不差；不過，模型 1 內的季節虛擬變數卻皆不顯著異於 0，表示名目經濟成長率序列並不存在季節性！最後，從模型 1 內可看出趨勢的估計值為 −0.02（亦顯著異於 0），表示經濟成長率序列逐季約下降 0.02%！

　　之前我們曾懷疑名目經濟成長率序列，有可能屬於非定態序列（圖 8-3），故我們有必要檢視模型 1 估計殘差值序列的特徵。圖 8-6 的第 1 行分別繪出模型 1 之估計殘差值序列走勢，以及殘差值序列之估計 ACF 與 PACF。從圖 8-6 的估計結果可看出，估計的殘差值序列不僅接近於定態序列，同時殘差值序列亦不存在顯著的自我相關與偏相關。由於估計的殘差值序列接近於定態序列，表示名目經濟成長率序列不大可能屬於非定態序列，故我們可以比較放心解釋模型 1 內估計參數值的意義。根據模型 1 的估計結果，我們發現當期的經濟成長率深受到前一期經濟成長率的影響，其估計參數值約高達 1.12；另外，雖說落後 2、4 及 5 期的經濟成長率亦會影響當期的經濟成長率，不過其影響力道仍不及落後 1 期的影響力，至於前二者的估計參數為何為負值，此大概與動態調整有關（因為經濟成長率的走勢並不是依直線的趨勢一直往上增加，因此若皆為正值，豈不是表示當期的經濟成長率更受到其自身過去值的影響）。

　　若按照前述的分析，模型 1 應該還存有可以改善的空間；也就是說，我們是否能從模型 1 內顯示出結構改變的特徵？比較模型 2 與 3 的估計結果。模型 2 的估計是於模型 1 內加進四種虛擬變數（刪除不顯著的季節性虛擬變數），其分別為

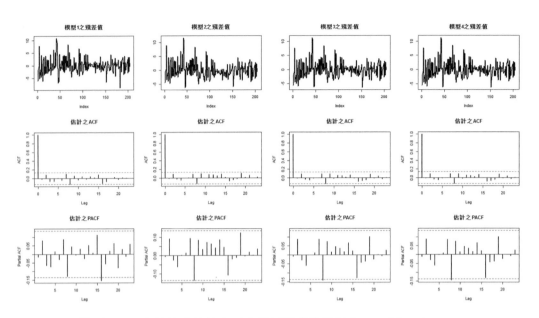

▲ **圖 8-6**：模型 1 － 4 之估計殘差值序列走勢及殘差值估計之 ACF 與 PACF

D_i，$i = 1, 2, 3, 4$，其中 D_1 表示 1998Q4 前後期間分屬於不同的結構，不過此結構的區分是顯示於估計的常數項上，後者可稱為「自發性的」名目經濟成長率（即表示與過去的名目經濟成長率無關）；例如，於 1998Q4 － 2014Q2 期間，因 $D_1 = 1$，而其對應的估計參數值為 −1.83（其對應的 t 檢定統計量於顯著水準為 5% 下，顯著的異於 0），因此按照模型 2 的估計結果，可知於結構 2 下自發性的名目經濟成長率約會降低 −1.83%！

其實，我們於模型 2 內，亦曾有考慮 $y_{t-1}D_1$ 項，其目的在於想要知道，結構 1 與 2 的區分是否與 y_{t-1} 有關（即模型 B）；不過，因其估計值並不顯著（即與 0 沒有顯著的不同），因此我們大概可以知道名目經濟成長率序列會存在結構改變，是來自於自發性經濟成長率的改變（讀者也可使用 y_t 的其他落後期數檢視）。最後，於模型 2 內，仍有考慮三個代表離群值的虛擬變數，我們可以參考圖 8-1。從圖 8-1 不難看出，為何要考慮此三個情況；也許讀者會覺得納悶，為何選 2008Q3？我們發現 2008Q2 － 2008Q4 的經濟成長率分別約為 3.32%、−6.58 與 −8.88%，就可知從 2008Q2 － 2008Q3（二次金融風暴）期間，經濟成長率下降了約 10%，此種結果亦是不容易再次發生的。我們於下一節模型的診斷，就能知為何要考慮此類的離群值。

最後，我們來檢視模型 3 的估計結果。模型 3 與模型 2 最大的差別就是，前者將模型 2 內的 D_1 項以趨勢項 T 取代，結果可發現其他的估計參數值並沒有多大的差異；不過，就估計的模型標準誤與調整的 R^2 而言，明顯地模型 3 優於模型 2，但是於模型 3 內，我們並未考慮結構改變的情況，故於模型 2 或 3 內，我們有忽略某些重要的成分。（可參考 ch8-1-2-1.R）

習題

1. 鄒（Chow）檢定[4]。於本節，我們有利用虛擬變數來「偵測」結構改變。事實上於統計學的文獻內，我們亦可以使用 F 檢定來檢視結構改變。鄒檢定是應用 F 檢定以說明單一迴歸式（利用整段樣本期間）可以比二個子迴歸式來得有效，後者是將整個樣本期間分成二個子期間所分別估計出的迴歸式，其中整段樣本期間的分割是以結構改變點 t_1 為主。因此，鄒檢定的使用需考慮二個步驟：

步驟 1

以整段樣本期間（假定 $t = 1, 2, \cdots, T$ 期間）的資料，估計下列的迴歸式：

$$y_t = \beta_0 + \beta_1 x_t + \varepsilon_t$$

換言之，我們以 OLS 方法估計上式並取得殘差值平方和 。

步驟 2

根據結構改變之時間點 t_1，分別以 OLS 方法分別估計下列二式：

$$y_t = \beta_{0a} + \beta_{1a} x_t + \varepsilon_t, t = 1, 2, \cdots, t_1$$
$$y_t = \beta_{0b} + \beta_{1b} x_t + \varepsilon_t, t = t_1 + 1, t_1 + 2, \cdots, T$$

利用上二式的估計結果，依序取得 SSE_1 與 SSE_2。

利用上述步驟 1 與 2 所估得的 SSE、SSE_1 與 SSE_2，計算 F 檢定統計量為：

$$F = \frac{[SSE - SSE_1 + SSE_2)]/(k+1)}{(SSE_1 + SSE_2)/(T - 2(k+1))}$$

其中 k 與 T 分別表示解釋變數與整段樣本期間的個數。事實上，上述 F 檢定就是欲檢定下列假設：

$$H_0 : \beta_{0a} = \beta_{0b} \text{ 與 } H_0 : \beta_{1a} = \beta_{1b}$$

---

4 底下以 F 檢定檢視是否存在結構改變就是所謂的鄒檢定（Chow test）。鄒檢定可分為第一與第二檢定（可上網查詢），第二檢定與預期有關，此處我們是使用第一檢定。

因此，鄒檢定可用於檢定時間點 t_1 是否出現結構改變！由於 t_1 為未知，類似本節的做法，利用本節的名目經濟成長率序列資料，以自變數為確定的趨勢，檢視 1962Q1 – 2014Q2 期間是否出現結構改變（二個子樣本期間所使用的樣本個數需為 30 以上）。$\alpha = 0.05$。

2. 續上題，若將模型改成 AR(5) 模型，其結果又如何呢？

3. 利用大立光日對數報酬率最近 2 年資料，試於顯著水準 5% 下，使用鄒檢定檢視下列情況：y_t 表示日對報酬率之平方、$x_t = y_{t-1}$、$t_1 = 250$ 與 $T = 500$。

4. 續上題，試使用虛擬變數方法檢視模型 A 與 B。

1.2.2 羅吉斯函數

我們延續前一節的內容。若比較估計的模型標準誤與調整後的 R^2，可發現模型 2 優於模型 1；另一方面，我們也可從圖 8-6 的第二、三行看出二模型估計的殘差值序列的特徵頗為類似。不過，模型 2 的設定或估計結果仍有部分讓我們無法釋懷：第一是虛擬變數 D_1 的使用，也就是說於 1998Q3 進入 1998Q4 之際，D_1 馬上由 0 轉成 1，此種轉換的速度似乎過於快速，我們是否可以將其調整為較緩慢的步調；換言之，結構改變有可能是以幾乎無法察覺的方式進行。第二是按照模型 2 的估計，結構 2 與結構 1 期間，經濟成長率的差距大概只有 1.86%，此結果與圖 8-1 內二虛線的差距接近於 11% 比較，仍舊存在有不少的差距；換句話說，以模型 2 估計結構 2 期間的經濟成長率，有可能會產生低估的情況。

欲回答上述的疑慮，我們只有再思考是否有其他的方式可以取代虛擬變數 D_1。底下，我們將介紹羅吉斯函數，其似乎可以幫我們解除上述的疑慮。羅吉斯函數的數學型態可為：

$$\Omega(x) = \frac{1}{1 + e^{-x}} \tag{8-5}$$

圖 8-7 模擬出四種不同型態的羅吉斯函數。於圖中所模擬的個數與模型 1、2 的樣本個數一致，我們可以注意圖內縱軸的座標，其最大值為 1。從圖 8-7 可看出，(d) 圖的型態最接近於之前 D_1 的設定，而 (a) 圖則類似趨勢項；值得注意的是，圖 8-7 內所顯示出的特色是從結構 1 調整至結構 2，有可能早在 1998Q4 之前就已經有了改變的跡象，甚至於到目前為止（本書完成的時間）我們仍處於往結構 2 的方向調整，例如 (a) 圖所示。

因此，使用如圖 8-7 的羅吉斯函數的優點，是可以改正使用虛擬變數的缺點，我們可以回想，模型 2 內的 D_1 於結構改變的時間點上，有立即的反應！此種立即的改變，當然有些不切實際。另一方面，使用 1998Q4 當作結構改變的時間點，也是我們當初「隨意」設定的，其位置恰位於圖 8-7 的虛線上，從圖內可看出於 1998Q4 之前，結構改變早已經發生了。因此，使用羅吉斯函數取代模型 2 內的 D_1，其結果竟與圖 8-5 相吻合！結構改變發生的時間點並不是單獨的某一個時間點。

我們嘗試以圖 8-7 內的模擬值取代模型 2 的 D_1 後，重新再估計模型 2，其估計結果可為：

模型 4：

$$y_t = 9.11 + 1.03y_{t-1} - 0.20y_{t-2} - 0.29y_{t-4} + 0.26y_{t-5} + 10.81D_2 - 8.14D_3 - 9.11D_4 - 11.15L_1$$
$$\quad (2.45)\ (0.07) \qquad (0.08) \qquad (0.08) \qquad (0.06) \qquad (3.01) \qquad (3.12) \qquad (2.86) \qquad (3.25)$$
$$s = 2.833,\ \overline{R}^2 = 0.8826$$

模型 5：

$$y_t = 4.18 + 1.02y_{t-1} - 0.20y_{t-2} - 0.29y_{t-4} + 0.25y_{t-5} + 10.78D_2 - 8.34D_3 - 9.37D_4 - 3.00L_2$$
$$\quad (0.92)\ (0.07) \qquad (0.08) \qquad (0.08) \qquad (0.06) \qquad (2.98) \qquad (3.09) \qquad (2.83) \qquad (0.78)$$
$$s = 2.812,\ \overline{R}^2 = 0.8843$$

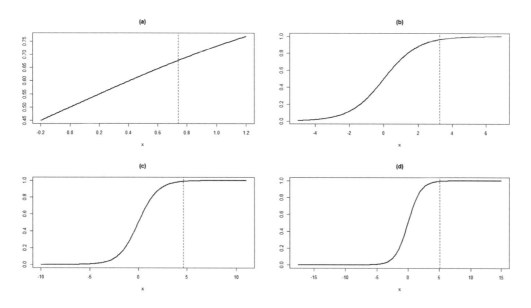

▲ 圖 8-7：四種不同的羅吉斯函數

其中，L_1 與 L_2 分別就是圖 8-7 內之 (a) 與 (b) 圖內的羅吉斯函數值。類似於模型 4 或 5 的其他估計結果（即以其他的羅吉斯函數值取代 L_1 或 L_2），此處予以省略（讀者可自行執行所附的 R 程式後，再看其結果）。

首先，我們先看模型 4 所估計的殘差值序列特徵，其估計結果則繪於圖 8-6 之第 4 行，從圖內可看出其特色幾乎與其他三模型無異；其次，若以估計的模型標準誤或調整後的 R^2，當作判斷模型優劣的依據，模型 5 的估計結果應該是我們所考慮的不同模型中最優的，但是從模型 5 的估計結果可看出，於結構 2 期間，模型 5 估計經濟成長率，最終約只會下降 3.00%，明顯地模型 5 仍出現低估的情況。

因模型 5 仍會低估結構 2 期間的經濟成長率，我們再回來檢視模型 4 的估計結果，因模型 4 內的 L_1 項係對應於圖 8-7 之 (a) 圖，但若仔細觀察 (a) 圖內之羅吉斯函數值，其最大值約為 0.77，而 L_1 項的估計參數值約為 −11.15%，故按照模型 4 的估計，自 1998Q4 後，經濟成長率約自發性地降低 7.63%，而至 2014Q2，則約下降 8.57%；換句話說，我們發現模型 4 的估計結果，較接近於我們從圖 8-1 內的直覺判斷。事實上，若比較模型 3 與 4 估計的模型標準誤與調整後的 R^2，可發現前者約略優於後者；不過，若我們仍不滿意模型 4 的估計結果，最適的模型可能會出現於模型 3 與模型 4 或 5 之間！（可參考 ch8-1-2-2.R）

習題

1. 其實羅吉斯函數的 S 形態，我們並不陌生，試比較羅吉斯函數與標準常態分配的 CDF 之間的差異。
2. 續上題，若是與 t 分配之 CDF 比較呢？

第二節　模型之診斷

讀者可回想前一章迴歸式內，有關於誤差項的假定，通常我們假定誤差項屬於 iid 或白噪音序列。我們曾模擬發現，即使使用落後期數的因變數為解釋變數（即自我迴歸模型），只要誤差項仍為 iid 或白噪音序列，OLS 的估計式仍有母體參數值之不偏或具有一致性的特性；然而，若是自我迴歸模型內誤差項存在不同期之間有相關或稱為序列相關（serial correlation），OLS 的估計式的特性已不復存在，模型的設定可能有誤。由於誤差項序列只是模型設定的理論值（本身是觀察不到的），我們須藉由觀察估計的殘差值序列用以判斷誤差項序列是否符合事先的設定。

因此，有關於殘差值序列的統計檢定甚為重要。底下，我們將介紹數種於迴歸分析內普遍使用的檢定方法，可分述如下：

2.1 序列相關之檢定

首先，我們介紹可用於檢定誤差項序列是否存在序列相關的方法。我們將分別介紹普遍用於序列相關檢定之修正的 Q 統計量（於時間序列分析）以及 LM（Lagrange multiplier）檢定（於計量經濟模型，econometric model）。二種方法皆是屬於基本的模型診斷檢定方法。

2.1.1 Q 統計量與修正的 Q 統計量

一般用於時間序列分析內，檢定所有的母體自我相關係數 $\rho(k)$ 皆為 0 的檢定方法，可用 Box 與 Pierce 建議的 Q 統計量，即：

$$Q(k) = T \sum_{j=1}^{k} ACF(j)$$

其中 $ACF(j)$ 可參考 (8-1) 式，T 表示樣本個數。Q 統計量可用於檢定虛無假設為：

$$H_0 : \rho(j) = 0, j > 0$$

若虛無假設為真，則 $Q(k)$ 會漸近於自由度為 k 的卡方分配。Ljung 與 Box(LB) 曾指出，於有限的樣本個數下，Q 統計量未必接近於卡方分配，故他們建議使用修正的（modified）Q 統計量，修正的 Q 統計量可為：

$$MQ(k) = T(T+2) \sum_{j=1}^{k} ACF(j)/(T-j)$$

　　類似 Q 統計量，LB 之修正的 Q 統計量亦會漸近於自由度為 k 的卡方分配，有關於修正的 Q 統計量的使用方式，底下自會說明。

2.1.2 Breusch-Godfrey 之序列相關 LM 檢定

接著，我們將介紹三種皆屬於 LM 檢定的方法，其中之一是用於檢定誤差項序列是否存在序列相關，另二者則用於檢定誤差項序列的變異數是否為固定數值。LM 檢定的特色是需要使用輔助迴歸式；值得注意的是，此時檢定統計量之漸近分配可為卡方分配與 F 分配，前者屬於大樣本數的情況，後者則應用於有限樣本數的情況，故使用後者應較為恰當。於本小節，我們將先介紹 Breusch-Godfrey 之檢定。

　　Breusch-Godfrey 之序列相關 LM 檢定（可簡稱為序列相關 LM 檢定）是普遍用

於迴歸模型內，檢定誤差項是否存在 p 階的序列相關；換句話說，考慮一個線性的迴歸模型如：

$$y_t = \beta_0 + \beta_1 x_{1t} + \beta_2 x_{2t} + u_t \tag{8-6}$$

其中 x_{1t} 或 x_{2t} 有可能為因變數的落後期；其次，誤差項 u_t 有可能存在 p 階自我迴歸的型式，亦即：

$$u_t = \rho_1 u_{t-1} + \rho_2 u_{t-2} + \cdots + \rho_p u_{t-p} + \varepsilon_t$$

我們可以使用 OLS 方法，估計 (8-6) 式，並取得估計的殘差值序列 e_t。Breusch 與 Godfrey 認為可以使用下列的輔助迴歸式：

$$e_t = \beta_0 + \beta_1 x_{1t} + \beta_2 x_{2t} + \rho_1 e_{t-1} + \rho_2 e_{t-2} + \cdots + \rho_k e_{t-k} + \varepsilon_t \tag{8-7}$$

Breusch 與 Godfrey 指出可以計算上述輔助迴歸式之（未調整的）R^2 並且利用下列的檢定統計量，即：

$$F = \frac{R^2/k}{(1-R^2)/(T-k-1)} \tag{8-8}$$

或是使用

$$\chi^2 = (T-k)R^2 \tag{8-9}$$

檢定統計量檢定：

$$H_0 : \rho_1 = \rho_1 = \cdots \rho_k = 0 \tag{8-10}$$

上述檢定統計量可以漸近於分子與分母自由度分別為 k 與 $T-k-1$ 之 F 分配或自由度為 k 的卡方分配。因此，我們可以使用 OLS 方法估計上述輔助迴歸式，再根據前述之檢定統計量以檢定誤差項是否存在序列相關。

利用前述模型化經濟成長率序列之模型 $1-4$，我們可以利用 R 輕易地計算出四個模型修正的 Q 統計量，並發現四個模型皆無法拒絕，虛無假設為誤差項之自我相關係數皆為 0 的結果；例如，利用前述模型 1 估計的殘差值序列（如圖 8-6 所示），我們分別估計於 $k = 1, 5, 10, 15, 20$ 下，修正的 Q 統計量分別為：

$$Q(1) = 0.05[0.82]、Q(5) = 3.28[0.66]、Q(10) = 10.38[0.41]、$$

$$Q(15) = 12.97[0.60] \text{ 以及 } Q(20) = 17.57[0.62]$$

其中，中括號內之值表示對應之 p 值，我們可以發現上述檢定統計量之 p 值皆大於 0.1，表示即使顯著水準為 0.1 下，仍無法拒絕虛無假設！讀者亦可以自行檢視其餘模型的情況（利用所附之 R 程式）。

其次，若要於 R 內執行序列相關之 LM 檢定，除了按照上述步驟寫出 R 程式外，亦可使用 lmtest 程式套件內之 bgtest 指令；例如於模型 1 下，序列相關之 LM 檢定（F 檢定）可為：

$$LM(1) = 1.35[0.56] \cdot LM(5) = 1.75[0.12] \cdot LM(10) = 1.30[0.23] \cdot$$
$$LM(15) = 1.79[0.04] \text{ 以及 } LM(20) = 1.69[0.04]$$

因此，從上述的檢定結果可看出，於 $k = 15$ 與 20 下，若顯著水準為 0.05，則有可能出現拒絕虛無假設，即拒絕 (8-10) 式的假設；有可能是因模型 1 忽略了離群值或結構改變等因素，使得使用序列相關之 LM 檢定出現了與已修正的 Q 統計量檢定不一致的結果，底下我們可以看出其差異。換言之，當我們使用序列相關之 LM 檢定於其他的模型時，卻皆出現了無法拒絕虛無假設的情形，例如模型 4 的估計結果可為（可參考 ch8-2-1.R）：

$$LM(1) = 0.09[0.76] \cdot LM(5) = 0.86[0.51] \cdot LM(10) = 1.03[0.42] \cdot$$
$$LM(15) = 0.79[0.68] \text{ 以及 } LM(20) = 0.87[0.63]$$

比較模型 1 與模型 4 的差異，我們可以發現忽略了離群值或結構改變所造成的現象；還好，我們還可以使用序列相關之 LM 檢定偵測出之間的差距！

習題

1. 利用大立光日對數報酬率序列樣本資料（2005/1/4 − 2015/4/28），試以 AR(1) 模型估計，其估計結果為何？

2. 續上題，以 LB 之修正的 Q 統計量與序列相關之 LM 檢定檢視上述模型的殘差值序列。

3. 續上題，試利用 (8-7) 與 (8-8) 式，計算 $k = 1$ 之序列相關之 LM 檢定統計量及其 p 值。

4. 利用大立光日對數報酬率序列之絕對值樣本資料（2005/1/4 − 2015/4/28），試以 AR(1) 模型估計，其估計結果為何？

5. 續上題，以 LB 之修正的 Q 統計量與序列相關之 LM 檢定檢視上述模型的殘差值序列。

6. 假想 $y_t = 2 + 0.8x_t + u_t$，其中 $u_t = 0.9u_{t-1} + \varepsilon_t$，$\varepsilon_t \sim N(0, 1)$。此時雖說誤差項存在一階自我相關（即 AR(1)），但是只要 x_t 與 u_t 無關，試以模擬的方式說明 b_1（OLS 之估計式）的性質。

7. 於題 6 內，本小節所介紹的修正的 Q 統計量與序列相關檢定似乎沒有扮演什麼角色；不過，若以題 6 內的 ε_t 取代 x_t，其結果如何？即使是「不偏性」的性質，OLS 的估計式可能都無法達到；此時，我們只有什麼工具可以判斷？試說明之。

8. 至目前為止，我們大多假定模型的「設定」沒有錯誤；換言之，即模型沒有「誤設」。假想母體真正的模型為 AR(2) 模型，即：

$$y_t = 0.3 + 0.5y_{t-1} + 0.2y_{t-2} + \varepsilon_t$$

而我們只估計至 AR(1) 模型，我們預期會發生什麼結果？有何方式可以知道模型有「誤設」？試以模擬的方式說明。

9. 序列相關檢定的重要性。續上題，結論為何？換句話說，若我們以實際的資料估計迴歸模型，如本小節內的模型 1，我們如何發現模型的「設定」有問題？

2.2 變異數異質之檢定

白噪音的第二個假定是誤差項的變異數是固定的數值，我們可以稱此特性為變異數具有同質性（homoscedasticity）的特性；換言之，若我們發現誤差項的變異數不為固定數值，則直覺而言，我們如何進行迴歸分析內有關於參數的檢定，例如 t 檢定時需使用到估計的模型標準誤，但因誤差項的變異數不為固定數值，表示估計的模型標準誤並不是唯一的，那我們應選哪一個標準誤？理所當然，此時參數 t 檢定的可信度應會降低。因此，我們需要檢定所估計的模型，對應的誤差項變異數是否具有異質性（heteroskedasticity）的特性。

有關於迴歸模型誤差項之異值性檢定，我們於此處介紹二種同屬於 LM 檢定方法，其一是 Breusch-Pagan（BP）檢定以及 White 檢定；上述二種檢定均是修改 (8-7) 式（輔助迴歸式）而得之檢定統計量。

2.2.1 BP 檢定

我們已經知道日報酬率序列的平方大概可以用以估計變異數，若仍以 (8-6) 式為例，BP 建議估計下列的輔助迴歸式，其中因變數改為估計的殘差值平方，即：

$$e_t^2 = \delta_0 + \delta_1 x_{1t} + \delta_2 x_{2t} + \varepsilon_t \tag{8-11}$$

類似序列相關的 *LM* 檢定，*BP* 指出可以使用 (8-11) 式之估計的未調整 R^2，並可分別使用 (8-8) 或 (8-9) 式之檢定統計量檢定下列假設：

$$H_0 : \delta_1 = \delta_2 = \cdots \delta_k = 0 \tag{8-12}$$

換言之，若 *F* 檢定統計量無法拒絕 (8-11) 式之假設，表示迴歸式內誤差項之變異數屬於同值的可能性是存在的。

2.2.2 White 檢定

我們從 (8-11) 式，可看出 *BP* 檢定是認為變異數之異值性，是自變數所造成的，而 White 檢定則認為除了自變數本身之外，應還包括自變數之平方項以及相互之間的交叉項，二者皆有可能為變異數異值性之來源；換句話說，White 檢定是估計下列的輔助迴歸式：

$$e_t^2 = \delta_0 + \delta_1 x_{1t} + \delta_2 x_{2t} + \delta_3 x_{1t}^2 + \delta_4 x_{2t}^2 + \delta_5 x_{1t} x_{2t} + \varepsilon_t \tag{8-13}$$

同理，變異數之異值性檢定的虛無假設可為 (8-12) 式，其中 $k = 5$。因此，White 檢定亦使用 (8-8) 或 (8-9) 式之檢定統計量，只不過須留意自由度之不同。

同樣地，我們也可以使用上述檢定方法，檢視前述模型化經濟成長率序列之模型。例如：我們想要檢定模型 4 之誤差項序列是否存在變異數異值，可以得到 *BP* 與 White 檢定之估計檢定統計量分別為 28.81[0.00] 與 2.85[0.01]（前者是使用卡方檢定統計量，而後者則使用 *F* 檢定統計量），表示模型 4 的誤差項序列的確存在異值變異數的結果；於此情況下，前述模型 4 之估計參數的顯著性結果當然會受到質疑！

還好，White 建議使用穩健的（robust）標準誤取代原先估計參數之標準誤，並宣稱穩健的標準誤具有（針對母體標準差）一致性的特性；換言之，若使用 White 建議的方法，我們重新估計模型 4 的結果可為：

模型 4a：

$$y_t = 9.11 + 1.03 y_{t-1} - 0.20 y_{t-2} - 0.29 y_{t-4} + 0.26 y_{t-5} + 10.81 D_2 - 8.14 D_3 - 9.11 D_4 - 11.15 L_1$$

$$\quad (3.07) \ (0.09) \qquad (0.10) \qquad (0.09) \qquad (0.07) \qquad (1.44) \qquad (1.60) \qquad (0.32) \qquad (3.98)$$

若我們比較模型 4 與 4a 的估計結果，可發現只有虛擬變數的估計標準誤差距較大，其餘的則相距不大；不過，從模型 4a 可看出，即使使用 White 所建議的穩健的標準誤，於模型 4a 內，各估計參數顯著性受影響的結果並不大，因此不會影響之前的結論！（可參考 ch8-2-1.R）

習題

1. White 之穩健的標準誤。於簡單迴歸模型內，若誤差項不存在序列相關，但是卻有變異數之異質性（即變異數為非固定數值）的情況；直覺而言，OLS 方法的估計式仍具有不偏或具有一致性的特性，但是其估計式之抽樣分配並不是有效的（可參考第 7 章 1.3 節的習題 2）。於此處，我們介紹如何處理上述情況。若誤差項無序列相關但是卻有變異數異質的性質，則表示第 i 個誤差項與第 j 個誤差項彼此雖無關但是變異數卻不相同，故誤差項之共變異矩陣可寫成：

$$E(\varepsilon\varepsilon^{'}) = \begin{bmatrix} E(\varepsilon_1\varepsilon_1) & E(\varepsilon_1\varepsilon_2) & \cdots & E(\varepsilon_1\varepsilon_T) \\ E(\varepsilon_2\varepsilon_1) & E(\varepsilon_2\varepsilon_2) & \cdots & E(\varepsilon_2\varepsilon_T) \\ \vdots & \vdots & \vdots & \vdots \\ E(\varepsilon_T\varepsilon_1) & E(\varepsilon_T\varepsilon_2) & \cdots & E(\varepsilon_T\varepsilon_T) \end{bmatrix} = \begin{bmatrix} \sigma_1^2 & 0 & \cdots & 0 \\ 0 & \sigma_2^2 & \cdots & 0 \\ \vdots & \vdots & \ddots & \vdots \\ 0 & 0 & \cdots & \sigma_T^2 \end{bmatrix} = \Sigma$$

或

$$E(\varepsilon\varepsilon^{'}) = \sigma^2 \begin{bmatrix} \sigma_1^2/\sigma^2 & 0 & \cdots & 0 \\ 0 & \sigma_2^2/\sigma^2 & \cdots & 0 \\ \vdots & \vdots & \ddots & \vdots \\ 0 & 0 & \cdots & \sigma_T^2/\sigma^2 \end{bmatrix} = \sigma^2\Omega$$

值得注意的是，於變異數同質的假定下，上式可寫改成 $\Omega = I$。我們可以回想 OLS 方法之估計式可寫成：

$$b = (X^{'}X)^{-1}X^{'}y = (X^{'}X)^{-1}X^{'}(X\beta + \varepsilon) = \beta + (X^{'}X)^{-1}X^{'}\varepsilon$$

其中 $y = X\beta + \varepsilon$。因此，於變異數異質性的情況下，OLS 方法之估計式的變異數可寫成：

$$Var(b) = (X^{'}X)^{-1}X^{'}E(\varepsilon\varepsilon^{'})X(X^{'}X)^{-1} = \sigma^2(X^{'}X)X^{'}\Omega X(X^{'}X)^{-1}$$

就上式而言，存在有二個未知數 σ^2 與 Ω，一般我們是使用迴歸模型的殘差值估計；換言之，後者的估計可為：

$$\hat{\Omega} = \begin{bmatrix} \hat{\varepsilon}_1^2 & 0 & \cdots & 0 \\ 0 & \hat{\varepsilon}_2^2 & \cdots & 0 \\ \vdots & \vdots & \ddots & \vdots \\ 0 & 0 & \cdots & \hat{\varepsilon}_T^2 \end{bmatrix}$$

因此，OLS 方法之估計式的變異數（樣本）可為：

$$s^2(b) = s^2 (X'X) X' \hat{\Omega} X (X'X)^{-1} \tag{8-1a}$$

其中 s^2 是未知變異數 σ^2 的估計式，可參考第 7 章之 (7-17) 式。(8-1a) 式所計算的標準誤，可稱為變異數異質性之穩健的標準誤或稱為 White 之穩健的標準誤！因上式像「三明治（sandwich）」型式，故有人亦戲稱 (8-1a) 式，為變異數之三明治估計式！

利用第 7 章 1.3 節習題 2 的假定，於 $n = 100$ 的情況下，試計算 b_1 之穩健的標準誤。

2. 續上題，試繪出 b_1 與其 t 檢定統計量（使用穩健的標準誤）的抽樣分配。結論為何？

3*. 再論 White 之穩健的標準誤。題 1 內的「變異數之三明治估計式」的表示方式，是假定誤差項不存在序列相關；倘若，誤差項存在序列相關，則 (8-1a) 式的表示方式，可以再推廣至更一般的情況。我們仍假定誤差項不存在序列相關，但其未知參數的共變異數矩陣為∑。我們假定一個簡單的迴歸模型，其可寫成：

$$y_t = x_t' \beta + \varepsilon_t, \, t = 1, 2, \cdots, T \tag{8-3a}$$

其中 $x_t = (1 \, x_{1t})'$ 與 $\beta = (\beta_0 \, \beta_1)'$ 分別各為一個 2×1 向量。就「時間序列」的迴歸模型而言，第 t 期的因變數 y_t 可以用 (8-3a) 式表示[5]。就 (8-3a) 式的型式而言，此時未知的參數值為 $\gamma = \{\beta, \sigma^2\}$。我們可以使用第 9 章會介紹的最大概似法估計參數值 γ，其估計式可為 $\hat{\gamma} = \{\hat{\beta}, \hat{\sigma}^2\}$，其中 $\hat{\sigma}^2 = \dfrac{\sum_{t=1}^{T} \hat{\varepsilon}_t^2}{T}$ 而 $\hat{\varepsilon} = y_t - x_t' \hat{\beta}$。就 (8-3a) 式而言，若假定誤差項為常態分配，於第 9 章會發現迴歸係數之最大概似法的估計式，會等於 OLS 方法的估計式，即 $\hat{\beta} = b$ 與 $\hat{\sigma}^2 \approx s^2$，就後者而言，其差異只是使用不同的自由度，於大樣本的情況下，二者差距不大。

---

5 簡單迴歸式除了以第 7 章的 (7-7)、(7-26) 與 (7-27) 三式表示外，我們亦可以 (8-3a) 式表示；事實上，第 7 章的 (7-26) 式就是上述之 (8-3a) 式。

此時，$\sum$ 的估計式亦可寫成「像三明治」的型式，即：

$$\hat{\Sigma} = H_T^{-1}(\hat{\gamma}) J_T(\hat{\gamma}) H_T^{-1}(\hat{\gamma}) \tag{8-3b}$$

其中 [6]

$$H_T(\hat{\gamma}) = -\frac{1}{\hat{\sigma}^2}\frac{1}{T}\sum_{t=1}^{T} x_t x_t^{'} \text{ 以及 } J_T(\hat{\gamma}) = \frac{1}{\hat{\sigma}^4}\frac{1}{T}\sum_{t=1}^{T}\hat{\varepsilon}_t^2 x_t x_t^{'}$$

因此，$\sum$ 的估計式可為：

$$\hat{\Sigma} = \left[\frac{1}{T}\sum_{t=1}^{T} x_t x_t^{'}\right]^{-1}\left[\frac{1}{T}\sum_{t=1}^{T}\hat{\varepsilon}_t^2 x_t x_t^{'}\right]\left[\frac{1}{T}\sum_{t=1}^{T} x_t x_t^{'}\right]^{-1} \tag{8-3c}$$

(8-3c) 亦可稱為 White 之共變異數矩陣估計式。利用 (8-3c) 式，我們可以計算迴歸係數之 估計式之變異數為：

$$\frac{1}{T}\hat{\Sigma} = \left[\sum_{t=1}^{T} x_t x_t^{'}\right]^{-1}\left[\sum_{t=1}^{T}\hat{\varepsilon}_t^2 x_t x_t^{'}\right]\left[\sum_{t=1}^{T} x_t x_t^{'}\right]^{-1} \tag{8-3d}$$

為了計算便利起見，我們亦可以定義下列矩陣：

$$X = \begin{bmatrix} x_1^{'} \\ \vdots \\ x_T^{'} \end{bmatrix} \text{ 與 } Z = \begin{bmatrix} \hat{\varepsilon}_1 x_1^{'} \\ \vdots \\ \hat{\varepsilon}_T x_T^{'} \end{bmatrix}$$

因此，(8-3d) 式可改寫成：

$$\frac{1}{T}\hat{\Sigma} = (X^{'}X)^{-1}(Z^{'}Z)(X^{'}X)^{-1} \tag{8-3e}$$

比較 (8-1a) 與 (8-3e) 二式，可以發現二者頗為類似；不過，就蒙地卡羅的模擬速度而言，後者的確可以節省多餘的計算過程。

假想一個具有異質變異的 AR(1) 模型為：

$$y_t = \beta_0 + \beta_1 y_{t-1} + (w_0 + \alpha_0 y_{t-1}^2)^{1/2} v_t, \sim iid\ N(0, 1)$$

其中的參數值分別為 $\beta_0 = 0.8$、$\beta_1 = 0.7$、$w_0 = 0.8$ 以及 $\alpha_0 = 0.5$。試以 OLS 方法估計 β_1，並以 (8-3e) 式取得 White 之穩健的標準誤，試繪出對應的 t 檢定統計

---

6 就第 9 章而言，H 與 J 分別稱為黑森與梯度的外部乘積矩陣。

量的抽樣分配。結論為何？

4. 假定 x_t 表示某資產第 t 期（對數）報酬率的平方，其母體迴歸式可寫成 AR(2) 模型的型式：

$$x_t = 0.3 + 0.5x_{t-1} + 0.2x_{t-2} + \varepsilon_t$$

上式亦可稱為 ARCH(2) 模型（可參考第 9 章）。若我們只估計到 ARCH(1) 模型，預期的結果會如何？

☞提示：# 模擬 100 個 ARCH(2) 的觀察值

```
library(fGarch)
spec = garchSpec(model = list(omega = 0.3, alpha =
c(0.5,0.2), beta = 0))
simu = garchSim(spec, n = 100)
```

5*. Newey-West 之穩健的標準誤。續題 3，White 之穩健的標準誤忽略存在有自我相關的可能；換言之，若存在自我相關，則：

$$H_T(\hat{\gamma}) = -\frac{1}{\hat{\sigma}^2} \frac{1}{T} \sum_{t=1}^{T} x_t x_t^{'} \text{ 以及 } J_T(\hat{\gamma}) = -\frac{1}{\hat{\sigma}^4} \left(\hat{\Gamma}_0 + \sum_{i=1}^{P} w_i \left(\hat{\Gamma}_i + \hat{\Gamma}_i^{'} \right) \right)$$

其中

$$\hat{\Gamma}_i = \frac{1}{T} \sum_{t=i+1}^{T} \hat{\varepsilon}_t \hat{\varepsilon}_{t-i} x_t x_{t-i}^{'}, i = 0,1,2$$

表示樣本之自我共變異矩陣。因此，依上述式子，(8-3b) 式可為：

$$\hat{\Sigma} = \left[\frac{1}{T} \sum_{t=1}^{T} x_t x_t^{'} \right]^{-1} \left[\hat{\Gamma}_0 + \sum_{i=1}^{P} w_i \left(\hat{\Gamma}_i + \hat{\Gamma}_i^{'} \right) \right] \left[\frac{1}{T} \sum_{t=1}^{T} x_t x_t^{'} \right]^{-1} \quad (8\text{-}5a)$$

(8-5a) 式即為著名的 Newey-West 估計式。類似 (8-3e) 式，(8-5a) 式亦可寫成：

$$\frac{1}{T} \hat{\Sigma} = \left[X^{'} X \right]^{-1} Q \left[X^{'} X \right]^{-1} \quad (8\text{-}5b)$$

其中

$$Q = T \left[\hat{\Gamma}_0 + \sum_{i=1}^{P} w_i \left(\hat{\Gamma}_i + \hat{\Gamma}_i^{'} \right) \right]$$

為了估計 (8-5a) 或 (8-5b) 式，我們需先決定 p 與 w_i 值。按照 Newey 與 West 的

建議[7]，其估計的步驟可以為：

步驟 1：

按照例如 Bartlett 的方法，首先決定 P 之最大值，即：

$$P = \text{int}\left[4\left(\frac{T}{100}\right)^{\frac{2}{9}}\right]$$

其中 int[·] 表示中括號內之值之最大整數，T 為樣本數。

步驟 2：

計算下列數值：

$$\hat{J}_0 = \hat{\Gamma}_0 + \sum_{i=1}^{P}\left(\hat{\Gamma}_i + \hat{\Gamma}_i'\right) \text{、} \hat{J}_1 = 2\sum_{i=1}^{P} i\hat{\Gamma}_i \text{ 以及 } \hat{J}_2 = 2\sum_{i=1}^{P} i^2\hat{\Gamma}_i$$

根據上述數值，按照下列式子以更新 P 值：

$$\hat{P} = \text{int}\left[1.1447\left(\frac{\hat{v}_1^2}{\hat{v}_0^2}T\right)^{\frac{1}{3}}\right]$$

其中 $\hat{v}_i = t\hat{J}_i t$ $(i = 0, 1, 2)$，t 為相容之全為 1 之行矩陣。

步驟 3：

按照步驟 2 所取得之更新的 P 值，計算權數為 $w_i = 1 - \frac{i}{\hat{P}+1}$。

　　至目前為止，雖說我們有介紹 White 與 Newey-West 之穩健的標準誤，其數學式稍微繁雜；不過，讀者可以嘗試比較底下所附之 R 程式與使用 lmtest 和 sandwich 二個程式套件內的指令，若使用後者，其難度自然降低。試利用題 3 中的具有異質變異的 AR(1) 模型模擬出 2,001 個觀察值，然後取後 1,001 個觀察值，以 OLS 方法估計 β_1 值，再計算對應之 Newey-West 之穩健的標準誤。

6*. 續題 3，若改成以 Newey-West 之標準誤取代 White 之標準誤，則 t 檢定統計量之抽樣分配又會如何？試分別繪出三種 t 檢定統計量的抽樣分配：即分別使用 White 之穩健的標準誤、Newey-West 之穩健的標準誤、OLS 之標準誤所得到的 t 檢定統計量的抽樣分配；最後，再繪出真正的 t 分配。結論為何？

---

7 可以參考 Newey, W.K. and K.D. West (1994), "Automatic lag selection in covariance matrix estimation", Review of Economic Studies, 61, 631-653.

☞提 示：

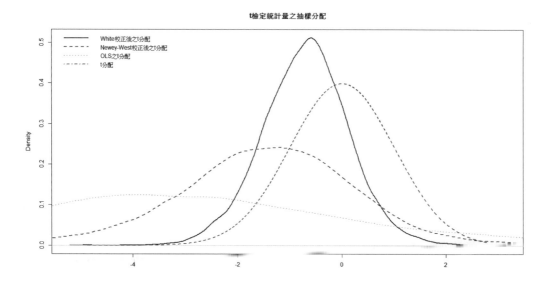

(2.3) 線性函數設定檢定

至目前為止，我們所使用的模型如模型 1－5，皆是屬於線性迴歸模型，有些時候，
例如估計廠商的收益或成本函數，無可避免地，就會牽涉到自變數有可能是二次方
以上的情況（因若只使用線性模型，則隱含著邊際收益或邊際成本為一常數值）；
當然，之前我們是模型化經濟成長率序列，於經濟理論內，並未有明確的函數型態
可供參考，故我們不知用線性迴歸模型估計是否恰當，或是說有無可能於我們的模
型內，可再加進「非線性」型態，如同 White 檢定之輔助迴歸式內有自變數的平方
或交叉項的可能？

　　於統計學內，倒也有檢定方法關注於線性函數型式之誤設檢定，此處，我們將
介紹由 Ramsey 所提出的 *RESET* 檢定，此檢定亦屬於 *LM* 檢定型態，故其漸近分配
亦有卡方與 *F* 分配二種。*RESET* 檢定的直覺想法並不難，考慮下列的迴歸模型：

$$y_t = \beta_0 + \beta_1 x_{1t} + \cdots + \beta_k x_{kt} + u_t \tag{8-14}$$

若我們懷疑自變數有可能有二次方以上的非線性型態，我們當然可以於 (8-14) 內，
考慮非線性型態的可能；只不過此種方式並不適用於有多個自變數的情況，例如於
從事 White 檢定時，我們已經見識到其隱含的複雜程度，以一條方程式估計多個參
數值，其可信度自然降低（或稱「吃掉」許多自由度）。Ramsey 倒是想出一個聰

明的辦法，即以 $\hat{y}_t$ 表示 (8-14) 式內因變數之 OLS 估計值，則 Ramsey 建議以 OLS 方法，估計下列的輔助迴歸式：

$$y_t = \beta_0 + \beta_1 x_{1t} + \cdots + \beta_k x_{kt} + \delta_1 \hat{y}_t^2 + \delta_2 \hat{y}_t^3 + \varepsilon_t \tag{8-15}$$

同樣地，此時我們可以使用 lmtest 程式套件內之 resettest 指令，檢定下列的虛無假設（可參考本節的習題）：

$$H_0 : \delta_1 = \delta_2 = 0$$

為何我們可以 $\hat{y}_t$ 的二次方或三次方，取代自變數的非線性型式，因為後者是隱藏於前者；換句話說，我們可以使用 (8-15) 式的型態，檢定模型內是否有遺漏了重要的非線性型態的自變數！

因此，若考慮之前的模型 1 與模型 4，使用 *RESET* 檢定，其估計結果分別可為 1.09 [0.34] 與 0.04 [0.97]，顯示出二模型並未遺漏了重要的非線性型態的自變數。

習題

1. 試依 (8-15) 式以 *RESET* 檢定檢視模型 2、3 與 5。

   ☞**提示**：使用 lmtest 程式套件內之 resettest 指令。

2. 利用之前使用過多次的大立光的所有日對數報酬率序列資料，試建立因變數為日對數報酬率的平方，而自變數為日對數報酬率（遞延落後 1 期）的迴歸式，試依 (8-15) 式以 *RESET* 檢定檢視。$\alpha = 0.05$。

3. 續上題，若將自變數改為日對數報酬率（遞延落後 1 期）的平方，即迴歸式變成日對數報酬率平方的 AR(1) 模型，試分別利用 (8-15) 式計算 OLS 估計值的平方之 *RESET* 檢定統計量及其對應的 p 值。

4*. 於 1.2.1 節的習題 1，我們有介紹應用 F 檢定的鄒檢定，此處我們來看 F 檢定的另一用途；換言之，本節介紹的 *RESET* 檢定就是使用 F 檢定。我們可以將 (8-15) 式視為「不受限制的」迴歸式，若虛無假設成立，則 (8-15) 式可改為：

$$y_t = \beta_0 + \beta_1 x_{1t} + \cdots + \beta_k x_{kt} + \varepsilon_t \tag{8-15a}$$

換言之，(8-15a) 式就是 (8-15) 式依虛無假設 $H_0 : \delta_1 = \delta_2 = 0$ 成立而得的「受限制的」迴歸式；因此，若我們觀察 (8-15a) 與 (8-15) 二式的估計結果「相當接近」，豈不表示虛無假設為真？相反地，上述二式的估計結果若有「差距」，那就有可能要拒絕虛無假設！

　　直覺而言，若以迴歸式之殘差值平方和 SSE 當作判斷的指標，受限制的 SSE（寫成 SSE_R）當然會比不受限制的 SSE（寫成 SSE_U）來得大[8]；因此，我們可以下列的 F 檢定統計量，檢視上述的「差距」，即：

$$F = \frac{(SSE_R - SSE_U)/J}{SSE_U/(T-k-1)}$$

其中 J 表示限制的個數，k 為不受限制迴歸式內自變數的個數；於 (8-15a) 與 (8-15) 二式的例子內，$J=2$ 而 $k=3$。試利用上述 F 檢定統計量重做題 3。讀者可以留意底下所附之 R 程式內，四種相同的 F 檢定統計量！

☞提示：
```
largan = read.table("c:\\meiyih\\Finstats\\ex\\ch1\\
    largan.txt")
p = largan[,1]
x = 100*diff(log(p))
y = x^2
T = length(y)
ya = y[2:T]
ya1 = y[1:T-1]
model1 = lm(ya~ya1)
fit = fitted(model1)
fit2 = fit^2
fit3 = fit^3
library(car # 使用 "car" 程式套件
model2 = lm(ya~ya1+fit2+fit3)
linearHypothesis(model2,c("fit2=0","fit3=0"))
# anova
anova(model1,model2)
# using F test
SSEr = sum(residuals(model1)^2)
```

8　例如，迴歸式是計算資料的「配適度」，理所當然受限制的迴歸式的配適度較差，從而其對應之 SSE 相對上比較大；此有點類似「限制讀者須於期末考的前三天讀完要考的範圍」，若讀者有二個月的時間溫習（不受限制），何種「配適度」較佳？

```
SSEu = sum(residuals(model2)^2)
T = length(ya)
F = (SSEr-SSEu)/2)/(SSEu/(T-4))
F
1-pf(F,2,T-4)
# 使用 RESET 檢定
resettest(model1,power=2:3,type="fitted")
```

5. 續上題，其實，讀者也可以證明：$t^2 = F$，其中 t 與 F 分別表示 t 與 F 檢定統計量，後者之分子自由度為 1。

   ☞提示：# 於 (8-15) 式內除去

   ```
   model3 = lm(ya~ya1+fit2)
   anova(model1,model3)
   summary(model3)
   ```

(2.4) 常態分配的檢定

最後，若假定誤差項序列為常態分配，則我們如何檢定或判斷所估計的模型符合常態分配假定？本節介紹二種檢定方法，可分述如下：

2.4.1 *KS* 檢定

於統計學內，我們可以使用 Kolmogorov-Smirnov（KS）檢定，檢視所欲檢定的標的序列與「理論的」機率分配之間是否存在差異。*KS* 檢定是一種非參數或稱為無母數的（nonparametric）（即不需估計出特定的母體參數值）檢定；換言之，*KS* 檢定是比較實際與理論 CDF 之間的差異，若二者係來自於同一分配，則隨著樣本數的 CDF 逐漸變大，實際的 CDF 應會逐漸接近於理論的 CDF，故二者之間的差異（或距離）應會逐漸縮小。

因此，*KS* 之檢定統計量可定義為：

$$D_n = \sup_x \left| F_n(x) - F(x) \right| \tag{8-16}$$

其中 sup 表示「所有點之間距離」的最大值（supremum），$F_n(x)$ 可定義成：

$$F_n(x) = \frac{1}{n} \sum_{i=1}^{n} I(x_i \le x) \tag{8-17}$$

其中，$F_n(x)$ 表示實際的 CDF 而 $F(x)$ 為理論的 CDF。(8-17) 式內之 $I(x_i \leq x)$ 是一個指標函數，表示當 $x_i \leq x$ 時，$I(x_i \leq x) = 1$，否則為 0。之前我們已經多次使用過實際的 CDF 的計算，透過 (8-17) 式我們可以直覺的方式瞭解其意義。

直覺而言，實際的 CDF（累積機率函數）應如何計算？若我們有欲檢視的標的序列樣本資料，假定樣本個數為 n；我們要計算實際的累積機率，第一個步驟當然是先將樣本資料由小到大排列，則第 1 個資料出現的機率不就是 $1 / n$ 嗎？至第 2 或 3 個資料出現的機率就是 $2 / n$ 或 $3 / n$，依此類推。因此，假定標的序列是某資產之報酬率序列，我們想要知道小於等於 –3% 的機率為何，此相當於 (8-17) 式內之 x 值為 –3%，然後再找出小於等於 –3% 的個數後，再除以 n，即為小於等於 –3% 的機率，此機率是逐個累加，故稱為累積機率。

是故，若是模型 1 與 4 之估計殘差值序列欲與標準常態分配比較，當然第一個步驟先要將估計的殘差值序列標準化，然後再估計其實際 CDF，估計之結果分別繪於圖 8-8。於圖 8-8 內，我們分別繪出模型 1 與 4 估計殘差值序列之實際與理論 CDF，其中理論 CDF 是標準常態分配的 CDF（紅線）；因此，從圖中可看出實際與理論存在若干的差距，此時若不藉由統計檢定的方式，單靠圖 8-8 的結果，我們的確不容易有一致的結論。

此時，KS 檢定的功能就發揮出來了。原來 KS 檢定是一種屬於「配適度」的檢

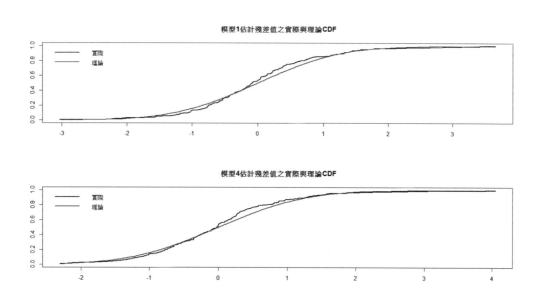

▲ 圖 **8-8**：模型 1 與 4 估計殘差值序列之實際與標準常態 CDF

定，其檢定統計量 D_n 可漸近於 Kolmogorov 分配。還好，R 亦適時提供了 *KS* 檢定的函數指令，即 ks.test 函數指令；因此，我們可以分別估計出模型 1 與 4 之估計殘差值序列與標準常態分配之間的檢定統計量 D_n，其分別為 0.08 [0.16] 與 0.09 [0.07]，故於顯著水準為 5% 下，我們無法拒絕虛無假設為實際與理論相等的情況。

習題

1. 試利用上述大立光日對數報酬率序列資料，以 AR(1) 模型估計，以 *KS* 檢定其殘差值序列是否屬於常態分配？

2. 續上題，以 *KS* 檢定其殘差值序列是否屬於 t 分配？

3. 題 1 與 2 的結果是否有差別？

2.4.2 *JB* 檢定

於統計學內，還有另外一種檢視與常態分配是否一致的「配適度」檢定，此方法是比較樣本序列資料的偏態與峰態係數是否符合常態分配，所發展出的檢定方法，我們可以將其稱為 Jarque-Bera (JB) 檢定，其檢定統計量可寫成：

$$JB = \frac{T}{6}\left(S^2 + \frac{1}{4}(K-3)^2 \right)$$

其中 T 表示樣本個數，S 與 K 分別表示樣本的偏態與峰態係數。若樣本資料來自常態分配，上述 *JB* 檢定統計量可漸近於自由度為 2 之卡方分配；換言之，*JB* 檢定的虛無假設為常態分配（即母體之 $S = 0$ 與 $K = 3$）。若我們仍以模型 1 與 4 之估計殘差值序列（標準化後）為例，可以估計出 *JB* 檢定統計量分別為 32.79 [0.00] 與 54.32 [0.00]，明顯地二者皆出現拒絕虛無假設為常態分配的結果。

從上述結果可知，雖說模型 4 的殘差值序列不為常態分配，不過我們於前一章已模擬發現：若是誤差項序列為 *iid* 或白噪音序列及樣本數夠大，OLS 估計式之抽樣分配仍接近於常態分配，因我們已發現模型 4 的殘差值序列非常接近於白噪音序列（之前的序列相關檢定），故即使模型 4 的估計結果未必符合常態分配的假定，但是於大樣本的條件下，模型 4 的估計結果應仍具有相當程度的說服力。（以上可參考 ch8-2.R）

習題

1. 試以 *JB* 檢定重新檢視 2.4.1 節習題 1 之殘差值序列。

2. 其實 *JB* 檢定統計量內的樣本峰態係數容易受到極端值的影響，使得 *JB* 檢定統計量亦有類似的結果。於標準常態分配內隨機抽出 1,000 個觀察值，並令第 500 個觀察值為 10；試計算其樣本峰態係數及 *JB* 檢定統計量，於 $\alpha = 0.05$ 下，檢定上述資料是否為常態分配。

3. 續題 1 與 2，是否有可能除去「極端的殘差值」，使得殘差值序列之樣本峰態係數及 *JB* 檢定統計量獲得改善？

第三節　二元化的因變數迴歸模型

透過本章前二節的介紹及應用，我們可以見識到一個稍具嚴謹的迴歸模型是如何產生出來。底下，我們將介紹另一種迴歸模型的應用，就是於迴歸模型內，若有二元化的因變數，我們應如何處理？我們於什麼情況下會面對此種特別的反應？其實模型內有二元化的因變數並不足為奇，讀者可以回想至目前為止，我們已經多次分析不同頻率下 TSMC 股票的收盤價及其對數報酬率（變動率）的特性，讀者認為何者最能解釋 TSMC 的收盤價及其對應的對數報酬率？答案可能分別是 TSMC 的股利與 TWI 之對數報酬率！

　　為何 TSMC 的股利最能解釋其收盤價，那是因為我們已經證明出，收盤價與股利之間有可能存在著亦步亦趨或如影隨形的長期穩定關係；藉由這個關係，我們可以再進一步取得更多的額外資訊，例如股利若上升（減少）0.1 元，股價會小於其樣本之 *Q*3（第三個四分位數）的機率會減少（增加）多少？或是股價會大於等於其樣本之第 90 個百分位數的機率會增加（減少）多少？

　　至於 TSMC 的對數報酬率呢？那是因為 TWI 對數報酬率是大多數股票報酬率的共同解釋因子，我們一般就是利用這個關係來計算個股的 β 值；同樣地，透過上述關係，我們不是也可以再進一步計算，例如 TWI 對數報酬率上升（減少）0.1%，則 TSMC 之對數報酬率大於等於 0 的機率會增加（下降）多少？或者說對數報酬率小於等於 –1% 的機率會下降（增加）多少？

　　如果我們要回答上述問題，那就需要使用二元因變數迴歸分析。因此，本節將分別介紹線性機率迴歸模型以及屬於非線性之羅吉斯與多元概率比迴歸模型。

3.1 線性機率迴歸模型

在尚未介紹線性機率迴歸模型之前，首先來看 TSMC 的例子。圖 8-9 之上圖分別繪出 2013/7/8 – 2014/7/10 期間 TSMC 日收盤價與日股利之走勢，下圖則分別繪出 2000/1/4 – 2014/7/10 期間 TSMC 與 TWI 日對數報酬率之時間走勢。從圖內可看出，

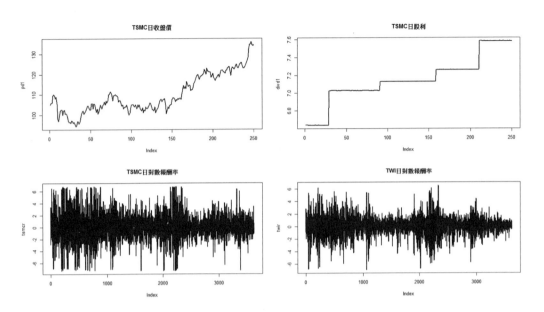

▲ 圖 8-9：上圖為 2013/7/8 － 2014/7/10 期間 TSMC 日收盤價與日股利之時間走勢，下圖為 2000/1/4 － 2014/7/10 期間 TSMC 與 TWI 日對數報酬率之時間走勢

日收盤價與日股利二者之時間走勢，果真如影隨形，但因股價有向上走高的趨勢，故我們只分析最近一年的資料；反觀報酬率序列走勢，我們無法確定過去的波動走勢在未來會不會再度出現，故就日對數報酬率序列而言，我們使用較長的期間分析。

我們可以先使用 OLS 方法，估計日收盤價與日股利之間的簡單迴歸模型，其結果可為（小括號內之值表示對應之標準誤）：

$$p_t = -98.06 + 29.10 div_t \tag{8-18}$$
$$(10.15) \quad (1.42) \qquad s = 5.72, R^2 = 0.629$$

或

$$lp_t = 1.12 + 1.82 ldiv_t \tag{8-18a}$$
$$(0.18) \quad (0.09) \qquad s = 0.052, R^2 = 0.6127$$

其中 p_t 與 div_t 分別表示 t 期之日收盤價與日股利，若變數前有 l 字母，則表示其相對應之對數值。

從 (8-18) 或 (8-18a) 式的估計結果，可看出估計的參數值皆顯著地異於 0；另

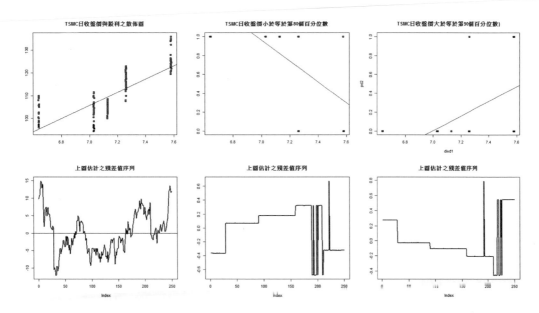

▲ **圖 8-10**：TSMC 日收盤價與股利之迴歸與線性機率模型

一方面，於圖 8-10 第 1 行之下圖，亦繪出 (8-18) 式的估計殘差值序列，若與圖 8-9 之上圖比較，可發現估計殘差值序列已無明顯的趨勢走勢，表示日收盤價與日股利之間的確存有「共整合」的可能。其次，就 (8-18) 式的估計結果而言，可發現其斜率的估計值（即 b_1）雖比較容易解釋，但是可應用的範圍卻相當狹隘；換句話說，就 (8-18) 式的斜率估計值為 29.1，表示於其他的情況不變下，當股利上升（下降）0.1 元時，股價應會隨之上升（下降）2.91 元！此種估計結果的確太過僵硬，我們著實無法想像於每個股利的時點下，其對股價的影響皆一樣。

反觀 (8-18a) 式的斜率估計值為 1.82，則表示於其他的情況不變下，當股利上升（下降）1% 時，股價應會隨之上升（下降）1.82%！此是相當於經濟學內「彈性」的觀念 [9]；因此，就斜率的估計值的解釋而言，(8-18) 與 (8-18a) 式分別對應於「絕對的」與「相對的」概念，自然以後者的使用較為合理 [10]。不過，由於底下我們會使用非線性迴歸模型，其斜率的估計值不再是固定值，故此處我們仍使用 (8-18) 式。

上述圖 8-9 內之 TSMC 一年內的股價（股利）之最小值、第一個四分位數、中

9　即 $\log y = b_0 + b_1 \log x$，利用全微分的概念，可得 $dy / y = b_1 dx / x \Rightarrow d \log y / d \log x$，可回想 $y = \log x \Rightarrow dy / dx = 1 / x$，$\log(\cdot)$ 於本書內是指自然對數。

10　續註 9，若 $y = b_0 e^{b_1 \log(x)} \Rightarrow \log(y) = b_0 + b_1 \log(x)$，$x$ 與 y 之間為非線性關係，讀者可用 R 模擬並繪出 x 與 y 之間的圖形。

位數、平均數、第三個四分位數以及最大值，分別為 94.4（6.638）、103（7.03）、107（7.128）、110（7.149）、118.5（7.261）以及 136（7.582）（省略元）。假想現在我們有興趣想要知道股利平均增加 0.1 元，日收盤股價小於等於其第 80 個百分數（約為 120.1 元）的機率會下降多少？或者說，日收盤股價大於等於其第 90 個百分數（約為 123 元）的機率會增加多少？

　　若要回答上述問題，首先當然要先將日收盤股價轉成二元（因）變數，利用 R 可輕易幫我們完成上述的轉換（其實之前，我們已多次使用過類似的技巧），例如我們輸入下列指令：

```
pd1
index <= 120.1
index
```

　　其中 **pd1** 表示日收盤股價，我們發現已經將 **pd1** 內的元素轉成 TRUE（真）或 FALSE（假）；然後再使用下列指令：

```
pd1a = as.numeric(index)# 用數字表示 TRUE 為 1 FALSE 為 0
pd1a
```

我們再看 **pd1a** 內的元素已經轉成 1 或 0；換言之，最後我們已經將日收盤股價轉成 1（日收盤股價小於等於其第 80 個百分數）以及 0（日收盤股價大於其第 80 個百分數）二種結果！因此，若以新的變數 **pd1a** 為因變數，日股利為解釋變數，以 OLS 方法，估計簡單迴歸式可為：

$$pd1a_t \approx 8.73 + 1.11 div_t$$
$$(0.50) \quad (0.07) \qquad s \approx 0.28, R^2 \approx 0.50 \tag{8-19}$$

(8-19) 式的型態，即可稱為線性機率模型。

3.1.1 線性機率模型的意義

線性機率模型，可謂之前介紹過的迴歸模型的推廣，值得注意的是，此時二元因變數已取代具「連續型式」的因變數；由於因變數 y 為二元變數，其母體迴歸式可對

應於既定的 x 下，y 等於 1 的機率。換句話說，母體迴歸式之 β_1 值（即斜率值）可解釋成 x 平均變動一單位（於其他情況不變下），y 等於 1 的平均變動機率！換言之，若母體線性機率迴歸模型可寫成：

$$y = \beta_0 + \beta_1 x_1 + ... + \beta_k x_k + \varepsilon \tag{8-20}$$

其中 y 為一個二元變數，則母體迴歸式的意義可解釋成：

$$P(y = 1 \mid x_1, \cdots, x_k) = \beta_0 + \beta_1 x_1 + ... + \beta_k x_k \tag{8-21}$$

表示 $y = 1$ 的機率[11]。也就是說，按照 (8-19) 式的估計結果，可得到於股利約等於 7.13 元的條件下，日收盤股價小於等於 120.1 元的（平均）機率約為 82.27%，即當 $div_t \approx 7.13$ 時，日收盤股價小於等於 120.1 元的（平均）機率約為 $P(pd1a = 1) \approx 8.73 - 1.11 \times 7.13 \approx 0.8227$[12]！當股利約等於 7.26 元時，則日收盤股價小於等於 120.1 元的機率約為 67.77%！另一方面，由於 β_1 的估計值約等於 -1.11，其是表示於其他情況不變下，若股利平均增加（減少）0.1 元，則日收盤股價小於等於 120.1 元的機率約會減少（增加）11.1%（1.11×0.1）！因此，使用線性機率模型，反而讓我們取得比傳統迴歸模型更多的資訊！

　　同理，若因變數改為日收盤股價大於等於 123 元的情況，即以 $pd2_t$ 表示，則可以估得的線性機率迴歸模型為：

$$pd2_t \approx -5.43 + 0.78 div_t$$
$$(0.46)\ (0.06) \qquad s \approx 0.26, R^2 \approx 0.37 \tag{8-22}$$

因此，按照 (8-22) 式的估計結果，可以得到，例如於股利分別約為 7.13 或 7.26 元的條件下，日收盤股價大於等於 123 元的機率約為 10.41% 或 20.55%[13]；其次，若股利平均增加（減少）0.1 元，則日收盤股價大於等於 123 元的機率約會增加（減少）7.8%（0.78×0.1）！

　　圖 8-10 之第 2 及 3 行分別繪出 (8-19) 與 (8-22) 式之估計的迴歸線以及殘差值

11　即若取 y 之期望值可為 $E[y \mid x_1, ..., x_k] = 1 \cdot f(y = 1 \mid x_1, ..., x_k) + 0 \cdot f(y = 0 \mid x_1, ..., x_k)$，是故 $E[y \mid x_1, ..., x_k] = f(y = 1 \mid x_1, ..., x_k)$，其條件期望值就是條件機率！

12　若按照 (8-19) 式的估計結果，代入 $div_t \approx 7.13$，可得 $P(pd1a = 1) \approx 0.8157$。文內是使用迴歸之預期值 0.8227（其並不是算至小數點第二位）。可回想迴歸之預期值有平均數的意思，而 $pd1a$ 或 y 不是 1 就是 0，故二元因變數的平均數亦可以比率或機率解釋，例如擲一個銅板 5 次，有 3 次出現正面，則出現正面的機率為 3/5 或 0.6。

13　上述結果是依 R 的計算而得，可參考所附之程式。

序列，我們可以看出二式估計的迴歸線皆為直線型態，故可知其為何稱為線性機率模型；另一方面，雖說日收盤價已轉成二元變數，而日股利的時間走勢仍有向上走高的趨勢，不過從圖內卻可發現 (8-19) 與 (8-22) 式之估計的殘差值序列已無向上或向下的明顯趨勢，表示日收盤價已轉成二元變數，使得殘差值序列亦介於 1 與 –1 之間。不過，此時我們無法從其中看出是否有共整合關係，因其已與共整合的定義不合。

接下來，我們再來看另一個例子。如前所述，若要預測或解釋 TSMC 的日對數報酬率，最佳的預測或解釋變數，莫過於使用 TWI 的對數報酬率。因此，首先我們要先估計因變數與自變數分別為 TSMC 與 TWI 的日對數報酬率之簡單迴歸模型；於 2000/1/4 – 2014/7/10 期間，可以估得的傳統簡單迴歸模型為：

$$tsmcr_t \approx 0.03 + 1.11 twir_t \tag{8-23}$$
$$(0.02) \quad (0.02) \qquad s \approx 1.40, R^2 \approx 0.57$$

其中，$tsmcr_t$ 與 $twir_t$ 分別表示於 t 期下，TSMC 與 TWI 的日對數報酬率。從 (8-23) 式的估計結果內可以看出，於其他情況不變下，TWI 的日對數報酬率平均上升（下跌）1%，TSMC 的日對數報酬率亦會平均上升（下跌）1.11%，由於估計的 R^2 約為 57%；因此，TWI 的日對數報酬率大約可以解釋 57% 之 TSMC 的日波動！同樣地，利用線性機率模型，我們可以進一步取得更多的資訊。

於圖 8-11 內，我們考慮四種情況，即分別考慮因變數為 TSMC 日對數報酬率小於等於 –1%、大於等於 0、小於等於 1% 以及大於等於 1.5% 的情況；假設現在考慮第四種情況，因變數為 TSMC 日對數報酬率不是大於等於 1.5%，就是小於 1.5% 的二元變數，則於自變數為 TWI 日對數報酬率的情況下，可以估得下列的線性機率模型為（讀者可自行練習解釋其餘三種情況）：

$$tsmcr4_t \approx 0.20 + 0.14 twir_t \tag{8-24}$$
$$(0.01) \quad (0.00) \qquad s \approx 0.346, R^2 \approx 0.25$$

其中，$tsmcr4_t$ 表示上述第四種情況下，TSMC 日對數報酬率之二元變數（即若日對數報酬率大於等於 1.5%，則 $tsmcr4_t = 1$，其餘為 0）。從 (8-24) 式的估計結果可知，若 TWI 日對數報酬率分別約為 –0.13% 或 0.26%，則 TSMC 日對數報酬率大於等於 1.5% 的機率約分別為 17.98% 或 23.24%；其次，於其他情況不變下，若 TWI 日對數報酬率平均上升（下跌）1%，則 TSMC 日對數報酬率大於等於 1.5% 的機率

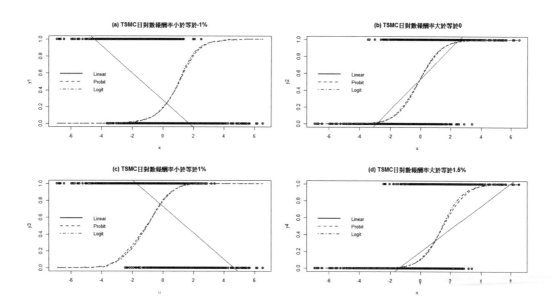

▲ 圖 8-11：TSMC 與 TWI 日對數報酬率之間的四種機率模型

約會提高（下降）14％！[14]

3.1.2 線性機率模型的缺點

類似 (8-18) 式的估計結果，線性機率迴歸模型的缺點為，估計之（機率）迴歸線為一條直線，表示每個自變數對因變數影響的「僵硬性」；另一方面，若仔細觀察圖 8-10 與 8-11 內估計的線性機率迴歸線（線上每點表示機率），可發現其未必會介於 0 與 1 之間，此種結果當然不合理。例如：於 (8-19) 式內當 $div_t \approx 6.64$ 時，日收盤股價小於等於 120.1 元的（平均）機率約為 1.37；而於 (8-22) 式內，日收盤股價大於等於 123 元的（平均）機率則約為 −0.28，很明顯地，線性機率迴歸模型的確須進一步修正！

　　另外一個缺點是 R^2 並不適用。可回想若 $R^2 = 1$，是表示所有的觀察值皆位於迴歸線上，而我們從圖 8-10 或 8-11 內發現觀察值根本就不可能位於迴歸線上，甚至於也不會位於迴歸線附近，因此，於機率模型下我們會使用另外一種衡量方式以取代 R^2。（可參考 ch8-3-1.R）

習題

1.　於線性機率迴歸模型內，因變數 y 為二元變數，即 y 不是 1 就是 0。試計算或

14　我們仍要提醒讀者注意的是，上述之計算是依所附的 R 程式而得。

導出 y 之期望值與變異數。假定 y 等於 1 的機率為 p。

☞提示：$E[y] = 1 \cdot p + 0 \cdot (1-p) = p$

$Var(y) = (0-p)^2(1-p) + (1-p)^2 p = p^2(1-p) + (1-p)^2 p = p(1-p)$

2. 續上題，於簡單的線性機率迴歸模型內，因 $E[y] = \beta_0 + \beta_1 x = p$，故誤差項 $\varepsilon = y - E[y] = y - p$，故若假定自變數 x 為非隨機變數或控制變數，此隱含著自變數為固定數值，則 $Var(\varepsilon) = Var(y)$，表示誤差項 ε 的變異數不為固定數值，其為 x 的函數（事實上，若視 x 為隨機變數，其結果亦類似）。因此，線性機率迴歸模型，會存在誤差項有異質變異數的情況。試使用 White 之穩健標準誤，重新檢視本節內之估計的線性機率迴歸模型。

☞提示：
```
modelpd1 = lm(pd1a~divd1)
summary(modelpd1)
library(lmtest)
library(sandwich)
# robust standard error of White
coeftest(modelpd1,df = Inf, vcov = vcovHC(modelpd1,
type = "HC0"))
```

3. 試舉例說明線性機率迴歸模型內不合理之處。

4. 利用大立光與 TWI 之日對數報酬率序列資料，若我們將前者的日對數報酬率大於等於 0 的部分視為 1，其餘為 0。試以簡單的線性機率迴歸模型估計後者對於前者的影響，並解釋估計參數的意義。記得可以使用 White 之穩健標準誤。

5. 續上題，若將因變數改成大立光之日對數報酬率小於等於 −0.5% 的部分為 1，其餘為 0，其結果又如何？

3.2 多元概率比與羅吉斯迴歸模型

多元概率比與羅吉斯迴歸，皆是針對二元因變數而設的非線性迴歸模型。如前所述，二元因變數迴歸，相當於是模型化因變數 $y = 1$ 的機率，因此我們可以採取非線性的方法，硬逼迴歸預期值介於 0 與 1 之間。由於 CDF 得出的機率值恰為 0 與 1 之間（讀者可以回想之前繪製出的 CDF 的形狀為何），故多元概率比與羅吉斯迴歸皆使用 CDF 的觀念；前者是利用標準常態分配的 CDF，而後者則使用羅吉斯函數。

3.2.1 多元概率比迴歸

假想一個二元因變數 y 有二個解釋變數 x_1 與 x_2，則多元概率比迴歸模型可為：

$$P(y = 1 \mid x_1, x_2) = \Phi(\beta_0 + \beta_1 x_1 + \beta_2 x_2) \tag{8-25}$$

其中 $\Phi(\cdot)$ 為標準常態分配之 CDF。因此，按照 (8-25) 式，若 β_0、β_1 與 β_2 分別為 0.2、-0.4 與 0.5，則於 x_1 與 x_2 分別為 0.4 與 2 的條件下，迴歸的預期值可解釋成 $y = 1$ 至多的機率約為 0.85（即 $P(y = 1 \mid x_1 = 0.4, x_2 = 2) = \Phi(1.04) \approx 0.8508$）。

若迴歸式為 (8-25) 式，我們如何解釋個別參數的意思？假定其他情況不變下，x_1 由 0.4 增加至 0.5，則 $P(y = 1 \mid x_1 = 0.5, x_2 = 2) = \Phi(1) \approx 0.8413$，但是若 x_1 不增反降，即 x_1 由 0.4 減少至 0.3，$P(y = 1 \mid x_1 = 0.3, x_2 = 2) = \Phi(1) \approx 0.8599$，我們可以看出 $y = 1$ 的減增機率值未必相同（即前者減少的機率值約為 0.0095，而後者增加的機率值約為 0.0091）（讀者可自行演練其他的情況）。由此來看，因變數 $y = 1$ 的機率對 x_1 變動的反應並不是呈直線的型式。

事實上，若 (8-25) 式對 x_1（偏）微分，可得：

$$\frac{\partial P(y = 1 \mid x_1, x_2)}{\partial x_1} = f(\beta_0 + \beta_1 x_1 + \beta_2 x_2)\beta_1 \tag{8-25a}$$

其中 $f(\cdot)$ 為標準常態分配之 PDF[15]；因此，因變數 $y = 1$ 的機率對 x_1 變動的反應不再是唯一的參數 β_1（如線性迴歸模型），其反應值還要考慮 x_1 與 x_2 值，而後二者是以標準常態機率密度值表示。類似的結果，亦可反映在 x_2 的變動上。

由於多元概率比迴歸模型屬於非線性模型，OLS 方法已不再適用。一般而言，我們可以使用最大概似估計法（該方法我們將於後面章節介紹）估計二元因變數迴歸模型，當然也包括多元概率比與羅吉斯迴歸模型。使用最大概似估計法所得出的估計式，具有有效性的特性（即最小變異數），於大樣本的情況下，其估計式不僅擁有一致性且會漸近於常態分配；因此，有關於參數的 t 檢定或信賴區間估計，於非線性模型下仍可適用。

利用 R，我們可以輕易地估計，多元概率比與羅吉斯迴歸模型，若以圖 8-11 的 (b) 圖為例，可估得多元概率比迴歸模型為：

$$tsmcr2_t \approx 0.12 + 0.80 twir_t \tag{8-26}$$
$$(0.02) \quad (0.03)$$

15　可記得 $d\Phi(x) / dx = f(x)$。

其中 *tsmcr2*$_t$ 表示 *t* 期之 TSMC 日對數報酬率大於等於 0 的二元變數。從 (8-26) 式的估計結果可看出二估計參數值皆能顯著地異於 0；其次，可記得 (8-26) 式的解釋可為：

$$P(tsmcr2_t = 1 \mid twir) = \Phi(0.12 + 0.80twir_t)$$

因此，按照 (8-26) 式的估計結果，可得出於 TWI 的日對數報酬率分別約為 −0.63%、−0.13% 以及 0.26% 的條件下，TSMC 日對數報酬率大於等於 0 的機率估計值分別至多約為 34.99%、50.42% 與 62.57%！我們也可以從圖 8-11 的 (b) 圖看出多元概率比估計迴歸線的型態類似 CDF 的形狀（紅色線）。是故，若與線性機率迴歸模型比較，多元概率比迴歸模型不僅將估計的迴歸線從直線型態改為非線性型式；另一方面，利用多元概率比迴歸模型，反而可以進一步取得更多額外資訊。雖說如此，我們仍不能忽略傳統迴歸模型的重要性，例如 (8-23) 式，除了可以幫我們計算 TSMC 的 β 值外，我們也是透過 (8-23) 式的估計結果，進一步發現可以使用二元因變數迴歸模型化 TSMC 與 TWI 日對數報酬率之間的關係。因此，傳統迴歸與二元因變數迴歸模型，應該可以視為彼此之間相輔相成的工具。（讀者當然可以試著解釋，圖 8-11 內其餘三個圖形的意義）。

接下來，我們重新以多元概率比迴歸模型，來檢視 TSMC 日收盤價與日股利之間的關係。換句話說，若以多元概率比迴歸估計圖 8-10 內之第 3 行的例子，可得：

$$pd2_t \approx -63.36 + 8.44div_t \tag{8-27}$$
$$(10.12)\ \ (1.35)$$

其中 *pd2*$_t$ 是表示 *t* 期 TSMC 日收盤價大於等於 123 元的二元因變數，因此從 (8-27) 式的估計結果可知：

$$P(pd2_t = 1 \mid div_t) = \Phi(-63.36 + 8.44div_t)$$

故可知於日股利約為 7.58 元時，TSMC 日收盤價大於等於 123 元的機率至多約為 73.08%；或是說，當日股利上升至 7.59 元時，日收盤價大於等於 123 元的機率至多約為 75.79%，故於日股利為 7.58 元時，此時股利增加 0.01 元，日收盤價大於等於 123 元的機率約上升 2.71%！這顯示出非線性的估計結果（即面對自變數的變動，每一時點因變數的反應未必相同）。

不過，若觀察圖 8-12 的右上圖，可發現此時多元概率比迴歸線不再是熟悉的

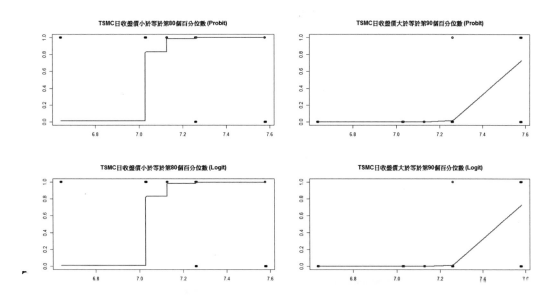

▲ **圖 8-12**：圖 8-10 的例子以多元概率比與羅吉斯迴歸模型估計

S 型，反而是呈有轉折的非直線，表示日股利約需大於等於 7.26 元後，日收盤價大於等於 123 元的機率才會有明顯的提高。有意思的是，於我們所考慮的期間內，日股利最高約為 7.5823 元，此時可對應至日收盤價大於等於 123 元的機率約為 73.07%，機率值不大可能是 100%，讀者以為呢？其實，轉折後也不是直線，讀者是否發覺到？可試試看？再試著解釋圖 8-12 的左上圖的意義。（股利的變動並不是連續的）

3.2.2 羅吉斯迴歸

羅吉斯迴歸模型類似多元概率比迴歸模型，其間之差別在於，前者以累積的標準羅吉斯分配函數取代後者之標準常態分配之 CDF；換言之，若仍然考量只有二個自變數的情況下，羅吉斯迴歸模型可寫成：

$$P(y=1 \mid x_1, x_2) = \Omega(\beta_0 + \beta_1 x_1 + \beta_2 x_2) = \frac{1}{1 - e^{-(\beta_0 + \beta_1 x_1 + \beta_2 x_2)}} \tag{8-28}$$

其中 Ω 表示累積的標準羅吉斯分配函數，其函數型態類似之前的羅吉斯函數如 (8-5) 式。我們從圖 8-11 與 8-12 內可發現羅吉斯與多元概率比迴歸的估計結果非常雷同，讀者可在本章習題內練習解釋羅吉斯迴歸的估計結果。

3.2.3 關於非線性迴歸的問題

敏感的讀者也許會發現 (8-18a) 式也可稱為「非線性」迴歸模型，畢竟股價與股利皆以對數的型態呈現；(8-18a) 式的非線性迴歸模型與多元概率比或羅吉斯迴歸模型的非線性模型有何不同？為何前者可以使用 OLS 方法估計，而後者卻不行？原來於迴歸分析內，所謂的非線性模型指的是對「參數的非線性」，而不是指變數本身的非線性；其實也沒有錯，我們看股價或股利變數，哪一個變數的實際觀察值是屬於直線的型態？換句話說，股價與股利的走勢皆是屬於非線性型式，取過對數後的股價與股利依舊是非線性型式，既然前者可以使用 OLS 方法估計，為何後者就不行？當然也可以！

反過來，我們來觀察多元概率比或羅吉斯迴歸模型的型態。從 (8-25) 或 (8-28) 式內，可看出參數值是隱藏於某個函數內，不像 (8-18) 或 (8-18a) 式內的參數值是直接而不是以函數型態呈現，這二者有何不同？可回想 (8-18) 或 (8-18a) 式是線性迴歸模型的估計結果，而線性迴歸模型的「標準方程式」的型態為何（即最小平方法的第一階條件）；但是，非線性迴歸模型例如多元概率比模型的標準方程式的型態卻似 (8-25a) 式的型式所示，我們可以藉由 (8-25) 式重新寫出多元概率比模型的標準方程式為：

$$\frac{\partial P(y=1 \mid x_1, x_2)}{\partial \beta_1} = f(\beta_0 + \beta_1 x_1 + \beta_2 x_2) x_1 = 0$$

$$\frac{\partial P(y=1 \mid x_1, x_2)}{\partial \beta_2} = f(\beta_0 + \beta_1 x_1 + \beta_2 x_2) x_2 = 0$$

因存在有函數型態，故不易取得三個未知的參數值 β_0、β_1 與 β_2 的解；因此，OLS 方法在此，的確不適合被當作非線性模型的估計方法。

一般我們會使用最大概似估計（MLE）方法估計未知參數，顧名思義，所謂的最大概似估計方法，例如上述 TSMC 與 TWI 日對數報酬率時間序列資料，前者已轉成大於等於其第 90 個百分位數的二元因變數；則依直覺來想，一定有某些或唯一的一組參數值（即 β_0、β_1 與 β_2），可以使得 TSMC 與 TWI 日對數報酬率序列資料所能產生的概似值（即可能值）最大，而 MLE 估計方法就是要找出上述某些或唯一的一組參數值出來。

假想我們的確可以透過 MLE 估計方法，找出合適的參數估計值，於統計學內，我們已經發現於大樣本的情況下，MLE 估計式的抽樣分配會接近於常態分配，若我們再仔細思考之前如何透過模擬的方法模擬出 t、卡方或 F 分配，大概會發現後三種分配的產生過程皆與常態分配有關；換句話說，知道 *ML* 估計式的抽樣分配會接近於常態分配，則之前於迴歸模型有使用過的 *t* 或 *F* 檢定亦可以適用非線性模型的分析！就是因為這個依據，我們才可以於上述的估計模型，使用傳統的 *t* 檢定檢視估計參數值的顯著性。

唯一不同的地方，就是判定係數 R^2 已經不適合用以代表非線性模型估計的配適度，取而代之的是使用虛擬的（pseudo）R^2（亦稱為 McFadden's R^2）；也就是說，於多元概率比或羅吉斯非線性迴歸模型下，我們是估計虛擬的 R^2 來表示估計模型的配適度，虛擬的 R^2 可寫成：

$$pseudo \text{-} R^2 = 1 - \frac{\log(L_1)}{\log(L_0)} \tag{8-29}$$

其中 L_1 與 L_0 分別表示於多元概率比或羅吉斯非線性迴歸模型內，有自變數與沒有自變數的最大概似值（以對數值表示）[16]。因此，多元概率比或羅吉斯非線性迴歸模型內需不需要加入自（或解釋）變數，可以根據所估計的虛擬的 R^2 值判斷。

因此，就 (8-26) 與 (8-27) 式所估計出的虛擬的 R^2 值而言，其分別約為 28.05% 與 68.82%；明顯地，TSMC 日股價與股利之間的關係，相對上比 TSMC 與 TWI 之日對數報酬率之間的關係來得較密切。（可參考 ch8-3-2.R）

> 習題

1. 使用 White 之穩健的標準誤重做本節估計的模型。

　☞提示：y = pd1a

　　　　 x = divd1

　　　　 modela = glm(y~x, family = binomial(link = "probit"))

　　　　 summary(modela)

　　　　 coeftest(modela,df = Inf, vcov = vcovHC(modela, type = "HC0"))

2. 將前一節的習題 3 與 4 的線性迴歸模型改成多元概率比與羅吉斯迴歸模型。

3. 續上題，分別計算其虛擬的 R^2。

---

16 就使用 R 之 glm 指令所得到的估計結果而言，$\log(L_0)$ 與 $\log(L_1)$ 之值可以分別以 Null deviance 與 Residual deviance 表示，可以參考所附之程式。

第四節 股票是否是保值的工具

如圖 8-13 所示，其上圖繪出 1981/1 － 2014/7 期間 CPI 時間走勢，從圖內可看出 CPI 的走勢是隨時間逐漸攀高。面對逐漸走高的 CPI，一個實際的問題是，究竟手中持有的股票可不可以保值？圖 8-13 之中與下圖分別繪出 1994/1 － 2014/6 期間 TSMC 與 1981/1 － 2014/6 期間 TWI 月收盤價時間走勢，從二圖內可看出投資人若從期初開始（即 1994/1）保有 TSMC 股票持續到現在，無疑地，該投資人是最大的贏家，但無奈的是，該投資人是我們嗎？假想若有檔股票稱為「TWI」，投資人若亦從期初（即 1981/1）保有該檔股票至現在，該投資人的報酬率更是難以望其項背。但是我們沒有未卜先知的能力，誰可以於期初時，事先就預知未來的情況？因此，一個比較實際的問題是，面對如圖 8-13 所示的過去歷史資料，究竟 CPI 逐漸升高，會不會侵蝕 TSMC 或 TWI 的報酬率？

於財金理論內，有何理論或定理是描述報酬率與通貨膨脹率之間的關係？最耳熟能詳的大概是所謂的費雪（Fisher）效果；最簡易的費雪效果指的是名目報酬率約等於實質報酬率加上預期通貨膨脹率。換句話說，費雪效果提供了一種簡易計算實質報酬率的方式，即實質報酬率約等於名目報酬率減去預期通貨膨脹率；也就是說，按照直覺來講，若名目報酬率與預期通貨膨脹率增減的速度一樣的話，則實質

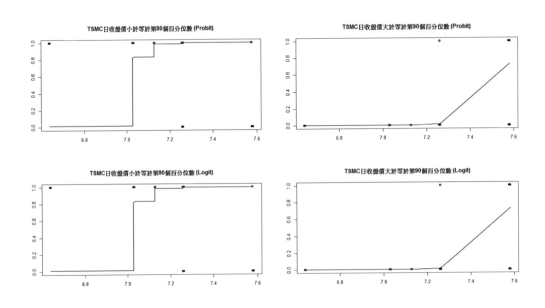

▲ **圖 8-13**：CPI、TSMC 與 TWI 月收盤價時間走勢

報酬率應可維持不變,因此按照簡單線性迴歸模型的架構,費雪效果可寫成:

$$r_t = \beta_0 + \beta_1 x_t + \varepsilon_t \tag{8-30}$$

其中 r_t 與 x_t 分別表示 t 期之標的資產的名目報酬率與預期通貨膨脹率,若簡易的費雪效果成立的話,則 $\beta_1 = 1$。因此,我們估計 (8-30) 式的迴歸模型其實有二層涵義:其一是若 β_1 的估計值顯著地大於 0,表示我們可以藉由預期的通貨膨脹率預期資產的名目報酬率;另一則是若 β_1 的估計值與 1 無顯著的差異,表示通貨膨脹率應不致於侵蝕資產的名目報酬率。是故,若利用圖 8-13 內的 TSMC 樣本資料,由於我們並無預期通貨膨脹率的資料,故以實際的通貨膨脹率取代,使用 OLS 估計方法估計 (8-30) 式,可得:

$$r1_t = 0.08 + 0.86 x1_t \tag{8-31}$$
$$(0.01)\ \ (0.93) \quad R^2 = 0.00$$

$$r60_t = 1.10 + 15.88 x60_t \tag{8-31a}$$
$$(0.44)\ \ (7.28) \quad R^2 = 0.03$$

其中 $r1_t$ 與 $x1_t$ 分別表示 t 期之 TSMC 的月名目報酬率與實際月通貨膨脹率,其次 $r60_t$ 與 $x60_t$ 分別表示 t 期之 TSMC 的 5 年(即 60 個月)名目報酬率與實際 5 年通貨膨脹率;換言之,(8-31) 與 (8-31a) 式計算 t 期之月名目報酬率與實際月通貨膨脹率的公式可為:

$$rk_t = \frac{(p_t + d_t) - p_{t-k}}{p_{t-k}} \tag{8-32}$$

$$xk_t = \frac{CPI_t - CPI_{t-k}}{CPI_{t-k}} \tag{8-32a}$$

其中 p_t、d_t 以及 CPI_t 依序表示 t 期之 TSMC 月收盤價、月股利以及消費者物價指數;因此,於 (8-31) 與 (8-31a) 式內,我們分別使用 $k = 1$ 與 $k = 60$。同樣地,我們也可以使用圖 8-13 內的 TWI 樣本資料,以 OLS 方法估計 (8-30) 式,其估計結果為:

$$r1a_t = 0.06 - 0.59 x1_t \tag{8-33}$$
$$(0.01)\ \ (0.59) \quad R^2 = 0.00$$

$$r120a_t = -0.65 + 13.25x120_t$$

$$(0.36) \quad (1.57) \qquad R^2 = 0.20$$

(8-33a)

其中 $r1a_t$ 與 $r120a_t$ 是將 (8-32) 式內的 TSMC 的資料改成 TWI 的月收盤價及月股利。

　　從上述各式之估計結果可知，若我們改變通貨膨脹率的計算方式（可記得傳統通貨膨脹率是以月通貨膨脹率的年率化表示）以及考慮多期持有的報酬率，可以發現單期月報酬率的變化的確無法趕得上實際通貨膨脹率的變動；不過，若拉長持有股票的保有期間，則不管是 TSMC 或 TWI 的報酬率，最終總是能追上實際通貨膨脹率的變動！因此，上述的估計結果頗符合我們的直覺想法，不過就統計學的觀點而言，其真正的結果可能是會讓人失望的。

4.1 遭遇的問題

就上述 (8-31a) 或 (8-33a) 式的估計而言，若仔細思考這二式，可發現我們計算多期報酬率的方式具有「樣本重疊」的結果，例如若 $k = 2$ 而我們有 5 個收盤價 p_1、p_2、p_3、p_4 與 p_5，則我們可以得出三個持有期間為 2 期的報酬率，即 $(p_3 - p_1) / p_1$、$(p_4 - p_2) / p_2$ 與 $(p_5 - p_3) / p_3$，其中前後報酬率可能存在著相關的情況，因其有共同使用 p_3。換言之，若我們於 (8-31a) 式內分別考慮 $k = 2, 10, 50, 100$ 的情況，並計算估計的殘差值序列之自我相關係數以及偏自我相關係數，其結果可繪於圖 8-14。

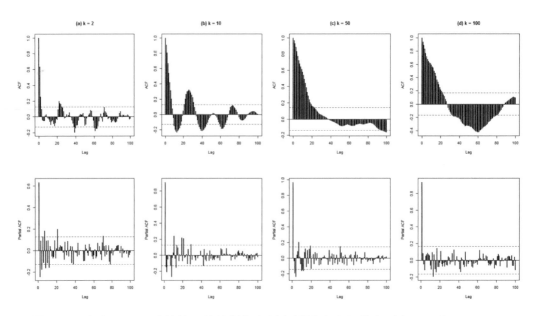

⋀ **圖 8-14**：類似 (8-31a) 的估計，計算模擬資料之估計的殘差值序列之 ACF 與 PACF

於圖 8-14 之上圖繪出殘差值序列的估計自我相關圖，而下圖則繪出殘差值序列的估計偏自我相關圖。從圖內可看出於不同的 k 值下，迴歸模型估計的殘差值序列自我相關程度相當嚴重；不過，我們可以回想前一章有關於 OLS 估計式的特性可知，即使誤差項存在序列相關，只要解釋變數與誤差項無關，OLS 估計式的特性並不會被破壞，只是於我們的例子內，因解釋變數為實際的通貨膨脹率，我們發現解釋變數與誤差項是有關的。為何上述二者是有關的？我們可以重新定義 (8-30) 式，其可寫成：

$$rk_t = \beta_{0a} + \beta_{1a} E[xk_t \mid I_{t-1}] + u_t \tag{8-34}$$

其中 $E[xk_t \mid I_{t-1}]$ 表示利用蒐集至 $t-1$ 期的資訊（以 I_{t-1} 表示）的條件下，對通貨膨脹率的預期，(8-30) 式正是因為後者為未知而使用實際的通貨膨脹率取代，由於解釋變數的不同，故 (8-34) 式的參數值與誤差項我們以 β_{0a}、β_{1a} 與 u_t 取代；事實上，若 (8-30) 式寫成 (8-31) 或 (8-33) 式的型態，其可寫成：

$$rk_t = \beta_0 + \beta_1 xk_t + \varepsilon_t \tag{8-30a}$$

因此，比較 (8-30a) 與 (8-34) 二式，可得：

$$\varepsilon_t = \beta_{0a} - \beta_0 + \beta_{1a} E[xk_t \mid I_{t-1}] - \beta_1 xk_t + u_t$$

若 $\beta_{0a} = \beta_0$ 與 $\beta_{1a} = \beta_1$，則上式可改寫成：

$$\varepsilon_t = \beta_1 (E[xk_t \mid I_{t-1}] - xk_t) + u_t \tag{8-35}$$

故從 (8-35) 式可知，若 $E[xk_t \mid I_{t-1}] \neq xk_t$，則 (8-30) 或 (8-30a) 式內的誤差項與實際的通貨膨脹率有關！從 (8-30) 或 (8-30a) 式得知，估計殘差值序列（我們是以殘差值估計誤差項）與實際的通貨膨脹率序列有關！綜合以上所述，(8-31a) 與 (8-33a) 式的可信度竟取決於 $E[xk_t \mid I_{t-1}]$ 是否等於 xk_t！若我們有把握實際的通貨膨脹率恆等於預期通貨膨脹率，則按照 (8-35) 式的推論，(8-30a) 與 (8-34) 二式是相等的，估計的殘差值序列與實際的通貨膨脹率序列無關，即使 (8-30a) 式有嚴重的序列相關，仍不影響 OLS 估計式的特性。故於此假定下，我們只要擔心誤差項是否存在變異數異質性所引起的問題。

若假定實際的通貨膨脹率恆等於預期通貨膨脹率，我們使用前述 White 所建議的穩健的標準誤，分別針對 TSMC 考慮 $k = 1, 2, \cdots, 100$ 以及針對 TWI 考慮 $k = 1, 2, \cdots, 120$，以 OLS 方法估計 (8-30a) 式，其估計結果可繪於圖 8-15。

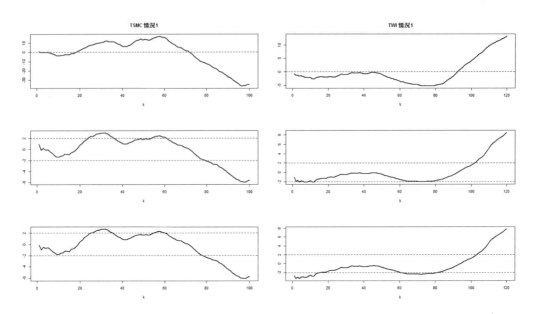

△ 圖 8-15：假定實際的通貨膨脹率恆等於預期通貨膨脹率，以 OLS 方法估計 (8-30a) 式，並使用 White 之穩健的標準誤

　　於圖 8-15 內，我們除了繪出於不同的 k 值下 β_1 的估計值外，同時計算二種 t 檢定統計量（分別繪於第 2 與 3 列），其所對應的虛無假設分別可為：

$$H_0 : \beta_1 = 0 \text{ 與 } H_0 : \beta_1 = 1$$

如前所述，前者可用於檢定通貨膨脹是否有能力影響報酬率，而後者則用於檢定是否存在費雪效果。

　　利用圖 8-15，首先我們來看 TSMC 的例子。左上圖顯示出 k 大致介於 19 至 71 之間，β_1 的估計值皆大於 0，不過若考慮 $H_0 : \beta_1 = 0$ 的情況，我們可以計算相對應的 t 檢定統計量，並以 ±2（圖內的虛線）的範圍當作不拒絕虛無假設的依據，從左中圖內，可看出大概只有 k 介於 24 至 36 之間以及介於 54 至 61 之間的 β_1 估計值能顯著地異於 0 而其他則與 0 無顯著差異；換言之，雖說有不少持有期間的報酬率（共有 53 種）面對「同比率」通貨膨脹率的衝擊能有正數估計值的反應，但其中卻只有 15 種的結果能符合反應值顯著地異於 0。例如於 $k = 35$ 下，表示投資人保有 TSMC 股票約有 3 年之久，則面對約為 3 年的通貨膨脹率的衝擊，其 β_1 的估計值可約為 11.52，若進一步計算虛無假設為 $\beta_1 = 0$ 的 t 檢定統計量則約為 2.27 [0.02]（中括號內之值為對應之 p 值），於顯著水準為 5%，明顯拒絕虛無假設為 $\beta_1 = 0$ 情況；於 $k = 35$ 下，若我們再進一步計算虛無假設為 $\beta_1 = 1$ 的 t 檢定統計量則約為 2.08 [0.04]，故於顯著水準為 5%，仍然拒絕上述的假設，上述結果可觀察左下圖。

　　從 TSMC 的例子中，可看出費雪效果的確存在於若干持有期間的報酬率；不過，就圖 8-15 之左圖顯示出，若持有 TSMC 期間愈長，其報酬率的反應卻不及 CPI 增加的速度。反觀圖右之 TWI 的情況，我們發現約從 $k = 104$ 之後，TWI 月收盤價增加的速度反而超過 CPI 增加的速度。因此，若圖 8-15 的估計結果是正確的話，加權股價指數（或可表示平均股價）應能反應 CPI 的變動，只是保有股票時間至少需 9 年以上！

　　雖說如此，我們仍要提醒讀者注意，圖 8-15 是建立在預期通貨膨脹率等於實際的通貨膨脹率的基礎上；另一方面，我們也注意到圖 8-15 之右圖顯示出面對通貨膨脹率的變動，只要持有 TWI 的期間愈長，甚至於永久地持有，該投資人就是最大的贏家，此種結果亦讓人質疑，果真會如此嗎？值得我們再進一步探究。

④.2 可能的解決之道

若實際的通貨膨脹率不等於預期通貨膨脹率，則按照 (8-35) 式可知，(8-30) 或 (8-30a) 式內的誤差項與實際的通貨膨脹率存在著相關的情況，明顯地與迴歸分析內的標準方程式不一致，此隱含著 OLS 估計式並不存在，故若仍使用 OLS 方法估計，則 OLS 估計式所擁有的特性如不偏性、一致性或有效性當然不復存在。面對如此棘手的問題，我們應如何解決？換句話說，若仍要使用 OLS 方法估計，而預期的通貨膨脹率未必可以用實際的通貨膨脹率取代。那麼，我們應如何找出適當的解釋變數以取代預期的通貨膨脹率？

　　於本節，我們提供二個方向以解決上述的問題：其一是想辦法消除如圖 8-14 內殘差值序列存在自我相關的問題；另一則尋找合適的解釋變數。首先，我們來看如何消除多期持有報酬率序列，存在自我相關的問題。我們若仔細觀察圖 8-14 內殘差值序列之估計的自我相關係數序列，可發現估計值係按照落後期數逐漸遞減，此種結果頗類似於定態的一階線性自我迴歸模型之自我相關係數序列。因此，底下我們嘗試模擬出定態的一階線性自我迴歸模型，一階線性自我迴歸模型之型態我們並不陌生，其可為：

$$y_t = \alpha_0 + \alpha_1 y_{t-1} + \varepsilon_t \tag{8-36}$$

其中 y_t 若屬於定態序列，則 $|\alpha_1| < 1$。讀者可以回想簡單的隨機漫步模型的型態不就是類似 (8-36) 式嗎？只不過於隨機漫步模型內，參數值 α_1 是等於 1。於 (8-36) 式

內，因解釋變數為因變數之落後期（因）變數，故可稱為自我迴歸模型，因是落後
1 期，因此 (8-36) 式，可簡寫成 AR(1) 模型。讀者可以想看看，若是 AR(5) 模型，
其型態為何？（提示：複迴歸型態）。

底下，我們令 (8-36) 式內的 $y_0 = 0$、$\alpha_0 = 0.3$ 以及 $\varepsilon_t \sim iidN(0, 1)$，然後分別使用
$\alpha_1 = 0.6, 0.8, 0.95, 0.98$，先模擬出定態 AR(1) 模型序列後（樣本數為 200）再分別
估計其對應的自我相關與偏自我相關係數，其估計結果依序繪於圖 8-16。

比較圖 8-14 與 8-16 內估計的自我相關係數序列，可發現二者的走勢其實是非
常的類似，因此透過此二圖的比較，可知若使用多期報酬率序列如 (8-30) 或 (8-30a)
式的型態，有可能忽略了重要的解釋變數，而此時我們已經發現落後 1 期的因變數
可能是最佳的解釋變數；因此，我們可以於 (8-30) 或 (8-30a) 內加入落後 1 期的因
變數而為：

$$rk_t = \beta_0 + \beta_1 xk_t + \beta_2 rk_{t-1} + \varepsilon_t \tag{8-37}$$

類似圖 8-14 的估計，我們以 TSMC 的樣本資料，重新估計 (8-37) 式，並計算
殘差值序列之自我相關與偏自我相關係數，其估計結果可繪於圖 8-17。若與圖 8-14
比較，從圖 8-17 內可看出殘差值序列之自我相關程度已大為降低，表示落後 1 期
的因變數可解釋之前自我相關情況；雖說，後者可降低殘差值序列內大部分的自我
相關，不過從偏自我相關的估計來看，殘差值序列內仍存在些許的自我相關，因此

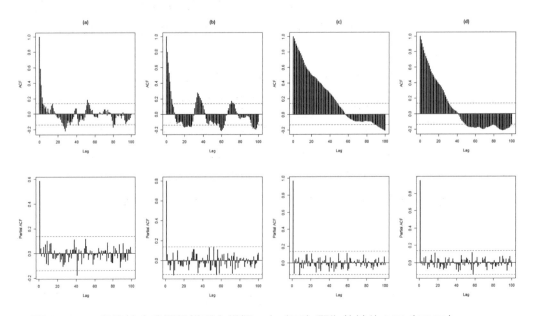

▲ 圖 **8-16**：一階線性自我迴歸模型之模擬，上（下）圖為估計的 ACF（PACF）

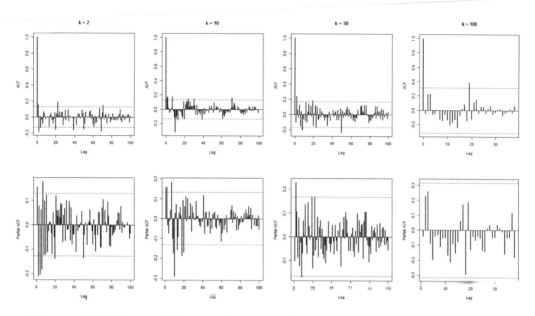

▲ **圖 8-17**：類似圖 8-14，估計 (8-37) 式，計算估計的殘差值序列之 ACF 與 PACF

我們再考慮另一種可以取代 White 穩健標準誤的估計。該穩健標準誤的估計可以稱為異質自我相關一致性（heteroskedasticity and autocorrelation consistent, HAC）估計式 [17]；換言之，White 的穩健標準誤係針對迴歸模型之誤差項可能存有異質的變異數，所得出具一致性特性的估計式，故可稱為 HC 標準誤，而 HAC 則除了針對異質的變異數外，另考慮誤差項序列有可能存在序列相關所得出的穩健的估計式。

類似圖 8-15，我們以 TSMC 與 TWI 的樣本資料估計 (8-37) 式，並計算 β_1 的檢定統計量，其估計結果繪於圖 8-18；值得注意的是，此時我們是使用前述所提及之估計式以計算所對應的標準誤。從圖 8-18 內可看出，不管是 TSMC 或是 TWI，我們發現多期持有報酬率對於通貨膨脹率的影響並沒有什麼顯著的反應，此可說明後者對於前者並沒有什麼影響力，要不然就是 (8-37) 式的設定依然有誤。我們嘗試再思索 (8-37) 式內的設定，到底還有哪裡出了問題？

於 (8-37) 式內，我們是計算 t 至 $t-k$ 期的報酬率與通貨膨脹率，因此若使用同時期的實際通貨膨脹率，不能確定二者的因果關係究竟為何（即究竟是報酬率影響通貨膨脹率，還是後者影響前者）；另一方面，若要找出誤差項與通貨膨脹率之間沒有關係，$t-k$ 期之前的通貨膨脹率倒是一個不錯的選擇標的，畢竟未來值無

---

17 可以參考 Zeileis, A. , (2004). "Econometric computing with HC and HAC covariance matrix estimators." Journal of Statistical Software, 11(10), 1–17.

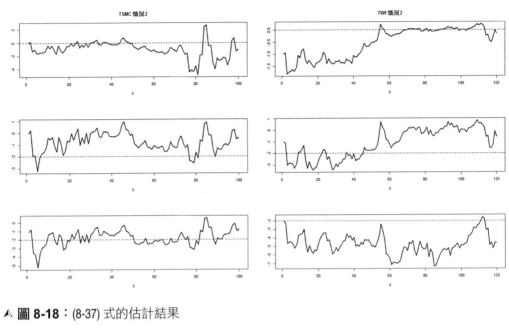

△ **圖 8-18**：(8-37) 式的估計結果

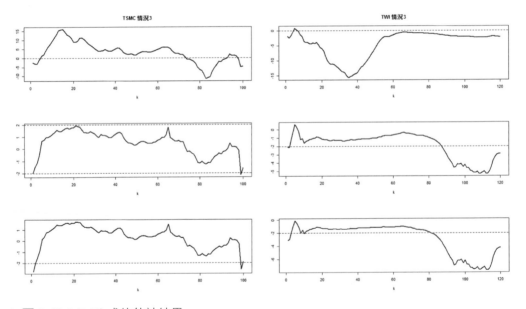

△ **圖 8-19**：(8-38) 式的估計結果

法影響過去值。因此，(8-37) 式可改成：

$$rk_t = \beta_0 + \beta_1 xk_{t-k-1} + \varepsilon_t \tag{8-38}$$

我們以 OLS 方法估計 (8-38) 式並使用 HAC 標準誤，其估計結果繪於圖 8-19。

　　從圖 8-19 可看出，就 TSMC 而言，雖說其多期報酬率對於通貨膨脹率的影響大多有正的反應，不過第一種 t 檢定統計量（即 $H_0: \beta_1 = 0$）卻皆顯示出無法拒絕虛無假設，此隱含著「校正」後之估計的標準誤仍然過高；反觀 TWI 的情況，圖內竟顯示出通貨膨脹率對 TWI 的多期報酬率反而有負的影響！因此，從上述的分析結果來看，費雪效果有可能是不存在的！（可參考 ch8-4.R）

習題

1. 就 TSMC 的報酬率而言，TWI 的報酬率不就是一個重要的解釋變數嗎？試就本節 TSMC 報酬率方程式內如 (8-37) 與 (8-38) 式，再加進對應的 TWI 報酬率解釋變數，其結果為何？

2. 就 (8-37) 式而言，試估計 $k = 50$ 以及 $k = 100$ 的結果。

3. 就 (8-38) 式而言，試估計 $k = 40$ 以及 $k = 80$ 的結果。

4. 將本節所使用的穩健的標準誤改成 Newey-West 之穩健的標準誤，其結果又為何？

本章習題

1. 依讀者所選的股票取代本章的 TSMC 股票，重做本章內有關 TSMC 的部分並加以解釋。

2. 利用讀者的股票以及本書的 TSMC 月收盤價資料，試檢視其報酬率時間序列資料是否存在季節性因子。

3. 續上題，利用日資料，檢視其報酬率時間序列是否可以 AR(1) 模型化？

4. 續上題，利用日資料，試繪圖檢視其報酬率時間序列之 ACF 及 PACF 後，讀者認為可以用何模型化，為什麼？

5. 如果要判斷星期效果或假期效應，於迴歸模型內我們應如何設計？因變數若改成波動率呢？可否解釋其差異？

6. 利用 1981/1 － 2014/7 期間的 CPI 樣本資料，計算（年）通貨膨脹率並檢視其是否存在季節性？

7. 試以 AR(2) 模型估計上題之通貨膨脹率序列，並解釋估計結果。

　　☞ 提示：infl1 = embed(infl,3)

　　　　　　ya = infl1[,1]

　　　　　　yb = infl1[,2]

```
        yc = infl1[,3]
```

AR(2) 模型可為：

$$y_t = \beta_0 + \beta_1 y_{t-1} + \beta_2 y_{t-2} + \varepsilon_t$$

其中參數 $\beta = \beta_1 + \beta_2$ 可稱持續性（persistent）參數，其值應小於 1（類似定態的 AR(1) 模型）。

8. 續上題，試檢視上述通貨膨脹率序列之 AR(2) 模型是否符合迴歸模型之假設？

9. 續上題，可否於 AR(2) 模型內加進其他的虛擬變數？其結果為何？

10. 假定我們有興趣想知道通貨膨脹率大於等於 2% 的機率，試著以 AR(1) 模型估計，則線性機率模型的估計結果為何？又如何解釋？

  ☞提示：ya

```
        index = ya >= 2
        yad = as.numeric(index)
        windows()
        plot(yb,yad,type="p",ylab=" 通貨膨脹率大於等於 2%",xlab="
        通貨膨脹率落後 1 期 ")
        modela = lm(yad~yb)
        abline(modela)
```

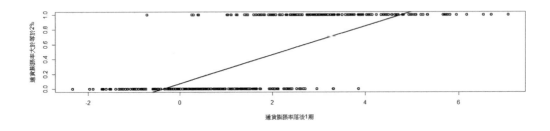

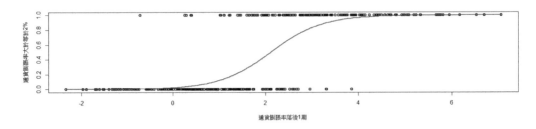

11. 續上題，若改為羅吉斯迴歸估計，其結果又為何？

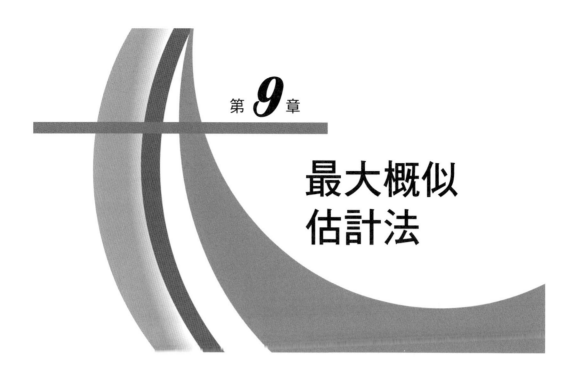

第**9**章

最大概似
估計法

於本章，我們將介紹一種（從觀察資料中得出）普遍用以估計（財金）模型參數值的方法，這個方法就稱為最大概似估計（MLE）法。MLE 方法可說是財金數量方法內最基本的估計方法，不管是使用樣本平均數或是欲估計機率分配內的參數值，抑或是迴歸分析內的最小平方法，皆是可以 MLE 方法估計或取代；或是說，本書之後若要估計某些模型內的未知參數，大概皆是使用 MLE 方法[1]。

為了要導出 MLE 的估計式，一個重要的前提是要使用隨機變數 y_t 的聯合機率密度函數（PDF）；換言之，使用 MLE 方法須滿足下列三個條件：

1. 隨機變數 y_t 的聯合 PDF 為已知。
2. 上述聯合 PDF 的各級動差為已知。
3. 參數值 θ（音 theta）的所有值皆可以於上述聯合 PDF 內評估。

於底下本章所舉的許多例子內，我們應可知道上述三個條件所隱含的意思。不過，還沒介紹 MLE 之前，我們先以直覺的方式，思考 MLE 的意義。假想有興趣想要知道，TSMC 日對數報酬率大於等於 −0.5% 的比率 p 為何？假想以 y 表示 TSMC 日對數報酬率大於等於 −0.5% 的次數，若 y 假定為二項式機率分配，則我

---

1 本章與下一章的部分內容係參考由 V. Martin, S. Hurn and D. Harris 所著之 *"Econometric Modelling with Time Series: Specification, Estimation and Testing"* (2012, Cambridge University Press) 一書，該書網站亦提供相當多的 Matlab、Gauss 以及 R 程式可供讀者參考。

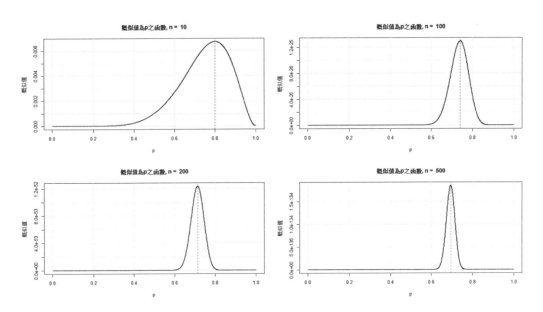

▲ **圖 9-1**：以 MLE 估計 TSMC 日對數報酬率大於等於 −0.5% 之比率

們如何估計母體比率 p ？利用 MLE 方法，的確可以得出較為有效的估計值。

　　首先，找出 TSMC 之日對數報酬率最後 10、100、200 與 500 個的資料（不重疊）（例如 2014/7/10 之前的 10 個日對數報酬率，其餘類推），然後繪出對應的概似函數（likelihood function），如圖 9-1 所示（底下會介紹什麼是概似函數）。所謂的 MLE 方法，就是於 (0, 1) 之間找出合適的 p，使得所對應的概似值最大，如圖 9-1 各圖內紅色虛線所示。故使用 MLE 方法的估計結果，隨樣本數變大，可知日對數報酬率大於等於 −0.5% 的比率約為 0.7。（可參考 ch9a.R）

　　上述利用實際的樣本觀察值資料，尋找最適的參數值，使得對應的概似函數值最大，可謂為 MLE 方法的精髓。不過，由於不易找到最適參數值，使得 MLE 方法無可避免地，須使用許多數值求解的方法，也就是後一因素，使得許多初學者「望 MLE 方法而卻步」；還好，目前許多統計套裝軟體已逐漸加進 MLE，就 R 而言，更是不惶多讓。因此，只要能掌握到 MLE 方法的精華，透過 R 的使用，應該很快地就能應用或使用 MLE 方法。

　　本章的內容可以分成四節。於第一節內，我們將從不同的角度介紹 MLE 方法，然後再分別討論，有關於 MLE 方法的特色。於財金的範疇內，t 分配的重要性或應用已逐漸受到重視，是故於第二節內，除了介紹 MLE 方法的架構外，我們將介紹如何於 R 內使用 MLE 方法，以估計不同型態的 t 分配的參數值。第三節，仍是財金上的應用，我們將檢視許多報酬率序列，是否可由 t 分配模型化；最後一節，則介紹如何使用 MLE 方法估計簡單的 GARCH 模型。

MLE

底下，我們開始介紹 MLE 方法。首先當然需要思考，為何要學 MLE 方法？我們不是已經學過如何計算平均數、變異數、偏態或是峰態係數；複雜的甚至學過複迴歸模型的最小平方法嗎？從另一個角度來看，若是實際的資料可以只利用上述方法，就可以得到想要的答案，本書早就應該結束了，早就出版了；可是，為何我們還沒結束？若仔細再回顧本書至此的內容，我們居然還介紹過或使用過不少的模型，讀者相信嗎？可惜的是，我們所處的經濟社會是複雜的，由複雜的經濟社會所產生的財金資料，當然也是複雜的；還好，研究或探究複雜的財金資料所使用複雜的財金模型，有某些共同點，就是這些複雜的財金模型之參數，很有可能就是使用 MLE 或與其有關的方法估計。因此，若我們擁有關於 MLE 方法的一些基本知識，反而會讓我們有更寬廣的思考空間。此大概是我們為何需另闢專章介紹或討論 MLE 方法的理由之一。

於本節我們將介紹五種模型，這些模型皆是之前有接觸過，或以實際的樣本資料估計過模型的未知數（參數）；雖說有用不少的數學模型，不過它們只是模型而已（其中並沒有什麼推導過程），不要忘記我們仍會以 R 當作輔助工具，複雜的數學模型只是用於取代過多的文字敘述而已。

1.1 五種模型

1.1.1 與時間無關模型

考慮下列模型：

$$y_t = \mu + \varepsilon_t \sim iid \, N(0, \sigma^2) \tag{9-1}$$

其中參數值 $\theta = \{\mu, \sigma^2\}$，$\varepsilon_t$ 為 t 期之誤差項，(9-1) 式內假定誤差項為獨立且有相同的（iid）常態分配；因此，透過誤差項的設定，可知 y_t 之 PDF 為：

$$f(y_t; \theta) = \frac{1}{\sqrt{2\pi\sigma^2}} \exp\left[-\frac{(y_t - \mu)^2}{2\sigma^2}\right], \, -\infty < y_t < \infty \tag{9-2}^2$$

---

2 於本章，$\exp(x) = e^x$。

或寫成 $y_t \sim N(\mu, \sigma^2)$。於 (9-1) 與 (9-2) 式內，可知 y_t 之平均數與變異數皆與時間無關，故其可稱為與時間無關的模型。由於與時間無關的觀念比較接近於「長期」（畢竟至長期，所有的短期波動皆會反轉回歸至應有的水準），故與時間無關的模型仍具有參考的價值。

之前我們曾嘗試使用 (9-1) 式模型化，例如 TSMC 日對數報酬率時間序列；不過，我們發現上述對數報酬率時間序列，比較傾向於用 t 分配模型化；換言之，若將 (9-1) 式的誤差項改成 $\varepsilon_t \sim iid\ t_v$，其中 v 表示對應之自由度，則 y_t 之 PDF 可改成：

$$f(y_t; \theta) = \left[\frac{\frac{\Gamma(v+1)}{2}}{(\pi v)^{\frac{1}{2}} \Gamma(\frac{v}{2})} \right] \left[1 + \left(\frac{y_t^2}{v} \right) \right]^{-\frac{(v+1)}{2}}, \quad -\infty < y_t < \infty \tag{9-3}$$

其中 $\Gamma(k)$ 是 gamma 函數，其可定義成：

$$\Gamma(k) = \int_0^\infty x^{k-1} \exp(-x) dx, \ k > 1 \tag{9-4}$$

讀者可回想，若 $v > 2$，則 t_v 分配的變異數為有限值，其可為 $2 / (v - 2)$。因此，若 $v \le 2$，因變異數無法定義，我們的確不知 t_v 分配的型態為何（或其值並不存在）！

若與第 4 章內的 (4-13) 式比較，可知 (9-3) 式是 t 分配經過「標準化後」的 PDF，值得注意的是，此處「標準化」是使用尺度參數 λ；換言之，若 y 屬於 t_v 分配，則

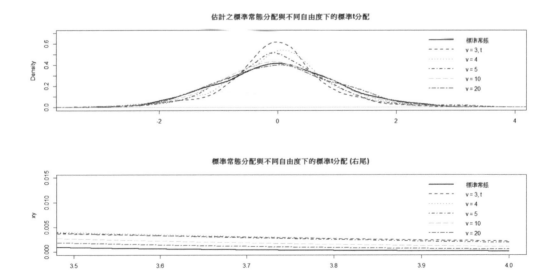

▲ **圖 9-2**：標準常態分配與不同自由度下的標準 t 分配之比較

$\mu + \lambda y$ 可寫成 $t_v(\mu, \lambda^2)$。若 $v > 2$，$t_v(\mu, \lambda^2)$ 可稱為平均數與變異數分別為 μ 與 $\lambda^2 v / (v-2)$ 之 t_v 分配。上述 t 分配的定義，可稱為古典 t 分配，由於容易產生混淆，故可將其轉成標準 t 分配。換言之，若 $v > 2$，定義標準 t 分配為 $t_v^{std}(\mu, \sigma^2) = t_v(\mu, \lambda^2 / (v-2))$，其中 μ 與 σ^2 分別表示 y 之平均數與變異數。

於 R 內，例如之前有使用過多次的 `dt`、`rt`、`qt` 以及 `pt` 指令，可對應於古典 t 分配（即寫成 t_v）；其次，我們也可以利用 fGarch 程式套件內的 `dstd`、`rstd`、`qstd` 以及 `pstd` 指令，表示標準 t 分配的基本指令。例如，圖 9-2 就是利用標準 t 分配的指令，所繪出的不同自由度下之標準 t 分配的 PDF；上圖是於不同自由度下抽取 1,000 個標準 t 分配之觀察值，然後再分別估計其 PDF，而下圖則再分別繪出其理論之 PDF 的右尾部，為了比較起見，於圖 9-2 內，亦繪出標準常態之 PDF。從圖中，可看出 t 分配具有「高峰、腰瘦且厚尾」的特性，讀者亦可嘗試放大左尾部的情況；可回想 t 分配亦屬於對稱的分配，尤其是當自由度為無窮大時，標準 t 分配等於標準常態分配。之前我們也曾繪出類似圖 9-1 的模擬圖，不過那時是使用古典 t 分配模擬，故若要與標準常態之 PDF 比較，首先須將所模擬出的觀察值標準化。因此，使用標準 t 分配來分析，的確比較方便；是故，底下有使用 t 分配，可以注意是使用何種型式的 t 分配。

故從上述的與時間無關模型內可知，若假想所觀察的序列分別為常態與（標準）t 分配，則使用 MLE 方法，其目的就是分別估計參數值 $\theta = \{\mu, \sigma^2\}$ 與 $\theta = \{\mu, \sigma^2, v\}$，使得於所估計的參數值條件下，能產生所觀察的序列可能性最大；不過，就二種分配而言，明顯地可以看出於常態分配的假定下，使用 MLE 方法相對上比較簡單，但於 t 分配的假定下，使用 MLE 方法相對上就困難多了。底下，我們可以看出二者於 MLE 方法下的差異。（可參考 ch9-1-1-1.R）。

習題

1. 於標準 t 分配內隨機抽出 100 個觀察值（自由度為 5）。

   ☞提示：
   ```
   library(fGarch)
   x = rstd(100,mean=0,sd=1,nu=5)
   windows()
   plot(x,type="p",lwd=2)
   ```

2. 續上題，至多 1% 與至少 99% 的 t 值為何？

   ☞提示：
   ```
   qstd(0.01,mean=0,sd=1,nu=5)
   qstd(0.99,mean=0,sd=1,nu=5)
   ```

3. 以平均數為 0.5、標準差為 2 與自由度為 8，重做題 1 與 2。

   ☞提示：x = rstd(100,mean=0.5,sd=2,nu=8)

4. 以古典 t 分配，於自由度為 5 下，計算至多 1% 與至少 99% 的 t 值為何？

   ☞提示：qt(0.01,5)

              qt(0.99,5)

5. 於平均數為 0.5、標準差為 2 與自由度為 8 的情況下，計算 –2 的累積機率。

   ☞提示：pstd(-2,mean=0.5,sd=2,nu=8)

6. 試比較題 2 與題 4 的差異，試解釋之。

1.1.2 線性迴歸模型

考慮下列的迴歸模型：

$$y_t = \beta_0 + \beta_1 x_t + \varepsilon_t, \, \varepsilon_t \sim iid \, N(0, \sigma^2) \tag{9-5}$$

其中 x_t 為解釋變數且其與誤差項 ε_t 無關。從 (9-5) 式可看出，y_t 之分配會受到 x_t 的影響，故其是以條件分配的型態呈現，即：

$$f(y_t \mid x_t; \theta) = \frac{1}{\sqrt{2\pi\sigma^2}} \exp\left[-\frac{(y_t - \beta_0 - \beta_1 x_t)^2}{2\sigma^2} \right], \, -\infty < y_t < \infty \tag{9-6}$$

或可寫成 $y_t \sim iid \, N(\beta_0 + \beta_1 x_t, \, \sigma^2)$，表示 y_t 之（條件）分配為常態且其條件平均數與變異數分別為 $\beta_0 + \beta_1 x_t$ 與 σ^2。值得注意的是，此時 y_t 之分配的位置（或平均數）受到 x_t 值的影響，也就是說，若 x_t 值有變動，y_t 之分配會按照 β_1 值的正負號，向右左移動；另一方面，由於 y_t 之變異數為固定值，故 y_t 分配的離散程度，於不同的 x_t 值下皆是相同的。當然，此時使用 MLE 的目的就是欲估計 $\theta = \{\beta_1, \beta_2, \sigma^2\}$。

我們可回想於此條件下，如 (9-6) 式，於大樣本的情況下，常態分配的假定是多餘的；或者說，我們為何不假定誤差項為標準 t 分配？（讀者以為呢？於小或有限樣本的情況下，常態分配的假定是必須的，否則我們如何能進一步使用 t、卡方或 F 分配；也就是說，後三種分配皆是與常態分配的假定有關）。

1.1.3 一階自我迴歸模型

就一階自我迴歸模型而言，可簡寫成 AR(1) 模型，其可為：

$$y_t = \rho y_{t-1} + \varepsilon_t, \, \varepsilon_t \sim iid \, N(0, \sigma^2) \tag{9-7}$$

其中 $|\rho| < 1$。類似 (9-6) 式，於 y_{t-1} 的條件下，y_t 的分配可寫成：

$$f(y_t \mid y_{t-1}; \theta) = \frac{1}{\sqrt{2\pi\sigma^2}} \exp\left[-\frac{(y_t - \rho y_{t-1})^2}{2\sigma^2} \right], \quad -\infty < y_t < \infty \tag{9-8}$$

或可寫為 $y_t \sim N(\rho y_{t-1}, \sigma^2)$，表示 y_t 的條件分配為常態分配，但其平均數與變異數分別為 ρy_{t-1} 與 σ^2。值得注意的是，此時 y_t 序列不再屬於 iid 過程；也就是說，若 $0 < \rho < 1$，則正的（負的）y_{t-1} 值愈大，會愈將 y_t 值推向愈正的（負的）範圍，使得 y_t 出現正值（負值）的機率愈大（讀者亦可試著解釋 ρ 值小於 0 的情況）。同樣地，此時使用 MLE 方法的目的就是欲估計 $\theta = \{\rho, \sigma^2\}$。

我們也可以將 (9-8) 式擴充至更一般的情況。假定 (9-8) 式的變異數為異質，則 (9-8) 式可改成：

$$f(y_t \mid y_{t-1}, \theta) = \frac{1}{\sqrt{2\pi\sigma_t^2}} \exp\left[-\frac{(y_t - \rho y_{t-1})^2}{2\sigma_t^2} \right], \quad -\infty < y_t < \infty \tag{9-9}$$

其中

$$\sigma_t^2 = \alpha_0 + \alpha_1 w_t \tag{9-10}$$

w_t 表示可以解釋異質變異數的變數。因此，結合 (9-7)、(9-9) 與 (9-10) 式可稱為異質變異的 AR(1) 模型，而使用 MLE 方法就是欲估計 $\theta = \{\rho, \alpha_0, \alpha_1\}$。

1.1.4 條件異質變異的自我迴歸模型

條件異質變異的自我迴歸（autoregressive conditional heteroskedasticity, ARCH）模型，是上述異質變異的自我迴歸模型的一個特例，我們可以寫成[3]：

$$y_t = \beta_1 x_t + u_t \tag{9-11a}$$

$$u_t = \sigma_t z_t \tag{9-11b}$$

$$\sigma_t^2 = \alpha_0 + \alpha_1 u_{t-1}^2 \tag{9-11c}$$

$$z_t \sim iid\, N(0, 1) \tag{9-11d}$$

上述 ARCH 模型的設定，是將 (9-5) 式內的誤差項，拆成條件標準差（即 σ_t）與標準常態分配隨機變數（即 z_t）的乘積；另一方面，亦以前一期的誤差項平方取代 (9-10) 式內的 w_t，透過 (9-11) 式，我們可以發現 y_t 的條件分配不僅受到 x_t 同時也受到 y_{t-1}

3　於 (9-11a) 式內，我們並沒有考慮常數項，即假定 $\beta_0 = 0$。

與 x_{t-1} 的影響，亦即 y_t 的條件分配可以寫成：

$$f(y_t \mid y_{t-1}, x_t, x_{t-1}; \theta) = \frac{1}{\sqrt{2\pi(\alpha_0 + \alpha_1(y_{t-1} - \beta_1 x_{t-1})^2)}} \exp\left[\frac{(y_t - \beta_1 x_t)^2}{2(\alpha_0 + \alpha_1(y_{t-1} - \beta_1 x_{t-1})^2)}\right] \quad (9\text{-}12)$$

其中 $\theta = \{\beta_1, \alpha_0, \alpha_1\}$。於上述 ARCH 模型內，不管是正的衝擊或是負的衝擊（即正面消息或是負面消息的衝擊），這些外力衝擊，皆可以由 u_t 表示，從 (9-11b) 與 (9-11c) 式可看出，若 $\alpha_1 > 1$，其會擴大至影響到下一期的變異數且其餘波仍會影響至未來期的變異數，故此處的變異數，稱為條件變異數！

1.1.5 多元概率比以及羅吉斯模型

考慮下列線性機率模型：

$$y = \beta_0 + \beta_1 x + \varepsilon, \; \varepsilon \sim iid \; N(0, \sigma^2) \quad (9\text{-}13)$$

其中 y 是一個二元變數，即：

$$p = P(y = 1 \mid x) = \beta_0 + \beta_1 x \quad (9\text{-}14)$$

可回想於線性機率模型下，迴歸之預期值為 $y = 1$ 出現的機率，而於 (9-14) 式內，稱此機率為 p。如前所述，線性機率模型未必合理，其理由有：

- 非常態：因 y 值不是 0 就是 1，故誤差項亦為二元變數，即當 $y = 1$ 時，其出現的機率為 p，故 $\varepsilon = 1 - E[y] = 1 - (\beta_0 + \beta_1 x) = 1 - p$；同理可證，若 $y = 0$，$\varepsilon = 0 - E[y] = 0 - (\beta_0 + \beta_1 x) = -p$。明顯地，誤差項 ε 應不為常態分配。

- 非線性：我們已經於第 7 章見識到線性設定的不恰當，此尤其表現於若 x 值的範圍過大時，線性機率模型會估計出機率 p 值超過 [0,1] 的範圍，為了修正此一缺點，非線性模型是一個可被考慮的選項。

為了要讓估計的機率 p 值介於 0 與 1 之間，我們需要一種正的（即非遞減）轉換，將線性迴歸之估計值 $\beta_0 + \beta_1 x$ 轉至 [0,1]，任何機率分配之 CDF 剛好可以滿足此種要求；換言之，若 $P(\cdot)$ 表示某一機率分配之 CDF，其可寫成：

$$P^{-1}(p) = \beta_0 + \beta_1 x$$

其中 $P^{-1}(\cdot)$ 為 CDF 之逆（inverse）函數（即分位數函數）。讀者可以回想多元概率比與羅吉斯迴歸模型就是分別視 $P(\cdot)$ 為標準常態分配之 CDF 與羅吉斯分配

函數,即 $\Phi(z)$ 與 $\Omega(z)$,其函數型態可分別為:

$$\Phi(z) = \frac{1}{\sqrt{2\pi}} \int_{-\infty}^{z} e^{-\frac{1}{2}z^2} dz$$

與

$$\Omega(z) = \frac{1}{1+e^{-z}}$$

故多元概率比迴歸模型之估計值可寫為:

$$p = \Phi(\beta_0 + \beta_1 x) \tag{9-15}$$

而羅吉斯迴歸模型之估計值可寫成:

$$p = \Omega(\beta_0 + \beta_1 x) \tag{9-16}$$

當然,(9-15) 與 (9-16) 式之迴歸模型為 (9-13) 式。

1.2 聯合機率分配

前一節所介紹的五種模型,若將其應用於時間序列資料上,則我們可以看出上述五種模型,大致在強調當期因變數 y_t 與其落後期 y_{t-k} $(k \geq 1)$ 或解釋變數 x_t 之間的分配。就財金變數而言,即使是解釋變數 x_t,因我們無法於實驗室內操控其變動的情況,故 y_t 與 x_t 皆應視為隨機變數(即使是我們抽出的樣本資料,若未觀察其結果,我們仍不知其為何);換言之,目前我們所使用的迴歸模型,就機率分配而言,應皆屬於條件機率分配。另一方面,由於 MLE 方法的使用是需要利用到所有 $t = 1, 2, \cdots$, T 期的資訊,因此若 y_t 與 x_t 皆為隨機變數,則有 T 期樣本資料的聯合 PDF 可為:

$$f(y_1, y_2, \cdots, y_T, x_1, x_2, \cdots, x_T; \varphi) \tag{9-17}$$

其中 φ(音 phi)表示一個參數向量。

　　直覺而言,(9-17) 式究竟表示什麼意思?假想 y_t 與 x_t 分別表示某檔股票的收盤價與股利,若我們分別有 T 期的樣本資料,我們當然會思考這些樣本資料究竟從何而來?若我們尚未觀察這些樣本觀察值的特徵時,我們當然會猜想其究竟為何?若以此角度思考,不是表示股票的收盤價與股利同時存在一種聯合的機率分配嗎?從事後來看,就是一堆可供觀察的實現值;但是,若是從事前的角度來看呢?冥冥之中，好像存在某種聯合的 PDF 能產生這些樣本資料來，那其型態為何？就是 (9-17) 式。

如前所述，y_t 與 x_t 之間的關係為條件機率（即收盤價會受到股利的影響），故 (9-17) 式可改寫成：

$$f(y_1, y_2, ..., y_T, x_1, x_2, ..., x_T; \varphi) = f(y_1, ..., y_T \mid x_1, ..., x_T; \varphi) \times f(x_1, ..., x_T; \varphi) \qquad (9\text{-}18)^4$$

其中 (9-18) 式內，右式第一、二項分別表示條件與邊際機率分配。若假定參數向量 φ 可依序拆成 θ 與 θ_x 二部分，則 (9-18) 式可改寫成：

$$f(y_1, y_2, ..., y_T, x_1, x_2, ..., x_T; \varphi) = f(y_1, ..., y_T \mid x_1, ..., x_T; \theta) \times f(x_1, ..., x_T; \theta_x) \qquad (9\text{-}19)$$

直覺而言，若觀察 (9-19) 式，可發現邊際機率分配似乎是多餘的；或者說，我們有興趣的是條件機率分配內的參數向量 θ 之估計，至於邊際機率分配的參數值，則不是我們所關心的，按照 (9-19) 式，應不致於會損失任何有用的資訊。一般使用 MLE 就是欲估計條件機率分配內的參數向量 θ。底下，我們介紹條件機率分配的若干型態。

1.2.1 y_t 屬於 *iid* 型態

這是最簡易的情況，也就是說 y_t 序列與 x_t 序列相互獨立，而 y_t 屬於 *iid* 且其密度函數為 $f(y_t; \theta)$。故於此情況下，(9-19) 式內的條件機率分配可為：

$$f(y_1, y_2, \cdots, y_T \mid x_1, x_2, \cdots, x_T; \theta) = \prod_{t=1}^{T} f(y_t; \theta) \qquad (9\text{-}20)$$

其中 $\prod_{t=1}^{T} x_t = x_1 \times x_2 \times \cdots \times x_T$ 為連續相乘（連乘）的表示方式[5]。之前曾提及的與時間無關模型或圖 9-1 的例子，皆是屬於此類。

至於線性迴歸模型如 (9-5) 式，若 y_t 與 x_t 序列同為 *iid*，因 y_t 受到 x_t 的影響，故 (9-19) 式內的條件機率分配亦可寫為：

$$f(y_1, y_2, \cdots, y_T \mid x_1, x_2, \cdots, x_T; \theta) = \prod_{t=1}^{T} f(y_t \mid x_t; \theta) \qquad (9\text{-}21)$$

4　類似 $P(A \cap B) = P(A \mid B)P(B)$。

5　我們可回想二事件互相獨立的聯合機率為單一事件機率相乘，同理，若 $f(x, y) = f(x)f(y)$ 表示二邊際機率分配互相獨立。

1.2.2 y_t 為相依序列

現在我們考慮 y_t 序列會受到其落後期的影響，不過其仍與 x_t 序列相互獨立的情況。此時聯合 PDF 可為一系列 y_t 之條件分配之連乘，其中條件變數為 y_t 之落後期。假想，我們只有 3 個 y_t 的觀察值，則其聯合 PDF 可寫成：

$$f(y_1; \theta) = f(y_1; \theta)$$
$$f(y_1, y_2; \theta) = f(y_2 \mid y_1; \theta) f(y_1; \theta)$$
$$f(y_1, y_2, y_3; \theta) = f(y_3 \mid y_2, y_1; \theta) f(y_2 \mid y_1; \theta) f(y_1; \theta)$$

因此若將 y_t 的觀察值擴充至有 T 個觀察值，則其聯合 PDF 可寫成：

$$f(y_1, \cdots, y_T; \theta) = f(y_1; \theta) \prod_{t=?}^{T} f(y_t \mid y_{t-1}, y_{t-2}, \cdots, y_1; \theta) \tag{9-22}$$

屬於此類的模型有 AR 與 ARCH 模型。當然，若 (9-22) 式再加進解釋變數 x_t（條件變數），就是異質變異 AR 模型。

以 (9-7) 式的 AR(1) 模型為例，(9-7) 式的 y_t 的變異數可為：

$$Var(y_t) = Var(\rho y_{t-1}) + Var(\varepsilon_t) = \rho^2 Var(y_{t-1}) + \sigma^2$$
$$\Rightarrow Var(y_t) = Var(y_{t-1}) = \frac{\sigma^2}{1 - \rho^2}$$

可回想 AR(1) 模型若屬於定態序列，則不同期 y_t 的變異數是相等的；故按照 (9-22) 式，AR(1) 模型之聯合 PDF 為：

$$f(y_1, \cdots, y_T; \theta) = f(y_1; \theta) \prod_{t=2}^{T} f(y_t \mid y_{t-1}; \theta)$$

其中條件與邊際分配分別為：

$$f(y_t \mid y_{t-1}; \theta) = \frac{1}{\sqrt{2\pi\sigma^2}} \exp\left[-\frac{(y_t - \rho y_{t-1})^2}{2\sigma^2} \right]$$

與

$$f(y_1; \theta) = \frac{1}{\sqrt{2\pi\sigma^2 / (1 - \rho^2)}} \exp\left[-\frac{y_1^2}{2\sigma^2 / (1 - \rho^2)} \right]$$

其中 $y_0 = 0$ 與 $\theta = (\rho, \sigma^2)$。

第二節 MLE 的架構

如果我們抽出一組時間序列樣本資料，我們可以猜想此組資料是某個聯合 PDF 的實現值；一旦確定聯合 PDF 後，我們就可以利用 MLE 方法估計聯合 PDF 的參數值。不過，於尚未使用 MLE 方法之前，我們仍舊需先知道 MLE 方法的架構。

2.1 對數概似函數

一般我們要如何解釋例如 (9-20) － (9-22) 式之聯合 PDF ？通常是解釋成，於某個既定的參數 θ 下，f 是 y_t 的函數；也就是說，若知道參數 θ 值，則透過 f 的函數關係就可以產生 y_t 出來。因此，就聯合 PDF 而言，其視 y_t 為隨機變數，我們抽取 y_t 的樣本觀察值資料，這些樣本觀察值資料，事實上就是 y_t 的實現值。然而就 MLE 方法而言，其目的就是要估計參數 θ 值，現在看到 y_t 的樣本資料（實現值），我們不是會反問，究竟是哪個參數 θ 值「最有可能」產生這些樣本資料；因此，於 MLE 方法的「眼中」，是把參數 θ 值看成隨機變數，而視聯合 PDF 為概似函數，「找出能產生最大概似值的參數 θ 值出來」，最大概似估計法的名稱就是由此而來。

由於聯合 PDF（現在可稱為概似函數）大多以「連乘」的型態呈現，故將其改為對數概似函數的型式，於數學上反而比較容易處理[6]；換言之，於 (9-22) 式內若再加進解釋變數 x_t（異質變異 AR 模型），則對數概似函數可定義成：

$$\log L_T(\theta) = \log f(y_1 \mid x_1; \theta) + \sum_{t=2}^{T} \log f(y_t \mid y_{t-1}, \cdots, y_1, x_t, \cdots, x_1; \theta) \tag{9-23}$$

或為

$$\log L_T(\theta) = \frac{1}{T} \log f(y_1 \mid x_1; \theta) + \frac{1}{T} \sum_{t=2}^{T} \log f(y_t \mid y_{t-1}, \cdots, y_1, x_t, \cdots, x_1; \theta) \tag{9-23a}$$

(9-23) 與 (9-23a) 式的差別是，(9-23) 式是將對數概似函數以「總量」的方式，而 (9-23a) 式則以「平均數」的型式表示；換言之，對數概似函數亦可稱為「平均」對數概似函數，有些時候使用平均對數概似函數，反而比較方便。同理，若 y_t 序列屬於 iid，則如 (9-20) 式，其對數概似函數亦可為：

$$\log L_T(\theta) = \sum_{t=1}^{T} \log f(y_t; \theta) \text{ 或 } \log L_T(\theta) = \frac{1}{T} \sum_{t=1}^{T} \log f(y_t; \theta)$$

6　例如 $y = \log(x)$，y 與 x 之間呈單調遞增（monotonic increasing）轉換（即 1 對 1 關係）；也就是說，極大化 x 並不會因將 x 以對數的型式而改變其極大化的條件與結果。

底下，我們舉一個簡單的例子，說明 MLE 方法的意義。假定 y_t 序列是從一個 *iid* 常態分配抽出的觀察值，即：

$$f(y_t; \theta) = \frac{1}{\sqrt{2\pi\sigma^2}} \exp\left[-\frac{(y_t - \mu)^2}{2\sigma^2}\right]$$

其中未知參數為 $\theta = \{\mu, \sigma^2\}$。此時，對數概似函數可為：

$$\begin{aligned}
\log L_T(\theta) &= \frac{1}{T}\sum_{t=1}^{T} \log f(y_t; \theta) \\
&= \frac{1}{T}\sum_{t=1}^{T}\left(-\frac{1}{2}\log 2\pi - \frac{1}{2}\log\sigma^2 - \frac{(y_t-\mu)^2}{2\sigma^2}\right) \\
&= -\frac{1}{2}\log 2\pi - \frac{1}{2}\log\sigma^2 - \frac{1}{2\sigma^2 T}\sum_{t=1}^{T}(y_t-\mu)^2
\end{aligned} \tag{9-24}$$

若要計算出最大概似值，如 (9-24) 式，我們可以藉由微積分內計算極值的技巧，並且利用 2.2 節內介紹的梯度（gradient）與黑森（Hessian）矩陣的觀念。

習題

1. 試寫出二項式分配之對數概似函數。

   ☞ **提示：**

   假想我們共有 T 個觀察值，即 $y_t(i = 1, \cdots, T)$。每個觀察值 y_t 是由二項式分配所產生，其值不是 1 就是 0（成功或是不成功），若其中有 x 個 1，則有 $T - x$ 個 0。令 p 表示出現 1 的機率，則 T 個觀察值的聯合機率為：

   $$p^x(1 - p)^{T-x}$$

   故其對數概似函數為：

   $$\log L_T(p) = x\log(p) + (T - x)\log(1 - p)$$

2. 續題 1，若 $T = 20$ 與 $x = 13$，試繪出其對數概似函數。

3. 續題 2，其實若注意看 (9-24) 式，所謂的對數概似函數，事實上，就是 PDF 取對數後之加總或計算對數 PDF 的平均數，試分別繪出其對應的概似函數，並比較三者的差異，此差異是表現於何處？

4. 解釋概似函數是何意思？其與 PDF 有何不同？

5. 若我們要繪出卜瓦松分配之對數概似函數，我們需要什麼資訊？

6. 於自由度等於 7 的條件下，我們如何繪出 t 分配的概似函數？

2.2 梯度與黑森矩陣

若目標函數，如 $\log L_T(\theta)$ 對 $K \times 1$（讀成 K by1）的參數向量 θ 微分，則可產生一個 $K \times 1$ 的梯度向量或稱為記分（score），其可寫成[7]：

$$G_T(\theta) = \frac{\partial \log L_T(\theta)}{\partial \theta} = \begin{bmatrix} \dfrac{\partial \log L_T(\theta)}{\partial \theta_1} \\ \dfrac{\partial \log L_T(\theta)}{\partial \theta_2} \\ \vdots \\ \dfrac{\partial \log L_T(\theta)}{\partial \theta_K} \end{bmatrix} \tag{9-25}$$

利用 (9-25) 式，我們可以求得 MLE 方法的第一階（the first order）條件為：

$$G_T(\hat{\theta}) = \frac{\partial \log L_T(\theta)}{\partial \theta}\bigg|_{\theta = \hat{\theta}} = 0 \tag{9-26}$$

(9-26) 式的意思相當於 $\theta = \hat{\theta}$ 下，令 $G_T(\hat{\theta})$ 內的元素皆為 0；換言之，於 (9-26) 式內，共有 K 條方程式可求解 K 個未知參數。$\hat{\theta}$ 就可稱為 MLE 方法的估計式。

以 (9-24) 式為例，其梯度向量可為：

$$G_T(\theta) = \begin{bmatrix} \dfrac{\partial \log L_T(\theta)}{\partial \mu} \\ \dfrac{\partial \log L_T(\theta)}{\partial \sigma^2} \end{bmatrix} = \begin{bmatrix} \dfrac{1}{\sigma^2 T}\sum_{t=1}^{T}(y_t - \mu) \\ -\dfrac{1}{2\sigma^2} + \dfrac{1}{2\sigma^4 T}\sum_{t=1}^{T}(y_t - \mu)^2 \end{bmatrix} \tag{9-27}$$

可記得 $\theta = \{\mu, \sigma^2\}$。因此，MLE 方法的第一階條件為 $G_T(\hat{\theta}) = 0$，可得[8]：

$$G_T(\hat{\theta}) = \begin{bmatrix} \dfrac{1}{\hat{\sigma}^2 T}\sum_{t=1}^{T}(y_t - \hat{\mu}) \\ -\dfrac{1}{2\hat{\sigma}^2} + \dfrac{1}{2\hat{\sigma}^4 T}\sum_{t=1}^{T}(y_t - \hat{\mu})^2 \end{bmatrix} = \begin{bmatrix} 0 \\ 0 \end{bmatrix}$$

求解上式，可得 MLE 方法的估計式分別為：

7　值得注意的是 $\log L_T(\theta)$ 可視為一個 1×1 之向量（或矩陣），且 θ 為一個 $K \times 1$ 向量，現在對 θ 微分，故其結果亦為一個 $K \times 1$ 向量；同理，若 θ 為一個 $1 \times K$ 向量，則 $\log L_T(\theta)$ 對 θ 微分亦為一個 $1 \times K$ 向量。因此，可以注意底下的黑森矩陣為一個 $K \times K$ 矩陣（即二次微分）。若 θ 為一個 $K \times 1$ 向量，則 θ' 為一個 $1 \times K$ 向量，表示 θ' 為 θ 之轉置向量（矩陣）。

8　本書所提到的自然對數是以 log 表示；是故，若 $y = \log x \Rightarrow \dfrac{dy}{dx} = \dfrac{1}{x}$。

$$\hat{\mu} = \frac{1}{T}\sum_{t=1}^{T} y_t = \overline{y} \ 與 \ \hat{\sigma}^2 = \frac{1}{T}\sum_{t=1}^{T}(y_t - \overline{y})^2$$

因此，從上述求解可知，若假定 y_t 序列屬於平均數與變異數分別為 μ 與 σ^2 之 *iid* 常態分配，則樣本平均數 $\overline{y}$ 就是母體平均數 μ 的 MLE 方法的估計式！其次，我們已知道樣本變異數 s^2 為母體變異數 σ^2 的不偏估計式，若比較 s^2 與 MLE 方法的估計式 $\hat{\sigma}^2$ 二個估計式的差異：

$$s^2 = \frac{1}{T-1}\sum_{t=1}^{T}(y_t - \overline{y})^2 \ 與 \ \hat{\sigma}^2 = \frac{1}{T}\sum_{t=1}^{T}(y_t - \overline{y})^2$$

其中 T 為樣本數。從上二式可知二者的差異取決於自由度的不同：前者以 $T - 1$，而後者則是 T。[9] 不過，於大樣本的情況下，上述二個自由度的差異應會微乎其微，故可知 MLE 方法的估計式具有一致性的性質！

底下，我們以 TSMC 日對數報酬率（1994/9/5 − 2014/7/10）為例，說明 MLE 方法的應用。若我們假定 TSMC 日對數報酬率服從常態分配，使用 MLE 分別估計出母體平均數與變異數的估計值約為 0.0798% 與 5.2064%。我們先固定母體變異數為 5.2064%，然後再以不同的母體平均數分別代入 (9-24) 式，其概似函數繪於圖 9-3 之上圖；圖上之黑點正可對應至母體平均數之 MLE 方法的估計值，可看出黑點恰位於最大概似值上。同樣地，下圖繪出固定母體平均數為 0.0798% 下，得到圖上的黑點可對應於母體變異數之 MLE 方法的估計值，不過從圖內可看出黑點未必就是表示最大概似值。

圖 9-3 之下圖，於固定母體平均數為某個數值下（即使固定於 MLE 方法的估計值上），任意變動母體變異數，從圖內可看出，概似函數是母體變異數的遞增函數，表示未必可以找到「最適」的母體變異數；我們也可以換個角度來看，若同時變動母體平均數與變異數，此時概似函數可以繪製成如圖 9-4 所示。於圖 9-4 可看出，若同時變動母體平均數與變異數，此時概似函數的形狀類似「有造型的涼亭」，而此「涼亭」的「中央部分」較高，表示於「中央部分」會出現概似值最大，此時對應到的母體平均數與變異數恰為 MLE 方法的估計值；換言之，若將母體平均數與變異數的 MLE 方法的估計值代入 (9-24) 式，可估得（對數）最大概似值約為 −11,472.95。

上述利用梯度為 0 的觀念，所求出的 MLE 方法的估計式，只可視為於極大化過程內的第一階條件，或說該條件只是極大化過程的必要條件；也就是說，若是極

9　讀者可以回想，樣本變異數的分子部分，我們稱為自由度。

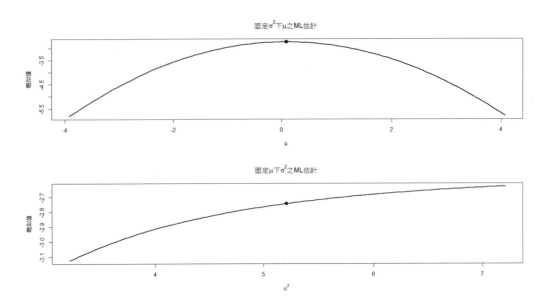

▲ 圖 9-3：TSMC 日對數報酬率母體平均數與變異數之 MLE 方法的估計（部分）

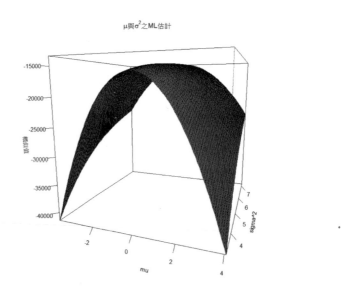

▲ 圖 9-4：TSMC 日對數報酬率母體平均數與變異數之 MLE 方法的估計（全部）

小化，其第一階條件，就是梯度等於 0。因此，若要知道 MLE 方法的估計式是否能極大化（對數）最大概似值，我們就要使用黑森矩陣的觀念，利用後者所得到的條件，可稱為極大化過程內的第二階條件或稱為充分條件。

就極大化最大概似函數而言，我們可以定義一個黑森矩陣為：

$$H_T(\theta) = \frac{\partial \log L_T(\theta)}{\partial \theta \partial \theta'} \tag{9-28}$$

而於 $\hat\theta$ 下，上述黑森矩陣為負定（negative definite）；也就是說，若 θ 仍為 $K \times 1$ 向量，則按照 (9-28) 式，黑森矩陣為一個 $K \times K$ 對稱矩陣，其可為：

$$H_T(\theta) = \frac{\partial^2 \log L_T(\theta)}{\partial \theta \partial \theta'} = \begin{bmatrix} \dfrac{\partial^2 \log L_T(\theta)}{\partial \theta_1 \partial \theta_1} & \dfrac{\partial^2 \log L_T(\theta)}{\partial \theta_1 \partial \theta_2} & \cdots & \dfrac{\partial^2 \log L_T(\theta)}{\partial \theta_1 \partial \theta_K} \\ \dfrac{\partial^2 \log L_T(\theta)}{\partial \theta_2 \partial \theta_1} & \dfrac{\partial^2 \log L_T(\theta)}{\partial \theta_2 \partial \theta_2} & \cdots & \dfrac{\partial^2 \log L_T(\theta)}{\partial \theta_2 \partial \theta_K} \\ \vdots & \vdots & \vdots & \vdots \\ \dfrac{\partial^2 \log L_T(\theta)}{\partial \theta_K \partial \theta_1} & \dfrac{\partial^2 \log L_T(\theta)}{\partial \theta_K \partial \theta_2} & \cdots & \dfrac{\partial^2 \log L_T(\theta)}{\partial \theta_K \partial \theta_K} \end{bmatrix}$$

因此，極大化之第二階條件為：

$$H_T(\theta) = \left. \frac{\partial^2 \log L_T(\theta)}{\partial \theta \partial \theta'} \right|_{\theta = \hat\theta} \tag{9-29}$$

黑森矩陣為負定 [10]。矩陣為負定的條件為：

$$|H_{11}| < 0, \quad \begin{vmatrix} H_{11} & H_{12} \\ H_{21} & H_{22} \end{vmatrix} > 0, \quad \begin{vmatrix} H_{11} & H_{12} & H_{13} \\ H_{21} & H_{22} & H_{23} \\ H_{31} & H_{32} & H_{33} \end{vmatrix} < 0, \cdots$$

其中 $H_{i,j}$ 為 $H_T(\hat\theta)$ 內之第 ij 個元素。

　　若仍就 y_t 序列為 iid 常態分配的例子，利用 (9-27) 式可得：

$$\frac{\partial^2 \log L_T(\theta)}{\partial \mu^2} = -\frac{1}{\sigma^2}, \quad \frac{\partial^2 \log L_T(\theta)}{\partial \mu \partial \sigma^2} = -\frac{1}{\sigma^4 T} \sum_{t=1}^{T} (y_t - \mu),$$

$$\frac{\partial^2 \log L_T(\theta)}{\partial (\sigma^2)^2} = \frac{1}{2\sigma^4} - \frac{1}{\sigma^6 T} \sum_{t=1}^{T} (y_t - \mu)^2$$

故黑森矩陣為：

$$H_T(\theta) = \begin{bmatrix} -\dfrac{1}{\sigma^2} & -\dfrac{1}{\sigma^4 T} \sum_{t=1}^{T} (y_t - \mu) \\ -\dfrac{1}{\sigma^4 T} \sum_{t=1}^{T} (y_t - \mu) & \dfrac{1}{2\sigma^4} - \dfrac{1}{\sigma^6 T} \sum_{t=1}^{T} (y_t - \mu)^2 \end{bmatrix}$$

因 μ 與 σ^2 之 MLE 估計式分別為 $\hat\mu = \bar{y}$ 與 $\hat\sigma^2$，且 $\sum_{t=1}^{T} (y_t - \bar{y}) = 0$，故將 MLE 的估計式，代入上式可得：

10　可記得 $\max f(x)$ 之第一階與第二階條件，分別為 $f'(x) = 0$ 與 $f''(x) < 0$。若以單一數值表示，上述極大化之第二階條件，類似此處之黑森矩陣為負定。

$$H_T(\hat{\theta}) = \begin{bmatrix} -\dfrac{1}{\hat{\sigma}^2} & 0 \\ 0 & -\dfrac{1}{2\hat{\sigma}^4} \end{bmatrix} \tag{9-30}$$

因此，若按照上述負定矩陣的條件，可為（此處 $K = 2$）：

$$H_{11} = -\frac{1}{\hat{\sigma}^2} < 0, \quad H_{11}H_{22} - H_{12}H_{21} = \frac{-1}{\hat{\sigma}^2}\frac{-1}{2\hat{\sigma}^4} > 0 \text{ }^{11}$$

是故，若回到 TSMC 日報酬率的例子，可得 MLE 估計之黑森矩陣為（以平均數表示）：

$$H_T(\hat{\theta}) \approx \begin{bmatrix} -0.1921 & 0 \\ 0 & -0.384 \end{bmatrix}$$

（可參考 ch9-2-2.R）

習題

1. 試導出於 MLE 方法下，簡單迴歸模型之對數概似函數。

   ☞ **提示：**

   如前所述，簡單迴歸模型可用向量或矩陣表示，其分別可為：

   $$y_t = x_t'\beta + \varepsilon_t$$

   其中 $x_t = [1 \quad x_{1t}]'$ 而 $\beta = [\beta_0 \quad \beta_1]'$；因此，若有 T 個觀察值，則「合併列」可得：

   $$y = X\beta + \varepsilon$$

   其中 y、X、β 與 ε 依序分別為 $T \times 1$、$T \times 2$、2×1 與 $T \times 1$ 向量或矩陣。若誤差項 ε_t 假定為常態分配，即：

   $$N(\varepsilon_t; 0, \sigma^2) = \frac{1}{\sqrt{2\pi\sigma^2}} e^{-\left\{\frac{1}{2\sigma^2}\left(y_t - x_t'\beta\right)^2\right\}}$$

   是故，於 T 個觀察值的情況下，概似函數可寫成：

   $$L_T(\theta) = \prod_{t=1}^{T} N(y_t; x_t'\beta, \sigma^2) = \left(2\pi\sigma^2\right)^{-T/2} e^{-\left\{\frac{1}{2\sigma^2}(y - X\beta)'(y - X\beta)\right\}}$$

---

11 提醒讀者注意，判斷矩陣是否為負定的條件是以行列式表示，而非以絕對值表示。

因此，對數概似函數可寫成：

$$\log L_T(\theta) = -\frac{T}{2}\log(2\pi) - \frac{T}{2}\log(\sigma^2) - \frac{1}{2\sigma^2}\left(y'y - 2\beta'X'y + \beta'X'X\beta\right)$$

2. 續上題，其梯度與黑森矩陣為何？

☞提示：

$$\log L_T(\theta) = -\frac{T}{2}\log(2\pi) - \frac{T}{2}\log(\sigma^2) - \frac{1}{2\sigma^2}\left(y'y - 2\beta'X'y + \beta'X'X\beta\right)$$

3. 續上題，OLS 與 MLE 的估計式差異為何？
4. 利用 2.1 節的習題 1，試計算對數概似函數，對 p 之第一階及第二階微分。
5. 續上題，p 之 MLE 估計式為何？

(2.3) MLE 的特徵

若滿足某些條件（此條件可稱為「正則條件（regularity condition）」），於大樣本下，前述 MLE 方法的估計式，擁有一些重要的統計特徵：一致性、有效性與常態分配的性質等。許多統計學上的（樣本）估計式，皆可以利用 MLE 方法求得，例如之前所介紹的最小平方法之估計式，可視為其中之一。

2.3.1 正則條件

本小節將建立一些條件（假定），稱為正則條件，其目的在於推導出 MLE 方法估計式的特徵。換言之，假想真實的母體參數為 θ_0，其 PDF 為 $f(y, \theta)$，若屬於「設定正確（即無誤設）」，則於 iid 的條件下，正則條件可為：

R1：存在性（existence）

即下列期望值的確存在：

$$E\left[\log f(y_t; \theta)\right] = \int_{-\infty}^{\infty} \log f(y_t; \theta) f(y_t; \theta_0) dy_t \qquad (9\text{-}31)$$

R2：收斂性（convergence）

對數概似函數會收斂至其對應的期望值，即：

$$\log L_T(\theta) = \frac{1}{T}\sum_{t=1}^{T} \log f(y_t; \theta) \rightarrow E\left[\log f(y_t; \theta)\right] \qquad (9\text{-}32)$$

R3：連續性（continuity）

即對數概似函數是參數 θ 的連續函數。

R4：可微分性（differentiability）

於包括 θ_0 的範圍內，上述對數概似函數至少為二階可微分函數。

R5：互換性（interchangeability）

即針對對數概似函數而言，微分與積分的次序是可以互換的。

面對上述「正則條件」，讀者不要太在意，我們可以先看 (9-32) 式。R2 條件不是有點類似 $\bar{x} \to \mu$，透過大數法則（LLN），只要 R1 成立（即母體平均數存在），樣本對數概似函數的平均數不是會收斂至其母體平均數嗎（只要樣本數夠大的話）！R3 與 R4 條件只不過是說明可以得到「最大概似」的估計式（值）的第一階與第二階條件，否則我們如何知道已經得到最大的概似值？唯一比較難瞭解的是 R5 條件，此條件是用於導出 MLE 估計式的性質（大部分是用於數學上的推導或證明），故其屬於「技術層面」的條件。

其實，我們會介紹上述正則條件的目的，依舊在於「統計推論」；換言之，既然使用 MLE 方法可以估計到參數值；現在一個問題是，我們如何進一步進行「假設檢定」？

2.3.2 訊息矩陣

欲瞭解訊息矩陣（information matrix）的意思，我們再次觀察圖 9-3 與 9-4；由於是欲求取「最大」概似值，而此「最大」概似值是否容易找到，應視概似函數於「最適解」處的彎曲程度而定。直覺而言，於「最適解」處（即 θ_0 處），概似函數愈彎曲，則愈容易找出「最大概似值」（如圖 9-3 之上圖或圖 9-4）；相反地，概似函數愈平坦，則愈不易找到「最適值」（如圖 9-3 之下圖）。就微分而言，第二階微分（即二次微分）正是可用於判斷「最適解」處的彎曲程度；就上述分析而言，第二階微分牽涉到黑森矩陣的使用。

上述黑森矩陣的推導如 (9-30) 式，是利用 (9-23a) 式所導出；底下，我們試著用另一種方式表現。於第 t 期下，其梯度函數可寫成：

$$g_t(\theta) = \frac{\partial \log f(y_t; \theta)}{\partial \theta} \tag{9-33}$$

我們可以證明出 $g_t(\theta)$ 之期望值及共變異數分別為（證明省略）：

$$E[\, g_t(\theta_0)\,] = 0$$

與

$$\text{cov}[\, g_t(\theta_0)\,] = E[\, g_t(\theta_0)g_t(\theta_0)^{'}\,] = -E[\, h_t(\theta_0)\,] \tag{9-34}$$

(9-34) 式說明梯度與黑森矩陣之間的關係；換言之，寫成更一般的型式可為：

$$J(\theta_0) = E[\, g_t(\theta_0)g_t(\theta_0)^{'}\,]$$
$$H(\theta_0) = E[\, h_t(\theta_0)\,]$$

故

$$J(\theta_0) = -H(\theta_0) \tag{9-35}$$

其中 $J(\theta_0)$ 叫稱為梯度的外部乘積（outer product）（即二次微分）。欲理解上述式子的涵義，我們仍取之前 y_t 序列為 *iid* 常態分配的例子，重寫即為：

$$f(y_t;\theta) = \frac{1}{\sqrt{2\pi\sigma^2}} \exp\left[-\frac{(y_t - \mu)^2}{2\sigma^2}\right]$$

其中未知參數為 $\theta = \{\mu, \sigma^2\}$。另一方面，於第 t 期之對數概似函數可為：

$$\log l_t = -\frac{1}{2}\log 2\pi - \frac{1}{2}\log\sigma^2 - \frac{1}{2\sigma^2}(y_t - \mu)^2$$

其對應的梯度與黑森矩陣分別為：

$$g_t(\theta) = \begin{bmatrix} \dfrac{y_t - \mu}{\sigma^2} \\ -\dfrac{1}{2\sigma^2} + \dfrac{(y_t - \mu)^2}{2\sigma^4} \end{bmatrix}, \quad h_t(\theta) = \begin{bmatrix} -\dfrac{1}{\sigma^2} & -\dfrac{y_t - \mu}{\sigma^4} \\ -\dfrac{y_t - \mu}{\sigma^4} & \dfrac{1}{2\sigma^4} - \dfrac{(y_t - \mu)^2}{\sigma^6} \end{bmatrix} \tag{9-36}$$

若對上二式於 θ_0 處，分別取期望值，並考慮所有的樣本數的資訊（即乘以 T），則可以得出：

$$TI(\theta_0) = -TE[h_t(\theta_0)] = \begin{bmatrix} \dfrac{T}{\sigma_0^2} & 0 \\ 0 & \dfrac{T}{2\sigma_0^4} \end{bmatrix} \tag{9-37}$$

其中 $I(\theta_0)$ 就是表示於「最適解（即 θ_0 處）」所提供的訊息矩陣。究竟此訊息矩陣提供我們何種訊息？

　　我們可以回想樣本平均數 $\bar{y}$，不就是母體平均數 μ 的 MLE 估計式嗎？讀者可以回想於大樣本數下，$\bar{y}$ 的變異數為何？不就是 (9-37) 式的倒數嗎（第一列第一行）！因此，情勢逐漸明朗：若 $\bar{y}$ 的抽樣分配的變異數愈小，表示估計式愈有效，也就是此估計式所能提供的訊息愈大，表示於最適解（即 θ_0）處愈彎曲，我們愈能找出最大值；相反地，若 $\bar{y}$ 的抽樣分配的變異數愈大，表示估計式愈無效，也就是說此估計式所能提供的訊息愈小，表示於最適解（即 θ_0）處愈平坦，我們愈無法找出最大值！

　　(9-36) 式可視為第 t 個觀察值所提供的資訊，而結合所有的樣本資訊（即總樣本數為 T）的訊息矩陣可寫成：

$$TI(\theta_0) = -\sum_{t=1}^{T} E[h_t] \tag{9-38}$$

(9-38) 式正是 (9-37) 式的一般式。其實，(9-37) 式我們似曾相識；不錯，讀者是否可發現到，其實 (9-30) 與 (9-37) 二式沒有什麼不同，(9-30) 式就是 (9-37) 式的平均數！原來，訊息矩陣就是於最適解（即 θ_0）處之負的黑森矩陣！因此，我們可以定義訊息矩陣為：

$$I(\theta_0) = -H(\theta_0) \tag{9-39}$$

　　利用上述觀念與條件，我們可以得出 MLE 估計式 $\hat{\theta}$ 的漸近分配為常態分配，可寫成：

$$\sqrt{T}(\hat{\theta} - \theta_0) \xrightarrow{a} N(0, I^{-1}(\theta_0)) \tag{9-40}$$

可以注意 (9-40) 式內之變異數為訊息矩陣的倒數！

習題

1. 我們可以回想，一個簡單的迴歸模型內有哪些假定：

$$E(\varepsilon_t) = 0 \cdot E(\varepsilon_t \varepsilon_s) = 0(t \neq s) \cdot E(\varepsilon_t \varepsilon_s) = \sigma^2(t = s) \text{ 以及 } E(\varepsilon_t x_s) = 0$$

其中 $t = 1, 2, \cdots, T$ 與 $s = 1, 2, \cdots, T$。若假定誤差項為常態分配，則 T 個觀察值之對數概似函數可寫成：

$$\log L_T(\theta) = -\frac{T}{2}\log(2\pi) - \frac{T}{2}\log(\sigma^2) - \frac{T}{2\sigma^2}\sum_{t=1}^{T}(y_t - \beta_0 - \beta_1 x_t)^2$$

其中 $\theta = (\beta_0, \beta_1, \sigma^2)$。試計算上述對數概似函數之梯度函數。

☞提示：

$$\frac{\partial \log L_T(\theta)}{\partial \beta_0} = \frac{T}{\sigma^2} \sum \varepsilon \cdot \frac{\log L_T(\theta)}{\partial \beta_1} = \frac{T}{\sigma^2} \sum \varepsilon x \text{ 與 } \frac{\partial \log L_T(\theta)}{\partial \sigma^2} = -\frac{T}{\sigma^2} + \frac{T}{2\sigma^4} \sum \varepsilon$$

其中 $\varepsilon = y - \beta_0 - \beta_1 x$。為了簡化起見，上述式子皆省略下標。

2. 續上題，試證明 $E[\sum \varepsilon\varepsilon] = T\sigma^2$ 以及 $E[\sum \varepsilon x] = 0$。

☞提示：

例如 $T = 3$，則 $E\left[\sum_{t=1}^{3} \varepsilon_t \varepsilon_t\right] = \sum_{t=1}^{3} E(\varepsilon_t \varepsilon_t) = 3\sigma^2$。

3. 續上題，試計算梯度的外部乘積矩陣 $J(\theta_0)$ 與訊息矩陣的倒數 $I^{-1}(\theta_0)$，後者表現於 (9-40) 式。

☞提示：

$J(\theta_0) = E[g_t(\theta_0) g_t(\theta_0)']$ 與 $J(\theta_0) = I(\theta_0) = -H(\theta_0)$

其中 $g_t(\theta_0) = \dfrac{\partial \log L_T(\theta)}{\partial \theta} = \left(\dfrac{\partial \log L_T(\theta)}{\partial \beta_0} \quad \dfrac{\partial \log L_T(\theta)}{\partial \beta_1} \quad \dfrac{\partial \log L_T}{\partial \sigma^2} \right)$

故

$$J(\theta_0) = E\left[g_t(\theta_0) g_t(\theta_0)'\right] = -H(\theta_0) = -\begin{bmatrix} \dfrac{\partial^2 \log L_T(\theta_0)}{(\partial \beta_0)^2} & \dfrac{\partial^2 \log L_T(\theta_0)}{\partial \beta_0 \partial \beta_1} & \dfrac{\partial^2 \log L_T(\theta_0)}{\partial \beta_0 \partial \sigma^2} \\ \dfrac{\partial^2 \log L_T(\theta_0)}{\partial \beta_1 \partial \beta_0} & \dfrac{\partial^2 \log L_T(\theta_0)}{(\partial \beta_1)^2} & \dfrac{\partial^2 \log L_T(\theta_0)}{\partial \beta_1 \partial \sigma^2} \\ \dfrac{\partial^2 \log L_T(\theta_0)}{\partial \sigma^2 \partial \beta_0} & \dfrac{\partial^2 \log L_T(\theta_0)}{\partial \sigma^2 \partial \beta_1} & \dfrac{\partial^2 \log L_T(\theta_0)}{(\partial \sigma^2)^2} \end{bmatrix}$$

因此，$J(\theta_0) = E\left[g_t(\theta_0) g_t(\theta_0)'\right] = \left(\dfrac{1}{\sigma^2}\right) \begin{bmatrix} T & \sum x & 0 \\ \sum x & \sum x^2 & 0 \\ 0 & 0 & \dfrac{T}{2\sigma^2} \end{bmatrix}$

從而，$I^{-1}(\theta_0) = J^{-1}(\theta_0) = \left(\sigma^2\right) \begin{bmatrix} \dfrac{1}{T} + \dfrac{\bar{x}^2}{ssx} & -\dfrac{\bar{x}}{ssx} & 0 \\ -\dfrac{\bar{x}}{ssx} & \dfrac{1}{ssx} & 0 \\ 0 & 0 & \dfrac{2\sigma^2}{T} \end{bmatrix}$

其中 $ssx = \sum_{t=1}^{T}(x_t - \bar{x})^2$。

4. 題 1－3 告訴我們何訊息？試說明之。

   ☞提示：

   OLS 與 MLE 的「標準方程式」是相同的。

   對 σ^2 的估計式而言，MLE 與 s^2 不同

   回想 b_0 與 b_0 估計式的變異數為何？（第 7 章之 (7-18) 與 (7-19) 式）

   其不是分別類似 $I^{-1}(\theta_0)$ 內第一列第一行與第二列第二行的元素嗎？

5. 我們如何取得 MLE 之估計式的標準誤？

2.4 R 內的操作

假想我們仍以上述 TSMC 日報酬率序列為例子，底下將說明如何於 R 內使用 MLE 方法。本節分成二部分介紹：首先假定 TSMC 日報酬率序列為 *iid* 常態分配，下一小節則假定服從 *iid t* 分配。

2.4.1 *iid* 常態分配的情況

若假想 TSMC 日報酬率序列服從 *iid* 常態分配，從前一節內已知 MLE 為「有解」的情況（即可以數學公式表示）；換言之，此時母體參數值為 $\theta = \{\mu, \sigma^2\}$，其 MLE 之估計式分別為：

$$\hat{\mu} = \bar{y} \text{ 與 } \hat{\sigma}^2 = \frac{1}{T}\sum_{t=1}^{T}(y_t - \bar{y})^2$$

於 2.2 節內，我們已經計算出母體平均數與標準差（變異數）的估計值，分別約為 0.0798% 與 2.2817%（5.2064%）；另一方面，最大對數概似值約為 −11,472.95；除了使用上述估計方法（即 2.2 節的內容）外，底下我們另介紹三種方法，亦可估計到相同的結果。

使用 library(MASS) 程式套件

試使用下列指令：

```
library(MASS)
y1 = tsmcr
T = length(tsmcr)
```

```
T
?fitdistr
fitnorm = fitdistr(y1,"normal")
summary(fitnorm)
fitnorm$estimate
fitnorm$estimate[2] # 第二個參數的估計值
fitnorm$loglik
sqrt(diag(fitnorm$vcov))# 估計的標準誤
fitnorm$sd # 估計的標準誤
```

　　結果可發現，對數概似值為 $-11,472.95$，其次二估計式之標準誤分別為 0.0319 與 0.0226。換句話說，我們可以使用 fitdistr 指令，估計出相同的估計值，另一方面，亦可得到對應之標準誤估計值；利用 (9-40) 式，自然可以進行統計推論。

使用 nlm 指令

```
# 可與 fitnorm 比較
# 使用 nlm　求最小值
# log likelihood function
# 改為正數
?nlm
# 單獨一個 ML
fn = function(theta,x
{
 m = theta[1]
 s = abs(theta[2])# 需為正數
 s2 = s^2
 0.5*log(2*pi)+0.5*log(s2)+ 0.5/s2)*mean((x-m)^2)
}
theta0 = c(0,1)# 設期初值
fitnorm1 = nlm(fn, p = theta0, hessian=TRUE, x=y1)
fitnorm1
```

試嘗試上述指令，值得注意的是，我們是使用（非線性）極小化函數值 nlm 指令，故於對數概似函數前，須加一個負號（讀者可以回想對數概似函數為何？）。比較特別的是，使用 nlm 指令須給予一個期初值，於本例我們分別設平均數與標準差之期初值為 0 與 1；其次，仍提醒讀者注意，上述指令有要 R 列出黑森矩陣。

我們知道上述指令，只提供「單期」之對數概似值，若使用全部樣本期間的資訊，則可以使用下列指令：

```
# ML 值 T 個資訊
-T*fitnorm1$minimum # 與 fitnorm$loglik 比較
# Hessian matrix
H = -round(fitnorm1$hessian,4)*T
H
det(H)# 行列式值
Inform = -H/T #訊息矩陣以平均數表示
invI = 1/Inform
se = sqrt(diag(invI)/T)# 估計的標準誤
se
sd(y1)/sqrt(T)# 樣本平均數之標準誤
```

我們可以發現其結果與使用第一種方法完全相同！

使用 dnorm 指令

```
# using dnorm
# 注意 T 個資訊
mlogl <- function(b, x)# 亦可以使用 "<-" 取代 "="
{
 sum(-dnorm(x,mean=b[1],sd=b[2],log = TRUE))
}
b = c(0,1)
out1 = nlm(mlogl,b,x=y1,hessian=T)
out1
```

```
-out1$minimum
H1 = -out1$hessian/T # 應注意以平均數表示
H1
-round(out1$hessian/T,4)# 與 H 相同
Inform1 = -H1
invI = 1/Inform1
se1 =  sqrt(diag(invI)/T)
se1
# 注意以平均數表示
mlog2 <- function(b, x)# 亦可以使用 "<-" 取代 "="
{
 mean(-dnorm(x,mean=b[1],sd=b[2],log = TRUE))
}
b = c(0,1)
out2 = nlm(mlog2,b,x=y1,hessian=T)
out2
-out2$minimum*T
H2 = -out2$hessian # 應注意以平均數表示
H2
-round(out2$hessian,4)# 與 H/T 相同
Inform2 = -H2
invI = 1/Inform2
se2 = sqrt(diag(invI/T))
se2
```

　　接下來，我們來看第三個方法（對數概似函數分別以總和與平均數表示）。由於對數概似函數有些時候可能相當複雜，就常態分配而言，其 PDF 不是可以由 dnorm 函數取代嗎？讀者可以發現上述程式的估計結果竟完全相同於前二種方法！讀者也許會於網站上看到許多 R 程式，其內的「等號」是以 "<-" 表示，我們也可以 "=" 取代。（可參考 ch9-2-4-1.R）

2.4.2 *iid t* 分配的情況

前一小節常態分配的例子，所使用的方法可以推廣至複雜的情況。假定 TSMC 日報酬率序列服從 *iid t* 分配，我們亦至少有三種方法，可以估計其參數值，不過此種情況與常態分配的例子並不相同，前者並不像後者存在「有解」的 MLE 之估計式；相反地，利用 R 可以幫我們找出「最適解」，讀者可以留意此「最適解」的收斂情形。

```r
library(MASS)
y1 = tsmcr
# fitt
fitt = fitdistr(y1,"t")
summary(fitt)
fitt$estimate # 其估計值分別為平均值入尺度以及自由度
fitt$sd # 估計的標準誤
fitt$vcov
fitt$loglik
fitt$n
# Using fGarch Package
library(fGarch)
model = stdFit(y1)
model
summary(model)
model$par # 可與 fitt$estimate 比較
-model$objective # 應注意其是使用 nlm
model$evaluations
# 標準差之估計：變異數 =(lambda^2)*nu/(nu-2)
lambda = fitt$estimate[2]
lambda = as.numeric(lambda)
lambda
nu = as.numeric(fitt$estimate[3])
nu
```

```
sqrt((nu*lambda^2)/(nu-2))# 標準差
model$par[2]
# Using nlm
# using dstd
mlogt = function(b, x)
{
  sum(-dstd(x,mean=b[1],sd=b[2],nu = b[3],log = TRUE))
}
b = c(0,1,3)# 期初值
out2 = nlm(mlogt,b,x=y1,hessian=T)
out2
out2$minimum # 與 -model$objective 或 fitt$loglik 相同
H2 = -out2$hessian/T # 應注意以平均數表示
H2
-round(out2$hessian/T,4)
Inform2 = -H2
invI = 1/Inform2
se2 = diag(sqrt(invI/T))
se2 # 可與 fitt$sd 比較 # 估計的標準誤
# Using optim
?optim
#optim 亦是求取最小值
b = c(mean(y1),sd(y1),3)
z = y1
start = b
model_t = optim(start, mlogt, x=z, method="BFGS", hessian=T)
model_t
-model_t$value # 與 -model$objective 或 fitt$loglik 相同
```

若是 *iid t* 分配,其母體參數值 $\theta = (\mu, \sigma, \nu)$。於執行上述程式後,讀者可發現使用不同方法估計,其估計結果稍有不同;藉由上述估計結果,讀者可以練習自己對 *t* 分配的瞭解。於上述程式內,我們亦多使用二種方法,分別為 fGarch 程式套件內之 stdFit 函數指令以及使用 optim 指令，有興趣的讀者不妨多看其使用方式。

習題

1. 利用大立光之日收盤價資料（2005/1/4 － 2015/4/28），假定其日對數報酬率序列資料為常態分配，試使用 BFGS 演算方法（此演算法於下一章將會介紹）估計其參數值，並利用 (9-40) 式檢定其是否異於 0，$\alpha = 0.05$。
   註：(9-40) 式可寫成：

$$\sqrt{T}(\hat{\theta} - \theta_0) \xrightarrow{a} N(0, I^{-1}(\theta_0)) \Rightarrow \frac{\hat{\theta} - \theta_0}{\sqrt{\dfrac{I^{-1}(\theta)}{T}}} \xrightarrow{a} N(0,1)$$

2. 續上題，若欲以古典 t 分配模型化大立光之日對數報酬率序列資料，其結果又為何？

3. 續上題，若欲以標準 t 分配模型化大立光之日對數報酬率序列資料，其結果又為何？

4. 利用題 2 與 3 的估計結果，試計算大立光日對數報酬率介於 −2% 與 2% 之間的機率為何？

2.4.3 多元概率比與羅吉斯迴歸模型之估計

現在，我們可以來看如何以 MLE 方法估計多元概率比與羅吉斯迴歸模型的參數。重新考慮一個簡單的迴歸模型如 (9-41) 式：

$$y = \beta_0 + \beta_1 x + \varepsilon, \ \varepsilon \sim iid \ N(0, \sigma^2) \tag{9-41}$$

其中 y 是一個二元變數。由於 y 不是 1 就是 0，因此 y 的期望值就是 p，p 是 $y = 1$ 出現的機率；因此，就 (9-41) 式而言，$p = E[y] = \beta_0 + \beta_1 x$。是故，若有 $t = 1, \cdots, T$ 個樣本觀察值，則其 t 期之 PDF 可以為 [12]：

$$f(y_t; \theta) = p^{y_t}(1 - p)^{1-y_t}; \ y_t = 0 \ \text{或} \ 1$$

其中 $p = \beta_0 + \beta_1 x_t$。我們可以回想如何得出對數概似函數；其對數概似函數可寫成：

---

12 即當 $y_t = 1(y_t = 0)$ 時，其機率為 $p(1 - p)$；此分配於統計學內，可稱為伯努利分配 (Bernoulli distribution)。

$$\log L_T(\theta) = \sum_{t=1}^{T} \left[y_t \log(\beta_0 + \beta_1 x_t) + (1 - y_t) \log(1 - (\beta_0 + \beta_1 x_t)) \right] \tag{9-42}$$

利用上式，讀者可練習如何導出其最大概似之梯度與黑森矩陣。

　　底下，我們亦使用前述 TSMC 的例子說明如何使用 MLE 方法估計多元概率比迴歸式；至於羅吉斯迴歸則可以類推。

　　之前我們曾強調資產日（對數）報酬率序列之間可能不存在自我相關，但是日（對數）報酬率序列之平方或其絕對值序列卻可能存在自我相關；因此，底下我們試著以 OLS 估計 TSMC 日對數報酬率之絕對值序列的 AR(1) 模型，其估計結果可為：

$$y_t = 1.35 + 0.19 y_{t-1}$$
$$(0.03)(0.01) \tag{9-43}$$

其中，y_t 表示 t 期 TSMC 日對數報酬率之絕對值；我們可以看出，前一期報酬率之絕對值的確對當期有顯著的影響力。我們也可以將上式的解釋變數（即 y_{t-1}）拆成二部分，即可以設一個指標函數 I_{t-1}，若 I_{t-1} 值為 1 表示 $t-1$ 期的日報酬率為小於等於 0；相反地，當 $t-1$ 期的日報酬率為大於 0 時，則 I_{t-1} 值為 0。

　　因此，(9-43) 式可以進一步估計為：

$$y_t = 1.35 + 0.10 I_{t-1} y_{t-1} + 0.3(1 - I_{t-1}) y_{t-1}$$
$$(0.03)(0.02) \qquad (0.02) \tag{9-44}$$

　　從 (9-44) 式的估計結果可以看出，當 $t-1$ 期的日報酬率小於等於 0 時，$t-1$ 期的日報酬率絕對值，對 t 期的日報酬率絕對值的影響，有可能會小於 $t-1$ 期的日報酬率為大於 0 的情況；換言之，若將日報酬率絕對值，視為衡量波動率的選項之一，則 (9-44) 式的估計結果竟然指出，就 TSMC 而言，「已知的好消息」（即 $I_{t-1} = 0$）所引起的波動竟比「已知的壞消息」（即 $I_{t-1} = 1$）來得大，此種結果倒是出乎我們意料之外。不過，底下我們介紹 GARCH 模型時，我們會發現「出乎意料之外的壞消息」所引起的波動相對上會比較大。

　　就 (9-43) 與 (9-44) 二式而言，我們似乎可以將其轉成二元迴歸模型；換言之，我們可以將 y_t 轉換成，大於等於以及小於「非條件波動率（日對數報酬率之標準差）」二種情況，即令前者為 1 而後者為 0，我們以 $y1_t$ 表示前述之二元變數。我們嘗試以多元概率比迴歸模型，重新估計 (9-43) 與 (9-44) 二式，其估計結果分別為：

$$y1_t = -0.44 + 0.12\,y_{t-1}$$
$$(0.03)\quad (0.01) \tag{9-45}$$

與

$$y1_t = -0.44 + 0.07I_{t-1}y_{t-1} + 0.17(1 - I_{t-1})y_{t-1}$$
$$(0.03)\quad (0.01)\qquad\ (0.01) \tag{9-46}$$

於 (9-45) 與 (9-46) 二式內，我們仍應提醒讀者注意此時迴歸估計值表示累積機率值。

(9-45) 與 (9-46) 二式的估計結果，類似 (9-43) 與 (9-44) 二式，就 TSMC 而言，我們發現前一期正面的資訊，所引起當期波動的機率仍較大；(9-45) 與 (9-46) 二式的估計結果亦可繪於圖 9-5。

於圖 9-5 內，我們分別稱 (9-45) 與 (9-46) 式為模型 a 與 b。上圖繪出模型 a 之估計累積機率；我們可以看出其累積機率估計值接近於一條直線，表示以絕對值之 AR(1) 模型來估計「條件波動率」，只能估計到某些部分的累積機率，不過於圖內，倒是提醒我們前一期的波動，仍然會影響當期的波動，因為於模型 a 內，我們估計不到累積機率小於 0.32 以下的情況。

圖 9-5 內的中與下圖，則分別繪出 $I_{t-1}y_{t-1}$（表示負面訊息下所引起之波動）以及 $(1 - I_{t-1})y_{t-1}$ 與模型 b 之估計的累積機率之間的散布圖；有意思的是，於 $I_{t-1}y_{t-1}$

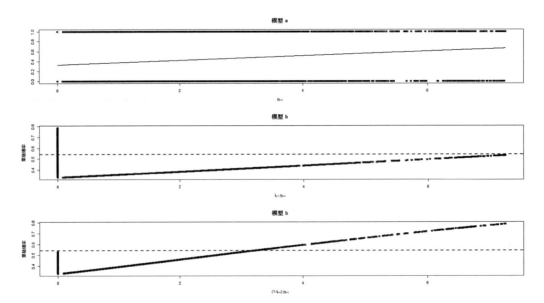

⋏ **圖 9-5**：估計之多元概率比迴歸模型 a 與 b

下，負面訊息下所引起之波動超過非條件波動率的累積機率最高約達 54%（即圖內之虛線），小於正面訊息下所引起之波動超過非條件波動率的累積機率最高約為78.65%！

　　上述的例子，只是說明我們如何利用 MLE 估計多元概率比模型的情況，於所附的 R 程式內，我們有使用二種方式分別估計上述的模型 a 與 b，讀者可以試看看，能否分辨出之間的差異。（可參考 ch9-2-4-3.R）

習題

1. 於第 8 章內，我們有介紹虛擬的 R^2，我們如何估計它？試解釋之。
2. 若用大立光取代本節內的 TSMC，其結果又如何？
3. 導出 (9-42) 式之最大概似之梯度與黑森矩陣。

第三節　不同型態的 t 分配

如前所述，一個分配之 PDF 特徵，可以藉由觀察其位置、尺度以及型態特徵作區分。例如常態分配的觀察值 x 可以 $\mu \pm \sigma z$ 表示（透過標準化過程）[13]，其中 x 之平均數與標準差分別為 μ 與 σ，而 z 則表示標準常態分配的分位數。就常態分配而言，σ 既是表示尺度又為標準差，而我們知道常態分配的型態特徵頗為正常；因此，若有一個分配不是常態，則上述尺度特徵（表示距離平均數的離散程度）未必可以用標準差表示！

　　我們要如何去分辨一個分配是否為常態？還好我們還能藉由觀察其型態特徵去瞭解；如前所述，一個分配的型態特徵，可以用其偏態與峰態參數表示，前者表示該分配未必是對稱的，而後者則可以對應至尾部的「薄厚」程度。本節將介紹二種不同型態的 t 分配：FS（Fernandez and Steel）與 GH 偏態 t 分配。FS 偏態 t 分配的特色是教我們如何將一個對稱的分配轉換成偏態分配，GH 偏態 t 分配則讓我們看出「薄厚」尾部的區分。

3.1　偏態與薄厚尾部

首先，我們先來看如何設計出具有「偏態」的分配，接著再探討薄厚尾部的特徵。

---

13 若 TSMC 日報酬率為常態分配，則報酬率 2% 可用何種方式取代？

3.1.1 偏的常態與 t 分配

一般而言，資產之報酬率或其變動率序列，原則上並無上、下界限，其範圍可為 $(-\infty, \infty)$；因此，只要前述序列是屬於對稱的，我們可以利用常態或 t 等分配，當作模型化的標的。但是，若資料是屬於不對稱的型態，目前已知的不對稱分配，如 gamma 或對數常態，其範圍卻是 $[0, \infty)$，[14] 故其可能適用於模型化資產價格如股價或名目利率等資料，但其卻不適用於模型化資產之報酬率或其變動率序列資料。

FS 設計一種方式將偏態引入常態或 t 等對稱分配上。令 ξ（音 xi）表示一個正的常數，f 表示一個以 0 為中心之對稱密度函數；換言之，FS 定義下列式子為：

$$f^*(y \mid \xi) = \begin{cases} f(y\xi), & \text{if } y < 0 \\ f(y/\xi), & \text{if } y \geq 0 \end{cases} \tag{9-47}$$

因 $f^*(y \mid \xi)$ 可積分得 $(\xi + \xi^{-1})/2$，故 $f^*(y \mid \xi)$ 若除以 $(\xi + \xi^{-1})/2$，可產生一個機率密度函數；接著，引進位置移動及尺度變動等之轉換，以達平均數為 0 與變異數為 1 之標準化型態，最後可表示成 $f(y \mid \xi)$。

由 (9-47) 式可看出，若 $\xi > 1$，則 $f(y \mid \xi)$ 屬於右偏分配；相反地，若 $\xi < 1$，則 $f(y \mid \xi)$ 屬於左偏分配。圖 9-6 之上（下）圖，考慮一個標準常態（t 分配）與二個標準化之偏常態（t）分配（其一考慮 $\xi = 1.5$，另一則考慮 $\xi = 0.67$），t 分配之自由度皆設為 4。若 f 表示 t 分配，則 $f(y \mid \xi)$ 可稱為偏 t 分配；明顯地，對稱之 t 分配（即令 $\xi = 1$）是偏 t 分配的一個特例。上述型態之偏分配，可稱為 FS 偏分配 [15]。

3.1.2 薄厚尾部

分配若有比常態分配更大的尾部機率，可稱為厚尾的（heavy-tailed）分配。由於峰態參數對尾部的「厚度」相當敏感，故高峰態幾乎與厚尾分配成為一體兩面。於財務內，厚尾分配是重要的，因股票報酬率與其他市場資產價格的變動率通常皆是屬於厚尾的分配。於財務運用上，我們會特別關心報酬率之厚尾部，因若出現極端大的負報酬，有可能甚至會侵蝕掉整個公司的資本額；類似地，若採取放空的策略，亦相當在意會出現「極大正報酬率」的情況。

因此，我們有必要來看有關於薄厚尾部的情況。若我們注意常態與 t 分配之 PDF 的數學型態（或其核心部分），可發現前者有指數型的（exponential）尾部，

---

14 可上網查詢。

15 有關於 FS 偏分配之基本特徵操作，可於 R 內之 fGarch 程式套件找到。

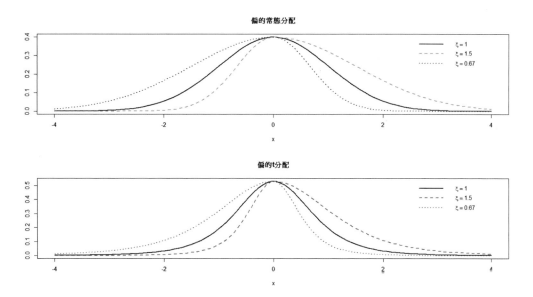

圖 9-6：偏的常態及 t 分配（自由度為 4）

而後者卻存有多項式型的（polynomial）的尾部；上述多項式型與指數型的尾部的數學型態分別為：

$$f(y) \approx Ay^{-(v+1)} \tag{9-48}$$

與

$$f(y) \approx Ce^{-y/\theta} \tag{9-49}$$

其中 A 與 C 皆為常數項；其次，參數值 v 與 θ 皆大於 0。我們可以注意，隨著 y 趨向無窮大時，二分配尾部之遞減情況。讀者可留意 t 分配之尾部類似 (9-48) 式，表示其有多項式型的尾部；另一方面，常態分配則有類似 (9-49) 式的尾部，其以指數型的速度遞減。

　　圖 9-7 繪出四種尾部隨 y 值變大而遞減的情況，其中多項式型與指數型尾部各有二種。我們可以看出於 y 值較小時，指數型尾部遞減的速度快於多項式型，以至於其尾部相對上比較薄；有意思的是，我們觀察 $v=2$ 的情況，雖說於 y 值較小時，遞減的速度超過 $\theta = 1/3$，不過隨 y 值變大，前者尾部的厚度卻超過後者，顯示出多項式型的確可能產生比指數型更厚的尾部。（可參考 ch9-3-1.R）

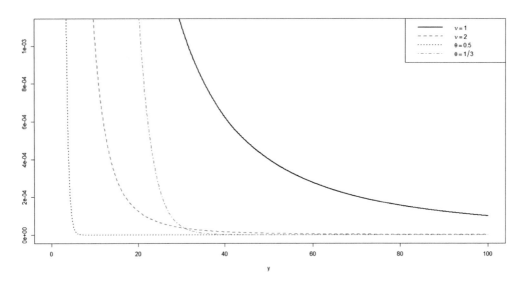

▲ **圖 9-7**：多項式型與指數型尾部之比較

習題

1. 利用 quantmod 程式套件可以下載最近 5 年（例如 2011/1/1 － 2015/6/30）黃金、美元兌歐元、美元兌人民幣以及美元兌日圓匯率之日收盤價資料，其時間走勢可分別繪於下圖。試分別計算，讀者下載資料之日對數報酬率序列資料之偏態與峰態係數。

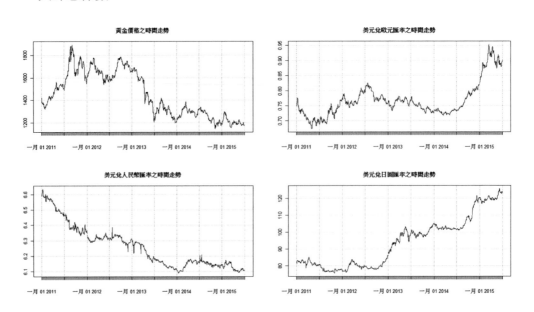

2. 利用 fGarch 程式套件內的 `rsnorm` 指令，分別模擬出對稱、左偏與右偏的「常態」 t 分配。

　☞提示：`library(fGarch)`

　　　　　`?rsnorm`

3. 利用 1981/1 − 2015/5 期間的 CPI 樣本資料，試以 MLE 方法估計，通貨膨脹率序列是否可以由「偏常態」 t 分配模型化？其估計參數是否能顯著地異於 0 ？ $\alpha = 0.05$。

3.2 FS 與 GH 偏態 t 分配

本節我們要介紹二種偏態 t 分配：其一為 FS 偏態 t 分配，另一則為 GH 偏態 t 分配。前者是根源於 FS 偏態分配而後者則是屬於一般化橢圓形（generalised hyperbolic, GH）分配；二者之 PDF 雖說有複雜的數學型態，不過透過 R 的幫助，於實際的應用上，我們倒也可以游刃有餘。

3.2.1 *FS* 偏態 t 分配

第一個我們要介紹的是 FS 偏態 t 分配，其是將不同尺度的 t 分配串連，其PDF可為：

$$f(x) = \frac{2\xi}{1+\xi^2}\left[t_v(\xi x)I(x<0) + t_v\left(\frac{x}{\xi}\right)I(x\geq 0)\right] \tag{9-50}$$

其中 $I(\cdot)$ 是一個指標函數， $\xi > 0$， $t_v(\cdot)$ 是自由度為 v 之 t 分配。若 $\xi = 1$，則上式成為自由度為 v 之 t 分配。從 (9-50) 式，可看出 ξ 值之大小可左右該分配之偏性，故 ξ 值可視為型態參數。得注意的是，此分配之尾部為：

$$f_x(x) \sim const\,|x|^{-v-1} \text{ 當 } x \to \pm\infty \tag{9-51}$$

其中 const 為一個常數。若與 (9-48) 式比較，可知 FS 偏態 t 分配之二尾部皆屬於多項式型。

　圖 9-8 繪出不同參數值下之 FS 偏態 t 分配，讀者可以藉由圖內之設定，瞭解個別參數值於分配內所扮演的角色；圖內是利用 fGarch 程式套件內之函數指令，若仔細觀察所附的程式，讀者應能掌握其中之奧妙。值得提醒讀者注意的是，右上圖之 σ 值並不是表示該分配的標準差；另一方面，自由度愈小，其對應的「高峰厚尾」程度會愈明顯，讀者可用何種方式更改左下圖的圖形，使其更符合我們的直覺判斷？（提示：標準化）

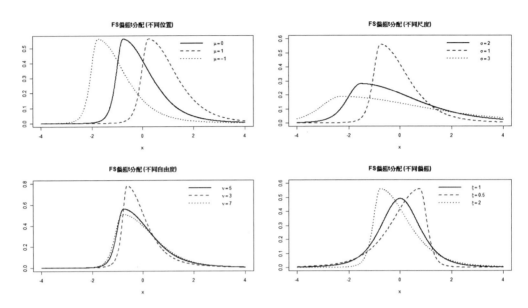

▲ **圖 9-8**：不同參數值下之 *FS* 偏態 *t* 分配

3.2.2 *GH* 偏態 *t* 分配

GH 偏態 *t* 分配；其 PDF 可為：

$$f(x) = \frac{2^{\frac{1-v}{2}} \delta^v |\beta|^{\frac{v+1}{2}} K_{\frac{v+1}{2}}\left(\sqrt{\beta^2(\delta^2+(x-\mu)^2)}\right)\exp(\beta(x-\mu))}{\Gamma(\frac{v}{2})\sqrt{\pi}\left(\sqrt{\delta^2+(x-\mu)^2}\right)^{\frac{v+1}{2}}} \text{，若 } \beta \neq 0 \quad (9\text{-}52)$$

以及

$$f(x) = \frac{\Gamma(\frac{v+1}{2})}{\sqrt{\pi}\delta\Gamma(\frac{v}{2})}\left[1+\frac{(x-\mu)^2}{\delta^2}\right]^{-(v+1)/2} \text{，若 } \beta \neq 0 \quad (9\text{-}53)$$

(9-53) 式可視為一個自由度為 *v* 之 *t* 分配；其次，(9-52) 式內之其中 K_j 表示第三類指數為 *j* 之修正的 Bessel 函數 [16]

隨機變數 *X* 之 *GH* 偏態 *t* 分配的平均數與變異數為：

$$E(X) = \mu + \frac{\beta\delta^2}{v-2}$$

---

16 有興趣的讀者可上網查詢；不過，底下我們的模擬或估計並不需要太瞭解其數學意義。

與

$$\mathrm{var}(X) = \frac{2\beta^2 \delta^4}{(\nu-2)^2(\nu-4)} + \frac{\delta^2}{\nu-2}$$

因此，不像標準的 t 分配只需 $\nu > 2$，變異數方為有限的數值，GH 偏態 t 分配卻需 $\nu > 4$。同樣地，GH 偏態 t 分配之偏態及峰態係數可為：

$$Sk(X) = \frac{2(\nu-4)^{1/2}\beta\delta}{\left[2\beta^2\delta^2 + (\nu-2)(\nu-4)\right]^{3/2}} \left[3(\nu-2) + \frac{8\beta^2\delta^2}{\nu-6}\right]$$

與

$$Kur(X) =$$

$$\frac{6}{\left[2\beta^2\delta^2 + (\nu-2)(\nu-4)\right]^2} \left[(\nu-2)^2(\nu-4) + \frac{16\beta^2\delta^2(\nu-2)(\nu-4)}{\nu-6} + \frac{8\beta^4\delta^4(5\nu-22)}{(\nu-6)(\nu-8)}\right]$$

是故，若 $\nu \le 6$，偏態係數並不存在；若 $\nu \le 8$，峰態係數亦不存在。

　　類似 GH 分配，GH 偏態 t 分配之尾部可為：

$$f_x(x) \sim const \, |x|^{-\nu/2-1} \exp(-|\beta||x| + \beta x) \text{ 當 } x \to \pm\infty$$

因此，厚尾部分為：

$$f_x(x) \sim const \, |x|^{-\nu/2-1} \text{ 當 } \begin{cases} \beta < 0, & x \to -\infty \\ \beta > 0, & x \to \infty \end{cases}$$

薄尾部分則為：

$$f_x(x) \sim const \, |x|^{-\nu/2-1} \exp(-2|\beta||x|) \text{ 當 } \begin{cases} \beta < 0, & x \to \infty \\ \beta > 0, & x \to -\infty \end{cases}$$

是故，GH 偏態 t 分配存在一個厚尾，另一個則屬於半（semi-）厚尾；此是於 GH 分配群內唯一具有上述尾部特色的分配。不像 t 分配存在二個多項式型態的尾部，GH 偏態 t 分配同時存在一個多項式型態以及一個半厚尾型態的尾部，此特殊性使得 GH 偏態 t 分配可以模型化許多同時具偏態及厚尾的資料！

　　同圖 9-8 的情況，利用 SkewHyperbolic 程式套件之函數指令，我們也可以比較 GH 偏態 t 分配內各別參數值所扮演的角色，其結果可以繪製如圖 9-9 所示。讀者可以留意 GH 偏態 t 分配內四個參數值所代表的意義，可以注意到表示「尺度與偏態」特徵的符號已改為由 δ（音 delta）與 β 表示。

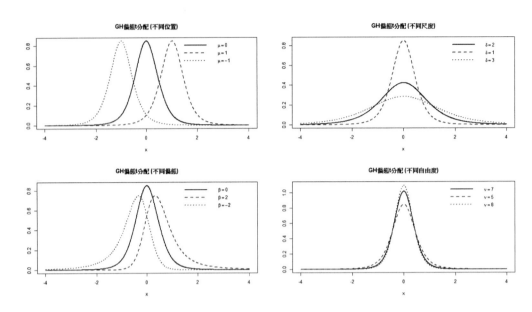

▲ **圖 9-9**：不同參數值下之 偏態 t 分配

③.3 應用

瞭解不同型態的 t 分配後，底下我們要問一個問題：究竟何種型態的 t 分配可用於模型化我們的樣本資料如 TSMC 之報酬率序列？欲回答此一問題，由於我們至少可以同時考慮三個以上模型，為了比較優劣，統計學倒也想出一些訊息指標（information criterion）可供參考，底下我們介紹二種訊息指標。

若存在多個統計模型可供選擇時，一個頗為棘手的問題是如何從其中選出適合樣本資料的模型，此即關乎模型之配適度問題。雖說，最大對數概似值可用以比較多個模型內，孰最適用於模型化資料；然而，應注意對數概似值會隨著加入額外參數值而遞增。比較複雜的模型會需要較多的參數，而較多參數估計有可能超過資料本身需要被參數化的負荷，造成資料被過度配適（overfitting）的問題。因此，一個理想的模型，應同時兼顧到資料配適與模型複雜度的需求；換言之，要找出一個比較簡潔的（parsimonious）模型，相當於需要於極大化配適資料與極小化模型複雜度之間取得協調。

AIC（Akaike information criterion）與 BIC（Bayesian information criterion）是二個同時考慮到資料配適與模型複雜度的工具，二者差距不大，它們皆是一般慣用的判斷模型良窳之指標。二者可定義為：

$$AIC = -2\log\{L(\hat{\theta}_{ML})\} + 2\theta$$

與

$$BIC = -2\log\{L(\hat{\theta}_{ML})\} + \log(T)\theta$$

其中 θ 表示模型內參數之總數，T 表示樣本數。就二個指標而言，其值愈小表示模型之配適愈佳，其原因就在於值愈小隱含著對數概似值愈大；另一方面，值愈小也要求愈小的模型複雜度（以 2θ 或 $\log(T)\theta$ 表示）。2θ 或 $\log(T)\theta$ 可稱為複雜度之懲罰（complexity penalty），因其懲罰較大的模型。

　　通常面對一組資料，我們可能有多個模型可供選擇，此時上述指標就能派上用場；我們會選擇 AIC 或 BIC 最小之模型。由上二式可知，當 $T \geq 8$ 時，則 $\log(T) > 2$，可知 BIC 會比 AIC 更懲罰複雜模型；因此，BIC 會比 AIC 選出更簡單的模型。

　　底下，我們考慮保有 10 個交易日之 TSMC 與美元兌新臺幣（使用第 6 章的資料）之對數報酬率序列資料而分別嘗試以 t 分配、FS 偏態 t 分配以及 GH 偏態 t 分配模型化。於前一章內，我們已經注意到使用重疊的資料會使對數報酬率序列之間出現序列相關現象，此種現象不符合前述 MIL 的假定；因此保有 10 個交易日之對數報酬率計算，我們使用資料不重疊的方式，將其估計結果分別繪於圖 9-10 與圖 9-11。

　　我們仔細觀察圖 9-10 的估計結果，會發現其內三種（估計）分配的圖形非常接近，我們可以進一步計算其對應的訊息指標（依 t 分配、FS 偏態 t 分配以及 GH 偏態 t 分配次序），結果其估計的 AIC 與 BIC 依序為 −3,085.48 與 −3,073.06 以及 −3,083.47 與 −3,066.91、−3,083.47 與 −3,066.91；因此，若按照二種訊息指標來選擇最適的模型，我們發現 TSMC 之保有 10 個交易日對數報酬率序列，應該比較適合用 t 分配模型化（最小之訊息指標）。同樣的情況也發生於美元兌新臺幣序列上，如圖 9-11 所示，並發現 t 分配比較適合用於模型化其對數報酬率（或變動率）序列。讀者可以自行判斷或再選擇計算其他保有期間之報酬率。

　　事實上，從圖 9-10 與圖 9-11 的估計結果可以發現，由於估計的結果非常類似；我們從另一個角度思考，若依模型之簡潔性而言，傳統 t 分配自應脫穎而出，成為所選擇的標的，其他二模型除非有比較特別的差異，否則我們反而不需使用太複雜的模型！（可參考 ch9-3-2.R）

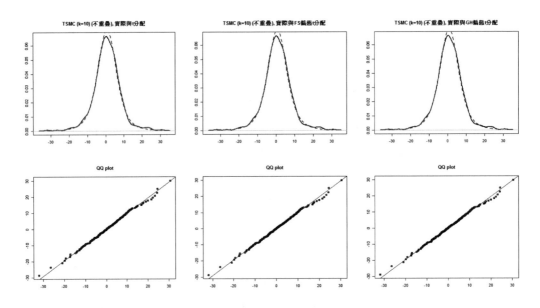

∧ **圖 9-10**：TSMC 保有 10 個交易日報酬率序列之模型化

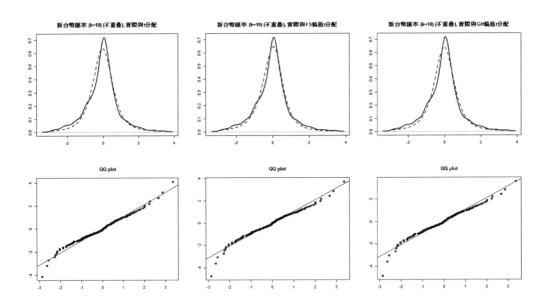

∧ **圖 9-11**：新臺幣保有 10 個交易日報酬率序列之模型化

習題

1. 續本章 3.1 節的習題 3，繪出通貨膨脹率序列與估計的「偏常態」*t* 分配的配適
   情況。

   ☞提示：CPI = read.table("c:\\meiyih\\finstats\\ex\\ch1\\cpi.

```
txt")
cpi = CPI[,1]
T = length(cpi)
T
infl = 100*((cpi[13:T]-cpi[1:(T-12)])/cpi[1:(T-12)])
library(fGarch)
library(fBasics)
basicStats(infl)
model = snormFit(infl)
model
```

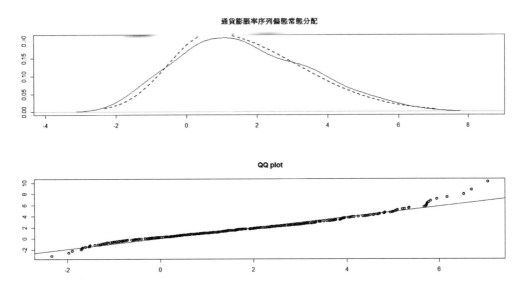

2. 利用本節 TSMC 的估計結果，試計算 *t* 分配、*FS* 偏態 *t* 分配與 *GH* 偏態 *t* 分配 之 0.01 與 0.001 的風險值（多頭）。

3. 以大立光股價，取代本節 TSMC 股價，重做本節 TSMC 部分，其結果為何？

4. 續上題，若改成保有 5 天的對數報酬率，其結果又為何？

5. 以 3.1 節的習題 1 之美元兌人民幣匯率取代本節 TSMC 股價，重做本節 TSMC 部分，其結果為何？

第四節 GARCH 模型

之前，我們已經注意到金融資產報酬率的特殊性：報酬率之間未必存在自我相關，但報酬率平方（或絕對值）之間卻存在自我相關、波動率凝聚現象以及非條件之「高峰厚尾」等現象。上述現象大致可用下列的統計模型表示：

$$y_t = \rho y_{t-1} + u_t, \ u_t \sim N(0, \sigma^2) \tag{9-54}$$

若報酬率之間不存在自我相關，則 $\rho = 0$。於本節，我們將正式區分出非條件變異數 σ^2 與條件變異數 σ_t^2 之間的差異，前者是與時間無關，而後者則表示變異數會隨時間改變。首先，我們來看 (9-54) 式背後的涵義：

$$E[y_t] = E[u_t] = 0$$
$$Var(y_t) = E[y_t^2] - E[y_t]^2 = E[y_t^2] = E[u_t^2] = \sigma^2 \tag{9-55}$$

(9-55) 式分別計算出 (9-54) 式內之非條件平均數及非條件變異數；值得注意的是，此時非條件變異數的計算方式 [17]。另一方面，利用蒐集至 $t-1$ 期的資訊，可得 t 期之條件平均數為：

$$E_{t-1}[y_t] = E_{t-1}[\rho y_{t-1} + u_t] = \rho E_{t-1}[y_{t-1}] + E_{t-1}[u_t] = \rho y_{t-1} = 0 \tag{9-56}$$

其中 $E_{t-1}[\cdot]$ 表示於 $t-1$ 期所作的預期（條件期望值）；我們可以知道於 $t-1$ 期下，y_{t-1} 已經為已知，故 $E_{t-1}[y_{t-1}] = y_{t-1}$。當然，(9-56) 式可以成立的條件為 $\rho = 0$。

若報酬率的平方存在自我相關，類似 (9-54) 式，我們可以寫成：

$$y_t^2 = \alpha_0 + \alpha_1 y_{t-1}^2 + v_t \tag{9-57}$$

其中 v_t 為誤差項，α_0 與 α_1 為參數值。(9-55) 式之非條件變異數可藉由對 (9-57) 式取期望值求得，即：

$$E[y_t^2] = E[\alpha_0 + \alpha_1 y_{t-1}^2 + v_t] = \alpha_0 + \alpha_1 E[y_{t-1}^2] + E[v_t] \tag{9-58}$$

若 y_t 屬於定態序列，則 $E[y_t^2] = E[y_{t-1}^2] = \sigma^2$；另外誤差項之期望值為 0，代入 (9-58) 式，可得非條件變異數 σ^2 為：

$$\sigma^2 = \alpha_0 + \alpha_1 \sigma^2 \Rightarrow \sigma^2 = \frac{\alpha_0}{1 - \alpha_1} \tag{9-59}$$

從 (9-59) 式可以看出非條件變異數為正值的條件為 $\alpha_0 > 0$ 以及 $|\alpha_1| < 1$。

17　$\sigma^2 = E[(y_t - \mu)^2] = E[y_t^2 - 2y_t\mu + \mu^2] = E[y_t^2] - 2\mu E[y_t] + \mu^2$。將 $\mu = E[y_t]$ 代入，可得 $\sigma^2 = E[y_t^2] - E[y_t]^2$。

利用 (9-56) 式，我們可以定義 $t-1$ 期下的條件變異數為：

$$\sigma_t^2 = E_{t-1}[y_t^2] - E[y_t]^2 = E_{t-1}[y_t^2] \tag{9-60}$$

故將 (9-57) 式代入，得其條件變異數為：

$$\sigma_t^2 = E_{t-1}[\alpha_0 + \alpha_1 y_{t-1}^2 + v_t] = \alpha_0 + \alpha_1 y_{t-1}^2 \tag{9-61}$$

因此，不像與時間無關之非條件變異數如 (9-59) 式，條件變異數會隨 y_{t-1}^2 的變動而改變。事實上，(9-61) 式還有另外一層涵義：波動凝聚現象的強弱（程度），端視 α_1 的大小而定，即 α_1 值愈大（小），則波動凝聚現象愈明顯（不明顯）！

通常，為了簡化起見，我們大多假定（非）條件常態分配；不過，由於資產報酬率序列呈現「非常態」的特徵並非少見，故底下我們將分別討論常態與非常態的情況。

於前面的章節內，我們已經多次強調條件變異數或條件波動率對投資人的重要性，於財金的文獻內，用比較嚴謹的方式「模型化」或探討條件變異數，當首推諾貝爾獎得主 Engle 的 ARCH 模型。底下，我們將介紹 (G)ARCH 模型的統計推論。

4.1 ARCH 模型

於上述分析內，讀者應可意識到模型化變異數比模型化平均數重要得多了。本小節我們將集中於 ARCH 模型群的探討，其特色就是能掌握（條件）變異數之自我相關。

4.1.1 設定

有關於 ARCH 模型的設定，類似 (9-61) 式，我們可將其寫成更一般化的型式：

$$
\begin{aligned}
y_t &= u_t \\
u_t &\sim N(0, \sigma_t^2) \\
\sigma_t^2 &= \alpha_0 + \sum_{i=1}^{q} \alpha_i u_{t-i}^2
\end{aligned}
\tag{9-62}
$$

上述模型，可稱為 ARCH(q) 模型，其是表示 t 期的條件變異數是取決於 q 個過去的報酬率（或誤差項）平方；其中參數 $\theta = \{\alpha_0, \alpha_1, \cdots, \alpha_q\}$ 正是我們欲估計的標的。

ARCH(q) 模型的一個特例是 ARCH(1) 模型，其為：

$$
\begin{aligned}
y_t &= u_t \\
u_t &\sim N(0, \sigma_t^2) \\
\sigma_t^2 &= \alpha_0 + \alpha_1 u_{t-1}^2 = \alpha_0 + \alpha_1 y_{t-1}^2
\end{aligned}
\tag{9-63}
$$

類似 (9-12) 與 (9-22) 式，y_t 之條件分配可為：

$$f(y_t \mid y_{t-1}; \theta) = \frac{1}{\sqrt{2\pi\sigma_t^2}} \exp\left[-\frac{y_t^2}{2\sigma_t^2}\right]$$

$$= \frac{1}{\sqrt{2\pi(\alpha_0 + \alpha_1 y_{t-1}^2)}} \exp\left[-\frac{y_t^2}{2(\alpha_0 + \alpha_1 y_{t-1}^2)}\right]$$

(9-64)

4.1.2 估計

利用 (9-63) 與 (9-64) 二式，底下我們嘗試使用 MLE 方法估計 ARCH(1) 模型。就一組樣本有 $t = 1, 2, \cdots, T$ 個觀察值而言，其對數概似函數可為：

$$\log L_T(\theta) = \frac{1}{T}\sum_{t=1}^{T} \log L_t(\theta) = \frac{1}{T}\sum_{t=1}^{T} \log f(y_t \mid y_{t-1}; \theta) + \frac{1}{T}\log f(y_0)$$

(9-65)

其中 $f(y_0)$ 為 y_0 之邊際分配。通常 y_0 之邊際分配是選其非條件分配或假定為固定值；於最大化過程內，y_0 之邊際分配並不會影響最適解，故 (9-65) 式可再簡化成：

$$\log L_T(\theta) = \frac{1}{T}\sum_{t=1}^{T} \log L_t(\theta) = \frac{1}{T}\sum_{t=1}^{T} \log f(y_t \mid y_{t-1}; \theta)$$

(9-66)

若將 (9-64) 式代入 (9-66) 式，整理後可得：

$$\log L_T(\theta) = -\frac{1}{2}\log(2\pi) - \frac{1}{2T}\sum_{t=1}^{T} \log(\sigma_t^2) - \frac{1}{2T}\sum_{t=1}^{T} \frac{y_t^2}{\sigma_t^2}$$

(9-67)

其中 $\sigma_t^2 = \alpha_0 + \alpha_1 y_{t-1}^2$。

若要極大化 (9-67) 式，需要有 σ_1^2 的期初值：

$$\sigma_1^2 = \alpha_0 + \alpha_1 y_0^2$$

通常，我們會令 $y_0 = 0$ 或以 y_t 的樣本變異數取代 σ_1^2。其次，於求解的過程中（可參考下一章），若 α_0 或 α_1 為負值，則上述過程將會中斷，即 $\log \sigma_t^2$ 無法計算；因此，必須設法讓 α_0 與 α_1 不為負值，讀者可以注意所附的程式內容。

底下，我們利用之前的 TSMC 日對數報酬率序列資料，以 ARCH(1) 模型估計，其估計結果可為：

$$y_t = \hat{u}_t$$
$$\hat{\sigma}_t^2 = \hat{\alpha}_0 + \hat{\alpha}_1 \hat{u}_{t-1}^2 = 4.1179 + 0.2177\hat{u}_{t-1}^2$$
$$(0.1096)\ (0.0225)$$

(9-68)

小括號內之值表示對應之標準誤。上述模型是使用 fGarch 程式套件內的函數指令估計，讀者可以注意其使用方式；上述模型之對數概似值為 −11,370.13，若以平均值表示，則為 −2.2238。除了使用上述方法外，我們也用 optim 指令估計 (9-67) 式，讀者應可發現二者的估計結果差距不大。利用上述模型的估計結果（我們可以發現二參數的估計值應皆顯著異於 0），得到非條件變異數約為 5.2636，其與原始資料的樣本變異數 5.2074 差距不大，表示後者是前者的一致性估計式（值）！

4.1.3 ARCH 檢定

於前述估計的 ARCH(1) 模型內，我們可以使用 *LM* 檢定來檢視是否存在 ARCH 現象；換言之，ARCH 檢定相當於檢定下列的假設：

$$H_0 : \alpha_1 = 0 \text{ 以及 } H_a : \alpha_1 \neq 0$$

因此，若拒絕虛無假設，則表示存在著 ARCH 現象。我們可以從 (9-68) 式的估計結果發現 TSMC 日對數報酬率序列資料，的確存在波動率凝聚的 ARCH 現象。

事實上，我們也未必一定要估計出如 (9-68) 式的結果，方能從事 ARCH 檢定；再則，按照上述的思考模式，我們也可以將其推廣至檢定 ARCH(q) 模型的情況。也就是說，於統計學內的確有 ARCH 檢定，其步驟可為：

步驟 1：檢定下列的假設：

$$H_0 : \alpha_1 = \alpha_2 = \cdots = \alpha_q = 0 \text{ 以及 } H_a : \alpha_j \text{ 內其中有一不為 } 0$$

步驟 2：估計下列的迴歸式：

$$y_t^2 = \alpha_0 + \sum_{i=1}^{q} \alpha_i y_{t-i}^2 + v_t \tag{9-69}$$

步驟 3：計算 $(T - q)R^2$ 檢定統計量，其漸近分配為自由度為 q 之卡方分配；或使用 F 檢定統計量如下式所示：

$$F = \frac{R^2 / q}{(1 - R^2)/(T - q - 1)}$$

上述檢定統計量可以漸近於分子與分母自由度分別為 q 與 $T - q - 1$ 之 F 分配（讀者可參考前一章之序列相關 *LM* 檢定）。

　　利用上述 TSMC 樣本資料，我們可以檢定 ARCH(4) 的情況，其卡方值與 F 值分別為 368.9894 與 99.415，二統計量的 p 值皆接近於 0，表示落後 4 期的 ARCH 檢定結果顯示存在 ARCH 現象。

習題

1. 直覺而言，因日對數報酬率有 ARCH 現象，故以 ARCH 模型估計（過濾）後之殘差值應接近白噪音，試檢定本節 TSMC 之 ARCH(1) 模型之殘差值（標準化後）序列是否仍存 ARCH 現象。

2. 續上題，若改成以 ARCH(4) 模型估計，其結果又如何？

3. 續上題，此時非條件變異數為何？試繪出估計的條件變異數序列。

4. 續上題，比較 ARCH(1) 與 ARCH(4) 模型之估計的最大概似值差距。

4.2 GARCH 模型

上述 ARCH(q) 模型有一個缺點：若 q 值過大，此時使用 ARCH 模型反而於模型的使用上較無效率（即須估計太多的參數值）或不符合模型簡潔化的要求。為了避開這個問題，一個自然的選擇標的，是以條件變異數的落後項取代，此有點類似過去我們曾使用過的 AR 模型；因此，條件變異數模型可改為：

$$\sigma_t^2 = \alpha_0 + \sum_{i=1}^{q} \alpha_i u_{t-i}^2 + \sum_{i=1}^{p} \beta_i \sigma_{t-i}^2 \tag{9-70}$$

此即為著名的 GARCH(p,q) 模型（讀者可以注意 p 與 q 指的是何落後項）；是故，沿續 (9-63) 式，GARCH(1,1) 模型可設為：

$$y_t = u_t, \; u_t \sim N(0, \sigma_t^2)$$
$$\sigma_t^2 = \alpha_0 + \alpha_1 y_{t-1}^2 = \beta_1 \sigma_{t-1}^2 \tag{9-71}$$

　　若使用落後操作式[18]，則 (9-71) 式可寫成：

$$(1 - \beta_1 L)\sigma_t^2 = \alpha_0 + \alpha_1 y_{t-1}^2$$

若假定 $|\beta_1| < 1$，則上式可以進一步改寫成[19]：

18　即 $L^k y_t = y_{t-k}$。

19　此處有使用到無窮等比級數的公式，即若公比 $|\beta_1| < 1$，則 $1 + \beta_1 + \beta_1^2 + \cdots = \dfrac{1}{1 - \beta_1}$。

$$\sigma_t^2 = (1-\beta_1 L)^{-1}\alpha_0 + \alpha_1(1-\beta_1 L)^{-1} y_{t-1}^2$$
$$= \frac{\alpha_0}{1-\beta_1} + \alpha_1 y_{t-1}^2 + \alpha_1 \sum_{i=1}^{\infty} \beta_1^i y_{t-i-1}^2 \tag{9-72}$$

(9-72) 式內，最後的結果就是一個 ARCH(∞) 模型！換言之，條件變異數有可能具有「長記憶（long memory）」的特色；也就是說，若以 ARCH(q) 模型化資產報酬率序列，有可能需用「較大的 q」（表示須用更遠的落後項），此時使用 GARCH 模型，竟然長記憶的特性只控制於 β_1 一個參數值上，GARCH 模型之吸引力，可見一斑。事實上，我們發現許多資產報酬率序列，大多可以 GARCH(1,1) 模型化！

我們還有另一種比較合乎直覺的方式，來判斷 GARCH 模型之長記憶的特性；換言之，我們可以定義條件變異數的預測誤差為：

$$v_t = y_t^2 - \sigma_t^2 \tag{9-73}$$

利用 (9-71) 與 (9-73) 二式，可得：

$$y_t^2 = \sigma_t^2 + v_t$$
$$= \alpha_0 + \alpha_1 y_{t-1}^2 + \beta_1 \sigma_{t-1}^2 + v_t$$
$$= \alpha_0 + (\alpha_1 + \beta_1) y_{t-1}^2 - \beta_1 v_{t-1} + v_t \tag{9-74}$$

上式的推導有利用到 (9-73) 式，即 $\sigma_{t-1}^2 = y_{t-1}^2 - v_{t-1}$。從 (9-74) 式可以看出，其有 AR(1) 的影子[20]。換句話說，由 (9-72) 式內可知，條件變異數的「記憶強弱」[21] 取決於自我迴歸參數 $\alpha_1 + \beta_1$ 的大小，亦即若 $\alpha_1 + \beta_1$ 愈接近於 1，則受到外部之衝擊所產生的波動之餘波盪漾持續愈久！

利用 (9-74) 式，於定態過程的假定下（$\sigma^2 = E[y_t^2] = E[y_{t-1}^2]$），亦可以求得非條件變異數為：

$$E[y_t^2] = E[\alpha_0 + (\alpha_1 + \beta_1) y_{t-1}^2 - \beta_1 v_{t-1} + v_t]$$
$$\Rightarrow \sigma^2 = \frac{\alpha_0}{1-\alpha_1-\beta_1}$$

接著，我們嘗試模擬出二個 GARCH(1,1) 模型序列，並分別稱為 GARCH 1 與 GARCH 2 序列，其中 GARCH 1 與 2 序列之持續性參數（即 $\alpha_1 + \beta_1$）分別設為 0.6 與 0.99，二序列各皆有 2,000 觀察值。圖 9-12 之上圖分別繪出各自的走勢圖，從

---

20 事實上，(9-74) 式是一個 ARMA(1,1) 模型，有興趣的讀者可上網查詢 ARMA 模型。
21 或稱為持續性強弱。

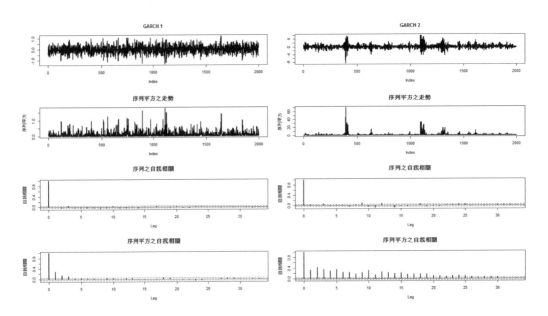

▲ 圖 **9-12**：二個 GARCH(1,1) 模型序列之模擬，其中 GARCH 1 與 2 序列之持續性參數分別為 0.6 與 0.99

圖內可看出其走勢有些類似資產報酬率序列之走勢；圖內之第二列分別繪出二序列平方之走勢圖，於圖內亦可看出「波動率凝聚現象」，特別是 GARCH 2 序列（讀者可以留意縱軸之座標），其凝聚現象（ARCH 現象）更加明顯；圖內之第三列則分別繪出二序列之自我相關走勢，我們也可以發現二序列幾乎不存在自我相關；不出所料，最後一列則繪出二序列平方之自我相關走勢，其中持續性較大的 GARCH 2 序列，相較於 GARCH 1，其自我相關現象更加明顯，此例說明了持續性參數於 GARCH 模型內所扮演的角色！

4.2.1 GARCH 模型之估計

類似 ARCH 模型，利用 (9-66) 式，我們也可以使用 MLE 估計 GARCH 模型的參數。就 GARCH(1,1) 模型而言，未知參數 $\theta = \{\alpha_0, \alpha_1, \beta_1\}$，第 t 期之對數概似函數可寫成：

$$\log l_t(\theta) = \log f(y_t \mid y_{t-1}) = -\frac{1}{2}\log(2\pi) - \frac{1}{2}\log(\sigma_t^2) - \frac{1}{2}\frac{y_t^2}{\sigma_t^2} \tag{9-75}$$

其中

$$\sigma_t^2 = \alpha_0 + \alpha_1 y_{t-1}^2 = \beta_1 \sigma_{t-1}^2$$

同理，於估計上述模型時，我們也需限制參數值 $\theta = \{\alpha_0, \alpha_1, \beta_1\}$ 為正數，同時需符合 $\alpha_1 + \beta_1 < 1$ 的要求。

接下來，我們分別使用之前 TSMC、新臺幣匯率與 TWI（與 TSMC 同時期）之日對數報酬率序列資料，分別嘗試以 ARCH(1) 與 GARCH(1,1) 模型估計，其估計結果列為表 1。於表 9-1 內，我們可以看出 TSMC 與 TWI 的情況頗為接近，此尤其表現於 GARCH(1,1) 模型上；於其中表示「GARCH 部分」的 β_1 的估計值大約為 0.92 或 0.93，類似的結果亦容易出現於資產報酬率如股價之報酬率上，表示股市的波動之持續力道是相當強勁的，反觀（新臺幣）匯率序列則約略小於前二者，不過其估計也有約 0.87 之高！至於表示「ARCH 部分」的 α_1 的估計值，三者之估計皆顯示其力道不如 β_1 的估計值，此結果似乎隱含著：一旦條件變異數（即波動率）受到外力的衝擊後，其後續的自我相關的程度是相當可觀的！此亦表示投資人對波動的敏感度是相當高的！（讀者也可以使用其他資產報酬率序列檢視上述的情況）

不管是 ARCH(1) 或 GARCH(1,1) 模型，利用上述三序列資料所估計的參數值

> **表 9-1**：ARCH(1) 與 GARCH(1,1) 模型估計結果之比較（TSMC、TWI 以及新臺幣匯率日對數報酬率序列）

	TSMC	TWI	新臺幣匯率
ARCH(1)			
α_0	4.1179（0.1096）	1.8203（0.0449）	0.0367（0.0013）
α_1	0.2177（0.0225）	0.1425（0.0186）	0.3826（0.0375）
$T \log L$	−11370.13	−9109.361	247.296
非條件變異數	5.2638	2.1228	0.0382
樣本變異數	5.2074	2.1171	0.0551
AIC	4.4483	3.5640	−0.1565
BIC	4.4509	3.5666	−0.1526
GARCH(1,1)			
α_0	0.0456（0.0107）	0.0150（0.0037）	0.0012（0.0002）
α_1	0.0612（0.0068）	0.0716（0.0069）	0.1207（0.0124）
β_1	0.9300（0.0080）	0.9234（0.0072）	0.8674（0.0122）
$T \log L$	−10962.12	−8605.441	431.2438
非條件變異數	5.1818	3	0.1008
樣本變異數	5.2074	2.1171	0.0551
AIC	4.2891	3.3673	−0.2732
BIC	4.2930	3.3711	−0.2674
LR 檢定	816.02 [0.0000]	1007.84 [0.0000]	367.8956 [0.0000]

註：小括號（中括號）內之值表示對應之標準誤（p 值）

皆顯著異於 0（讀者可以自行檢視），其次利用如 (9-59) 與 (9-74) 二式，我們也可以分別計算各模型對應的非條件變異數估計值；為了比較起見，表 9-1 內除了列出非條件變異數估計值外，亦計算出各序列資料之樣本變異數。就 GARCH(1,1) 模型而言，我們發現以樣本變異數估計非條件變異數，於三序列下，以 TSMC 的誤差最小，其次是新臺幣匯率，最大的誤差，出現於 TWI 的情況。

我們可以利用表 9-1 內之 ARCH(1) 與 GARCH(1,1) 模型的最大概似估計值（即 $T \log L$，T 表示樣本數），比較以後者取代前者所占的優勢；以 TSMC 為例，前者與後者的最大概似估計值分別約為 −11,370.13 與 −10,962.12，明顯地後者大於前者，不過後者應超過前者多少，方可以讓我們接受 GARCH(1,1) 模型優於 ARCH(1) 模型？

面對此問題，我們可以下列假設表示：

$$H_0 : \beta_1 = 0 \ \text{與} \ H_a : \beta_1 \neq 0$$

面對上述假設，我們是可以於 GARCH(1,1) 模型的估計結果內，使用 t 檢定；不過，此處要檢定上述假設，我們可以使用另一種方式：最大概似比率檢定（即 LR 檢定），即：

$$LR = -2(T \log L(\hat{\theta}_0) - T \log L(\hat{\theta}_1)) \tag{9-76}$$

其中 $\hat{\theta}_0$ 與 $\hat{\theta}_1$ 分別為二個 MLE 的估計式（值）。於虛無假設下，LR 檢定統計量可漸近於自由度為 1 之卡方分配。(9-76) 式亦可以另一種方式思考，就 ARCH(1) 與 GARCH(1,1) 二模型而言，ARCH(1) 模型可視為 GARCH(1,1) 模型之「受限制的 (R)」模型，而 GARCH(1,1) 模型則視為「不受限制的 (U)」模型。因此，LR 檢定亦可用下列的方式表示：

$$LR = -2(T \log L_R - T \log L_U) \tag{9-76a}$$

是故，利用 (9-76) 式，表 9-1 內的結果指出三個 GARCH(1,1) 模型皆明顯優於對應的 ARCH(1) 模型！其實，若要比較 ARCH(1) 與 GARCH(1,1) 二模型的優劣，我們也可以使用 AIC 或 BIC 訊息指標判斷，按照表內的二訊息指標皆指出 GARCH(1,1) 模型皆優於 ARCH(1) 模型。

4.2.2 利用 GARCH 模型預測波動率

利用表 9-1 的估計結果，我們可以再進一步預測「樣本內」與「樣本外」的條件變異數。所謂樣本內的條件變異數是計算樣本期間內的條件變異數，而樣本外的條件變異數是計算樣本期間外的條件變異數；換言之，以上述 TSMC 為例，其樣本期間為 1994/9/5 － 2014/7/10，我們當然可以利用 GARCH 模型的估計結果計算樣本期間內的條件變異數，如圖 9-13 所示。

　圖 9-13 繪出 TSMC、TWI 以及新臺幣匯率三個序列於利用 GARCH(1,1) 模型的估計結果，所計算出樣本內之（條件）波動率（即圖內之紅色虛線），為了比較起見，圖內亦繪出「實際的波動率」[22]；從圖中可看出，以 GARCH(1,1) 模型的估計結果所計算出的樣本內波動率，大約介於「實際高低波動率」之間，不過三者之間似乎新臺幣匯率序列以 GARCH(1,1) 模型估計，較容易出現高估的情況。

　底下，我們以 TSMC 的例子，說明如何取得樣本內的條件變異數。從表 9-1 內的結果可知 TSMC 日對數報酬率以 GARCH(1,1) 模型估計之參數 $\theta = \{\alpha_0, \alpha_1, \beta_1\}$ 分別為 0.0456、0.0612 與 0.9300；若以整個樣本期間的變異數估計值當作第 1 期，則後續之條件變異數可為（單位：%）：

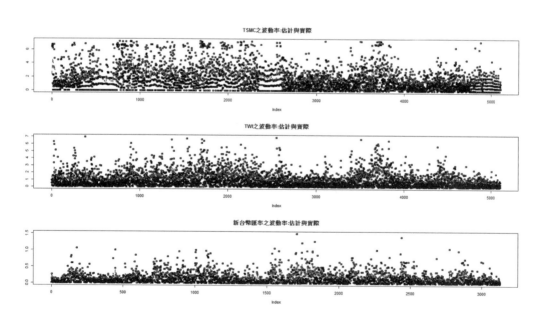

▲ 圖 9-13：TSMC、TWI 以及新臺幣匯率之波動率：估計與實際

---

22 讀者可以回想波動率為報酬率之標準差。圖內實際之波動率是以 $\sqrt{y_t^2}$ 表示，y_t 為日對數報酬率。讀者可以執行對應的 R 程式，於電腦螢幕內，圖 9-13 應較清楚。

$$\hat{\sigma}_1^2 = \frac{1}{T}\sum_{t=1}^{T} y_t^2 = 5.5127$$

$$\hat{\sigma}_2^2 = 0.0456 + 0.0612 y_1^2 + 0.93\hat{\sigma}_1^2 = 7.3992$$

$$\hat{\sigma}_3^2 = 0.0456 + 0.0612 y_2^2 + 0.93\hat{\sigma}_2^2 = 9.4353$$

$$\dots$$

由於上述計算是算至小數點第四位，故與圖內以 fGarch 程式套件內之 garchFit 函數指令所內建的估計值稍有差距（可以詳看所附之程式）。

另一方面，利用上述內建指令可估得第 T 期（於 TSMC 的例子內，$T = 5,113$）之條件變異數為 1.8652；因此，類似上述步驟，可以計算「樣本外」的條件變異數分別為：

$$\hat{\sigma}_T^2 = 1.8652$$

$$\hat{\sigma}_{T+1}^2 = 0.0456 + 0.0612 y_T^2 + 0.93\hat{\sigma}_T^2 = 1.7887$$

$$\hat{\sigma}_{T+2}^2 = 0.0456 + 0.0612 E_T[y_{T+1}^2] + 0.93\hat{\sigma}_{T+1}^2 = 0.0456 + (0.0612 + 0.93)\hat{\sigma}_{T+1}^2 = 1.8186$$

$$\hat{\sigma}_{T+3}^2 = 0.0456 + (0.0612 + 0.93)\hat{\sigma}_{T+2}^2 = 1.8482$$

$$\dots$$

可注意上述 $E_T[y_{T+1}^2] = \hat{\sigma}_{T+1}^2$，表示我們利用至第 T 期的資訊預測第 $T+1$ 期的變異數，不就是第 $T+1$ 期的預期條件變異數嗎！

還好，利用 fGarch 程式套件內的指令如 predict，我們可以忽略上述計算；換言之，於 predict 內設定向前 n 步（n.ahead）預期，我們就可以得到對應的預期結果。最後，值得提醒讀者注意的是，通常我們比較關心（年率化的）波動率而不是條件變異數，而利用 predict 指令所得到的預期值就是波動率，不過讀者仍需將其年率化；就 TSMC 的例子而言，就是上述計算結果再乘以 $\sqrt{250}$。

表 9-1 是利用整個樣本期間估計條件變異數或波動率，其可能會喪失許多可用的資訊；於實務上，通常我們是利用最近一年的樣本資料（約有 250 個交易日）估計波動率。換句話說，若我們利用 TSMC 所有的樣本期間，然後每隔 250 個交易日，估計隔日的波動率（向前一步預期），如此一來，豈不是可將 TSMC 所有的波動率皆估計出來！如此的想法，我們似乎以前曾思考過，讀者可以思考如何利用 R 幫我們實現。

圖 9-14 就是繪出上述「構想」的實際情況；換言之，圖內就是利用 TSMC 的所有樣本資料，然後每隔 250 個交易日皆以 GARCH(1,1) 模型估計，並利用估計結果向前一步預期波動率，如此可得出 4,864 個預期的波動率。若將上述的預期波動率繪製成次數分配及機率分配，就是圖 9-14 內上、下圖的結果。

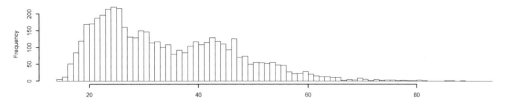

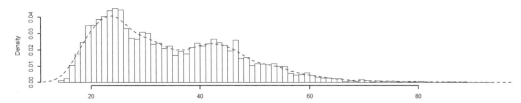

圖9-14：每隔 250 個交易日估計 TSMC 波動率之次數分配及機率分配

　　於上述的 4,864 個預期的波動率內，其最小值、最大值、平均數及中位數依序約為 14.37%、93.56%、34.32% 與 31.58%。還好，從圖 9-14 內可看出 TSMC 波動率之次數分配或機率分配屬於右偏分配，其最大值出現的可能性應是微乎其微，否則 TSMC 豈不是被視為一檔「高度波動」的股票？事實上，我們也可以進一步觀察 TSMC 波動率之次數分配的分布情況，發現波動率出現於 19% 與 27% 之間的次數最多（皆超過150次），總共約有 1,537 次，故其相對次數約為 1,537/4,864 = 0.32，讀者可以試著再找出其他的相對次數。（可參考 ch9-4-2.R）

> 習題

1. 使 用 大 立 光 日 對 數 報 酬 率 序 列 資 料， 分 別 以 ARCH(1)、ARCH(4)、GARCH(1,1)、GARCH(2,1)、GARCH(1,2) 模型估計，讀者認為哪個模型的估計結果最符合預期？為什麼？

2. 續上題，若使用 *LR* 檢定上述五個模型，結果為何？

3. 若使用 GARCH(1,1) 模型估計，上述大立光日對數報酬率序列資料（日收盤價期間為 2005/1/3 – 2015/4/28），則估計的波動率最高與次高分別出現於何時？

4. 續上題，2015/4/29 之波動率的預期值為何？

5. 至目前為止，我們總共有多少方法可以估計波動率？

6. 以大立光取代本節的 TSMC 重做圖 9-14，其估計的波動率最高為何？

7. 利用本章 3.1 節的習題 1 內黃金價格序列資料，試以 GARCH(1,1) 模型估計黃金日對數報酬率並繪出估計的波動率走勢。

4.3 GARCH 模型之推廣

底下我們將介紹 GARCH 模型的推廣，此部分於財金統計學內亦占有相當多的篇幅；不過，於此處我們只取二部分介紹，有興趣的讀者可自行上網查詢或察看 rugarch 程式套件的使用手冊。

4.3.1 不對稱

之前章節我們所使用的 GARCH 模型，可以說是一種「標準型態的」GARCH 模型；底下，我們介紹一種可以反映正負衝擊所引起波動之不對稱的 GARCH 模型，此模型可以稱為 GJRGARCH 模型。GJRGARCH(1,1) 模型的條件變異數方程式可以寫成：

$$\sigma_t^2 = \alpha_0 + \alpha_1\varepsilon_{t-1}^2 + \gamma_1 I_{t-1}\varepsilon_{t-1}^2 + \beta_1\sigma_{t-1}^2 \qquad (9\text{-}77)$$

其中 I_{t-1} 是一個指標函數，表示若 $\varepsilon_{t-1} \le 0$，則 $I_{t-1} = 1$；相反地，若 $\varepsilon_{t-1} > 0$，則 $I_{t-1} = 0$。若與 (9-71) 式比較，可知 GJRGARCH(1,1) 模型比尋常的 GARCH(1,1) 模型，於條件變異數方程式內多了一個參數值 γ_1（γ 音 gamma）；從 (9-77) 式內可看出，前一期誤差項 $\varepsilon_{t-1} \le 0$，即對報酬率而言，有對它出乎意料之外的負面消息，此時當期之條件變異數除了有 α_1 項之反應外，另外尚有引起 γ_1 項的額外反應，若後者能顯著地異於 0，則豈不是負面的消息所引起的波動大於正面的消息（即 $\varepsilon_{t-1} > 0$）所引起的波動。換言之，GJRGARCH 模型可用於衡量「多空消息」所引起波動的不對稱性 [23]！

同樣地，若是使用前述 TSMC 日對數報酬率序列資料，估計 GJRGARCH(1,1) 模型，其估計結果可為 [24]：

$$\sigma_t^2 = 0.05 + 0.05\varepsilon_{t-1}^2 + 0.04I_{t-1}\varepsilon_{t-1}^2 + 0.93\sigma_{t-1}^2$$
$$(0.01)(0.01)\qquad(0.01)\qquad\quad(0.01)$$

---

[23] 有興趣的讀者可參考 Glosten, L.R., R. Jagannathan, and D.E. Runkle. (1993), "On the relation between the expected value and the volatility of the nominal excess return on stocks", *Journal of Finance*, 48(5), 1779–1801.

[24] 提醒讀者注意的是，此時我們是使用 rugarch 程式套件。

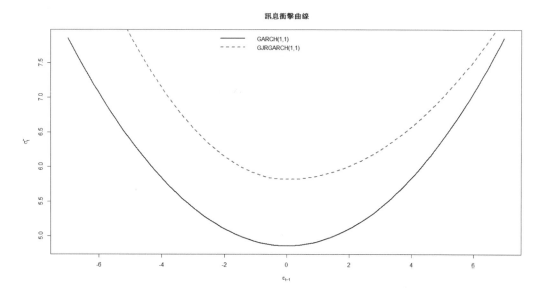

▲ 圖 **9-15**：GARCH(1,1) 與 GJRGARCH(1,1) 模型訊息衝擊曲線

其中小括號內之值表示對應之標準誤。由上式可看出，每個參數估計值皆顯著異於 0；利用上式的估計結果，我們也可以繪製出所謂的「訊息衝擊曲線（news impact curve）」，如圖 9-15 所示。觀察圖 9-15，我們可以看出利用 GJRGARCH(1,1) 模型的估計結果，所繪製出的訊息衝擊曲線，的確顯示出好壞訊息對條件變異數的影響有不對稱的現象（紅色虛線）；相對上，若使用尋常的 GARCH(1,1) 模型估計，則有對稱的訊息衝擊曲線（黑色實線）！

4.3.2 準 MLE

我們已經知道資產報酬率大多具有「高峰厚尾」的特性，但是前述 GARCH 模型我們大多採取常態分配的假定，我們稱此種方法為準（quasi）MLE 方法；一個有意思的問題是，若以準 MLE 方法估計 GARCH 模型，其結果會如何？換言之，若真實的條件分配為 t 分配，而我們仍然使用常態分配取代，則其 GARCH 模型估計的結果又會是如何？

　　欲回答上述問題，底下我們嘗試做一個簡單的蒙地卡羅模擬；試著從一個條件分配為 t 分配的 GARCH(1,1) 模型內抽出 1,000 個觀察值，其中參數值 θ 與自由度 v 分別設為 0.05、0.3、0.65 以及 5。假想我們有興趣的是 α_1 與 β_1 二個參數值之估計，而分別使用條件分配為 t 分配與常態分配的 GARCH(1,1) 模型估計，而後者使用準

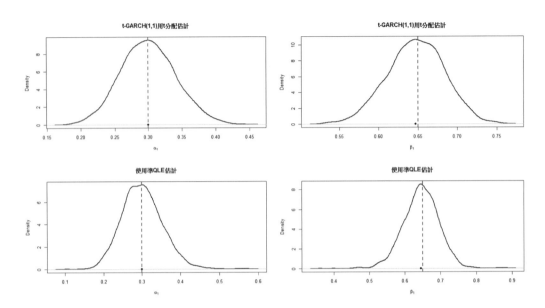

▲ 圖 **9-16**：α_1 與 β_1 估計值之抽樣分配，上（下）圖是使用正確的模型（準 MLE）

MLE 方法估計，重複如此的動作 2,000 次，然後再分別繪出 α_1 與 β_1 估計值之抽樣分配，其結果可繪於圖 9-16。

於圖 9-16，我們可以看出二種方法大致仍能維持不偏估計式的特性，其中紅色虛線可對應至真正的參數值而黑點則是平均的估計值。圖內之下圖即使用準 MLE 估計，可看出其抽樣分配的離散程度（標準誤）相對上比較大，顯示出使用準 MLE 估計可能仍具有不偏的特性，但是相對上來得較無效！

習題

1. 利用 rugarch 程式套件，該套件提醒我們可以分別設定「日對數報酬率序列」之條件的平均數與變異數方程式，前者可以使用所謂的 ARMA 模型。ARMA 模型的型式其實類似 GARCH 模型，底下列出一個 ARMA(1,1) 模型，其可與 (9-74) 式對應比較：

$$y_t = \beta_0 + \beta_1 y_t + \varepsilon_t + \theta_1 \varepsilon_{t-1}$$

其中 $|\beta_1| < 1$。利用本節 TSMC 資料以 ARCH(1,1)-GARCH(1,1) 模型估計，其結果為何？我們應觀察哪一個估計結果？

☞提示：spec1 = ugarchspec(variance.model=list(model="sGARCH", garchOrder=c(1,1))

```
          ,mean.model=list(armaOrder=c(1,1),include.mean=T),
          distribution.model = "norm")# 有包括常數項
        model1 = ugarchfit(spec1,data=tsmcr)
        model1
```

2. 若以同時期的 TWI 取代本節的 TSMC，試重新繪製圖 9-15。

☞提示：

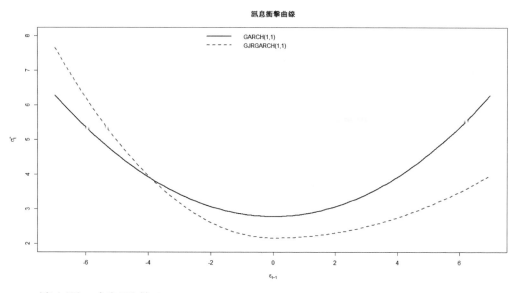

訊息衝擊曲線

3. 續上題，有何涵義？

4. 續上題，試繪出估計的波動率。

本章習題

1. 以讀者所選取的股票重做本章內有關 TSMC 的部分。

2. 以第 1 章習題所用的資料如黃金與石油，試看其報酬率序列可用何分配模型化？

3. 參考 rugarch 程式套件，以本章 TSMC 序列資料試以 apARCH(1,1) 模型估計並繪出訊息衝擊函數。

4. 半衰期（half-life）是指條件變異數反轉至非條件變異數途中的一半所需的時間，若以 GARCH(1,1) 模型為例，計算模型之半衰期之公式為：

$$n = 1 + \frac{\log\left(\frac{1}{2}\right)}{\log(\alpha_1 + \beta_1)}$$

若以本章內之 **TSMC** 的資料為例，試分別以常態與 t 分配之 GARCH(1,1) 模型估計，其估計的半衰期各為何？

5. 續上題，試比較上述二模型所估計之最大的條件變異數與估計之非條件變異數。

6. ARCH-M 模型：本章之 ARCH 模型，即 (9-60) 式可以進一步改為：

$$y_t = \delta\sigma^2 + u_t$$
$$u_t \sim N(0, \sigma_t^2)$$
$$\sigma_t^2 = \alpha_0 + \sum_{i=1}^{q}\alpha_i u_{t-i}^2$$

試以 TSMC 資料估計上述模型，其中 $q = 8$。我們可以注意平均數方程式內的參數 δ 是否異於 0？可解釋上述參數的意義。

☞提示：
```
# ARCH-M Model
library(rugarch)
spec2 = ugarchspec(variance.model=list(model="sGARCH",
garchOrder=c(8,0)),
    mean.model=list(armaOrder=c(0,0),include.
mean=T,archm=T,archpow=2),
    distribution.model = "norm")
```

7. 續題 2，以黃金與石油之週報酬率序列使用 t 分配之 GARCH(1,1) 模型估計，比較上述二模型有何不同？

8. 使用 *LR* 檢定。利用 TSMC 資料，比較 t 分配、*FS* 偏態 t 分配以及 *GH* 偏態 t 分配之 GARCH(1,1) 模型，看哪個模型最優？

9. IGARCH 模型。於第 6 章我們曾經介紹過 JP Morgan 的 EWMA 方法，按照上述方法，t 期之條件變異數的預期是由 $t - 1$ 期的預期條件變異數與實際的變異數加權而得：

$$\hat{\sigma}_t^2 = (1 - \lambda)r_{t-1}^2 + \lambda\hat{\sigma}_{t-1}^2$$

上述模型若與 (9-69) 式之 GARCH(1,1) 模型比較，則上式相當於假定 $\alpha_0 = 0$ 以及 $\alpha_1 + \beta_1 = 1$；換言之，上述之 EWMA 方法相當於使用 IGARCH 模型。試說明其有何特色。

☞提示：我們可以注意使用 MLE 方法估計 IGARCH(1,1) 模型，其 λ 估計值約為 0.96 或 0.94。

10. 對數常態分配（log-normal distribution）。資產價格序列如股價序列是否可以
    常態分配模型化？由於資產價格不可能為負值且其應屬於右偏的分配，因此，
    於財務模型內常以右偏的分配表示資產價格的分配；於統計學的眾多分配中，
    對數常態分配往往受到青睞。底下我們簡單介紹對數常態分配。若隨機變數
    屬於對數常態，則 $y = \log(x)$ 屬於常態分配（此處 log 仍指自然對數）；換言之，
    對數常態分配就是隨機變數 x 取過對數後是常態分配！對數常態分配的 PDF
    可寫成：

    $$f(x) = \frac{1}{\sigma x \sqrt{2\pi}} e^{-\left(\frac{(\log x - \mu)^2}{2\sigma^2}\right)}; x > 0$$

    其中 μ 與 σ 分別表示「對數」的平均數與標準差；換言之，$E[x] = e^{\mu + \frac{\sigma^2}{2}}$ 而其變
    異數則為 $Var(x) = e^{(2\mu + \sigma^2)}(e^{\sigma^2} - 1)$。試用 R 之 rlnorm、dlnorm 說明上述二參數
    所扮演的角色。

11. 本章 TSMC 的收盤價是否可以對數常態分配模型化？

    ☞提示：

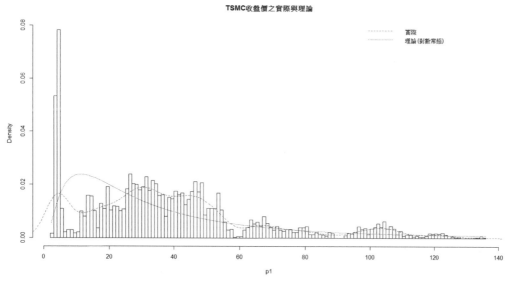

```
library(MASS)
model11 = fitdistr(p1,"lognormal")
model11
b = as.numeric(model11$estimate)
```

```
b
windows()
hist(p1,breaks=100,prob=T,main="TSMC 收盤價之實際與理論
")
lines(density(p1),lty=2,col="red")
lines(sort(p1),dlnorm(sort(p1),b[1],b[2]),lty=3,col="b
lue")
legend("topright",c(" 實際 "," 理論 對數常態 )"),lty=2:3,co
l=c("red","blue"),bty="n")
```

12*. 回測之檢定：伯努利涵蓋檢定（Bernoulli coverage test）。於第 6 章內曾介紹過回測的意義，我們曾使用 η（音 eta）表示一個「違反」是否出現，即 $\eta_t = 1$ 表示於 t 期實際的報酬率超過估計的風險值；反之，則 $\eta_t = 0$。因此，若蒐集所有的 η 值，其結果將是一連串的 0 與 1 序列；於統計學內，上述序列有可能接近於伯努利分配隨機變數的實現值。

是故，我們可以利用伯努利涵蓋檢定檢視違反的比率；換言之，違反風險值之虛無假設可為：

$$H_0 : \hat{p} = p$$

其中 p 表示計算風險值的機率值，而 $\hat{p}$ 則為實際的機率值。我們可以使用 LR 檢定上述之假設。假定上述 η_t 符合伯努利分配，則其 PDF 可為：

$$f(\eta_t) = (1 - \hat{p})^{1-\eta_t} \, \hat{p}^{\eta_t} ; \eta_t = 0,1$$

其中 $\hat{p} = \dfrac{v_1}{W_T}$，故其概似函數可為：

$$L_U(\hat{p}) = \prod_{t=W_E+1}^{T}(1 - \hat{p})^{1-\eta_t} \, \hat{p}^{\eta_t} = (1 - \hat{p})^{v_0} \, \hat{p}^{v_1} \tag{9-E1}$$

其中 $v_1 = \displaystyle\sum_{t=W_E+1}^{T}\eta_t$ 以及 $v_0 = W_T - v_1$；因此，利用 (9-E1) 式，對數概似函數可寫成：

$$\log L_U(\hat{p}) = v_0 \log(1 - \hat{p}) + v_1 \log \hat{p} \tag{9-E2}$$

我們可以將 (9-E2) 式視為「不受限制」的對數概似函數；換言之，上述虛無假設相當於限制機率值為 p！就第 6 章的 TSMC 序列資料而言，我們分別用四種方法估計機率值為 0.01 的風險值，若將估計期間改為 250 天，試使用伯努

利涵蓋檢定上述之虛無假設（顯著水準為 0.05）。（因 *LR* 檢定統計量可能為負值，底下我們以其絕對值取代）。

☞提示：
```
v0 = T1-v1
v0
phat = v1/T1
phat
# 不受限制之對數概似值
LLU = v0*(1-phat)+v1*phat
LLU
# 受限制之對數概似值
LLR = v0*(1-prob)+v1*prob
LLR
LR = abs(2*(LLU-LLR))
LR
1-pchisq(LR,0.95)
```

13. 續上題，除了 HS 方法之外，其餘三種計算風險值的方法皆是使用常態分配，其結果反而出現「受限制的對數概似值」大於「不受限制的對數概似值」的不合理現象；因此，試以 *t* 分配取代前述之常態分配，重新再以伯努利涵蓋檢定檢視（可參考第 6 章習題 11）。

14. 利用 TSMC 的日資料，若以 *t* 分配模型化，試求其對數報酬率介於 −1% 與 3% 的機率為何？

    ☞提示：
    ```
    library(fGarch)
    model = stdFit(tsmc.r)
    model
    ```

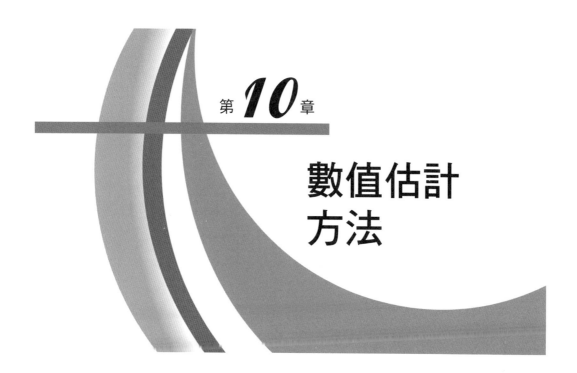

第 **10** 章

數值估計方法

於 前一章中，我們曾透過 R 的指令得出 MLE 的估計值，但我們並未對其為何可估計出極值多作解釋。有時，雖能透過數學（微積分）的求極值方法取得估計值；但有時候，欲求的解並不一定存在或是無法以數學公式表示，此時若為了取得極值，只能訴諸數值估計方法。

於本章，我們將分成四個部分來介紹求取極值的方法，並嘗試解釋隱藏於數值估計方法內的奧妙，其中自然包括簡單至複雜的情況，讀者自可利用所附的 R 程式，抽絲剝繭地瞭解 MLE 方法背後的涵義；最後一節，我們仍取一個實際的例子說明如何應用於財務分析內。

第一節　簡單求極值的方法

於本節，我們嘗試介紹如何用 R 幫我們計算出單一變數與多變數函數之極值；其次，我們也試著解釋如何估計二元變數常態與 t 分配之 PDF，並強調如何應用所估計的二元變數之 PDF，計算資產組合的風險值及預期損失；因此，二元（或多元）變數可以視為單一變數的推廣。

1.1 以目視與用 R 檢視

有些時候，若是要計算極大值或極小值，可藉由圖形觀察；但是，此仍侷限於二元變數的情況。若是要計算二元變數以上函數的極值，此時就只能藉由計算二元變數極值的推廣；換言之，此時數學上的想像，就顯得非常重要。

　　底下的介紹，於多元變數（或多元參數）下，為了簡潔起見，無可避免地會以向量或矩陣表示（其實之前我們已多次使用過）；讀者可以先閱讀第 11 章的前半部，同時練習使用 R 表示或計算。

1.1.1 單一變數的情況

假定有一個函數為：

$$y = x^2 + x - 1 \tag{10-1}$$

其中 $-2 \leq x \leq 2$，我們如何求其極值？現在我們使用 R 當作工具，當然第一個動作就是繪出如圖 10-1 所示的圖形。

　　於圖 10-1 可看出，上式存在有極小值。我們可以利用 R 內之 optimize 指令來計算極值（該指令適合用於計算單一變數函數之極值）；換言之，從圖內看出，若 x 的範圍不同，則極小值就會有所不同，即若 $-2 \leq x \leq 2$，則當 $x = -0.5$ 時，就會有極小值 $y = 1.25$；而當 $0 \leq x \leq 1$，則極小值為 $y = -1$ 而 $x = 0$。

　　我們也可以利用 R 以畫「格子（grid）」的方法，逐格找出最小值；也就是說，我們可以將 $-2 \leq x \leq 2$ 切成每格只相距 0.005，然後再逐一找出對應 y 值之最小值。

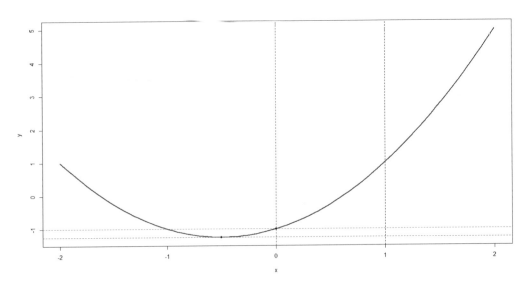

▲ **圖 10-1**：以目視的方式判斷

（可參考 ch10-1-1-1.R）

習題

1. 計算 $f(x) = -x^2 + 2x - 4$ 之極值。

   ☞提示：利用第一次與第二次微分。

2. 續上題：以 R 計算並繪出圖形。

3. 續上題，使用切成「格子」的方法。

   ☞提示：
```
x = seq(-2, 2, by = 0.0001)
f.x = fx(x)
ind = which(f.x == max(f.x))
c(x[ind],f.x[ind])
```

11.2 二元變數的情況

假想我們有一個二元常態分配之聯合機率密度函數（如圖 10-2 所示）：

$$f(x, y) = \frac{1}{2\pi} \exp\left(-\frac{1}{2}\left[(x - \mu_x)^2 + (y - \mu_y)^2\right]\right) \tag{10-2}$$

其中 $\mu_x = -1$、$\mu_y = 1$ 而 x 與 y 二序列互不相關；於圖 10-2 內，大致可以看出，於 $x = \mu_x = -1$ 與 $y = \mu_y = 1$ 處，會出現極大值。除了使用類似圖 10-2 的圖形外，於多元變數的情況下，我們還可以使用等高線（contour）圖判斷，如圖 10-3。

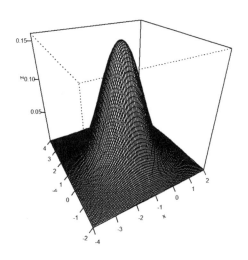

▲ 圖 **10-2**：簡易的二元常態分配

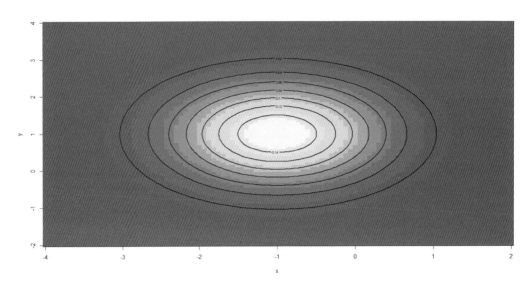

▲ **圖 10-3**：圖 10-2 之等高線圖

　　圖 10-3 繪出圖 10-2 之等高線圖，此相當於將圖 10-2 內之圖形「橫切」，圖內數字表示圖 10-2 之高度；另外，當顏色由紅轉黃最後轉白，表示高度由低轉高，最後至最高！

　　雖說使用目視的方式，也可以判斷極值，不過此顯然無法滿足我們所需，若想要進一步估計較複雜的數學型態如 (10-2) 式內所隱藏的參數值；我們需要思考於 R 內是如何處理多元變數的情況？由於 optimize 指令只適用於單一變數的情況；面對二元或多元變數等較為一般的情況，我們可以使用 optim 指令。

　　仔細思考 (10-1) 與 (10-2) 二式的區別，可以發現前者是找出最小 y 值時的 x 值，而後者則是找出 $f(x, y)$ 值最大下之 μ_x 與 μ_y；因此，(10-2) 式若使用 optim 指令，就要使用底下所會介紹的數值估計方法。我們可以先於 R 內輸進下列指令：

```
mux = -1
muy = 1
fxy = function(x,y) ((2*pi)^(-1))*exp(-(0.5)*((x-mux)^2+(y-
muy)^2))
x = seq(-4,2,length=100)
y = seq(-2,4,length=100)
?optim
```

```
gx = function(x) fxy(x[1],x[2])
model1 = optim(c(0.5,0.5),gx,method="BFGS",control=list(fnsca
le=-1))
model1
```

上述指令是先設定 $\mu_x = -1$、$\mu_y = 1$ 及 (10-2) 式，然後再令 x 與 y 分別介於 -4 與 2 以及 -2 與 4 之間；其次，再詢問 optim 指令是表示何意思，最後再將 x 與 y 二變數合併，其中前者位於第一個位置而後者位於第二個位置。接下來，使用 optim 指令，其內之 c(0.5,0.5) 表示極大化過程內，x 與 y 二變數之自設的期初值；其次，fnscale = -1 表示計算極大值。最後，我們是使用 BFGS 方法，其屬於底下欲介紹的準（quasi-）Newton 法。

其實，若仔細思考上述圖 10-2 或圖 10-3 的估計結果，不難發現其存在不合理的情況，原因就是我們事先預設二個最適解為 -1 與 1，此種情況當然不切實際；不過，透過上述例子，我們倒是可以回想之前介紹的 MLE 方法的意義為何？想像我們只抽出點 $(x, y) = (-1, 1)$，則反問於 (10-2) 式內，最有可能產生上述點的 μ_x 與 μ_y 值應為何？不錯，從另一角度觀察 (10-2) 式，若讓二個平均值變動，不是可以視為一個概似函數嗎？因此，其對數概似函數可寫成：

$$\log L(\theta) = -\frac{1}{2}\left[(x - \mu_x)^2 + (y - \mu_y)^2\right] + \log(1/2\pi) \tag{10-3}$$

若考慮不同的 μ_x 與 μ_y 值，則其對數概似函數，可繪於圖 10-4；從圖內可看出對數概似函數為二個平均數之函數，其最大值恰出現於點 $(\mu_x, \mu_y) = (-1, 1)$ 處！上述的目視結果亦可使用 optim 指令估計，其估計結果與目視結果一致！（可參考 ch10-1-1-2.R）

1.2 多元變數常態分配及其應用

(10-2) 式可以視為一個簡單的二元變數常態分配，底下我們將其推廣至一般的多元變數的情況。假定，有一個 p 維（p-dimensional）的常態隨機變數向量，其可寫成 $X' = [x_1, x_2, \cdots, x_p]$，其聯合 PDF 為：

$$f(X) = \frac{1}{(2\pi)^{p/2}|\Sigma|^{1/2}}\exp\left[-(X - \mu)'\Sigma^{-1}(X - \mu)/2\right] \tag{10-4}$$

其中 $-\infty < x_i < \infty$，$i = 1, \cdots, p$；μ 為一個 p 維的平均數向量，而 $\sum$（音 sigma）則為

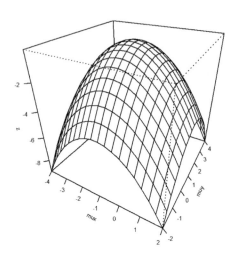

⋀ **圖 10-4**：點 $(\mu_x, \mu_y) = (-1, 1)$ 之（最大）對數概似函數

X 之變異數－共變異數之 $p \times p$ 矩陣。

若 $p = 2$ 並令 $x_1 = x$ 且 $x_2 = y$，則 (10-4) 式即可改為一個二元變數的常態 PDF，其型態可為：

$$f(x,y) = \frac{1}{2\pi\sigma_x\sigma_y\sqrt{1-\rho^2}}\exp\left[-\frac{1}{2(1-\rho^2)}\left(z_x^2 + z_y^2 - 2\rho z_x z_y\right)\right] \qquad (10\text{-}5)$$

其中

$$z_x = \frac{x - \mu_x}{\sigma_x} \text{、} z_y = \frac{y - \mu_y}{\sigma_y} \text{ 與 } \rho = \frac{\sigma_{xy}}{\sigma_x\sigma_y}$$

分別表示標準化後之 x 與 y 變數，以及二變數之間的相關係數。

讀者可能會提出疑問：為什麼要介紹或使用多變數的常態分配？我們可以嘗試提出下列的答覆：

· 雖說我們觀察或使用多個財金報酬率序列資料無法完全符合多變數常態；不過，後者卻可以提供針對真正母體分配一個不錯的或有用的估計值。

· 多變數常態之 PDF 如 (10-4) 式，於數學上不僅容易操作而且其結果也較為直接。

· 多變數常態隱含的意義與迴歸分析的結果一致。

底下，我們取 2000/1/4 － 2014/7/10 期間，TSMC 與 TWI 之日對數報酬率序列

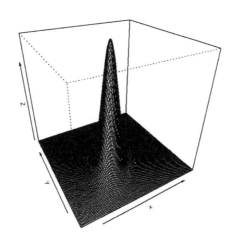

︿ 圖 10-5：以二元常態模型化 TSMC 與 TWI 日對數報酬率序列（2000/1/4 － 2014/7/10 期間）

資料（單位：%），我們嘗試以二元變數常態分配模型化；其估計的聯合 PDF 則繪於圖 10-5。事實上，若欲使用二元變數常態分配，我們可以分別使用 (10-4) 或 (10-5) 式。若使用 (10-4) 式估計，則共有 μ_x、μ_y、σ_x^2、σ_y^2 以及 σ_{xy}（x 與 y 之共變異數），五個參數需估計；而若使用 (10-5) 式，則只有一個未知的參數 ρ，不過於使用 (10-5) 式之前，x 與 y 二變數須先標準化。

於前一章內，我們有證明出若假定為常態分配，則其 MLE 之估計式接近其對應之樣本統計量；不過，底下為了說明起見，於 TSMC 與 TWI 的資料內，我們仍使用 optim 指令並以 BFGS 方法估計，讀者可注意不同的使用方式。

```
library(QRM)
y = tsmc.r
x = twi.r
data = cbind(x,y)
model3 = fit.norm(data)
model3
summary(model3)
model3$mu
apply(data,2,mean) # 計算行之平均數
T = length(y)
model3$Sigma
```

```
cov(data)*((T-1)/T) # 計算共變數矩陣 ?fit.norm
?fit.norm
ll = function(paR
{
  mux = par[1]
  muy = par[2]
  sigma0 = c(par[3],par[4],par[4],par[5])
  sigma = matrix(sigma0,2,2)
  mean(dmnorm(data,mu=c(mux,muy),Sigma=sigma, log=T)) # 注意以
平均數表示
}
omega = cov(data)
start = c(mean(y),mean(x),var(y),cov(y,x),var(x))
model4 = optim(start,ll ,hessian = TRUE,method="BFGS",control=
list(fnscale=-1))
model4
model4$par
model3$Sigma
```

　　上述 R 指令是使用 QRM 程式套件內的 **fit.norm** 指令，以 MLE 估計多元變數常態；利用 TSMC 與 TWI 日對數報酬率序列資料，前者以 x 而後者以 y 表示，以行合併的方式，將 y 與 x 合併並稱其為 data，然後按照 **fit.norm** 指令估計，其估計結果稱為 model 3。於 model 3 內，可看出二個母體平均數參數之估計值分別約為 0.0024 與 0.0334，此結果與 x 與 y 之樣本平均數相同；其次，二個母體變異數與共變異數之估計值則分別約為 2.1297、4.5790 與 2.3640，此估計結果則與利用樣本資料所估計的「校正之樣本共變異矩陣」結果稍有差距[1]。

　　當然我們也可以自行設計對數概似函數（利用 dmnnorm 函數指令），以 BFGS 方法估計；值得注意的是，此時應自行假定期初值（我們分別令五個期初值分別為對應之樣本統計量），最後的估計結果稱為 model 4。我們可以比較 model 3 與 4 是否存在差異（二模型之估計值亦存在些微的差距）。讀者可自行練習或思考若使

1　即 cov(data)*((T-1)/T)，可記得 MLE 估計式並未考慮自由度。

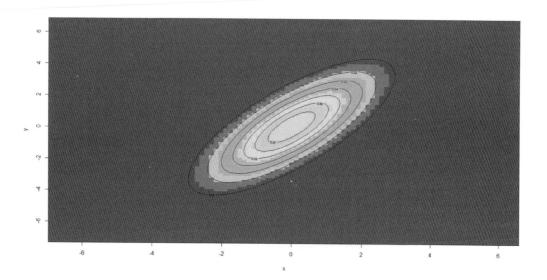

A 圖 10-6：圖 10-5 之等高線圖

用 (10-5) 式，上述 R 程式如何修改？

　　我們從 model 3 的估計結果，得知 TSMC 與 TWI 日對數報酬率之間的相關係數估計值為 75.7%，表示二日對數報酬率之間呈現正相關；不過，比較圖 10-2 與圖 10-5 之間的差異（可記得圖 10-2 可對應至二變數之間的相關係數為 0），我們發現二圖之間的差異並不明顯，此時再利用圖 10-6 之等高線圖（圖 10-6 繪出圖 10-5 之等高線圖），從圖內可看出等高線群呈東北－西南走勢（隱含著 x 與 y 二變數之間存在正相關），不同於圖 10-3 的等高線群的形狀，圖 10-6 呈現出非端正的（橢）圓形型式！（可參考 ch10-1-2.R）

1.2.1 估計標準誤

我們可以回想 MLE 之估計式的漸近分配為常態分配；換言之，重新定義前一章的 (9-40) 式，其可為：

$$\sqrt{T}(\hat{\theta} - \theta_0) \overset{a}{\to} N(0, I^{-1}(\theta_0)) \tag{10-6}$$

其中 θ_0、$\hat{\theta}$、$I(\theta_0)$ 以及 T，分別表示所欲估計的參數值、MLE 的估計式、訊息矩陣與樣本數。(10-6) 式可以轉換成標準常態，即：

$$\frac{\hat{\theta} - \theta_0}{\sqrt{\dfrac{I^{-1}(\theta_0)}{T}}} \xrightarrow{a} N(0,1) \tag{10-7}$$

因此，若以 $\hat{\theta}$ 取代 θ_0，則 MLE 估計式的共變異數矩陣之估計可為：

$$\hat{\Omega} = \frac{I^{-1}(\hat{\theta})}{T} \tag{10-8}$$

其中 $\hat{\Omega}$ 表示 MLE 估計式的共變異數矩陣之估計式；是故，$\hat{\theta}$ 內每個元素（參數）的估計標準誤就是 $\hat{\Omega}$ 矩陣內「對角線之值開根號」！

從前一章的 (9-39) 式，亦可知訊息矩陣就是「負的黑森矩陣」，故 (10-8) 式亦可改寫成：

$$\hat{\Omega} = \frac{-H_T^{-1}(\hat{\theta})}{T} \tag{10-9}$$

不過，假設於 $\hat{\theta}$ 處的黑森矩陣若不為負定，則利用 (10-9) 式，並不能計算（或估計）出變異數！此時，可以梯度的外部乘積 $J_T(\hat{\theta})$ 取代負的黑森矩陣，即前一章之 (9-35) 式；換句話說，此時的 $\hat{\theta}$ 的估計共變異數矩陣亦可以下式表示：

$$\hat{\Omega} = \frac{J_T^{-1}(\hat{\theta})}{T} \tag{10-10}$$

底下，我們試著用 TSMC 與 TWI 的資料，說明如何估計 $\hat{\theta}$ 的標準誤。於上述的 model 4 內，首先取得黑森矩陣 H，然後判斷其是否屬於負定的矩陣？試下列指令：

```
# 黑森矩陣為負定？
H = model4$hessian
H11 = H[1,1]
H11
H22 = H[1:2,1:2]
det(H22) # 行列式
H33 = H[1:3,1:3]
det(H33)
H44 = H[1:4,1:4]
```

```
det(H44)
H55 = H[1:5,1:5]
det(H55)
```

　　讀者可以檢視其結果為何？接下來，我們試著利用 (10-9) 式計算標準誤，其指令為：

```
# 計算標準誤
# 負的黑森矩陣就是訊息矩陣
# 負的黑森矩陣倒數（訊息矩陣的倒數）
H = model4$hessian # 以平均數表示
Inform = -H
invI = 1/Inform
T = length(tsmc.R
se = sqrt(invI/T)
se = diag(se)
se
```

1.2.2 應用

假想我們已經估計出多變數常態分配的參數值如上述之 model 3。一個實際的問題馬上浮現：$P(-1.15\% < y < 1.15\%, -1\% < x < 1\%) = ?$ 也就是說 TSMC 日對數報酬率介於 -1.15% 與 1.15% 之間以及同時 TWI 日對數報酬率亦介於 -1% 與 1% 之間的機率為何？欲回答上述問題，可以試下列指令：

```
# 計算區域機率
# Using mvtnorm library
library(mvtnorm)
model3
mu = model3$mu
sigma = model3$Sigma
y = tsmc.r
```

```
x = twi.r
summary(y)
summary(x)
# -1.15% < y < 1.15%
# -1% < x < 1%
?pmvnorm
pmvnorm(lower=c(-1,-1.15),upper=c(1,1.15),mean=mu,sigma=sigma)
```

答案是約為 27.68%！

　　接下來，我們試著利用估計的二元變數常態分配，計算由 TSMC 與 TWI 所構成的資產組合的風險值與預期損失。利用單一變數常態分配的假定，我們可以分別估計出 TSMC（多頭部位）於 5% 與 1% 的風險值，分別為 −3.4866% 與 −4.9450%，而預期損失則為 −4.4476% 與 −5.7370%；至於 TWI，則依序分別為 −2.3981% 與 −3.3927% 以及 −3.0128% 與 −3.8922%。

　　假想我們有一個資產組合 P，P 是由 70% 的 TSMC 與 30% 的 TWI 所構成，於此情況下，我們如何計算 P 的風險值與預期損失？若將 P 視為一種新的金融商品，則按照上述計算單一變數常態分配之風險值與預期損失的方式，依序亦可估計得 −3.0216% 與 −4.2835% 以及 −3.8436% 與 −4.9592%。讀者可以試著比較上述二種情況，以瞭解資產組合的確可降低風險！（可參考 ch10-1-2-2.R）

習題

1. 利用 quantmod 程式套件內的指令，下載黃金與美元日收盤價資料（2011/1/1 − 2015/6/30），二者皆以瑞士法郎表示，試分別繪出其時間走勢並解釋二者之間的關係。

2. 續上題，計算美元與黃金日對數報酬率（變動率）之樣本相關係數，並繪出以二元常態模型化日對數報酬率之聯合 PDF。

☞提 示：

黃金與美元日報酬率之聯合常態PDF

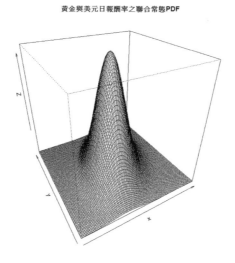

3. 續上題，樣本相關係數約為 0.39，試檢定其是否異於 0.5。$\alpha = 0.05$。

4. 續上題，黃金與美元日對數報酬率皆介於 −2% 與 2% 之間的機率為何？

5. 續上題，若手上有 70% 的黃金與 30% 的美元，則 1% 的風險值與預期損失為何？

6. 題 1-5 若改成黃金與美元皆以新臺幣計價，其結果又如何？

(1.3) 多元變數 *t* 分配及其應用

於資產組合理論內，橢圓形分配（elliptical distribution）群是重要的分配群；換言之，若多種報酬率序列之聯合機率分配屬於多元變數橢圓形分配，則由多種報酬率序列所構成的資產組合之報酬率分配之特徵，可以完全取決於多變數橢圓形分配的位置與尺度參數。也就是說，依據橢圓形分配的性質，假想有二個不同的資產組合，其報酬率分配若有相同的位置與尺度參數，則上述二個資產組合之報酬率的分配亦為相同！我們已經見識過橢圓形分配群其中一種分配：多元變數常態分配；而於多元變數常態分配內，其位置與尺度參數就是平均數與標準差向量！

底下，我們要介紹另一種多元變數橢圓形分配：多元變數 *t* 分配 [2]。假定一個 *p* 維的 *t* 分配隨機向量 *X*，其聯合 PDF 可為：

$$f(X) = \frac{\Gamma(v+p)}{\Gamma\left(\dfrac{v}{2}\right)(\pi v)^{p/2}\Sigma^{1/2}}\left(1 + \frac{(X-\mu)'\Sigma^{-1}(X-\mu)}{v}\right)^{-\frac{v+p}{2}} \tag{10-11}$$

---

2 另外一種橢圓形分配就是柯西（Cauchy）分配，讀者可上網查詢。

(10-11) 式可寫成 $X \sim t_v(\mu, \sum)$，其中 μ、$\sum$ 與 v 分別表示多元變數 t 分配之位置向量、尺度矩陣以及自由度。

為何我們需要考慮多元變數 t 分配？圖 10-7 之左圖繪出前述 TSMC 與 TWI 日對數報酬率序列之間的散布圖，而右圖則根據前述之 model 3 所得到的參數估計值，模擬出相同樣本數的二元變數常態觀察值之間的散布圖；換言之，從圖 10-7 可看出，TSMC 與 TWI 日對數報酬率序列，未必完全可以由二元變數常態分配模型化，此尤其表現於東北與西南角落上。此種結果並不出乎我們意料之外，原本我們就認為，以常態分配模型化報酬率序列會忽略報酬率序列具有「高峰厚尾」的特性；因此，多元變數常態分配並不能滿足我們所需，我們的確需要認真考慮其他如 t 分配！

利用前述的 QRM 程式套件內的 **fit.mst** 指令以及 TSMC 與 TWI 日對數報酬率序列資料，依舊使用 BFGS 方法估計二元變數 t 分配，其 R 指令可為：

```
# 二元變數 t 分配
model7 = fit.mst(data,method="BFGS")
model7
numt = model7$df
sigma.mt = model7$Sigma
cov.mt = model7$covariance
num = model7$df
(num/(num-2))*sigma.mt # 等於共變異數矩陣 cov.mt
apply(data,2,mean)
model7$mu
```

檢視上述估計結果，讀者應可以發現 t 分配內表示位置與尺度參數（μ 與 $\sum$）的估計值並不是分別表示平均數向量與共變異數矩陣；換言之，於古典 t 分配內，能代表位置與尺度特徵參數的參考值未必就是熟悉的平均數與變異數（或標準差）！

利用單一變數 t 分配，我們也可單獨估計 TSMC 日對數報酬率之 5% 與 1% 的風險值，其分別為 −3.3831% 與 −5.8855%；至於 TWI 日對數報酬率，利用單一變數 t 分配，其 5% 與 1% 風險值的估計值分別為 −2.2151% 與 −4.2415%。

類似之前的情況，考慮資產組合 P（即 70%TSMC 與 30%TWI）；我們有二種方式可估計其風險值。其一是視 P 為一種商品，故可利用單一變數 t 分配估計，其

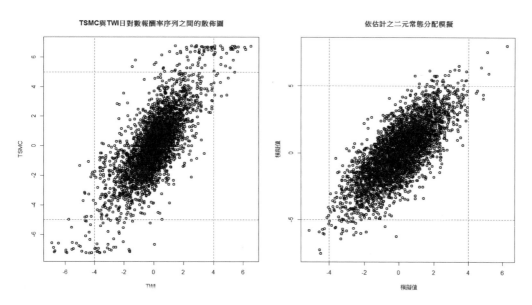

TSMC與TWI日對數報酬率序列之間的散佈圖　　　依估計之二元常態分配模擬

▲ 圖 10-7：左圖為實際的散布圖，右圖則為依估計的二元常態分配模擬值的散布圖

自由度估計值為 3.9411，而以上述單一變數 t 分配，估計 TSMC 與 TWI 日對數報酬率之自由度估計值分別為 4.1547 與 3.1350，前者大致接近於後二者之加權平均值 3.8488；至於 5% 與 1% 風險值估計值，就資產組合 P 而言，其分別為 −2.9050% 與 −5.1291%，二者亦皆小於對應的加權平均值！

除了上述將資產組合 P 視為一種商品而以單一變數 t 分配估計外，我們亦可以使用二元變數 t 分配 $t_v(\mu, \Sigma)$ 估計；換言之，令 $w = (0.7, 0.3)$ 與 $\mu = (\mu_y, \mu_x)$ 分別表示權數及位置參數向量，則 P 之位置大致落於：

$$\mu_P = w\mu = 0.7\mu_y + 0.3\mu_x$$

而 P 之「尺度矩陣」為：

$$\Sigma_P = w'\Sigma w = \begin{bmatrix} 0.7 \\ 0.3 \end{bmatrix} \begin{bmatrix} \sigma_y^2 & \sigma_{xy} \\ \sigma_{yx} & \sigma_x^2 \end{bmatrix} \begin{bmatrix} 0.7 & 0.3 \end{bmatrix}$$

提醒讀者注意的是，上式的 Σ 內之元素並不是變異數或共變異數。因此，若仍使用 BFGS 方法估計，α 之風險值估計值可為：

$$V\hat{a}R_P^t(\alpha) = \hat{\mu}_P + \hat{\Sigma}_P F_{\hat{v}}^{-1}(\alpha) \tag{10-12}$$

其中 F_v 表示單一變數 t 分配之 CDF。也許讀者會覺得奇怪，為何 (10-12) 式，不使

用二元變數 t 分配之 CDF，此大概是為何橢圓形分配會受到青睞的原因；原來橢圓形分配有一個重要的性質：若多種報酬率之間的聯合機率分配屬於多變數橢圓形分配，則多種報酬率之間所構成資產組合亦屬於單一變數橢圓形分配。就 t 分配而言，若多種報酬率之間的聯合機率分配屬於多變數 t 分配，則多種報酬率之間所構成資產組合亦屬於與多變數 t 分配「有相同自由度」的單一變數 t 分配！

利用 TSMC 與 TWI 資料以二元變數 t 分配模型化，可以估得其自由度為 4.0853，若與之前將 P 視為一種商品而以單一變數 t 分配估計所估得的自由度為 3.9411 相比較，二者的確差距不大！

接下來，我們來看如何於 t 分配下計算預期損失。若 t_v 與 F_v 分別表示自由度為 v 之 t 分配的 PDF 與 CDF，則於 α 下的預期損失估計為：

$$\hat{ES}^t(\alpha) = -\left[\hat{\mu} + \hat{\sigma}\left(\frac{t_{\hat{v}}\left(F_{\hat{v}}^{-1}(\alpha)\right)}{\alpha}\right)\left(\frac{\hat{v} + \left(F_{\hat{v}}^{-1}(\alpha)\right)^2}{\hat{v}-1}\right)\right] \tag{10-13}[3]$$

其中 $\hat{\mu}$ 與 $\hat{\sigma}$ 分別表示單一變數 t 分配之位置與尺度參數之估計值。利用 (10-13) 式，我們可以分別估計 TSMC 於 5% 與 1% 下，預期損失分別為 −5.0279 與 −8.1091；至於 TWI，於 5% 與 1% 下，預期損失的估計值分別為 −3.6970 與 −6.5265。

類似 (10-13) 式，資產組合之預期損失估計可為：

$$\hat{ES}_P^t(\alpha) = -\left[\hat{\mu}_P + \hat{\Sigma}_P\left(\frac{t_{\hat{v}}\left(F_{\hat{v}}^{-1}(\alpha)\right)}{\alpha}\right)\left(\frac{\hat{v} + \left(F_{\hat{v}}^{-1}(\alpha)\right)^2}{\hat{v}-1}\right)\right] \tag{10-14}$$

其中 $\hat{\mu}_P$ 與 $\hat{\Sigma}_P$ 分別表示多元變數 t 分配之位置與尺度參數之估計值。因此，資產組合 P 於 5% 與 1% 下，預期損失的估計值分別為 −4.3352 與 −7.0103；從上述估計結果可看出資產組合，亦會降低預期損失的估計！（可參考 ch10-1-3.R）

習題

1. 「資產組合會降低風險值與預期損失的估計」，這句話代表何意思？試以本節的例子說明。

2. 利用 1.2 節習題 6 黃金與美元以新臺幣計價的樣本資料，取代本節的 TSMC 與 TWI，重做一次並分別解釋其意義。

3. 於第 2 章我們有介紹有效的資產組合觀念，試繪出黃金與美元分別以瑞士法郎與新臺幣計價所構成之有效的資產組合線。

☞提示：

---

3 可以參考第 4 章內之 3.2.2 節的習題。

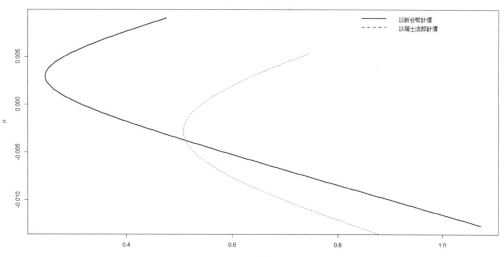

4. 續上題，上述有效的資產組合線是根據「樣本平均數與標準差」所繪製，讀者可思考若假定黃金與美元日對數報酬率序列分別屬於二元變數常態與 t 分配，對上述有效的資產組合線有何影響？

5. 就本節的例子，利用 TSMC 與 TWI 資料以二元變數 t 分配模型化，5% 與 1% 風險值估計值，就資產組合 P 而言，其分別為何？

6. 就本節的例子，將資產組合 P 視為一種商品而以單一變數 t 分配估計，5% 與 1% 預期損失估計值，分別為何？

7. 續題 5 與 6，試評估二題之估計結果與本節的結果。

第二節 **Newton 法**

於前一節內，我們有多次使用 BFGS 方法，該方法究竟是什麼意思？如前所述，當我們用微積分的方法，計算極大值或極小值時，未必存在有特殊的數學公式，讓我們可以求出最適解；當然，若存在有最適解的公式，如簡單線性迴歸之 OLS 方法中之 b_0 與 b_1 的公式，只要取得樣本資料，代入 b_0 與 b_1 的公式內，自然就可以得出依最小平方法所估得的迴歸式，只是於（財金）統計學內容易出現此種情況嗎？

　　倘若無最適公式解，為了取得極大值或極小值，就要使用最適數值演算（algorithm）方法。就 MLE 的估計式而言，這些演算方法大多須先設定未知參數 θ 的期初值，接著以反覆演算的方式直至滿足某個收斂指標為止；換言之，假定第

k 次演算為：

$$\theta_{(k)} = F(\theta_{(k-1)})$$

其中 $F(\cdot)$ 表示所選的數值演算方法。直覺觀之，若是 $\theta_{(k)} \approx \theta_{(k-1)}$，意謂著 MLE 之函數已無法提高改善，表示已達到某些程度的收斂，則 $\theta_{(k)}$ 為 θ 之 MLE 方法的估計式！

底下，我們將介紹一種數值求解演算法：Newton 法，而 BFGS 方法就是屬於 Newton 法。欲瞭解 Newton 法需要具備有關「向量或矩陣」的微分基本觀念（可參閱本書第 11 章的介紹）。

於前一章，我們曾分別定義梯度與黑森（函數）為：

$$G_T(\theta) = \frac{\partial \log L_T(\theta)}{\partial \theta} = \frac{1}{T}\sum_{t=1}^{T} g_t, \quad H_T(\theta) = \frac{\partial^2 \log L_T(\theta)}{\partial \theta \partial \theta'} = \frac{1}{T}\sum_{t=1}^{T} h_t$$

於圍繞 θ_0 處，梯度函數之第一階泰勒（Taylor）展開式為：

$$G_T(\theta) = G_T(\theta_0) + H_T(\theta_0)(\theta - \theta_0) \tag{10-15}$$

令 MLE 之估計式為 $\hat{\theta}$，因最適解為 $G_T(\hat{\theta}) = 0$；因此，MLE 之估計式會接近於下列式子：

$$G_T(\hat{\theta}) = 0 = G_T(\theta_0) + H_T(\theta_0)(\hat{\theta} - \theta_0) \tag{10-16}$$

(10-16) 式是一個線性方程式，若求解 $\hat{\theta}$，可得：

$$\hat{\theta} = \theta_0 - H_T^{-1}(\theta_0)G(\theta_0) \tag{10-17}$$

直覺而言，(10-17) 式只表示 MLE 的估計式，是欲估計參數 θ_0 的函數而已；不過，透過 (10-17) 式，我們可以於開始時，以事先預設的期初值取代 θ_0，然後逐步利用 (10-17) 式更新。此種方式可稱為 Newton 法。底下，我們將介紹三種 Newton 法，三種方法的差異，在於評估黑森函數時，有不同的表示方式。

2.1 Newton-Raphson 法

Newton-Raphson 法是以 $\theta_{(k-1)}$ 取代 (10-17) 式內之 θ_0，故更新演算至第 k 次可為：

$$\theta_{(k)} = \theta_{(k-1)} - H_{(k-1)}^{-1} G_{(k-1)} \tag{10-18}$$

其中

$$G_{(k)} = \frac{\partial \log L_T(\theta)}{\partial \theta}\bigg|_{\theta=\theta_{(k)}}, \quad H_{(k)} = \frac{\partial^2 \log L_T(\theta)}{\partial\theta\partial\theta'}\bigg|_{\theta=\theta_{(k)}}$$

於某個可以容忍的水準內，上述將持續演算（更新）直至 $\theta_{(k)} \approx \theta_{(k-1)}$；換言之，利用 (10-18) 式，若達到下式，即表示某種程度上收斂，即：

$$\theta_{(k)} - \theta_{(k-1)} = -H_{(k-1)}^{-1} G_{(k-1)} \approx 0 \qquad\qquad (10\text{-}19)$$

因於極大化下，$H_{(k-1)}^{-1}$ 或 $H_{(k)}^{-1}$ 皆為負定，故能滿足 (10-19) 式的條件為：

$$G_{(k)} \approx G_{(k-1)} \approx 0$$

因此，若能滿足上述條件，表示 $\theta_{(k)} \approx \hat{\theta}$！

從 (10-18) 式內可看出 Newton-Raphson 法的操作，需要使用每階段的對數概似函數之第一次與第二次微分，即 $G(\cdot)$ 與 $H(\cdot)$。為了說明 Newton-Raphson 法的操作，底下我們舉一個簡單的例子，考慮一個二元一次方程式：

$$y = -x^2 - 2x - 1$$

上述方程式，可繪於圖 10-8；於圖內可看出最大值出現於 $x = -1$ 處。我們可以分別計算 y 對 x 的第一次與第二次微分，其分別為 $y' = -2x - 2$ 與 $y'' = -2$。讀者可以注意下列的 R 程式。

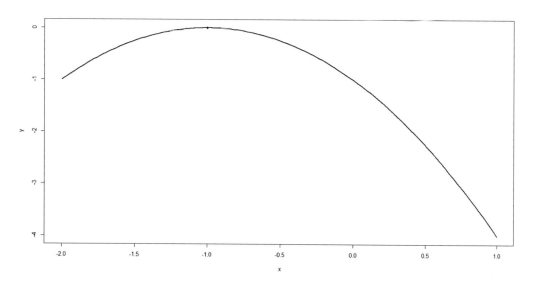

⋏ 圖 **10-8**：利用 Newton-Raphson 法計算極大值

```
# Newton-Raphson
windows()
x = seq(-2,1,length=100)
y = -x^(10-2)- 2*x - 1
plot(x,y,type="l",lwd=2)
points(-1,0,lwd=2,pch=18)
iters = 10
theta = rep(0,iters) # 0 重複 10 次置於 theta 內
theta0 = 50 # 期初值
theta[1] = theta0
for(i in 2:iters)
{
  y1 = -2*theta[i-1]-2 # gradient
  y2 = -2 # Hessian
  theta[i] = theta[i-1] - y1*y2^(-1)
}
theta
```

　　讀者若執行上述程式，可發現 θ 的期初值是設為 50，不過於第二次更新時馬上就變成 -1；讀者可以嘗試更改期初值，看 θ 有何變化？

　　底下，我們再舉一個例子說明。於迴歸分析內，我們是使用最小平方法估計母體迴歸參數值；事實上，我們也可以使用 MLE 方法估計母體參數值。此時，我們可藉由假定迴歸之誤差項 $\varepsilon_t = y_t - \beta_1 x_t$（為了簡化起見，假定 $\beta_0 = 0$）屬於 $iid\ N(0, \sigma^2)$；因此，透過誤差項為 iid 常態分配的假定，其對數概似函數可為：

$$LL = \log L_T(x; \beta_1, \sigma^2) = -\frac{T}{2}\log 2\pi - \frac{T}{2}\log \sigma^2 - \frac{\sum_{t=1}^{T}(y_t - \beta_1 x_t)^2}{2\sigma^2}$$

故 $\theta = (\beta_1, \sigma^2)'$。表示有二個未知的參數 β_1 與 σ^2，其分別可計算梯度與黑森矩陣內的元素如下：

$$\frac{\partial LL}{\partial \beta_1} = \frac{\sum_{t=1}^{T}(y_t - \beta_1 x_t)x_t}{\sigma^2}, \quad \frac{\partial LL}{\partial \sigma^2} = -\frac{T}{2\sigma^2} + \frac{\sum_{t=1}^{T}(y_t - \beta_1 x_t)^2}{2(\sigma^2)^2},$$

$$\frac{\partial^2 LL}{(\partial \beta_1)^2} = -\frac{\sum_{t=1}^{T} x_t^2}{\sigma^2}, \quad \frac{\partial^2 LL}{\partial \beta_1 \partial \sigma^2} = -\frac{\sum_{t=1}^{T}(y_t - \beta_1 x_t)x_t}{(\sigma^2)^2},$$

$$\frac{\partial^2 LL}{\partial \sigma^2 \partial \beta_1} = -\frac{\sum_{t=1}^{T}(y_t - \beta_1 x_t)x_t}{(\sigma^2)^2}, \quad \frac{\partial^2 LL}{(\partial \sigma^2)^2} = \frac{T}{2(\sigma^2)^2} - \frac{\sum_{t=1}^{T}(y_t - \beta_1 x_t)^2}{(\sigma^2)^3},$$

因此，梯度向量與黑森矩陣分別可為：

$$G = \begin{bmatrix} \dfrac{\partial LL}{\partial \beta_1} \\ \dfrac{\partial LL}{\partial \sigma^2} \end{bmatrix}, \quad H = \begin{bmatrix} \dfrac{\partial^2 LL}{(\partial \beta_1)^2} & \dfrac{\partial^2 LL}{\partial \beta_1 \partial \sigma^2} \\ \dfrac{\partial^2 LL}{\partial \sigma^2 \partial \beta_1} & \dfrac{\partial^2 LL}{(\partial \sigma^2)^2} \end{bmatrix},$$

若假想我們有 5 組觀察值（$T = 5$），而 $x_t = \{1, 3, 5, 7, 9\}$ 且 $\theta = \{\beta_1 = 0.5, \sigma^2 = 2\}$；因此透過上述的假定，可知 $y_t \sim N(0.5x_t, 2)$，我們可以模擬出 y_t 的觀察值。

利用上述 x_t 與 y_t 的觀察值以及參數值 θ，我們可以計算出平均的對數概似值約為 -1.0164；接著，我們試以 Newton-Raphson 方法估計參數值 θ，其 R 程式可為：

```
# simple regression model
x = c(1,3,5,7,9)
T = length(x)
beta1 = 0.5
sigma2 = 2
set.seed(1234)
y = beta1*x+sqrt(sigma2)*rnorm(T)
# Average log-likelihood at theta
LL = -0.5*log(2*pi)-0.5*log(sigma2)-0.5*mean((y-beta1*x)*2)/
sigma2
LL
# Newton-Raphson
LLa = numeric(10)
theta0 = matrix(rep(0,20),10,2)
model = lm(y~x-1) # 不包含常數項之簡單迴歸估計
res = residuals(model)
```

```
s2 = sum(res*res)/(T-1)
theta0[1,1] = 0.1   # beta1 之期初值
theta0[1,2] = 1 # sigma2 之期初值
for(i in 2:10)
{
  beta  = theta0[(i-1),1]
  sig2  = abs(theta0[(i-1),2])
  G = matrix(c(0,0),2,1)
  G[1,1] = sum((y-beta*x)*x)/sig2
  G[2,1] = -0.5*T/sig2 + 0.5*sum((y-beta*x)^2)/sig2^2
  H = matrix(c(0,0,0,0),2,2)
  H[1,1] = -sum(x^2)/sig2
  H[1,2] = -sum((y-beta*x)*x)/sig2^2
  H[2,1] = -sum((y-beta*x)*x)/sig2^2
  H[2,2] = 0.5*T/sig2^2 - sum((y-beta*x)^2)/sig2^3
  theta0[i,] = theta0[(i-1),] - solve(H)%*%G
  LLa[i] = -0.5*log(2*pi)-0.5*log(theta0[i,2])-
    0.5*mean((y-theta0[i,1]*x)^2)/theta0[i,2]
}
LLa
theta0
```

　　於上述的程式內，首先我們是選用最小平方法的估計值當作 θ 之期初值，可注意若沒有包括常數項，於簡單迴歸的估計內 R 是如何表示？（用 "–1"）。我們欲以 Newton-Raphson 方法估計 10 個平均對數概似估計值，其可對應至 10 列 2 行的 θ 矩陣；換言之，各分別有 10 個 β_1 與 σ^2 值可用於計算出 10 個平均對數概似估計值。若執行上述程式，可發現大概計算至第 6 個平均對數概似估計值後，就已經收斂不再變化，其值約為 –1.4491。最後，我們發現以 Newton-Raphson 方法估計 θ 值，其 β_1 與 σ^2 值分別約為 0.4356 與 3.2218！

　　於上述簡單迴歸的例子內，我們發現至少可使用三種收斂指標用以認定 MLE 的估計是否已經達到，其一是使用目標函數，即：

$$logL(\theta_{(k)}) - logL(\theta_{(k-1)}) < \varepsilon$$

另一種是使用梯度函數,即:

$$G(\theta_{(k)})'G(\theta_{(k-1)}) < \varepsilon$$

最後一種則是使用「更新函數」,即:

$$G(\theta_{(k)})'H^{-1}G(\theta_{(k-1)}) < \varepsilon$$

其中 ε 表示一個可以容忍的收斂程度,例如 $\varepsilon = 0.0001$。假定我們選用第二種收斂指標,試下列指令:

```
rm(G) # 移去 G
rm(H) # 移去 H
G
# 使用梯度函數收斂指標
theta = theta0[1,]
betac1  = theta[1]
sigmac2  = theta[2]
G = cbind(rep(0,2))
G[1,1] = sum((y-betac1*x)*x)/sigmac2
G[2,1] =  -0.5*T/sigmac2+0.5*sum((y-betac1*x)^2 )/sigmac2^2
H = matrix(c(0,0,0,0),2,2)
H[1,1] = -sum(x^2)/sigmac2
H[1,2] = -sum((y-betac1*x)*x )/sigmac2^2
H[2,1] = -sum((y-betac1*x)*x )/sigmac2^2
H[2,2] = 0.5*T/sigmac2^2 - sum((y-betac1*x)^2 )/sigmac2^3
tol = 0.00001
k = 1
while (t(G) %*% G > tol) # 執行下列程式直至收斂指標不超過 tol
{
  theta = theta - solve(H) %*% G
```

```
betac1  = theta[1]
sigmac2  = theta[2]
G = cbind(rep(0,2))
G[1,1] = sum((y-betac1*x)*x)/sigmac2
G[2,1] =  -0.5*T/sigmac2+0.5*sum((y-betac1*x)^2 )/sigmac2^2
H = matrix(c(0,0,0,0),2,2)
H[1,1] = -sum(x^2)/sigmac2
  H[1,2] = -sum((y-betac1*x)*x )/sigmac2^2
  H[2,1] = -sum((y-betac1*x)*x )/sigmac2^2
  H[2,2] = 0.5*T/sigmac2^2 - sum((y-betac1*x)^2 )/sigmac2^3
  k = k+1
}
betac1
sigmac2
 k
```

若執行上述程式，可以發現於 $k = 5$ 後，參數估計值已收斂，而判斷收斂的標準，是梯度函數的相乘不超過 0.00001 ！（可參考 ch10-2-1.R）

習題

1. 試以 Newton-Raphson 方法重做 1.1.1 節的習題 1。
2. 試以 Newton-Raphson 方法計算 $f(x) = e^{-x} + x^4$ 之極值。

    ☞提示：
    ```
    fx = function(x) exp(-x) + x^4
        x = seq(-3,4,length=100)
        windows()
        plot(x,fx(x),type="l")
        f1 = function(x) -exp(-x) + 4*x^3
        f2 = function(x) exp(-x) + 12*x^2
        x = c(0.5,rep(1,9))
        for(i in 1:9)
        {
        x[i+1] = x[i] - f1(x[i])/f2(x[i])
    ```

```
}
data.frame(x,fx(x),f1(x),f2(x))
```

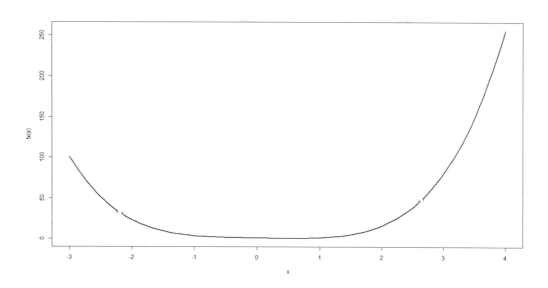

3. 使用 maxLik 程式套件內之 maxNR 指令。試於平均數與標準差分別為 1 與 2 的常態分配內抽取 1,000 個觀察值,利用上述觀察值以 Newton-Raphson 方法估計母體平均數與標準差。假定母體平均數與標準差之期初值分別為 0 與 1。

☞提示:
```
library(maxLik)
loglik = function(param) {
  mu = param[1]
  sigma = param[2]
  ll = sum(dnorm(x,mu,sigma,log=T))
}
N = 1000
x = rnorm(N,1,2) # use mean=1, sd=2
model = maxNR(loglik, start=c(0,1)) # 使用錯的期初值
model
summary(model)
modela = maxLik(loglik, start=c(0,1))
summary(modela)
# 估計的標準誤
```

```
H = model$hessian/N
Inform = -H
invI = 1/Inform
se = sqrt(invI/N)
diag(se)
```

4. 利用 1.2 節的習題 6 內之黃金與美元以新臺幣計價的樣本資料，我們欲以二元變數 *t* 分配模型化其對數報酬率，試以 Newton-Raphson 方法估計其內之參數值。

☞提示：
```
library(mvtnorm)
library(maxLik)
y = 100*diff(log(as.numeric(gprice2)))
x = 100*diff(log(as.numeric(ntd)))
data = cbind(x,y)
llt = function(paR
{
  mux = par[1]
  muy = par[2]
  sigma0 = c(par[3],par[4],par[4],par[5])
  sigma = matrix(sigma0,2,2)
   sum(dmvt(data,delta=c(mux,muy),sigma=sigma,
df=par[6], log=T))
}
start = c(mean(y),mean(x),var(y),cov(y,x),var(x),5)
modelc = maxNR(llt,start=start)
summary(modelc)
modeld = maxLik(llt,start=start)
summary(modeld)
```

2.2 計分法與 BHHH 演算法

計分法（method of scoring）是利用前一章介紹的訊息矩陣；換言之，重寫前一章的 (9-37) 式，可為：

$$I(\theta_0) = -E[\,h_t(\theta_0)\,]$$

若以 $I(\theta_0)$ 的樣本平均數取代上式之期望值，訊息矩陣即為負的黑森矩陣[4]，即：

$$I(\theta_0) = -H_T(\theta_0)$$

前述的 Newton-Raphson 法就是使用此種方式。因此，若以訊息矩陣取代 (10-17) 式內之黑森矩陣就是計分法，即：

$$\theta_{(k)} = \theta_{(k-1)} + I_{(k-1)}^{-1} G_{(k-1)} \tag{10-20}$$

其中 $I_{(k)} = E[\,h_t(\theta_{(k)})\,]$。

值得注意的是，於前一章的 (9-35) 式亦提醒我們，可以使用梯度的外部乘積估計訊息矩陣，即：

$$I(\theta_0) = J(\theta_0) = E[\,g_t(\theta_0)g_t^{'}(\theta_0)\,]$$

若以樣本平均取代上式內的期望值，則我們可以取得另一種估計訊息矩陣的方式，即：

$$J_T(\theta_0) = \frac{1}{T}\sum_{t=1}^{T} g_t(\theta_0)g_t^{'}(\theta_0) \tag{10-21}$$

因此，若以 $J_{(k-1)}^{-1}$ 取代 (10-20) 式內之 $I_{(k-1)}^{-1}$，即：

$$\theta_{(k)} = \theta_{(k-1)} + J_{(k-1)}^{-1} G_{(k-1)} \tag{10-22}$$

其中

$$J_{(k)}(\theta_0) = \frac{1}{T}\sum_{t=1}^{T} g_t(\theta_{(k)})g_t^{'}(\theta_{(k)})$$

利用 (10-22) 式演算參數值 θ，此種方法就稱為 BHHH（Berndt-Hall-Hall-Hausman）演算法。

底下，我們以一個例子來比較不同方法的使用方式。於第 4 章內，我們有學過卜瓦松分配，於統計學內，與之相對應的有指數分配；換言之，利用卜瓦松分配，我們可以計算出單位時間內實際出現次數的機率，而指數分配則計算次數之間之實

4　比較前一章之 (9-30) 與 (9-37) 二式。

際時間的機率。舉例來說，若觀察某檔股票收盤價之日對數報酬率，發現每隔 10 個交易日平均有 5 次會大於等於 0，則相當於 2 個交易日就會有 1 次日對數報酬率會大於等於 0；若今日日對數報酬率大於等於 0，則下一次日對數報酬率大於等於 0 需要幾天？或若實際上超過 3 個交易日後，日對數報酬率才大於等於 0 的機率為何？欲回答上述問題，我們可以使用指數分配。

指數分配是屬於連續的機率分配，其表示方式，分別可為：

$$f(x) = \frac{1}{\beta} e^{-\frac{x}{\beta}}, x \geq 0 \tag{10-23}$$

或

$$f(x) = \lambda e^{-\lambda x}, x \geq 0 \tag{10-24}$$

其中 β 與 λ 皆大於 0。於 R 內，指數分配的 PDF 是使用 (10-24) 式，但是與卜瓦松分配有關的卻是 (10-23) 式。換言之，按照前述例子，平均 1 個交易日就有 0.5 次日對數報酬率大於等於 0，就卜瓦松分配而言，$\lambda = 0.5$；然而就 (10-23) 式而言，卻是 $\beta = 2$，因此若要計算實際上超過 3 個交易日後，日對數報酬率大於等於 0 的機率為何，可以試下列指令：

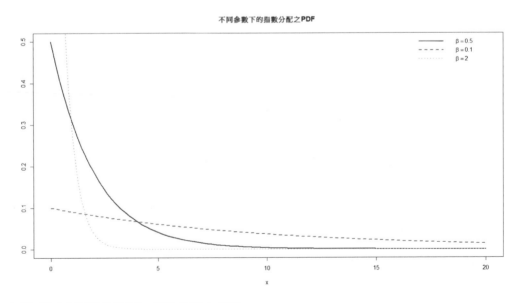

▲ 圖 10-9：不同參數下，指數分配之 PDF

```
?rexp
1-pexp(3,rate=2)
```

其機率值約為 0.0025！其可解釋成：於平均有 2 天日對數報酬率會大於等於 0 的情況下，實際上超過 3 個交易日以上，日對數報酬率大於等於 0 的機率為 0.0025！利用 (10-23) 式，我們可以比較不同參數下，指數分配之 PDF 的形態，如圖 10-9 所示。

若使用 (10-23) 式，我們可以用 MLE 方法來估計未知的參數值 β。即其對數概似函數可寫成：

$$\log l_T(\beta) = \frac{1}{T}\sum_{t=1}^{T}\log f(x_t;\beta) = -\log(\beta) - \frac{1}{\beta T}\sum_{t=1}^{T}x_t = -\log(\beta) - \frac{\bar{x}}{\beta} \tag{10-23}$$

上式之第一次與第二次微分後，分別為：

$$G_T(\beta) = -\frac{1}{\beta} + \frac{\bar{x}}{\beta^2} \;,\; H_T(\beta) = \frac{1}{\beta^2} - \frac{2\bar{x}}{\beta^3}$$

若令 $G_T(\hat{\beta}) = 0$，則可以得出 MLE 之估計式為：

$$\hat{\beta} = \bar{x}$$

換言之，指數分配參數值 β 之 MLE 估計值竟然是樣本平均數！

假定我們從指數分配內 $\lambda = 0.5$ 抽出 100 個觀察值，其 $\bar{x}$ 值約為 1.9995，比較 (10-23) 與 (10-24) 二式，可知 $\beta = 2$。我們先試著以 Newton-Raphson 方法估計指數分配內的 β，β 之期初值設為 1。表 10-1 列出以 Newton-Raphson 方法估計之前 9 次的演算過程：

從表 10-1 可看出：

$\theta_{(0)} = 1$，$G_{(0)} = -\frac{1}{1} + \frac{1.9995}{1} = 0.9995$，$H_{(0)} = \frac{1}{1^2} - \frac{2 \times 1.9995}{1^3} = -2.999$；按照 (10-19) 式，

可得 $\theta_{(1)} = \theta_{(0)} - H_{(0)}^{-1}G_{(0)} = 1 - (-\frac{1}{2.999}) \times 0.9995 = 1.3333$，此恰為表 10-1 內之 $\theta_{(1)}$ 值！表內之其餘值可以類推。從表內可看出約從 $k = 5$ 後，$G_{(k)} \approx 0$，此時 $\theta_{(k)}$、$H_{(k)}$ 或 $LL_{(k)}$ 已逐漸收斂，最後 β 的估計值停留於 1.9995，$G_{(k)} = 0$ 而 $H_{(k)} < 0$，產生最大對數概似值 −1.6929！

接下來，我們來看使用計分法與 BHHH 演算法的情況。於前一個例子內，對

▽ **表 10-1**：以 Newton-Raphson 方法估計指數分配的參數值 β

k	$\theta_{(k)}$	$G_{(k)}$	$H_{(k)}$	$LL_{(k)}$
1	1.3333	0.9995	-2.9989	-1.9995
2	1.6665	0.3748	-1.1247	-1.7873
3	1.9044	0.1199	-0.5040	-1.7105
4	1.9908	0.0262	-0.3033	-1.6941
5	1.9994	0.0022	-0.2545	-1.6929
6	1.9995	0.0000	-0.2502	-1.6929
7	1.9995	0.0000	-0.2501	-1.6929
8	1.9995	0.0000	-0.2501	-1.6929
9	1.9995	0.0000	-0.2501	-1.6929

註：於本例內 $\theta = \beta$，β 之期初值設為 1；LL 表示對數概似值。

數概似函數的第一次與第二次微分，即梯度與黑森（矩陣）於 t 期分別為：

$$g_t(\beta) = -\frac{1}{\beta} + \frac{x_t}{\beta^2} \tag{10-26}$$

與

$$h_t(\beta) = \frac{1}{\beta^2} - \frac{2x_t}{\beta^3}$$

因此訊息矩陣可為：

$$I(\beta_0) = -E[h_t] = -E\left[\frac{1}{\beta_0^2} - \frac{2}{\beta_0^3}x_t\right] = -\frac{1}{\beta_0^2} + \frac{2}{\beta_0^3}E[x_t] = -\frac{1}{\beta_0^2} + \frac{2\beta_0}{\beta_0^3} = \frac{1}{\beta_0^2}$$

讀者可嘗試證明或查詢得出 $E[x_t] = \beta_0$，而於表 10-1 的模擬內，$\beta_0 = 2$。另一方面，梯度的外部乘積可為：

$$J_T(\beta) = \frac{1}{T}\sum_{t=1}^{T} g_t g_t^{'} = \frac{1}{T}\sum_{t=1}^{T} g_t^2 \tag{10-27}$$

是故，我們也可以演算出，計分法以及 BHHH 演算法估計指數分配內的 β 的過程，其部分結果分別列於表 10-2 及表 10-3。

表 10-2 列出以計分法估計之前 8 次的演算過程，β 之期初值亦設為 1：即 $\theta_{(0)} = 1$，$G_{(0)} = -\frac{1}{1} + \frac{1.9995}{1^2} = 0.9995$，$I_{(0)} = \frac{1}{1^2} = 1$；因此，$\theta_{(1)} = \theta_{(0)} + I_{(0)}^{-1}G_{(0)} = 1 + 1 \times 0.9995$；其餘可類推。

❤ **表 10-2**：以計分法估計指數分配的參數值 β

k	$\theta_{(k)}$	$G_{(k)}$	$I_{(k)}$	$LL_{(k)}$
0	1	0.9995	1.0000	−1.9995
1	1.9995	0.0000	0.2501	−1.6929
2	1.9995	0.0000	0.2501	−1.6929
3	1.9995	0.0000	0.2501	−1.6929
4	1.9995	0.0000	0.2501	−1.6929
5	1.9995	0.0000	0.2501	−1.6929
6	1.9995	0.0000	0.2501	−1.6929
7	1.9995	0.0000	0.2501	−1.6929
8	1.9995	0.0000	0.2501	−1.6929

註：於本例內 $\theta = \beta$，β 之期初值設為 1。

　　於表 10-2 內，我們可以看出若與 Newton-Raphson 方法比較，利用訊息矩陣的計分法，其估計參數的速度遠比前者快多了，此是因為計分法有使用更多有關於估計模型的資訊；不過，有些情況下，訊息矩陣並不易估計，所以我們須找其他的替代方式。

　　接著，我們來看利用 BHHH 演算法估計的情況。利用 (10-26) 與 (10-27) 二式，可以得到梯度以及其外部乘積矩陣（以平均數表示）：

$$G_T(\beta) = \frac{1}{T}\sum_{t=1}^{T} g_t(\beta) = \frac{1}{T}\sum_{t=1}^{T}\left(-\frac{1}{\theta} + \frac{x_t}{\theta^2}\right)$$

與

$$J_T(\beta) = \frac{1}{T}\sum_{t=1}^{T} g_t^2 = \frac{1}{T}\sum_{t=1}^{T}\left(-\frac{1}{\theta} + \frac{x_t}{\theta^2}\right)^2$$

　　是故，於 $\theta_{(0)} = 1$ 的期初條件下，可以分別得到 $G_{(0)} = 0.9995$ 以及 $J_{(0)} = 6.0115$。因此按照 (10-22) 式，可得 $\theta_{(1)} = 1 + (6.0226)^{-1}(0.9995) = 1.1663$ ！其餘可以類推。

　　於表 10-3 內，我們可以看出使用 BHHH 演算法會比前二種方法使用更多的演算過程，那是因為 BHHH 演算法只使用對數概似函數之梯度函數（第一次微分），因此在使用上相對比 Newton-Raphson 方法或計分法簡單，但是此舉也有代價，就是使用梯度的外部乘積估計訊息矩陣而不是直接利用訊息矩陣，使得收斂的速度相對上比較慢，我們從表 10-3 內的確也注意到 θ 的估計更新尚未結束！（可參考 ch10-2-2.R）

⊻ **表 10-3**：以 BHHH 演算法估計指數分配的參數值 β

k	$\theta_{(k)}$	$G_{(k)}$	$J_{(k)}$	$LL_{(k)}$
0	1	0.9995	6.0115	−1.9995
1	1.1663	0.6126	3.0848	−1.8682
2	1.3648	0.3407	1.5606	−1.7760
3	1.5831	0.1661	0.8256	−1.7224
4	1.7843	0.0676	0.4991	−1.6996
5	1.9197	0.0216	0.3695	−1.6937
6	1.9783	0.0054	0.3273	−1.6929
7	1.9948	0.0012	0.3166	−1.6929
8	1.9985	0.0002	0.3142	−1.6929

註：於本例內 $\theta = \beta$，β 之期初值設為 1。

習題

1. 利用 2.1 節內迴歸模型的例子，試以計分法估計參數值。

    ☞ 提示：由 2.1 節內迴歸分析的例子內，可知黑森矩陣可寫成：

    $$H = \begin{bmatrix} \dfrac{\partial^2 LL}{(\partial \beta_1)^2} & \dfrac{\partial^2 LL}{\partial \beta_1 \partial \sigma^2} \\ \dfrac{\partial^2 LL}{\partial \sigma^2 \partial \beta_1} & \dfrac{\partial^2 LL}{(\partial \sigma^2)^2} \end{bmatrix} = \begin{bmatrix} -\dfrac{\sum_{t=1}^{T} x_t^2}{\sigma^2} & -\dfrac{\sum_{t=1}^{T}(y_t - \beta_1 x_t)x_t}{(\sigma^2)^2} \\ -\dfrac{\sum_{t=1}^{T}(y_t - \beta_1 x_t)x_t}{(\sigma^2)^2} & \dfrac{T}{2(\sigma^2)^2} - \dfrac{\sum_{t=1}^{T}(y_t - \beta_1 x_t)^2}{(\sigma^2)^3} \end{bmatrix}$$

    因此，訊息矩陣的倒數可為：$I = -E[H]$

    $$I^{-1} = \begin{bmatrix} \dfrac{\sigma^2}{\sum_{t=1}^{T} x_t^2} & 0 \\ 0 & \dfrac{2\sigma^4}{T} \end{bmatrix}$$

2. 續上題，將 x_t 改成從標準常態分配內抽取的 100 個觀察值；使用 maxLik 程式套件，以 BHHH 方法估計參數值（不利用梯度公式）。

3. 續上題，以 BHHH 方法估計參數值（利用梯度公式）。

2.3 BFGS 演算法

Newton-Raphson 方法的特色，是直接估計黑森矩陣，但若是於每次演算過程內估計黑森矩陣，則此種演算方法就稱為準 Newton 法。換言之，於準 Newton 法內黑森矩陣的更新可寫成：

$$H_{(k)} = H_{(k-1)} + U_{(k-1)} \tag{10-28}$$

其中 $H_{(k)}$ 表示黑森矩陣之第 k 次演算的估計值，而 $U_{(k)}$ 則是一個「更新」矩陣。不同的準 Newton 演算法取決於選擇不同的「更新」矩陣；其中以 BFGS（Broyden-Fletcher-Goldfarb-Shanno）比較特殊，其更新矩陣可為：

$$U_{(k-1)} = -\frac{H_{(k-1)}\Delta_\theta\Delta'_G + \Delta_G\Delta'_\theta H_{(k-1)}}{\Delta_G\Delta_\theta} + \left(1 + \frac{\Delta'_\theta H_{(k-1)}\Delta_\theta}{\Delta'_G\Delta_\theta}\right)\frac{\Delta_G\Delta'_G}{\Delta'_G\Delta_\theta} \tag{10-29}$$

其中

$$\Delta_\theta = \theta_{(k)} - \theta_{(k-1)}, \Delta_G = G_{(k)} - G_{(k-1)}$$

分別表示參數值與梯度函數於演算過程的變化。

乍看之下，上述 (10-29) 式並不易瞭解其意義，我們可以想像一種簡單的情況。也就是以上述指數函數為例，由於只有一個參數值 $\theta = \beta$，故梯度與黑森分別只是一個數值，二者並不是向量或矩陣；是故，於此情況下，(10-29) 式就可以簡化成：

$$U_{(k-1)} = -2H_{(k-1)} + \left(1 + \frac{\Delta_\theta H_{(k-1)}}{\Delta_G}\right)\frac{\Delta_G}{\Delta_\theta} \tag{10-30}$$

再將 (10-30) 式代入 (10-28) 式內，整理後可得出黑森的估計式為：

$$H_{(k)} = \frac{\Delta_G}{\Delta_\theta} = \frac{G_{(k)} - G_{(k-1)}}{\theta_{(k)} - \theta_{(k-1)}} \tag{10-31}$$

(10-31) 式相當於是以數值方法估計梯度對參數值 θ 的第一次微分！因此，於初期的演算過程內，(10-31) 式的估計有可能存在較大的差距，但隨著演算次數的增加，其誤差會逐漸下降。

因此若仍以上述估計指數分配的參數為例，則以 BFGS 演算法的過程如下：若 $\beta_{(0)} = 1.1$ 且 $H_{(0)} = -1$，則 $G_{(0)} = -\frac{1}{1.1} + \frac{1.9995}{1.1^2} = 0.7434$；因此，參數 β 的更新可

▽ **表 10-4**：以 BFGS 演算法估計指數分配的參數值 β

k	$\theta_{(k)}$	$G_{(k)}$	$U_{(k)}$	$H_{(k)}$	$LL_{(k)}$
0	1.1	0.7434		-1	
1	1.8434	0.0459	0.0618	-0.9382	-1.9130
2	1.8923	0.0299	0.6110	-0.3272	-1.6963
3	1.9838	0.0040	0.0436	-0.2836	-1.6944
4	1.9978	0.0040	0.0291	-0.2545	-1.6929
5	1.9994	0.0000	0.0040	-0.2506	-1.6929
6	1.9995	0.0000	0.0004	-0.2501	-1.6929
7	1.9995	0.0000	0.0000	-0.2501	-1.6929
8	1.9995	0.0000	0.0000	-0.2501	-1.6929

註：於本例內 $\theta = \beta$，β 之期初值設為 1.1。

為 $\beta_{(1)} = \beta_{(0)} + H_{(0)}^{-1} G_{(0)} = 1.1 - (-1) \times 0.7434 = 1.8434$。故於 $\beta_{(1)}$ 下，梯度的更新可為 $G_{(1)} = -\dfrac{1}{1.8434} + \dfrac{1.9995}{1.8434^2} = 0.0459$；其次，$\Delta_\beta = \beta_{(1)} - \beta_{(0)} = 1.8434 - 1.1 = 0.7434$，$\Delta_G = G_{(1)} - G_{(0)} = 0.0459 - 0.7434 = -0.6975$。我們可以繼續利用 (10-29) 或 (10-30) 式計算黑森的更新值為 $H_{(1)} = \dfrac{\Delta_G}{\Delta_\beta} = \dfrac{G_{(1)} - G_{(0)}}{\beta_{(1)} - \beta_{(0)}} = \dfrac{-0.6975}{0.7434} = -0.9383$。其餘可類推，可參考表 10-4。（可參考 ch10-2-3.R）

習題

1. 利用第 9 章的 (9-71) 式模擬出 1,000 個 GARCH(1,1) 模型的觀察值，其中 $\alpha_0 = 0.1$、$\alpha_1 = 0.15$ 與 $\beta_1 = 0.15$；其次，繪出其時間走勢圖。

2. 續上題，試寫出 GARCH(1,1) 模型的對數概似函數（常態分配）。

3. 使用 L-BFGS-B 指令。續上題，就 GARCH(1,1) 模型的參數值而言，其參數值皆需介於 0 與 1 之間，試使用 L-BFGS-B 指令估計（有上與下之限制），並觀察其參數值的收斂情況。

4. 續上題，若使用 t 分配的 GARCH(1,1) 模型估計，其結果又如何？

第三節　其他

於本節，我們將分成二部分。第一部分將介紹 Nelder-Mead 的單純法（simplex method）；第二部分則介紹其他估計標準誤的方法。

3.1 Nelder-Mead 的單純法

前一節介紹的 Newton 法需要使用梯度向量與黑森矩陣計算極值，此種方法有個缺點，就是梯度向量與黑森矩陣有可能出現不規則的情況，例如梯度向量與黑森矩陣於某些特定的參數空間內有可能出現極為平坦的情況使得計算極值陷入困境。於本節，我們將介紹一種不使用梯度向量與黑森矩陣觀念而可以計算極小值的方法，此方法就是 Nelder-Mead 的單純法。

Nelder-Mead 曾經提出一種可供一個目標函數 $f(\theta)$ 計算極小值的演算方法，其中 $\theta = (\theta_1, \cdots, \theta_n)'$，而 θ 內有 n 個參數，此種演算方法是借用類似線性規劃的單純法；換言之，Nelder-Mead 的單純法（底下簡稱單純法）設定一連串的演算過程以更換（更新）最差的 $f(\theta_W)$ 至最佳的 $f(\theta_B)$（即最小值）。

單純法可以想像成一個多邊形的 $n+1$ 個頂點，亦即若 $n=2$，則想成三角形的三個頂點，又若 $n=3$，則單純法可以思考成四邊形的頂點，依次類推。底下，我們藉由三角形的單純法說明。假想一個平面空間有三點 $[u, v, w]$，透過一個三角形可以將三點連結，利用目標函數可分別計算三點的目標值分別為 $f(u)$、$f(v)$ 以及 $f(w)$。透過下列演算步驟，我們可以更新頂點而達到極小化 $f(\theta)$ 的目的：

步驟 1：將三個目標值由小到大排列，即 $f(u) < f(v) < f(w)$；換言之，u 點為最佳，其次為 v 點，最差為 w 點。若以圖 10-10 為例，圖內之 ΔBGW 可以構成一個三角形，其中點 B、G 與 W，分別表示最佳、次佳與最差點。

步驟 2：計算反轉點（reflection）：利用步驟 1 的最佳點與次佳點 B 與 G，計算其平均數 $\overline{\theta} = (u + v) / 2$，並令：

$$\theta_r = \overline{\theta} + \alpha(\overline{\theta} - v), \alpha > 0$$

若反轉成功，即 $f(\theta_r) < f(v)$，則以 θ_r 取代 w，繼續下個步驟。若以圖 10-10 說明，計算反轉點的目的，是想要尋找一點能取代點 W；直覺而言，我們可以於較佳處，如 $\overline{BG}$ 線段上找出一點（因 B 與 G 皆優於 W），如點 M，其中 $M = (B + G) / 2$，若點 M 優於點 W，則以點 M 取代點 W。

步驟 3：擴張（expansion）：若 θ_r 亦優於 u，即 $f(\theta_r) < f(u)$，則計算：

$$\theta_e = \overline{\theta} + \beta(\overline{\theta}_r - \overline{\theta}), \beta > 0$$

若 $f(\theta_e) < f(\theta_r)$，則以 θ_e 取代 w，繼續下個步驟。若仍以圖 10-10 為例，從

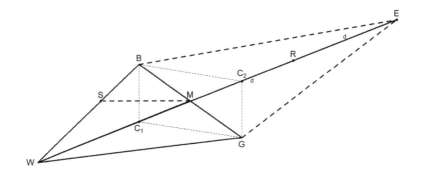

⋏ 圖 **10-10**：單純法之圖解

點 W 處，通過點 M 作一條射線，我們可以得出點 R，甚至於點 E，其中點 M 至點 R，點 R 至點 E 的距離皆為 d，若點 E 優於點 M 或點 R，則以點 E 取代點 W，則此時以一個新的 ΔBGE 取代原先的 ΔBGW，因此可以稱為擴張。

步驟 4：收縮（contraction）：若 θ_r 沒有反轉成功，即 $f(\theta_r) > f(v)$，則按照下列式子收縮，即：

$$\theta_c = \begin{cases} \overline{\theta} + \gamma(\theta_r - \overline{\theta}), & if \ f(\theta_r) < f(w) \\ \overline{\theta} + \gamma(w - \overline{\theta}), & if \ f(\theta_r) \geq f(w) \end{cases}$$

其中 $0 < \gamma < 1$。就圖 10-10 而言，若沒有反轉成功，只好往內縮至如圖內的點 C_1 或點 C_2 處，取點 C_1 與點 C_2 之最小值為點 C，以 ΔBGC 取代原先的 ΔBGW。

步驟 5：縮小（shrink）：若收縮沒有成功，則縮小由 $[u, v, w]$ 三點所形成的三角形再重複步驟 1。若點 C 仍未能優於點 W，可以嘗試於 $\overline{BW}$ 線段上找出一點 S，而以 ΔBGS 取代原先的 ΔBGW。

步驟 6：檢視不同之間的參數值或目標值的收斂程度，若無法滿足容忍水準，則重回步驟 1。

為了使單純法的演算過程可以操作，我們尚需要反轉 α、擴張 β 以及收縮 γ 參數值的設定；一般常選擇 $\alpha = 1$、$\beta = 2$ 以及 $\gamma = 0.5$。底下，我們以一個例子說明單純法。若有一個二元變數函數：

$$f(x, y) = x^2 - 4x + y^2 - y - xy$$

其圖形則繪於圖 10-11，從圖內可看出該函數存在極小值。我們打算用單純法計算最小值。假定我們任意選出三個頂點：

$$V_1 = (0, 0) \text{、} V_2 = (1.2, 0) \text{ 與 } V_3 = (0, 0.8)$$

三個頂點的函數值分別為：

$$f(0, 0) = 0 \text{、} f(1.2, 0) = -3.36 \text{ 與 } f(0, 0.8) = -0.16$$

是故三個函數值的排列順序分別為最佳 $B = (1.2, 0)$、次佳 $G = (0, 0.8)$ 以及最差 $W = (0, 0)$。B、G 與 W 三個頂點可形成一個三角形，如圖 10-10 所示。

　　於上述的步驟 2，我們可以計算點 $M = (B + G) / 2 = (0.6, 0.4)$，並計算反轉點 $R = 2M - W = (1.2, 0.8)$，注意 $f(R) = -4.48 < f(G)$，甚至於 $f(R) < f(B)$；因此，此是表示可以反轉至成功的方向，如圖所示，故可以繼續計算擴張點 $E = 2R - M = (1.8, 1.2)$，其中 $f(E) = -5.88 < f(B)$。至此，一個新的三個頂點已然形成：

$$V_1 = (1.8, 1.2) \text{、} V_2 = (1.2, 0) \text{ 與 } V_3 = (0, 0.8)$$

　　上述過程將一直持續，產生新的三角形而逐漸收斂至最小值的解為點 $(3, 2)$，最小值為 $f(3, 2) = -7$。讀者可留意底下所附的 R 程式，其內有設定最大的演算次數為 2,000 次，可以容忍的誤差為 1e-10（即 1×10^{-10}）。我們發現若以 w 頂點為

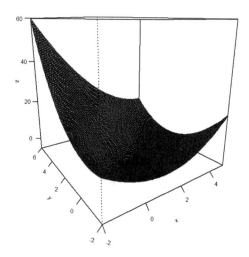

▲ 圖 **10-11**：$f(x, y) = x^2 - 4x + y^2 - y - xy$

期初值，以單純法估計，總共需使用 299 次演算過程方能找出最小值。單純法的 R
程式可為：

```
fv = function(v) v[1]^2-4*v[1]+v[2]^2-v[2]-v[1]*v[2]
B = c(1.2,0)
W = c(0,0)
G = c(0,0.8)
S = c(3,2)
fv(B)
fv(W)
fv(G)
result = optim(W,fv,NULL,method="Nelder-Mead",control=c(maxit=
2000,trace=T,
  reltol=1e-10,alpha=1,beta=0.5,gamma=0.5))
result
```

讀者可以試執行上述程式，然後觀察其結果。於上述的例子內，我們有擴張至
E 點；倘若屬於收縮，最後可以使用 BMS 三角形取代原先的三角形，再執行上述
演算步驟。（可參考 ch10-3-1.R）

習題

1. 使用 Nelder-Mead 方法重做 2.3 節之習題 3 與 4。

2. 使用 Nelder-Mead 方法計算函數 $f(x, y) = 2.5(x - 1)^2 + 5y^2$ 之極值；其次，繪出
   上述函數之圖形。

   ☞ 提示：
```
fxy = function(x,y) 2.5*(x-1)^2 + 5*y^2
x = seq(-5,5,length=100)
y = seq(-5,5,length=100)
z = outer(x,y,fxy)
windows()
persp(x,y,z, theta=-30, phi=30,ticktype="detailed")
# 計算最小值
fx = function(x) 2.5*(x[1]-1)^2 + 5*x[2]^2
```

```
optim(c(0,0),fx)
```

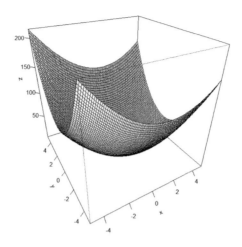

3. 續上題，使用 maxLik 程式套件內的指令，重做一次。

　　☞提示：`library(maxLik)`

　　　　　`nfx = function(x) -2.5*(x[1]-1)^2 - 5*x[2]^2`

　　　　　`maxNM(start=c(0,0),nfx)`

3.2 再談標準誤之估計

於本章第一節曾說明有三種方式可以計算 MLE 估計式之標準誤，即利用 (10-8)、(10-9) 以及 (10-10) 三式；換言之，若以上述指數分配的例子，其黑森（於表 10-4）、訊息（於表 10-2）以及梯度之外部乘積（於表 10-3）之收斂估計值分別為：

$$H_T(\hat{\theta}) = -0.2501 \cdot I(\hat{\theta}) = 0.2501 \text{ 以及 } J_T(\hat{\theta}) = 0.3142$$

因此，各標準誤之估計值可以分別為：

黑森：$se(\hat{\theta}) = \sqrt{-\dfrac{1}{T}H_T^{-1}(\hat{\theta})} = \sqrt{-\dfrac{1}{100}(-0.2501)^{-1}} = 0.1999$

訊息：$se(\hat{\theta}) = \sqrt{\dfrac{1}{T}I^{-1}(\hat{\theta})} = \sqrt{\dfrac{1}{100}(0.2501)^{-1}} = 0.1999$

梯度之外部乘積：$se(\hat{\theta}) = \sqrt{\dfrac{1}{T}J_T^{-1}(\hat{\theta})} = \sqrt{\dfrac{1}{100}(0.3142)^{-1}} = 0.1785$

是故，利用黑森以及訊息矩陣所估計的標準誤，二者幾乎相同；但是利用梯度之外部乘積所估計的標準誤，於我們的例子內卻有低估的現象！此說明了梯度之外部乘積未必可以用於估計訊息矩陣，值得我們注意。

3.2.1 非線性函數的標準誤

之前我們有使用或介紹樣本平均數的抽樣分配（中央極限定理）或大數法則，一個有意思的問題：其是否可以推廣至非線性的情況？換言之，$1/\bar{x}$ 或 $\bar{x}^2$ 的抽樣分配為何？或者說 $\bar{x}^2$ 的標準誤為何？我們先嘗試回答後一個問題。

假定我們的樣本觀察值資料，是取自變異數 σ_0^2 為已知的常態分配，我們進一步想要計算 $\bar{x}^2$ 的標準誤。我們考慮下列的對數概似函數：

$$\log L_T(\theta) = -\frac{1}{2}\log(2\pi) - \frac{1}{2}\log(\sigma_0^2) - \frac{1}{2\sigma_0^2 T}\sum_{t=1}^{T}(x_t - \theta)^2$$

定義 $\phi = \theta^2$（ϕ 音 phi），因此上述對數概似函數可以寫成：

$$\log L_T(\phi) = -\frac{1}{2}\log(2\pi) - \frac{1}{2}\log(\sigma_0^2) - \frac{1}{2\sigma_0^2 T}\sum_{t=1}^{T}(x_t - \phi^{1/2})^2$$

上式之第一階與第二階微分為：

$$\frac{d\log L_T(\phi)}{d\phi} = \frac{1}{2\sigma_0^2 T}\sum_{t=1}^{T}(x_t - \phi^{1/2})\phi^{-1/2}$$

$$\frac{d^2\log L_T(\phi)}{d\phi^2} = -\frac{1}{2\sigma_0^2 T}\sum_{t=1}^{T}\left(\frac{1}{2\phi} + (x_t - \phi^{1/2})\frac{1}{2}\phi^{-3/2}\right)$$

於最大化的必要條件下，$E[x_t - \phi_0^{1/2}]$，則訊息矩陣為：

$$I(\phi_0) = -E\left[\frac{d^2\log l_t}{d\phi^2}\right] = \frac{1}{2\sigma_0^2}\frac{1}{2\phi_0} = \frac{1}{4\sigma_0^2\phi_0} = \frac{1}{4\sigma_0^2\theta_0^2}$$

是故，$\bar{x}^2$ 的標準誤可為：

$$se(\hat{\phi}) = \sqrt{\frac{1}{T}I^{-1}(\hat{\theta})} = \sqrt{\frac{4\sigma_0^2\theta_0^2}{T}} \tag{10-32}$$

底下，我們試著以蒙地卡羅模擬的方式說明或證明 (10-32) 式。假想我們從一

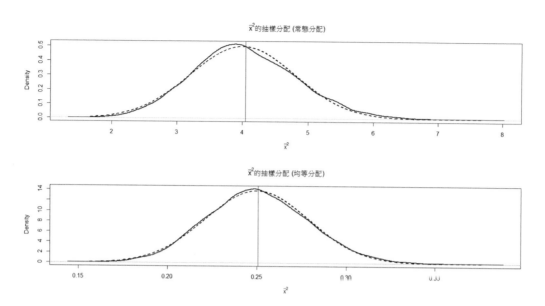

個平均數 $\mu = 2$（$\mu = 0.5$）與變異數 $\sigma^2 = 0.4$（$\sigma^2 = 1 / 12$）的常態（均等）分配[5] 內抽取 100 個觀察值並計算其樣本平均數平方；重複上述的步驟 10,000 次後，再估計樣本平均數平方抽樣分配之 PDF，結果繪於圖 10-12 內之上（下）圖，為了比較起見，圖內虛線繪出對應的常態分配。我們從圖內可看出實際與理論之 PDF 差距並不大！

　　若直接使用 (10-32) 式計算圖內上（下）$\bar{x}^2$ 抽樣分配平均數與變異數的理論值分別為 4 與 0.64（0.25 與 0.0008）。另分別再計算模擬的 $\bar{x}^2$ 抽樣分配的平均數與變異數分別為 4.0437 與 0.6468（0.2506 與 0.0008），發現理論與實際值的差距的確並不大！

3.2.2 Delta 方法

除了於 3.2.1 節內，我們是以 MLE 方法估計出 $\bar{x}^2$ 抽樣分配的標準誤，我們也可以使用 delta 方法估計標準誤。Delta 方法是利用泰勒（序列）展開式，以求取標準誤的估計值；換言之，於單一變數的情況下，若 $y = f(x)$，則圍繞於 α 的泰勒展開式可寫成：

5　均等分配的 PDF 可以簡寫成 $x \sim U(a, b)$，則 $E(x) = (a + b) / 2$，$Var(x) = (b - a)^2 / 12$。於圖 10-12 內，$a = 0$ 而 $b = 1$。

$$f(x) = f(\alpha) + f'(\alpha)(x - \alpha) / 1! + f''(\alpha)(x - \alpha)^2 / 2! + \cdots$$

因此第一階的估計值可為（即省略二階以上的部分）：

$$y = f(x) \approx f(\alpha) + f'(\alpha)(x - \alpha) \tag{10-33}$$

利用 (10-33) 式，我們可以得出 y 的變異數約為：

$$Var(y) = \sigma_y^2 \approx f'(\alpha)^2 \sigma_x^2$$

先設想一個較簡單的例子：令 $y = \bar{x}$ 與 $\alpha = \mu_{\bar{x}}$，是故 (10-33) 式可為：

$$\bar{x} \approx f(\mu_{\bar{x}}) + f'(\mu_{\bar{x}})(\bar{x} - \mu_{\bar{x}}) = \mu_{\bar{x}} + (\bar{x} - \mu_{\bar{x}})$$

故 $\sigma_{\bar{x}}^2 = \sigma_{\bar{x}}^2$（因 $\mu_{\bar{x}}$ 是一個數值）！若對上式取期望值，可得 $E(\bar{x}) \approx \mu_{\bar{x}}$。

接著，我們考慮 $\bar{x}^2$ 之抽樣分配的情況。利用 (10-33) 式，令 $y = \bar{x}^2$ 以及 $\alpha = \mu_{\bar{x}}$，則：

$$y \approx \mu_{\bar{x}}^2 + 2\mu_{\bar{x}}(\bar{x} - \mu_{\bar{x}})$$

即 $\sigma_y^2 = \sigma_{\bar{x}^2}^2 = 4\mu_{\bar{x}}^2\sigma_{\bar{x}}^2 = \dfrac{4\mu^2\sigma^2}{T}$（讀者可回想 x 是從一個平均數 μ 與變異數 σ^2 抽出，

於 iid 的假定下，$\mu_{\bar{x}} = E(\bar{x}) = \mu$ 而 $\sigma_{\bar{x}}^2 = \dfrac{\sigma^2}{T}$，$T$ 為樣本數），其結果與 (10-32) 式相同！
同理，則 $1 / \bar{x}$ 的抽樣分配為何？

(10-33) 式亦可以推廣至多元變數的情況。以二元變數為例，即 $z = f(x, y)$ 圍繞
於點 (x_0, y_0) 的第一階泰勒展開式可寫成：

$$z \approx f(x_0, y_0) + \left.\frac{\partial f(x, y)}{\partial x}\right|_{(x_0, y_0)} (x - x_0) + \left.\frac{\partial f(x, y)}{\partial y}\right|_{(x_0, y_0)} (y - y_0) \tag{10-34}$$

因此，若 $z = x / y$ 以及 $x = \mu_x$ 與 $y = \mu_y$，其次，因 $\partial z / \partial y = 1 / y$ 而 $\partial z / \partial y = -x / y^2$，
則按照 (10-34) 式可得：

$$z \approx \frac{\mu_x}{\mu_y} + \frac{1}{\mu_y}(x - \mu_x) - \frac{\mu_x}{\mu_y^2}(y - \mu_y)$$

若對上式取變異數，則：

$$Var\left(\frac{x}{y}\right) \approx \frac{1}{\mu_y^2}Var(x) + \frac{\mu_x^2}{\mu_y^4}Var(y) - 2\frac{1}{\mu_y}\frac{\mu_x}{\mu_y^2}Cov(x, y) = \frac{1}{\mu_y^2}\sigma_x^2 + \frac{\mu_x^2}{\mu_y^4}\sigma_y^2 - 2\frac{\mu_x}{\mu_y^3}\rho_{xy}\sigma_x\sigma_y$$

是故，利用上式我們可以進一步計算 為：

$$Var(\overline{x} / \overline{y}) = \sigma_{\frac{\overline{x}}{\overline{y}}}^2 \approx \frac{1}{\mu_y^2} \frac{\sigma_x^2}{T} + \frac{\mu_x^2}{\mu_y^4} \frac{\sigma_y^2}{T} - 2 \frac{\mu_x}{\mu_y^3} \rho_{xy} \frac{\sigma_x \sigma_y}{T}$$

其中 $Cov(\overline{x}, \overline{y}) = \dfrac{Cov(x, y)}{T} = \dfrac{1}{T} \rho_{xy} \sigma_x \sigma_y$，而 ρ_{xy} 表示母體相關係數。

實際應用上，因母體的參數值為未知；因此，我們可以樣本估計式取代，即上式可以進一步對應至：

$$s^2(\overline{x} / \overline{y}) = s_{\frac{\overline{x}}{\overline{y}}}^2 \approx \frac{1}{\overline{y}_y^2} \frac{s_x^2}{T} + \frac{s_x^2}{\overline{y}_y^4} \frac{s_y^2}{T} - 2 \frac{\overline{x}_x}{\overline{y}_y^3} r_{xy} \frac{s_x s_y}{T}$$

其中 r_{xy} 表示樣本相關係數。

上述二個例子可說是中央極限定理或大數法則透過 delta 方法，將線性的估計式如 $\overline{x}$ 推廣至非線性估計式如 $\overline{x}^2$ 的情況。一般而言，其漸次分配可以寫成：

$$\sqrt{T}(\overline{x} - \mu) \overset{a}{\sim} N(0, \sigma^2) \tag{10-35}$$

讀者可能會質疑為何 (10-35) 式不寫成：

$$(\overline{x} - \mu) \overset{a}{\sim} N(0, \sigma^2 / T) \tag{10-35a}$$

直覺而言，若寫成 (10-35a) 式，當樣本數趨近於無窮大即 $T \to \infty$，則 $(\overline{x} - \mu)$ 會收斂至 0 而不是一個「漸近分配」；相反地，若以 (10-35) 式表示，則 $(\overline{x} - \mu)$ 之漸近分配已不受樣本數大小的影響！我們可舉一個例子說明為何應以 (10-35) 式表示。

於圖 10-13 內，我們從一個母體平均數 $\mu = 1$ 與變異數 $\sigma^2 = 4$ 內抽取出 1,000,000 個樣本觀察值後，再計算其樣本平均數；重複如此的動作 10,000 次，每次皆計算 (10-35a) 與 (10-35) 二式，然後再估計相對應的抽樣分配之 PDF，其結果分別繪於上與下圖。為了比較起見，圖內的虛線為對應之常態分配。

從上圖可看出，即根據 (10-35a) 式，$(\overline{x} - \mu)$ 之抽樣分配之變異數或標準誤已接近於 0（觀察橫軸之座標）；相反地，下圖 $\sqrt{T}(\overline{x} - \mu)$ 抽樣分配之變異數仍舊是母體的變異數，因此利用 (10-35) 式反而可以觀察到漸近分配的形態。

職是之故，若 $g(\overline{x})$ 表示 $\overline{x}$ 之連續函數且為一個線性函數，如 $g(\overline{x}) = 2 + 3\overline{x}$，則依直覺（讀者可以嘗試看看）可知：

$$\sqrt{T}(\overline{x} - 2) \overset{a}{\sim} N(0, 9\sigma^2)$$

倘若 $g(\overline{x})$ 為一個非線性函數如 $g(\overline{x}) = \overline{x}^2$，則透過 delta 方法可知：

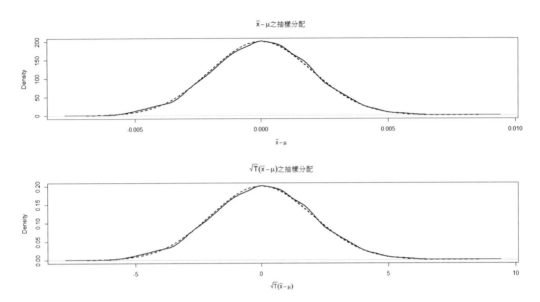

▲ 圖 **10-13**：$\bar{x} - \mu$ 與 $\sqrt{T}(\bar{x} - \mu)$ 之抽樣分配

$$\sqrt{T}(\bar{x}^2 - \mu^2) \overset{a}{\sim} N(0, 4\mu^2\sigma^2)$$

為何我們要如此費勁地逐一介紹上述方法，當然除了 CLT 的推廣外，最重要的是透過非線性函數的應用或 delta 方法的使用，我們可以推論出，普遍用於資產組合應用內的夏普比率（Sharpe ratio）的（抽樣）分配。（可參考 ch10-3-2.R）

習題

1. 利用 (10-33) 式，計算 $1 / \bar{x}$ 抽樣分配的平均數與變異數。

   ☞ 提示：於 (10-33) 式內，令 $y = 1 / \bar{x}$ 以及 $\alpha = \mu_{\bar{x}}$，則：

   $$y \approx \mu_{\bar{x}}^{-1} - \mu_{\bar{x}}^{-2}(\bar{x} - \mu_{\bar{x}})$$

   故 $E(y) = E(1 / \bar{x}) = \mu_x^{-1}$ 以及 $Var(y) = \sigma_{\bar{x}^{-1}}^2 \approx \mu_{\bar{x}}^{-4}\sigma_{\bar{x}}^2 = \dfrac{1}{\mu^4}\dfrac{\sigma^2}{T}$

2. 續上題，試繪出 $1 / \bar{x}$ 的抽樣分配以及與標準常態分配比較。

3. 假定 x 與 y 的平均數分別為 1 與 2，其變異數分別為 5 與 4，而二變數之間的共變異數為 3，計算 x 與 y 的相關係數；另一方面，若假定二變數屬於二元變數常態分配，試分別模擬出 500 個 x 與 y 的觀察值。（x 與 y 之間有相關之模擬）

4. 續上題以及利用 (10-34) 式，分別計算 $\bar{x} / \bar{y}$ 抽樣分配的平均數與變異數

5. 續上題，繪出 $\bar{x} / \bar{y}$ 的抽樣分配以及與標準常態分配比較。

於財務分析內，夏普比率亦可稱為夏普指數、夏普衡量（Sharpe measure）或報酬對風險比率（reward-to-variability ratio），夏普比率是經常被提及或使用的工具之一；由諾貝爾獎得主夏普於 1966 年提出，此比率可用於判斷某項投資或基金績效的優劣。所謂的夏普比率指的是某項投資或（共同）基金的超額報酬率或稱風險貼水（risk premium）（即報酬率減無風險利率）除以該超額報酬率的標準差。因此，夏普比率被用於衡量一單位投資資產的（總）風險可對應至多少風險貼水；或者說夏普比率是指風險貼水以標準差來衡量（可記得 4/2 是指 4 用 2 表示），是故衡量出的夏普比率愈高，表示該項投資的績效愈佳！我們也可以用直覺的方式來詮釋夏普比率，即相對於無風險資產的投資，投資於風險性資產的夏普比率愈高，表示投資人承擔風險的風險貼水愈大！

4.1 統計學的觀點

就統計學的觀點來看夏普比率（底下簡稱 *SR*），我們可以嘗試以 *CLT* 的推廣視之；換言之，若令 r_t 表示單期資產或基金之簡單報酬率，則其母體平均數與變異數分別可為：

$$\mu = E(r_t) \text{ 與 } \sigma^2 = Var(r_t)$$

故可以定義 *SR* 為：

$$SR = \frac{\mu - r_f}{\sigma} \tag{10-36}$$

其中 r_f 表示無風險利率[6]。由於我們無法觀察到 (10-36) 式，故我們可以嘗試以樣本觀察值估計。

我們先假定一個簡單的情況，即假定報酬率序列為 *iid* 常態分配。若抽取出某資產或基金的 *T* 個樣本報酬率觀察值 $(r_1, r_2, \cdots, r_T)$，則其樣本平均數與變異數的 MLE 之估計式可以分別為：

6　於此處，我們假定無風險利率是固定不變，然而於現實社會內，無風險利率亦可能視為一個隨機變數；於底下所取的實際資料內，我們是以央行公告的一個月定存利率為無風險利率，其間之利率雖會隨時間變動，不過我們相信此應該屬於「政策上的變動」，故未必是表示純粹的隨機變動。

$$\hat{\mu} = \frac{1}{T}\sum_{t=1}^{T} r_r \ \text{與} \ \hat{\sigma}^2 = \frac{1}{T}\sum_{t=1}^{T}(r_t - \hat{\mu})^2$$

故 *SR* 的估計式可為：

$$\hat{SR} = \frac{\hat{\mu} - r_f}{\hat{\sigma}} \qquad (10\text{-}37)$$

(10-37) 式就是用資產或基金的樣本資料，估計 *SR* 的估計值。現在一個問題是，於取得 *SR* 的估計值後，我們如何從事統計推論？從事統計推論需要檢定統計量的抽樣分配，若以 (10-37) 式作為檢定 *SR* 的統計量，則該統計量的分配為何？

為了回答上述問題，首先我們觀察 (10-36) 式。就該式而言，*SR* 可視為二個參數值（即 μ 與 σ^2）的非線性函數，利用 MLE 之估計式的特徵以及前一節介紹的 delta 方法，我們豈不是可以進一步得到有關於 *SR* 分配的一些性質。

利用第 9 章之 (9-40) 式，我們可以分別得出 μ 與 σ^2 之 MLE 之估計式的抽樣分配為：

$$\sqrt{T}(\hat{\mu} - \mu) \overset{a}{\sim} N(0, \sigma^2) \qquad (10\text{-}38)$$

與

$$\sqrt{T}(\hat{\sigma}^2 - \sigma^2) \overset{a}{\sim} N(0, 2\sigma^4) \qquad (10\text{-}39)$$

我們可以將上述二個參數寫成向量的型式，即 $\theta = (\mu \quad \sigma^2)'$ 為一個行向量，故 (10-38) 與 (10-39) 二式合併可為：

$$\sqrt{T}(\hat{\theta} - \theta) \overset{a}{\sim} N(0, V_\theta) \qquad (10\text{-}40)$$

其中參數 θ 的共變異數矩陣可為：

$$V_\theta = \begin{bmatrix} \sigma^2 & 0 \\ 0 & 2\sigma^4 \end{bmatrix}$$

類似 (10-33) 與 (10-34) 二式，二元參數第一階泰勒展開式之估計式可寫成：

$$g(\theta) \approx g(\theta_0) + \left.\frac{\partial g(\theta)}{\partial \theta'}\right|_{\theta = \theta_0} (\theta - \theta_0) \qquad (10\text{-}41)$$

其中 $g(\theta)$ 為 θ 之非線性函數。因此，利用 (10-40) 式以及 delta 方法，則其非線性估計式之漸近分配可為：

$$\sqrt{T}(g(\hat{\theta}) - g(\theta)) \overset{a}{\sim} N(0, V_g) \tag{10-42}$$

其中

$$V_g = \frac{\partial g}{\partial \theta'} V_\theta \frac{\partial g}{\partial \theta} \tag{10-43}$$

就 SR 的（抽樣）分配而言，我們可以視 (10-36) 式內的 SR 為 θ 的非線性函數，即 $SR(\theta) = g(\theta)$，則按照 (10-43) 式可得：

$$
\begin{aligned}
V_g &= \frac{\partial g}{\partial \theta'} V_\theta \frac{\partial g}{\partial \theta} \\
&= \begin{bmatrix} 1/\sigma & -(\mu-r_f)/2\sigma^3 \end{bmatrix} \begin{bmatrix} \sigma^2 & 0 \\ 0 & 2\sigma^4 \end{bmatrix} \begin{bmatrix} 1/\sigma \\ -(\mu-r_f)/2\sigma^3 \end{bmatrix} \\
&= \begin{bmatrix} \sigma & -(\mu-r_f)\sigma \end{bmatrix} \begin{bmatrix} 1/\sigma \\ -(\mu-r_f)/2\sigma^3 \end{bmatrix} \\
&= 1 + \frac{1}{2}\left(\frac{\mu-r_f}{\sigma}\right)^2 = 1 + \frac{1}{2}SR^2
\end{aligned}
$$

因此，SR 的（抽樣）分配於報酬率為 iid 常態分配的假定下為：

$$\sqrt{T}(\hat{SR} - SR) \overset{a}{\sim} N(0, V_{iid}) \tag{10-44}$$

其中 $V_{iid} = 1 + SR^2/2$。

(10-44) 式的結果，是由 Lo 於 2002 年提出，同年 Mertons 放鬆報酬率為常態分配的假定；換言之，按照 Mertons 的校正，於報酬率為 iid 的假定下，(10-44) 式可改寫成[7]：

$$\sqrt{T}(\hat{SR} - SR) \overset{a}{\sim} N(0, V) \tag{10-45}$$

其中

$$V = 1 + SR^2/2 - SR \cdot \gamma_3 + SR^2\left(\frac{\gamma_4 - 3}{\sigma}\right) \tag{10-46}$$

---

7 有興趣的讀者可參考 Andrew W. Lo (2002) 所著之 "The Statistics of Sharpe Ratios." *Financial Analysis Journal*, 58 (4), 36-52. E. Mertons (2002) 之 "Comment on the correct variance of estimated Sharpe Ratios in Lo (2002) when returns are IID." Research Note (www.elmarmertons.org).

其中 γ_3 與 γ_4 分別表示報酬率之偏態與峰態係數[8]。

明顯地，比較 (10-44) 與 (10-45) 二式，可以發現後者有考慮到財金資產報酬率序列之負偏態與高峰厚尾的特徵。

4.2 TSMC 與 TWI 的實證結果

現在，我們以實際的資料說明如何估計 SR 的（抽樣）分配。於第 7 章內我們曾利用 TSMC 與 TWI 的月資料估計 TSMC 的 β 值；倘若仍使用與第 7 章相同樣本期間（2000/1 − 2014/6）的月資料來估計 SR，則利用 (10-37) 式，TSMC 與 TWI 的 SR 估計值分別為 0.0539 與 −0.0215。

可記得 SR 的意義是指風險貼水以標準差表示，故若只看上述 TSMC 的 SR 估計值，此數值可能意義不大，我們大概只知道投資於 TSMC 單位風險的貼水約為 5.39%；雖說如此，但若與 TWI 的 SR 估計值比較，我們大概會得出投資於 TSMC 的績效優於 TWI 的結論，因為後者的估計值竟然是負的！

此時讀者應該可以看出我們需要使用 SR 的（抽樣）分配的重要性；換句話說，若分別利用 (10-44) 與 (10-45) 二式，假定分別以 SR_1 與 SR_2 表示二分配之母體真正的平均值，則我們可以分別估計 SR_1 與 SR_2 的 $(1 - \alpha)\%$ 信賴區間估計。因此，若以對應的樣本統計量估計 V 與 V_{iid}，即：

$$\hat{V}_{iid} = 1 + \hat{SR}^2 / 2 \text{ 以及 } \hat{V} = 1 + \hat{SR}^2 / 2 - \hat{SR} \cdot \hat{\gamma}_3 + \hat{SR}^2 \left(\frac{\hat{\gamma}_4 - 3}{\hat{\sigma}} \right)$$

上式變數內有 "^" 表示以樣本統計量估計。是故，就 TSMC 而言，其 SR_1 與 SR_2 的 95% 信賴區間估計值分別為：

$$-0.0953 \leq SR_1 \leq 0.2030 \text{ 與 } -0.1036 \leq SR_2 \leq 0.2113 \text{；}$$

至於 TWI，95% 信賴區間估計值則分別為：

$$-0.1705 \leq SR_1 \leq 0.1276 \text{ 與 } -0.1707 \leq SR_2 \leq 0.1278 \text{；}$$

根據上述估計結果，不管是 TSMC 或是 TWI，我們居然都得出不拒絕 $H_0 : SR = 0$ 的結論！

---

[8] (10-46) 式的證明有使用到之前我們有用過的 $Var(x / y)$ 式子，有興趣的讀者亦可參考 J. D. Opdyke (2007) 所著之 "Comparing Sharpe Ratios: So Where are the p-values?" Journal of Asset Management, 8 (5).

這樣的結論是讓人沮喪的，畢竟十多年來，投資於 TSMC 或 TWI 的績效，若是按照 *SR* 計算，竟是白忙一場（其報酬竟與投資於一個月定存的報酬無顯著性的差異）！

我們是否還有其他的途徑可以取得較多有關於估計 *SR* 的方式？答案是肯定的，也許我們可以試著估計 *SR* 的抽樣分配；換言之，利用 (10-44) 與 (10-45) 二式，我們可以有二種理論的 *SR* 分配，即：

$$\hat{SR} \overset{a}{\sim} N(SR_1, V_{iid}/T) \qquad (10\text{-}44a)$$

與

$$\hat{SR} \overset{a}{\sim} N(SR_2, V/T) \qquad (10\text{-}45a)$$

我們嘗試估計 (10-44a) 與 (10-45a) 二式。不過，利用月資料，我們卻只有 173 組資料可用；我們會面臨樣本資料不足的窘態。換句話說，於有限的樣本資料下，我們想要觀察到 *SR* 的實際分配幾乎不是一件容易實現的事。於此情況下，是否有可能擴大我們的樣本資料？答案之一是使用高頻率如日或週資料。若我們考慮使用日資料，一個須克服的問題是：我們如何取得無風險利率的日資料？

若我們仍以央行公告的一個月定存利率（以年利率表示）為無風險利率的指標利率，就資料的取得而言，我們發現央行自 1996 年 1 月開始方有較完整的公告利率；因此，我們就從 1996 年 1 月開始，想像每月的交易日皆視公告的一個月定存利率的利率為固定，故只要將公告的一個月定存利率（以百分比表示）轉成日利率，即公告的年利率除以 36,000（假定一個月有 30 天，利率是以百分比表示），即可以得出自 1996 年 1 月開始的日利率序列樣本資料！若搭配同時期 TSMC 與 TWI 的日報酬率序列資料，我們只要再算出每月有多少個交易日，即可算出每日的超額報酬率序列！

因此，若使用 1996/1/4 － 2014/6/30 期間，TSMC、TWI 與央行的一個月定存利率（其中 TSMC 與 TWI 是取 1995/12/30 － 2014/6/30 期間的收盤價）；我們使用日對數報酬率表示簡單日報酬率，若考慮 *T* = 50 情況，然後再分別估計 (10-44a) 與 (10-45a) 二式，其估計結果分別繪於圖 10-14。換句話說，我們以每隔 50 個交易日為基準，以不重疊的方式逐一計算 (10-44a) 與 (10-45a) 二式，就整個樣本期間總共有 4,727 組資料而言，可以分別得出 94 個 *SR* 的估計值；利用前述估計的結果，於圖內的第一列，我們先分別估計 94 個 *SR* 估計值的自我相關係數，然後再分別估

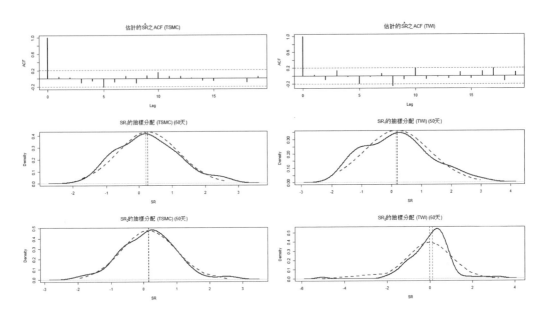

▲ **圖 10-14**：TSMC 與 TWI 的抽樣分配，$T = 50$

計 SR 的 PDF，其結果分別繪於第二及三列。為了比較起見，圖內的藍色虛線表示相對應之常態分配。

因此，圖 10-14 是繪出 50 個交易日的估計 SR 抽樣分配。我們從第一列的圖形可看出 94 個 SR 估計值彼此之間並不存在自我相關，表示 SR 估計值彼此之間有可能接近於 iid；其次，第二列的圖形是估計 (10-44a) 式的結果，我們可以從圖內看出 TSMC 的 SR 抽樣分配，相對於 TWI 而言，理論與實際比較接近。我們可以進一步計算 TSMC 的 SR 抽樣分配的特徵：平均值、最小值、Q_1（第一個四分位數）、Q_3（第三個四分位數）、最大值、偏態與超額峰態係數的估計值分別為 0.0388、−0.2477、−0.0609、0.1140、0.3803、0.3866 與 −0.1814，故由計算的結果，可知 TSMC 的 SR 估計分配並非平均數為 0 的常態分配，而是平均數接近 0.0388 的常態分配！至於 TWI 的 SR 估計分配特徵，按照相同的次序，其估計值分別為 0.0276、−0.2485、−0.0986、0.1238、0.4412、0.4045 與 −0.3725，我們可以看出 TWI 的 SR 估計分配的離散程度約略大於 TSMC 的分配；雖說如此，TWI 的估計分配仍舊不接近平均數為 0 的常態分配。

圖 10-14 的第三列圖形亦分別繪出估計 (10-45a) 式的結果，我們發現 TSMC 與 TWI 的 SR 估計分配已逐漸脫離常態分配，尤其是後者的估計情況更是明顯。究其原因，因為 (10-45a) 式已有考慮偏態與峰態因素，故就我們的假定而言，應該是日

報酬序列未必為 *iid* 所致。換言之，我們已經知道資產報酬率之間存在非線性關係，即使報酬率之間不存在線性關係，但卻存在條件變異數相關的情況；因此，若以此觀點來看，(10-44a) 與 (10-45a) 二式應該只是以最簡易的方式估計 *SR* 的抽樣分配。延續上述二式的假定，即假定報酬序列為 *iid* 常態至假定報酬序列為 *iid*，我們應該可以繼續放鬆 *iid* 的假定，只不過此時所使用的統計技巧已超出本書至目前為止所介紹的範圍，有興趣的讀者可以參考註 7 與 8 所附的文獻。

雖說如此，圖 10-14 也並非完全無可取之處，因為圖內估計的 *SR* 分配的平均數與中位數皆大於 0（圖內分別以黑色與紅色垂直虛線表示），TSMC 之估計的 *SR* 平均數與中位數，分別為 0.0388 與 0.03；至於 TWI 之估計的 *SR* 平均數與中位數，則分別依序為 0.0276 與 0.0217。雖說我們只有 94 個 *SR* 估計值（此相當於模擬 94 次），不過這些有限的估計值皆顯示出 TSMC 與 TWI 二者之「真正的 *SR* 值之平均數」有可能大於 0，表示出其績效就平均而言，有可能優於定存！（可參考 ch10-4.R）

習題

1. 試以模擬的方式證明 (10-44) 式。
2. 試以模擬的方式證明 (10-45) 式。
3. 利用 TSMC 與 TWI 的日超額報酬率序列資料，為何我們不使用「重疊」的方式，導出各自的抽樣分配？
4. 以大立光取代本節的 TSMC，重做一次。

本章習題

1. 於選擇權的定價理論內，Black-Scholes 模型是最普遍使用的模型。換句話說，簡單歐式選擇權的買權價格 ，按照 Black- Scholes 模型的定義可為：

$$C = S_0 \Phi(d_1) - \frac{K}{e^{rt}} \Phi(d_2)$$

其中

$$d_1 = \frac{\log\left(\frac{S_0}{K}\right) + \left(r + \frac{1}{2}\sigma^2\right)t}{\sigma\sqrt{t}} \ \text{與} \ d_2 = \frac{\log\left(\frac{S_0}{K}\right) + \left(r - \frac{1}{2}\sigma^2\right)t}{\sigma\sqrt{t}} = d_1 - \sigma\sqrt{t}$$

其中 S_0、r、t、K 以及 σ 依序分別表示標的資產價格、無風險利率，到期時間、履約價格以及波動率；另一方面，$\Phi(d)$ 則表示至 d 之標準常態分配累積機率。

試使用下列資訊，$S_0 = 21$、$r = 0.1$、$t = 0.25$、$K = 20$ 與 $\sigma = 0.2345$，以 R 計算 C。

☞提示：
```
S0 = 21
K = 20
r = 0.1
sigma = 0.2345
t = 0.25 # 以年表示
d1 = (log(S0/K)+(r+sigma^2/2)*t)/(sqrt(t)*sigma)
d2 = d1 - sigma*sqrt(t)
C = S0*pnorm(d1)-(K*exp(-r*t))*pnorm(d2)
C
```

2. 續上題，於其他情況不變下，試繪出波動率與買權價格之間的關係。

☞提示：

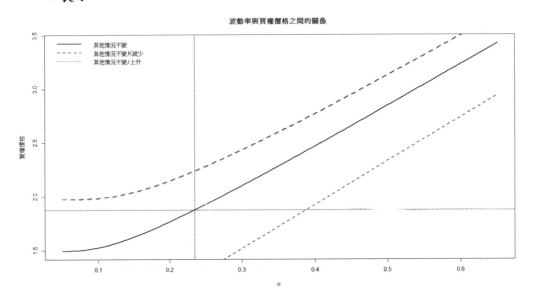

3. 估計「隱含波動率（implied volatility）」。續題 1 與 2，於題 2 內之圖形，可看出買權價格與波動率存在一對一的關係；換言之，於其他情況不變下，我們可以由某一歐式買權價格（市價）反推出對應的波動率，此一對應的波動率即所謂的「隱含波動率」。我們可以使用 Newton-Raphson 方法，得出隱含波動率；即令 $f(\sigma)$ 符合下列式子：

$$f(\sigma) = S_0 \Phi(d_1) - \frac{K}{e^{rt}} \Phi(d_2) - C$$

利用上式，於圍繞於某個 σ_0 值下，其第一階泰勒估計式（展開式）可寫成：

$$f(\sigma) = f(\sigma_0) + f'(\sigma_0)(\sigma - \sigma_0)$$

因此，按照 Newton-Raphson 演算方法，可得：

$$\sigma_{i+1} = \sigma_i - \frac{f(\sigma_i)}{f'(\sigma_i)}$$

試思索如何用 R 幫我們實現上述想法。

☞**提示**：由於 $f(\sigma)$、d_1 與 d_2 皆為 σ 的函數而使用 Newton-Raphson 演算方法，須使用第一階微分技巧；為了取得較為簡易的微分結果，我們可以重新整理 d_1 為：

$$d_1 = \frac{\log\left(\dfrac{S_0}{K}\right) + \left(r + \dfrac{1}{2}\sigma^2\right)t}{\sigma\sqrt{t}} = \frac{\log\left(\dfrac{S_0}{K}\right) + rt}{\sigma\sqrt{t}} + \frac{\dfrac{1}{2}\sigma^2 t}{\sigma\sqrt{t}} = \frac{\log\left(\dfrac{S_0}{K}\right) + rt}{\sigma\sqrt{t}} + \frac{1}{2}\sigma\sqrt{t}$$

```
# 波動率之期初值
sigma = 0.10
sig = rep(0,20)
sig[1] = sigma
# Newton-Raphson method:
for(i in 2:100){
d1 = (log(S0/K)+(r+sigma^2/2)*t)/(sigma*sqrt(t))
d2 = d1-sigma*sqrt(t)
f = S0*pnorm(d1)-K*exp(-r*t)*pnorm(d2)-C
# d1 對 sigma 微分
d1prime = (sqrt(t)/2)-(log(S0/K)+r*t)/
(sqrt(t)*sigma^2)
# d2 對 sigma 微分
d2prime = d1prime-sqrt(t)
# f 對 sigma 微分
fprime = S0*dnorm(d1)*d1prime-K*exp(-
r*t)*dnorm(d2)*d2prime
# 更新 sigma:
```

```
sigma = sigma - f/fprime
sig[i] = sigma
if(abs(sig[i]-sig[i-1]) < 0.00000001){sig = sig[1:i];
break}
}
sig
```

4. 續上題，若是歐式賣權呢？試上網查詢歐式賣權價格之公式。

5. 債券價格與殖利率。若有一張 10 年期的債券，其面額為新臺幣 10 萬元，票面利率為 10%，每年付息一次；假定該債券殖利率分別為 8%、10% 與 12%，試使用 R 計算對應的債券價格。

6. 續上題，試繪出債券價格與殖利率之間的關係。

☞提示：

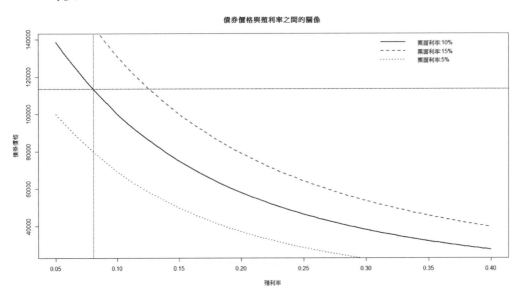

7. 估計殖利率。續題 5 與 6，於其他情況不變下，若已知該債券價格為 113,420.16，則對應的殖利率為何？

☞提示：使用「切成格子」方法

```
F = 100000
intr = 0.1
disr = seq(0.05,0.2,length=1000000) # 殖利率
I = F*intr # 利息
P = function(dis) I/dis + I/dis^2 + I/dis^3 + I/dis^4
```

```
+ I/dis^5 + I/dis^6 + I/dis^7 + I/dis^8 +
I/dis^9 + (I+F)/dis^10
dis = 1+disr
#P(dis)
P1 = round(P(dis),0)
ind = which(113420 == P1)
disr[ind]
```

8*. 續上題，債券價格與殖利率之間的關係可寫成：

$$P = \sum_{t=1}^{T} \frac{I}{(1+r)^t} + \frac{F}{(1+r)^T}$$

其中 P、I、F 以及 r 分別表示債券價格、利息、面額以及殖利率，於我們的例子內，$I = 10,000$、$F = 100,000$ 而 $T = 10$ 表示 10 年期。我們可以使用 spline 指令，計算債券價格為 113,420.16 對應的殖利率。

☞提示：
```
price = 113420.16
disr = seq(0.05,0.4,length=100)
PA = function(dis) I/dis + I/dis^2 + I/dis^3 + I/dis^4
+ I/dis^5 + I/dis^6 + I/dis^7 + I/dis^8 +
I/dis^9 + (I+F)/dis^10
dis = 1+disr
PA(dis)
?spline
yield = spline(PA(dis),disr,xout=price)
yield
windows()
plot(PA(dis),disr,type="l",lwd=2,xlab=" 債券價格 ",ylab=
" 殖利率 ",main=" 債券價格與殖利率之間的關係 ")
abline(v=price,lty=30)
abline(h=yield,lty=30)
```

9. 利用第 4 章內 TSMC 與 TWI 日收盤價序列資料（2000/1/4 － 2014/7/10），分別計算日對數報酬率序列後，再將日對數報酬率序列轉成「不是大於 2% 就是小於等於 2%」之二元的質化變數（即前者為 1，後者為 0），試分別計算樣本平均數、樣本變異數及二者之間的樣本相關係數。

10. 續上題，TSMC 與 TWI 之樣本平均數（事實上就是樣本比率）分別約為 0.1388 與 0.0646，計算二樣本平均數之比率約為 2.1496，此表示 TSMC 日對數報酬率大於 2% 的比率約為 TWI 日對數報酬率大於 2% 的比率 2 倍以上，試於顯著水準為 5% 的情況下，檢定上述母體平均數比率等於 1 與母體平均數比率等於 2。

11. 我們已經知道某一序列資料，例如報酬率序列，若屬於常態分配，則該序列標準差之 MLE 估計式與樣本標準差的公式，於大樣本數下，二者幾乎沒有什麼差別；不過，若該序列屬於 t 分配，則於小自由度下，二種方法應該有顯著的差異（因若自由度趨向於無窮大，t 分配會接近於常態分配），試以蒙地卡羅模擬方法比較上述二種估計標準差的方法。

☞提示：就單一參數值 θ 與其估計式 $\hat{\theta}$ 而言，我們可以定義偏誤與 MSE（平均誤差平方）分別為：

$$Bias(\hat{\theta}) = E(\hat{\theta}) - \theta \text{ 以及 } MSE(\hat{\theta}) = E(\hat{\theta} - \theta)^2$$

經由數學證明，我們可以得到下列的結果：

$$MSE(\hat{\theta}) = E(\hat{\theta} - \theta)^2 = \{Bias(\hat{\theta})\}^2 + Var(\hat{\theta})$$

```
library(fGarch)
N = 10000
df = c(3,5,10,20) # 4 個不同的自由度
xbar = matrix(4*N,N,4)
sigma = matrix(4*N,N,4)
for(j in 1:4)
{
for(i in 1:N)
  {
x = rstd(1000,mean=2,sd=3,nu=df[j])
model = stdFit(x)
sigma[i,j] = as.numeric(model$par[2]) # 以 ML 估計
xbar[i,j] = sd(x) # 以樣本標準差估計
  }
```

```
    }
    var1 = apply(xbar,2,vaR
    var2 = apply(sigma,2,vaR
    bias1 = apply(xbar,2,mean) - 3
    bias2 = apply(sigma,2,mean) - 3
    MSE1 = bias1^2 + var1
    MSE2 = bias2^2 + var2
    MSE1
    MSE2
```

12. 於本章 1.3 節之習題 3 內，我們發現黃金與美元以新臺幣計價所構成的資產組合似乎較佳，試考慮 t 分配與 FS 偏態 t 分配分別模型化上述二資產日對數報酬率序列。

    ☞提示：可使用 "fGarch" 程式套件內之 "stdFit" 與 "sstdFit" 指令

13. 續上題，若二資產日對數報酬率之資產組合以 t 分配估計，試繪出其資產組合線。

    ☞提示：

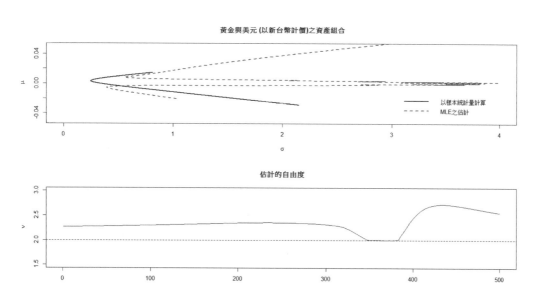

14. 題 13 的估計結果是延續題 12 的方法，即使用 **stdFit** 指令，觀察題 13 內之圖形，可發現於某區段，自由度的估計值接近於 2（可回想若自由度等於 2，t 分配的變異數並不存在），表示並不容易找到極值（即估計值未必會收斂）；

換言之，使用上述指令估計，未必會得到較佳的結果！試利用 optim 指令內的 L–BFGS–B 方法，重新估計二資產之日對數報酬率序列。

☞提示：
```
library(fGarch)
T = length(y) # y 為黃金之日對數報酬率序列
# t 分配估計黃金
modeltg = stdFit(y)
modeltg
loglik_stdg = function(beta) sum(- dstd(y, mean = beta[1],
  sd = beta[2], nu = beta[3], log = TRUE))
start = c(mean(y),sd(y),4)
fit_stdg = optim(start, loglik_stdg, hessian = T,
  method = "L-BFGS-B", lower = c(-0.1, 0.01, 2.1)) #
限制自由度的最小值為 2.1
fit_stdg
```

15. 使用題 14 的方法，重做題 13。

16. 試以 AIC 與 BIC 判斷題 14 之估計結果。

17. 續題 14，試檢定估計的參數值是否顯著異於 0。$\alpha = 0.05$。

18. 以 Nelder-Mead 方法估計卜瓦松分配的參數值。

19. 二元常態隨機變數的性質。若 y 與 x 屬於二元常態分配之隨機變數，則於 x 的條件下，y 之條件期望值可為：

$$E(y \mid x) = E(y) + \rho_{xy} \frac{\sigma_y}{\sigma_x} \left[x - E(x) \right]$$

其中 $\rho_{xy} = \dfrac{\sigma_{xy}}{\sigma_x \sigma_y}$ 表示 y 與 x 之相關係數。試比較上式與以 OLS 方法估計簡單線性迴歸式之異同。

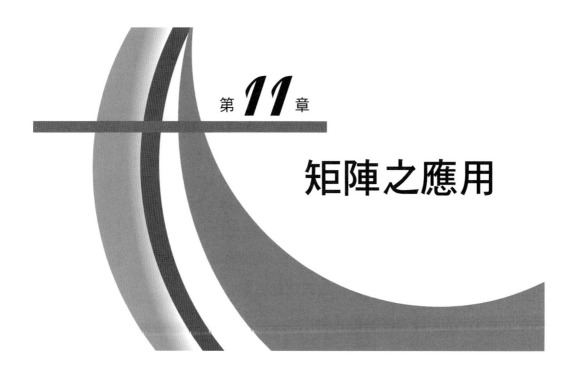

第 **11** 章

矩陣之應用

於此章，我們將介紹本書曾使用到的向量矩陣概念。於數學上，此是屬於「線性代數（linear algebra）」的範疇，一般財務或經濟數學教科書內大多會另闢專章介紹；而於「財務統計學」的文獻（教科書），例如 Alexander 所著的《財務數量方法》[1]一書，內有比較完整的介紹，不過上述書籍是使用 Excel 操作。其餘有關於矩陣的觀念於「財經（濟）統計方法」的應用，則大多以附錄的型態呈現，比較完整的介紹，例如 Greene 或 Lütkepohl[2] 等書，至於 R 的操作，則較為分散；底下，我們當然只介紹會應用於統計學內的部分。

第一節 向量與矩陣

於本節，我們先介紹向量與矩陣的觀念，至於如何應用，則於本章他節介紹。

1.1 向量

一般有提到的向量（vector），大多指的是「行向量」（column vector）；例如：

1　Alexander, S. (2008), Quantitative Methods in Finance, John Wiley & Sons Ltd.

2　Greene, W. H. (2002), Econometric Analysis (fifth edition), Prentice Hall. Lütkepohl, H. (2005), New Introduction to Multiple Time Series, Springer.

$$a = \begin{pmatrix} 3 \\ 1 \\ 5 \end{pmatrix}$$

但是因書寫上太占空間，故反而以「列向量」（row vector）表示，即：

$$a^T = a^{'} = (3, 1, 5)^T = (3, 1, 5)^{'}$$

其中 a^T 或 $a^{'}$ 是 a 的轉置（transpose）向量，即將行向量轉成列向量。若寫成一般的型式，即 $a = (a_1 \ a_2 \ \cdots \ a_n)^{'}$，可稱 a 為一個 $n \times 1$（讀成 n by 1）向量，其中稱 a_n 為 a 向量內之元素（element）。一般於 R 內資料，是以類似向量的型式表示，可試下列指令：

```
a = c(3,1,5)
g = matrix(c(3,1,5),1,3) # 一列三行
g
dim(g)
dim(a)
b = t(a) # 轉置
b
dim(b)
g%*%t(b)
g%*%a
```

　　若於 R 內輸入上述指令，會發現我們首先輸入 3、1 與 5 三個數字並令其為 a；其次，也可以將上述三個數字以向量的型式表示並令其為 g。接下來，分別檢查 a 與 g 之次元（dimension），可發現前者為 0（NULL）而後者則為 1×3！似乎 a 不是一個向量，但是 R 實際上已經將 a 視為一個行向量了！

　　於上述指令內，我們也看到簡易的「矩陣的相乘」，可以注意 %*% 符號，即若 a 與 b 皆為 $n \times 1$ 向量，則：

$$a^{'}b = \begin{pmatrix} a_1 & a_2 & \cdots & a_n \end{pmatrix} \begin{pmatrix} b_1 \\ b_2 \\ \vdots \\ b_n \end{pmatrix} = a_1b_1 + a_2b_2 + \cdots + a_nb_n \tag{11-1}$$

其結果是一個純量（scalar），我們可以亦可將純量視為一個 1×1 矩陣。我們也可以再練習下列的加法與乘法：

- $ca' = (ca_1 \ ca_2 \ \cdots \ ca_n)$，其中 c 是一個純量。
- $a' + b' = (a + b)'' = (a_1 \ a_2 \ \cdots \ a_n) + (b_1 \ b_2 \ \cdots \ b_4)$
  $$= (a_1 + b_1 \ a_2 + b_2 \ \cdots \ a_n + b_n)$$

習題

1. 若 $x' = (1 \ 2 \ 3)$，$y' = (4 \ 5 \ 6)$，試利用 (11-1) 式計算 $x'y$ 值。
2. 計算 $3x - 4y$。
3. 續題 1 與 2，於 R 內如何操作？

   ☞提示：
   ```
   x = c(1,2,3)
   y = c(4,5,6)
   t(x)%*%y # t(x) 為 x 之轉置
   3*x -4*y
   ```

4. 使用 matrix 指令，重做題 3。

   ☞提示：
   ```
   x = matrix(c(1,2,3),3,1)
   y = matrix(c(4,5,6),3,1)
   t(x)%*%y
   3*x-4*y
   ```

1.2 矩陣

若將多個相同次元的行向量「合併」，即可構成一個矩陣；換言之，一個 $m \times n$（階）矩陣可寫成：

$$A = \begin{bmatrix} a_{11} & a_{12} & \cdots & a_{1n} \\ a_{21} & a_{22} & \cdots & a_{1n} \\ \vdots & \vdots & \ddots & \vdots \\ a_{m1} & a_{m2} & \cdots & a_{mn} \end{bmatrix}$$

其中若 $m = n$，則稱 A 為一個 n 階方形矩陣（square matrix）。例如：

$$B = \begin{bmatrix} 5 & 2 \\ 2 & 3 \end{bmatrix}$$

B 是一個 2 階方形矩陣。由於 $B' = B$，故亦可稱 B 是一個對稱矩陣。我們可以取 B

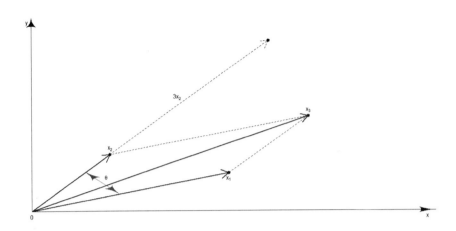

▲ **圖 11-1**：二維平面空間（座標圖）

之行向量，寫成：

$$B = [x_1, x_2]，其中 x_1 = (5, 2) 而 x_2 = (2, 3)$$

我們可以注意 x_1 與 x_2 分別是平面空間的二個點，可參考圖 11-1，由於多維度空間無法於平面空間觀察；因此，我們只能透過二維的平面空間想像與延伸！換句話說，讀者可以想像上述 A 矩陣的（某一）行向量代表何意思？於數學上，倒是有一個名詞表示：稱為 n 維之笛卡兒空間（Cartesian space）的一個點！

習題

1. S 是一個 2 階方形矩陣，其型態為：

$$S = \begin{bmatrix} 1 & 2 \\ -1 & 1 \end{bmatrix}$$

   試以手繪方式於平面座標上繪出二個行向量。

2. 若有一個行向量 $(3\ \ 0)'$，其與 S 有何關連？

3. 若有一個行向量 $(-1\ \ -2)'$，其與 S 有何關連？

4. 用 R 繪出題 $1 - 3$。

5. 續題 $1 - 4$，其實我們也可以觀察列向量；試將行向量改成列向量，重做一次。

1.2.1 矩陣代數

矩陣代數的第一個法則,是適用於相同維度的加法(減法);換言之,若另有一個 2 階的方形矩陣:

$$D = \begin{bmatrix} 3 & 0.5 \\ 0.5 & 1 \end{bmatrix}$$

則所謂矩陣的加法(減法),是表示二矩陣內的元素彼此相加(相減),例如:

$$B + D = \begin{bmatrix} 5 & 2 \\ 2 & 3 \end{bmatrix} + \begin{bmatrix} 3 & 0.5 \\ 0.5 & 1 \end{bmatrix} = \begin{bmatrix} 8 & 2.5 \\ 2.5 & 4 \end{bmatrix}$$

因此,不同維度無法相加(相減)。值得注意的是,若 $A + (-A) = O$,此處 O 與 A 皆為 2 階矩陣,O 內之元素皆為 0。

至於乘法,則有下列三種型態:

- 純量積(scalar product)。若矩陣 B 乘以某一純量 c,寫成 cB,表示 B 內之元素皆乘以純量 c;例如:

$$3B = 3 \begin{bmatrix} 5 & 2 \\ 2 & 3 \end{bmatrix} = \begin{bmatrix} 15 & 6 \\ 6 & 9 \end{bmatrix}$$

- 點積(dot product)亦稱內積(inner product)。點積是指二個非 0 的向量,元素對元素相乘之加總;例如:

$$x_1 \cdot x_2 = (5, 2)' \cdot (2, 3)' = 10 + 6 = 16$$

當二個非 0 的向量之點積等於 0,表示二向量彼此互相垂直(直交,orthogonal)。我們知道三角函數內的餘弦可用於衡量二向量之夾角 θ,其可為:

$$\cos(\theta) = \frac{x_1 \cdot x_2}{\|x_1\| \|x_2\|}$$

其中 $\|x\|$ 表示 x 向量的長度[3];因此,利用上式,可以計算圖 11-1 內之夾角約為 56.51 度[4]!

---

3 即若 $x = (5,3) = \sqrt{5^2 + 3^2} = \sqrt{34}$。我們亦可稱此長度為歐基里德模值(Euclidean norm)。

4 一般而言,餘弦的角度 θ 是以弧度 (radian) 表示,可記得 $\theta = 180° / \pi$,可參考本節所附之 R 程式。

- 矩陣相乘。接下來，我們可以介紹較為熟悉的矩陣相乘；例如，有一個 2×3 階的矩陣 H，則因 B 為一個 2×2 階方形矩陣，故 B 後乘以 H 可以得到一個 2×3 階的矩陣，即：

$$BH = \begin{bmatrix} 5 & 2 \\ 2 & 3 \end{bmatrix} \begin{bmatrix} 2 & 5 & 1 \\ 3 & 7 & 6 \end{bmatrix} = \begin{bmatrix} 5 \times 2 + 2 \times 3 & 5 \times 5 + 2 \times 7 & 5 \times 1 + 2 \times 6 \\ 2 \times 2 + 3 \times 3 & 2 \times 5 + 3 \times 7 & 2 \times 1 + 3 \times 6 \end{bmatrix} = \begin{bmatrix} 16 & 39 & 17 \\ 13 & 31 & 20 \end{bmatrix}$$

　　BH 矩陣內的各元素，可以利用類似 (11-1) 式求得[5]。從上述的矩陣相乘可知 B 矩陣的行數須與 H 矩陣的列數一致，才能相乘，例如 HB 就無法相乘，但是 $H'B$ 卻可得到一個 3×2 階的矩陣！

　　又如若 $BB' = B'B$，此乃因 B 矩陣是一個對稱的矩陣；除了對稱矩陣外，尚有對角矩陣（diagonal matrix）也具有「相乘的順序無關」的特性。所謂對角矩陣是指一個 n 階的方形矩陣，顧名思義，只有對角為非 0 的元素，而其餘非對角的元素則全為 0；例如，G 為一個 3 階的對角矩陣，其可為：

$$G = \begin{bmatrix} 2 & 0 & 0 \\ 0 & 4 & 0 \\ 0 & 0 & 3.5 \end{bmatrix}$$

因 $G' = G$，表示其是屬於可互換（自身與其轉置可交換）的矩陣。

　　不過，除了上述矩陣外，我們倒是可以得到一個重要的非可互換關係，即：

$$(BH)' = H'B' \tag{11-2}$$

讀者可以自行以 R 證明上式。(11-2) 式是重要的，因為逆矩陣（inverse matrix）亦具有類似的結果。

習題

1. 計算 $H'G$。
2. 計算 HG。

　　☞提示：
```
H = matrix(c(2,3,5,7,1,6),2,3)
G = matrix(c(2,0,0,0,4,0,0,0,3.5),3,3)
t(H)%*%G
H%*%G
```

5　例如 BH 矩陣的第二列第三行元素可由 B 的第二列乘上 H 之第三行而得。讀者可透過所附的 R 程式，瞭解於 R 內如何操作矩陣的相乘。

3. 計算 $2H^i$。

4. 試計算 $(2, 3)$ 與 $(1, 2)$ 所構成之夾角。

5. 用 R 證明 (11-2) 式。

☞提示：
```
B = matrix(c(5,2,2,3),2,2)
H = matrix(c(2,3,5,7,1,6),2,3)
t(B%*%H)
t(H)%*%t(B)
```

1.2.2 非奇異矩陣

上述 n 階方形與對角矩陣有一個特例，就是單位矩陣（unit matrix or identity matrix），單位矩陣的對角元素全為 1，其餘的元素則為 0；例如，一個 5 階與 2 階方形的單位矩陣可以分別寫成：

$$I_5 = \begin{bmatrix} 1 & 0 & 0 & 0 & 0 \\ 0 & 1 & 0 & 0 & 0 \\ 0 & 0 & 1 & 0 & 0 \\ 0 & 0 & 0 & 1 & 0 \\ 0 & 0 & 0 & 0 & 1 \end{bmatrix} \text{與} I_2 = \begin{bmatrix} 1 & 0 \\ 0 & 1 \end{bmatrix}$$

單位矩陣的特性，讀者可以自行證明 $I_2B = BI_2 = B$ 以及 $I_2^iI_2 = I_2I_2^i = I_2$。因此，單位矩陣類似純量 1，即 $1 \times 3 = 3 \times 1 = 3$。

　　利用單位矩陣的特徵，可得：

$$I_nA = AI_n = A \Rightarrow AA^{-1} = A^{-1}A = I_n$$

其中 A^{-1} 為 A 之逆矩陣。是故，若 A 與 F 皆為 n 階的矩陣，則：

$$(AF)^{-1} = F^{-1}A^{-1} \tag{11-3}$$

我們可以比較 (11-2) 與 (11-3) 式之雷同。讀者可以利用上述單位矩陣的特性證明 (11-3) 式。

　　值得注意的是，並非所有的 n 階方形矩陣存在其對應的逆矩陣。換言之，若 A 矩陣有其對應的逆矩陣，則稱 A 矩陣屬於非奇異矩陣（nonsingular matrix）；相反地，若 A 矩陣的逆矩陣不存在，則稱 A 矩陣屬於奇異矩陣（singular matrix）！我們舉一個例子來說明非奇異與奇異矩陣的差別。假設面對下列二組二元一次之聯立方程式：

$$\text{(I)} : \begin{cases} x + y = 2 \\ x - y = 1 \end{cases} \Rightarrow x = 1.5, y = 0.5 \quad \text{(II)} : \begin{cases} x + 2y = 2 \\ 2x + 4y = 1 \end{cases} \Rightarrow x = ?, y = ?$$

上述二組聯立方程式可用矩陣的型式表示：

$$\text{(I)} : W \begin{bmatrix} x \\ y \end{bmatrix} = \begin{bmatrix} 1 & 1 \\ 1 & -1 \end{bmatrix} \begin{bmatrix} x \\ y \end{bmatrix} = \begin{bmatrix} 2 \\ 1 \end{bmatrix} \quad \text{(II)} : R \begin{bmatrix} x \\ y \end{bmatrix} = \begin{bmatrix} 1 & 2 \\ 2 & 4 \end{bmatrix} \begin{bmatrix} x \\ y \end{bmatrix} = \begin{bmatrix} 2 \\ 1 \end{bmatrix}$$

我們可以觀察 W 矩陣與 R 矩陣有何差別？W 矩陣是由二個單獨的行向量所構成，故稱二個向量彼此為「線性獨立（linearly independent）」；而 R 矩陣卻出自於相同的行向量（類似圖 11-1 內之 x_2 向量），故可稱為「線性相依（linearly dependent）」。因此，W 矩陣亦可稱為非奇異矩陣，其涵義就是可以求得聯立方程式之唯一解；R 矩陣就是屬於奇異矩陣，其涵義自可不言而喻。（無法求解）

> 習題

1. 其實線性相依也可以指二向量平行地指向同一方向；例如下圖之 a 與 b 向量，試檢視二向量所構成的矩陣是否屬於奇異矩陣？

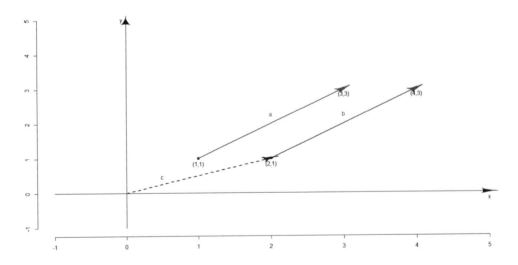

　　☞提示：a 向量可以計算 $(x_1 - x_0, y_1 - y_0)$ 而得

2. 續上題，若檢視 a 與 c 二向量所構成的矩陣呢？

3. 我們如何於 R 內建立一個 I_3 矩陣？

　　☞提示：`matrix(c(1,0,0,0,1,0,0,0,1),3,3)`
　　　　　　`diag(3)`

```
cbind(c(1,0,0),c(0,1,0),c(0,0,1))
```

4. 試證明 $I_3 G = G I_3 = G$。

1.2.3 逆矩陣

上述二元一次聯立方程式例子內之非奇異與奇異矩陣的最明顯區別，在於 W 與 R 矩陣之行列式值（determinant）計算。例如若有一個 2 階矩陣：

$$V = \begin{pmatrix} a & b \\ c & d \end{pmatrix}$$

其 $ad - bc$ 值稱為該矩陣之行列式值，我們可以寫成 $\det(V)$ 或 $|V|$。換言之，前述 B 與 D 矩陣之行列式值分別為 11 與 2.75。值得注意的是，非奇異與奇異矩陣之行列式值，前者不等於 0 而後者卻為 0，讀者可檢視 W 與 R 矩陣之行列式值。

至於高階矩陣的行列式值，可透過「子式與餘因子（minor and cofactor）」觀念，取得較為簡易的計算方式；例如，一個 3 階矩陣之行列式值可寫成：

$$\begin{vmatrix} a_{11} & a_{12} & a_{13} \\ a_{21} & a_{22} & a_{23} \\ a_{31} & a_{32} & a_{33} \end{vmatrix} = a_{11}\begin{vmatrix} a_{22} & a_{23} \\ a_{32} & a_{33} \end{vmatrix} - a_{12}\begin{vmatrix} a_{21} & a_{23} \\ a_{31} & a_{33} \end{vmatrix} + a_{13}\begin{vmatrix} a_{21} & a_{22} \\ a_{31} & a_{32} \end{vmatrix}$$

上述一個 3 階行列式的展開是依第一列的元素（刪除同列同行）而得，不過應注意其符號；讀者也可嘗試以第一行的元素為主，將一個 3 階行列式展開成三個 2 階的行列式。此種將高階行列式降為低階行列式的方式，稱為「子式與餘因子」，即：

$$\det(A) = a_{i1}C_{i1} + a_{i2}C_{i2} + \cdots + a_{in}C_{in} \tag{11-4}$$

其中

$$C_{ij} = (-1)^{i+j}M_{ij} \tag{11-5}$$

(11-4) 式是表示一個 n 階行列式 A 可以由其「餘因子（cofactor）」C_{ij} 之加總表示，其中 M_{ij} 則是行列式 A 之第 i, j 個子式（minor）（即刪除同列同行所剩之行列式）；若 $i = j$，則 M_{ij} 與 C_{ij} 稱為行列式 之主要的（principal）子式與餘因子。

我們再舉一個例子說明，假想有一個 4 階的行列式 Q，如下所示，我們以第一行為主，分別計算其對應的餘因子；例如第三列第一行所對應的「下標」為 $i = 3, j = 1$，故 $C_{31} = (-1)^4 M_{31}$，其餘可以類推。

$$Q = \begin{vmatrix} 1 & 2 & 3 & 2 \\ 2 & 1 & 1 & 3 \\ 3 & 2 & 2 & 1 \\ 4 & 3 & 4 & 5 \end{vmatrix} = \begin{vmatrix} 1 & 1 & 3 \\ 2 & 2 & 1 \\ 3 & 4 & 5 \end{vmatrix} - 2\begin{vmatrix} 2 & 3 & 2 \\ 2 & 2 & 1 \\ 3 & 4 & 5 \end{vmatrix} + 3\begin{vmatrix} 2 & 3 & 2 \\ 1 & 1 & 3 \\ 3 & 4 & 5 \end{vmatrix} - 4\begin{vmatrix} 2 & 3 & 2 \\ 1 & 1 & 3 \\ 2 & 2 & 1 \end{vmatrix} = -5$$

其對應的 R 程式可為：

```
# minor and cofactor
minor = function(A, i, j)
{
  A[-i, -j]
}
cofactor = function(A, i, j)
{
 (-1)^(i + j)* minor(A, i, j)
}
Q = cbind(c(1,2,3,4),c(2,1,2,3),c(3,1,2,4),c(2,3,1,5))
Q
det(Q) # 行列式值
C11 = cofactor(Q,1,1);C21 = cofactor(Q,2,1);C31 =
cofactor(Q,3,1);
C41 = cofactor(Q,4,1)
Q[1,1]*det(C11)+Q[2,1]*det(C21)+Q[3,1]*det(C31)+Q[4,1]*det(C41)
M11 = minor(Q,1,1)
M21 = minor(Q,2,1)
M31 = minor(Q,3,1)
M41 = minor(Q,4,1)
```

瞭解行列式的計算，以及矩陣或行列式的子式與餘因子觀念後，我們將介紹如何計算一個 n 階方形矩陣的逆矩陣；不過，在還沒介紹之前，我們仍需澄清非奇異與奇異矩陣的差別。於 1.2.2 節內，我們已經發現存在線性相依的矩陣屬於奇異矩陣，其行列式值恰等於 0；換句話說，我們如何判斷一個 n 階方形矩陣是否屬於非奇異矩陣？利用該矩陣的行列式值來判斷，是一個簡易的判斷方式，也就是說，若

該 n 階矩陣的行列式值不為 0，我們大概就可以知道該 n 階方形矩陣屬於非奇異矩陣！

為何非奇異矩陣那麼重要？！我們來看一個 n 階方形矩陣 A 之逆矩陣 A^{-1} 公式（讀者可以嘗試以中文解釋）：

$$A^{-1} = \frac{1}{|A|}\left(C_{ij}\right) = \frac{1}{|A|}\begin{bmatrix} C_{11} & C_{21} & \cdots & C_{n1} \\ C_{12} & C_{22} & \cdots & C_{n2} \\ \vdots & \vdots & \ddots & \vdots \\ C_{1n} & C_{2n} & \cdots & C_{nn} \end{bmatrix} \tag{11-6}$$

值得注意的是，(11-6) 式顯示出逆矩陣 A^{-1} 內之元素為 A 矩陣之餘因子除以 A 矩陣之行列式值，不過 A^{-1} 矩陣內之元素有經過轉置！

我們先看一個簡單的例子。若有一個 2 階方形矩陣，則其逆矩陣為：

$$\begin{bmatrix} a & b \\ c & d \end{bmatrix}^{-1} = \frac{1}{(ad-bc)}\begin{bmatrix} d & -b \\ -c & a \end{bmatrix}$$

以前述 B 矩陣為例：

$$B^{-1} = \frac{1}{11}\begin{bmatrix} 3 & -2 \\ -2 & 5 \end{bmatrix}$$

於 R 內我們有二種方式可以計算逆矩陣：其一是使用 solve 指令，另一則使用 MASS 程式套件內之 ginv 指令；換言之，B^{-1} 可透過下列程式計算：

```
B
solve(B)
library(MASS) # MASS 程式套件已經於 R 內，不用另外下載
ginv(B)
3/det(B) # (1,1)
5/det(B) # (2,2)
-2/det(B) # (1,2) 或 (2,1)
```

除了 (11-3) 式外，逆矩陣與行列式尚有下列特性（讀者可試著用 R 證明）：

- 就任何 n 階方形矩陣 A 而言，$|A'| = |A|$。
- 就任何 n 階方形矩陣 A 而言，$|A^{-1}| = |A|^{-1}$。

- 若 A 矩陣屬於奇異矩陣，因其行列式值為 0，故 A^{-1} 並不存在，A 亦可稱為無法轉換的（non-invertible）矩陣。
- 就任一純量 c 與 n 階方形矩陣 A 而言，$|cA| = c^n|A|$。
- 若 A 與 U 皆為 n 階方形矩陣，則 $|AU| = |A||U|$。

習題

1. B^{-1} 與 $1/B$ 有何不同？二者是否相等？

   ☞提示：B

        1/B

        inB = solve(B)

        inB%*%B

        B%*%inB

        B%*%(1/B)

        B*(1/B)

2. 計算下列逆矩陣之值：

$$\begin{bmatrix} 1 & 4 & 7 \\ 2 & 5 & 8 \\ 3 & 6 & 9 \end{bmatrix}^{-1}$$

3. 計算下列逆矩陣之值：

$$\begin{bmatrix} 1 & 4 & 7 \\ 2 & 5 & 8 \\ 3 & 6 & 10 \end{bmatrix}^{-1}$$

4. 於第 7 章的迴歸模型內，我們曾以矩陣的型式呈現最小平方估計式，其能取得估計式的條件為何？有何涵義？

   ☞提示：

$$b = (X'X)^{-1}X'y$$

5. 計算 1.2.1 節內 G 矩陣之逆矩陣，有何涵義？

   ☞提示：G = matrix(c(2,0,0,0,4,0,0,0,3.5),3,3)

        G

        1/G

```
solve(G)
```

6. 聯立方程式之求解。於 1.2.2 節內我們曾討論二組聯立方程式：(I) 與 (II)。就 (I) 而言，其可寫成：

$$(I) : W \begin{bmatrix} x \\ y \end{bmatrix} = \begin{bmatrix} 1 & 1 \\ 1 & -1 \end{bmatrix} \begin{bmatrix} x \\ y \end{bmatrix} = \begin{bmatrix} 2 \\ 1 \end{bmatrix} \Rightarrow \begin{bmatrix} x \\ y \end{bmatrix} = W^{-1} \begin{bmatrix} 2 \\ 1 \end{bmatrix}$$

試利用上式，分別計算 x 與 y 值。

☞提示：
```
W = cbind(c(1,1),c(1,-1))
W
solve(W)%*%c(2,1)
```

7. 續上題，有何涵義？

1.2.4 正負定矩陣

若 A 是一個 n 階方形矩陣而 x 是一個 $n \times 1$ 階向量，則 $x'Ax$ 可以構成一個二次式的（quadratic）型式；例如，$x = (x_1, x_2)'$，則 $x'Bx$ 可以為：

$$x'Bx = \begin{bmatrix} x_1 & x_2 \end{bmatrix} \begin{bmatrix} 5 & 2 \\ 2 & 3 \end{bmatrix} \begin{bmatrix} x_1 \\ x_2 \end{bmatrix} = \begin{bmatrix} 5x_1 + 2x_2 & 2x_1 + 3x_2 \end{bmatrix} \begin{bmatrix} x_1 \\ x_2 \end{bmatrix} = 5x_1^2 + 3x_2^2 + 4x_1x_2$$

從上式可以看出其為何稱為二次式的型式 [6]。

為何我們要介紹二次式的型式如 $x'Ax$？我們有興趣的是，若 A 矩陣屬於正定（負定）矩陣，則不管 x 為何（0 除外），其 $x'Ax$ 值一定大於（小於）0！一般而言，我們會寫成二次式的型式，如 $x'Ax$，A 矩陣除了是 n 階矩陣，通常 A 矩陣亦屬於對稱矩陣。我們可以使用下列式子將非對稱的 n 階矩陣轉換成對稱的 n 階矩陣：

$$x'Ax = \frac{1}{2} x' \left(A + A' \right) x = x'Kx \tag{11-7}$$

其中 K 屬於一個對稱的 n 階方形矩陣。例如利用 (11-7) 式可將下列 B_1 矩陣轉成對稱的 B 矩陣：

$$B_1 = \begin{bmatrix} 5 & 3 \\ 1 & 3 \end{bmatrix} \Rightarrow \frac{1}{2} \left(\begin{bmatrix} 5 & 3 \\ 1 & 3 \end{bmatrix} + \begin{bmatrix} 5 & 1 \\ 3 & 3 \end{bmatrix} \right) = \begin{bmatrix} 5 & 2 \\ 2 & 3 \end{bmatrix} = B$$

有關於正負定矩陣的型態，底下，就 n 階方形矩陣 A 而言，我們考慮四種型式：

---

6 因 x_1^2、x_2^2 以及 x_1x_2 皆屬於二次式。

- 就所有非 0 的 x 而言，若 $x'Ax > 0$，則 A 屬於正定矩陣。
- 就所有的 x 而言，若 $x'Ax \geq 0$，則 A 屬於半正定（semi-positive definite）矩陣。
- 就所有非 0 的 x 而言，若 $x'Ax < 0$，則 A 屬於負定矩陣。
- 就所有的 x 而言，若 $x'Ax \leq 0$，則 A 屬於半負定矩陣。

我們可以藉由行列式值，檢視一個對稱的 n 階方形矩陣是否屬於上述四種型式之一：

- 若該矩陣之主要的子式的行列式值皆為正值，則該矩陣屬於正定的矩陣；反之亦然。
- 若該矩陣之主要的子式的行列式值皆為大於等於 0，則該矩陣屬於半正定的矩陣；反之亦然。
- 若該矩陣之主要的子式的行列式值的符號以 $\{-, +, -, +, \cdots\}$ 呈現，則該矩陣屬於負定的矩陣；反之亦然。
- 若該矩陣之主要的子式的行列式值的符號以 $\{\leq 0, \geq 0, \leq 0, \geq 0, \cdots\}$ 呈現，則該矩陣屬於半負定的矩陣；反之亦然。

例如，根據上述判斷準則，判斷下列 A_1 矩陣是否屬於正定、負定或其他矩陣：

$$A_1 = \begin{bmatrix} 1 & 1 & 2 \\ 1 & 5 & -4 \\ -2 & -4 & 6 \end{bmatrix}$$

由於 A_1 並不屬於對稱的矩陣，我們可以使用 (11-7) 式，將其轉為對稱的矩陣：

$$A_2 = \frac{1}{2}(A_1 + A_1') = \frac{1}{2}\left(\begin{bmatrix} 1 & 1 & 2 \\ 1 & 5 & -4 \\ -2 & -4 & 6 \end{bmatrix} + \begin{bmatrix} 1 & 1 & -2 \\ 1 & 5 & -4 \\ 2 & -4 & 6 \end{bmatrix} \right) = \begin{bmatrix} 1 & 1 & 0 \\ 1 & 5 & -4 \\ 0 & -4 & 6 \end{bmatrix}$$

其次，計算 A_2 的主要的子式：

$$|1| = 1 \cdot |M_{33}| = \begin{vmatrix} 1 & 1 \\ 1 & 5 \end{vmatrix} = 4 \text{ 以及 } |A_2| = 8$$

因為所有 A_2 之主要的子式的行列式值皆為正數，故可知任意的非 0 之 x，其二次式型式 $x'Ax > 0$，故 A_1 屬於正定矩陣！

上述 A_1 的例子之 R 之程式可為：

```
A1 = cbind(c(1,1,-2),c(1,5,-4),c(2,-4,6))
```

```
A1
A2 =(1/2)*(A1 + t(A1))
A2
minor = function(A, i, j)
{
  A[-i, -j]
}
A2[1,1]
M33 = minor(A2,3,3)
det(M33)
det(A2)
```

（以上第一節的內容可參考 ch11-1.R）

習題

1. 判斷 1.2.1 節內的 G 矩陣是否屬於正定矩陣？

2. 於第 9 章內，我們有使用 nlm 指令以極小化「概似值（以正數表示）」，故需要正定的黑森矩陣；例如，若 TSMC 的日對數報酬率資料欲以常態分配模型化，可得其「極小化單一概似值」的黑森矩陣為：

$$H = \begin{bmatrix} 0.1921 & 0 \\ 0 & 0.384 \end{bmatrix}$$

試判斷上述黑森矩陣 H 是否屬於正定矩陣？

3. 續上題，若是仍使用 nlm 指令，不過改以標準 t 分配模型化 TSMC 的日對數報酬率序列資料，可得其「平均」之黑森矩陣為：

$$H_1 = \begin{bmatrix} 0.2486 & -0.0043 & -0.0025 \\ -0.0043 & 0.1969 & 0.0314 \\ -0.0025 & 0.0314 & 0.0077 \end{bmatrix}$$

試判斷上述黑森矩陣 H_1 是否屬於正定矩陣？

4. 續上題，若 $H_2 = (-1)H_1$，試判斷 H_2 是否屬於負定矩陣？

5. 於第 10 章，我們曾使用二元 t 分配模型化 TSMC 與 TWI 日對數報酬率序列資料，可得 model 8（參考 ch10-1-3.R），試判斷 model 8 之黑森矩陣（以平均數表示）是否為負定矩陣？

☞提示：H3 = round(model8$hessian/T,4) # 可參考 ch10-1-3.R,T 為樣
本數

```
H3
H3[1,1]
det(H3[1:2,1:2])
det(H3[1:3,1:3])
det(H3[1:4,1:4])
det(H3[1:5,1:5])
det(H3)
```

第二節 矩陣的特性

瞭解基本的向量與矩陣操作後，我們可以進一步檢視矩陣（代數）的特性，這其中包括矩陣的特性根與特性向量、矩陣的拆解與矩陣的微分。

2.1 特性根與特性向量

至今我們尚未解釋矩陣的意義，假設 J 矩陣是一個 $m \times n$ 階矩陣，而 x 則為 $n \times 1$ 向量，透過矩陣的乘法，可知 Jx 乘積為一個 $m \times 1$ 向量；因此，J 矩陣相當於將 $n \times 1$ 向量的 x 轉成為另一個 $m \times 1$ 向量，故 J 是一個線性轉換（linear transformation）矩陣！我們可以試著於平面空間內問一個問題：J_1 矩陣要將 x_1 向量「送至」何處？其中

$$J_1 = \begin{bmatrix} 1 & 2 \\ 2 & 4 \end{bmatrix}, \ x_1 = \begin{bmatrix} 2 \\ 1 \end{bmatrix}$$

答案是：

$$J_1 x_1 = \begin{bmatrix} 4 \\ 8 \end{bmatrix}$$

如圖 11-2 所示。因此，透過 J_1 矩陣的「線性轉換」，可將 x_1 向量轉至另一向量，後者的「頂點」為點 $(4, 8)$！J_1 矩陣有此「功能」，到底有何涵義？我們不禁再思考：J_1 矩陣若將 x_1 向量轉至 x_1 向量自身呢？透過「移項」，我們不是可以得到 J_1 等於「什

麼」嗎？！我們如何思考 $J_1 x_1 = ? x_1$ ？

　　於圖 11-2 內，我們有注意到點 (2, 1) 與點 (4, 8) 並未位於同一條直線上；我們可以再思考另一個向量 x_2：

$$x_2 = \begin{bmatrix} 1 \\ 2 \end{bmatrix} \Rightarrow J_1 x_2 = \begin{bmatrix} 1 & 2 \\ 2 & 4 \end{bmatrix} \begin{bmatrix} 1 \\ 2 \end{bmatrix} = \begin{bmatrix} 5 \\ 10 \end{bmatrix}$$

我們發現點 (1, 2) 與點 (5, 10) 居然位於同一條直線上，且後者是前者的 5 倍，我們試著重寫一次：

$$J_1 x_2 = \begin{bmatrix} 1 & 2 \\ 2 & 4 \end{bmatrix} \begin{bmatrix} 1 \\ 2 \end{bmatrix} = 5 \begin{bmatrix} 1 \\ 2 \end{bmatrix} = 5 x_2 \Rightarrow (J_1 - 5 I_2) x_2 = \begin{bmatrix} 0 \\ 0 \end{bmatrix} = 0$$

於 x_2 為非零向量的前提下，似乎 J_1 有一個「解或根」等於 5，我們就稱 5 為 J_1 的特性根（eigenvalue）而 x_2 就稱為 J_1 之特性向量（eigenvector）！為何稱後者為特性向量，因為其他向量如 x_1 就不是 J_1 的特性向量。因此，我們竟然得知 J_1 矩陣不僅有「線性轉換」的功能，同時也從 J_1 矩陣內「過濾出」其之特性根與特性向量！

　　其實若將上述特性根 5 視為未知數，求解上式，我們應該還會發現其他「訊息」；換言之，上式可以再寫成更一般的型式，即若有一個 n 階方形矩陣 A 而 w 表示 $n \times 1$ 向量，則：

$$Aw = \lambda w \tag{11-8}$$

其中 λ 為未知參數。透過 (11-8) 式，我們可以「求解」得出矩陣 A 之特性根；只不

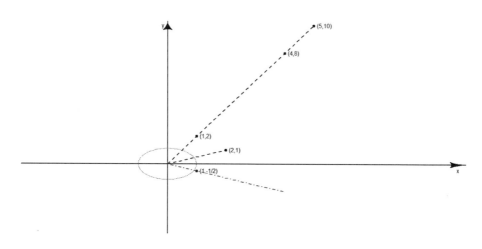

∧ 圖 11-2：J_1 矩陣的線性轉換

過是，(11-8) 式如何求解？

我們可以再回想 (11-8) 式可以透過「移項」轉成：

$$(A - \lambda I_n)w = 0 \qquad\qquad (11\text{-}8a)$$

其次，因 $(A - \lambda I_n)w$ 矩陣內之向量屬於「線性相依」（即 Aw 與 λw 位於同一向量，故 $(A - \lambda I_n)w$ 矩陣屬於奇異矩陣），如前所述，其行列式值等於 0；因此，於 w 為非 0 向量的前提下，$(A - \lambda I_n)$ 的行列式值應等於 0！故假設 A 為一個 2 階方形矩陣，則：

$$|A - \lambda I_2| = \begin{vmatrix} a_{11} - \lambda & a_{12} \\ a_{21} & a_{22} - \lambda \end{vmatrix} = 0 \Rightarrow (a_{11} - \lambda)(a_{22} - \lambda) - a_{12}a_{21} = 0$$

上式經過整理後可得：

$$\lambda^2 - (a_{11} + a_{22})\lambda + a_{11}a_{22} - a_{12}a_{21} = 0 \qquad\qquad (11\text{-}8b)$$

(11-8b) 式稱為 A 矩陣之特徵方程式（characteristic equation）！利用 A 矩陣之特徵方程式，可以求解得到 A 矩陣的特性根。

是故，若思考上述 J_1 矩陣的例子，可得 J_1 矩陣有 $\lambda = 5$ 與 $\lambda = 0$ 二個特性根！知道如何求得 J_1 矩陣之特性根後，我們進一步思索：「是否可以進一步得出對應的特性向量」？答案是肯定的，可以再試試。

若將 J_1 矩陣之二個特性根 5 與 0 分別代入 (11-8) 式，可以分別得到：

$$(A): \begin{bmatrix} 1 & 2 \\ 2 & 4 \end{bmatrix}\begin{bmatrix} w_1 \\ w_2 \end{bmatrix} = 5\begin{bmatrix} w_1 \\ w_2 \end{bmatrix} \Rightarrow \begin{cases} 4w_1 - 2w_2 = 0 \\ 2w_1 - w_2 = 0 \end{cases}$$

以及

$$(B): \begin{bmatrix} 1 & 2 \\ 2 & 4 \end{bmatrix}\begin{bmatrix} w_1 \\ w_2 \end{bmatrix} = 0\begin{bmatrix} w_1 \\ w_2 \end{bmatrix} \Rightarrow \begin{cases} w_1 + 2w_2 = 0 \\ 2w_1 + 4w_2 = 0 \end{cases}$$

上述 (A) 與 (B) 二個例子，可知 w_1 與 w_2 的解有無窮多組，我們已經知道其中之一。例如，於 (A) 的例子內，若令 $w_1 = 1$，則 $w_2 = 2$，此是我們已知的點 $(1, 2)$；其次，於 (B) 的例子內，若令 $w_1 = 1$，則 $w_2 = -1/2$，此是我們仍未得知的另一個特性向量，可參考圖 11-2。有意思的是，二特性向量居然於平面空間內呈現出「垂直（perpendicular）」的態勢！

由於有無窮多組的特性向量，一般而言，我們大多以所謂的「標準化的特性向量（normalized eigenvector）」表示，此是表示特性向量位於「單位圓（半徑為 1）」

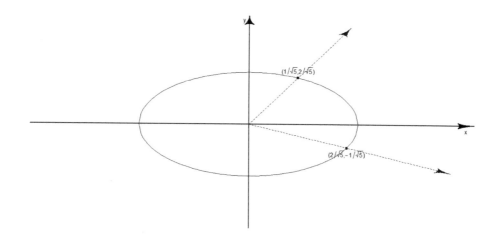

▲ 圖 **11-3**：單位圓與標準化特性向量

上（如圖 11-3 所示），表示標準化的特性向量的長度等於 1。

我們如何得出標準化的特性向量？就 $w = (w_1, w_2)'$ 而言，我們可以計算：

$$\frac{w}{\|w\|}$$

其中 $\|w\| = (w_1^2, w_2^2)^{1/2}$ 就是表示 w 的長度（可回想 1.2.1 節）。因此就 $w = (1, 2)'$ 與 $w = (1, -1/2)'$ 而言，其對應的特性向量分別為：

$$\begin{pmatrix} \dfrac{1}{\sqrt{5}} \\ \dfrac{2}{\sqrt{5}} \end{pmatrix} \quad 與 \quad \begin{pmatrix} \dfrac{2}{\sqrt{5}} \\ \dfrac{-1}{\sqrt{5}} \end{pmatrix}$$

如圖 11-3 所示！

習題

1. 試寫出計算一個方形矩陣的特性根與特性向量之步驟。

2. 續上題，試找出下列矩陣之特性根與特性向量。

$$J_2 = \begin{bmatrix} 2 & -1 \\ -2 & 3 \end{bmatrix}$$

☞提示：$\lambda = 1$ 以及 $\lambda = 4$，二特性向量為 $(1/\sqrt{2}, 1/\sqrt{2})'$ 與 $(1/\sqrt{5}, -2/\sqrt{5})'$

3. 續上題，使用 R 找出特性根與特性向量。

☞提示：J2 = matrix(c(2,-2,-1,3),2,2)

```
J2
?eigen
# 特性根
eigen(J2,symmetric=F)$values
# 特性向量
eigen(J2,symmetric=F)$vectors
1/sqrt(2)
1/sqrt(5)
```

4. 續上題，試說明二特性向量是否彼此直交（垂直）？

☞提示：
```
w1 = eigen(J2,symmetric=F)$vectors[,1]
w2 = eigen(J2,symmetric=F)$vectors[,2]
sum(w1*w2)
dot.prod = sum(w1*w2)
norm.w1 = sqrt(w1[1]^2+w1[2]^2)
norm.w2 = sqrt(w2[1]^2+w2[2]^2)
cos.theta = dot.prod/(norm.w1 * norm.w1)
acos(cos.theta)*180/pi # 弧度轉成度 ,180 度 = pi 弧度
library(aspace)
acos_d(cos.theta) # 弧度轉成度
```

5. 若 A 是一個 n 階的方形矩陣，則 A 矩陣應有 n 個特性根與特性向量。利用 quantmod 程式套件，試下載黃金、瑞士法郎、新臺幣以及人民幣（上述皆以美元計價），2011/1/1 － 2015/8/25 期間匯率序列資料，並將其轉成日對數報酬率序列，再觀察並解釋任意二個日對數報酬率之間的關係。

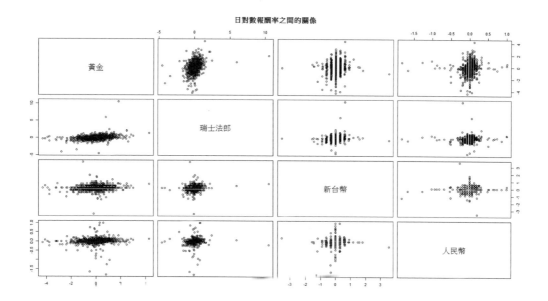

6. 續上題，計算上述四種日對數報酬率序列之樣本共變異數矩陣，並找出其特性根與特性向量。

7. 續上題，檢視任意二特性向量是否直交？其結果與題 4 有何不同？

　　☞提示：對稱與非對稱方形矩陣之差異

2.2 特性根與特性向量的意義

於 2.1 節內，我們曾分別計算 2 階方形矩陣 J_1 與 J_2（於習題 2）之特性根與特性向量，二矩陣是有差異的，即 J_1 屬於對稱矩陣且其行列式值等於 0，而 J_2 是屬於不對稱矩陣但其行列式值不等於 0；我們比較此二矩陣對應的特性根與特性向量，大致可以有下列的結論：就類似矩陣 J_1 而言，可有：

・若矩陣的行列式值等於 0（即 J_1 屬於奇異矩陣），則除了非 0 的特性根外，尚有一特性根為 0。

・若 n 階矩陣屬於對稱的矩陣，則其對應的特性向量彼此直交（垂直）。

就類似於矩陣 J_2 而言，可有：

・若矩陣的行列式值不等於 0，則特性根皆異於 0。

・若 n 階矩陣屬於不對稱的矩陣，則其對應的特性向量彼此沒有直交（垂直）。

　　比較了矩陣 J_1 與 J_2 的差異後，我們不禁提出疑問：若是對稱的 n 階非奇異矩陣呢？我們知道了這些關係有何用處？其實對稱的 n 階非奇異矩陣是我們是容易見到的。底下，我們再舉 TSMC 與 TWI 日收盤價序列資料的例子（2000/1/4 － 2014/7/10 期間）。首先，將上述日收盤價序列資料轉成日對數報酬率序列後，再計算二個日對數報酬率序列之樣本共變異數矩陣，約可得：

$$\Sigma = \begin{bmatrix} 2.1300 & 2.4643 \\ 2.4643 & 4.5786 \end{bmatrix}$$

並計算 Σ（讀成 sigma）之行列式值約為 4.1645；我們從上述計算結果，可知樣本共變異數矩陣應是屬於對稱的 2 階正定方形矩陣[7]。接下來，我們依序解出 Σ 之特性根與特性向量分別約為：

$$\Lambda = \begin{bmatrix} 6.0175 & 0 \\ 0 & 0.6921 \end{bmatrix} 與 \Omega = \begin{bmatrix} -0.5196 & -0.8544 \\ -0.8544 & 0.5196 \end{bmatrix}$$

其中對角矩陣 Λ（讀成 lambda）內之對角值就是 Σ 的二個特性根，其分別約為 6.0175 與 0.6921；換言之，TSMC 與 TWI 日對數報酬率序列的樣本共變異數矩陣分別有一大一小的特性根，其分別約為 6 與 0.7 ！其次，Ω（讀成 omega）則是二特性根所對應之特性向量。

特性根與特性向量到底代表什麼意思？我們可以先觀察圖 11-4。圖 11-4 繪出 TSMC 與 TWI 日對數報酬率之散布圖，從圖中可看出二對數報酬率序列呈同方向變動相當明顯，表示二對數報酬率序列之（樣本）共變異數為正值。事實上，我們若再仔細檢視圖 11-4，可以發現二對數報酬率序列「共同變異的方向」有二種：一種是東北 - 西南走向，如圖中的 U 向量，另一則是東南 - 西北走向，如圖中的 V 向量。不過，我們是如何繪出 U 與 V 向量？

可回想 (11-8) 式以及共變異數矩陣的意義。原來，U 與 V 向量是根據 Σ 之特性根乘上其對應的特性向量而得，即圖內的 $\lambda_1 v_1$ 與 $\lambda_2 v_2$。換言之，二對數報酬率序列「共同變異的方向」可以 v_1 與 v_2 表示，但是其變異程度卻是由 $\lambda_1 = 6.0175$ 與 $\lambda_2 = 0.6921$ 所掌控（可記得特性向量的長度為 1）！明顯地，λ_1 遠大於 λ_2，也就是說「東北 - 西南變動方向」會支配「東南 - 西北變動方向」，這就是我們所看到的散布圖內散布的方向！

接下來，我們注意上述二特定向量之間的關係，即 $v_1'v_2 = 0$（讀者可驗證），表示二特定向量彼此直交（垂直）；是故，圖 11-4 內的座標可以由原先的 x 與 y

---

7 因 $|\hat{\Sigma}|$ 值與 a_{11} 皆大於 0，a_{11} 是 Σ 之第一列第一行元素，故可知 $\hat{\Sigma}$ 屬於正定的矩陣。

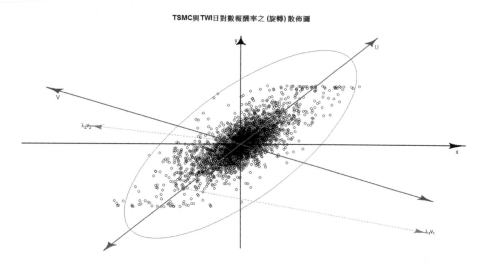

TSMC與TWI日對數報酬率之 (旋轉) 散佈圖

▲ **圖 11-4**：TSMC 與 TWI 日對數報酬率之（旋轉）散布圖，λ_1（λ_2）與 v_1（v_2）分別表示共變異矩陣之最大（最小）特性根與其對應之特性向量，其分別位於 U 與 V 軸上

軸經過旋轉改為以新的座標 U 與 V 軸取代。若是以 U 與 V 軸表示，此時二日對數報酬率之共變異數等於 0！想像整個平面以順時鐘方向旋轉，直至 x、y 軸與 U、V 軸重疊為止。此時，有正向關係的共變異數已降為沒有關係的共變異了！

就財金的應用上而言，上述的結果是相當具有意義的；就 n 個資產的報酬率而言，若是要估計其共變異數矩陣，我們總共要估計 $n(n+1)/2$ 個參數（即變異數加上共變異數），但是若以這 n 個資產報酬率以特性向量表示，則要估計其共變數矩陣，卻只需估計 n 個參數（即 n 個變異數）即可！因此，瞭解特性根與特性向量的關係或特性的好處，就是能降低面對複雜或龐大的資料困難度，此種結果對於擁有為數眾多資產的管理者（或謂基金操盤手）而言，無異是一大助益 [8]。

上述是以樣本的資訊所得出的結果，底下我們將其寫成一般的型式。假設一個對稱的 n 階正定方形（共變異數）矩陣與其對應的特性向量分別以 A 與 W 表示，則其有下列關係：

$$AW = W\Lambda \tag{11-9}$$

其中 Λ 是一個 n 階方形對角矩陣，其對角值就是 A 之特性根。比較 (11-8) 與 (11-9) 式，可以發現 (11-9) 式比 (11-8) 式更一般化。在 TSMC 與 TWI 的例子得知，

8　上述分析於統計學內稱為主要成分分析（principal component analysis）。

W 矩陣內的向量彼此相互直交，故 W 矩陣亦屬於一種直交（orthogonal, 或謂 orthonormal）矩陣；其具有下列特性[9]：

$$W' = W^{-1} \tag{11-10}$$

讀者可以利用 TSMC 與 TWI 的資料驗證 (11-10) 式以及 $WW' = WW^{-1} = I_n$。將 (11-10) 式代入 (11-9) 式，可得：

$$A = W\Lambda W' \tag{11-11}$$

或

$$W'AW = \Lambda \tag{11-12}$$

(11-11) 式說明了一個對稱的 n 階方形矩陣 A 可以拆解成特性根矩陣（對角矩陣）與特性向量矩陣之乘積；於數學上，(11-11) 式又可稱為對稱的 n 階方形 A 矩陣之「光譜拆解（spectral decomposition）」，表示 A 矩陣可以其特性根與特性向量表示！其次，利用 (11-10) 式特性向量矩陣的特性，我們也可以將 A 矩陣完全以其特性根（以 Λ 矩陣）表示，如 (11-12) 式所示，此可稱為將 A 矩陣對角化，此原因或許可以解釋 Λ 或 W 矩陣為何稱為「特性（根或向量）」矩陣！

接下來，我們來看如何將（樣本）原始序列資料轉成以其特性向量表示，如圖 11-4 所示。假想將原始序列資料以 D 表示，D 為一個 $T \times n$ 矩陣，我們欲估計該序列資料之共變異矩陣 Γ（讀成 gamma，其為一個 $n \times n$ 矩陣），而其對應的特性向量與特性根矩陣仍以 W 與 Λ 表示（二者皆為 $n \times n$ 矩陣）；因此，我們可以定義 AD 經過轉換後的資料（其仍為 $T \times n$ 矩陣），可寫成：

$$AD = DW \tag{11-13}$$

是故，AD 之共變異數矩陣可以寫成[10]：

$$Cov(AD) = WCov(D)W \tag{11-14}$$

因此，透過 (11-10) 式，AD 與其共變異數矩陣可以還原成 D 以及 $Cov(D)$，即：

$$ADW^{-1} = DWW^{-1} = D \tag{11-13a}$$

9　此處假定 W 矩陣是一個可轉換的矩陣。

10　可以注意的是此處 $Cov(AD)$ 或 $Cov(D)$ 皆為 $n \times n$ 矩陣。

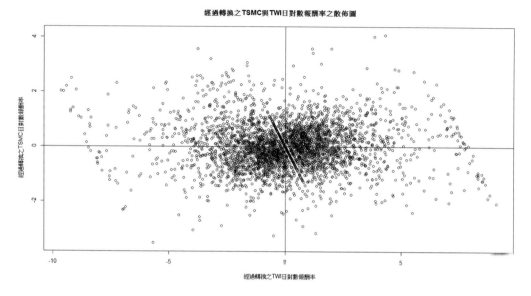

經過轉換之TSMC與TWI日對數報酬率之散佈圖

▲ **圖 11-5**：經由特性向量轉換後之 TSMC 與 TWI 日對數報酬率之散布圖

與

$$W^{-1}Cov(AD)W^{-1} = W^{-1}WCov(D)WW^{-1} = Cov(D) \qquad (11\text{-}14a)$$

是故，利用上述 (11-13) − (11-14a) 式，我們重新檢視 TSMC 與 TWI 的例子；例如，利用 (11-13) 式，我們可以將圖 11-4 之座標改以 U 與 V 表示，其結果繪於圖 11-5。於圖 11-5 內，我們的確發現經由特性向量轉換後之 TSMC 與 TWI 日對數報酬率序列之間已不存在明顯的正向或反向關係，讀者可以利用本節所附的 R 程式檢視 TSMC 與 TWI 日對數報酬率序列之變異數各為何？與轉換前有何不同？其次，讀者也可以檢視如何將轉換過的資料還原！

習題

1. 利用下列的 *x* 與 *y* 資料（二序列資料可以先經由各自平均數過濾），試分別計算二序列之原始以及經由特性向量轉換後之共變異數矩陣；其次，試解釋二者之間的關係。

$$x = c(2.5,0.5,2.2,1.9,3.1,2.3,2,1,1.5,1.1)$$
$$y = c(2.4,0.7,2.9,2.2,3.0,2.7,1.6,1.1,1.6,0.9)$$

2. 利用 2.1 節，習題 5 的資料，試分別計算日對數報酬率之原始以及轉換後之共變異數矩陣。

3. 其實我們也可以利用特性根，判斷一個 n 階方形矩陣是否為正定或負定矩陣，試分別舉例說明。

4. 試舉例說明一個對稱的矩陣，其會屬於正定的矩陣。

5. 利用 TSMC 與 TWI 的日對數報酬率序列資料，計算其樣本相關矩陣。

6. 其實相關矩陣亦可以寫成類似 (11-8) 式的形式：

$$\begin{bmatrix} 1 & \rho \\ \rho & 1 \end{bmatrix}\begin{pmatrix} 1 \\ 1 \end{pmatrix} = (1+\rho)\begin{pmatrix} 1 \\ 1 \end{pmatrix} \text{ 與 } \begin{bmatrix} 1 & \rho \\ \rho & 1 \end{bmatrix}\begin{pmatrix} 1 \\ -1 \end{pmatrix} = (1-\rho)\begin{pmatrix} 1 \\ -1 \end{pmatrix}$$

其中 ρ 為任意二序列之相關係數，試解釋或證明上述式子。

7. 續題 5 與 6，試找出 TSMC 與 TWI 的日對數報酬率序列之樣本相關矩陣之特性根與特性向量。

8. 續題 6，於何條件下，任意二序列之相關係數矩陣一定屬於正定矩陣？

2.3 向量與矩陣的微分

本書會使用微分的技巧，不外乎就是欲計算函數的極值（極大值或極小值），現在若函數以矩陣的型態表示，一般求極值的微分技巧雖不致於有太大的變化，不過相對上卻較為複雜；因此，於本節有必要稍作整理，並簡單介紹向量與矩陣的微分技巧。底下，我們按照下列函數型態，依情況而分類：

$$y = \Psi(x) \tag{11-15}$$

其中 y 與 x 皆是純量，y 與 x 之間的關係是透過一個可以微分的函數 $\Psi(\cdot)$（讀成 psi）表示；若使用傳統的方式表示，(11-15) 式亦可寫成 $y = f(x)$，即 $\Psi(x) = f(x)$。因此，y 與 x 分別表示因變數與自變數，y 對 x（x 有可能為多變數的情況）的第一次與第二次微分可分別表示成：

$$\frac{dy}{dx} = f'(x) \text{ 或 } \frac{\partial y}{\partial x_1} = f_1(x)$$

以及

$$\frac{d^2 y}{(dx)^2} = f''(x) \text{ 或 } \frac{\partial^2 y}{(\partial x_1)^2} = f_{11}(x) \text{ 或 } \frac{\partial^2 y}{\partial x_1 \partial x_2} = f_{12}(x)$$

我們可以將上述的結果擴充至 y 與 x 分別為純量、向量或矩陣的情況；另一方面，$\Psi(\cdot)$ 函數亦有可能改為以矩陣的型態表示。

2.3.1 純量－向量微分

首先，我們考慮 y 是純量而 x 是向量的例子。假想存在 $y = a_1x_1 + a_2x_2 + a_3x_3$ 的情況，於微積分內，我們知道 $\partial y / \partial x_1 = a_1$、$\partial y / \partial x_2 = a_2$ 以及 $\partial y / \partial x_3 = a_3$。我們是否可以向量的方式表示上述的情況？答案當然是肯定的，即令：

$$a = \begin{bmatrix} a_1 \\ a_2 \\ a_3 \end{bmatrix} \text{ 以及 } x = \begin{bmatrix} x_1 \\ x_2 \\ x_3 \end{bmatrix}$$

利用 (11-1) 式，y 與 x 的關係可以寫成 $y = a'x$，其次 y 對 x 的第一次微分可為：

$$y = a'x; \quad \frac{\partial y}{\partial x} = \begin{bmatrix} \dfrac{\partial y}{\partial x_1} \\ \dfrac{\partial y}{\partial x_2} \\ \dfrac{\partial y}{\partial x_3} \end{bmatrix} = a \tag{11-16}$$

因此，向量或矩陣的微分與「單一變數微分」的技巧稍有不同；讀者可以想像若 y 與 x 皆是單一變數，則 (11-16) 式的結果為何？於 (11-16) 式，我們應注意行向量或列向量的轉置。

接著，我們再考慮另一種例子。假設：

$$\begin{cases} y_1 = a_1x \\ y_2 = a_2x \end{cases} \Rightarrow y = ax$$

其中 y 與 a 皆是一個 2×1 向量，而 x 則表示一個純量；為了一致起見，我們亦可以將純量視為一個 1×1 矩陣。因此，y 對 x 的第一次微分可為：

$$y = ax; \quad \frac{\partial y}{\partial x} = \begin{bmatrix} \dfrac{\partial y_1}{\partial x} \\ \dfrac{\partial y_2}{\partial x} \end{bmatrix} = a \tag{11-16a}$$

於第 9 章內，我們曾經使用梯度函數 $g(x)$，所以 (11-16) 式可以視為 $g(x)$ 的一個特例；換言之，若 $y = f(x)$，其中 $x = (x_1, x_2, \cdots, x_n)$，而 y 是一個純量，則 y 對 x 的第一次微分可稱為梯度（向量）$g(x)$，可為：

$$y = f(x); \quad g = \frac{\partial y}{\partial x} = \begin{bmatrix} \partial y / \partial x_1 \\ \partial y / \partial x_2 \\ \vdots \\ \partial y / \partial x_n \end{bmatrix} = \begin{bmatrix} f_1 \\ f_2 \\ \vdots \\ f_n \end{bmatrix} \tag{11-17}$$

明顯地，$g(x)$ 仍舊是 x 的函數，因此可進一步取得 y 對 x 的第二次微分，得到黑森矩陣 H 為：

$$y = f(x); \quad H = \begin{bmatrix} \dfrac{\partial^2 y}{(\partial x_1)^2} & \dfrac{\partial^2 y}{\partial x_1 \partial x_2} & \cdots & \dfrac{\partial^2 y}{\partial x_1 \partial x_n} \\ \dfrac{\partial^2 y}{\partial x_2 \partial x_1} & \dfrac{\partial^2 y}{(\partial x_2)^2} & \cdots & \dfrac{\partial^2 y}{\partial x_2 \partial x_n} \\ \vdots & \vdots & \ddots & \vdots \\ \dfrac{\partial^2 y}{\partial x_n \partial x_1} & \dfrac{\partial^2 y}{\partial x_n \partial x_2} & \cdots & \dfrac{\partial^2 y}{(\partial x_n)^2} \end{bmatrix} = \begin{bmatrix} f_{11} & f_{12} & \cdots & f_{1n} \\ f_{21} & f_{22} & \cdots & f_{2n} \\ \vdots & \vdots & \ddots & \vdots \\ f_{n1} & f_{n2} & \cdots & f_{nn} \end{bmatrix} \tag{11-18}$$

(11-18) 式的 H 是一個對稱的 n 階方形矩陣；值得注意的是，H 矩陣的列向量相當於梯度對 x' 的第一次微分，故 H 矩陣亦可以寫成：

$$H = \frac{\partial g}{\partial x'} = \begin{bmatrix} \dfrac{\partial g}{\partial x_1} & \dfrac{\partial g}{\partial x_2} & \cdots & \dfrac{\partial g}{\partial x_n} \end{bmatrix} = \frac{\partial^2 y}{\partial x \partial x'} \tag{11-18a}$$

習題

1. 若 $y = a_1 x_1 + a_2 x_2 + a_3 x_3 + a_4 x_4$，試以向量的型式表示，並計算 y 對 x 的第一次微分。

2. 我們要計算下列函數的極值：$z = 10x + 10y + xy - x^2 - y^2$，試判斷其是否有極大值或極小值？

3. 續上題，試繪出其梯度函數。

4. 續上題，由題 1 之圖形可知 z 函數存在極大值，試檢視其黑森矩陣為負定矩陣。

5. 於經濟學內，讀者可能有接觸過柯布 - 道格拉斯（Cobb-Douglas）生產函數：

$$Q = AL^a K^b$$

其中 Q、L 與 K 分別表示產出、勞動與資本生產要素。於柯布 - 道格拉斯生產函數內，A、a 與 b 則分別表示生產技術、勞動與資本的產出彈性。利用下列資訊：$A = 1$、$a = 1/3$、$b = 1/3$、$P = 3$、$w = 1$ 與 $r = 2$，後三者分別表示產出、勞動與資本價格，試計算（競爭）廠商之最大利潤值。

☞提示：利潤函數：$\pi(L, K) = PAL^aK^b - wL - rK$

6. 續上題，試繪出利潤函數與資本的梯度函數。

☞提示：

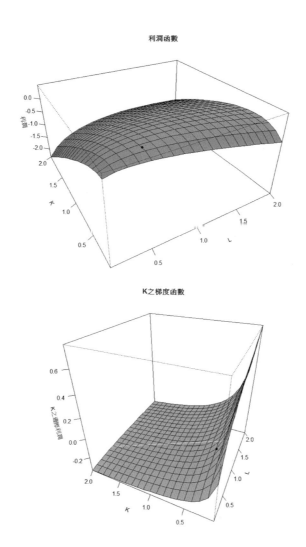

7. 續上題，我們如何證明上述有出現最大利潤值？

2.3.2 向量－向量微分

我們可以回想梯度函數的定義，若將其擴充至有多個函數（即多條方程式）構成的體系，其結果會如何？換言之，若 y 為一個 $m \times 1$ 向量，x 為一個 $n \times 1$ 向量，則按照 (11-15) 式，可得：

$$\frac{\partial y}{\partial x'} = \begin{bmatrix} \dfrac{\partial y_1}{\partial x_1} & \dfrac{\partial y_1}{\partial x_2} & \cdots & \dfrac{\partial y_1}{\partial x_n} \\ \dfrac{\partial y_2}{\partial x_1} & \dfrac{\partial y_2}{\partial x_2} & \cdots & \dfrac{\partial y_2}{\partial x_n} \\ \vdots & \vdots & \ddots & \vdots \\ \dfrac{\partial y_m}{\partial x_1} & \dfrac{\partial y_m}{\partial x_2} & \cdots & \dfrac{\partial y_m}{\partial x_n} \end{bmatrix} \quad (11\text{-}19)$$

(11-19) 式內的 $m \times n$ 矩陣可稱為透過 $\Psi(\cdot)$ 轉換之亞可比矩陣（Jacobian matrix）。我們可以注意的是，若 y 是一個純量，則上述亞可比矩陣是一個 $1 \times n$ 的列向量；同樣地，若 x 是一個純量，則上述亞可比矩陣是一個 $n \times 1$ 的行向量。由此可見，前述 (11-17) 式之梯度函數可以視為亞可比矩陣的一個特例！

我們再舉一個簡單的例子，如下：

$$y_1 = a_{11}x_1 + a_{12}x_2 + a_{13}x_3$$
$$y_2 = a_{21}x_1 + a_{22}x_2 + a_{31}x_3$$

利用微分技巧，可得：

$$\frac{\partial y_1}{\partial x_1} = a_{11} \, \text{、} \, \frac{\partial y_1}{\partial x_2} = a_{12} \, \text{、} \, \frac{\partial y_1}{\partial x_3} = a_{13}$$

$$\frac{\partial y_2}{\partial x_1} = a_{21} \, \text{、} \, \frac{\partial y_2}{\partial x_2} = a_{22} \, \text{、} \, \frac{\partial y_2}{\partial x_3} = a_{31}$$

再將上述結果整理成矩陣的型式：

$$y = \Psi x$$

其中

$$y = \begin{pmatrix} y_1 \\ y_2 \end{pmatrix} \, \text{、} \, x = \begin{pmatrix} x_1 \\ x_2 \\ x_3 \end{pmatrix} \, \text{以及} \, \Psi = \begin{bmatrix} a_{11} & a_{12} & a_{13} \\ a_{31} & a_{22} & a_{31} \end{bmatrix}$$

其中 Ψ 是一個固定的參數矩陣。

從上述的例子中，我們發現了有意思的現象，即：

$$\frac{\partial y}{\partial x'} = \Psi \, \text{或} \, \frac{\partial y'}{\partial x} = \Psi'$$

讀者可以看出其中的奧妙嗎？我們可以再看看下列的情況。

若 $y = Ax$，其中 y 與 x 分別為 $n \times 1$ 與 $n \times 1$ 向量而 A 為 $n \times n$ 矩陣，其中 A 與 x 無關，則可得：

$$\frac{\partial y}{\partial x} = A \qquad (11\text{-}20)$$

其實 (11-20) 式有點類似 (11-16) 式，我們可以試著以直覺判斷。就 A 矩陣而言，其可寫成 $A = (a_1, a_2, \cdots, a_n)$，$a_1$ 是 A 矩陣之第 i 行，故 A 矩陣相當於「合併 n 行」；同理，若 A 矩陣以「合併 n 列」表示，其應為如何？答案為：

$$A = (a_1', a_2', ..., a_n')$$

因此，y 內的每個元素可寫成：

$$y_i = a_i' x$$

故

$$\frac{\partial y}{\partial x} = \begin{bmatrix} \frac{\partial y_1}{\partial x_1} \\ \frac{\partial y_2}{\partial x_2} \\ \vdots \\ \frac{\partial y_n}{\partial x_n} \end{bmatrix} = \begin{bmatrix} a_1' \\ a_2' \\ \vdots \\ a_n' \end{bmatrix} = A'$$

習題

1. 假定有下列的聯立方程式體系：

$$y_{1t} = a_1 + a_{11} y_{1t-1} + a_{12} y_{2t-1} + a_{13} y_{3t-1}$$
$$y_{2t} = a_2 + a_{21} y_{1t-1} + a_{22} y_{2t-1} + a_{23} y_{3t-1}$$
$$y_{3t} = a_3 + a_{31} y_{1t-1} + a_{32} y_{2t-1} + a_{33} y_{3t-1}$$

試計算 $\partial y / \partial x$，其中 $y = (y_{1t}, y_{2t}, y_{3t})$，$x = (y_{1t-1}, y_{2t-1}, y_{3t-1})$。

2. 續上題，利用 TSMC 與 TWI 日對數報酬率序列資料，並分別以 y_{1t} 與 y_{2t} 表示。試分別利用題 1 的式子（$y_{3t} = 0$）以 OLS 方法估計，計算 $\partial y / \partial x$ 並分別解釋其內元素之意義。

3. 續上題，若日對數報酬率改以日收盤價取代，其結果又如何？

4. 全微分（total derivative）。假設 $y = a_1 x_1 + a_2 x_2$，則所謂的「全微分」是指：

$$dy = a_1 dx_1 + a_2 dx_2 = \frac{\partial y}{\partial x_1} dx_1 + \frac{\partial y}{\partial x_2} dx_2$$

試找出亞可比矩陣。

☞ **提示**：利用 (11-1) 式。

2.3.3 二次式

假設有一個二次式的型態，例如：

$$y = a_{11} x_1^2 + (a_{12} + a_{21}) x_1 x_2 + a_{22} x_2^2$$

亦可寫成矩陣的型式，即定義向量為：

$$x = \begin{pmatrix} x_1 \\ x_2 \end{pmatrix}$$

以及矩陣為

$$A = \begin{pmatrix} a_{11} & a_{12} \\ a_{21} & a_{22} \end{pmatrix}$$

因此

$$y = x' A x$$

是故，若要取得 y 對 x 內之元素的偏微分，我們可以試著將其推廣至更一般的情況，即令 A 為一個（對稱的）n 階方形矩陣，而 x 為一個 $n \times 1$ 向量；另一方面，我們可以使用二函數乘積之微分技巧 [11]。即令 $u = Ax$ 為一個 $n \times 1$ 向量，$v = x'A$ 是一個 $1 \times n$ 向量，則 y 有下列二種表示方式：(A) $y = x'u$ (B) $y = vx$；就 (A) 與 (B) 二種情況而言，可知 y 對 x 的偏微分依序分別為 $\partial y / \partial x = u$ 以及 $\partial y / \partial x = v'$。故 y 對 x 的偏微分可視為上述二微分之相加：

$$\frac{\partial y}{\partial x} = Ax + A'x = (A + A')x \tag{11-21}$$

---

11 若 $y = 2x^2$，則 $dy / dx = 4$，我們也可用下列的方式得到相同的結果；令 $z = 2x$，故 $y = zx = xz$。於其中我們可以發現 zx 與 xz 對 x 的微分皆為 z，y 對 x 的微分可視為上述二微分之和，即 $dy / dx = z + z = 2x + 2x = 4x$！

因此，若 A 為一個對稱的矩陣，則 $A = A^{'}$，按照 (11-21) 式，可得：

$$\frac{\partial y}{\partial x} = 2Ax$$

我們曾在第 7 章中以矩陣的型式表示迴歸模型；底下，就已知的矩陣知識，重新檢視 OLS 估計式。於第 7 章中的 (11-27) 式，簡單迴歸模型可寫成：

$$y = X\beta + \varepsilon \qquad (11\text{-}22)$$

其中 y、β 與 ε 分別為 $T \times 1$、2×1 以及 $T \times 1$ 向量而 X 則為 $T \times 2$ 矩陣，T 為樣本個數。按照最小平方法的想法，我們可以找出於「誤差項平方總和最小」下之估計式 b，其可表示成：

$$L = \varepsilon^{'}\varepsilon \qquad (11\text{-}23)$$

因此，利用 (11-22) 式之 $\varepsilon = y - X\beta$，並代入 (11-23) 式，可得：

$$L = y^{'}y - 2\beta^{'}X^{'}y + \beta^{'}X^{'}X\beta \qquad (11\text{-}24)$$

我們欲找出 b，相當於 (11-24) 式內以 b 取代 β，故「最小 L」之第一階（必要）條件為：

$$\frac{\partial L}{\partial b} = 2X^{'}y - 2X^{'}Xb = 0 \qquad (11\text{-}25)$$

(11-25) 式整理後，可得：

$$b = (X^{'}X)^{-1}X^{'}y \qquad (11\text{-}26)$$

讀者可以思考如何由 (11-23) 式推導至 (11-26) 式！

習題

1. 其實 (11-24) 式亦可寫成 $L = y^{'}y - 2y^{'}Xb + \beta^{'}X^{'}X\beta$，為何會如此？
2. 「最小 L」之第二階（充分）條件為何？
3. 試說明 $X^{'}X$ 矩陣的性質，其是否屬於對稱的矩陣？
4. 續上題，我們能找出 b 的條件為何？其有何涵義？
   ☞提示：非奇異矩陣
5. 若是複迴歸模型呢？試以 R 模擬一個複迴歸模型並得出 OLS 估計值。
   ☞提示：n = 100

```
beta0 = 2; beta1 = 0.5; beta2 = 0.9;beta =
c(beta0,beta1,beta2);b # 3 by 1
set.seed(1234)
x1 = rnorm(n,2,3);x2 = rnorm(n,4,8)
X = cbind(rep(1,n),x1,x2) # n by 3
y = X%*%beta + matrix(rnorm(n,0,4))
y
b = solve(t(X)%*%X)%*%t(X)%*%y
b
```

2.4 可列斯基拆解

矩陣的拆解或稱為矩陣的「因子化（factorization）」是指，將一個矩陣拆解成若干矩陣之乘積；其目的當然是將一個矩陣拆解成比原來的矩陣更為簡易的矩陣。我們曾經於 2.2 節提及「光譜拆解」，就是屬於某種型式的矩陣拆解。底下，我們將再介紹另一種型式的矩陣拆解：可列斯基（Cholesky）拆解；於財務數量方法內，可列斯基拆解算是一種基本的矩陣拆解方法，可應用於多種不同的情況，讀者可於網路上查詢，或注意我們底下的應用（含習題）。

就可列斯基拆解而言，其可以將一個對稱的 n 階方形矩陣 A 拆解成二個「上與下（upper and lower）」三角矩陣（triangular matrix）乘積，可表示成：

$$A = LU \tag{11-27}$$

其中

$$A = \begin{bmatrix} a_{11} & a_{12} & \cdots & a_{1n} \\ a_{21} & a_{22} & \cdots & a_{2n} \\ \vdots & \vdots & \ddots & \vdots \\ a_{n1} & a_{n2} & \cdots & a_{nn} \end{bmatrix}$$

以及

$$L = \begin{bmatrix} l_{11} & 0 & \cdots & 0 \\ l_{21} & l_{22} & \cdots & 0 \\ \vdots & \vdots & \ddots & \vdots \\ l_{n1} & l_{n2} & \cdots & l_{nn} \end{bmatrix} \text{與} U = \begin{bmatrix} u_{11} & u_{12} & \cdots & u_{1n} \\ 0 & u_{22} & \cdots & u_{2n} \\ \vdots & \vdots & \ddots & \vdots \\ 0 & 0 & \cdots & u_{nn} \end{bmatrix}$$

因此，L 與 U 分別稱為下與上三角矩陣，顧名思義，是指該矩陣的對角線以上（以下）的元素皆為 0。

我們再舉一個例子說明。於第 10 章 1.2 節之習題 1，我們曾繪出黃金與美元之日收盤價（2011/1/1 － 2015/6/30）以瑞士法郎計價的時間走勢；若將二者轉成日對數報酬率序列，就可以計算出二日對數報酬率序列之樣本共變異數矩陣約為：

$$\Sigma = \begin{bmatrix} 0.2911 & 0.1597 \\ 0.1597 & 0.5538 \end{bmatrix}$$

利用可列斯基拆解，可以分別得到樣本共變異數矩陣之上與下三角矩陣分別約為：

$$U = \begin{bmatrix} 0.5396 & 0.2927 \\ 0 & 0.6842 \end{bmatrix} \text{與} L = \begin{bmatrix} 0.5396 & 0 \\ 0.2927 & 0.6842 \end{bmatrix}$$

讀者可以試者檢視是否 $\Sigma = LU$ 成立？

於 R 內欲計算 A 矩陣之可列斯基拆解，可以試下列指令（可參考 ch11-2.R）：

```
?chol
chol(A)
```

（以上第二節的內容可參考 ch11-2.R）

習題

1. 利用上述黃金與美元日對數報酬率序列之樣本共變異數結果，假設二日對數報酬率序列屬於二元變數常態分配，試各模擬出 1,000 個日對數報酬率序列觀察值。

    ☞提示：`y = 100*diff(log(as.numeric(gprice1)))` # 黃金日對數報酬率

    `x = 100*diff(log(as.numeric(usd)))` # 美元日對數報酬率

    `data = cbind(x,y)`

    `sigma = cov(data)`

    `library(mvtnorm)`

    `# 使用可列斯基拆解`

    `r = rmvnorm(1000,mean=c(mean(x),mean(y)),sigma=sigma,`
    `method="chol"`

    `cov(r)`

2. 試說明或驗證下列 4 階方形 A 矩陣是否為一個非奇異矩陣，同時也是一個對稱的正定矩陣？

$$A = \begin{bmatrix} 49 & 14 & 7 & -14 \\ 14 & 85 & -16 & 5 \\ 7 & -16 & 105 & -34 \\ -14 & 5 & -34 & 158 \end{bmatrix}$$

3. 續上題，試使用可列斯基拆解 A 矩陣。

   ☞提示：
```
A = cbind(c(49,14,7,-14),c(14,85,-16,5),c(7,-16,105,-34),c(-14,5,-34,158))
A
t(A)
solve(A)
A[1,1]
det(A[1:2,1:2])
det(A[1:3,1:3])
det(A)
U = chol(A)
L = t(U)
L%*%U
```

4. 何種矩陣可以適用於可列斯基拆解？

5. 試說明題 1 的意義。

   ☞提示：模擬出相關的常態觀察值

第三節 再談有效的資產組合

於第 2 章內我們曾介紹「有效的資產組合」的觀念，說明了二種以上資產報酬率組合的形狀與相關係數有關；另一方面，我們也發現除了相關係數等於 1 之外，任意二種資產之資產組合於風險－報酬的平面座標下呈現出「子彈頭」的形狀。該形狀隱含著於相同的風險下報酬最大以及於相同的報酬下風險最小；一個理性的投資人應該會選哪個？答案就是於相同的風險下報酬最大！為何？（效率前緣線）。

　　換言之，於第 2 章內我們並沒有導出於相同的風險下報酬最大的資產組合，該資產組合我們稱為效率前緣線；不過，我們卻用樣本資訊指出應該存在效率前緣線的資產組合。因此，於本節我們試著以上述介紹的矩陣觀念導出母體之效率前緣線的資產組合。

3.1 最小變異數之資產組合

首先，我們比較代數與矩陣操作的差異，應可以看出後者的使用的確較占優勢。假想現在我們有三種資產報酬率 R_1、R_2 與 R_3；三種資產報酬率的分配與彼此之間的關係可為：

$$R_i \sim iid(\mu_i, \sigma_i^2)$$
$$\sigma_{ij} = Cov(R_i, R_j)$$

換言之，我們假設三種資產報酬率母體之分配分別屬於 iid，其母體平均數依序為 μ_1、μ_2 與 μ_3 以及變異數分別為 σ_1^2、σ_2^2 與 σ_3^2；至於任意二種資產之間的母體共變異數，則以 σ_{12}、σ_{13} 與 σ_{23} 表示。

其次若 w_1、w_2 與 w_3 分別表示投資人投資於第一、二以及三種資產的比重，我們須提醒讀者注意，若投資人將其全部財富只投資於上述三種資產，則三種比重需符合下列條件：$w_1 + w_2 + w_3 = 1$。因此，投資於三種資產所構成的資產組合報酬率可為：

$$R_P = w_1 R_1 + w_2 R_2 + w_3 R_3 \tag{11-28}$$

若從事前的觀點來看，我們仍應注意上述四種報酬率皆為隨機變數。是故，我們可以分別計算於某個特定的比重權數 w_i 下，三種資產所構成的資產組合 P 之母體平均數與變異數，因其為未知數，故二者亦可稱為預期報酬與預期變異數，其分別為：

$$\mu_P = E(R_P) = w_1 E(R_1) + w_2 E(R_2) + w_3 E(R_3) = w_1 \mu_1 + w_2 \mu_2 + w_3 \mu_3 \tag{11-29}$$

與

$$\sigma_P^2 = E[(R_P - \mu_P)^2] = w_1^2 \sigma_1^2 + w_2^2 \sigma_2^2 + w_3^2 \sigma_3^2 + 2w_1 w_2 \sigma_{12} + 2w_1 w_3 \sigma_{13} + 2w_2 w_3 \sigma_{23} \tag{11-30}$$

因此，若投資人決定某個比重權數 w_i 後，其會面對三個未知的母體平均數以及六個未知的變異數與共變異數[12]；另一方面，此時再用代數表示已稍繁雜，故可

---

12 我們可以利用 $(a + b + c)^2 = a^2 + b^2 + c^2 + 2ab + 2ac + 2bc$ 導出 (11-30) 式。

以矩陣取代，亦即若令 w、R 與 μ 皆為一個 3×1 向量，Σ 為一個 3×3 矩陣，則 (11-28) － (11-30) 式可改寫成以向量－矩陣表示為：

$$R_P = w'R = \begin{pmatrix} w_1 & w_2 & w_3 \end{pmatrix} \begin{pmatrix} R_1 \\ R_2 \\ R_3 \end{pmatrix} \tag{11-31}$$

$$\mu_P = E(w'R) = w'E(R) = w'\mu \tag{11-32}$$

與

$$\sigma_P^2 = E[(R_P - \mu_P)^2] = w'\Sigma w \tag{11-33}$$

其中

$$\mu = \begin{pmatrix} \mu_1 \\ \mu_2 \\ \mu_3 \end{pmatrix} \text{以及 } \Sigma = \begin{pmatrix} \sigma_1^2 & \sigma_{12} & \sigma_{13} \\ \sigma_{21} & \sigma_2^2 & \sigma_{23} \\ \sigma_{31} & \sigma_{32} & \sigma_3^2 \end{pmatrix}$$

其次，我們也將比重權數限制式 $w_1 + w_2 + w_3 = 1$ 改寫成：

$$w'\mathrm{I} = \begin{pmatrix} w_1 & w_2 & w_3 \end{pmatrix} \begin{pmatrix} 1 \\ 1 \\ 1 \end{pmatrix} = 1 \tag{11-34}$$

其中 1 是一個 3×1 向量，其內之元素皆為 1。因此，若比較 (11-28) － (11-30) 式與 (11-31) － (11-34) 式的差異，前者是以代數方式表示，而後者是以矩陣形式表示，可以發現若分析多種資產以上，例如 20 種資產的資產組合情況，自然以後者的表示方式比較簡潔明瞭！

接下來，我們來看如何透過數學的幫忙，找出最小變異數的資產組合；換言之，我們可以利用「於限制下計算極值」的方法，找出有效的資產組合。若假定上述三種資產報酬率的平均數與共變異數為固定的未知數，現在投資人心目中有一個目標，就是如何搭配資產組合，以實現想要達成具有「最小變異數」的資產組合（簡稱為 MVP）；也就是說，投資人若找出 w，則他們應如何選出適當的 MVP 值？此時，投資人的目標可寫成：

$$\min_{w_1, w_2, w_3} \sigma_P^2 = w_1^2 \sigma_1^2 + w_2^2 \sigma_2^2 + w_3^2 \sigma_3^2 + 2(w_1 w_2 \sigma_{12} + w_1 w_3 \sigma_{13} + w_2 w_3 \sigma_{23})$$
$$s.t. \; w_1 + w_2 + w_3 = 1 \tag{11-35}$$

是故，(11-35) 式之拉氏函數可寫成（可參考本書之附錄）：

$$L(w_1, w_2, w_3, \lambda) = w_1^2\sigma_1^2 + w_2^2\sigma_2^2 + w_3^2\sigma_3^2 + 2(w_1w_2\sigma_{12} + w_1w_3\sigma_{13} + w_2w_3\sigma_{23})$$
$$+ \lambda(w_1 + w_2 + w_3 - 1) \tag{11-36}$$

因此，極小化 (11-36) 式之第一階條件為：

$$\frac{\partial L}{\partial w_1} = 2w_1\sigma_1^2 + 2(w_2\sigma_{12} + w_3\sigma_{13}) + \lambda = 0$$
$$\frac{\partial L}{\partial w_2} = 2w_2\sigma_2^2 + 2(w_1\sigma_{12} + w_3\sigma_{23}) + \lambda = 0$$
$$\frac{\partial L}{\partial w_3} = 2w_3\sigma_3^2 + 2(w_1\sigma_{13} + w_2\sigma_{23}) + \lambda = 0 \tag{11-37}$$
$$\frac{\partial L}{\partial \lambda} = w_1 + w_2 + w_3 - 1 = 0$$

顯然，我們可以透過求解 (11-37) 式，以找出適當的 w_i 值；不過，欲找出 (11-37) 式的聯立方程式解，大概就須借助於矩陣或行列式的觀念了！我們也可用矩陣的型式取代 (11-35) － (11-37) 式；換言之，(11-35) 式可以改寫成：

$$\min_{w} \sigma_P^2 = w'\Sigma w$$
$$s.t. \ w'\mathrm{I} = 1 \tag{11-38}$$

同 (11-37) 式，極小化之第一階條件為：

$$2\Sigma w + \lambda \mathrm{I} = O$$
$$w'\mathrm{I} = 1 \tag{11-39}$$

其中 O 表示 3×1 向量，其內之元素皆為 0。我們也可將 (11-39) 式再以矩陣的型式表示，即：

$$\begin{bmatrix} 2\Sigma & \mathrm{I} \\ \mathrm{I}' & 0 \end{bmatrix} \begin{bmatrix} w \\ \lambda \end{bmatrix} = \begin{bmatrix} O \\ 1 \end{bmatrix} \Rightarrow A_w x = b \tag{11-40}$$

因此，我們可以得出 (11-40) 式內 x 的解為：

$$x = A_w^{-1} b \tag{11-41}$$

如此看來，反而使用矩陣表示更為簡易輕鬆。

底下，我們舉一個例子說明。假想我們欲投資黃金（GOLD）、美元（USD）以及人民幣（CNY）三種資產，透過 R 之 quantmod 程式套件，我們可以下載

2011/1/1 － 2015/6/30 期間 [13]，上述三種資產之日收盤價序列資料，我們可以將其全轉成以新臺幣表示（讀者可以繪出其時間走勢圖）後，再分別計算其日對數報酬率（底下皆以百分比表示）。我們試著以樣本平均數與樣本共變異矩陣取代對應之母體平均數與共變異矩陣，其日對數報酬率之樣本平均數依序約為：

$$-0.0073 \text{、} 0.0036 \text{ 以及 } 0.0083$$

其次，日對數報酬率之樣本共變異矩陣約為：

$$\begin{bmatrix} 0.5259 & 0.0296 & 0.0386 \\ 0.0296 & 0.0621 & 0.0589 \\ 0.0386 & 0.0589 & 0.0663 \end{bmatrix}$$

利用上述樣本資訊，代入 (11-40) 式，可取得 A_w 矩陣的估計值約為：

$$\begin{bmatrix} 1.0518 & 0.0591 & 0.0772 & 1 \\ 0.0591 & 0.1243 & 0.1177 & 1 \\ 0.0772 & 0.1177 & 0.1327 & 1 \\ 1 & 1 & 1 & 0 \end{bmatrix}$$

從而利用 (11-41) 式，可以得到 w 之比重權數分別約為：

$$0.0560 \text{、} 0.7044 \text{ 與 } 0.2396$$

因此，若上述三種資產可以構成一個資產組合，我們若欲達到最小變異數的標的，其中黃金的比重約只有 5.6%，而美元占大部分比重約 70.44%，其次是人民幣的比重約 23.96%！我們當然也可以計算 MVP 的平均數與標準差，其分別約為 0.0041 與 0.2440。

習題

1. 利用本節的資料，若黃金、美元與人民幣的投資比重分別為 0.2、0.4 與 0.4，計算投資組合的平均報酬與風險。
2. 試由 (11-38) 式得出 (11-40) 式。
3. 試於風險－報酬座標上繪出三種資產（黃金、美元與人民幣）以及最小變異數資產組合（MVP）之位置。

---

13 該套件僅提供最近 5 年的資料，若無法下載本書的期間資料，可使用本章所附之 all.txt 檔。

4. 利用 TSMC 與 TWI 日對數報酬率序列資料（如本章 2.2 節），試找出二者構成之 MVP。

3.2 找出有效的資產組合

於前一節，我們利用計算極值的方法，找出一個資產組合的最小變異數組合；利用類似的做法，是否有可能找出「有效的資產組合」？何謂「有效的資產組合」？我們再回想「有效的資產組合」的形狀為何？

圖 11-6 繪出一個有效的資產組合，我們發現其形狀的確像一個「子彈頭」；其次，若於圖內任意劃一垂直線與水平線，如圖內的虛線，則每一虛線不是顯示出「於既定的風險下計算報酬最大與於既定的報酬下計算風險最小」嗎？上述這種計算極限值頗有一體二面的味道。

就於既定的預期風險下，計算報酬最大而言，可寫成：

$$\max_{w} \mu_P = w^{'}\mu$$
$$s.t. \ \sigma_P^2 = w^{'}\Sigma w = \sigma_{P0}^2 \qquad (11\text{-}42)$$
$$s.t. \ w^{'}\mathrm{I} = 1$$

同理，於既定的預期報酬下，計算風險最小而言，亦可寫成：

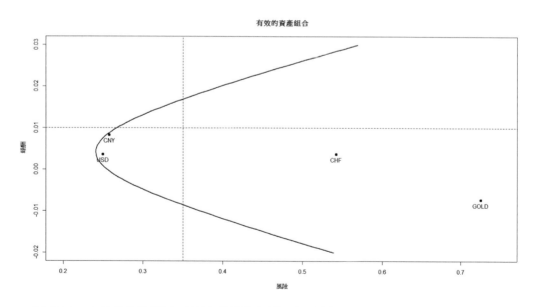

∧ 圖 11-6：有效的資產組合（既定的平均報酬目標介於 −0.02% − −0.03% 之間）

$$\min_{w} \sigma_P^2 = w'\Sigma w$$

$$s.t. \ \mu_P = w'\mu = \mu_{P0} \tag{11-43}$$

$$s.t. \ w'I = 1$$

其中 μ 與 Σ 表示 n 種資產之母體平均報酬與共變異數矩陣，μ_{p0} 與 σ_{p0}^2 為投資人事先決定欲達到的水準（為已知之數值）；其次，I 仍為一個元素皆為 1 之 $n \times 1$ 向量。比較 (11-38) 與 (11-43) 二式，可以發現後者比前者多了一條限制式，其是表示投資人於從事投資組合之前，事先決定好欲達到的預期平均報酬水準為 μ_{p0}，然後再計算風險最小的投資比重；同理，讀者也可以解釋 (11-42) 式的情況。

既然 (11-38) 與 (11-43) 二式頗為類似，我們可以按照類似的求解方式，先計算 (11-43) 式的「拉氏函數」，其可為：

$$L(w, \lambda_1, \lambda_2) = w'\Sigma w + \lambda_1(\mu_{p0} - w'\mu) + \lambda_2(1 - w'I)$$

因此，極小化之第一階條件可為：

$$\frac{\partial L}{\partial w} = 2\Sigma w - \lambda_1\mu - \lambda_2 I = O \tag{11-44a}$$

$$\frac{\partial L}{\partial \lambda_1} = w'\mu - \mu_{P0} = 0 \tag{11-44b}$$

$$\frac{\partial L}{\partial \lambda_2} = w'I - 1 = 0 \tag{11-44c}$$

其中 O 為一個其內之元素皆為 0 的 $n \times 1$ 向量，上三式之第一階條件亦可以矩陣型式表示：

$$\begin{bmatrix} 2\Sigma & \mu & I \\ \mu' & 0 & 0 \\ I' & 0 & 0 \end{bmatrix} \begin{bmatrix} w \\ \lambda_1 \\ \lambda_2 \end{bmatrix} = \begin{bmatrix} O \\ \mu_{P0} \\ 1 \end{bmatrix} \Rightarrow A_w \cdot x = b \tag{11-45}$$

同理，利用 (11-45) 式可得：

$$x = A_w^{-1} b \tag{11-46}$$

底下，我們繼續前一節的例子；不過，我們再加入瑞士法郎（CHF）資產，其仍以新臺幣計價。換句話說，我們總共有四種資產，我們來看其有效資產組合的形狀為何？若仍以樣本資料取代母體，則按照 (11-45) 式，可得：

$$A_{w^*} = \begin{bmatrix} 1.0518 & 0.0591 & 0.0772 & 0.2660 & -0.0073 & 1 \\ 0.0591 & 0.1243 & 0.1177 & 0.0650 & 0.0036 & 1 \\ 0.0772 & 0.1177 & 0.1327 & 0.0746 & 0.0083 & 1 \\ 0.2660 & 0.0650 & 0.0746 & 0.5879 & 0.0037 & 1 \\ -0.0073 & 0.0036 & 0.0083 & 0.0037 & 0 & 0 \\ 1 & 1 & 1 & 1 & 0 & 0 \end{bmatrix}$$

因此，若依 (11-46) 式，可求得到四種資產構成之資產組合之投資比重；不過，若是要取得某一投資比重，我們需先設定欲達到的平均報酬標的 μ_{p0}。換言之，若假定 $\mu_{p0} = 0.004\%$，則四種資產按照黃金、美元、人民幣以及瑞士法郎的順序，其投資比重依序約為 3.89%、70.95%、17.23% 以及 7.92%，而對應的資產組合之平均報酬與風險則約為 0.004% 與 0.2407%。

換句話說，(11-45) 與 (11-46) 二式提供了欲達到的平均報酬目標、投資比重以及資產組合之風險之對應關係；因此，若欲達到的平均報酬目標設為介於 −0.02% 與 0.03% 之間，則我們就能繪出部分的有效資產組合線，如圖 11-6 所示。於圖 11-6 內，我們可以看出四種資產若沒有組成資產組合，單獨保有的有效性的確不如所構成的資產組合，此尤其表現於黃金與瑞士法郎二種資產上！

習題

1. 利用本節的資料，若黃金、美元、人民幣以及瑞士法郎的投資比重分別為 0.3、0.35、0.2 與 0.15，試計算所構成的資產組合之平均報酬與風險。

2. 利用本節的資料，若欲達到的平均報酬目標設為 0.1%，則黃金、美元、人民幣以及瑞士法郎的投資比重分別為何？何資產需放空？放空後，投資於何資產？

3. 續 3.1 節的習題 4，欲達到的平均報酬目標設為 0.01%，則 TSMC 與 TWI 所構成的資產組合之投資比重為何？其資產組合的風險為何？

4. 續上題，欲達到的平均報酬目標設為 0.1%，則 TSMC 與 TWI 所構成的資產組合之投資比重為何？其資產組合的風險為何？何資產需放空？

5. 續上題，欲達到的平均報酬目標設為 −0.02% 與 0.04% 之間，試繪出其有效的資產組合線。

6. 其實我們只要事先知道 Σ 是一個正定矩陣，(11-44a) − (11-44c) 就是極小化之充要（充分且必要）條件，試利用題 1 的資料，說明 Σ 是屬於正定矩陣。

7. 事實上，本節稱為「有效的資產組合線」應是指例如圖 11-6 內點 MVP 以上的資產組合線，點 MVP 以下的資產組合線應屬於無效的，為什麼？試找出圖 11-6 內之點 MVP。

3.3 共同基金分開定理

於 3.2 節的習題 7 內，提醒我們 MVP 以上的有效資產組合線才是真正有效的，故其又可以稱為效率前緣線；一個有意義的問題是：若是有二個不同的資產組合皆位於同一條效率前緣線上，則將此二個不同的資產組合「再組合」後是否仍位於效率前緣線？答案若是正確的，我們豈不是省事多了嗎！另一方面，至目前為止，我們所分析的對象大多侷限於風險性資產，若是再考慮無風險性資產，此時無風險性資產與風險性資產的資產組合又是如何？似乎資產組合的觀念可以一直延伸下去？於資產組合理論內，有一個著名的「共同基金分開定理（mutual fund separation theorem）[14]」，於本節我們嘗試解釋這個定理；因此，本節我們將分成二部分介紹：效率前緣線的特徵和風險性與無風險性資產的資產組合。

3.3.1 效率前緣線的特徵

(11-43) 式的極小化過程，其實還有另一種表示方式[15]；換言之，我們將 (11-43) 式改寫為：

$$\min_{w} \frac{1}{2}\sigma_P^2 = \frac{1}{2}w'\Sigma w$$
$$s.t. \ \mu_P = w'\mu = \mu_{P0} \tag{11-43a}$$
$$s.t. \ w'I = 1$$

明顯地，(11-43a) 式只是將 (11-43) 式的目標函數乘以 1/2，因此並不會影響我們的求解[16]。為何要乘上 1/2，我們觀察 (11-43a) 式的第一階條件就知；換言之，(11-44a)

14　於資產組合理論內，所謂的「共同基金分開定理」或稱為「分開定理」是指，若投資人達到最適的資產組合（optimal portfolio）時，其所擁有的「共同基金」組成分子小於資產組合內資產的個數；我們可以看出風險性資產與無風險性資產可以構成一個「共同基金」而上述風險性與無風險性資產幾乎是分開決定的，故稱為「分開定理」。

15　底下的極小化求解過程係參考 Huang 與 Litzenberger 合著之 *"Foundations for Financial Economics"* (1988, Prentice Hall) 一書內的第 3 章。

16　乘以 1/2 相當於將資產組合的變異數 σ_P^2 以不同的單位表示，故其並不影響我們找出最適解。

式可以改寫成：

$$\frac{\partial L}{\partial w} = \Sigma w - \lambda_1 \mu - \lambda_2 I = O \qquad (11\text{-}44aa)$$

利用 (11-44aa) 式，我們可以得出：

$$w = \lambda_1(\Sigma^{-1}\mu) + \lambda_2(\Sigma^{-1}I) \qquad (11\text{-}47)$$

因此，利用 (11-44b) 與 (11-44aa) 二式，可知 $\mu'w$ 可為：

$$\mu_{p0} = \lambda_1(\mu'\Sigma^{-1}\mu) + \lambda_2(\mu'\Sigma^{-1}I) \qquad (11\text{-}48)$$

同理，利用 (11-44c) 與 (11-44aa) 二式，可知 $I'w$ 可為：

$$1 = \lambda_1(I'\Sigma^{-1}\mu) + \lambda_2(I'\Sigma^{-1}I) \qquad (11\text{-}49)$$

求解 (11-48) 與 (11-49) 二式，可得：

$$\lambda_1 = \frac{C\mu_{P0} - A}{D} \qquad (11\text{-}50)$$

與

$$\lambda_2 = \frac{B - A\mu_{P0}}{D} \qquad (11\text{-}51)$$

其中

$$A = I'\Sigma^{-1}\mu = \mu'\Sigma^{-1}I$$
$$B = \mu'\Sigma^{-1}\mu$$
$$C = I'\Sigma^{-1}I$$
$$D = BC - A^2$$

將 (11-50) 與 (11-51) 二式內的 λ_1 與 λ_2 代入 (11-47) 式，整理後可得 [17]：

$$w_P = g + h\mu_{p0} \qquad (11\text{-}52)$$

其中

17　由於我們欲找出於預期的平均報酬等於 μ_{p0} 與投資比重之和恆等於 1 的條件下，極小化
　　資產組合變異數之投資比重，故以 w_p 表示最適的投資比重。

$$g = \frac{1}{D}\Big[B(\Sigma^{-1}I) - A(\Sigma^{-1}\mu) \Big]$$

以及

$$h = \frac{1}{D}\Big[C(\Sigma^{-1}\mu) - A(\Sigma^{-1}I) \Big]$$

從 (11-52) 式可以看出於固定的預期平均報酬 μ_{p0} 下，極小化資產組合變異數的最適解 w_P 竟然與 μ_{p0} 呈一對一的關係！此種結果與我們用圖 11-6 的直覺想法「於既定的相同報酬下計算風險最小」一致。

我們可以試著以 3.2 節內黃金、美元、人民幣以及瑞士法郎之日對數報酬率序列資料為例，說明上述式子的意義；換言之，若上述四種資產構成一個資產組合，按照 (11-50) － (11-52) 式，我們可以樣本資料取代各式內之母體預期值，分別計算 A、B、C、D、g 與 h 的估計值分別約為 0.0718、0.0028、17.2656、0.0433、(0.0898, 1.4052, −0.5711, 0.0761)' 以及 (−12.7213, −173.91, 185.85, 0.7819)'；換言之，讀者可以練習 R 的功力或矩陣的實力，得知 $A - D$ 皆為純量，而 g 與 h 皆為一個 4×1 向量。於 (11-52) 式內，按照我們的例子，w_P 就是一個 4×1 向量！

事實上，(11-52) 式可以讓我們看出二個資產組合的「再資產組合」。換句話說，就 (11-52) 式而言，若 $\mu_{p0} = 0$，則 $w_P = g$；類似地，若 $\mu_{p0} = 1$，則 $w_P = g + h$。因此 g 與 $g + h$ 分別屬於預期平均報酬等於 0 與 1 所對應到的資產組合投資比重！也就是說，若前者的投資比重為 $1 - \mu_{p0}$，而後者的投資比重為 μ_{p0}，則二種資產組合的「再資產組合」的投資比重豈不是為：

$$(1 - \mu_{p0})g + \mu_{p0}(g + h) = g + h\mu_{p0} = w_P$$

因此，(11-52) 式的資產組合 P 是由預期平均報酬等於 0 的資產組合與預期平均報酬等於 1 的資產組合的「再組合」所構成！

利用 (11-41) 式，我們可以估計上述四種資產 MVP 之預期平均數與風險（標準差）；因此，我們可以 MVP 之預期平均數當做 μ_{p0} 之最小值，繪出不同 μ_{p0} 下之效率前緣線，其結果就如圖 11-7 所示。也就是說，按照上述的步驟，我們可繪製出效率前緣線！

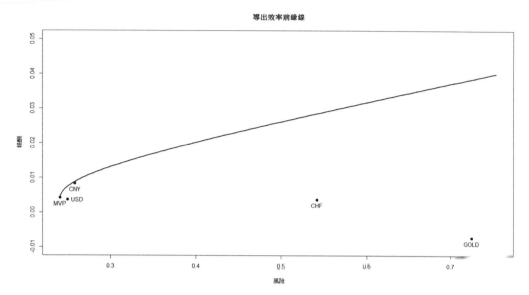

▲ **圖 11-7**：導出圖 11-6 之效率前緣線

習題

1. 試求解 (11-48) 與 (11-49) 二式，得出 λ_1 與 λ_2。

2. 利用本節的美元、人民幣以及瑞士法郎的資料，分別計算三種資產所構成之資產組合之 A、B、C、D、g 與 h 的估計值。

3. 續上題，試導出效率前緣線。

4. 以 TSMC 與 TWI 序列資料，重做題 2 與 3。

3.3.2 無風險性資產與風險性資產之資產組合

假設我們的無風險利率 r_f 為 0.02，由於利率習慣以年利率表示，故我們先將無風險利率除以 365 以得出日之無風險利率後，再將日之無風險利率繪於圖 11-7 內；重新整理後，將圖 11-7 改成圖 11-8。

於圖 11-8 內，我們若從無風險利率 r_f 處做一條與效率前緣線「相切（tangency）」於點 T 的直線（如圖內的紅色虛線）；直覺而言，若投資人是理性的（或稱風險厭惡者），於風險－報酬（橫軸－縱軸）的座標下，投資人不是更喜歡西北角嗎？上述切線就幫投資人往西北角開拓了更有效的資產組合空間！

其實，圖 11-8 告訴我們可以利用無風險利率與點 T 的資產組合（屬於風險性資產組合）再一次資產組合，只不過，這一次是無風險性資產與風險性資產之間的

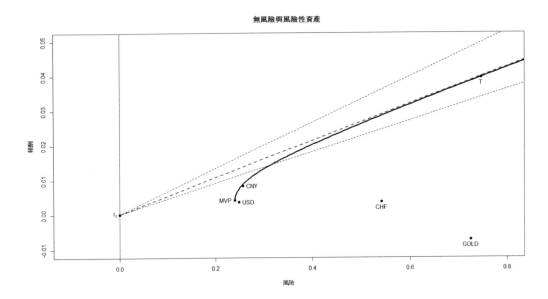

資產組合 [18]！無風險性資產與風險性資產之間的資產組合結果為何？假定無風險利率於所分析的投資期間固定不變，則其預期的平均數與（共）變異數可以為 [19]：

$$E(r_f) = r_f \text{、} Var(r_f) = \sigma^2_{r_f} = 0 \text{ 與 } Cov(r_f, R_T) = \sigma^2_{r_f R_T} = 0$$

其中 R_T 表示風險性資產 T 的報酬率，讀者可以試著解釋上式的意義（若無風險利率固定不變，則哪裡會有變異數或共變異數呢？）。因此，若令 w_T 表示投資於風險性資產的比重，則 $1 - w_T$ 的比重是投資於無風險性資產 [20]，故二者之間資產組合的預期報酬與變異數可以分別為：

$$\mu_{p'} = E[(1 - w_T)r_f + w_T R_T] = E[r_f + w_T(R_T - r_f)] = r_f + w_T(\mu_T - r_f) \qquad (11\text{-}53)$$

與

---

18 相當於投資人將部分的資金從銀行的定存轉投資於風險性資產。

19 事實上，我們也可以將無風險利率視為一個隨機變數，我們可以想像下個月的三個月期國庫券的貼現率或定存利率為何嗎？無風險資產的利率為一個隨機變數是否可以稱為「無風險資產的投資」？讀者以為呢？

20 因此，$1 - w_T$ 若為正的數值，表示投資或儲蓄，但是 $1 - w_T$ 若為負的數值，則表示什麼？（放空或貸款）也許一些機構的投資人可以接近無風險利率的水準取得短期資金的融通，故其資金成本接近於無風險利率。

$$\sigma_{P^*}^2 = Var[(1 - w_T)r_f + w_T R_T] = w_T^2 \sigma_T^2 \tag{11-54}$$

其中 μ_T 與 σ_T^2 分別表示風險性資產 T 的母體平均數與變異數。

　　直覺來想，(11-53) 式告訴我們如何看待無風險性資產與風險性資產之間所構成的資產組合 P^* 的預期報酬：其即是無風險利率與風險性資產母體（預期）平均報酬構成的加權平均數；或謂其是由無風險利率再加上投資於風險性資產的比重乘以風險貼水，後者是以超額報酬率表示！既然投資人的資金或財富有 w_T 的比重是投資於風險性資產，該投資人的風險當然是決定於該風險性資產的風險程度！如 (11-54) 式所示。

　　其實，若仔細想一想，上述的分析還頗為重要。原來我們每個人還真的都是投資人，我們不是皆有部分的資金置於如銀行、保險公司或郵局等金融機構嗎？其次，我們不是也有其他的資金買例如外匯、房地產、股票、基金等資產嗎？後者與前者最大的差異，就是後者未來的報酬我們不是很確定，因此後者的投資屬於風險性資產的投資。現在一個問題是：我們如何區分資金置於郵局與資金置於外匯或股票的報酬與風險呢？(11-53) 與 (11-54) 二式不是提供一個簡單的判斷方式嗎？最起碼我們可以將所計算出的報酬率序列的樣本平均數與變異數分別代入 (11-53) 與 (11-54) 二式！

　　我們再來看 (11-53) 與 (11-54) 二式有何用處？利用 (11-54) 式，我們得到 w_T 可以用資產組合 P^* 與風險性資產 T 的標準差表示，即：

$$w_T = \frac{\sigma_{P^*}}{\sigma_T}$$

將上述的 w_T 再代入 (11-53) 式，整理後可得：

$$\mu_{P^*} = r_f + \frac{\mu_T - r_f}{\sigma_T} \sigma_{P^*} \tag{11-55}$$

(11-55) 式於 (σ, μ) 的平面空間內就是一條直線，我們稱為「資本配置線（capital allocation line, CAL）」；值得注意的是，CAL 的斜率就是夏普比率！換言之，若觀察圖 11-8，CAL 就是紅色的虛線，透過找出「切線點」，我們竟可找出最大的夏普比率！

　　我們是如何找出點 T 呢？我們先假想點 T 已經存在，其代表所有風險性資產的投資組合；因此，若投資人有 w^* 比重投資於風險性資產組合 T，$1 - w^*$ 比重投資於無風險性資產，風險性資產組合與無風險性資產的「有效資產組合」的

導出類似 (11-43a) 式，其可為：

$$\min_{w^*} \frac{1}{2} w^{*\prime} \Sigma w \tag{11-56}$$
$$s.t. \ w^{*\prime}\mu + (1 - w^{*\prime}\mathrm{I})r_f = \mu_{P^*0}$$

(11-56) 式表示我們要找出風險性與無風險性資產的效率前緣線，相當於限制預期平均收益為 μ_{P^*0} 的條件下，極小化風險性資產組合的變異數！(11-56) 式的拉氏函數可以寫成：

$$L(w^*, \lambda) = \frac{1}{2} w^{*\prime}\Sigma w^* + \lambda[\mu_{P^*0} - w^{*\prime}\mu - (1 - w^{*\prime}\mathrm{I})r_f]$$

故其極大化之第一階條件為：

$$\frac{\partial L}{\partial w} = \Sigma w_P^* - \lambda(\mu - \mathrm{I}r_f) = 0 \tag{11-57}$$

$$\frac{\partial L}{\partial \lambda} = \mu_{P^*0} - w_P^{*\prime}\mu - (1 - w_P^{*\prime}\mathrm{I})r_f = 0$$

利用 (11-57) 式，我們求解得出 [21]：

$$w_P^* = \Sigma^{-1}(\mu - r_f\mathrm{I})\frac{(\mu_{P^*0} - r_f)}{H} \tag{11-58}$$

其中

$$H = (\mu - \mathrm{I}r_f)'\Sigma^{-1}(\mu - \mathrm{I}r_f) = B - 2Ar_f + Cr_f^2$$

因此，投資組合 P^* 的變異數可以為：

$$\sigma_{P^*}^2 = w_P^{*\prime}\Sigma w_P^* = \frac{(\mu_{P^*0} - r_f)^2}{H} \tag{11-59}$$

而其標準差則為：

$$\sigma_{P^*} = \begin{cases} \dfrac{\mu_{P^*0} - r_f}{\sqrt{H}}; & \mu_{P^*0} \geq r_f \\ -\dfrac{\mu_{P^*0} - r_f}{\sqrt{H}}; & \mu_{P^*0} < r_f \end{cases} \tag{11-60}$$

因此，由 (11-60) 式可知，於 (σ, μ) 的座標內，資產組合 P^* 的效率前緣線有二種，

---

21 同註 15，底下的結果是取自 Huang 與 Litzenberger 合著之一書。

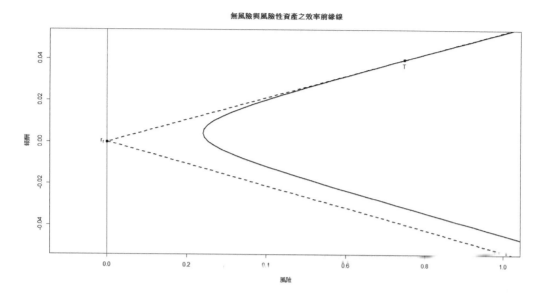

🡤 圖 11-9：二種可能的效率前緣線

且其皆為直線：分別從無風險利率的位置向東北與東南的方向延伸，而斜率則分別為 $H^{1/2}$ 與 $-H^{1/2}$，若以上述黃金等四種資產的例子說明，則如圖 11-9 內之虛線所示（圖 11-9 是圖 11-8 的擴充）[22]。換言之，當市場處於「多頭」的情況，此時 $\mu_{p'0} \geq r_f$，投資人自然樂於投資於風險性資產，故其效率前緣線向東北的方向延伸，此效率前緣線就是圖 11-8 的 CAL；相反地，當市場處於「非常空頭（極度悲觀）」的情況，此時 $\mu_{p'0} < r_f$，投資人則有可能完全不投資於風險性資產！

但「非常空頭（極度悲觀）」的情況當然不常見，一般而言，P^* 的效率前緣線（CAL）的斜率應為正值的 $H^{1/2}$；因此，若與 (11-55) 式比較，可得 [23]：

$$\frac{\mu_T - r_f}{\sigma_T} = H^{1/2} \tag{11-61}$$

其中

$$\mu_T = \frac{A}{C} - \frac{\dfrac{D}{C^2}}{r_f - \dfrac{A}{C}} \tag{11-62}$$

---

22 利用 (11-58) － (11-60) 式，我們可以繪出圖 11-9 內的虛線。

23 同註 21，(11-61) 與 (11-62) 二式的結果是取自 Huang 與 Litzenberger 合著之一書。

是故，利用 (11-58)、(11-61) 與 (11-62) 三式可得出點 T（於圖 11-8 或 11-9）之預期報酬 μ_T 與風險 σ_T；其次，以預期報酬之 μ_T 值取代 (11-52) 式內之 μ_{p0}，自然可以得出點 T 資產組合的投資比重！

我們延續前述黃金等四種資產的例子，我們仍以樣本資料取代母體資料，單位為百分比。因此利用 (11-62) 式，我們可以計算出點 T 之資產組合的平均報酬約為 $\mu_T = 0.0396$ 以及於 (11-58) 式內之 H 值約為 0.0028；是故，利用 (11-61) 式可以取得 σ_T 的估計值約為 0.7470，其次利用 (11-52) 式竟可得出四種資產的投資比重分別約為 −0.4139、−5.4810、6.7878 以及 0.1070！

（以上第三節內容可參考 ch11-3.R）

習題

1. Zivot[24] 曾使用下列的式子找出「切線點」資產組合之投資比重：

$$\max_{w} \frac{w'\mu - r_f}{(w'\Sigma w)^{1/2}}$$

$$s.t. \ w'\mathrm{I} = 1$$

其最適解為 $w = \dfrac{\Sigma^{-1}(\mu - r_f\mathrm{I})}{\mathrm{I}'\Sigma^{-1}(\mu - r_f\mathrm{I})}$。試解釋上述式子的意思。

2. 續上題，利用本節黃金等四種資產與無風險利率的例子，試使用 Zivot 的方法計算點 T 之資產組合的投資比重。是否與本節的結果一致？

    ☞提示：# 點 T 之資產組合

    ```
    t1 = solve(sigma)%*%(muhat-rf*ones)
    t2 = t(ones)%*%t1)[1,1]
    t = t1/t2
    t
    mut = t(t)%*%muhat
    mut
    sigmat = sqrt(t(t)%*%sigma%*%t)
    sigmat
    ```

3. 利用 TSMC 與 TWI 序列資料，若無風險利率仍假定為 0.02，試計算如圖 11-9 內點 T 資產組合之平均報酬與風險。此時 CAL 的斜率為何？

---

24 Zivot, E., "Portfolio theory with matrix algebra", 於 Introduction to Computational Finance and Financial Econometrics 的課程內，可以參考 faculty.washington.edu 網址。

4. 至 Yahoo 英文網站下載 TWI、S&P 500、上海綜合指數以及 NIKKEI 225 月收盤價（2000/1 － 2014/8 期間）（如第 2 章的習題 13），轉成月對數報酬率後，試於（風險－報酬）的座標軸上，標示各指數以及 MVP 的位置。

5. 續上題，試導出上述四種資產的效率前緣線。

6. 續上題，若無風險利率仍假定 0.02，不過此時轉成月利率（應除以 12），試找出 CAL 以及風險性資產組合 *T* 的投資比重。

　☞提示：`four = read.table("c:\\meiyih\\stat\\ex\\ch2\\four.txt", header=T)`

　　　　`names(four)`

　　　　`attach(four)`

　　　　…

　　　　`mu0 = seq(MVPmu,1,length=100)`

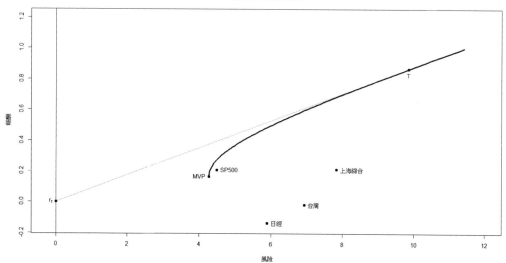

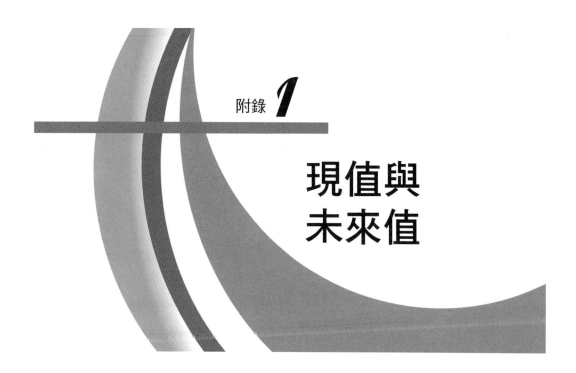

附錄 *1*

現值與未來值

以下我們將介紹於簡單利息與複利下的未來值與現值。

📚 簡單利息與複利的計算

📄 簡單利息

通常一年或以內的貸款利息大多以簡單利息計算。貸款的金額稱為本金 P（principal），利率是以百分比或小數點表示，通常是以年率計算。簡單利息計算的公式可為

$$I = Prt \qquad\qquad (附\ 1\text{-}1)$$

其中 I 表示利息、r 為（年）利率以及 t 代表時間，t 亦以年為單位。

🔎 **例 1**：為了添購新傢俱，小葉以 8% 的貸款利率貸款 50,000 元，貸款期限為 11 個月。小葉須付多少貸款利息？

☞ **解答**：P = 50000

r = 0.08

t = 11/12

```
I = P*r*t
I # 3666.667
```

簡單利息之未來值

若用簡單利率 r 貸款 t 年之貸款金額為 P，則其未來值或本利和 A 可為：

$$A = P(1 + rt) \qquad\qquad (\text{附 } 1\text{-}2)$$

例 2：(1) 若貸款金額為 25,000 元，期限為 8 個月且貸款利率為 4.3%，則貸款人 8 個月後總共須還多少元？

解答：
```
P = 25000
r = 0.043
t = 8/12
A = P*(1 + r*t)
A # 25716.67
I = A - P
I
```

例 2：(2) 若貸款金額為 30,000 元，期限為 85 天且貸款利率為 7%，則貸款人 85 天後總共須還多少元？

解答：
```
P = 30000
r = 0.07
t = 85/360 # 亦可以改為 85/365
A = P*(1 + r*t)
A # 30495.83
I = A - P
I
```

例 3：若小葉欲向老林借 80,000 元，6 個月後還 82,000 元，則借款利率為何？

解答：
```
A = 82000
P = 80000
t = 6/12
r = A - P)/(P*t)
```

```
r # 0.05
```

🗐 複利

如前所述,簡單利息的計算大多用於貸(存)款或投資期限小於 1 年的情況,當期限大於 1 年時,則通常就會使用複利(compound interest)的計算。所謂複利指的是利息與本金同時再計算利息!例如,以 5% 的利率存 2 年,存款金額為 1,000 元,則第 1 年後本金與利息分別為 1,000 元與 50 元,50 元的利息於第 2 年亦計算利息,故 2 年後總共可得本利和 $1,000(1 + 0.05)^2 = 1,102.5$,但是若仍以簡單利息計算,2 年後總共可得本利和 $1,000(1 + 0.05 \cdot 2) = 1,100$,複利的計算額外增加了 2.5 元,此就是 50 元利息再投資 1 年的利息(利率仍為 5%)!

因此,我們可以比較複利與簡單利息的計算方法之不同;換言之,不同於(附 1-2)式,若使用複利利率 r 貸款 t 年之貸款金額為 P,則其未來值或本利和 A 可為:

$$A = P(1 + r)^t \tag{附 1-3}$$

我們可以比較(附 1-2)與(附 1-3)式之不同。

複利的次數大多以每年超過 1 次計算,通常有以半年(每年 2 次)、以季(每年 4 次)、以月(每年 12 次)或以日(每年 365 次)為基準;而其利率 ,其中 m 表示每年計算的次數。因此,(附 1-3)式可以再改寫成:

$$A = P(1 + i)^n \tag{附 1-4}$$

其中 $n = mt$。

🔎 例 4:假想小葉存款 20,000 元,期間為 6 年,以利率為 $r = 4.25\%$,每年複利 1 次,則 6 年後可得多少本利和?利息為何?

☞ 解答:
```
P = 20000
r = 0.0425
t = 6
m = 1
i = r/m
n = m*t
A = P*(1 + i)^n
A # 25673.58
```

```
I = A - P
I
```

🔑 **例5**：若存款 24,500 元，期間為 6.5 年，以利率為 $r = 5.25\%$，每年複利 4 次，則 6.5 年後可得多少本利和？利息為何？

☞ **解答**：
```
P = 24500
r = 0.0525
m = 4
t = 6.5
i = r/m
n = m*t
A = P*(1 + i)^n
A # 34387.84
I = A - P
I
```

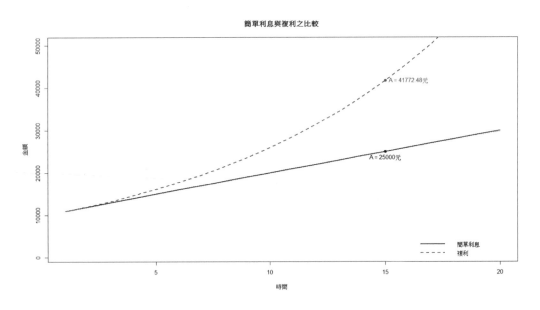

🔺 **附圖 1-1**：簡單利息與複利之比較

```
P = 10000
t = seq(1,20,length=20)
```

```
r = 0.1
m = 1
i = r/m
n = m*t
A1 = P*(1 + r*t)
A2 = P*(1 + i)^n
windows()
plot(n,A1,type="l",lwd=2,main=" 簡單利息與複利之比較 ",xlab=" 時
間 ", ylim=c(1000,50000),
  ylab=" 金額 ")
lines(n,A2,lty=2,lwd=2,col="red")
legend("bottomright",c(" 簡單利息 "," 複利 "),lty=1:2,col=c("blac
k","red"),
lwd=2,bty="n")
points(15,A1[15],lwd=4,pch=20)
text(15,A1[15],labels="A = 25000 元 ",pos=1)
points(15,A2[15],lwd=4,pch=20,col="red")
text(15,A2[15],labels="A = 41772.48 元 ",pos=4, col="red")
matrix(cbind(t[1:10],A1[1:10],A2[1:10]),10,3)
```

我們再進一步比較簡單利息與複利之間的差別。附圖 1-1 繪出 $P = 10,000$ 元而簡單利息與複利的年利率皆為 10%（複利的計算每年 1 次），我們觀察 1 － 20 年的情況。從圖內可看出約從第 2 年開始，二者的本利和已有差距；例如，於第 15 年年底，以只計算簡單利息而言，本利和只有 25,000 元，但是若計算複利，則本利和卻有 41,772.8 元！使用 R，我們可以輕鬆地算出，例如 1 － 10 年各年底的本利和分別為：

```
[,1]  [,2] [,3]
[1,]1 11000 11000.00
[2,]2 12000 12100.00
[3,]3 13000 13310.00
[4,]4 14000 14641.00
```

```
[5,]5 15000 16105.10
[6,]6 16000 17715.61
[7,]7 17000 19487.17
[8,]8 18000 21435.89
[9,]9 19000 23579.48
[10,]   10 20000 25937.42
```

📍 **例 6**：假想小葉存入某金融中介機構 50,000 元，該機構標榜每季計算一次利息，則 6 年後小葉共有 65,400 元的本利和，問年利率為何？

☞ 解答：

$$50,000(1+r/4)^{24} = 65,400 \Rightarrow (1+r/4)^{24} = \frac{65,400}{50,000} \Rightarrow (1+r/4) = \left(\frac{65,400}{50,000}\right)^{1/24}$$

$$\Rightarrow r/4 = \left(\frac{65,400}{50,000}\right)^{1/24} - 1 \Rightarrow r = 4\left[\left(\frac{65,400}{50,000}\right)^{1/24} - 1\right]$$

$$r = m\left[\left(\frac{A}{P}\right)^{1/n} - 1\right]$$

```
P = 50000
A = 65400
m = 4
t = 6
n = m*t
(A/P)^(1/n)
r = m*((A/P)^(1/n - 1)
r # 約為 4.5%
i = r/4
i
P*(1 + i)^n
```

📑 有效年利率

若我們以 4% 的年利率存 1 元，但是以季計算複利，1 年後可有本利和 1.040604，似乎年利率為 4.0604%，而非所宣稱的 4%；4% 亦可稱為名目（nominal）利率而

4.0604% 則稱為有效年利率（effective annual rate, EAR)。因此，若所宣稱的利率為 r 而每年複利 m 次，則 EAR 可以為：

$$r_{EAR} = \left(1 + \frac{r}{m}\right)^m - 1 \qquad （附 1-5）$$

例 7：若所宣稱的利率為 6%，半年複利 1 次，試找出 EAR。

解答：m = 2

        r = 0.06

        n = 2

        EAR = 1 + r/m)^n - 1

        EAR # 6.09%

例 8：小葉需要貸款。A 銀行報出 8% 的放款利率而每半年複利 1 次，B 銀行雖報出 7.9% 的放款利率，但是卻是每月複利 1 次。小葉會選何家銀行貸款？

解答：rA = 0.08

        mA = 2

        nA = 2

        EARA = 1 + rA/mA)^nA - 1

        EARA # 8.16%

        rB = 0.079

        mB = 12

        nB = 12

        EARB = 1 + rB/mB)^nB - 1

        EARB # 8.1924%

現值

若複利利率為 i 而總共複利 n 期，則 A 元之現值（present value, PV）可為：

$$P = \frac{A}{(1+i)^n} = A(1+i)^{-n} \qquad （附 1-6）$$

例 9：小葉 5 年後需要 60,000 元，若年利率為 6.2% 且每年複利 1 次，則小葉現在需存多少？

☞解答：
```
A = 60000
i = 0.062
n = 5
P = A*(1 + i)^-n
P # 44414.9
```

♀ **例 10**：若以 6% 的利率半年複利 1 次，則存 9 年後 160,000 元的現值為何？

☞解答：
```
r = 0.06
A = 160000
m = 2
t = 9
n = m*t
i = r/m
P = A*(1 + i)^(-n)
P # 93983.14
```

♀ **例 11**：假設存款 24,500 元，但存款利率為 5.25% 且以季計算複利，問須存多久方能存滿至少 100,000 元以上？

☞解答：
```
A = 100000
P = 24500
r = 0.0525
m = 4
i = r/m
x = seq(1,150,length=150)
y = P*(1 + i)^x
y
windows()
plot(x,y,type="l",lwd=2,xlab=" 期間 ",ylab=" 金額 ")
abline(h=A,lty=2,lwd=1)
abline(v=x[108],lty=2,lwd=1)
n = x[108]
t = n/m
t # 約 27 年
```

```
P*(1 + i)^n # 100178.3
# 或使用下列方法
n = log(A/P)/log(1+i # 107.8634
```

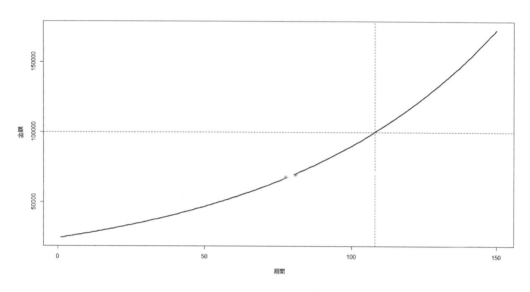

📖 70 或 72 法則

可以先試試看：$(1.072)^{10} = 2.004231 \approx 2$。上述結果告訴我們若利率（或報酬率）為 7.2%，則存滿 10 年，本金會增加 1 倍！若市場的利率為 r，則依下式可以增加 1 倍：

$$\frac{70}{100r} \text{ 或 } \frac{72}{100r} \qquad\qquad (\text{附 1-7})$$

(附 1-7) 式提醒我們若 $0.001 \leq r < 0.05$ 則採取 70 法則，但是若 $0.05 \leq r < 0.12$，則採取 72 法則！

💡 **例 12**：若 A 與 B 國的通貨膨脹率分別為 2% 與 8%，則物價多久會增加 1 倍？

☞ 解答：
```
r = 0.02
n = 70/(100*r)
n # 35
(1 + r)^n # 1.99989

r = 0.0002
n = 70/(100*r)
```

```
n # 3500
(1 + r)^n # 2.013612 用 70 法則有些微的差距


r = 0.08
n = 72/(100*r)
n # 9
(1 + r)^n # 1.999005


r = 0.12
n = 72/(100*r)
n # 6
(1 + r)^n # 1.973823 用 72 法則有些微的差距
```

連續複利

假想有某一銀行為了吸引顧客，推出不止每季、每月、每週、每日……或每秒，甚至於隨時皆會計算複利；也就是說，於 1 年內計算複利的次數接近於無窮大，此時就是所謂的「連續複利（continuous compounding）」。我們可以來看，連續複利有何吸引人之處？

於附表 1-1 內，我們假想投資金額與利率分別為 100 元與 10%，然後再分別考慮不同的複利型態。從表內可看出提高計算複利的頻率，的確可以增加利息的收益；不過，隨著 n 的提高，最後會接近於某一個固定值。換句話說，附表 1-1 內結果是根據 $A = 100(1 + 0.1/n)^n$ 所計算而得；若 n 趨向於無窮大，則 A 會收斂至 $100e^{0.1}$。後者即是連續複利的本利和，此是根據 e^t 的性質[1]；因此，若利率為 r 而採取連續複利的計算方式，至 t 年可為：

▽ **附表 1-1**：不同複利型態（投資金額為 100 元，利率為 10%）

n	複利型態	$P = 100$	n	複利型態	$P = 100$
4	季	110.3813	8760	時	110.517
12	月	110.4713	525600	分	110.5171
52	週	110.5056	31536000	秒	110.5171
365	日	110.5156	∞	連續	110.5171

---

1 可回想若 $n \to \infty$，則 $(1 + r/n)^{nt} \to e^{rt}$。

$$A = Pe^{rt} \qquad\qquad (\text{附 } 1\text{-}8)$$

💡 **例 13：** 假定存款金額為 24,500 元，利率為 6.5%，採取連續複利的計算方式至 6.5 年之本利和為何？其 ERA 為何？欲使存款金額至少為 100,000 元，需多久？

☞ **解答：**
```
P = 24500
r = 0.065
t = 6.5
A = P*exp(r*t)
A # 37381.39
EAR = exp(r - 1
EAR # 0.06715902
# A* = 100000
# A* = P*exp(0.065*t)
# log(A*/P = r*t
Astar = 100000
t = log(Astar/P)/r
t # 21.63842
```

最後，我們來看如何取得連續複利的現值。利用 (附 1-8) 式，可得：

$$P = \frac{A}{(1+i)^n} = A(1+i)^{-n} \qquad\qquad (\text{附 } 1\text{-}9)$$

💡 **例 14：** 若利率分別為 0.05、0.1、0.15 與 0.2，每年計算複利 1 次，試分別計算上述利率 10 年後之未來值；其次，若連續複利之利率為 0.2，試計算 1－10 年後之未來值，同時與上述四種未來值比較。（假定投資金額為 1 元）

☞ **解答：**
```
# 1 元或其他，不同的利率
n = seq(0,10,length=100)
i = 0.2
PV = 1
FV = PV*(1 + i)^n
windows()
```

```
plot(n,FV,type="l",lwd=2,main=" 圖解未來值 (1 元的投資 )")
i1 = 0.15
FV1 = PV*(1 + i1)^n
lines(n,FV1,lty=2,lwd=2,col=2)
i2 = 0.1
FV2 = PV*(1 + i2)^n
lines(n,FV2,lty=3,lwd=2,col=3)
i3 = 0.05
FV3 = PV*(1 + i3)^n
lines(n,FV3,lty=4,lwd=2,col=4)
FV4 = PV*exp(i*n)
lines(n,FV4,lty=5,lwd=2,col=5)
leg = expression(i == 0.2,i == 0.15, i == 0.1,  i == 0.05,
e^(0.2*n))
legend("topleft",leg,lty=1:5,col=1:5,bty="n",lwd=2)
```

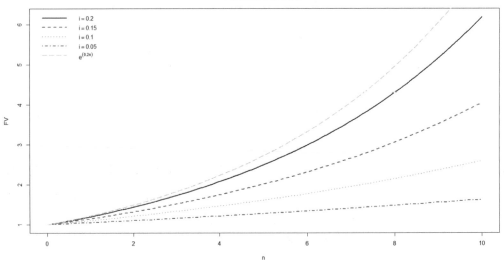

例 15：續例 14，若未來值為 1 元，試計算其現值。 ：

解答：
```
FV = 1
PV = FV*(1 + i)^(-n)
windows()
```

```
plot(n,PV,type="l",lwd=2,main=" 圖解現值 ( 未來值為 1)")
PV1 = FV*(1 + i1)^(-n)
lines(n,PV1,lty=2,lwd=2,col=2)
PV2 = FV*(1 + i2)^(-n)
lines(n,PV2,lty=3,lwd=2,col=3)
PV3 = FV*(1 + i3)^(-n)
lines(n,PV3,lty=4,lwd=2,col=4)
FV4 = PV*exp(-i*n)
lines(n,FV4,lty=5,lwd=2,col=5)
leg = expression(i == 0.2,i == 0.15, i == 0.1,  i == 0.05,
e^(-0.2*n))
legend("topright",leg,lty=1:5,col=1:5,bty="n",lwd=2)
```

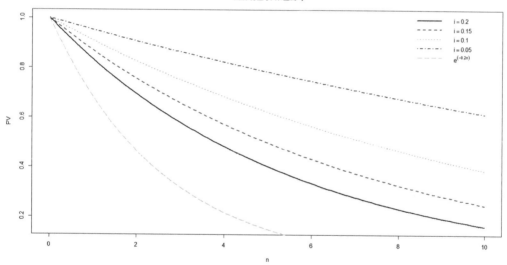

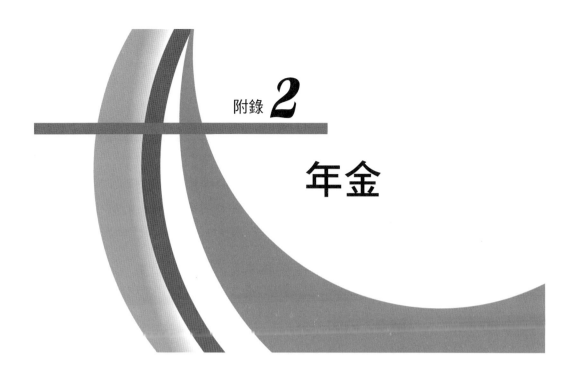

附錄 **2**

年金

假想我們每個月固定存（付）15,000 元，則 5 年後可得到（共支出）多少錢（零存整付）？欲回答或計算上述想法，就牽涉到年金（annuity）的計算。所謂年金指的是每期期末的等額（定期等額）收付。年金在我們的經濟生活中非常普遍，如支付房屋的租金、購買商品的分期付款、房貸或車貸的分期償還、發放養老金，甚至於現在政府考慮的「國民年金」或「年金制度改革」，皆有使用年金的收付形式或觀念！既然年金有牽涉到定期定額（等額）的支付或收取，其現值與未來值的計算與數學上週期的支付或收取的公式有關，我們先討論相關的公式。

📚 等比數列

若 a 與 r 皆為非 0 之實數，則 $a, ar, ar^2, ar^3, \cdots, ar^n, \cdots,$ 可稱為一個等比數列（geometric sequence）。例如，$a = 0.6$，$r = -0.5$，則我們可以看到一個等比數列如：

$$0.6, 0.6(-0.5), 0.6(-0.5)^2, 0.6(-0.5)^3, 0.6(-0.5)^4, \cdots$$

或

$$0.6, -0.3, 0.15, -0.075, 0.0375, \cdots$$

值得注意的是，其中第一項的 0.6 稱為首項，而第 n 項為：

$$ar^{n-1} \qquad\qquad\qquad\text{（附 2-1）}$$

當然，我們記得 r 稱為公比（common ratio）。

```
a = 0.6
r = -0.5
c(a,a*r,a*r^2,a*r^3,a*r^4)
```

例 1：找出下列等比數列 0.9, 0.72, 0.576, 0.4608, 0.36864,⋯之第 10 項之數值。

解答：從上述數列可看出首項為 $a = 0.9$，公比為 $r = 0.72 / 0.9 = 0.8$ 且 $n = 10$；因此，利用（附 2-1）式可以得出：$a_{10} = ar^{n-1} = 0.9(0.8)^9 = 0.120796$ ！

```
a = 0.9
r = 0.8
c(a,a*r,a*r^2,a*r^3,a*r^4)
n = 10
a*r^(n-1 # 0.120796
```

我們可以試試看：令 S_n 表示一個等比數列之前 n 項總和：

$$S_n = a + ar + ar^2 + ar^3 + \cdots + ar^{n-1}$$

若 $r \neq 1$，則

$$rS_n = ar + ar^2 + ar^3 + ar^4 + \cdots + ar^n$$

利用上二式，可以得到：

$$rS_n - S_n = -a + ar^n \Rightarrow S_n(r-1) = a(r^n - 1) \Rightarrow S_n = \frac{a(r^n - 1)}{r - 1}$$

因此，我們可以得到一個等比數列之總和為：

$$S_n = \frac{a(r^n - 1)}{r - 1}, \ r \neq 1 \qquad\qquad\qquad\text{（附 2-2）}$$

🔍 **例 2**：續例 1，試計算 S_{10}。

☞ **解答**：n = 10

       a = 0.9

       r = 0.8

       Sn = a*(r^n - 1)/(r - 1)

       Sn # 4.016816

📚 普通年金

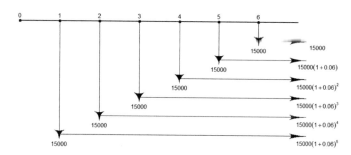

⚠ **附圖 2-1**：一個簡易的年金範例

如前所述，年金可稱為一個「定期等額」支付（收取）的數列。若每次支付出現於期末，則此年金稱為「普通年金（ordinary annuity）」。因其支付期間與計算複利的期間一致，故通常我們說的年金，指的就是普通年金。年金的觀念與我們日常生活息息相關，因為我們時常聽到「零利率分期付款」或「定期等額支付以備養老」等講法。舉例來說，若我們於未來 6 年的每年年末存 15,000 元，而以 6% 的利率每年計算複利一次（年複利），則 6 年後的總和可參考附圖 2-1，其可為：

$$15,000 + 15,000(1.06) + 15,000(1.06)^2 + 15,000(1.06)^3 + 15,000(1.06)^4 + 15,000(1.06)^5$$

我們可以使用 (附 2-2) 式計算上述結果，即 $a = 15,000$、$r = 1.06$ 以及 $n = 6$；因此，其總和為：

$$\frac{a(r^n - 1)}{r - 1} = \frac{1,500\left[(1.06)^6 - 1\right]}{1.06 - 1} = 104,629.8$$

```
n = 6
a = 15000
r = 1.06
Sn = a*(r^n - 1)/(r - 1)
Sn # 104629.8
```

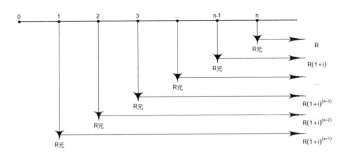

▲ **附圖 2-2**：年金之計算

　　前述的例子應該可以將其寫（想）成更一般化的型式。假定於 n 期內，每期存入 R 元，而於每期期末以利率 i 計算利息；因此，第 1 期的 R 元存入至 n 期共有 $R(1+i)^{n-1}$ 的本利和，第 2 期的 R 元存入至 n 期共有 $R(1+i)^{n-2}$ 的本利和，依此類推。是故，若 S 表示年金的未來值總額，則：

$$S = R(1+i)^{n-1} + R(1+i)^{n-2} + R(1+i)^{n-3} + \cdots + R(1+i) + R$$

或寫成（顛倒的次序）

$$S = R + R(1+i) + R(1+i)^2 + R(1+i)^3 + \cdots + R(1+i)^{n-1}$$

是故，上式顯示出一個首項為 R 而公比為 $1+i$ 的等比數列；利用 (附 2-2) 式，可得出：

$$S = R\left[\frac{(1+i)^n - 1}{i}\right] = R \cdot FVIFA_{i,n} \qquad （附 2-3）$$

其中 $FVIFA_{i,n}$ 稱為年金未來值利率因子（interest factor）。

```
FVA = function(i,n) (1+i)^n - 1)/i # 注意此為函數型態
FVA(0.06,6)
```

```
R = 15000
R*FVA(0.06,6 # 104629.8
```

　　觀察上述的 R 指令，可以注意我們自己設計的年金未來值利率因子函數 *FVA*[1]；利用 *FVA*(*i*, *n*)，我們可以進一步觀察 *i* 與 *n* 對年金未來值的影響，其結果就如附圖 2-3 所示，*i* 與 *n* 對年金未來值有正向的影響。讀者可以自行於 R 內寫出程式以觀察：即令 *i* 或 *n* 固定為某個數值，*n* 或 *i* 對年金未來值的影響為正。

　　既然我們可以自行設計年金未來值利率因子，按圖索驥，讀者不是也可以自行設計未來值利率因子、年金現值利率因子與現值利率因子嗎？可以試試看！另一方面，我們也可以繪製出 *FVA* 和 *i* 與 *n* 之間的關係如附圖 2-3 的圖形，繪出附圖 2-3 的 R 指令可為：

```
i = seq(0.01,0.1,length=100)
n = seq(0.01,50,length=100)
z = outer(i,n,FVA)
windows()
persp(i,n,z, theta=-30, phi=30,ticktype="detailed",lwd=1,zlab="FVIFA")
```

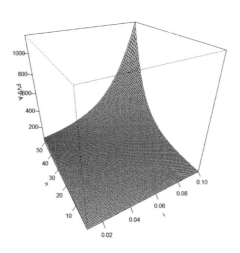

⋏ **附圖 2-3**：*FVIFA* 與不同的 *i* 與 *n* 之間的關係

1　使用此函數須記得應以 *FVA*(*i*, *n*) 型式表示例如 *FVA*(0.06, 6)，由於是我們自己設計的，故每次使用 R 應記得先將 *FVA* 函數輸入 R 內。

償債基金

償債基金（sinking fund）亦稱減債基金，顧名思義，發行者（通常為國家或公司）為償還未到期的債務而設置的專案基金；設置此基金的目的當然是未來能償還債務而目前需設計定期等額的支付（存款）方式，此不就是前述年金的觀念嗎？

例 4：一個簡單的情況，若我們每個月提撥 5,000 元退休儲蓄金，每個月的複利以 2% 的利率計算，則存滿 20 年，則 20 年退休後可有多少退休金？若 20 年退休後，我們需要 3 百萬元，若每個月存 5,000 元不變，則利率應為多少方能符合我們的需求（3 百萬元）？若利率不變，則每個月須存多少，才能符合我們的想法（3 百萬元）？

解答：(a) 此退休儲蓄金就是一個年金，其中 $R = 5,000$、$i = 0.02 / 12$ 與

$n = 12 \times (20)$。

```
R = 5000
i = 0.02/12
n = 12*20
R*FVA(i,n # 1473984
```

(b) 我們可以利用 R 以「嘗試錯誤」的方式找出對應的利率如下圖所示。例如繪出許多不同的虛線以找出適合的利率。

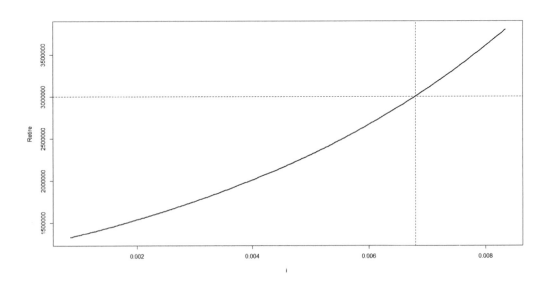

```
i = seq(0.01,0.1,length=n)
```

```
i = i/12
Retire = numeric(n)
for(j in 1:n)
{
 Retire[j] = R*FVA(i[j],n)
}
windows()
plot(i,Retire,type="l",lwd=2)
abline(h=3000000,lty=2)
abline(v=i[191],lty=2)
i[191]
R*FVA(i[191],n # 3002411
i[191]*12 # 0.08154812
```

(c) 同 (b) 的算法。

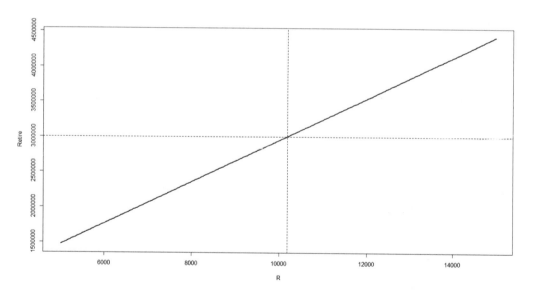

```
R = seq(5000,15000,length=n)
Retire = numeric(n)
i = 0.02/12
for(j in 1:n)
{
 Retire[j] = R[j]*FVA(i,n)
```

```
}
windows()
plot(R,Retire,type="l",lwd=2)
abline(h = 3000000,lty=2)
abline(v = R[125],lty=2)
R[125] # 10188.28
R[125]*FVA(i,n)# 3003474
```

📚 期初年金

前述所介紹的是屬於普通年金，其特色是於一定的期間內，於每期期末支付或收取等額的款項，故其亦可稱為後付（取）年金；與普通年金相對應的是期初年金，其特色是於每期期初支付或收取等額的款項，故其亦稱為預付（取）年金（annuity due）。預付年金因比後付年金多得到一期的利息（因前者比後者先支出），故其未來值總額可以利用 (附 2-3) 式求得：

$$S = R\left[\frac{(1+i)^{n+1}-1}{i}\right] - R = R(FVIFA_{i,n+1}-1) \qquad (\text{附 2-3a})$$

此相當於將附圖 2-2 的支出時點往左移動一期，由於多得到一期的利息，故每期的支出至 n 期（即 $n-1$ 時點）的本利和皆須再乘上 $(1+i)$ 項；由於少了 R 項，使用 (附 2-3) 式計算時，需扣掉 R 支出！

🔎 例 5：每季於季初存 12,000 元，以 3.5% 的利率計算季複利，7 年後可得多少？
☞ 解答：$n = 28$、$R = 12,000$ 以及 $i = 0.035 / 4$。

```
R = 12000
n = 28
i = 0.035/4
R*(FVA(i,n+1)-1 # 382186.7
```

年金的現值

假想我們打算每年存 R 元，以利率 i 計算年複利，則 n 年後總共有多少本利和？讀者會在年初或年底存？應該是年底吧！故從此例來看，通常我們所謂的年金，大多指的是普通年金。現在我們有興趣的是此一存款目前價值多少？假定利率 i 固定不變，則利用 (附 2-3) 式可得：

$$P(1+i)^n = R\left[\frac{(1+i)^n - 1}{i}\right] \Rightarrow P = R(1+i)^{-n}\left[\frac{(1+i)^n - 1}{i}\right] = R\left[\frac{1-(1+i)^{-n}}{i}\right]$$

因此，年金的現值可以寫成：

$$P = R\left[\frac{1-(1+i)^{-n}}{i}\right] = R \cdot PVIFA_{i,n} \qquad (\text{附 2-4})$$

其中 P 與 $PVIFA_{i,n}$ 分別稱為目前的價值以及年金現值利率因子。

例 6：老林與小葉皆要贊助家扶中心，二人皆同意於十年內，每年給予家扶中心 5,000 元，假想年複利為 3%；不過，老林事後想一想，他還是比較喜歡現在就一次給付，問他會支付多少？

☞ 解答：$R = 5,000$、$i = 0.03$ 以及 $n = 10$

```
PVA = function(i,n) (1 - 1+i)^-n)/i # 年金現值利率因子函數
R = 5000
i = 0.03
n = 10
R*PVA(i,n)# 42651.01
```

例 7：車價為 750,000 元，自備款 150,000 元，其餘以貸款付清；月複利 6% 的利率分三年償還，問每月須支付多少？

☞ 解答：$i = 0.06 / 12$、$n = 36$ 以及 $P = 600,000$；$P = R \cdot PVIFA_{i,n}$。

```
i = 0.06/12
P = 600000
n = 36
R = P/PVA(i,n)
R # 18253.16
```

🔑 **例 8**：房貸 2 百萬元，月複利 4% 的利率分 20 年償還，問每月須付多少？總共付多少利息？何時償還 1 百萬元？

☞ **解答**：(a) $i = 0.04 / 12$、$n = 240$ 以及 $P = 2,000,000$

```
# a)
P = 2000000
i = 0.04/12
n = 12*20
R = P/PVA(i,n)
R # 12119.61
# b)
R*n - P # 908705.6
```

(b) 假定已按照 R 元償還 x 個月，則還剩下尚未償還的金額為

$$y = R \cdot PVIFA_{i, n-x}$$

```
x = 1:n
y = R*PVA(i,n-x)
windows()
plot(x,y,type="l",lwd=2)
abline(h= 1000000,lty=2)
abline(v=x[144],lty=2)
text(55,1671435,labels=expression(y*PVIFA[list(i,n-
x)]),pos=4)
x[144] #
```

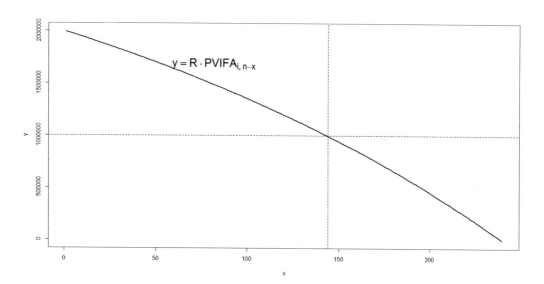

🔔 **例 9**：小葉以月複利 12% 的利率向銀行貸了 50,000 元，原本打算一年還清；不過，還了三個月後，小葉打算一次就還清尚未償還的款項，小葉需還多少？

☞ **解答**：$P = 50,000$、$i = 0.12 / 12$ 以及 $n = 12$

```
P = 50000
i = 0.12/12
n = 12
x = 3
R = P/PVA(i,n)
R*PVA(i,n-x # 38054.01
```

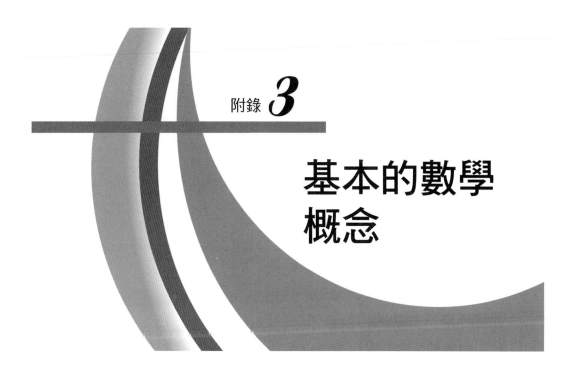

附錄 *3*

基本的數學概念

於本章,我們將複習或介紹本書會用到的基本數學概念[1];比較特別的是,每個部分皆附有對應的 R 程式,讀者透過 R 的操作,應能迅速掌握其中之訣竅。

1 函數

於本節我們將介紹數種類型的函數,讀者除了留意其意義外,亦要注意於 R 內如何操作。

1.1 線性與二次式函數

假定我們有一個線性(一次式)函數如 $y = f(x) = 3x + 4$,其中 y 與 x 分別稱為因變數與自變數;由於 y 與 x 皆為一次式,故上述 $f(x) = 3x + 4$ 是一個(直)線性函數。函數可以視為一種對應的關係,如 $f(0) = 4$ 或 $f(1) = 7$ 等關係;我們可以於 R 內定義上述關係如:

```
f = function(x) 3*x + 4
```

---

1 本附錄部分內容係參考 Alexander, S. (2008), Quantitative Methods in Finance, John Wiley & Sons Ltd.

```
f(0) # 4
f(1) # 7
```

若於 R 內輸入上述指令，則會有一個稱為 f 的函數存在。

接下來，我們思索如何繪出此線性函數的圖形。首先我們當然先要有許多的 x 值，然後這些 x 值代入 $y = f(x)$ 內；假設我們將介於 -3 與 3 內的值，平均分割成 100 個等距，並令每個等距稱為 x，則對應的 y 值為何？可以試下列的 R 指令：

```
x = seq(-3,3,length=100)
x
y = f(x)
y
windows() #開一個繪圖視窗
par(mfrow=c(2,1)) # 其內為二列一行圖形
plot(x,y,type="p") # 繪出 " 點 "
plot(x,y,type="l",lwd=2) #繪出 " 直線 " # 試比較 lwd=4
```

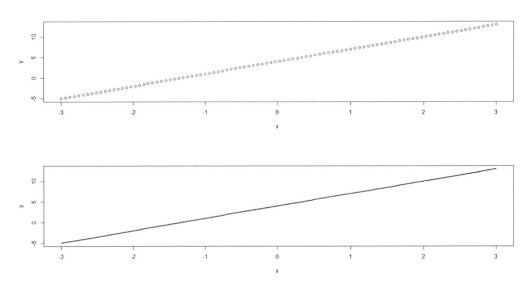

⋀ **附圖 3-1**：直線函數圖形

上述的指令有 plot、seq、或 par 等，它們也是 R 內的函數指令！

我們進一步將上述自變數 x 擴充至多次方的情況，若 x 為一個二次式的型態，則對應的函數即為一個二次式的函數；也就是，若 $y = f(x) = 4x^2 + 3x + 2$，使用 R 亦可以繪出其圖形，即：

```
f2 = function(x) 4*x^2 + 3*x + 2
f2(2) # 24
f2(1) # 9
y2 = f2(x)
windows()
plot(x,y2,type="l",lwd=2,ylab="y",ylim=c(-1,50))
abline(h=0,lty=2)
abline(v=0,lty=2)
```

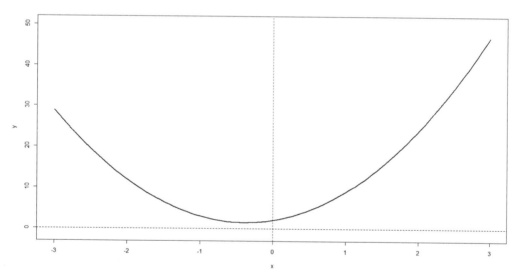

附圖 3-2：一個二次式函數圖形

注意附圖 3-2 縱橫軸的虛線，是如何被繪製出。

我們亦可以將二次式可以寫成一般式函數的型式，即：

$$y = f(x) = ax^2 + bx + c \qquad (\text{附 3-1})$$

(附 3-1) 式或附圖 3-2 則是拋物線（parabola）的函數型式或圖形；讀者可試著練習不同的係數值 a、b 或 c 對拋物線的形狀之影響[2]。

📄 1.2 計算方程式的根或解

附圖 3-2 內的拋物線並未與 （橫）軸有任何交點，因此我們無法求此一元二次方程式的解或根（root）；換言之，若是一般式如 (附 3-1) 式的解為何？即若 $f(x) = 0$，則其解為：

$$x = \frac{-b \pm \sqrt{b^2 - 4ac}}{2a} \qquad (\text{附 3-2})$$

例如 $y = f(x) = x^2 + 3x + 2$，其圖形為附圖 3-3 所示；注意附圖 3-3 內 $f(x)$ 與橫軸相交於兩點 $x = 1$ 與 $x = 2$，表示其皆為此方程式的根或解。

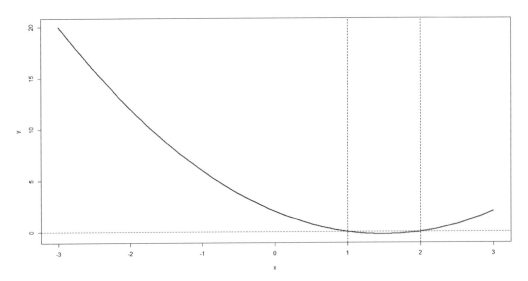

⚡ **附圖 3-3**：$y = f(x) = x^2 + 3x + 2 = 0$ 之解

```
f = function(x) x^2 - 3*x + 2
y = f(x)
windows()
```

2 例如 $a > 0$，則拋物線的「開口」向上；若 $a < 0$，則拋物線的「開口」向下。b 與 c 呢？

```
plot(x,y,type="l",lwd=2)
abline(h=0,lty=2)
abline(v=c(1,2),lty=2)
```

1.3 逆函數與反函數

假設有一個函數 $y = f(x)$ 如附圖 3-4 所示。我們可以計算 y 之逆函數（inverse function）為 $x = f^{-1}(y)$；換言之，$f(x) = f(f^{-1}(y)) = y$。我們發現 y 與其逆函數之間的關係，大致可透過 $y = x$ 反映，也就是說，y 的「反面」就是其逆函數而非其倒數的函數（reciprocal function）；亦即：

$$f^{-1}(x) \neq \frac{1}{f(x)}$$

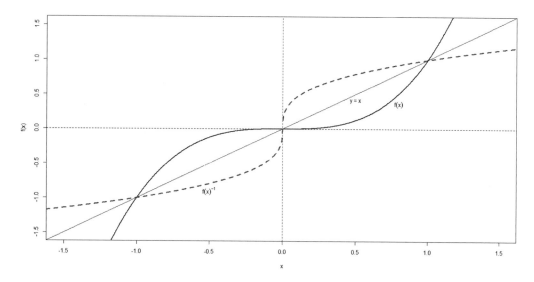

⋀ **附圖 3-4**：$f(x)$ 與其逆函數

```
x = seq(-2,2,length=1000)
f = function(x)  x^3
windows()
plot(x,f(x),type="l",lwd=2,xlim=c(-1.5,1.5),ylim=c(-1.5,1.5))
abline(v=0,lty=2)
```

```
abline(h=0,lty=2)
lines(x,x)
invf = function(x) x^(1/3)
lines(x,invf(x),lty=2,col="red",lwd=3)
x = seq(0,2,length=500)
lines(-x,-invf(x),lty=2,col="red",lwd=3)
text(0.5,0.5,labels="y = x",pos=1)
text(-0.5,-0.8,labels=expression(f(x)^-1),pos=1)
text(0.8,0.45,labels=expression(f(x)),pos=1)
```

我們舉一個例子加以說明。若 $y = f(x) = 2x + 3$，則其逆函數為：

$$x = f^{-1}(y) = (y - 3) / 2$$

換言之，$f(2) = 7$ 或 $f(1) = 5$ 而其逆函數可為 $f^{-1}(7) = 2$ 或 $f^{-1}(5) = 1$。讀者可以自行設計函數證明上述結果。一個函數與其逆函數之間的關係，最典型的例子莫過於溫度計內攝氏（Celsius, °C）與華氏（Fahrenheit, °F）之間的轉換；也就是說，例如 37°C 可轉成幾 °F？ 98.6°F 可轉成幾 °C？答案為：

$$37°C \cdot (9 / 5) + 32 = 98.6°F$$

$$(98.6°F - 32)(5 / 9) = 37°C$$

至於財金統計學上的應用，指數函數與（自然）對數函數之間，就是互為函數與逆函數關係。

📄 1.4 指數函數與（自然）對數函數

如同 π 是一個介於 3 與 4 之間的無理數，自然對數的底數 e 亦是一個介於 2 與 3 之間的無理數；就數學而言，我們定義下列的極限值為：

$$e = \lim_{n \to \infty} \left(1 + \frac{1}{n}\right)^n \tag{附 3-3}$$

同其他底是整數的（指數）函數如 2^x 或 3^x 等，其中 $x \in R$ 是一個實數，我們稱 e^x 為指數函數（exponential function），其亦可寫成 exp(x)，其定義如下：

$$\exp(x) = e^x = \lim_{n \to \infty} \left(1 + \frac{x}{n}\right)^n \qquad \text{（附 3-4）}$$

我們仍需提醒讀者注意 $\exp(1) = e$ 以及 $\exp(0) = 1$。

於 R 內，我們可以使用 $\exp(x)$ 函數指令，試下列指令：

```
exp(1) # 2.718282
exp(1.5) # 4.481689
exp(20) # 485165195
exp(-20) # 2.061154e-09 即 2.061154*10^(-9)
2.061154*10^(-9)
```

讀者可以注意若數值非常小時，於 R 內是如何表示。我們也可以繪出指數函數的圖形，如附圖 3-5 所示；圖內只繪出 $x > 0$ 的情況，讀者不妨嘗試繪出其他的情況如 $x \le 0$。

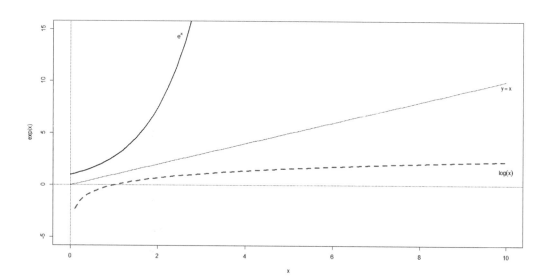

⋀ **附圖 3-5**：指數函數與對數函數

```
x = seq(0,10,length=100)
windows()
plot(x,exp(x),type="l",lwd=2,ylim=c(-5,15))
```

```
lines(x,log(x),lty=2,lwd=3,col="red")
text(2.5,15,labels=expression(e^x),pos=1)
abline(v=0,lty=3)
abline(h=0,lty=3)
lines(x,x,lty=30)
text(10,2,labels=expression(log(x)),pos=1)
text(10,10,labels=expression(y==x),pos=1)
```

由於 e 是一個實數，故其亦適用於指數定律（law of indices）[3]，如：

$$e^{x+y} = e^x e^y \; ; \; e^{x-y} = e^x / e^y \qquad\qquad (\text{附 3-5})$$

於微積分內，我們亦可以冪級數（power series）表示指數函數，即：

$$e^x = 1 + x + \frac{x^2}{2!} + \frac{x^3}{3!} + \cdots \qquad\qquad (\text{附 3-6})$$

值得注意的是，(附 3-6) 式只適用於 $x > 6$ 的情況[4]；其次，$n! = 1 \times 2 \times 3 \times \cdots \times (n-1) \times n$ 稱為階層函數（factorial function），我們要求讀者注意 $0! = 1$；於 R 內，讀者可以嘗試：

```
factorial(5) # 5!
factorial(3) # 3!
```

(附 3-6) 式可用估計指數函數之值，例如 $e^4 \approx 1 + 4 + \dfrac{4^2}{2!} + \dfrac{4^3}{3!} + \cdots$

```
exp(4) # 54.59815
1 + 4 +(4^2)/factorial(2) + (4^3)/factorial(3) + (4^4)/
factorial(4) + (4^5)/factorial(5) + (4^6)/factorial(6) + (4^7)/
factorial(7) + (4^8)/factorial(8) + (4^9)/factorial(9) +
(4^10)/factorial(10) # 54.4431
```

3　即例如就 a、b 與 c 三個實數而言，可有 $a^{b+c} = a^b a^c$ 等性質。

4　也就是說我們只考慮至實數的情況；另一方面，本書以 $\log(\cdot)$ 表示自然對數 $\ln(\cdot)$。

如前所述,指數函數的逆函數就是對數函數(logarithm function),本書所提及的對數函數就是指自然對數函數,後者的圖形可參考附圖 3-5;若 $x > 0$,則指數函數與對數函數的關係可寫成:

$$e^{\log(x)} = x \ ; \ \log(e^x) = x \qquad\qquad (\text{附 } 3\text{-}7)$$

有關於對數函數的性質,可分述如下:

$$\log(xy) = \log(x) + \log(y) \qquad\qquad (\text{附 } 3\text{-}8\text{a})$$
$$\log(x \, / \, y) = \log(x) - \log(y) \qquad\qquad (\text{附 } 3\text{-}8\text{b})$$
$$\log(x^{-1}) = -\log(x) \qquad\qquad (\text{附 } 3\text{-}8\text{c})$$
$$\log(1) = 0 \qquad\qquad (\text{附 } 3\text{-}8\text{d})$$
$$若 \ 0 < x < 1,則 \ \log(x) < 0 \qquad\qquad (\text{附 } 3\text{-}8\text{e})$$

於本書內,我們經常會計算資產之對數報酬率,我們是利用下列的特性,即若 x 值非常小,則:

$$\log(1 + x) \approx x \qquad\qquad (\text{附 } 3\text{-}9)$$

換言之,對數函數亦可以展開成冪級數,即若 $x > -1$,則:

$$\log(1 + x) = x - \frac{x^2}{2} + \frac{x^3}{3} - \frac{x^4}{4} + \cdots \qquad\qquad (\text{附 } 3\text{-}10)$$

我們亦可以練習下列的 R 指令:

```
log(1)
log(0.5) # -0.6931472
log(1+0.05) # 0.04879016 約等於 0.05
log(20) # 2.995732
```

📑 1.5 冪次律

考慮下列一個有二個參數(係數)的函數:

$$y = ax^b \qquad\qquad (\text{附 } 3\text{-}11)$$

(附 3-11) 式就是著名的「冪次律（power law）」。就參數 b 而言，我們可以考慮五種情況；除了 $b = 0$ 之外（即 $y = a$），其餘四種情況，可以參考附圖 3-6。利用對數函數的性質，(附 3-11) 式可以寫成：

$$\log(y) = \log(a) + b\log(x) \qquad\qquad (\text{附 } 3\text{-}12)$$

利用微分的觀念，我們可以得到：

$$\frac{\log(y)}{d\log(x)} = b \qquad\qquad (\text{附 } 3\text{-}13)$$

於經濟學內，(附 3-13) 式內的 b 值就是「彈性（elasticity）」的定義；換言之，若 x 表示所得，而 y 為某財貨之需求，則附圖 3-6 內的 (a) － (d) 圖不就是分別表示正常財、中性財、奢侈品以及劣等財四種財貨需求與所得之間的關係！我們亦可以想像：若 x 與 y 分別表示某股票之股利與股價，則讀者是否可以解釋附圖 3-6 內四圖的關係？

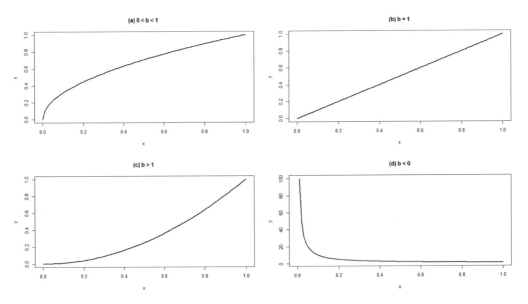

⋏ **附圖 3-6**：$y = x^b$ 之四種情況（$a = 1$）

```
x = seq(0,1,0.01)
windows()
par(mfrow=c(2,2))
```

```
y = x^0.5
plot(x,y,type="l",main="(a) 0 < b < 1",lwd=2)
y = x
plot(x,y,type="l",main="(b) b = 1",lwd=2)
y = x^2
plot(x,y,type="l",main="(c) b > 1",lwd=2)
y = 1/x
plot(x,y,type="l",main="(d) b < 0",lwd=2)
```

其實考慮或使用 (附 3-12) 或 (附 3-13) 式尚有一優點，想像一個類似於 (附 3-12) 式的線性方程式：$y = a_1 + b_1 x$，我們可以發現不管 x 值為何，其斜率值 $dy / dx = b_1$ 為一固定值，但此應與實際的情況不一致 [5]。雖說於 (附 3-13) 式內，我們發現 b 亦固定不變，但是 b_1 與 b 有何不同？按照彈性的定義，後者是以百分比表示（即若 x 值平均變動百分之一，則 y 值平均會變動百分之 b）；另一方面，若觀察圖 3-6 之 (a)、(c) 與 (d) 圖內之每一個 x 值所對應的斜率值皆不相同。例如觀察 (a) 圖內線上每點所對應的斜率值的變化，其會隨 x 值的增加而變小，其餘二圖，讀者可以練習檢視其斜率值的變化。因此，一般而言線性方程式如 $y = a_1 + b_1 x$，可以應用的範圍相當有限，反觀使用或考慮「冪次律」即 (附 3-11) 式，卻有其吸引人之處。我們已於本書第 7 章介紹如何估計參數值 a 與 b 的方法。

1.6 多項式函數

多項式函數（polynomial function）經常用於表示「最大值」、「轉折（inflection）」或「局部（local）最大或最小值」等較特殊形狀的圖形，如附圖 3-7 所示。

```
x = seq(0,10,length=100)
y1 = 2+5*x-0.2*x^2
y2 = 2+5*x-0.4*x^2
y3 = 2+4*x-0.6*x^2+0.04*x^3
y4 = 2+4*x+2*x^2-0.6*x^3+0.04*x^4
windows()
```

5　例如若 x 仍表示所得，則於不同的所得水準下，對財貨的需求程度應不同。

```
par(mfrow=c(2,2))
plot(x,y1,type="l",ylab="y",main=" (a) 遞減 ",lwd=3)
points(1,7,pch=18)
y = 2.5 + 4.6*x
lines(x,y,lty=2)
points(6,24.8,pch=18)
y = 9.5 + 2.6*x
lines(x,y,lty=2)
plot(x,y2,type="l",ylab="y",main="(b) 最大值 ",lwd=3)
abline(h=17.7,lty=2)
plot(x,y3,type="l",ylab="y",main="(c) 轉折 ",lwd=3)
abline(v=5,lty=2)
plot(x,y4,type="l",ylab="y",main="(d) 局部最大與最小值 ",lwd=3)
abline(h=22.5,lty=2)
abline(h=18,lty=2)
```

於附圖 3-7 內，可藉由所附的 R 程式得知多項式函數的型態，讀者可以自行練習。

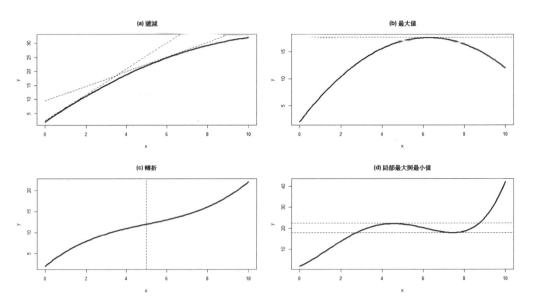

▲ **附圖 3-7**：四種特殊的情況

📄 1.7 漸近函數

假定有一個漸近函數（asymptotic function）如下式所示：

$$y = \frac{ax}{1+bx}$$

（附 3-14）

(附 3-14) 式內有二個未知的參數值 a 與 b，我們如何看出這二個參數值所代表的意思？當然我們可以使用不同的參數值，然後再繪出其圖形；不過，我們也可以先固定其中一個參數值後，再使用另一個參數值之多個不同值，藉此自然可理解每一個參數值的意義，可參考附圖 3-8。

　　觀察附圖 3-8，可以發現隨著 x 值的逐漸增加變大，y 值的增長卻相當有限，讀者可試著找出 y 之極限值。

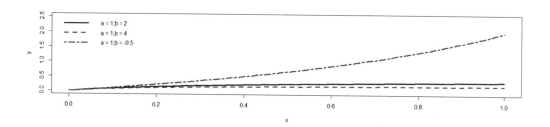

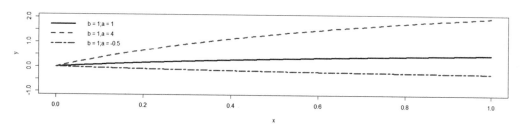

⋏ 附圖 3-8：$y = \dfrac{ax}{1+bx}$ 函數

```
x = seq(0,1,length=100)
a = 1
b = 2
y = a*x/(1+b*x)
windows()
par(mfrow=c(2,1))
```

```
plot(x,y,type="l",lwd=3,ylim=c(0,2.5))
b = 4
y1 = a*x/(1+b*x)
lines(x,y1,lty=20,lwd=3,col="red")
b = -0.5
y2 = a*x/(1+b*x)
lines(x,y2,lty=30,lwd=3,col="blue")
legend("topleft",c("a = 1;b = 2","a = 1,b = 4","a = 1;b =
-0.5"),
   lty = c(1,20,30),col=c("black","red","blue"),bty="n",lwd=3)
x = seq(0,1,length=100)
a = 1
b = 1
y = a*x/(1+b*x)
plot(x,y,type="l",lwd=3,ylim=c(-1,2))
a = 4
y1 = a*x/(1+b*x)
lines(x,y1,lty=20,lwd=3,col="red")
a = -0.5
y2 = a*x/(1+b*x)
lines(x,y2,lty=30,lwd=3,col="blue")
legend("topleft",c("b = 1;a = 1","b = 1,a = 4","b = 1;a =
-0.5"),
   lty = c(1,20,30),col=c("black","red","blue"),bty="n",lwd=3)
```

📄 1.8 S 狀之函數

附圖 3-9 繪出擁有三個參數的羅吉斯函數（logistic function），羅吉斯函數的特色就是所繪圖形具 S 形（sigmoid），其數學式如下：

$$y = \frac{ax}{1+be^{-cx}}$$

（附 3-15）

值得注意的是，此時 y 值受到參數值 a 的影響；換言之，按照 (附 3-15) 式，我們可以發現若 $a > 0$，則 $0 \le y \le a$，另一方面若 $a < 0$，則 $a \le y \le 0$。

於附圖 3-9，我們是假定 $a = 1$，故 $0 \le y \le 1$。讀者亦可以自行練習其他二個參數值 b 與 c 變動對 y 值的影響；於本書的第 8 章中，我們已使用到羅吉斯函數。

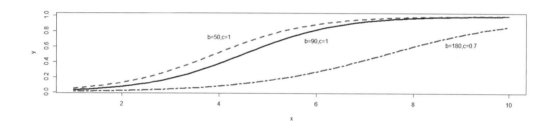

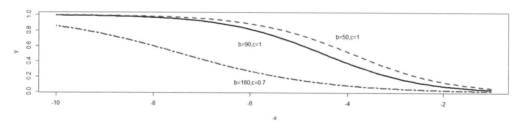

⋏ 附圖 3-9：三個參數的羅吉斯函數

```
a = 1
b = 90
c = 1
x = seq(1,10,length=100)
f = function(a,b,c,x) a/(1 + b*exp(-c*x))
windows()
par(mfrow=c(2,1))
```

```
y = f(a,b,c,x)
plot(x,y,type="l",lwd=3)
text(6,0.75,labels="b=90,c=1",pos=1)
b = 50
y1 = f(a,b,c,x)
lines(x,y1,lty=20,lwd=3,col="red")
text(4,0.8,labels="b=50,c=1",pos=1)
b = 180
c = 0.7
y2 = f(a,b,c,x)
lines(x,y2,lty=30,lwd=3,col="blue")
text(9,0.7,labels="b=180,c=0.7",pos=1)
a=1;b=90;c=1
y = f(a,b,c,x)
plot(-x,y,type="l",lwd=3)
text(-6,0.7,labels="b=90,c=1",pos=1)
b = 50
y1 = f(a,b,c,x)
lines(-x,y1,lty=20,lwd=3,col="red")
text(-4,0.8,labels="b=50,c=1",pos=1)
b = 180
c = 0.7
y2 = f(a,b,c,x)
lines(-x,y2,lty=30,lwd=3,col="blue")
text(-6,0.2,labels="b=180,c=0.7",pos=1)
```

📚2 微分與積分

於前一節內，我們有強調直線函數（方程式）的斜率值為固定數值；例如，一個直線函數若為 $y = f(x) = 2x + 3$，則不管 x 值為何，該線性函數的斜率值為 2，此種頗為機械性的對應關係（即 x 值平均增減一單位，會使得 y 值平均增減二單位），的確不符合我們所需。因我們不是機械人，由我們所產生的「財金關係」，當然也不是如此單純的對應關係；因此，我們自然需要進一步檢視非直線的關係，而欲探究上述非線性關係，就需要有微分（differentiation）與積分（integration）的觀念。

📄 2.1 微分

一般而言，一個函數 $f(x)$ 的微分可定義為：

$$f^{'}(x) = \lim_{\Delta x \to 0} \frac{f(x + \Delta x) - f(x)}{\Delta x} \qquad (\text{附 3-16})$$

(附 3-16) 式說明了當 x「微小的變動（即 Δx）」接近於 0 時，此時函數值的微小變動與 Δx 之間的比率接近於「切線」的斜率值；換言之，若觀察附圖 3-10，當 Δx 接近於 0 時，此時連接 A 與 B 二點的「線段」會接近於相切於 C 點之切線。

也就是說，A 與 B 二點線段的斜率可以寫成：

$$\frac{f(x + \Delta x) - f(x)}{\Delta x}$$

當 A 與 B 二點之間的距離逐漸接近於 0 時，此時若我們以 A 與 B 二點線段的斜率 $f^{'}(x)$ 表示 C 點的斜率，其誤差應會微乎其微。因此，$f(x)$ 線上每點的斜率幾乎皆可以該點切線的斜率表示！

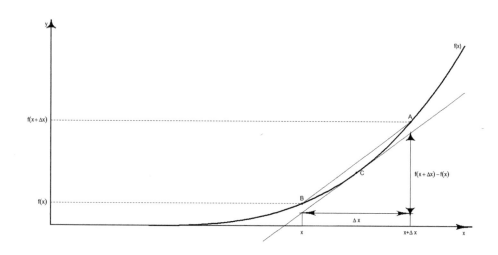

⋀ 附圖 **3-10**：微分的定義

（附 3-16) 式可以稱為 $f(x)$ 對 x 的第一階（次）微分（the first derivative），我們可以將其觀念再推廣至：

- 第二階微分，即微分之再次微分，故其可以寫成：

$$f''(x) = \lim_{\Delta x \to 0} \frac{f'(x + \Delta x) - f'(x)}{\Delta x} \qquad （附 3-17)$$

因此，更高階的微分可以依次類推。換言之，若我們微分 m 次，則可寫成 $f^{(m)}(x)$，表示 f 對 x 之 m 階微分。

- 其實亦可以 $\frac{df}{dx}$ 表示，故 $\frac{d^m f}{dx^m}$ 表示 f 對 x 之 m 階微分。

- 全微分（total derivative），上述微分亦可以寫成 $df(x) = f'(x)dx$。

```r
library(shape)
x = seq(0.1,3,length=100)
y = x^3
windows()
plot(x,y,type="l",lwd=3,frame.plot=F,axes=F,ylim=c(-
1,30),xlim=c(-1,3),
 xlab="",ylab="")
Arrows(-0.8,0,3,0,arr.type="curved",code=2,lty=1,lwd=2)
text(3,0,labels="x",pos=1)
Arrows(-0.8,0,-0.8,30,arr.type="curved",code=2,lty=1,lwd=2)
text(-0.8,30,labels="y",pos=2)
points(2,8,pch=20)
y1 = -16 + 12*x
lines(x,y1)
Arrows(1.55,2,2.45,2,arr.type="curved",code=3)
Arrows(2.5,2.2,2.5,13.5,arr.type="curved",code=3)
text(2,1.8,labels=expression(paste(Delta," ",x)),pos=1,cex=1)
```

```
text(2.7,8.8,labels=expression(f(x+paste(Delta,x))-
f(x)),pos=1)
segments(1.5,0,1.5,2)
text(1.5,0,labels="x",pos=1)
segments(2.5,0,2.5,2)
text(2.5,0,labels=expression(paste(x,"+",Delta," ",x)),pos=1)
points(1.5,1.5^3,pch=18)
text(1.5,1.5^3,labels="B",pos=3)
points(2.5,2.5^3,pch=18)
text(2.5,2.5^3,labels="A",pos=3)
segments(1.5,1.5^3,2.5,2.5^3)
segments(-0.8,2.5^3,2.5,2.5^3,lty=2)
text(-0.8,2.5^3,labels=expression(f(x+paste(Delta,x))),pos=2)
text(-0.8,1.5^3,labels=expression(f(x)),pos=2)
segments(-0.8,1.5^3,1.5,1.5^3,lty=2)
text(2,8,labels="C",pos=4)
text(3,27,labels="f(x)",pos=2)
```

🔁 2.1.1 微分的技巧

底下我們列出一些基本的微分技巧，其結果可以整理如下：

- 冪函數（power function）。ax^n 的微分為 anx^{n-1}，其中 a 與 n 皆為實數；上述的結果可以寫成：

$$\frac{d(ax^n)}{dx} = anx^{n-1}$$

- 指數函數。e^x 的微分就是 e^x，即：

$$\frac{d(e^x)}{dx} = e^x$$

- 對數函數。$\log(x)$ 的微分就是 $1/x$，即：

$$\frac{d(\log x)}{dx} = \frac{1}{x}$$

- 鏈鎖法（chain rule）。函數內的函數之微分為二個微分之乘積；換言之，其為：

$$\frac{d}{dx}f(g(x)) = f'(g(x))g'(x)$$

- 相加減。相加減之微分為微分之相加減；換言之，其可以為：

$$\frac{d}{dx}(f(x) \pm g(x)) = f'(x) \pm g'(x)$$

- 乘積。二函數乘積之微分可以寫成：

$$\frac{d}{dx}(f(x)g(x)) = f'(x)g(x) + g'(x)f(x)$$

- 商數（quotient）。$f(x)$ 倒數之微分可以寫成：

$$\frac{d}{dx}\left(\frac{1}{f(x)}\right) = \frac{f'(x)}{f(x)^2}$$

若寫成更一般的情況，其可為：

$$\frac{d}{dx}\left(\frac{g(x)}{f(x)}\right) = \frac{d}{dx}\left(g(x)f(x)^{-1}\right) = g'(x)f(x)^{-1} - g(x)f'(x)f(x)^{-2} = \frac{g'(x)f(x) - g(x)f'(x)}{f(x)^2}$$

上述技巧亦可應用高階微分的情況，例如 $f(x) = x^4$ 的連續微分可為：

$$f'(x) = 4x^3 \cdot f''(x) = 12x^2 \cdot f'''(x) = f^{(3)}(x) = 24x \text{ 以及 } f^{(4)}(x) = 24$$

⊟ 2.1.2 單調與凹凸函數

一個可以微分的函數 $f(x)$ 若稱為嚴格（strictly）單調遞增（monotonic increasing）是表示，就所有的 x 而言，$f'(x) > 0$；同理，若稱為嚴格單調遞減，則 $f'(x) < 0$。若是一個單調遞增（遞減）函數，則表示此函數於某些區段內會出現「平坦」（即 $f'(x) = 0$）的可能。

至於一個函數是凹（concavity）或凸（convexity），則與 $f''(x)$ 有關；換言之，我們可以定義成：

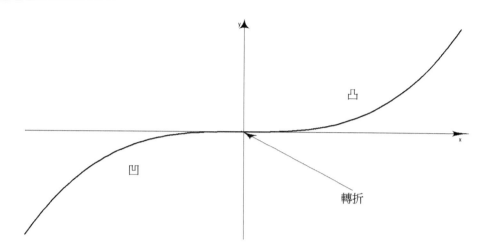

△ **附圖 3-11**：凹凸函數

若 $f(x)$ 屬於一個嚴格的凹（凸）函數，則 $f''(x) < 0$（$f''(x) > 0$）

若省略「嚴格」，則：

若 $f(x)$ 屬於一個凹（凸）函數，則 $f''(x) \leq 0$（$f''(x) \geq 0$）

例如，指數函數就是一個嚴格的單調遞增凸函數，而對數函數就是一個嚴格的單調遞增凹函數，可以參考附圖 3-5。不過，有些函數有可能於「某些區段內」是屬於凹函數，而於「另外的區段內」則屬於凸函數；我們可以舉一個例子說明。

```
library(shape)
x = seq(-3,3,length=100)
y =  x^3
windows()
plot(x,y,type="l",lwd=3,frame.plot=F,axes=F,xlab="",ylab="")
Arrows(-3,0,3,0,arr.type="curved",code=2,lty=1,lwd=1)
Arrows(0,-28,0,28,arr.type="curved",code=2,lty=1,lwd=1)
text(-1.5,-8,labels=" 凹 ",pos=1,cex=2); text(1.5,12,labels=" 凸
",pos=1,cex=2)
text(3,0,labels="x",pos=1); text(0,28,labels="y",pos=2)
```

```
Arrows(1.5,-15,0.05,-0.6,arr.type="curved",code=2,lty=1,l
wd=1)
text(1.5,-15,labels=" 轉折 ",pos=1,cex=2)
```

考慮一個 $f(x) = x^3$ 的函數，其圖形如附圖 3-11 所示。於圖內，我們可以看出於 $x < 0$ 的區段內，$f(x)$ 是一個凹函數，而於 $x > 0$ 的區段內，$f(x)$ 則是一個凸函數（讀者可以試著證明）；另外，若 $x = 0$，則 $f''(x) = 0$，表示於「原點」處，出現轉折！

2.2 多元變數函數

想像一個有二個自變數函數 $f(x, y)$ 的圖形為何？答案是於三維（度）（dimensional）空間的「立體圖」，如附圖 3-12 所示。也就是說，函數內若有 n 個自變數，則其圖形為 $n + 1$ 維（度）空間的「抽象圖（無法想像的圖形）」。於本節，我們將分成二部分介紹：首先當然是有二個自變數函數的微分，其次是多個自變數函數的微分[6]。

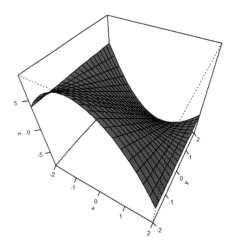

▲ **附圖 3-12**：$f(x, y) = x^2 y - 2x - 4y$ 之三維（度）空間圖

```
fxy = function(x,y) x^2*y - 2*x - 4*y
fxy(1,2)
x = seq(-2,2,length=20)
y = x
```

---

6 本節會使用到矩陣的概念，讀者亦可以先參考本書第 11 章之前半部。

```
z = outer(x,y,fxy)
windows()
persp(x,y,z, theta=30, phi=45,ticktype="detailed",lwd=2,col="t
omato")
```

⊟ 2.2.1 有二個自變數函數的微分

當我們面臨有二個自變數以上函數 $f(x, y)$ 之微分時,假想是對第一個自變數微分,假定其餘自變數沒有變動,我們可以寫成 f_1、f_x 或 $\partial f / \partial x$;同理,f_2、f_y 或 $\partial f / \partial y$ 是指只對 y 微分。我們是如何解釋 f_x 或 f_y?其可以稱為偏(partial)微分,偏微分與一般的微分並無不同,只不過是「前面」須加上其他會影響 f 的變數沒變;也就是說,偏微分如 f_x 是指:「$dy = 0$ 與 $df / dx = 0$ 同時存在」!

第二次偏微分是指第一次偏微分之再一次偏微分,其可寫成:

$$f_{xx} \text{ 或 } f_{11} \cdot f_{yy} \text{ 或 } f_{22} \cdot f_{xy} \text{ 或 } f_{12}$$

後者亦可以寫成 f_{yx};換言之,微分的次序並不重要,即 $f_{yx} = f_{xy}$。我們可以附圖 3-12 的函數練習偏微分之操作,即:

$$f_x = \frac{\partial}{\partial x}\left(x^2 y - 2x - 4y\right) = 2xy - 2 \; ; \; f_{xx} = \frac{\partial}{\partial x}(f_x) = 2y \; ; \; f_{xy} = \frac{\partial}{\partial y}(f_x) = 2x$$

⊟ 2.2.2 有多個自變數函數的(偏)微分

有多個自變數函數的偏微分與上述二個自變數函數的偏微分類似,不過通常我們以數字取代變數名稱且以向量或矩陣型態表示;因此,就一個 $f(x_1, x_2, \cdots, x_n)$ 的函數而言,其第一階與第二階之偏微分可以分別寫成:

$$f_1, f_2, \cdots, f_n \text{ 以及 } f_{11}, f_{22}, \cdots, f_{1n}$$

我們可以進一步寫成更簡易的方式,即:

$$f(x) \text{ 其中 } x = \begin{bmatrix} x_1 \\ x_2 \\ \vdots \\ x_n \end{bmatrix}$$

其第一階與第二階之偏微分亦可以表示成：

$$g = \begin{bmatrix} f_1 \\ f_2 \\ \vdots \\ f_n \end{bmatrix} \text{與 } H = \begin{bmatrix} f_{11} & f_{12} & \cdots & f_{1n} \\ f_{21} & f_{22} & \cdots & f_{2n} \\ \vdots & \vdots & \ddots & \vdots \\ f_{n1} & f_{n2} & \cdots & f_{nn} \end{bmatrix}$$

其中 g 與 H 分別稱為 f 之梯度（gradient）向量與黑森（Hessian）矩陣，亦可以參考本書的第 9 － 11 章。

若仍以附圖 3-12 的函數為例，可以得到梯度向量與黑森矩陣分別為：

$$g = \begin{bmatrix} 2xy - 2 \\ x^2 - 4 \end{bmatrix} \text{以及 } H = \begin{bmatrix} 2y & 2x \\ 2x & 0 \end{bmatrix}$$

2.3 泰勒展開式

於數學（微積分）內，我們可以透過泰勒數列（Taylor series）估計某個函數而以多項式的型態呈現；換言之，若存在一個可以連續微分的函數 $f(x)$，則我們可以下列式子，取得該函數於點 x_0 處的估計式為：

$$f(x) \approx f(x_0) + f'(x_0)(x - x_0) + f''(x_0)\frac{(x - x_0)^2}{2!} + \cdots + f^{(n)}\frac{(x - x_0)^n}{x!} \qquad (\text{附 3-18})$$

其中 $f'(x_0) = f'(x)|_{x=x_0}$，（附 3-18）式就是所謂的泰勒展開式。例如，若要找出函數 $f(x) = x^4 - 3\log x$ 於 $x = 1$ 處之第四階的泰勒展開估計式；我們可以先按照（附 3-18）式，分別計算出：

$$f(1) = 1 \text{；} f'(x) = 4x^3 - \frac{3}{x} \text{；} f''(x) = 12x^2 + \frac{3}{x^2} \text{；} f^{(3)}(x) = 24x + \frac{6}{x^3} \text{；} f^{(4)}(x) = 24 + \frac{18}{x^4}$$

$$f'(1) = 1 \text{；} f''(1) = 15 \text{；} f^{(3)}(1) = 18 \text{；} f^{(4)}(1) = 42$$

因此，其估計式可以為：

$$f(x) \approx 1 + 15(x-1) + \frac{15}{2}(x-1)^2 + \frac{18}{6}(x-1)^3 + \frac{42}{24}(x-1)^4$$

上述求解之對應的 R 程式可以為：

```
x = seq(0.1,3,length=100)
f = function(x) x^4 - 3*log(x)
windows()
plot(x,f(x),type="l",lwd=3)
f(1) # 1
# 微分
f1 = function(x) 4*x^3 - 3/x
f1(1) # 1
f2 = function(x) 12*x^2 + 3/x^2
f2(1) # 15
f3 = function(x) 24*x - 6/x^3
f3(1) # 18
f4 = function(x) 24 + 18/x^4
f4(1) # 42
appf = function(x) f(1) + f1(1)*(x-1) + (f2(1)/2)*(x-1)^2 +
(f3(1)/factorial(3))*
 (x-1)^3 + (f4(1)/factorial(4))*(x-1)^4
lines(x,appf(x),lty=2,lwd=3,col="red")
```

其次,我們也可以繪出 $f(x) = x^4 - 3\log x$ 及其泰勒展開式於 $x = 1$ 處之估計式,如附圖 3-13 所示。

我們亦可以將 (附 3-18) 式擴充至多元變數的情況;換言之,一個二元變數函數 $f(x, y)$ 於 (x_0, y_0) 處之第二階的泰勒估計式可以寫成:

$$f(x,y) \approx f(x_0,y_0) + g_0' \begin{bmatrix} x-x_0 \\ y-y_0 \end{bmatrix} + \frac{1}{2!} [x-x_0 \quad y-y_0] H_0 \begin{bmatrix} x-x_0 \\ y-y_0 \end{bmatrix} \qquad (\text{附 } 3\text{-}19)$$

其中 g_0 與 H_0 分別表示前述之梯度向量與黑森矩陣;其次,下標有 0 表示於 (x_0, y_0) 處的函數值。另一方面,

$$g' = [f_1 \quad f_2]$$

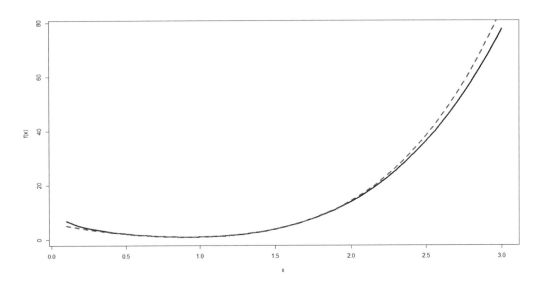

▲ **附圖 3-13**：$f'(x) = x^4 - 3\log x$ 及其泰勒展開式（4 階）於 $x = 1$ 處之估計式

表示梯度向量之轉置向量[7]。

```
f = function(x,y) exp(-x^2 -y^2)
x = seq(-3,3,length=20)
y = x
z = outer(x,y,f)
windows()
persp(x,y,z, theta=60, phi=60,ticktype="detailed",lwd=2)
```

　　我們亦舉個例子說明。考慮一個二元變數函數 $f(x, y) = e^{-(x^2 + y^2)}$，其圖形可繪於附圖 3-14。假想我們要估計該函數於 $(x, y) = (0, 0)$ 處的二階泰勒估計式，其估計結果可以繪製成附圖 3-15；其次，讀者亦可從所附的 R 程式練習泰勒估計式的操作。

```
fx = function(x,y) -2*x*exp(-x^2 -y^2)
fy = function(x,y) -2*y*exp(-x^2 -y^2)
fxy = function(x,y) 4*x*y*exp(-x^2 -y^2)
```

7　可參考本書之第 11 章前半部。

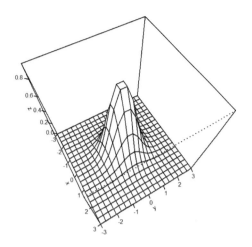

附圖 3-14：$f(x, y) = e^{-(x^2+y^2)}$ 之立體圖

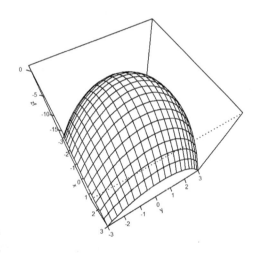

附圖 3-15：$f(x, y) = e^{-(x^2+y^2)}$ 於 $(x, y) = (0, 0)$ 處的二階泰勒估計式

```
fxx = function(x,y) (-2+4*x^2)*exp(-x^2 -y^2)
fyy = function(x,y) (-2+4*y^2)*exp(-x^2 -y^2)
f(0,0) # 1
fx(0,0) # 0
fy(0,0) # 0
fxy(0,0) # 0
fxx(0,0) # -2
```

```
fyy(0,0) # -2
appf = function(x,y) 1 - x^2 -y^2
zf = outer(x,y,appf)
windows()
persp(x,y,zf, theta=60, phi=60,ticktype="detailed",lwd=2)
```

📑 2.4 積分

一個函數的積分（integral）是指，該函數之曲線與 x 軸所圍出的面積。假定 $f(x) = 2x + x^2$，則我們欲計算 $f(x)$ 與 x 軸於 $4 \le x \le 8$ 處所圍出的面積，可寫成：

$$\int_4^8 (2x + x^2)dx$$

可以參考附圖 3-16。

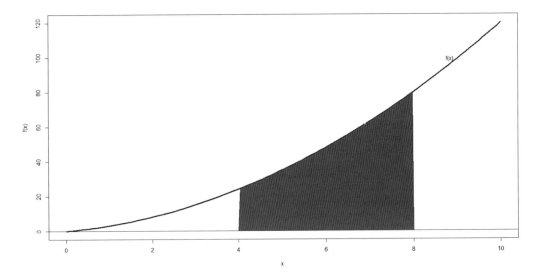

⚑ 附圖 3-16：$\int_4^8 (2x + x^2)dx$ 之圖形表示

```
f = function(x) 2*x + x^2
x = seq(0,10,length=100)
windows()
```

```
plot(x,f(x),type="l",lwd=3)
j = x >= 4 & x <= 8
polygon(c(4,x[j],8),c(0,f(x[j]),0),col="red")
abline(h=0)
text(9,f(9),labels="f(x)",pos=2)
```

上述例子屬於定積分（definite integral），讀者可以想像不定積分（indefinite integral）是表示何意思以及如何表示。

直覺而言，微分像「師傅用刀在削刀削麵的麵條」而積分則像將削出去的麵條重新揉成麵團；另一方面，亦可以將積分想像成「微小變量（即微分）的加總」。因此，積分與微分之間存在一定的關係，即：

$$若 f(x) = F'(x)，則 F(x) = \int f(x)dx \qquad （附 3\text{-}20）$$

利用 (附 3-20) 式，我們可以計算例如下列的不定積分：

$$\int x^{-1}dx = \log(x) + c \text{ 或 } \int xdx = \frac{1}{2}x^2 + c$$

其中 C 是一個常數；另外，定積分則為：

$$\int_a^b f(x)dx = F(b) - F(a) \qquad （附 3\text{-}21）$$

我們亦可以舉個例子說明。附圖 3-16 內的積分可以為：

$$\int_4^8 (2x + x^2)dx = \left[x^2 + \frac{x^3}{3} \right]_4^8 = \left(8^2 + \frac{8^3}{3} \right) - \left(4^2 + \frac{4^3}{3} \right) = 197.3333$$

3 計算極值的方法

於此處我們分成二部分介紹：於無限制與有限制下計算最大值與最小值的方法。

3.1 駐點與極值

若 $f'(x) = 0$，則 x 稱為 f 之駐點或平穩點（stationary point）；因此，於平穩點處之切線斜率恰為 0，如附圖 3-17 所示。附圖 3-17 繪出於 $-2 \le x \le 2$ 的範圍內，函數

$f(x) = x^3 - 3x$ 的圖形，可以發現 $f'(x) = 3x^2 - 3 = 0 \Rightarrow x = \pm 1$，分別於 $x = 1$ 與 $x = -1$ 處出現平穩點。我們進一步發現 $f(x = \pm 1) = \mp 2$ 分別出現局部的（local）最小值與最大值。

```
f = function(x) x^3 - 3*x
x = seq(-2,2,length=100)
windows()
plot(x,f(x),type="l",lwd=3)
segments(-1.5,2,-0.5,2,lty=2)
segments(1.5,-2,0.5,-2,lty=2)
text(-0.5,2,labels="f '(x)=0",pos=4)
text(1.5,-2,labels="f '(x)=0",pos=4)
text(1.5,f(1.5),labels="f (x)",pos=4)
```

觀察上述平穩點的特性，可以發現若 $f''(x) < 0$，則於平穩點處出現局部最大值；相反地，若 $f''(x) > 0$ 則於平穩點處出現局部最小值！有意思的是，若 $f''(x) = 0$，則該 x 點稱為鞍點（saddle point），可以參考附圖 3-18。

若我們擴大附圖 3-17 內 x 的範圍，可以發現於點 $x = 0$ 處，$f''(x) = 0$；因此，

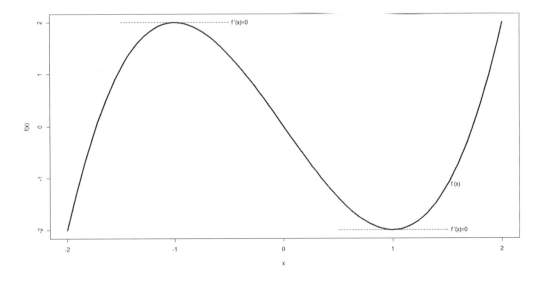

▲ **附圖 3-17**：局部最大值與最小值

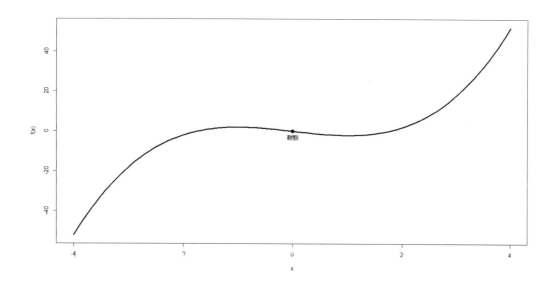

▲ **附圖 3-18**：附圖 3-17 之延伸，鞍點

觀察附圖 3-18 後，可知所謂的鞍點，就是轉折點的意思！

```
x = seq(-4,4,length=100)
windows()
plot(x,f(x),type="l",lwd=3)
points(0,0,pch=20,cex=2)
text(0,0,labels=" 鞍點 ",pos=1)
```

📄 3.2 於限制下計算極值

　　有些時候，我們會在某些限制下計算極大值或極小值；例如，於經濟學內我們會經常遇到於所得限制下，如何計算消費者效用最大，或於生產技術限制下如何計算生產者之成本最小等問題。另外，於財務應用方面，我們亦會遇到投資人如何計算：「為達成既定的預期報酬的限制下，計算風險最小」，或是「維持於某個風險水準的限制下，計算報酬最大」。

　　於本節，我們將分成二部分介紹於限制下如何計算極值的方法，其分別為直接代入法與拉氏法（Lagrangian method）。也許我們對拉氏法較不熟悉，不過透過這二種方法的比較，就知我們也可以利用後者計算極值。

🔁 3.2.1 直接代入法

考慮下列的情況：

$$\min_{x,y} f(x,y)$$
$$s.t. \ g(x,y) = 0 \tag{附 3-22}$$

(附 3-22) 式可以解釋成於 $g(x, y) = 0$ 的限制下，找出極小化 $f(x, y)$ 的 x 與 y。例如，假想 $f(x, y) = x^2 + y^2$ 而 $g(x, y) = x + y - 1 = 0$；我們可以直接利用限制式得出 $x = 1 - y = h(y)$，再代入目標函數內，可得：

$$\min_y f(h(y), y) = (1 - y)^2 + y^2 \tag{附 3-23}$$

因此，透過直接代入法，我們的目標函數已由二元變數的函數改成只有單一變數的函數；透過前述求極值的方法，自然可以得到 $f(x, y)$ 之最小值。

換言之，利用 (附 3-23) 式，可得到極小化之第一階條件為：

$$\frac{df(h(y), y)}{dy} = -2(1 - y) + 2y = 0 \Rightarrow y = \frac{1}{2}, x = \frac{1}{2}$$

其次，我們可以再檢視其第二階條件[8]，即：

$$\frac{d^2 f(h(y), y)}{(dy)^2} = 2 + 2 = 4 > 0$$

表示於 $(x, y) = (0.5, 0.5)$ 處會出現（局部）極小值。

我們可以進一步思考上述例子的內涵。於附圖 3-19 內，我們繪出 $f(x, y) = x^2 + y^2$ 的立體圖，會發現該函數的確有存在最小值的可能；不過，於有限制的情況下，則其究竟代表什麼意思？我們試著以「等高線（contour）」的意義解釋並參考附圖 3-20。顧名思義，若以「相同高度的曲線」來表示 $f(x, y) = x^2 + y^2$ 的立體圖，則會如何？不就是附圖 3-20 的等高線圖嗎！我們也可以將限制式 $x + y - 1 = 0$ 繪於附圖 3-20 的等高線圖內，重新繪製後，就是附圖 3-21；讀者可想出其代表之意義嗎？

```
f = function(x,y) x^2 + y^2
x = seq(-5,5,length=100)
y = x
```

8　極值之第一階與第二階條件亦可以分別稱為必要與充分 (necessary and sufficient) 條件。

```
z = outer(x,y,f)
windows()
persp(x,y,z, theta=30, phi=30,ticktype="detailed",lwd=1)
windows()
image(x,y,z) #
contour(x,y,z,add=T,lwd=2)
```

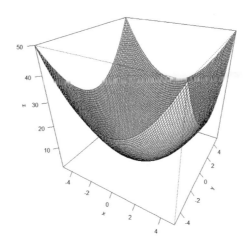

⚘ **附圖 3-19**：$f(x,y) = x^2 + y^2$ 之立體圖

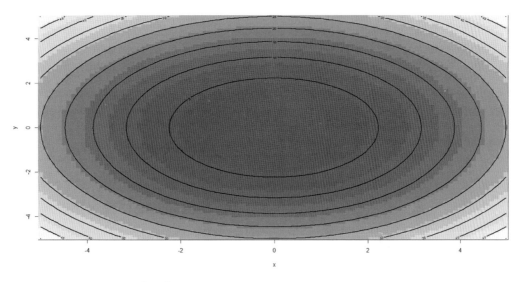

⚘ **附圖 3-20**：$f(x,y) = x^2 + y^2$ 之等高線圖

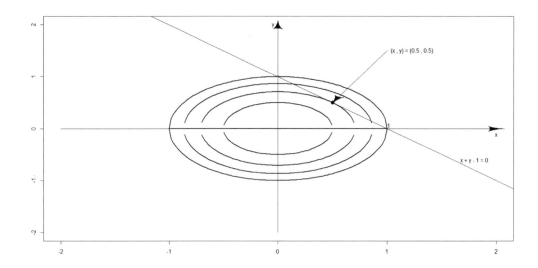

▲ 附圖 **3-21**：於 $g(x,y) = x + y - 1 = 0$ 的限制下，計算最小值

```
library(plotrix)
library(shape)
windows()
x = seq(-1,1,length=100)
y1 = sqrt(1-x^2)
y2 = -sqrt(1-x^2)
plot(c(x,x),c(y1,y2),xlim=c(-2,2),ylim=c(-2,2),type="l",frame.
plot=T,axes=T,xlab="",
ylab="",lwd=2)
Arrows(-2,0,2,0,arr.type="curved",code=2,lwd=1)
text(2,0,labels="x",pos=1)
Arrows(0,-2,0,2,arr.type="curved",code=2,lwd=1)
text(0,2,labels="y",pos=2)
y1 = sqrt(0.5-x^2)
y2 = -sqrt(0.5-x^2)
lines(c(x,x),c(y1,y2),lwd=2)
y1 = sqrt(0.75-x^2)
y2 = -sqrt(0.75-x^2)
```

```
lines(c(x,x),c(y1,y2),lwd=2)
segments(-2,3,3,-2)
points(0.5,0.5,pch=20,cex=2)
Arrows(1,1.5,0.525,0.55,arr.type="curved",code=2,lwd=1)
text(1,1.5,labels="(x , y = 0.5 , 0.5)",pos=4)
text(1.06,0.06,labels="1",pos=2)
y1 = sqrt(0.25-x^2)
y2 = -sqrt(0.25-x^2)
lines(c(x,x),c(y1,y2),lwd=2)
text(1.8,-0.5,labels="x + y - 1 = 0",pos=1)
```

3.2.2 拉氏法

就 (附 3-22) 式而言，計算極值時，亦可以寫成拉氏函數的型式，如就 (附 3-22) 式內的例子而言，其對應的拉氏函數可為：

$$L(x, y, \lambda) = x^2 + y^2 + \lambda(x + y - 1)$$

（ 附 3-24)

其中 λ（音 lambda）稱為拉氏乘數（Lagrangian multiplier）[9]；除了 x 與 y 之外，我們亦將 λ 視為一個未知的變數。極小化 (附 3-24) 式的第一階條件為：

$$\frac{\partial L(x, y, \lambda)}{\partial x} = 2x + \lambda = 0$$

$$\frac{\partial L(x, y, \lambda)}{\partial y} = 2y + \lambda = 0$$

（ 附 3-25)

$$\frac{\partial L(x, y, \lambda)}{\partial \lambda} = x + y - 1 = 0$$

求解 (附 3-25) 式，分別得到 $x = y = 0.5$ 與 $\lambda = -1$。

從上述這二種於限制條件下，求極值的方法可看出，直接代入法可以使用的範圍較小，而拉氏法則需要讀者更進一步閱讀有關的數理書籍。

---

9 於此處我們並未打算多介紹拉氏法，有興趣的讀者可自行上網查詢。

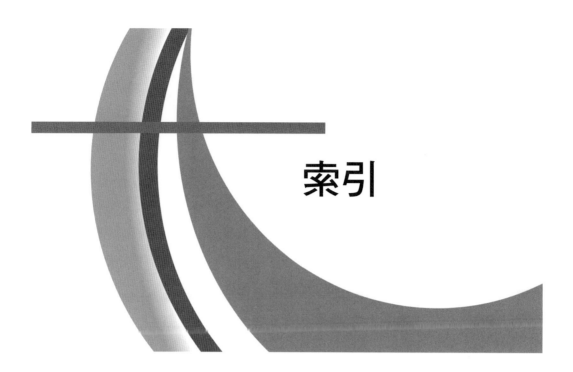

索引

中文索引

英文索引

職場專門店

五南文化事業機構
WU-NAN CULTURE ENTERPRISE

書泉出版社
SHU-CHUAN PUBLISHING HOUSE

國家圖書館出版品預行編目資料

財金統計學：使用R語言 / 林進益著.
-- 初版. -- 臺北市：五南, 2016.10
　面；　公分
ISBN 978-957-11-8845-4(平裝)

1.統計套裝軟體 2.統計分析

512.4　　　　　　　　　　105017437

1HA7

財金統計學：使用R語言

作　　者－林進益

發 行 人－楊榮川

總 編 輯－王翠華

主　　編－侯家嵐

責任編輯－劉祐融

文字校對－林靖原　許宸瑞

封面設計－陳翰陞

排版設計－張明蕙

出 版 者－五南圖書出版股份有限公司

地　　址：106 台北市大安區和平東路二段 339 號 4 樓

電　　話：(02)2705-5066

傳　　真：(02)2706-6100

網　　址：http://www.wunan.com.tw

電子郵件：wunan@wunan.com.tw

劃撥帳號：01068953

戶　　名：五南圖書出版股份有限公司

法律顧問　林勝安律師事務所　林勝安律師

出版日期：2016 年 10 月初版一刷

定　　價　新臺幣 850 元